2023-2024年版のはしがき

２年ぶりの出版になります。コロナ等の影響の下、いろいろな事情が重なり大幅に定価を増額した形での出版になることをご了承ください。今後は隔年の出版になる予定です。

この本は、国際税務に従事する人（専門家）が日常的に必要とされる国際税務の知識や情報を集積したリファレンスブックです。この本では、国際税務の専門家である読者の皆様の知りたいことが、国際税務のどの分野で、どこに、どのように書いてあるか、そして、その概要がわかるものです。この本はリファレンスブックですので、実際の税務相談等の実務に当たっては、直接条文等で内容を十分確認されてから回答されることを強くお勧めします。

国際税務は、ヒト、モノ、カネのクロス　　　引等に係る税務を扱っていますが、税法の基　　　税法等）の基本を理解された上で、そのプラ　　　、10年以前と比べると、CRS に基づく金融　　　政的な観点からの対象も増大しているよう

この本では、読者の方々が基本的な税法の事項は理解しているものと想定して、基本法の基本的な事項は省略しています。

この本は、次のようにわかれています。

第１編　法人の国際税務（外国法人課税、外国税額控除、外国子会社配当益金不算入制度、タックスヘイブン対策税制、移転価格税制、過少資本税制、過大支払利子税制、外貨建取引等）

第２編　個人の国際税務（個人の居住形態と課税所得等、国内源泉所得と源泉徴収税率、外国税額控除、外貨建取引等、タックスヘイブン対策税制、相続税・贈与税、出国税、国外財産調書等の各種調書関係）

第３編　国際取引に係る消費税（国境を越えた役務の提供に係る消費税）

第４編　国際源泉課税と租税条約に関する届出書関係（租税条約実施特例法）

第５編　租税条約（租税条約入門、OECD モデル租税条約、税務行政共助条約、情報交換モデル、BEPS 防止措置実施条約、CRS に基づく金融情報の自動的交換）

第６編　各国情報（各国の基本情報、わが国との租税条約のポイント）

第７編　各国の給与情報（海外現地法人に出向する社員の較差補てん金等の課税実務のために現地給与算定の参考とするためのもの）

第８編　海外現地法人等を巡る問題（貸付金、出向の格差補てん金、短期の役務提供、企業グループ内の役務提供）

掲載してある情報は、原則として、令和５年の税制改正を加味したもので、令和５年５月１日現在施行されているものです。

国際税務に従事されている皆様の業務のお役に少しでも役立てていただければ、著者たちの望外の幸せです。

本書の出版に当たっては、多方面の方々のご助言とご協力をいただき感謝しております。

最後に、本年もこの本の出版を快諾していただいた財経詳報社の宮本社長に深くお礼申し上げます。

令和５年11月

著者代表　高山　政信

目　次

はしがき

第１編　法人の国際税務 ……………………………………………………1

第１章　外国法人に対する課税……… 2
第２章　1　外国税額控除………16
　　　　2　外国税額控除における国外所得金額………27
第３章　1　外国子会社配当益金不算入制度………52
　　　　2　子会社からの配当と子会社株式の譲渡を組み合わせた租税回避への対応（R2/４/１以後開始する事業年度において受ける配当等の額に適用）………55
第４章　タックスヘイブン対策税制（外国関係会社のH30/４/１以後開始事業年度から適用）………59
第５章　移転価格税制………109
　　（参考１）移転価格事務運営要領の制定について（事務運営指針）………123
　　（参考２）別冊　移転価格税制の適用に当たっての参考事例………125
　　（参考３）相互協議の手続について（事務運営指針）………125
　　（参考４）移転価格税制に係る文書化制度（FAQ）………127
第６章　過少資本税制………132
第７章　過大支払利子税制（R2/４/１以後開始事業年度に適用）………139
第８章　外貨建取引等………149
第９章　1　国際最低課税額に対する法人税………158
　　　　　改正法人税法施行令（R5/６/16公布）………166
　　　　　改正法人税法施行規則（R5/６/30公布）………168
　　　　2　特定基準法人税額に対する地方法人税………170

第2編　個人の国際税務 ……………………………………………………… 171

第1章　個人の居住形態と課税所得の範囲、課税の方法等………172

第2章　国内源泉所得と源泉徴収税率………184

第3章　1　個人の外国税額控除（現行：令和4年分以降）………189

（参考1）外国税額控除の個人法人対比表………199

（参考2）外国税額控除の非居住者外国法人対比表………205

2　分配時調整外国税相当額控除（令和2年1月1日以後に支払われる収益の分配について適用）………206

第4章　外貨建取引の換算等………208

（参考）外貨建取引の個人法人対比表………211

第5章　個人のタックスヘイブン対策税制（外国関係会社のH30/4/1以後開始事業年度から適用）（所得税の適用は、令和元年分以後）………214

（参考）タックスヘイブン対策税制の個人法人対比表（外国関係会社のH30/4/1以後開始事業年度から適用）………246

第6章　相続税・贈与税（現行：令和3/4/1以降）………250

第7章　出国税（国外転出時課税制度）………259

（参考1）国外転出時課税制度関係の各種様式………266

（参考2）国外転出時課税制度（FAQ）国税庁　令和5年6月最終改訂………267

第8章　各種調書

1　国外財産調書………271

別表第一　（第十二条関係）　国外財産調書の記載事項………279

（参考）国外財産調書制度（FAQ）国税庁　令和5年4月………280

2　国外送金等調書………285

3　国外証券移管等調書………288

4　財産債務調書………290

（参考）財産債務調書制度（FAQ）国税庁　令和5年4月………292

第3編　国際取引と消費税 ……297

第1章　国際取引と消費税………298
第2章　国境を越えた役務の提供（電子商取引等）に係る消費税………311

第4編　国際源泉課税と租税条約に関する届出書関係 ……321

第1章　国際源泉課税………322
第2章　租税条約実施特例法………333
第3章　租税条約関係の届出書………340
1　租税条約関係の届出書関係の動き………340
2　租税条約の届出書一覧………340
3　租税条約に関する届出等の概要等………342
4　租税条約に関する届出書等に記載すべき事項等の電磁的提供等について………348
5　届出書等………351

第5編　租税条約 ……389

第1章　租税条約入門………390
第2章　OECD モデル租税条約（2017年）………393
第3章　税務行政執行共助条約（租税に関する相互行政支援に関する条約）………397
第4章　OECD 情報交換協定モデル………401
（参考）租税条約等に基づく相手国等との情報交換及び送達共助手続について（事務運営指針令3/6/24）………401
第5章　BEPS 防止措置実施条約………411
第6章　CRS（共通報告基準）に基づく金融情報の自動的情報交換………414
（参考）非居住者に係る金融口座情報の自動的交換のための報告制度（FAQ）国税庁　令和4年7月最終改訂………418

第 6 編　各国情報………423

アイスランド………424
アイルランド………425
アゼルバイジャン共和国………427
アメリカ合衆国………429
アラブ首長国連邦………431
アルジェリア………433
アルゼンチン共和国………434
アルメニア共和国………436
イスラエル国………436
イタリア共和国………438
インド………440
インドネシア共和国………442
ウクライナ………444
ウズベキスタン共和国………444
ウルグアイ東方共和国………446
英国（グレートブリテン及び北アイルランド連合王国）………447
エクアドル………450
エジプト・アラブ共和国………451
エストニア………453
オーストラリア連邦………455
オーストリア共和国………457
オマーン国………458
オランダ王国………460
カザフスタン共和国………462
カタール国………463
カナダ………465
ガーンジー………467
カンボジア王国………467
キルギス共和国………468
クウェート国………468
クロアチア………469
ケイマン………471
コロンビア………471
サウジアラビア王国………473
ザンビア共和国………475
ジャマイカ………476
ジャージー………478
ジョージア………478
シンガポール共和国………480
スイス連邦………482
スウェーデン王国………483
スペイン………485
スリランカ民主社会主義共和国………487
スロバキア共和国………488
スロベニア共和国………490
セルビア共和国………492
タイ王国………493
大韓民国………495
台湾………497
タジキスタン共和国………499
タンザニア連合共和国………499
チェコ共和国………500
中華人民共和国………500
チリ共和国………502
デンマーク王国………504
ドイツ連邦共和国………505
トルクメニスタン………507
トルコ共和国………508
ナイジェリア連邦共和国………509
日本………510
ニュージーランド………510
ノルウェー王国………512
パキスタン・イスラム共和国………513

パナマ共和国………515
バハマ国………516
バミューダ………516
ハンガリー………516
バングラデシュ人民共和国………518
フィジー共和国………519
フィリピン共和国………520
フィンランド共和国………522
ブラジル連邦共和国………524
フランス共和国………526
ブルガリア共和国………528
ブルネイ・ダルサラーム国………529
ベトナム社会主義共和国………531
ベラルーシ共和国………533
ベルギー王国………534
ペルー共和国………535
ポーランド共和国………537
ポルトガル共和国………538
香港………540
マカオ………542
マレーシア………543
マン島………544
ミクロネシア連邦………545
南アフリカ共和国………545
ミャンマー連邦共和国………547
メキシコ合衆国………547
モーリシャス共和国………549
モルドバ共和国………549
モロッコ王国………550
モンゴル国………551
ラオス人民民主共和国………552
ラトビア共和国………552
リトアニア………554
リヒテンシュタイン公国………555
ルクセンブルク大公国………556
ルーマニア………558
ロシア………559

タックスヘイブン区分表………562

第7編　各国の給与情報………565

アメリカ合衆国	サンフランシスコ	566
	シカゴ	566
	ニューヨーク	566
	ロサンゼルス	566
アラブ首長国連邦	ドバイ	566
イタリア	ミラノ	566
インド	ニューデリー	566
	ムンバイ	566
	ベンガロール	566
	チェンナイ	568
インドネシア	ジャカルタ	568
ウズベキスタン	タシケント	568
英国	ロンドン	568
エジプト	カイロ	568
オーストラリア連邦	シドニー	568
オランダ	アムステルダム	568
カナダ	トロント	570
カンボジア	プノンペン	570
シンガポール	シンガポール	570
タイ	バンコク	570
大韓民国	ソウル	570
台湾	台北	570
中華人民共和国	北京	570
	上海	570
	広州	570
	深圳	572

	大連	572
ドイツ連邦共和国	デュッセルドルフ	572
トルコ	イスタンブール	572
ニュージーランド	オークランド	572
パキスタン	カラチ	572
バングラデシュ	ダッカ	572
フィリピン	マニラ	574
	セブ	574
ブラジル	サンパウロ	574
フランス	パリ	574
ベトナム	ハノイ	574
	ホーチミン	574
ベルギー	ブリュッセル	574
香港	香港	574
マレーシア	クアラルンプール	576
ミャンマー	ヤンゴン	576
南アフリカ	ヨハネスブルク	576
メキシコ	メキシコシティ	576
ラオス	ビエンチャン	576
ロシア	ウラジオストク	576
	サンクトペテルブルク	576
	モスクワ	576

第８編　海外現地法人等を巡る問題……579

第１章　海外現地法人に対する貸付金に係る課税関係………580

第２章　海外現地法人へ出向する者に係る較差補てん金の課税関係………584

1　出向の較差補てんの基本事項………584

2　出向の較差補てんについての応用事項………586

第３章　海外現地法人に対する短期の役務提供………590

第４章　企業グループ内における役務の提供の取扱い………592

第５章　海外移住・ロングステイの課税関係（年金関係）………599

〔凡　例〕

通　　法……国税通則法
所　　法……所得税法
所　　令……所得税法施行令
所　　規……所得税法施行規則
法　　法……法人税法
法　　令……法人税法施行令
法　　規……法人税法施行規則
相　　法……相続税法
相　　令……相続税法施行令
相　　規……相続税法施行規則
消　　法……消費税法
消　　令……消費税法施行令
消　　規……消費税法施行規則
地　　法……地方税法
地　　令……地方税法施行令
措　　法……租税特別措置法
措　　令……租税特別措置法施行令
措　　規……租税特別措置法施行規則
地方法人税法……地方法人税法
地方法人税法令……地方法人税法施行令
地方法人税法規……地方法人税法施行規則
実施特例法…… 租税条約等の実施に伴う所得税法、法人税法及び地方税法の特例等に関する法律
実施特例法省令……租税条約等の実施に伴う所得税法、法人税法及び地方税法の特例等に関する法律の施行に関する省令
国外送金等調書法……内国税の適正な課税の確保を図るための国外送金等に係る調書の提出等に関する法律
輸 徴 法……輸入品に対する内国消費税の徴収等に関する法律
所 基 通……所得税基本通達
法 基 通……法人税基本通達
相 基 通……相続税法基本通達
消 基 通……消費税法基本通達
評価通達……財産評価基本通達
措　　通……租税特別措置法通達
国外送金等調書法通達……内国税の適正な課税の確保を図るための国外送金等に係る調書の提出等に関する法律（国外財産調書及び財産債務調書関係）の取扱い

第１編　法人の国際税務

第１章
外国法人に対する課税

項目	根拠法令	説明
1 外国法人の納税義務	法法２①四 法法２①三 法法４③	⑴　外国法人の定義 外国法人とは、内国法人以外の法人をいう。 内国法人とは、国内に本店又は主たる事務所を有する法人をいう。 ⑵　納税義務者 外国法人は、国内源泉所得（法法138①）を有するとき（人格のない社団等にあっては、当該国内源泉所得で収益事業から生ずるものを有するときに限る。）、法人課税信託の引き受けを行うとき又は退職年金業務等（法法145の３）を行うときは、法人税を納める義務がある。
2 外国法人の区分	法法141一 法法２一二の一九 法法２一二の一九イ 法令４の４①一 法令４の４①二 法令４の４①三 法基通20-1-1 法法２一二の一九ロ 法令４の４② 法基通20-1-4	⑴　恒久的施設を有する外国法人 （恒久的施設の意義） 次に掲げるものをいう。ただし、日本国が締結した条約において次に掲げるものと異なる定めがある場合には、その条約の適用を受ける外国法人については、その条約において恒久的施設と定められたもの（国内にあるものに限る。）とする。 ①　支店等 外国法人の国内にある支店、工場その他事業を行う一定の場所で次のもの イ　事業の管理を行う場所、支店、事務所、工場又は作業場 ロ　鉱山、石油又は天然ガスの坑井、採石場その他の天然資源を採取する場所 ハ　その他事業を行う一定の場所 （その他事業を行う一定の場所） ②　建設作業場等 外国法人の国内にある建設若しくは据付けの工事又はこれらの指揮監督の役務の提供を行う場所その他これに準ずるものとして次のもの（**長期建設工事現場等**） （長期建設工事現場等） 外国法人が国内において長期建設工事等（建設若しくは据付けの工事又はこれらの指揮監督の役務の提供で一年を超えて行われるもの）を行う場所をいい、外国法人の国内における長期建設工事等を含む。 （１年を超える建設工事等）

2 外国法人の区分	法令４の４③	二以上に分割をして建設工事等に係る契約が締結されたことにより契約分割後建設工事等が一年を超えて行われないこととなつたとき（長期建設工事現場等に該当しないこととすることが当該分割の主たる目的の一つであつたと認められるときに限る。）における判定は、国内における当該分割後の他の契約に係る建設工事等の期間（当該契約分割後建設工事等の期間と重複する期間を除く。）を加算した期間により行うものとする。ただし、正当な理由に基づいて契約を分割したときは、この限りでない。
	法令４の４④	〈次に掲げる活動のみを行う場所は上記①②に含まれない。〉 ただし、その活動（下記へに掲げる活動にあつては、その場所における活動の全体）が、その外国法人の事業の遂行にとつて準備的又は補助的な性格のものである場合に限るものとする。 イ　商品の保管、展示又は引渡しのための施設の使用 ロ　商品の在庫の保管、展示又は引渡しのための保有 ハ　商品の在庫の事業を行う他の者による加工のための保有 ニ　商品購入、又は情報収集 ホ　上記イ～ニに掲げる活動以外の活動 ヘ　上記の活動の組合せによる活動
	法基通20-1-2	（準備的な性格のものの意義）
	法基通20-1-3	（補助的な性格のものの意義）
	法令４の４⑤	各場所で行う事業上の活動が一体的な業務の一部として補完的な機能を果たす等の場合等には、この取り扱いは適用しない。
	法令４の４⑥	（長期建設工事現場等を有する外国法人に対する上記取扱いの適用）
	法法２一二の一九ハ	③　代理人等 外国法人が国内に置く自己のために契約を締結する権限のある者その他これに準ずる者で次のもの（**契約締結代理人等**）。但し、独立代理人を除く。
	法令４の４⑦ 契約締結代理人等	（契約締結代理人等） 国内において外国法人に代わつて、その事業に関し、反復して次に掲げる契約を締結し、又は当該外国法人によつて重要な修正が行われることなく日常的に締結される次に掲げる契約の締結のために反復して主要な役割を果たす者。 なお、当該者の国内における当該外国法人に代わつて行う活動（当該活動が複数の活動を組み合わせたものである場合にあつては、その組合せによる活動の全体）が、当該外国法人の事業の遂行にとつて準備的又は補助的な性格のもののみである場合における当該者を除く。 イ　当該外国法人の名において締結される契約 ロ　当該外国法人が所有し、又は使用の権利を有する財産について、所有権を移転し、又は使用の権利を与えるための契約 ハ　当該外国法人による役務の提供のための契約

区分	根拠	内容
2 外国法人の区分	法基通20-1-5	（契約の締結の意義）
	法基通20-1-6	（契約の締結のために主要な役割を果たす者の意義）
	法基通20-1-7	（反復して外国法人に代わって行動する者の範囲）
	法令４の４⑧ 独立代理人	国内において外国法人に代わつて行動する者が、その事業に係る業務を、当該外国法人に対し独立して行い、かつ、通常の方法により行う場合には、当該者は、契約締結代理人等に含まれないものとする。 ただし、当該者が、専ら又は主として一又は二以上の自己と**特殊の関係**にある者に代わつて行動する場合は、この限りでない。
	法基通20-1-8	（独立代理人）
	法令４の４⑨	（特殊の関係）一方の者が他方の法人の50%超（当該他方の法人が有する自己株式を除く。）を直接又は間接に保有する関係その他の財務省令（法規３の４）で定める特殊の関係をいう。
	法基通20-1-9	（発行済株式）
	法基通20-1-10	（直接又は間接保有の株式）
	法法141二	⑵　恒久的施設を有しない外国法人
3 国内源泉所得	法法138①一	国内源泉所得とは、次に掲げる⑴～⑹をいう。 ⑴　恒久的施設帰属所得 外国法人が恒久的施設を通じて事業を行う場合において、当該恒久的施設が当該外国法人から独立して事業を行う事業者であるとしたならば、当該恒久的施設が果たす機能、当該恒久的施設において使用する資産、当該恒久的施設と当該外国法人の本店等（当該外国法人の本店、支店、工場その他これらに準ずるものとして法令176で定めるものであって当該恒久的施設以外のものをいう。）との間の内部取引その他の状況を勘案して、当該恒久的施設に帰せられるべき所得（当該恒久的施設の譲渡により生ずる所得を含む。）
	法法138②	①　恒久的施設帰属所得に係る内部取引 内部取引とは、外国法人の恒久的施設と本店等との間で行われた資産の移転、役務の提供その他の事実で、独立の事業者の間で同様の事実があったとしたならば、これらの事業者の間で、資産の販売、資産の購入、役務の提供その他の取引（資金の借入れに係る債務の保証、保険契約に係る保険責任についての再保険の引受けその他これらに類する取引として次のものを除く。）が行われたと認められるものをいう。
	法基通20-5-2	（内部取引から生ずる恒久的施設帰属所得に係る所得の金額の計算）
	法令181	（債務保証等に類する取引） 資金の借入れその他の取引に係る債務の保証（債務を負担する行為であって債務の保証に準ずるものを含む。）
	法基通20-5-5	（損金の額に算入できない保証料）
	法法138③	②　国際運輸業所得

3 国内源泉所得		
		恒久的施設を有する外国法人が国内及び国外にわたって船舶又は航空機による運送の事業を行う場合には、当該事業から生ずる所得のうち国内において行う業務につき生ずべき所得として法令182で定めるものをもって、上記(1)に掲げる所得とする。
	法基通20-2-1	（恒久的施設帰属所得の認識にあたり勘案されるその他の状況）
	法基通20-2-2	（恒久的施設帰属所得の認識）
	法基通20-2-3	（恒久的施設が果たす機能の範囲）
	法基通20-2-4	（恒久的施設において使用する資産の範囲）
	法法138①二	(2) 国内にある資産の運用又は保有により生ずる所得 （以下に該当するものを除く。） ① 債券利子等（所法161①八） ② 配当等（所法161①九） ③ 貸付金利子等（所法161①十） ④ 使用料等（所法161①十一） ⑤ 事業の広告宣伝のための賞金（所法161①十三） ⑥ 生命保険契約に基づく年金等（所法161①十四） ⑦ 給付補填金等（所法161①十五） ⑧ 匿名組合契約等に基づく利益の分配等（所法161①十六）
	法令177①一～三	（国内にある資産の運用又は保有により生ずる所得とされるもの） 次に掲げる資産の運用又は保有により生ずる所得 ① 公社債のうち日本国の国債若しくは地方債若しくは内国法人の発行する債券又は約束手形 ② 居住者に対する貸付金に係る債権で当該居住者の行う業務に係るもの以外のもの ③ 国内にある営業所又は国内において契約の締結の代理をする者を通じて締結した生命保険契約、損害保険契約その他これらに類する契約に基づく保険金の支払又は剰余金の分配を受ける権利
	法令177②	なお、次のものは国内源泉所得に含まれないものとする。 ・国内業務に係る貸付金の利子（所令283①） ・市場デリバティブ取引（金商法２㉑）又は店頭デリバティブ取引（金商法２㉒）の決済により生ずる所得
	法基通20-2-5	（国内にある資産）
	法基通20-2-6	（振替公社債等の運用又は保有）
	法基通20-2-7	（資産の運用又は保有により生ずる所得）
	法法138①三	(3) 国内にある資産の譲渡により生ずる所得 国内にある資産の譲渡により生ずる所得として次のもの
	法令178①一～七	① 国内にある不動産の譲渡による所得 ② 国内にある不動産の上に存する権利、鉱業法の規定による鉱業権又は採石法の規定による採石権の譲渡による所得

法人の国際税務

3 国内源泉所得		
		③ 国内にある山林の伐採又は譲渡による所得
		④ 内国法人の発行する株式の譲渡による所得で次に掲げるもの
		イ 買い集めた株式の譲渡による所得
		ロ いわゆる事業譲渡類似株式の譲渡による所得
	法基通20-2-8	（その他これに準ずる関係のある者の範囲）
	法基通20-2-9	（特殊関係株主等が譲渡した発行済株式又は出資の総数又は総額に占める割合の判定時期）
		⑤ 不動産関連法人の株式の譲渡による所得
	法令178⑧	（不動産関連法人の意義） その株式譲渡の日から起算して365日前の日から当該譲渡直前の時までの間のいずれかの時において、その有する資産の価額の総額のうちに土地等の一定の資産の価額の合計額の占める割合が50％以上である法人をいう。
		⑥ 国内にあるゴルフ場の所有等に係る法人の株式の譲渡による所得
		⑦ 国内にあるゴルフ場等の利用権の譲渡による所得
	法法138①四	(4) 人的役務提供事業の対価 国内において人的役務の提供を主たる内容とする事業で次のものを行う法人が受ける当該人的役務の提供に係る対価
	法令179一～三	① 映画若しくは演劇の俳優、音楽家その他の芸能人又は職業運動家の役務の提供を主たる内容とする事業
		② 弁護士、公認会計士、建築士その他の自由職業者の役務の提供を主たる内容とする事業
		③ 科学技術、経営管理その他の分野に関する専門的知識又は特別の技能を有する者の当該知識又は技能を活用して行う役務の提供を主たる内容とする事業（機械設備の販売その他事業を行う者の主たる業務に附随して行われる場合における当該事業及び（上記２(1)②建設作業場等（法法２一二の一八ロ））に規定する建設、すえ付け、組立てその他の作業の指揮監督の役務の提供を主たる内容とする事業を除く。）
	法基通20-2-10	（旅費、滞在費等）
	法基通20-2-11	（芸能人等の役務の提供に係る対価の範囲）
	法基通20-2-12	（機械設備の販売等に付随して行う技術役務の提供）
	法法138①五	(5) 国内不動産等の貸付けによる所得 国内にある不動産、国内にある不動産の上に存する権利若しくは採石法の規定による採石権の貸付け（地上権又は採石権の設定その他他人に不動産、不動産の上に存する権利又は採石権を使用させる一切の行為を含む。）、鉱業法の規定による租鉱権の設定又は居住者若しくは内国法人に対する船舶若しくは航空機の貸付けによる対価
	法基通20-2-13	（船舶又は航空機の貸付け）

3 国内源泉所得	法基通20-2-14	（船舶等の貸付けに伴う技術指導等の対価）
	法基通20-2-15	（損害賠償金等）
	法法138①六	(6) その他その源泉が国内にある所得 上記(1)～(5)に掲げるもののほかその源泉が国内にある所得として次のもの
	法令180一～五	① 国内において行う業務又は国内にある資産に関し受ける保険金、補償金又は損害賠償金（これらに類するものを含む。）に係る所得 ② 国内にある資産の贈与を受けたことによる所得 ③ 国内において発見された埋蔵物又は国内において拾得された遺失物に係る所得 ④ 国内において行う懸賞募集に基づいて懸賞として受ける金品その他の経済的な利益に係る所得 ⑤ 上記に掲げるもののほか、国内において行う業務又は国内にある資産に関し供与を受ける経済的な利益に係る所得 〈租税条約に異なる定めがある場合の国内源泉所得〉
	法法139①	① 所得源泉置換規定 日本国が締結した租税条約において国内源泉所得につき上記の規定と異なる定めがある場合には、その条約の適用を受ける法人については、その条約に定めるところによる。この場合において、その条約が上記(4)又は(5)の規定に代わって国内源泉所得を定めているときは、その条約により国内源泉所得とされたものをもってこれに対応するこれらの号に掲げる国内源泉所得とみなす。
	法法139②	② 旧OECDモデル租税条約７条に相当する租税条約の規定の適用がある場合の内部取引の取扱い 上記(1)に掲げる所得を算定する場合において、外国法人の恒久的施設と本店等との間の内部取引から所得が生ずる旨を定める租税条約以外の租税条約の適用があるときには、(1)に規定する内部取引には、当該外国法人の恒久的施設と本店等との間の利子（これに準ずるものを含む。）の支払に相当する事実（一定の金融機関（法令183②）の内部利子を除く。）その他イ及びロの事実は、含まれないものとする。
	法令183③	イ 次に掲げるものの使用料の支払に相当する事実 (イ) 工業所有権その他の技術に関する権利、特別の技術による生産方式又はこれらに準ずるもの (ロ) 著作権（出版権及び著作隣接権その他これに準ずるものを含む。） (ハ) 減価償却資産である無形固定資産 ロ 上記(イ)から(ハ)までに掲げるものの譲渡又は取得に相当する事実
	法基通20-3-1	（利子の範囲）

	法基通20-3-2	（工業所有権等の意義）
	法基通20-3-3	（使用料の意義）
	法基通20-5-7	（損金の額に算入できない償却費等）
4 課税所得の範囲	法法141	外国法人の各事業年度の所得に対する課税標準は、上記2「外国法人の区分」に応じて次に掲げる範囲とする。 ⑴　恒久的施設を有する外国法人 ①　3⑴の恒久的施設帰属所得 ②　3⑵～⑹の国内源泉所得（恒久的施設帰属所得に該当するものを除く。） ⑵　恒久的施設を有しない外国法人 3⑵～⑹の国内源泉所得
	法基通20-4-1	（恒久的施設を有する外国法人の課税標準）
	法基通20-5-1	（複数の事業活動の拠点を有する場合の取扱い）
5 恒久的施設帰属所得に係る所得金額の算定	法法142①	外国法人の各事業年度の恒久的施設帰属所得に係る所得の金額は、当該事業年度の恒久的施設を通じて行う事業に係る益金の額から当該事業に係る損金の額を控除した金額とする。
	法法142②	益金の額又は損金の額に算入すべき金額は、以下の別段の定めがあるものを除き、外国法人の恒久的施設を通じて行う事業につき内国法人の各事業年度の所得計算の規定（一定の規定を除く。）に準じて計算した場合に益金の額又は損金の額となる金額とする。 ⑴　各事業年度の所得の金額の計算（法法22関係）
	法令184①一	①　当該事業年度の収益の額及び費用・損失の額は、外国法人の恒久的施設を通じて行う事業に係るものに限る。
	法法142③一 債務確定基準	②　販売費、一般管理費その他の費用のうち内部取引に係るものについては、債務の確定しないものを含むものとする。
	法法142③二 本店配賦経費	③　販売費、一般管理費その他の費用には、外国法人の恒久的施設を通じて行う事業及びそれ以外の事業に共通するこれらの費用のうち、当該恒久的施設を通じて行う事業に係るものとして次により配分した金額を含むものとする。
	法令184②	当該外国法人の恒久的施設を通じて行う事業及びそれ以外の事業に係る収入金額、資産の価額、使用人の数その他の基準のうち、これらの事業の内容及び当該費用の性質に照らして合理的と認められる基準を用いて当該外国法人の恒久的施設を通じて行う事業に配分した金額
	法法142の7	（書類保存がない場合における本店配賦経費の損金不算入）
	法基通20-5-8	（販売費及び一般管理費等の損金算入）
	法基通20-5-8の2	（事業税及び特別法人事業税の取扱い）
	法基通20-5-9	（本店配賦経費の配分の基礎となる費用の意義）
	法基通20-5-10	（本店配賦経費の計算）
	法基通20-5-10の2	（負債の利子の額の配賦）
	法基通20-5-11	（本店配賦経費に含まれる減価償却費等）

5 恒久的施設帰属所得に係る所得金額の算定	法基通20-5-12	（外国法人の総資産帳簿価額の円換算）
	法法142③三 資本等取引	④ 資本等取引（法法22⑤）には、恒久的施設を開設するための外国法人の本店等から恒久的施設への資金の供与又は恒久的施設から本店等への剰余金の送金その他これらに類する事実を含むものとする。
	法基通20-5-34	（資本等取引に含まれるその他これらに類する事実）
	法基通20-5-3	（外国法人における損金経理等）
	法基通20-5-13	（租税条約等により法人税が課されない所得に係る欠損金）
		⑵ 還付金等の益金不算入
	法法142の２①	① 損金に算入されない法人税額等の還付を受け、又はその還付を受けるべき金額を未納の国税若しくは地方税に充当される場合には、その還付を受け又は充当される金額は、その外国法人の各事業年度の恒久的施設帰属所得に係る所得の金額の計算上、益金の額に算入しない。
	法法142の２②	② 外国法人が納付することとなった外国法人税の額につき外国法人に係る外国税額の控除（法法144の２）の規定の適用を受けた事業年度（適用事業年度）開始の日後７年以内に開始する各事業年度において当該外国法人税の額が減額された場合には、その減額された金額のうち一定の金額は、当該外国法人の各事業年度の恒久的施設帰属所得に係る所得の金額の計算上、益金の額に算入しない。
	法法142の３	⑶ 保険会社の投資資産及び投資収益
	法令187	外国保険会社等である外国法人の各事業年度の恒久的施設に係る投資資産（法規60の５）の額が、当該外国法人の投資資産の額のうち当該恒久的施設に帰せられるべき金額として計算した金額に満たない場合には、その満たない部分に相当する金額に係る収益の額として計算した金額は、当該外国法人の当該恒久的施設を通じて行う事業に係る収益の額として、当該外国法人の当該事業年度の恒久的施設帰属所得に係る所得の金額の計算上、益金の額に算入する。
	法基通20-5-14	（外国保険会社等の投資資産の額の円換算）
	法基通20-5-15	（外国保険会社等の投資資産の額の運用利回り）
	法基通20-5-16	（内部取引に係る勘定科目の意義）
	法基通20-5-17	（恒久的施設に係る純資産の額の算定方法）
	法法142の３②	（上記の規定が適用されない場合）
		⑷ 恒久的施設に帰せられるべき資本に対応する負債の利子の損金不算入
	法法142の４①	外国法人の各事業年度の恒久的施設に係る自己資本の額（当該恒久的施設に係る純資産の額）が、当該外国法人の資本に相当する額のうち当該恒久的施設に帰せられるべき金額として計算した金額（恒久的施設帰属資本相当額）に満たない場合には、当該外国法人の当該事業年度の恒久的施設を通じて行う事業に係る負債の利子の額のうち、その満たない金額に対応する部分の金額として

区分	根拠	内容
5 恒久的施設帰属所得に係る所得金額の算定		計算した金額は、当該外国法人の当該事業年度の恒久的施設帰属所得に係る所得の金額の計算上、損金の額に算入しない。
	法令188①	① 自己資本の額（当該恒久的施設に係る純資産の額）
	法令188②	② 恒久的施設帰属資本相当額
		次に掲げるイ又はロのいずれかの方法により計算した金額
	法令188②一	イ 資本配賦法
	法令188②二	ロ 同業法人比準法
	法令188⑨	ハ 計算方法の選定・変更
	法令188⑫	③ 損金不算入額の計算
		恒久的施設を通じて行う事業に係る負債利子の額 $\times \dfrac{\text{恒久的施設帰属資本相当額}-\text{恒久的施設に係る自己資本の額}}{\text{恒久的施設に帰せられる有利子負債の帳簿価額（平均残高）}}$
		注：分子の金額が分母の金額を超える場合には、分子の金額は分母の金額とする。
		・分母の「有利子負債」には、有利子負債及びその他資金の調達に係るもの（ゼロ金利・マイナス金利）も含む。
	法基通20-5-18	（恒久的施設に係る資産等の帳簿価額の平均的な残高の意義）
	法基通20-5-19	（総資産の帳簿価額の平均的な残高及び総負債の帳簿価額の平均的な残高の意義）
	法基通20-5-20	（発生し得る危険を勘案して計算した金額の円換算）
	法基通20-5-21	（恒久的施設に帰せられる資産の意義）
	法基通20-5-22	（規制上の自己資本の額及び規制上の連結自己資本の額の円換算）
	法基通20-5-23	（比較対象法人の純資産の額の意義
	法基通20-5-24	（総資産の帳簿価額の円換算）
	法基通20-5-25	（連結貸借対照表における総資産の帳簿価額の平均的な残高及び連結貸借対照表における総負債の帳簿価額の平均的な残高の意義）
	法基通20-5-26	（金銭債務の償還差損等）
	法基通20-5-27	（短期の前払利息）
	法基通20-5-28	（負債の利子の額の範囲）
	法基通20-5-29	（原価に算入した負債の利子の額）
	法基通20-5-30	（原価に算入した負債の利子の額の調整）
	法法142の5	(5) 外国銀行等の資本に係る負債の利子の損金算入
	法令189	外国銀行等である外国法人が銀行法等に相当する外国の法令により規制上の自己資本とされる負債につき当該外国法人が支払った利子のうち、上記(4)で計算した恒久的施設に帰せられるべき資本の額に対応する部分の金額は、恒久的施設帰属所得に係る所得金額の計算上、損金の額に算入する。
	法法142の5②	なお、この規定は確定申告書等に損金算入額及びその金額の計算に

5 恒久的施設帰属所得に係る所得金額の算定		関する明細を記載した書類の添付、かつ、その計算に関する書類の保存を要件とし、損金算入額は、当該記載された金額を限度とする。
	法基通20-5-31	（金銭債務の償還差損等）
	法法142の6	⑹ 法人税額から控除する外国税額の損金不算入 控除対象外国法人税の額につき外国税額控除の規定の適用を受ける場合には、当該控除対象外国法人税の額は、その外国法人の各事業年度の恒久的施設帰属所得に係る所得の金額の計算上、損金の額に算入しない。
	法法142の8 法令190	⑺ 恒久的施設の閉鎖に伴う資産の時価評価損益 恒久的施設を有する外国法人が恒久的施設を有しないこととなった場合には、恒久的施設閉鎖事業年度終了の時に恒久的施設に帰せられる資産の評価益又は評価損は、当該外国法人の当該恒久的施設閉鎖事業年度の恒久的施設帰属所得に係る所得の金額の計算上、益金の額又は損金の額に算入する。
	法基通20-5-32	（恒久的施設の閉鎖に伴う資産に係る時価の意義）
	法基通20-5-32の2	（恒久的施設の他の者への譲渡）
		⑻ 特定の内部取引に係る恒久的施設帰属所得の係る所得金額の計算
	法法142の9	外国法人の恒久的施設と本店等との間で上記3⑶又は⑸に掲げる国内源泉所得（国内不動産等の譲渡又は貸付け）を生ずべき資産の当該恒久的施設による取得又は譲渡に相当する内部取引があった場合には、当該内部取引は当該資産の当該内部取引の直前の帳簿価額に相当する金額により行われたものとして、当該外国法人の各事業年度の恒久的施設帰属所得に係る所得の金額を計算する。
	法令190の2①	（内部取引価格）
	法令190の2②	（恒久的施設における取得価額）
		⑼ その他
	法法142②④ 法令184	受取配当の益金不算入（法法23関係）、資産の評価益の益金不算入（法法25関係）等については、対象となるものを外国法人の恒久的施設を通じて行う事業に係るものに限る等の規定がある。
	法基通20-5-4	（外国法人における短期所有株式等の判定）
	法基通20-5-13	（租税条約等により法人税が課されない所得に係る欠損金）
	法基通20-5-33	（繰延ヘッジ処理等における負債の利子の額の計算）
	法基通20-5-34	（資本等取引に含まれるその他これらに類する事実）
	法基通20-5-35	（恒久的施設に係る資産等の円換算）
	法基通20-5-36	（資本金の額等の円換算）
6 その他の国内源泉所得に係る所得金額の算定	法法142の10 法令191	外国法人の各事業年度の恒久的施設帰属所得以外の国内源泉所得（上記4⑴②及び4⑵）に係る所得の金額は、恒久的施設帰属所得に係る所得の金額の計算に準じて計算した金額とする。
	法基通20-6-1	（資金の譲渡の場合に損金に算入する金額）

7 繰越欠損金	法法141一イ 法法142② 法令184①十七	⑴ 恒久的施設を有する外国法人 恒久的施設を有する外国法人の課税標準が、恒久的施設帰属所得に係る所得と恒久的施設帰属所得以外の国内源泉所得に係る所得に区分されることとなっているため、欠損金についても恒久的施設帰属所得に係る欠損金と恒久的施設帰属所得以外の国内源泉所得に係る欠損金に区分し、それぞれ恒久的施設帰属所得に係る所得及び恒久的施設帰属所得以外の国内源泉所得に係る所得から控除する。
	法法141二 法法142の10 法令191	⑵ 恒久的施設を有しない外国法人 恒久的施設を有しない外国法人の課税標準である恒久的施設帰属所得以外の国内源泉所得に係る所得から控除されるべき欠損金額は、恒久的施設帰属所得以外の国内源泉所得に係る欠損金となる。
8 税額の計算	法法143①	⑴ 外国法人に係る各事業年度の所得に対する法人税の税率 次に掲げる国内源泉所得の区分ごとに、これらの国内源泉所得に係る所得金額に23.2%の税率とする。 ① 恒久的施設を有する外国法人の恒久的施設帰属所得（上記4⑴①） ② 恒久的施設を有する外国法人の上記以外の所得（上記4⑴②） ③ 恒久的施設を有しない外国法人の国内源泉所得（上記4⑵）
	法法143② 措法42の3の2①	資本金1億円以下の法人は、上記の区分ごとに所得の金額のうち年800万円以下の金額について19%である。但し、中小企業者等の法人税率の特例（15%）がある。
	法法144 法令192の2	⑵ 所得税額控除 内国法人に係る所得税額の控除の規定（法法68）は、外国法人が各事業年度において上記の区分（上記⑴①～③）に応じ国内源泉所得で所得税法の規定により所得税を課されるものの支払を受ける場合について準用される。
	法基通20-7-1	（配当等に係る所得税控除額の所有期間按分）
	法法144の2	⑶ 外国税額控除 恒久的施設を有する外国法人が各事業年度において外国法人税を納付することとなる場合には、控除限度額を限度として、その外国法人税の額（控除対象外国法人税の額）を当該事業年度の恒久的施設帰属所得に係る所得に対する法人税の額から控除する。
	法令194①	（控除限度額） $\text{外国税額の控除限度額} = \text{恒久的施設帰属所得に係る法人税} \times \frac{\text{調整国外所得金額}}{\text{恒久的施設帰属所得}}$
	法令194③	（調整国外所得金額） 国外所得金額から非課税国外源泉所得を控除した金額
	法法144の2①	（国外所得金額）

8 税額の計算	法令193	恒久的施設帰属所得のうち国外源泉所得に係るものとして法令193で定める金額
		（国外源泉所得）
	法法144の2④一～十三	恒久的施設帰属所得のうち利子・配当等の各種所得について源泉地の判定をした場合に、国外で生じたものと認められる所得
	法基通20-7-2	（外国法人に係る外国税額控除）
9 確定申告	法法144の6① 法規61の4	(1) 恒久的施設を有する外国法人 恒久的施設を有する外国法人は、各事業年度ごとに恒久的施設帰属所得、それに係る法人税、その他の国内源泉所得、それに係る法人税等を記載した法人税の確定申告書を提出しなければならない。
	法法144の6②	(2) 恒久的施設を有しない外国法人 恒久的施設を有しない外国法人は、各事業年度ごとに恒久的施設帰属所得以外の国内源泉所得、それに係る法人税等を記載した法人税の確定申告書を提出しなければならない。
	法基通20-8-1	（組織再編成に係る確定申告書の添付書類）
	法基通20-8-2	（仮決算の中間申告による所得税額の還付における災害損失の額の計算等）
10 恒久的施設に係る取引に係る文書化	法法146の2①	(1) 恒久的施設帰属外部取引に関する書類の作成 恒久的施設を有する外国法人は、当該外国法人が他の者との間で行った取引のうち、当該外国法人の各事業年度の恒久的施設帰属所得に係る所得の金額の計算上、当該取引から生ずる所得が当該外国法人の恒久的施設に帰せられるもの（恒久的施設帰属外部取引）については、当該取引に係る明細を記載した書類（法規62の2）を作成しなければならない。
	法規62の2一～四	（恒久的施設帰属外部取引に関する書類）
	法法146の2②	(2) 内部取引に関する書類の作成 恒久的施設を有する外国法人は、当該外国法人の本店等と恒久的施設との内部取引（資産の移転、役務の提供その他の事実）に関し、当該事実に係る明細を記載した書類（法規62の3）を作成しなければならない。
	法規62の3一～五	（内部取引に関する書類）
11 その他	法法147の2	(1) 外国法人の恒久的施設帰属所得に係る行為又は計算の否認 同族会社の行為計算否認規定と類似した租税回避防止規定が導入されている。
	措法66の4の3①②	(2) 外国法人の内部取引に係る課税の特例 外国法人の本店等と恒久的施設との間の内部取引についても、移転価格税制と同様に、独立企業間価格と異なる場合には、内部取引の価格を独立企業間価格によるものとする。 ① 独立企業間価格の算定方法の選定
	措通66の4の3(1)−1	（最も適切な算定方法の選定に当たって留意すべき事項） ② 比較対象取引

11 その他		措置通66の4の3(2)−1～66の4の3(2)−4 ③ 独立企業間価格の算定 措置通66の4の3(3)−1～66の4の3(3)−6 ④ 利益分割法の適用 措置通66の4の3(4)−1～66の4の3(4)−4 ⑤ 取引単位営業利益法の適用
	措通66の4の3(5)−1	（準ずる方法の例示） ⑥ 棚卸資産の売買に相当する内部取引以外の内部取引における独立企業間価格の算定方法の適用 措置通66の4の3(6)−1～66の4の3(6)−6 ⑦ 申告調整等 措置通66の4の3(7)−1～66の4の3(7)−3 ⑧ 国外移転所得金額の取扱い等 措置通66の4の3(8)−1～66の4の3(8)−2
	措法66の4の3③	(3) 外国法人の内部寄附金の額の損金不算入 外国法人の各事業年度における内部寄附金の額は、当該外国法人の各事業年度の恒久的施設帰属所得に係る所得の金額の計算上、損金の額に算入しない。 （内部寄附金の額） 当該外国法人の当該事業年度の内部取引において当該外国法人の恒久的施設が当該外国法人の本店等に対して支出した額のうち寄附金の額（法法37⑦）に相当するものをいう。
	旧措法66の5⑩	(4) 外国法人に対する過少資本税制の非適用 恒久的施設の計上した自己資本の額が、当該恒久的施設に帰せられるべき資本の額（恒久的施設帰属資本相当額）に満たない場合には、上記5(4)で負債利子のうち満たない金額に対応する部分の金額は損金不算入となることから、過少資本税制は適用されないこととなった。 (5) 過大支払利子税制との調整事項
	措法66の5の2⑧一イ	① 過大支払利子税制の対象となる対象支払利子等の額は、内部取引において当該外国法人の恒久的施設から本店等に対する支払利子等に該当するものも含まれる。
	措法66の5の2⑧一ロ 措令39の13の2㊱	② 対象支払利子等の額には、上記5(5)「外国銀行等の資本に係る負債の利子の損金算入」により、外国法人の国内源泉所得に係る所得の金額の計算上損金に算入されるもののうち、当該外国法人の対象支払利子等の額に相当するものとして一定の額は含まれない。
	措法66の5の2⑨	③ 外国法人の恒久的施設を通じて行う事業に係る過大支払利子税制上の損金不算入額（措法66の5の2①）が、上記5(4)「恒久的施設に帰せられるべき資本に対応する負債の利子の損金不算入」の額以下となる場合には、過大支払利子税制の規定は適用しない。

11 その他		注：令和４年改正により、過大支払利子税制の対象となる外国法人の所得の範囲は次のとおりとなっている。 イ　恒久的施設を有する外国法人に係る恒久的施設帰属所得 ロ　恒久的施設を有する外国法人に係る恒久的施設帰属所得以外の国内源泉所得 ハ　恒久的施設を有しない外国法人に係る国内源泉所得

第2章

1　外国税額控除

項目	根拠法令	説明
1 直接外国税額控除	法法69①	内国法人が各事業年度において外国法人税を納付することとなる場合には、控除限度額を限度として、その外国法人税の額を当該事業年度の所得に対する法人税の額から控除する。 但し、A. 高率負担部分、B. 通常行われない取引に係るもの、C. 日本の法人税法令で非課税とされるもの、D.（タックスヘイブン対策税制）特定課税対象金額等に達するまでの配当等に係るものを除く。
2 外国法人税の範囲	同上	外国の法令により課される法人税に相当する税で政令で定めるもの
	法令141①	（外国法人税の範囲） 外国の法令に基づき外国又はその地方公共団体により法人の所得を課税標準として課される税
	法令141②	（外国法人税に含まれるもの） ① 超過利潤税その他法人の所得の特定の部分を課税標準として課される税 ② 法人の所得又はその特定の部分を課税標準として課される税の附加税 ③ 法人の所得を課税標準として課される税と同一の税目に属する税で、法人の特定の所得につき、徴税上の便宜のため、所得に代えて収入金額その他これに準ずるものを課税標準として課されるもの ④ 法人の特定の所得につき、所得を課税標準とする税に代え、法人の収入金額その他これに準ずるものを課税標準として課される税
	法基通16-3-4	（源泉徴収の外国法人税等）
	法令141③	（外国法人税に含まれないもの） ① 税を納付する者が、当該税の納付後、任意にその金額の全部又は一部の還付を請求することができる税 ② 税の納付が猶予される期間を、その税の納付をすることとなる者が任意に定めることができる税 ③ 複数の税率の中から税の納付をすることとなる者と外国若しくはその地方公共団体又はこれらの者により税率の合意をする権限を付与された者との合意により税率が決定された税（当該複数の税率のうち最も低い税率（当該最も低い税率が当該合意がないものとした場合に適用されるべき税率を上回る場合には当該適用されるべき税率）を上回る部分に限る。）

2 外国法人税の範囲

④ 外国法人税に附帯して課される附帯税に相当する税その他これに類する税

法令142の2

(税額控除の対象とならない外国法人税) 下記のA～D

A．所得に対する負担が高率な部分の金額は、税率35％超分とする。

法基通16-3-22

(高率負担部分の判定)

一の外国法人税ごとに、かつ課税標準とされる金額ごとに判定する。

法基通16-3-23

(予定納付等をした場合の高率負担部分の判定)

法令142の2②

(利子等に対する外国源泉税の特例)

利子等(法法69④六、八)の収入金額に源泉徴収の方法に類する方法で課される外国法人税については、内国法人の業種と所得率により以下を高率負担部分とする。

内国法人の主たる事業	所得率(10％以下)	所得率(10％超20％以下)	所得率(20％超)
金融業、生命保険業、損害保険業	税率 10％超分	税率 15％超分	高率負担部分なし
その他の事業(利子収入割合が20％以上)	税率 10％超分	税率 15％超分	高率負担部分なし
その他の事業(上記以外)	原則的計算と同じ(税率35％超分)		

利子収入割合

$$=\frac{\text{納付事業年度及び前2年内事業年度の利子等の収入金額の合計額}}{\text{分子＋上記期間の売上総利益の額の合計額}}$$

(業種ごとの所得率)

業種	所得率
金融業	$\frac{\text{納付事業年度及び前2年内事業年度の調整所得金額の合計額}}{\text{上記各事業年度の総収入金額の合計額}}$
生命・損害保険業	$\frac{\text{納付事業年度及び前2年内事業年度の調整所得金額の合計額}}{\text{上記各事業年度の総収入金額の合計額＋責任準備金等の戻入額－支払保険金等及び責任準備金等の繰入額}}$
その他の事業	$\frac{\text{納付事業年度及び前2年内事業年度の調整所得金額の合計額}}{\text{上記各事業年度の総収入金額の合計額－売上原価の額}}$
注：総収入金額のうち、有価証券及び固定資産の譲渡に係る収入金額については、譲渡直前の帳簿価額を控除した残高とする。	

法規29①②

法規29③④

法基通16-3-24

(高率負担部分の判定をする場合の総収入金額の計算における連結法人株式の帳簿価額修正額の取扱い)

2 外国法人税の範囲	法基通16-3-25	（高率負担部分の判定をする場合の総収入金額の計算における譲渡損益調整額の取扱い）
	法基通16-3-28	（外国法人税の額から控除されるもの）
	法基通16-3-29	（業種の区分）
	法基通16-3-30	（所得率等が変動した場合の取扱い） 適用事業年度に遡って、税額控除額の修正を行う。
	法基通16-3-31	（総収入金額） 別段の定めあるものを除き、各事業年度において益金の額に算入されるべきものをいう。
	法基通16-3-32	（引当金勘定の取崩等による益金の額の収入金額からの除外）
	法基通16-3-33	（資産の売却に係る収入金額）
	法基通16-3-34	（棚卸資産の販売による収入金額） 契約解除により収受する違約金は含まない。
	法基通16-3-35	（棚卸資産の販売以外の事業に係る収入金額） 営業外損益や特別損益に属する収入金額は含まない。
	法令142の２④	（調整所得金額） 調整所得金額とは、法令142の２④に掲げる規定を適用しないで計算した場合の所得金額に外国法人税の額（損金経理したものに限る。）を加算した金額をいう。別表６⑸記載様式による調整所得金額は次の通り。 所得金額仮計（別表四） ＋受取配当益金不算入額 ＋外国子会社配当益金不算入額 －外国子会社配当に係る外国源泉税の損金不算入額 ＋控除所得税額 ＋損金算入外国法人税額 ＝調整所得金額
	法令142の２⑤	B．通常行われる取引と認められない取引に係る外国法人税 特殊の関係のある者との仕組み金融取引
	法令142の２⑥	（特殊の関係のある者の範囲）
	法令142の２⑦一～六	C．日本の法人税に関する法令により法人税が課されないものを課税標準とする外国法人税 ① みなし配当に掲げる事由により交付を受ける金銭の額及び金銭以外の資産の価額に対して課される外国法人税の額（取得価額を超える部分の金額に対して課される部分を除く。） ② 法人の所得の金額が租税条約に基づく合意があった場合の更正の特例の規定により減額される場合において、相手国居住者等に支払われない金額に対し、これを配当に相当する金銭の支払とみなして課される外国法人税の額 ③ 外国子会社配当益金不算入制度（法法23の２①）により益金不算入の対象となる配当等の額に係る外国法人税の

2 外国法人税の範囲		
		額（配当等の額を課税標準として課される外国法人税）
		④ 国外事業所等から本店等への内部取引等に係る支払につき、当該支払に係る金額を課税標準として課される外国法人税の額
	法規29の2①	⑤ 内国法人が有する株式等を発行した外国法人の本店等の所在する国の法令に基づき、当該外国法人に係る租税の課税標準等又は税額等につき更正又は決定に相当する処分（当該内国法人との間の取引に係るものを除く。）があつた場合において、当該処分が行われたことにより増額された当該外国法人の所得の金額に相当する金額に対し、これを配当に相当する金銭の支払とみなして課される外国法人税の額及びその他の法人等（株式等を直接または間接に保有する関係その他の法規29の2①で定める関係にあるもの）の所得について、これを内国法人の所得とみなして当該内国法人に対して課される外国法人税の額
	法規29の2②	⑥ 内国法人の国外事業所等において、当該国外事業所等から本店等又は他の者（内国法人の議決権の25%以上を有する関係その他法規29の2②で定める関係にあるもの）に対する支払金額等がないものとした場合に得られる所得につき課される外国法人税の額
	法令142の2⑧	D．その他税額控除の対象とならない外国法人税
		① 外国法人から受ける剰余金の配当等の額（上記C③に該当する外国子会社配当等を除く。）で、タックスヘイブン対策税制の適用を受けて特定課税対象金額等とされる額に達するまでの金額として益金不算入の適用を受けるものを課税標準として課される外国法人税（益金不算入の適用を受ける部分の金額に係る外国法人税に限る。）
	法令142の2⑧五	② 租税条約に定める限度税率を超える税率により課される外国法人税
	法人税質疑応答事例（国税庁）	源泉徴収された外国法人税のうち限度税率超過分の金額については、支払日の属する事業年度の損金の額に算入される（法22③二）。なお、当該超過部分の全部又は一部が還付された場合には、還付されることとなった日の属する事業年度の益金の額に算入される。
	法基通16-3-36	（所在地国でパススルー課税を受け、日本では外国法人に該当する事業体の所得につき課される外国法人税）
	法基通16-3-36の2	（外国子会社から受ける剰余金の配当等の額に係る外国法人税の額の計算）
		内国法人が外国子会社から受ける剰余金の配当等の額の一部について、「外国子会社配当益金不算入の対象から除外される損金算入配当（実額法）」（法法23の2③）の規定の適用を受ける場合には、控除対象外国法人税額の計算の基礎となる当該配当等に係る外国法人税の額は、次の算式により計算する等合理的な方法により計算した額とする。

2 外国法人税の範囲		$\text{内国法人が受けた配当等の額に課された外国法人税} \times \frac{\text{分母のうち損金算入配当等}}{\text{当該外国子会社の支払配当等総額}}$
	法基通16-3-7	(国外からの利子、配当等について送金が許可されない場合の外国税額の控除)
		〈外国税額控除の適用時期〉
	法基通16-3-5	(外国税額控除の適用時期)
	法基通16-3-6	(予定納付等をした外国法人税についての税額控除の適用時期)
3 外国税額の控除限度額	法法69①	(1) 法人税の控除限度額
	法令142①	$\text{控除限度額} = \text{法人税額} \times \frac{\text{当該事業年度の調整国外所得金額}}{\text{当該事業年度の所得金額}}$
		(法人税額) 別表一(一) 4欄
	法令142②	(所得金額) 欠損金の繰越控除等の規定を適用しないで計算した場合の所得金額
	法令142③	(調整国外所得金額) 内国法人の各事業年度に生じた国外所得金額(第2章2参照)から次の外国法人税が課されない国外源泉所得を控除した金額をいう。 但し、当該事業年度の所得金額の90%を限度とする。
		(外国法人税が課されない国外源泉所得)
	法令142④二	① 国外事業所等に帰属する国外源泉所得の場合 当該国外源泉所得を生じた国又は地域及び当該国外事業所等の所在する国又は地域が当該国外源泉所得につき外国法人税を課さないこととしていること(みなし外国税がある場合を除く)
	法令142④一	② ①以外の国外源泉所得の場合 当該国外源泉所得を生じた国又は地域が当該国外源泉所得につき外国法人税を課さないこととしていること(みなし外国税がある場合を除く)
	法基通16-3-21	(外国法人税を課さないことの意義) みなし外国税を除き、租税条約等により外国法人税が課されないこととされている場合が含まれる。
	法令142⑤	(共通費用の非課税国外源泉所得への配分)
		(2) 地方税の外国税額控除
	地法53㊳、321の8㊳	法人税額・地方法人税額から控除しきれない控除対象外国法人税については、地方税の道府県民税および市町村民税の法人税割から次の控除限度額の範囲で税額控除することができる。 控除対象外国法人税額を税額控除する場合の順序としては、法人税、地方法人税、道府県民税、市町村民税となる。
		〈控除限度額〉

3 外国税額の控除限度額	地令9の7⑥、48の13⑦	① 標準税率方式（原則） イ 道府県民税の控除限度額＝法人税の控除限度額×1.0％ ロ 市町村民税の控除限度額＝法人税の控除限度額×6.0％ ② 実際税率方式 A．非分割法人の場合（一の道府県・市町村にのみ事務所等を有する法人） イ 道府県民税の控除限度額 ＝法人税の控除限度額×当期の法人税割実際税率 ロ 市町村民税の控除限度額 ＝法人税の控除限度額×当期の法人税割実際税率 B．分割法人の場合（2以上の道府県または市町村に事務所等を有する法人） 道府県及び市町村ごとに算定した控除限度額の合計が、道府県民税（市町村民税）の控除限度額の総額となる。 イ 各道府県民税の控除限度額 $\text{法人税の控除限度額} \times \frac{\text{当該道府県の従業員数}}{\text{従業員の総数}} \times \text{当期の当該道府県の法人税割実際税率}$ ロ 各市町村民税の控除限度額 $\text{法人税の控除限度額} \times \frac{\text{当該市町村の従業員数}}{\text{従業員の総数}} \times \text{当期の当該市町村の法人税割実際税率}$ 〈分割法人の場合の税額控除額〉
	地令9の7㉘、48の13㉙	道府県または市町村ごとに法人税割から控除する外国法人税額は、控除する道府県民税の控除額の総額または市町村民税の控除額の総額を従業員数（実際税率の場合は補正従業員数）により按分して算定することになる。 実際税率の場合の補正従業員数： イ （道府県民税分）補正従業員数＝従業員数×各道府県の実際税率÷1.0/100 ロ （市町村民税分）補正従業員数＝従業員数×各市町村の実際税率÷6.0/100
	法法69②③	(3) 控除限度超過額と控除余裕額の繰越
	法令144⑤	控除余裕額＝各事業年度の控除対象外国法人税額が当該年度の控除限度額に満たない場合のその満たない部分の金額をいう。
	法令144⑦	控除限度超過額＝各事業年度の控除対象外国法人税額が当該期の法人税、地方法人税と地方税の控除限度額合計を超える場合のその超過額をいう。 繰越控除限度額＝前3年内事業年度に発生して当該事業年度に繰り越された控除余裕額 繰越控除対象外国法人税額＝前3年内事業年度に発生して当該事業年度に繰り越された控除限度超過額
	法法69②	① 控除限度超過額が生じた場合の繰越控除限度額による外国税額控除

3 外国税額の控除限度額		控除対象外国法人税額が、当該事業年度の法人税・地方法人税・地方税の控除限度額の合計額を超える場合において、繰越控除限度額があるときは、その繰越控除限度額を限度として、控除限度超過額を当該事業年度の法人税の額から控除する。
	法令144①	（繰越控除限度額の計算） 繰越控除限度額は、前3年内事業年度の国税の余裕額又は地方税の余裕額を、最も古い事業年度のものから、かつ国税、地方税の順に当該事業年度の控除限度超過額に充てる。
	法令144②	（控除対象外国法人税の損金算入を選択した場合の控除余裕額の打切り）
	法令144⑥	（地方税の控除余裕額の意義）
	法法69③	② 控除余裕額が生じた場合の繰越控除対象外国法人税額の控除 控除対象外国法人税額が、当該事業年度の控除限度額に満たない場合において、繰越控除対象外国法人税額があるときは、その満たない金額を限度として、繰越控除対象外国法人税額を当該事業年度の法人税の額から控除する。
	法令145①	（繰越控除対象外国法人税額の計算） 繰越控除対象外国法人額は、前3年内事業年度の控除限度超過額を、最も古い事業年度ものから順次、当該事業年度の国税の控除余裕額に充てる。
	法令145②、144②	（控除対象外国法人税の損金算入を選択した場合の控除限度超過額の打切り）
	法令145③	繰越控除対象外国法人税額の控除の適用ができる事業年度後の事業年度においては、その適用を受けることとなる金額は、控除限度超過額及び控除余裕額として繰り越せない。
	法令145④	（地方税における繰越控除対象外国法人税額の控除の適用を受けた後の控除余裕額の繰越）
		(4) 外国法人税が減額または増額された場合の取扱い
	法法69⑬	① 外国法人税額が減額された場合 外国法人税の税額控除の適用を受けていた事業年度（適用事業年度）開始の日後7年以内に開始する事業年度に当該外国法人税の額が減額された場合には、適用事業年度において控除対象外国法人税額としていた金額と、減額後の外国法人税額につき適用事業年度において控除対象外国法人税とされるべき金額との差額（減額控除対象外国法人税額）について、次のように調整する。
	法令147①	イ 減額に係る事業年度の納付控除対象外国法人税額＞減額控除対象外国法人税の場合 減額に係る事業年度（減額されることになった日の属する事業年度）における納付控除対象外国法人税額（みなし外国税、タックスヘイブンに係る外国税を含む。）から、減額控除対象外国法人税の額を控除して、その控除後の金額を当該年度の外国税額控除の適用対象となる控除対象外国法人税とする。

3 外国税額の控除限度額		ロ　減額に係る事業年度の納付控除対象外国法人税額＜減額控除対象外国法人税の場合
	法令147③	(イ)　減額控除対象外国法人税から、減額に係る事業年度の納付控除対象外国法人税額を控除し、控除しきれない残額は、減額に係る事業年度に繰り越された繰越控除対象外国法人税額から控除する（最も古い事業年度の控除限度超過額から控除する）。
	法令147④	(ロ)　上記イで控除できない金額がある場合には、減額に係る事業年度後の2年以内に開始する事業年度の納付控除対象外国法人税から控除する。
	法令26②	(ハ)　上記（ロ）で控除できない金額がある場合には、その2年経過時点（減額に係る事業年度後の2年以内に開始する事業年度のうち最後の事業年度）で益金の額に算入する。
		②　外国法人税額が増額された場合
	法基通16-3-26	外国法人税の税額控除の適用を受けていた事業年度後の事業年度において、当該外国法人税に追加納付が発生し増額があった場合には、増額後の外国法人税につき控除対象外国法人税額の再計算を行い、高率負担部分は除外し、増額した控除対象法人税額は、当該外国法人税の増額のあった日の属する事業年度において外国税額控除の規定を適用する。
	法基通16-3-20	（欠損金の繰戻しによる還付があった場合の処理）
		(5)　法人税の外国税額還付と地方税の繰越控除
		①　法人税の還付
	法法74①三、78①	当年度の法人税額から控除しきれなかった金額は確定申告書に記載することにより還付となる。
		②　地方税の繰越控除
	地令9の7⑲、48の13⑳	地方税から控除すべき外国法人税が当年度の法人税割額を超える場合には、その超過額は控除未済外国法人税として3年間繰り越して控除することになる。
	法基通16-3-47	(6)　外国法人税の円換算
		①　源泉徴収による外国法人税
		イ　利子、配当等を収益に計上すべき日の属する事業年度末までに、当該利子、配当等に課された外国法人税
		当該利子、配当等の額の換算に適用した為替相場
		ロ　利子、配当等を収益に計上すべき日の属する事業年度後に、当該利子、配当等に課された外国法人税
		その課された日の属する事業年度において費用の額として計上する額の換算に適用した為替相場
		②　国内から送金する外国法人税
		その納付すべきことが確定した日の属する事業年度において外貨建て取引に係る費用の額として計上する額の換算に適用した為替相場

3 外国税額の控除限度額		③ 国外事業所等において納付する外国法人税 その納付すべきことが確定した日の属する事業年度の本支店合併損益計算書の作成の基準とする為替相場 ④ （租税条約による）みなし外国税 納付したものとした場合に適用すべき①～③に掲げた為替相場
4 みなし外国税額控除	実施特例法省令1九	⑴ みなし外国税の定義 みなし外国税額とは、相手国等の法律の規定又は当該相手国等との間の租税条約の規定により軽減され又は免除された当該相手国等の租税の額で、当該租税条約の規定に基づき納付したものとみなされるものをいう。
	実施特例法省令10	⑵ みなし外国税額の控除の申告手続 内国法人が外国税額控除の規定による外国税額の控除を受けようとする場合において、外国法人税の額（法法69①）のうちにみなし外国税額があるときは、法人税の申告書には、控除を受けるべきみなし外国税額の計算の明細を記載した書類及び当該みなし外国税額を証明する書類を含むものとする。
5 タックスヘイブン対策税制に係る外国税額控除	措法66の7①	外国関係会社のH30/4/1以後開始事業年度に係る外国税額控除については、第4章を参照
6 外国税額控除を適用する場合の所得計算		⑴ 直接外国税額控除の場合
	法法41	内国法人が納付する控除対象外国法人税額について、外国税額控除の適用を受ける場合には、その控除対象外国法人税の額は、損金の額に算入されない。
	法基通16-3-1	外国税額控除の適用を受けるか、あるいは外国税額を損金に算入するかは、内国法人の任意であるが、当該事業年度において納付する控除対象外国法人税額の一部について税額控除の適用を受ける場合には、当該控除対象外国法人税額の全部が損金に算入されない。
	法人税質疑応答事例（国税庁）	源泉徴収された外国法人税のうち限度税率超過分の金額については、支払日の属する事業年度の損金の額に算入される（法22③

6 外国税額控除を適用する場合の所得計算	 法法26③ 法令26	二)。なお、当該超過部分の全部又は一部が還付された場合には、還付されることとなった日の属する事業年度の益金の額に算入される。 (2) 税額控除した外国税額が減額された場合 外国税額控除の適用を受けていた事業年度開始の日後7年以内に開始する内国法人の各事業年度において当該外国法人税の額が減額された場合には、その減額された控除対象外国法人税の額は、(次の益金に算入される場合を除く。) 益金の額に算入しない。 (減額された金額のうち益金に算入されるもの) 次の場合における減額された控除対象外国法人税額 ① 減額に係る事業年度において納付することとなる控除対象外国法人税の額の額を損金の額に算入した場合 ② 減額控除対象外国法人税額のうち、納付控除対象外国法人税額及び控除限度超過額からの控除に充てることができなかった場合 (上記3(4)①参照)
7 適格再編があった場合の繰越控除限度額等の取扱い	法法69⑩ 法令146	内国法人が適格合併等 (適格合併、適格分割、適格現物出資) により、被合併法人等 (被合併法人、分割法人、現物出資法人) から事業の全部又は一部の移転を受けた場合には、当該内国法人の適格合併等の日の属する事業年度以後の各事業年度における繰越控除限度額および繰越控除対象外国法人税額の適用については、次に掲げる金額は、当該内国法人の前3年内事業年度の控除限度額及び控除対象外国法人税額とみなす。 (1) 適格合併の場合 被合併法人の適格合併の日前3年以内に開始した各事業年度の控除限度額及び控除対象外国法人税の額 (2) 適格分割等 (適格分割又は適格現物出資) の場合 適格分割等に係る分割法人または現物出資法人の適格分割等の日の属する事業年度開始の日前3年以内に開始した各事業年度の控除限度額及び控除対象外国法人税の額のうち、当該適格分割等により当該内国法人が移転を受けた事業に係る部分の金額
8 外国税額控除の適用要件	法法69㉕㉖ 法規29の4、30 法法69㉘	外国税額控除の適用を受けるには、確定申告書、修正申告書または更正請求書に控除を受けるべき金額およびその計算に関する明細を記載した書類、控除対象外国法人税の額の計算に関する明細等を記載した書類の添付があり、かつ控除対象外国法人税が課されたことを証する書類等の保存が要件とされる。 この場合において、控除をされるべき金額の計算の基礎となる控除対象外国法人税の額等の金額は、税務署長において特別の事情があると認める場合を除くほか、当該明細書に当該金額として記載された金額を限度とする。 税務署長は、控除をされるべきこととなる金額の全部又は一部につき上記に定める書類の保存がない場合においても、その書類の保存がなかったことについてやむを得ない事情があると認めるときは、その書類の保存がなかった金額につき外国税額控除の規定を適用することができる。

8 外国税額控除の適用要件	 法基通16-3-48	平成23年の法改正で、平成23年12月２日以後に法定申告期限が到来する法人税については、外国税額控除に係る当初申告要件が廃止され、控除額の制限が見直されたため、確定申告書において税額控除の適用を受けていなかった場合または確定申告書に記載された金額を増額する場合においても修正申告や更正請求により税額控除の適用を受けることができることとされた。 （外国法人税を課されたことを証する書類）
9 地方法人税法施行後の外国税額控除	地方法人税法附①② 地方法人税法９、10 地方法人税法12① 地方法人税法令３①	地方法人税法は、平成26年10月１日に施行され、法人の同日以後に開始する事業年度から適用される。 地方法人税は、法人税額を課税標準として10.3％の税率で課税される。 (1)　外国税額控除 内国法人が各課税事業年度において外国税額控除（法法69①）の規定の適用を受ける場合において、当該課税事業年度の同項に規定する控除対象外国法人税の額が同項に規定する法人税の控除限度額を超えるときは、当該課税事業年度の地方法人税額のうち当該内国法人の当該課税事業年度の所得でその源泉が国外にあるものに対応するものとして次の(2)で定めるところにより計算した金額を限度として、その超える金額を当該課税事業年度の地方法人税額から控除する。 (2)　控除限度額 地方法人税の額に当該課税事業年度に係る法人税の控除限度額の計算における割合（法令142①）を乗じて計算した金額とする。 $控除限度額=\begin{matrix}地方法人税\\の額\end{matrix}\times\frac{当該事業年度の調整国外所得金額}{当該事業年度の所得金額}$ 地方法人税には、余裕額の繰越はない。

第2章

2　外国税額控除における国外所得金額

項目	根拠法令	説明
1 国外所得金額	法法69① 法令141の2	国外源泉所得に係る所得のみについて各事業年度の所得に対する法人税を課するものとした場合に課税標準となるべき当該事業年度の所得の金額に相当するものとして次に定める金額をいう。 （国外所得金額の計算） 国外所得金額＝次に掲げる**国外源泉所得**に係る所得金額の合計額とする（合計額がゼロを下回る場合にはゼロ）。 ①　国外事業所等帰属所得（下記2(1)） ＋②　上記①以外の国外源泉所得（下記2(2)〜(16)　但し(2)〜(13)及び(15)(16)については①に該当するものを除く。）
2 国外源泉所得	法法69④ 法法69④一 法令145の2① 法法2一二の一九 法令145の2② 法法69⑤	国外源泉所得とは、次に掲げるもの(1)〜(16)をいう。 (1)　国外事業所等帰属所得 内国法人が**国外事業所等**を通じて事業を行う場合において、当該国外事業所等が当該内国法人から独立して事業を行う事業者であるとしたならば、当該国外事業所等が果たす機能、当該国外事業所等において使用する資産、当該国外事業所等と当該内国法人の**本店等**との間の**内部取引**その他の状況を勘案して、当該国外事業所等に帰せられるべき所得（当該国外事業所等の譲渡により生ずる所得を含み、(14)に該当するものを除く。） ①　国外事業所等　国外にある恒久的施設に相当するものその他の次に定めるものをいう。 我が国が租税条約（恒久的施設に相当するものに関する定めを有するものに限る。）を締結している条約相手国等については当該租税条約の条約相手国等内にある当該租税条約に定める恒久的施設に相当するものをいい、その他の国又は地域については当該国又は地域にある恒久的施設に相当するものをいう。 （恒久的施設の意義）第1章1「外国法人の区分」参照 ②　本店等 当該内国法人の本店、支店、工場その他これらに準ずるものとして次に定めるものであって当該国外事業所等以外のものをいう。 支店等、建設作業場等、代理人等及びこれらに準ずるもの ③　内部取引 内国法人の国外事業所等と本店等との間で行われた資産の移転、役務の提供その他の事実で、独立の事業者の間で同様の事実があったとしたならば、これらの事業者の間で、資産の販売、

2 国外源泉所得		
		資産の購入、役務の提供その他の取引（資金の借入れに係る債務の保証、保険契約に係る保険責任についての再保険の引受けその他これらに類する取引として次に掲げるものを除く。）が行われたと認められるものをいう。
	法令145の14	債務の保証等に類する取引（債務を負担する行為であって債務の保証に準ずるものを含む。）
	法令141の３⑤	（国外事業所等が内部取引により取得した資産） 内国法人の国外事業所等と本店等との間で当該国外事業所等における資産の購入その他資産の取得に相当する内部取引がある場合には、その内部取引の時にその内部取引に係る資産を取得したものとして、国外事業所等帰属所得金額の計算をする。
	法基通16-3-9の2	（複数の国外事業所等を有する場合の取扱い） それぞれの国外事業所等ごとに国外事業所等帰属所得を認識し、計算を行う。 （注）一の外国に事業活動の拠点が複数ある場合には、複数の拠点全体を一の国外事業所等として国外事業所等帰属所得の計算を行う。
	法基通16-3-9の3	（国外事業所等帰属所得に係る所得の金額を計算する場合の準用） 次に掲げる場合の区分に応じ、それぞれ次に掲げる外国法人課税の取扱いを準用する。 イ　内部取引から生ずる国外事業所等帰属所得に係る所得の金額を計算する場合 20-5-2　内部取引から生ずる恒久的施設帰属所得に係る所得の金額の計算 20-5-4　外国法人における短期保有株式等の判定 20-5-5　損金の額に算入できない保証料 20-5-7　損金の額に算入できない償却費等 20-5-8　販売費及び一般管理費等の損金算入 20-5-33　繰延ヘッジ処理等における負債の利子の額の計算 20-5-34　資本等取引に含まれるその他これらに類する事実 ロ　共通費用の額を配分する場合（下記３(3)） 20-5-9　本店配賦経費の配分の基礎となる費用の意義 ハ　下記４「国外事業所等に帰せられるべき資本の額に対応する負債の利子の損金不算入」の規定により、損金不算入額を計算する場合 20-5-18　恒久的施設に係る資産等の帳簿価額の平均的な残高の意義 20-5-19　総資産の帳簿価額の平均的な残高及び総負債の帳簿価額の平均的な残高の意義 20-5-21　恒久的施設に帰せられる資産の意義 20-5-23　比較対象法人の純資産の額の意義

2 国外源泉所得		
		20-5-26 金銭債務の償還差損等 ～ 20-5-30 原価に算入した負債の利子の額の調整
		ニ 下記５「銀行等の資本に係る負債の利子の損金算入」の規定により、損金算入額を計算する場合 20-5-26 金銭債務の償還差損等
		ホ 下記６「保険会社の国外事業所等に係る投資収益の額の益金不算入」の規定により、益金不算入額を計算する場合 20-5-15 外国保険会社等の投資資産の額の運用利回り
	法基通16-3-37	（国外事業所等帰属所得を認識する場合の準用） 国外事業所等帰属所得を認識する場合について、20-2-1 恒久的施設帰属所得の認識に当たり勘案されるその他の状況 ～ 20-2-4 恒久的施設において使用する資産の範囲 までの取扱いを準用する。
	法法69④二	(2) 国外にある資産の運用又は保有により生ずる所得
	法令145の3①一～三	例示として次に掲げる資産の運用又は保有により生ずる所得 ① 外国の国債、地方債若しくは外国法人の発行する債券又は約束手形
	法基通16-3-38	（振替公社債等の運用又は保有） 債券の範囲について、20-2-6「振替公社債等の運用又は保有」を準用する。
		② 非居住者に対する貸付金に係る債権で当該非居住者の行う業務に係るもの以外のもの ③ 国外にある営業所、事務所その他これらに準ずるもの又は国外において契約の締結の代理をする者を通じて締結した保険契約（外国保険業者、生命保険会社、損害保険会社又は少額短期保険業者の締結した保険契約をいう。）その他これに類する契約に基づく保険金の支払又は剰余金の分配（これらに準ずるものを含む。）を受ける権利
	法令145の３②	なお、外国市場デリバティブ取引（金商法２㉓）又は店頭デリバティブ取引（金商法２㉒）の決済により生ずる所得は、国外源泉所得に含まれない。
	法法69④三	(3) 国外にある資産の譲渡により生ずる所得
	法令145の4①一～七	次に掲げる資産の譲渡（③については、伐採又は譲渡）により生ずる所得とする。 ① 国外にある不動産 ② 国外にある不動産の上に存する権利、国外における鉱業権又は国外における採石権 ③ 国外にある山林 ④ 外国法人の発行する株式又は外国法人の出資者の持分で、その外国法人の発行済株式又は出資の総数又は総額の一定割合以上に相当する数又は金額の株式又は出資を所有する場合に

2 国外源泉所得		
		その外国法人の本店又は主たる事務所の所在する国又は地域においてその譲渡による所得に対して外国法人税が課されるもの
		⑤　不動産関連法人（法令145の4②）の株式（出資を含む。）
		⑥　国外にあるゴルフ場の所有又は経営に係る法人の株式を所有することがそのゴルフ場を一般の利用者に比して有利な条件で継続的に利用する権利を有する者となるための要件とされている場合における当該株式
		⑦　国外にあるゴルフ場その他の施設の利用に関する権利
	法法69④四	(4)　人的役務の提供事業の対価
	法令145の5一～三	国外において人的役務の提供を主たる内容とする事業で次に掲げるものを行う法人が受ける当該人的役務の提供に係る対価
		①　映画若しくは演劇の俳優、音楽家その他の芸能人又は職業運動家の役務の提供を主たる内容とする事業
		②　弁護士、公認会計士、建築士その他の自由職業者の役務の提供を主たる内容とする事業
		③　科学技術、経営管理その他の分野に関する専門的知識又は特別の技能を有する者の当該知識又は技能を活用して行う役務の提供を主たる内容とする事業（機械設備の販売その他事業を行う者の主たる業務に付随して行われる場合における当該事業及び建設、据付け、組立てその他の作業の指揮監督の役務の提供を主たる内容とする事業を除く。）
	法基通16-3-39	（機械設備の販売等に付随して行う技術役務の提供）
		法基通20-2-12「機械設備の販売等に付随して行う技術役務の提供」を準用する。
	法法69④五	(5)　国外不動産等の貸付対価
		国外にある不動産、国外にある不動産の上に存する権利若しくは国外における採石権の貸付け（地上権又は採石権の設定その他他人に不動産、不動産の上に存する権利又は採石権を使用させる一切の行為を含む。）、国外における租鉱権の設定又は非居住者若しくは外国法人に対する船舶若しくは航空機の貸付けによる対価
	法基通16-3-40	（船舶又は航空機の受付け）
	法法69④六イ～ハ	(6)　利子等
		利子等（所法23①　利子所得）及びこれに相当するもののうち次に掲げるもの
		①　外国の国債若しくは地方債又は外国法人の発行する債券の利子
	法基通16-3-41	（振替公社債等の利子）
		法基通20-2-6「振替公社債等の運用又は保有」を債券の範囲について準用する。
		②　国外にある営業所、事務所その他これらに準ずるものに預け入れられた預貯金の利子

2 国外源泉所得		③ 国外にある営業所に信託された合同運用信託若しくはこれに相当する信託、公社債投資信託又は公募公社債等運用投資信託（所法2①十五の三）若しくはこれに相当する信託の収益の分配
	法法69④七	⑺ 配当等 配当等（所法24①配当所得）及びこれに相当するもののうち次に掲げるもの ① 外国法人から受ける剰余金の配当、利益の配当、剰余金の分配又は金銭の分配若しくは基金利息に相当するもの ② 国外にある営業所に信託された投資信託（公社債投資信託並びに公募公社債等運用投資信託及びこれに相当する信託を除く。）又は特定受益証券発行信託若しくはこれに相当する信託の収益の分配
	法法69④八 法令145の6①～③	⑻ 貸付金利子等 国外において業務を行う者に対する貸付金（これに準ずるものを含む。）で当該業務に係るものの利子（債券の買戻又は売戻条件付売買取引として一定のもの（法令145の6①）から生ずる差益として一定のもの（法令145の6②）を含む。）
	法基通16-3-42	（貸付金に準ずるもの） 貸付金に準ずるものには、国外において業務を行う者に対する債権で次に掲げるようなものが含まれる。 ・預け金のうち預貯金（上記⑹②）以外のもの ・保証金、敷金その他これらに類する債権 ・前渡金その他これに類する債権 ・他人のために立替払をした場合の立替金 ・取引の対価に係る延払債権 ・保証債務を履行したことに伴って取得した求償権 ・損害賠償金に係る延払債権 ・当座貸越に係る債権
	法法69④九	⑼ 使用料等 国外において業務を行う者から受ける次に掲げる使用料又は対価で当該業務に係るもの ① 工業所有権その他の技術に関する権利、特別の技術による生産方式若しくはこれらに準ずるものの使用料又はその譲渡による対価
	法基通16-3-43	（工業所有権等の意義） 法基通20-3-2「工業所有権等の意義」を準用する。 ② 著作権（出版権及び著作隣接権その他これに準ずるものを含む。）の使用料又はその譲渡による対価
	法基通16-3-44	（使用料の意義）

2 国外源泉所得		
		①工業所有権等及び②著作権の使用料には、契約を締結するに当たって支払を受けるいわゆる頭金、権利金等のほか、これらのものを提供し、又は伝授するために要する費用に充てるものとして支払を受けるものも含まれる。
	法令145の7①	③　機械、装置、車両、運搬具、工具、器具、備品の使用料
	法基通16-3-45	（備品の範囲） 器具及び備品には、美術工芸品、古代の遺物等のほか、観賞用、興行用その他これらに準ずる用に供される生物が含まれる。
	法令145の7②	注：上記②③の資産で外国法人又は非居住者の業務の用に供される船舶又は航空機において使用されるものの使用料は、国外源泉所得に該当する使用料とし、内国法人又は居住者の業務の用に供される船舶又は航空機において使用されるものの使用料は、国外源泉所得に該当する使用料以外の使用料とする。
	法法69④十	⑽　広告宣伝のための賞金等 国外において行う事業の広告宣伝のための賞金として次に掲げるもの
	法令145の8	国外において事業を行う者から当該事業の広告宣伝のために賞として支払を受ける金品その他の経済的な利益
		⑾　保険年金等
	法法69④十一	国外にある営業所又は国外において契約の締結の代理をする者を通じて締結した外国保険業者の締結する保険契約その他の年金に係る契約で次に掲げるものに基づいて受ける年金（年金の支払の開始の日以後に当該年金に係る契約に基づき分配を受ける剰余金又は割戻しを受ける割戻金及び当該契約に基づき年金に代えて支給される一時金を含む。）
	法令145の9	（年金に係る契約の範囲） 保険業法に規定する外国保険業者、生命保険会社若しくは損害保険会社の締結する保険契約又はこれに類する共済に係る契約であって、年金を給付する定めのあるものとする。
	法法69④十二	⑿　給付補填金等 次に掲げる給付補填金、利息、利益又は差益 ①　給付補填金（所法174三）のうち国外にある営業所が受け入れた定期積金に係るもの ②　給付補填金（所法174四）に相当するもののうち国外にある営業所が受け入れた掛金に相当するものに係るもの ③　利息（所法174五）に相当するもののうち国外にある営業所を通じて締結された契約に相当するものに係るもの ④　利益（所法174六）のうち国外にある営業所を通じて締結された契約に係るもの ⑤　差益（所法174七）のうち国外にある営業所が受け入れた預貯金に係るもの ⑥　差益（所法174八）に相当するもののうち国外にある営業所又は国外において契約の締結の代理をする者を通じて締結さ

2 国外源泉所得		れた契約に相当するものに係るもの
	法法69④十三	⒀ 匿名組合契約に基づく利益の分配
		国外において事業を行う者に対する出資につき、匿名組合契約(これに準ずる契約として次に掲げるものを含む。)に基づいて受ける利益の分配
	法令145の10	(匿名組合契約に準ずる契約の範囲)
		当事者の一方が相手方の事業のために出資をし、相手方がその事業から生ずる利益を分配することを約する契約とする。
	法法69④十四	⒁ 国際運輸業所得
		国内及び国外にわたって船舶又は航空機による運送の事業を行うことにより生ずる所得のうち国外において行う業務につき生ずべき所得として次に掲げるもの
	法令145の11	(国際運輸業所得)
		内国法人が国内及び国外にわたって船舶又は航空機による運送の事業を行うことにより生ずる所得のうち、船舶による運送の事業にあっては国外において乗船し又は船積みをした旅客又は貨物に係る収入金額を基準とし、航空機による運送の事業にあってはその国外業務(国外において行う業務をいう。)に係る収入金額又は経費、その国外業務の用に供する固定資産の価額その他その国外業務が当該運送の事業に係る所得の発生に寄与した程度を推測するに足りる要因を基準として判定したその内国法人の国外業務につき生ずべき所得とする。
	法基通16-3-19の8	(国際海上運輸業における運送原価の計算)
	法法69④十五	⒂ 租税条約に異なる定めがある場合に相手国等で課税が認められた所得
	法令145の12	租税条約の規定により当該租税条約の相手国等において外国法人税を課することができることとされる所得
	法法69④十六	⒃ その他の国外源泉所得
	法令145の13一～五	上記に掲げるもののほかその源泉が国外にある所得として次に掲げるもの
		① 国外において行う業務又は国外にある資産に関し受ける保険金、補償金又は損害賠償金(これらに類するものを含む。)に係る所得
		② 国外にある資産の贈与を受けたことによる所得
		③ 国外において発見された埋蔵物又は国外において拾得された遺失物に係る所得
		④ 国外において行う懸賞募集に基づいて懸賞として受ける金品その他の経済的な利益に係る所得
		⑤ 上記のほか、国外において行う業務又は国外にある資産に関し供与を受ける経済的な利益に係る所得
		〈その他〉
	法法69⑥	① 所得源泉置換規定

2 国外源泉所得		租税条約において国外源泉所得につき上記と異なる定めがある場合には、その租税条約の適用を受ける内国法人については、国外源泉所得はその租税条約に定めるところによる。
	法法69⑦	② 旧OECDモデル租税条約7条に相当する租税条約の規定の適用がある場合の内部取引の取扱い
		内国法人の国外事業所等帰属所得を算定する場合において、当該内国法人の国外事業所等が、上記の内部取引から所得が生ずる旨を定める租税条約以外の租税条約の相手国等に所在するときは、上記の内部取引には、当該内国法人の国外事業所等と本店等との間の利子（これに準ずるもの（法令145の15①）を含む。）の支払に相当する事実（一定の金融機関（法令145の15②）に該当する内国法人の国外事業所等と本店等との間の利子の支払に相当する事実を除く。）その他次に掲げる事実（イ、ロ）は、含まれないものとする。
	法令145の15③	イ 次に掲げるものの使用料の支払に相当する事実 (イ) 工業所有権その他の技術に関する権利、特別の技術による生産方式又はこれらに準ずるもの (ロ) 著作権（出版権及び著作隣接権その他これに準ずるものを含む。） (ハ) 減価償却資産である無形固定資産 ロ 上記(イ)から(ハ)までに掲げるものの譲渡又は取得に相当する事実
	法基通16-3-46	（利子の範囲）
	法法69⑧	③ 単純購入非課税の原則のある租税条約の規定の適用がある場合の取扱い
		内国法人の国外事業所等が、租税条約（国外事業所等が本店等のために棚卸資産を購入する業務及びそれ以外の業務を行う場合に、その棚卸資産を購入する業務から生ずる所得が、その国外事業所等に帰せられるべき所得に含まれないとする定めのあるものに限る。）の相手国等に所在し、かつ、当該内国法人の国外事業所等が本店等のために棚卸資産を購入する業務及びそれ以外の業務を行う場合には、当該国外事業所等のその棚卸資産を購入する業務から生ずる国外事業所等帰属所得はないものとする。
3 国外事業所等帰属所得に係る所得の金額の計算	法令141の3①	上記1①の国外事業所等帰属所得に係る所得の金額は、内国法人の当該事業年度の国外事業所等を通じて行う事業に係る益金の額から当該事業年度の当該事業に係る損金の額を減算した金額とする。
	法令141の3②	益金の額又は損金の額に算入すべき金額は、別段の定めがあるものを除き、内国法人の国外事業所等を通じて行う事業につき、内国法人の各事業年度の所得の金額の計算に関する法人税に関する法令の規定に準じて計算した場合に益金の額となる金額又は損金の額となる金額とする。
	法基通16-3-9	（国外事業所等帰属所得に係る所得の金額の計算）

3 国外事業所等帰属所得に係る所得の金額の計算

国外事業所等帰属所得の金額の計算に当たり、内国法人の各事業年度の所得の金額の計算に関する法人税に関する法令の規定に準じて計算する場合には、次のことに留意する。

① 減価償却費、引当金・準備金の繰入額等の損金算入、延払基準の方法による収益・費用の計上等については、法人税に関する法令の規定により、内国法人の仮決算又は確定した決算において経理することを要件として適用される。

(注) 内国法人が単に国外事業所等の帳簿に記帳するだけでは、これらの規定の適用がない。

② 減価償却資産の償却限度額、資産の評価換えによる評価益の益金算入額・評価損の損金算入額等を計算する場合で、国外事業所等における資産の購入その他資産の取得に相当する内部取引があるときのこれらの計算の基礎となる各資産の取得価額は、下記(4)①「特定の内部取引に係る国外事業所等帰属所得に係る所得の金額の計算」の規定の適用があるときを除き、当該内部取引の時の価額により当該内部取引が行われたものとして計算した金額となる。

(注) 例えば、内国法人が国外事業所等に帰せられる減価償却資産につきその償却費を当該帳簿に記帳していない場合であっても、仮決算又は確定した決算において経理しているときは、当該経理した金額（当該金額が償却限度額を超える場合には、その超える部分の金額を控除した金額）は、国外事業所等帰属所得に係る所得の金額の計算上損金の額に算入される。

(1) 各事業年度の所得の金額の計算（法法22関係）

法令141の3③一

① 販売費、一般管理費その他の費用（法法22③二）のうち内部取引に係るものについては、債務の確定しないものを含むものとする。

法令141の3③二

② 資本等取引（法法22⑤）には、国外事業所等を開設するための内国法人の本店等から国外事業所等への資金の供与又は国外事業所等から本店等への剰余金の送金その他これらに類する事実を含むものとする。

法令141の3④

(2) 内部取引に係る金銭債権

貸倒引当金（法法52）の規定に準じて計算する場合には、金銭債権には、当該内国法人の国外事業所等と本店等との間の内部取引に係る金銭債権に相当するものは、含まれないものとする。

(3) 共通費用の配分

法令141の3⑥

内国法人の当該事業年度の所得の金額の計算上損金の額に算入された金額のうちに販売費、一般管理費その他の費用（法法22③二）で国外事業所等帰属所得に係る所得を生ずべき業務とそれ以外の業務の双方に関連して生じたものの額（共通費用の額）があるときは、当該共通費用の額は、これらの業務に係る収入金額、

3 国外事業所等帰属所得に係る所得の金額の計算		
		資産の価額、使用人の数その他の基準のうちこれらの業務の内容及び費用の性質に照らして合理的と認められる基準により国外事業所等帰属所得に係る所得の金額の計算上の損金の額として配分するものとする。
	法基通16-3-12	① 国外事業所等帰属所得に係る所得の金額の計算における共通費用の額の配賦 共通費用の額（引当金準備金の繰入額及び負債の利子の額を除く。）については、個々の業務ごと、かつ、個々の費目ごとに合理的と認められる基準により国外業務（国外事業所等帰属所得に係る所得を生ずべき業務）に配分するのであるが、個々の業務ごと、かつ、個々の費目ごとに計算をすることが困難であると認められるときは、全ての共通費用の額を一括して、当該事業年度の売上総利益の額（利子、配当等、使用料については、その収入金額）のうちに国外業務に係る売上総利益の額の占める割合を用いて国外事業所等帰属所得に係る所得の金額の計算上損金の額として配分すべき金額を計算することができる。 共通費用の総額 × (国外業務に係る売上総利益の額 ＋国外からの利子・配当・使用料の収入金額) / (当該事業年度の売上総利益の額 ＋利子・配当・使用料の収入金額)
	法基通16-3-12（注１）	（簡便法） 内国法人（金融及び保険業を主として営む法人を除く。）の国外業務に係る収入金額の全部又は大部分が利子、配当等、使用料であり、かつ、当該事業年度の所得金額のうちに調整国外所得金額の占める割合が低いなどのため課税上弊害がないと認められる場合には、当該事業年度の販売費、一般管理費その他の費用の額のうち国外業務に関連することが明らかな費用の額のみが共通費用の額であるものとして配分額を計算することができる。
	法基通16-3-12（注２）	（配当収入のうちに、外国子会社配当益金不算入の適用を受けるものがある場合）
	法基通16-3-13	② 国外事業所等帰属所得に係る所得の金額の計算における負債の利子の額の配賦 負債の利子（金銭債務の償還差損、手形の割引料、貿易商社における輸入決済手形借入金の利息等を含み、（下記５）「銀行等の資本に係る負債利子の損金不算入」に規定する負債の利子を除く。）の額（共通利子の額）については、内国法人の営む主たる事業に応じて、それぞれ次の算式の額を国外事業所等帰属所得の計算上損金の額として配分することができる。 イ　卸売業及び製造業 当年度の共通利子の額 × (前年度末及び当年度末の国外事業所等に係る資産の帳簿価額) / (前年度末及び当年度末の総資産の帳簿価額)

3 国外事業所等帰属所得に係る所得の金額の計算

ロ　銀行業

$$\text{国外事業所等に係る貸付金、有価証券等の当期の平均残高} \times \frac{\text{当期における共通利子の額の合計額}}{\text{預金、借入金等の当期中の平均残高} + \left(\text{前期末及び当期末の自己資本の額の合計額} - \text{前期末及び当期末の固定資産の帳簿価額の合計額}\right) \times \frac{1}{2}}$$

ハ　その他の事業

その事業の性質に応じ、イ又はロに掲げる方法に準ずる方法

注1　イの「国外事業所等に係る資産」及びロの「国外事業所等に係る貸付金、有価証券等」には、当期において収益に計上すべき利子、配当等の額がなかった貸付金、有価証券等を含めないことができる。

2　国外事業所等に係る株式又は出資のうちに外国子会社配当益金不算入（法法23の2①）の適用がある場合には、イの「国外事業所等に係る資産の帳簿価額」及びロの「国外事業所等に係る貸付金、有価証券等の当期の平均残高」の計算は、当該株式又は出資の帳簿価額から当該帳簿価額に益金不算入割合を乗じて計算した金額を控除した金額による。

3　ロの「自己資本の額」は、確定した決算に基づく貸借対照表の純資産の部に計上されている金額によるものとし、「固定資産の帳簿価額」は、当該貸借対照表に計上されている固定資産（法法2二十二）の帳簿価額による。

法基通16-3-14

③　確認による共通費用の額等の配賦方法の選択

上記①又は②によることが法人の業務の内容等に適合しないと認められるときは、あらかじめ所轄税務署長（所轄国税局長）の確認を受けて、共通費用または共通利子の全部または一部につき、収入金額・直接経費の額・資産の価額・使用人の数その他の基準のうち、その業務の内容等に適合すると認められる基準により計算することができる。

法基通16-3-15

④　引当金の繰入額等の配賦

国外事業所等帰属所得の計算上、損金の額となる引当金繰入額及び準備金（特別償却準備金を含む。）の積立額は、国外事業所等ごとに計算を行う。

イ　個別評価貸倒引当金

個別評価貸倒引当金（法法52①）への繰入額のうち国外事業所等帰属所得の計算上損金の額に算入すべき金額は、内国法人が国外事業所等に帰せられる個別評価金銭債権の損失の見込額として仮決算又は確定した決算において貸倒引当金勘定に繰り入れた金額（当該金額が当該個別評価金銭債権について「貸倒引当金勘定への繰入限度額」（法令96①）を超える場合には、その超える部分の金額を控除した金額）とする。

3 国外事業所等帰属所得に係る所得の金額の計算

ロ　一括評価貸倒引当金

一括評価貸倒引当金（法法52②）への繰入額のうち国外事業所等帰属所得の計算上損金の額に算入すべき金額は、内国法人が一括評価金銭債権の貸倒れによる損失の見込額として仮決算又は確定した決算において貸倒引当金勘定に繰り入れた金額のうち国外事業所等に係るものとして合理的に計算された金額（当該金額が当該国外事業所等に帰せられる一括評価金銭債権の額の合計額に国外事業所等貸倒実績率（当該国外事業所等が内国法人から独立して事業を行う事業者であるとして、貸倒実績率（法令96⑥）を計算した場合の当該貸倒実績率をいう。）を乗じて計算した金額を超える場合には、その超える部分の金額を控除した金額）とする。

注1　内国法人が単に国外事業所等の帳簿に記帳した金額は、仮決算又は確定した決算において貸倒引当金勘定に繰り入れた金額に該当しない。

2　内国法人が国外事業所等の帳簿において貸倒引当金を記帳していない場合であっても、国外事業所等に帰せられる金銭債権につき仮決算又は確定した決算において貸倒引当金勘定への繰入れを行っているときは、当該金銭債権について、上記イ又はロの適用がある。

3　内国法人が、全ての国外事業所等につき、国外事業所等貸倒実績率に代えて内国法人が所得の計算に用いている貸倒実績率により計算を行っている場合には、継続適用を条件として認められる。

法基通16-3-16

⑤　引当金の取崩額等の配賦

当期以前の年度において国外事業所等帰属所得の計算上損金の額に算入した引当金準備金の取崩等による益金算入額がある場合には、当該益金算入額のうちその繰入・積立をした年度において国外事業所等帰属所得の計算上損金の額に算入した金額に対応する部分の金額を当該取崩等に係る年度の国外事業所等帰属所得の計算上益金の額に算入する。

法基通16-3-19

⑥　損金不算入の寄附金、交際費等

寄附金の損金不算入（法法37①②）又は交際費等の損金不算入（措法61の４①②）の規定に準じて計算する場合には、各国外事業所等をそれぞれ一の法人とみなして計算する。この場合において、次のことは次による。

イ　一般寄附金の損金算入限度額（法令73①一イ）に規定する資本金等の額は、内国法人の当該事業年度終了の時における資本金等の額による。

ロ　交際費等の定額控除限度額（措法61の４②）に規定する資本金の額又は出資金の額は、内国法人の当該事業年度終了の日における同項に規定する資本金の額又は出資金の額による。

法令141の３⑦

（共通費用の配分に関する書類の作成）

3 国外事業所等帰属所得に係る所得の金額の計算		共通費用の額の配分を行った内国法人は、当該配分の計算の基礎となる事項を記載した書類その他の次に掲げる書類を作成しなければならない。
	法規28の5	（共通費用の額の配分に関する書類） 次に掲げる書類とする。 ① 共通費用の額の配分の基礎となる費用の明細及び内容を記載した書類 ② 合理的と認められる基準により配分するための計算方法の明細を記載した書類 ③ 上記②の計算方法が合理的であるとする理由を記載した書類
		(4) 特定の内部取引に係る国外事業所等帰属所得に係る所得の金額の計算
	法令141の7①	① 内国法人の国外事業所等と本店等との間で資産（上記2(3)又は(5)に掲げる国外源泉所得を生ずべき資産に限る。）の当該国外事業所等による取得又は譲渡に相当する内部取引があった場合には、当該内部取引は当該資産の当該内部取引の直前の帳簿価額に相当する金額により行われたものとして、当該内国法人の各事業年度の国外事業所等帰属所得に係る所得の金額を計算する。
	法令141の7②	② 帳簿価額に相当する金額の意義 イ 国外事業所等による資産の取得に相当する内部取引の場合 当該内部取引の時に当該内部取引に係る資産の他の者への譲渡があったものとみなして当該資産の譲渡により生ずべき当該内国法人の各事業年度の所得の金額を計算するとした場合に当該資産の譲渡に係る原価の額とされる金額に相当する金額 ロ 国外事業所等による資産の譲渡に相当する内部取引の場合 当該内部取引の時に当該内部取引に係る資産の他の者への譲渡があったものとみなして当該資産の譲渡により生ずべき当該内国法人の各事業年度の国外事業所等帰属所得に係る所得の金額を計算するとした場合に当該資産の譲渡に係る原価の額とされる金額に相当する金額
	法令141の7③	③ ①の規定の適用がある場合の内部取引に係る当該資産の当該国外事業所等における取得価額は、①に定める金額（取得のために要した費用がある場合には、その費用の額を加算した金額）とする。
		(5) その他国外事業所等帰属所得に係る調整 ＋国外事業所等に帰せられるべき資本の額に対応する負債利子の損金不算入（加算調整（下記4）） －銀行等の資本に係る負債利子の損金算入（減算調整（下記5）） －保険会社の国外事業所等に係る投資収益の額の益金不算入（減算調整（下記6））

	法令141の3⑧	(6) 国外事業所等帰属所得に係る明細書の添付要件 外国税額控除の規定の適用を受ける内国法人は、確定申告書、修正申告書又は更正請求書に当該事業年度の国外事業所等帰属所得に係る所得の金額の計算に関する明細を記載した書類を添付しなければならない。
4 国外事業所等に帰せられるべき資本の額に対応する負債利子の損金不算入	法令141の4①	内国法人の各事業年度の国外事業所等を通じて行う事業に係る負債の利子（手形の割引料、その他経済的な性質が利子に準ずるものを含む。）の額のうち、当該国外事業所等に係る自己資本の額が当該国外事業所等に帰せられるべき資本の額に満たない場合におけるその満たない金額に対応する部分の金額は、当該内国法人の国外事業所等帰属所得に係る所得の金額の計算上、損金の額に算入しない。当該損金不算入額の計算式は下記(4)の通り。
	法令141の4②	(1) 負債利子の額 負債の利子の額は、次の①～③の合計額から④を控除した残額とする。 ① 国外事業所等を通じて行う事業に係る負債の利子の額（②及び③に掲げる金額を除く。） ② 内部取引において内国法人の国外事業所等から当該内国法人の本店等に対して支払う利子に該当することとなるものの金額 ③ 共通費用の額のうち（上記3(3)）の規定により国外事業所等帰属所得に係る所得の金額の計算上の損金の額として配分した金額に含まれる負債の利子の額 ④ （下記5）銀行等の資本に係る負債利子の調整（法令141の5） (2) 国外事業所等に係る自己資本の額
	法令141の4①	当該事業年度の当該国外事業所等に係る資産の帳簿価額の平均的な残高として合理的な方法により計算した金額から当該事業年度の当該国外事業所等に係る負債の帳簿価額の平均的な残高として合理的な方法により計算した金額を控除した残額をいう。
	法令141の4⑨	（帳簿価額） 帳簿価額は、当該内国法人がその会計帳簿に記載した資産又は負債の金額によるものとする。
	法令141の4③	(3) 国外事業所等に帰せられるべき資本の額（国外事業所等帰属資本相当額） 次に掲げるA資本配賦法又はB同業法人比準法のいずれかの方法により計算した金額とする。
	法令141の4③一	A〈資本配賦法〉 資本配賦法は、内国法人の自己資本の額に、内国法人の資産の額に占める国外事業所等に帰せられるべき資産の額の割合を乗じて、その国外事業所等に帰せられるべき資本の額を計算する方法である。 銀行等以外の内国法人は、①資本配賦原則法又は②資本配賦簡便法による。

4 国外事業所等に帰せられるべき資本の額に対応する負債利子の損金不算入		銀行等（法令141の5①）である内国法人は、③規制資本配賦法による。
	法令141の4③一イ	①　資本配賦原則法 国外事業所等に帰せられるべき資本の額＝ $\text{内国法人の自己資本の額} \times \dfrac{\text{国外事業所等の危険勘案資産額}}{\text{内国法人の危険勘案資産額}}$ （内国法人の自己資本の額） 当該内国法人の当該事業年度の総資産の帳簿価額の平均的な残高として合理的な方法により計算した金額から総負債の帳簿価額の平均的な残高として合理的な方法により計算した金額を控除した残額
	法令141の4⑨	（帳簿価額） 帳簿価額は、当該内国法人がその会計帳簿に記載した資産又は負債の金額によるものとする。
	法令141の4③一イ(3)	（国外事業所等の危険勘案資産額） 当該内国法人の当該事業年度終了の時の当該国外事業所等に帰せられる資産の額について、取引の相手方の契約不履行その他の次に定める理由により発生し得る危険（以下、「発生し得る危険」）を勘案して計算した金額
	法規28の6	（発生し得る危険の範囲） 発生し得る危険は、次に掲げるものとする。 イ　（信用リスク）取引の相手方の契約不履行により発生し得る危険 ロ　（市場リスク）保有する有価証券等（有価証券その他の資産及び取引をいう。）の価格の変動により発生し得る危険 ハ　（業務リスク）事務処理の誤りその他日常的な業務の遂行上発生し得る危険 ニ　上記に掲げるものに類する危険
	法令141の4③一イ(4)	（内国法人の危険勘案資産額） 当該内国法人の当該事業年度終了の時の総資産の額について、発生し得る危険を勘案して計算した金額
	法令141の4⑥一	②　資本配賦簡便法 国外事業所等に帰せられるべき資本の額＝ $\text{内国法人の自己資本の額} \times \dfrac{\text{国外事業所等の資産の帳簿価額}}{\text{内国法人の総資産の帳簿価額}}$
	法令141の4⑥一イ	（国外事業所等の資産の帳簿価額） 当該内国法人の当該事業年度終了の時の当該国外事業所等に帰せられる資産の帳簿価額
	法令141の4⑥一ロ	（内国法人の総資産の帳簿価額） 当該内国法人の当該事業年度終了の時の貸借対照表に計上されている総資産の帳簿価額

4 国外事業所等に帰せられるべき資本の額に対応する負債利子の損金不算入	法令141の4③一ロ	③　規制資本配賦法 国外事業所等に帰せられるべき資本の額＝ $\text{内国法人の規制上の自己資本の額} \times \frac{\text{国外事業所等の危険勘案資産額}}{\text{内国法人の危険勘案資産額}}$ （規制上の自己資本の額） 当該内国法人の当該事業年度の「経営の健全性の確保」（銀行法14の２一）に規定する自己資本の額に相当する金額、「自己資本規制比率」（金融商品取引法46の６①）に規定する自己資本規制比率に係る自己資本の額に相当する金額その他これらに準ずる自己資本の額に相当する金額
	法令141の４⑫ 法規28の10	（リスクウェイト資産算定の特例） 上記算式の分子又は分母の金額を計算する場合において、信用リスク額（当該内国法人の各事業年度終了の時の総資産の額について「発生し得る危険の範囲」（法規28の６）に掲げる危険を勘案して計算した金額をいう。上記①）の全リスク額（当該内国法人の当該事業年度に係る分母の金額をいう。）に対する割合が80％を超え、かつ、貸出債権リスク額（当該内国法人の当該事業年度終了の時の貸出債権の額について上記①イ（信用リスク）の危険を勘案して計算した金額をいう。）の当該信用リスク額に対する割合が50％を超えるときは、次の算式による金額とすることができる。 国外事業所等に帰せられるべき資本の額＝ $\text{内国法人の規制上の自己資本の額} \times \frac{\text{国外事業所等の貸出債権リスク}}{\text{内国法人の貸出債権リスク}}$ （国外事業所等の貸出債権リスク） 当該国外事業所等に帰せられる貸出債権の額について、上記①イ（信用リスク）に掲げる危険を勘案して計算した金額
	法令141の４③二	B〈同業法人比準法〉 同業法人比準法は、その国外事業所等に帰せられる資産の額に、国外事業所等所在地国で事業を行う同業他社の自己資本比率を乗じて、その国外事業所等に帰せられるべき資本の額を計算する方法である。 銀行等以外の内国法人は、①リスク資産資本比率比準法又は②（簡便法）簿価資産資本比率比準法による。 銀行等（法令141の５①）である内国法人は、③リスク資産規制資本比率比準法による。
	法令141の4③二イ	①　リスク資産資本比率比準法 国外事業所等に帰せられるべき資本の額＝ $\text{国外事業所等の危険勘案資産額} \times \frac{\text{比較対象法人の純資産の額}}{\text{比較対象法人の危険勘案総資産の額}}$ （国外事業所等の危険勘案資産額）　A①参照
	法令141の4③二イ(1)	（比較対象法人の純資産の額） 比較対象法人の比較対象事業年度終了の時の貸借対照表に計上

4 国外事業所等に帰せられるべき資本の額に対応する負債利子の損金不算入		されている当該比較対象法人の純資産の額とする。なお、当該比較対象法人が国外事業所等所在地国に本店又は主たる事務所を有する法人以外の法人である場合には、当該法人の国外事業所等（当該国外事業所等所在地国に所在するものに限る。）に係る純資産の額とする。 （比較対象法人） 当該内国法人の国外事業所等を通じて行う主たる事業と同種の事業を国外事業所等所在地国において行う法人（当該法人が国外事業所等所在地国に本店又は主たる事務所を有する法人以外の法人である場合には、当該国外事業所等所在地国の国外事業所等を通じて当該同種の事業を行うものに限る。）で、その同種の事業に係る事業規模その他の状況が類似するものをいう。 （比較対象事業年度）
	法規28の7	当該内国法人の当該事業年度終了の日以前3年内に終了した比較対象法人の各事業年度のうち、いずれかの事業年度をいう。但し、当該比較対象法人の純資産の額の総資産の額に対する割合が当該同種の事業を行う法人の当該割合に比して著しく高い場合（比較対象法人の自己資本比率が同業他社の平均的な自己資本比率のおおむね2倍を超える場合）に該当する事業年度を除く。
	法令141の4③二イ(2)	（比較対象法人の危険勘案総資産の額） 比較対象法人の比較対象事業年度終了の時の総資産の額について、発生し得る危険を勘案して計算した金額をいう。なお、当該比較対象法人が国外事業所等所在地国に本店又は主たる事務所を有する法人以外の法人である場合には、当該法人の国外事業所等（当該国外事業所等所在地国に所在するものに限る。）に係る資産の額について発生し得る危険を勘案して計算した金額とする。
	法令141の4⑥二	②（簡便法）簿価資産資本比率比準法 国外事業所等に帰せられるべき資本の額＝ 国外事業所等の資産の帳簿価額（平均残高）× 比較対象法人の貸借対照表に計上されている純資産の額 ／ 比較対象法人の貸借対照表に計上されている総資産の額 （国外事業所等の資産の帳簿価額（平均残高）） 当該内国法人の当該事業年度の国外事業所等に帰せられる資産の帳簿価額の平均的な残高として合理的な方法により計算した金額
	法令141の4⑥二イ	（比較対象法人の貸借対象表に計上されている純資産の額） 比較対象法人の比較対象事業年度終了の時の貸借対照表に計上されている純資産の額 なお、当該比較対象法人が国外事業所等所在地国に本店又は主たる事務所を有する法人以外の法人である場合には、当該法人の国外事業所等（当該国外事業所等所在地国に所在するものに限る。）に係る純資産の額

4 国外事業所等に帰せられるべき資本の額に対応する負債利子の損金不算入	法令141の4⑥二ロ	（比較対象法人の貸借対照表に計上されている総資産の額） 比較対象法人の比較対象事業年度終了の時の貸借対照表に計上されている総資産の額 なお、当該比較対象法人が国外事業所等所在地国に本店又は主たる事務所を有する法人以外の法人である場合には、当該法人の国外事業所等（当該国外事業所等所在地国に所在するものに限る。）に係る資産の額
	法令141の4③二ロ	③　リスク資産規制資本比率比準法 国外事業所等に帰せられるべき資本の額＝ $\text{国外事業所等の危険勘案資産額} \times \frac{\text{比較対象法人の規制上の自己資本の額}}{\text{比較対象法人の危険勘案総資産の額}}$ （国外事業所等の危険勘案資産額） 当該内国法人の当該事業年度終了の時の国外事業所等に帰せられる資産の額について発生し得る危険を勘案して計算した金額
	法令141の4③二ロ(1)	（比較対象法人の規制上の自己資本の額） 比較対象法人の比較対象事業年度終了の時の規制上の自己資本の額又は外国の法令の規定によるこれに相当するものの額 なお、当該比較対象法人が国外事業所等所在地国に本店又は主たる事務所を有する法人以外の法人である場合には、これらの金額のうち当該法人の国外事業所等（当該国外事業所等所在地国に所在するものに限る。）に係る部分に限る。
	法令141の4③二ロ(2)	（比較対象法人の危険勘案総資産の額） 比較対象法人の比較対象事業年度終了の時の総資産の額について、発生し得る危険を勘案して計算した金額 なお、当該比較対象法人が国外事業所等所在地国に本店又は主たる事務所を有する法人以外の法人である場合には、当該法人の国外事業所等（当該国外事業所等所在地国に所在するものに限る。）に係る資産の額について、発生し得る危険を勘案して計算した金額
	法令141の4④	C〈危険勘案資産額の計算日の特例〉 上記の危険勘案資産額に関し、内国法人の行う事業の特性、規模その他の事情により、当該事業年度以後の各事業年度の申告書の提出期限までに当該危険勘案資産額を計算することが困難な常況にあると認められる場合には、当該各事業年度終了の日前6月以内の一定の日における対象となる資産の額について発生し得る危険を勘案して計算した金額をもって当該危険勘案資産額とすることができる。
	法令141の4⑤	（特例の適用要件） 最初の事業年度の提出期限までに届出書の提出要
	法令141の4⑦	D〈計算方法の選定・変更〉 国外事業所等に帰せられるべき資本の額の計算は各国外事業所等ごとに行う。 各国外事業所等ごとに（同一国に複数の拠点がある場合には、当

<table>
<tr><td rowspan="4">4 国外事業所等に帰せられるべき資本の額に対応する負債利子の損金不算入</td><td></td><td>該複数の拠点の集合を1の国外事業所等と扱う。）資本配賦法又は同業法人比準法のいずれかを選択し、いったん選択した方法は、その国外事業所等を通じて行う事業の種類の変更等の特段の事情がない限り、継続適用することになる。</td></tr>
<tr><td>法令141の4⑧</td><td>(4) 国外事業所等に帰せられるべき資本の額に対応する負債利子の損金不算入額の計算
損金不算入額＝
国外事業所等を通じて行う事業に係る負債利子の額（上記(1)）×（当該国外事業所等に帰せられるべき資本の額（上記(3)）－当該国外事業所等に係る自己資本の額（上記(2)））／当該国外事業所等に帰せられる有利子負債*の帳簿価額の平均残高
＊分母の「有利子負債」には、有利子負債及びその他資金の調達に係るもの（ゼロ金利・マイナス金利）も含む。</td></tr>
<tr><td>法令141の4⑩</td><td>（損金不算入額の適用要件）
上記の加算調整は、確定申告書、修正申告書又は更正請求書に損金不算入額の金額及びその計算に関する明細を記載した書類の添付があり、かつ、国外事業所等に帰せられるべき資本の額の計算の基礎となる事項を記載した書類その他の書類（法規28の9）の保存がある場合に限り、適用する。</td></tr>
<tr><td></td><td></td></tr>
<tr><td rowspan="4">5 銀行等の資本に係る負債利子の損金算入</td><td>法令141の5①</td><td>銀行等の内国法人の有する資本に相当するものに係る負債につき各事業年度において支払う負債の利子（経済的な性質が利子に準ずるものを含む。）の額のうち、当該内国法人の当該国外事業所等に帰せられるべき資本の額に対応する部分の金額は、当該内国法人の国外事業所等帰属所得に係る所得の金額の計算上、損金の額に算入する。
損金算入額の計算式は次の通り。</td></tr>
<tr><td>法令141の5②</td><td>損金算入額＝規制上の自己資本の額に係る負債につき支払う負債利子の額×当該国外事業所等に帰せられるべき資本の額／規制上の自己資本の額</td></tr>
<tr><td>法令141の5②一</td><td>（当該国外事業所等に帰せられるべき資本の額）
上記4(3)A③又はB③により計算した「当該国外事業所等に帰せられるべき資本の額」</td></tr>
<tr><td>法令141の5②二</td><td>（規制上の自己資本の額）
当該事業年度における上記4(3)A③の「内国法人の規制上の自己資本の額」</td></tr>
</table>

6 保険会社の国外事業所等に係る投資収益の額の益金不算入	法令141の6①	保険会社（保険業法2②）である内国法人の各事業年度の国外事業所等に係る投資資産の額が当該国外事業所等に帰せられるべき投資資産の額を上回る場合のその上回る部分に相当する金額（投資資産超過額）に係る収益の額は、当該内国法人の国外事業所等帰属所得に係る所得の金額の計算上、益金の額に算入しない。 当該益金不算入額の計算は(3)の通り。
	法法142の3①	(1) 投資資産 保険料として収受した金銭その他の資産を保険契約に基づく将来の債務の履行に備えるために運用する場合のその運用資産（法規60の5）をいう。
	法令141の6②	(2) 国外事業所等に帰せられるべき投資資産の額 国外事業所等に帰せられるべき投資資産の額＝ $\text{内国法人の投資資産の額} \times \dfrac{\text{当該国外事業所等の責任準備金の額及び支払備金の額}}{\text{内国法人の責任準備金の額及び支払備金の額}}$
	法令141の6②一	（当該国外事業所等の責任準備金の額及び支払備金の額） 当該内国法人の当該事業年度終了の時において保険業法に相当する外国の法令の規定により当該国外事業所等に係る責任準備金（同法116①）に相当するものとして積み立てられている金額及び支払備金（同法117①）に相当するものとして積み立てられている金額の合計額
	法令141の6②二	（内国法人の責任準備金の額及び支払備金の額） 当該内国法人の当該事業年度終了の時において責任準備金として積み立てられている金額及び支払備金として積み立てられている金額の合計額
	法令141の6③	(3) 益金不算入額の計算 益金不算入額＝投資資産超過額×当該内国法人の投資資産の運用利回りとして合理的に計算した割合 （投資資産超過額） ＝内国法人の国外事業所等に係る投資資産の額－国外事業所等に帰せられるべき投資資産の額（上記(2)） （当該内国法人の投資資産の運用利回りとして合理的に計算した割合） 当該内国法人の当該事業年度の投資資産から生じた収益の額の当該内国法人の当該事業年度の投資資産の額の平均的な残高に対する割合として合理的な方法により計算した割合
	法令141の6④	(4) 適用除外 次のいずれかに該当する場合には、益金不算入の規定は適用しない。 ① 投資資産超過額が当該国外事業所等に帰せられるべき投資資産の額の10％以下であるとき

6 保険会社の国外事業所等に係る投資資産の額の益金不算入		② 当該事業年度の当該国外事業所等に係る投資資産の額が当該内国法人の当該事業年度の投資資産の額の５％以下であるとき ③ 当該国外事業所等に係る益金不算入額として（上記(3)で）計算した金額が千万円以下であるとき
	法令141の６⑤	（適用除外の手続き要件） 上記①～③のいずれかに該当する旨を記載した書類及びその計算に関する書類を保存している場合に限り適用する。
	法令141の６⑦	(5) 投資資産の額の算定時期 投資資産の額は、当該内国法人の当該事業年度終了の時における貸借対照表に計上されている金額によるものとする。
7 その他の国外源泉所得に係る所得の金額の計算	法令141の８①	上記１②の国外事業所等帰属所得以外の国外源泉所得に係る所得の金額は、当該国外源泉所得に係る所得のみについて各事業年度の所得に対する法人税を課するものとした場合に課税標準となるべき当該事業年度の所得の金額に相当する金額とする。
	法基通16-3-19の2	（その他の国外源泉所得に係る所得の金額の計算） 現地における外国法人税の課税上その課税標準とされた所得の金額そのものではなく、当年度において生じた「その他の国外源泉所得」（法令141の２二）に係る所得の計算につき法（措置法その他法人税に関する法令で法以外のものを含む。）の規定を適用して計算した場合における当年度の課税標準となるべき所得の金額をいう。
		(1) 共通費用の配分
	法令141の８②	内国法人の当該事業年度の所得の金額の計算上損金の額に算入された金額のうちに販売費、一般管理費その他の費用（法法22③二）で国外事業所等帰属所得以外の国外源泉所得に係る所得を生ずべき業務とそれ以外の業務の双方に関連して生じたものの額（共通費用の額）があるときは、当該共通費用の額は、これらの業務に係る収入金額、資産の価額、使用人の数その他の基準のうちこれらの業務の内容及び費用の性質に照らして合理的と認められる基準により国外事業所等帰属所得以外の国外源泉所得に係る所得の金額の計算上の損金の額として配分するものとする。
	法基通16-3-19の3	① その他の国外源泉所得に係る所得の金額の計算における共通費用の額の配賦 共通費用の額（引当金準備金の繰入額及び負債の利子の額を除く。）については、個々の業務ごと、かつ、個々の費目ごとに合理的と認められる基準により国外業務（その他の国外源泉所得に係る所得を生ずべき業務）に配分するのであるが、個々の業務ごと、かつ、個々の費目ごとに計算をすることが困難であると認められるときは、全ての共通費用の額を一括して、当該事業年度の売上総利益の額（利子、配当等及び使用料については、その収入金額）のうちに国外業務に係る売上総利益の額の占める割合を用いてその他の国外源泉所得に係る所得の金額の計算上損金の額として配分すべき金額を計算することができる。

7 その他の国外源泉所得に係る所得の金額の計算		
		$$\text{共通費用の総額} \times \frac{\text{国外業務に係る売上総利益の額} + \text{国外からの利子・配当・使用料の収入金額}}{\text{当該事業年度の売上総利益の額} + \text{利子・配当・使用料の収入金額}}$$
	法基通16-3-19の3 （注1）	（簡便法） 内国法人（金融及び保険業を主として営む法人を除く。）の国外業務に係る収入金額の全部又は大部分が利子、配当等、使用料であり、かつ、当該事業年度の所得金額のうちに調整国外所得金額の占める割合が低いなどのため課税上弊害がないと認められる場合には、当該事業年度の販売費、一般管理費その他の費用の額のうち国外業務に関連することが明らかな費用の額のみが共通費用の額であるものとして配分額を計算することができる。
	法基通16-3-19の3 （注2）	（配当収入のうちに、外国子会社配当益金不算入の適用を受けるものがある場合）
	法基通16-3-19の4	② その他の国外源泉所得に係る所得の金額の計算における負債の利子の額の配賦 負債の利子（金銭債務の償還差損、手形の割引料、貿易商社における輸入決済手形借入金の利息等を含む。）の額（共通利子の額）については、内国法人の営む主たる事業に応じて、それぞれ次の算式の額をその他の国外源泉所得の計算上損金の額として配分することができる。 イ　卸売業及び製造業 $$\text{当期の共通利子の額} \times \frac{\text{前期末及び当期末におけるその他の国外源泉所得の発生の源泉となる貸付金・有価証券等の帳簿価額}}{\text{前期末及び当期末における総資産の帳簿価額}}$$ ロ　銀行業 $$\text{その他の国外源泉所得の発生の源泉となる貸付金、有価証券等の当期の平均残高} \times \frac{\text{当期に生じた共通利子の額の合計額}}{\text{預金、借入金等の当期平均残高} + \left(\text{前期末及び当期末の自己資本の額の合計額} - \text{前期末及び当期末の固定資産の帳簿価額の合計額}\right) \times \frac{1}{2}}$$ ハ　その他の事業 その事業の性質に応じ、イ又はロに掲げる方法に準ずる方法 注1　イ及びロの「その他の国外源泉所得の発生の源泉となる貸付金、有価証券等」には、当期において収益に計上すべき利子、配当等の額がなかった貸付金、有価証券等を含めないことができる。 2　その他の国外源泉所得の発生の源泉となる株式又は出資のうちに外国子会社配当益金不算入（法法23の2①）の適用がある場合には、イの「有価証券等の帳簿価額」及びロの「有価証券等の当期の平均残高」の計

7 その他の国外源泉所得に係る所得の金額の計算		算は、当該株式又は出資の帳簿価額から当該帳簿価額に益金不算入割合を乗じて計算した金額を控除した金額による。 3　ロの「自己資本の額」は、確定した決算に基づく貸借対照表の純資産の部に計上されている金額によるものとし、「固定資産の帳簿価額」は、当該貸借対照表に計上されている固定資産（法法２二十二）の帳簿価額による。
	法基通16-3-19の5	③　確認による共通費用の額等の配賦方法の選択 上記①又は②によることが法人の業務の内容等に適合しないと認められるときは、あらかじめ所轄税務署長（所轄国税局長）の確認を受けて、共通費用または共通利子の全部または一部につき、収入金額・直接経費の額・資産の価額・使用人の数その他の基準のうち、その業務の内容等に適合すると認められる基準により計算することができる。
	法基通16-3-19の6	④　引当金の繰入額等の配賦 その他の国外源泉所得の計算上、損金の額に算入すべき引当金繰入額及び準備金（特別償却準備金を含む。）の積立額は、次による。 イ　個別評価貸倒引当金 個別評価貸倒引当金（法法52①）への繰入額は、内国法人の当該事業年度の所得の金額の計算の対象となった個別評価金銭債権の額のうちその他の国外源泉所得の発生の源泉となるものの額に係る部分の金額とする。 ロ　一括評価貸倒引当金 一括評価貸倒引当金（法法52②）への繰入額は、内国法人の当該事業年度の所得の金額の計算上、損金の額に算入した一括評価金銭債権に係る貸倒引当金繰入額に、その対象となった一括評価金銭債権の額のうちにその他の国外源泉所得の発生の源泉となるものの額の占める割合を乗じて計算した金額とする。 （注）その他の国外源泉所得の発生の源泉となる金銭債権のうち当該事業年度において収益に計上すべき利子の額がないものに対応する貸倒引当金繰入額は、当該事業年度のその他の国外源泉所得に係る所得の金額の計算上損金の額に算入しないことができる。 ハ　イ、ロ以外の引当金準備金の繰入額については、その引当金準備金の性質又は目的に応ずる合理的な基準により計算した金額をその他の国外源泉所得の計算上損金の額とする。
	法基通16-3-19の7	⑤　引当金の取崩額等の配賦 当期以前の年度においてその他の国外源泉所得の計算上損金の額に算入した引当金準備金の取崩等による益金算入額がある場合には、当該益金算入額のうちその繰入・積立をした年度にお

7 その他の国外源泉所得に係る所得の金額の計算		いてその他の国外源泉所得の計算上損金の額に算入した金額に対応する部分の金額を当該取崩等に係る年度のその他の国外源泉所得の計算上益金の額に算入する。
	法基通16-3-19の7の2	⑥　損金不算入の寄附金、交際費等 寄附金（又は交際費等）損金不算入額 × 分母のうちその他の国外源泉所得に係る所得を生ずべき業務に係る寄附金（又は交際費等）の額 ／ 当年度の寄附金（又は交際費等）の総額
	法令141の８③	（共通費用の配分に関する書類の作成） 共通費用の額の配分を行った内国法人は、当該配分の計算の基礎となる事項を記載した書類その他の次に掲げる書類を作成しなければならない。
	法規28の11	（共通費用の額の配分に関する書類） 法規28の５（上記３(3)）を準用する。
	法令141の８④	(2)　国外事業所等帰属所得以外の国外源泉所得に係る明細書の添付要件 外国税額控除の規定の適用を受ける内国法人は、確定申告書、修正申告書又は更正請求書に当該事業年度の国外事業所等帰属所得以外の国外源泉所得に係る所得の金額の計算に関する明細を記載した書類を添付しなければならない。
8 文書化義務	法法69㉙	(1)　国外事業所等帰属外部取引に関する事項 外国税額控除の規定の適用を受ける内国法人は、当該内国法人が他の者との間で行った取引のうち、当該内国法人の国外所得金額の計算上、当該取引から生ずる所得が当該内国法人の国外事業所等に帰せられるもの（国外事業所等帰属外部取引）については、法規30の２で定めるところにより、当該国外事業所等に帰せられる取引に係る明細を記載した書類その他の一定の書類を作成しなければならない。
	法規30の３一～四	（国外事業所等帰属外部取引に関する書類）
	法法69㉚	(2)　内部取引に関する事項 外国税額控除の規定の適用を受ける内国法人は、当該内国法人の本店等と国外事業所等との間の資産の移転、役務の提供その他の事実が内部取引（上記２(1)③）に該当するときは、法規30の４で定めるところにより、当該事実に係る明細を記載した書類その他の一定の書類を作成しなければならない。
	法規30の４一～五	（内部取引に関する書類）
9 その他	措法67の18	(1)　国外所得金額の計算の特例 内国法人の本店等と国外事業所等との間の内部取引の対価の額とした額が独立企業間価格と異なることにより、当該内国法人の当該事業年度の国外所得金額の計算上、当該内部取引に係る収益の額が過大となるとき、又は損失等の額が過少となるときは、国外所得金額の計算については、当該内部取引は独立企業間価格によるものとする。

9 その他	措通67の18-1	（国外所得金額の計算の特例） 内国法人の国外所得金額の計算上、上記の規定を適用する場合、措通66の4の3(1)－1（最も適切な算定方法の選定に当たって留意すべき事項）から66の4の3(8)－4（無形資産の使用許諾等の取扱い）までの取扱いを準用する。
	措通67の18-2	（独立企業間価格との差額の国外所得金額の調整） 「当該内部取引は、独立企業間価格によるものとする」とは、内国法人の本店等とその国外事業所等との間の内部取引の対価の額とした額が独立企業間価格と異なることにより、当該内国法人の当該事業年度の国外所得金額の計算上、当該内部取引に係る収益の額が過大となる場合又は損失等の額が過少となる場合は、その差額を当該事業年度の国外所得金額の計算上減算することをいう。
	措通67の18-3	（独立企業間価格との差額の国外所得金額への加算） 国外事業所等がその本店等に支払うこととされる内部取引の対価の額とした額が独立企業間価格を超える場合又は国外事業所等がその本店等から支払を受けることとされる内部取引の対価の額とした額が独立企業間価格に満たない場合における独立企業間価格との差額については、国外所得金額の計算上加算できない。

第3章

1　外国子会社配当益金不算入制度

項目	根拠法令	説明
1 外国子会社からの配当等の益金不算入	法法23の2 法令22の4② 法基通3-3-5	内国法人が外国子会社から受ける剰余金の配当等の額がある場合には、当該剰余金の配当等の額に係る費用の額に相当するもの（みなし経費）として5％を控除した金額は、その内国法人の益金に算入しない。 （剰余金の配当等の額に係る費用の額の計算） 「みなし経費の5％」とは、損金算入配当に係る実額法（下記2B1⑵）の適用がある場合、内国法人が外国子会社から受ける剰余金の配当等の額から損金算入対応受取配当等の額（法法23の2③）を控除した残額の5％に相当する金額をいう。
2 対象となる配当等	法法23の2① 法法23の2②一 法法23の2③ 法令22の4④	A　対象となる配当等 対象となる「剰余金の配当等の額」 ＝国内株式の受取配当益金不算入制度の対象となる「剰余金の配当の額」（法法23①一） B　対象外となる配当等 1　損金算入配当 ⑴　原則法 内国法人が外国子会社から受ける剰余金の配当等の額で、その剰余金の配当等の額の全部又は一部が当該外国子会社の本店又は主たる事務所の所在する国又は地域の法令において当該外国子会社の所得の金額の計算上損金の額に算入することとされている剰余金の配当等の額に該当する場合におけるその剰余金の配当等の額は、全額が益金不算入の対象から除外される。 ⑵　実額法 内国法人が外国子会社から受ける剰余金の配当等の額で、その剰余金の配当等の額の一部が当該外国子会社の所得の金額の計算上損金の額に算入されたものである場合には、その受ける剰余金の配当等の額のうちその損金の額に算入された部分の金額として以下で定める金額（損金算入対応受取配当等の額）をもって、益金不算入の対象から除外される額とすることができる。 ①　損金算入対応受取配当等の額 イ　損金算入対応受取配当等の額＝内国法人が外国子会社から受けた配当×$\dfrac{分母のうち損金算入配当}{当該外国子会社の支払配当総額}$

2 対象となる配当等		ロ　その他合理的な方法
	法法23の2⑦	②　実額法の適用要件 確定申告書、修正申告書又は更正請求書に規定の適用を受けようとする旨並びに損金算入対応受取配当等の額及びその計算に関する明細を記載した書類の添付があり、かつ、外国子会社の所得の金額の計算上損金の額に算入された剰余金の配当等の額を明らかにする書類その他の法規8の5②で定める書類を保存している場合に限り、適用する。
		③　その後の事業年度で外国子会社の損金算入額が増加した場合
	法法23の2④ 法令22の4⑤	実額法の適用を受けた場合において、当該剰余金の配当等の額を受けた日の属する事業年度後の各事業年度において損金算入対応受取配当等の額が増額されたときは、その増額された後の損金算入対応受取配当等の額が益金不算入の対象外となる。 （適用を受けた事業年度に遡って修正処理することになる。）
		(3)　益金不算入の対象から除外される配当等に係る外国源泉税の取扱い
	法令142の2⑦三 法基通16-3-36の2	①　外国税額控除の対象となる。 （外国子会社から受ける剰余金の配当等の額に係る外国法人税の額の計算）
	法法39の2	②　税額控除を適用しない場合には損金算入となる。
	改正法附24②	(4)　経過措置 内国法人の平成28年4月1日から平成30年3月31日までの間に開始する各事業年度に受ける配当等（平成28年4月1日において保有する外国子会社に該当する外国法人の株式等に係るものに限る。）については、従前どおりとする。
	法法23の2②二	2　自己株式として取得が予定されている株式を取得した場合のみなし配当の額
	法令22の4③	（その予定されていた事由に基因するもの）
	法基通3-3-4	（自己株式等の取得が予定されている株式等） 法基通3-1-8を準用。例：公開買付期間中の取得
3 対象となる外国子会社	法法23の2① 法令22の4①	次に掲げる割合のいずれかが25%以上であり、かつ、その状態が配当等の支払い義務が確定する日以前6か月以上継続していること。 ①　当該外国法人の発行済株式等のうちに当該内国法人が保有している株式又は出資の数又は金額の占める割合 ②　当該外国法人の発行済株式等のうちの議決権のある株式又は出資の数又は金額のうちに当該内国法人が保有している当該株式又は出資の数又は金額の占める割合
	法基通3-3-2	（一の事業年度に2以上の剰余金の配当等を同一の外国法人から受ける場合の外国子会社の判定） 当該外国法人が外国子会社に該当するかどうかは、それぞれ

3 対象となる外国子会社		の剰余金の配当等の額の支払義務が確定する日において判定する。
	法令22の4⑥	（被合併法人等から株式等の移転を受けた場合の外国子会社要件等） 内国法人が適格合併、適格分割、適格現物出資又は適格現物分配により被合併法人等（被合併法人、分割法人、現物出資法人又は現物分配法人）からその外国法人の発行済株式等の25％以上の株式等又は議決権のある株式等の25％以上の移転を受けた場合には、当該被合併法人等の保有していた期間は当該内国法人が保有していた期間とみなす。
	法令22の4⑦	（租税条約の適用がある場合の外国子会社の要件の緩和） 租税条約の二重課税排除条項において25％未満の割合が認められている場合には、租税条約の定める割合以上とする。 （米国）議決権ある株式の10％以上 （豪州）10％以上 （カザフスタン）10％以上 （ブラジル）10％以上 （オランダ）10％以上 （フランス）15％以上
4 配当等に係る外国源泉税の取扱い	法法39の2	⑴　外国子会社から受ける配当等に係る外国源泉税等の損金不算入 上記1の適用を受ける場合には、当該配当等に係る外国源泉税等の額は、その内国法人の損金の額に算入しない。
	法令142の2⑦三 法基通9-5-5	⑵　内国法人の法人税が課されない金額を課税標準とする外国法人税として外国税額控除の不適用 （所在地国でパススルー課税を受け、日本では外国法人に該当する事業体の所得につき課される外国法人税）
5 適用要件	法法23の2⑤	⑴　確定申告書、修正申告書、更正請求書に益金不算入となる剰余金の配当等の額及びその計算に関する明細を記載した書類を添付すること。（別表八（二））
	法規8の5	⑵　次の書類を保存しておくこと ①　外国法人が外国子会社に該当することを証する書類 ②　外国子会社の配当等の額に係る事業年度の貸借対照表、損益計算書、株主資本等変動計算書、損益金の処分に関する計算書その他これらに類する書類
	法基通3-3-6	③　配当等に係る外国源泉税がある場合には当該外国源泉税が課されたことを証する書類（申告書（写）、納税証明書、更正・決定・賦課決定通知書、納税告知書、源泉徴収票その他これらに準ずる書類（写）
6 ゆうじょ規定	法法23の2⑥	書類（上記5⑵）の保存がない場合のゆうじょ規定

第３章

2　子会社からの配当と子会社株式の譲渡を組み合わせた租税回避への対応

(R2/４/１以後開始する事業年度において受ける配当等の額注に適用)

注：その配当等の基準時が同日前に開始した事業年度期間内である場合には、同日以後最初に開始する事業年度開始時をその配当等の基準時とみなす（改正令附５）。

項目	根拠法令	説明
1 子会社株式の帳簿価額の減額	法令119の３⑩	法人が、**特定関係子法人**から受ける配当等の額（対象配当等の額）及び**同一事業年度内配当等の額**の合計額（対象配当金額）が特定関係子法人の株式等の帳簿価額の10％相当額を超える場合には、その対象配当金額のうち**益金不算入規定による益金不算入相当額**を、当該対象配当等の額に係る基準時におけるその株式等の帳簿価額から引き下げることとする。 （特定関係子法人） 配当等の決議の日において**特定支配関係**を有する他の法人をいう。
	法令119の３⑫二	（特定支配関係） 一の者（一の者と特殊の関係のある者を含む。）が他の法人の株式等又は一定の議決権の数等の50％超を直接又は間接に有する場合における当該一の者と他の法人との関係等をいう。 （同一事業年度内配当等の額） 当該対象配当等の額を受ける日の属する事業年度開始の日（同日後に当該内国法人との間に最後に特定支配関係を有することとなつた場合には、その有することとなつた日）からその受ける直前の時までの間に当該内国法人が当該特定関係子法人から配当等の額を受けた場合におけるその受けた配当等の額をいう。 （益金不算入規定による益金不算入相当額） 受取配当等の益金不算入（法法23①）、（外国子会社から受ける配当等の益金不算入（法法23の２①）、現物分配による資産の譲渡（法法62の５④）の規定により益金不算入とされる金額に相当する金額をいう。
2 適用除外となる配当等の額		次に掲げる配当等の額には、上記１は適用しない。
	法令119の３⑩一	(1)　内国普通法人である特定関係子法人の設立の日から**特定支配日**（法人との間に最後に特定支配関係を有することとなった日）までの間において、その発行済株式の総数等の90％以上を内国普通法人若しくは協同組合等又は居住者が有する場合の対象配当金額
	法令119の３⑩二	(2)　次の（イ－ロ）≧ハである場合の対象配当金額

2 適用除外となる配当等の額	法令119の3⑩二イ	イ　対象配当等の額に係る決議日等前に最後に終了した事業年度（**直前事業年度**）の貸借対照表に計上されている利益剰余金の額。 なお、**利益剰余金期中増加及び期中配当等があった場合**（注1）には、次の①と②を加算することができる。 ①　**対象期間**（直前事業年終了の日の翌日から当該対象配当等の額を受ける直前の時までの期間）内に増加した当該特定関係子法人の利益剰余金の額 ②　当該対象期間内に当該特定関係子法人の株主等が当該特定関係子法人から受ける配当等の額に対応して減少した当該特定関係子法人の利益剰余金の額 （注1）**利益剰余金期中増加及び期中配当等があった場合**とは、次の要件を満たす場合をいう。 (a)　上記の対象期間内に当該特定関係子法人の利益剰余金が増加していること (b)　直前事業年度終了の日の翌日から当該対象配当等を受ける時までの期間内に、当該特定関係子法人から受ける配当等に係る基準時のいずれかが直前事業年度の終了の日の翌日以後であること (c)　一定の書類保存要件（注2）を満たすこと （注2）一定の書類保存要件（次に掲げる金額を証する書類の保存） (a)　当該対象期間の特定関係子法人の増加利益剰余金額
	法令119の3⑩二イ(1)	(b)　**特定支配前対象期間**（特定支配日の属する事業年度開始の日から特定支配日の前日までの期間）内に当該特定関係子法人の利益剰余金の額が増加した場合において、当該特定関係子法人の株主等が受ける配当等の額（その基準時のいずれかが当該期間内にあるものに限る。）があるときにおける特定支配前対象期間内に増加した当該特定関係子法人の利益剰余金の額
	法令119の3⑩二イ(2)	(c)　適用回避防止規定（下記4）の適用を受ける場合の保存書類
	法令119の3⑩二ロ	ロ　直前事業年度終了の日の翌日から当該対象配当等の額を受ける時までの間に当該特定関係子法人の株主等が当該特定関係子法人から受ける配当等の額の合計額
	法令119の3⑩二ハ	ハ　特定支配日前に最後に終了した事業年度の貸借対照表に計上されている利益剰余金の額 なお、下記①に該当する場合には①に定める金額を減算し、②に該当する場合には②に定める金額を加算する。
	法令119の3⑩二ハ(1)	①　当該特定関係子法人の特定支配日の属する事業年度開始の日以後にその株主等が当該特定関係子法人から受けた配当等の額（その配当等の基準時が当該特定支配日前であるものに限る。「**特定支配前配当等の額**」）がある場合（下記②に掲げる場合を除く。）

2 適用除外となる配当等の額		当該特定支配前配当等の額に対応して減少した当該特定関係子法人の利益剰余金の額の合計額
	法令119の3⑩二ハ(2)	② **利益剰余金期中増加及び期中配当等があつた場合**において、上記イ（注2）(b)に該当する場合 次の(イ)＋(ロ)－(ハ)
	法令119の3⑩二ハ(2)(i)	(イ) 上記イ（注2）(b)に定める金額（＝特定支配前対象期間における利益剰余金増加額）
	法令119の3⑩二ハ(2)(ii)	(ロ) 特定支配前対象期間内に当該特定関係子法人の株主等が当該特定関係子法人から受ける配当等の額に対応して減少した利益剰余金の額の合計額 (ハ) 特定支配前配当等の額に対応して減少した当該特定関係子法人の利益剰余金の額の合計額
		(3) 特定支配日から10年を経過した日以後に受ける対象配当金額 (4) 対象配当金額が2,000万円を超えない場合におけるその対象配当金額
3 特定支配後増加利益剰余金額超過額	法令119の3⑪	上記1の帳簿価額から減算する金額は、対象配当金額のうち、特定支配日以後の利益剰余金の額から支払われたものと認められる部分の金額（**特定支配後増加利益剰余金額**）がある場合には、その部分の金額を超える金額（**特定支配後増加利益剰余金額超過額**）に達するまでの金額（益金不算入規定により益金算入されない金額に限る。）とする。
	法令119の3⑪一～三	(特定支配後増加利益剰余金額) 次の（イ＋ロ）－ハをいう。 イ 上記2(2)イに掲げる金額 ロ 特定支配日から当該対象配当等の額に係る決議日等の属する当該特定関係子法人の事業年度開始の日の前日までの間に株主等が当該特定関係子法人から受けた配当等の額（基準時が特定支配日以後のものに限る。）に対応して減少した当該特定関係子法人の利益剰余金の額の合計額 ハ 上記2(2)ハに掲げる金額 (特定支配後増加利益剰余金額超過額) 次の（イ－ロ）－ハをいう。 ただし、下記イの支配後配当等の額のうちに、当該内国法人以外の者が受ける配当等がある場合には、次のとおりとする。 $(イ-ロ)\times\frac{当該内国法人が受ける配当等の額の合計額}{支配後配当等の額の合計額}-ハ$ イ 特定支配日から当該対象配当等の額を受ける時までの間に株主等が当該特定関係子法人から受ける配当等の額（基準時が特定支配日以後のものに限る。）の合計額（支配後配当等の額） ロ 特定支配後増加利益剰余金額 ハ 当該内国法人が当該対象配当等の額を受ける前に当該特定

		関係子法人から受けた配当等の額のうち上記１の規定の適用に係る金額
4 適用回避防止規定	法令119の３⑭	適用除外基準（上記２）を利用して、本来的には本制度適用を受けるべき法人がその適用回避することを防止するために次の取扱いが設けられている。 ⑴　内国法人との間に特定支配関係がある法人間における合併又は分割型分割に係る合併法人又は分割承継法人の取扱い ⑵　関係法人から配当等の額を受けた場合の取扱い
5 書類添付・保存義務	法令119の３⑩一	⑴　適用除外となる上記２⑴適用の場合： 当該期間を通じて当該割合が90％以上であることを証する書類を当該内国法人が保存することを要件とする。
	法令119の３⑩二	⑵　適用除外となる上記２⑵適用の場合： 上記２⑵における（イ－ロ）がハ以上であることを証する書類の保存を要件とする。
	法令119の３⑪ 法規27②	⑶　上記３適用の場合： 対象配当等の額に係る基準時の属する事業年度の確定申告書等に、対象配当等の額・同一事業年度内配当等の額・特定支配後増加利益剰余金額超過額及びその計算に関する明細書を添付し、一定の書類（法規27②）を保存することを要件とする。
	法令119の３⑯ 法規27③	⑷　対象配当金額が配当等の基準時の直前において特定関係子法人の株式等の10％を超える場合には、当該内国法人は、当該対象配当等の額に係る基準時の属する事業年度の確定申告書に対象配当金額その他一定の事項（法規27③）を記載した書類を添付しなければならない。
	法基通2－3－4の2	（対象配当等の額が資本の払戻しによるものである場合の譲渡原価の計算）
	法基通2－3－4の3	（対象配当等の額が自己株式の取得によるものである場合の譲渡原価の計算）
	法基通2－3－22	（帳簿価額のうち最も大きいものの意義）
	法基通2－3－22の2	（外国子会社から受ける配当等がある場合の益金不算入相当額）
	法基通2－3－22の3	（帳簿価額から減算する金額のあん分）
	法基通2－3－22の4	（基準時事業年度後に対象配当等の額を受ける場合の取扱い）
	法基通2－3－22の5	（内国株主割合が90％以上であることを証する書類）
	法基通2－3－22の6	（対象期間内に利益剰余金の額が増加した場合のその増加額を証する書類）
	法基通2－3－22の7	（他の法人等が外国法人である場合の円換算）
	法基通2－3－22の8	（特定支配後増加利益剰余金額超過額に達するまでの金額）
	法基通2－3－22の9	（総平均法による場合の帳簿価額の減額の判定）

第4章
タックスヘイブン対策税制
(外国関係会社のH30/4/1以後開始事業年度から適用)

H29年以降改正によるタックスヘイブン税制の概要

Ⅰ　会社単位の合算税制

1　特定外国関係会社（以下のA、B、C）

A　ペーパーカンパニー（次のいずれにも該当しない外国関係会社）

①　実体基準

②　管理支配基準

③　持株会社である一定の外国関係会社

④　不動産保有に係る一定の外国関係会社

⑤　資源開発等プロジェクトに係る一定の外国関係会社

B　事実上のキャッシュボックス（以下の(a)(b)）

(a)　次に該当するもの

$$\frac{\text{受動的所得}}{\text{総資産の額}} > 30\%$$

かつ

$$\frac{\text{有価証券}+\text{貸付金}+\text{固定資産}+\text{無形資産等}}{\text{総資産の額}} > 50\%$$

(b)　保険に係る事実上のキャッシュボックス（次に該当するもの）

$$\frac{\text{非関連者等収入保険料の合計額}}{\text{収入保険料の合計額}} < 10\%$$

かつ

$$\frac{\text{非関連者等支払再保険料合計額}}{\text{関連者等収入保険料の合計額}} < 50\%$$

C　ブラックリスト国所在外国関係会社

財務大臣が告示する国・地域に本店等を有する外国関係会社

2　対象外国関係会社

経済活動基準（A～Dの4基準）のいずれかに該当しない外国関係会社

A　事業基準

B　実体基準

C　管理支配基準

D　非関連者基準・所在地国基準

3　適用免除基準

(1)　特定外国関係会社　租税負担割合　30%以上

R5年改正（内国法人の令和6年4月1日以後開始する事業年度に適用される改正事項）

(1)　特定外国関係会社　租税負担割合　27%以上

(2)　対象外国関係会社　租税負担割合　20%以上

4　資料提出がない場合の基準非該当の推定
　対象となる外国関係会社：上記1A ペーパーカンパニー、２対象外国関係会社

Ⅱ　受動的所得に対する部分合算課税
1　対象となる外国関係会社
　上記２の経済活動基準（A～Dの４基準）のすべてを満たしている外国関係会社
2　対象となる受動的所得
⑴　一般事業子会社　特定所得（12種）
⑵　外国金融子会社等　特定所得（５種）
3　適用免除基準（下記のいずれか）
⑴　租税負担割合　20%以上
⑵　部分適用対象金額　２千万円以下
⑶　部分適用対象金額が税引前所得の５％以下
注：部分課税対象金額が課税対象金額（会社単位合算課税）に相当する金額を超える場合であっても、課税対象金額相当額が上限とはならない。

Ⅲ　連結納税等を現地で行う外国関係会社についての整備事項
企業集団等所得課税規定がないものとして計算される事項
①　合算される適用対象金額（現地法令所得等）の算定
②　租税負担割合の計算
③　外国税額控除において納付した控除対象外国法人税の額とみなされる額の算定

項目	根拠法令	説明
1 会社単位の合算課税（課税対象金額の益金算入）	措法66の6①	2に掲げる内国法人に係る**外国関係会社**（下記3(1)）のうち、**特定外国関係会社**（下記3(2)）又は**対象外国関係会社**（下記3(3)）に該当するものが、適用対象金額を有する場合には、その適用対象金額に請求権等勘案合算割合を乗じて計算した**課税対象金額**（下記4(3)）は、その内国法人の収益とみなして当該各事業年度終了の日の翌日から2か月を経過する日を含むその内国法人の各事業年度の益金の額に算入する。
2 適用対象となる内国法人	措法66の6① 措法66の6①一イ～ハ 措令39の14③	適用対象となるのは次の①～④の内国法人 ① 内国法人の外国関係会社に係る次に掲げる割合（イ～ハ）のいずれかが10%以上である内国法人 イ 内国法人の直接有する外国関係会社の株式等の数・金額（当該外国関係会社と居住者又は内国法人との間に実質支配関係がある場合には、零）及び他の外国法人を通じて間接に有する株式等の数・金額の合計が発行済株式等の総数・総額に占める割合 （間接に有する外国関係会社の株式等の数・金額） 外国関係会社の発行済株式等に、次に掲げる場合の区分に応じて定める割合（掲げる場合のいずれにも該当する場合には、合計割合）を乗じて計算した株式等の数・金額とする（掛算方式）。

	場合の区分	割合
(イ)	外国関係会社の株主等である他の外国法人の発行済株式等の全部又は一部が内国法人等に所有されている場合	当該内国法人等の当該他の外国法人に係る持株割合 × 当該他の外国法人の外国関係会社に係る持株割合 （当該他の外国法人が二以上ある場合には、二以上の当該他の外国法人につきそれぞれ計算した割合の合計割合）
(ロ)	外国関係会社と他の外国法人（その発行済株式等の全部又は一部が内国法人等により所有されているものに限る。）との間に一又は二以上の外国法人（出資関連外国法人）が介在している場合であって、当該内国法人等、他の外国法人、出資関連外国法人及び外国関係会社が株式等の所有を通じて連鎖関係にある場合	当該内国法人等の当該他の外国法人に係る持株割合 × 当該他の外国法人の出資関連外国法人に係る持株割合 × 当該出資関連外国法人の他の出資関連外国法人に係る持株割合 × 当該他の出資関連外国法人の外国関係会社に係る持株割合 （当該連鎖関係が二以上ある場合には、当該二以上の連鎖関係につきそれぞれ計算した割合の合計割合）

（注1）持株割合：当該発行法人と居住者又は内国法人との間に実質支配関係がある場合には、零とする。
（注2）内国法人等：内国法人又は当該内国法人に係る被支配外国法人

2 適用対象となる内国法人		ロ　内国法人の直接有する外国関係会社の議決権（配当等の決議に係るものに限る。）の数（当該外国関係会社と居住者又は内国法人との間に実質支配関係がある場合には、零）及び他の外国法人を通じて間接に有する議決権の数の合計が総数に占める割合
	措令39の14④	（間接に有する外国関係会社の議決権の数） 上記イ株式等の数・金額の規定（措令39の14③）を準用する。
		ハ　内国法人の直接有する外国関係会社の株式等の請求権に基づき受けることができる配当等の額（当該外国関係会社と居住者又は内国法人との間に実質支配関係がある場合には、零）及び他の外国法人を通じて間接に有する株式等の請求権に基づき受けることができる配当等の額数の合計額が総額に占める割合
	措令39の14⑤	（間接に有する外国関係会社の株式等の請求権に基づき受けることができる配当等の額） 上記イ株式等の数・金額の規定（措令39の14③）を準用する。
	措法66の６①二	②　外国関係会社との間に実質支配関係がある内国法人
	措法66の６②五	（実質支配関係の意義）
	措令39の16①	居住者等（居住者又は内国法人）と外国法人との間に次に掲げる事実その他これに類する事実が存在する場合における当該居住者等と当該外国法人との間の関係とする。 但し、当該外国法人の行う事業から生ずる利益のおおむね全部が剰余金の配当、利益の配当、剰余金の分配その他の経済的な利益の給付として当該居住者等（当該居住者等と特殊の関係のある者を含む。）以外の者に対して金銭その他の資産により交付されることとなっている場合を除く。 イ　居住者等が外国法人の残余財産のおおむね全部について分配を請求する権利を有していること ロ　居住者等が外国法人の財産の処分の方針のおおむね全部を決定することができる旨の契約その他の取決めが存在すること（上記イの場合を除く。）
	措令39の16②	（特殊の関係の意義）
	措令39の16①	（実質支配関係の判定を行わない場合） 実質支配関係を考慮しないで外国関係会社の判定（下記３⑴①（措法66の６②一イ）に限る。）をした場合に、居住者等・特殊関係非居住者と当該外国法人との間に持分割合50％超の関係がある場合には、当該居住者等と当該外国法人との間の実質支配関係はないものとする。
	措法66の６②一イ	（特殊関係非居住者の意義） 下記３⑴①参照
	措法66の６①三	③　内国法人との間に実質支配関係がある外国関係会社の他の外国関係会社に係る直接及び間接の持分割合（上記①イ～ハのいずれか）が10％以上である場合における当該内国法人（①に掲げる内国法人を除く。）

2 適用対象となる内国法人	措法66の６①四	④ 外国関係会社に係る直接及び間接の持分割合（上記①イ～ハのいずれか）が10％以上である一の同族株主グループに属する内国法人（外国関係会社に係る上記①イ～ハの割合又は他の外国関係会社（内国法人との間に実質支配関係があるものに限る。）の当該外国関係会社に係る①イ～ハの割合のいずれかが零を超えるものに限る。①、③に掲げる内国法人を除く。） （同族株主グループの意義） 次に掲げる者のうち、一の居住者又は内国法人、当該一の居住者又は内国法人との間に実質支配関係がある者、当該一の居住者又は内国法人と特殊の関係のある者（外国法人を除く。）をいう。 イ 外国関係会社の株式等を直接又は間接に有する者 ロ 外国関係会社の株式等を直接又は間接に有する者との間に実質支配関係がある者（上記イに掲げる者を除く。）
	措令39の14⑥	（特殊の関係のある者の意義） 居住者の親族、内国法人の役員、支配している法人等
	措令39の20①	（判定の時期）内国法人が上記①～④に該当するかの判定は、当該外国関係会社の各事業年度終了時の現況による。
	措通66の6-1	（発行済株式）払込金額等の全部又は一部について払込み等が行われていないものも含むものとする。
	措通66の6-2	（直接及び間接に有する株式）払込金額等の全部又は一部について払込み等が行われていないものも含まれる。
3 適用対象となる外国法人	措法66の６②一	(1) **外国関係会社** 次に掲げる外国法人①②③をいう。
	措法66の６②一イ	① **居住者等株主等**（居住者、内国法人、特殊関係非居住者、実質支配されている外国法人）の外国法人に係る次に掲げる割合イ～ハのいずれかが50％超の場合における当該外国法人
	措令39の14の２①	（特殊関係非居住者） 居住者又は内国法人と特殊の関係（措令39の14⑥一）のある非居住者
	措法66の６②一イ(1)	イ 居住者等株主等の外国法人（②の外国法人を除く。）に係る**直接保有株式等保有割合**及び**間接保有株式等保有割合**を合計した割合（**連鎖方式**） （直接保有株式等保有割合の意義） 居住者等株主等の有する当該外国法人の株式等の数又は金額がその発行済株式等の総数又は総額のうちに占める割合
	措令39の14の２②	（間接保有株式等保有割合の意義） 次の区分に応じ定める割合（いずれにも該当する場合には、合計の割合）とする。

3 適用対象となる外国法人

	区分	割合
(イ)	判定対象外国法人の株主等である他の外国法人（被支配外国法人に該当するものを除く。）の発行済株式等の50%超の株式等が居住者等株主等によって保有されている場合	当該株主等である他の外国法人の有する当該判定対象外国法人の株式等 / 当該判定対象外国法人の発行済株式等 （当該株主等である外国法人が二以上ある場合には、その合計割合）
(ロ)	判定対象外国法人の株主等である他の外国法人（上記(イ)に該当する株主等である外国法人及び被支配外国法人を除く。）と居住者等株主等との間にこれらの者と株式等の保有を通じて連鎖関係にある一又は二以上の外国法人（「出資関連外国法人」という。被支配外国法人を除く。）が介在している場合 （出資関連外国法人及び当該株主等である外国法人がそれぞれその50%超の株式等を居住者等株主等又は出資関連外国法人（その発行済株式等の50%超の株式等が居住者等株主等又は他の出資関連外国法人によって保有されているものに限る。）によって保有されている場合に限る。）	同上

措法66の6②一イ(2)

ロ　居住者等株主等の外国法人（②の外国法人を除く。）に係る直接保有議決権保有割合及び間接保有議決権保有割合を合計した割合（連鎖方式）

措令39の14の2③

（間接保有議決権保有割合の意義）

上記イ（間接保有株式等保有割合）の規定を準用する。

措法66の6②一イ(3)

ハ　居住者等株主等の外国法人（②の外国法人を除く。）に係る直接保有請求権保有割合及び間接保有請求権保有割合を合計した割合　（連鎖方式）

（直接保有請求権保有割合の意義）

居住者等株主等の有する当該外国法人の株式等の請求権に基づき受けることができる剰余金の配当等の額がその総額のうちに占める割合

措令39の14の2④

（間接保有請求権保有割合の意義）

上記イ（間接保有株式等保有割合）の規定を準用する。

措法66の6②一ロ

②　被支配外国法人（居住者又は内国法人との間に実質支配関係がある外国法人）

措法66の6②五、措令39の16①

（実質支配関係の意義）（実質支配関係の判定を行わない場合）については上記2②参照

3 適用対象となる外国法人	措法66の６②一ハ 措令39の14の２⑤ 措令39の17③、⑨	③　外国金融持株会社の判定において追加することとされる特定外国金融機関 （その本店所在地国の法令等により、50％超の株式等を有することが認められないもののうち、40％以上の議決権を有することその他（措規22の11㉕）で定める要件に該当するもの）
	措法66の６②二	(2)　**特定外国関係会社** 次に掲げるＡ～Ｃの外国関係会社をいう。 Ａ　ペーパーカンパニー、Ｂ　事実上のキャッシュ・ボックス、Ｃ　ブラックリスト国所在外国関係会社
	措法66の６②二イ	**Ａ　ペーパーカンパニー** 次の①～⑤のいずれにも該当しない外国関係会社をいう。
	措法66の６②二イ(1)	①　**実体基準** その主たる事業を行うに必要と認められる事務所、店舗、工場その他の固定施設を有している外国関係会社
	措令39の14の３①一、二、②③ 措規22の11①～⑤	（同様の状況にあるものとして上記に含まれる外国関係会社） 特定保険協議者に係る一定の特定保険外国子会社等、特定保険受託者に係る一定の特定保険委託者
	Q&A1	（子会社の事業の進捗への関与等を行っている場合）
	Q&A2	（関係会社の事務所の一室を賃借して子会社の事業の進捗への関与等を行っている場合）
	Q&A3	（主たる事業を行うに必要な固定施設を有していると認められない場合）
	措法66の６②二イ(2)	②　**管理支配基準** その本店所在地国においてその事業の管理、支配及び運営を自ら行っている外国関係会社
	措令39の14の３④一、二	（同様の状況にあるものとして上記に含まれる外国関係会社） 一定の特定保険外国子会社等、一定の特定保険委託者
	措通66の6-9	（特定保険協議者又は特定保険受託者の管理支配基準の判定）
	Q&A4	（役員が兼務役員である場合）
	Q&A5	（一部の業務につき親会社等に確認を求めることがある場合）
	Q&A6	（事業計画の策定は親会社等が行い、外国関係会社の役員はその策定された計画に従って職務を執行しているのみである場合）
	Q&A7	（業務の一部を委託している場合）
	Q&A8	（外国関係会社の事業が工業所有権に係る使用料を得ることのみである場合）
		③　**持株会社である一定の外国関係会社（次の(a)(b)）**
	措法66の６②二イ(3)	(a)　外国子会社株式等を保有する外国関係会社 次を満たす外国関係会社

3 適用対象となる外国法人		
		1 (事業要件) 主たる事業が外国子会社株式等の保有
	措令39の14の３⑥一 措規22の11⑧	2 (収入割合要件) (外国子会社からの配当等の額＋一定の預金利子) / 総収入金額 ＞95％
	措令39の14の３⑥二 措規22の11⑨	3 (資産割合要件) (外国子会社株式等簿価＋未収子会社配当＋未収利子＋一定の現預金) / 総資産簿価 ＞95％
	措令39の14の３⑤	〈外国子会社要件〉 ・当該外国関係会社とその本店所在地国を同じくする外国法人 ・外国法人の発行済株式等のうちに当該外国関係会社が保有しているその株式等の数・金額の占める割合、又は議決権のある株式等の数・金額の占める割合のいずれかが25％以上であること
	措規22の11⑦	・上記の状態が外国法人から受ける剰余金の配当等の額の支払い義務確定する日以前６月以上継続していること
	措法66の６②二イ(4)	(b) 特定子会社株式等を保有する外国関係会社 次を満たす外国関係会社
		1 (事業要件) 主たる事業が特定子会社株式等の保有
	措令39の14の３⑧二	2 (不可欠機能要件) 管理支配会社の行う事業の遂行上欠くことのできない機能を果たしていること
	措令39の14の３⑧一 措令39の14の３⑧三	3 (被管理支配要件) ・その事業の管理、支配及び運営が管理支配会社によつて行われていること ・通常必要と認められる業務の全てが、管理支配会社の役員又は使用人によつて行われていること
	措令39の14の３⑧四	4 (所在地国要件) その本店所在地国を管理支配会社の本店所在地国と同じくすること
	措令39の14の３⑧五	5 (課税要件) その所得がその本店所在地国で課税対象とされていること
	措令39の14の３⑧六 措規22の11⑫	6 (収入割合要件) (特定子会社からの配当等の額＋特定子会社株式等譲渡対価（注）＋一定の預金利子) / 総収入金額 ＞95％
	措令39の14の３⑧七 措規22の11⑬	7 (資産割合要件) (外国子会社株式等簿価＋未収子会社配当＋未収特定子会社株式譲渡対価＋未収利子＋一定の現預金) / 総資産簿価 ＞95％

3 適用対象となる外国法人	措令39の14の3⑦	〈特定子会社要件〉 ・管理支配会社とその本店所在地国を同じくする外国法人 ・部分対象外国関係会社に該当すること
	措法66の6②二イ(4)	〈管理支配会社要件〉 ・部分対象外国関係会社に該当するものであること ・その本店所在地国において、その役員又は使用人がその主たる事業を的確に遂行するために通常必要と認められる業務の全てに従事しているものであること
	措令39の14の3⑧六ロ	(注) 特定子会社株式等譲渡対価 ・当該外国関係会社に係る関連者以外の者への譲渡に限る。 ・当該株式等の取得の日から一年以内に譲渡が行われることが見込まれていた場合の譲渡及びその譲渡を受けた株式等を当該外国関係会社又は当該外国関係会社に係る関連者に移転することが見込まれる場合の譲渡を除く。
	措通66の6-9の2	(管理支配会社によって事業の管理、支配等が行われていることの判定)
	措通66の6-9の3	(事業の遂行上欠くことのできない機能の意義)
	Q&A 8 の4	(外国関係会社が「管理支配会社の行う事業（…）の遂行上欠くことのできない機能を果たしている」場合)
	Q&A 8 の5	(事業全体の事業計画を策定している場合の被管理支配要件)
	措法66の6②二イ(5)	**④ 不動産保有に係る一定の外国関係会社（次の(a)(b)）** (a) 不動産会社である管理支配会社の事業に必要な不動産を保有する外国関係会社 次を満たす外国関係会社
	措令39の14の3⑨一	1 (事業要件) 主たる事業が特定不動産の保有
	措令39の14の3⑨一イ	2 (不可欠機能要件) 管理支配会社の行う事業の遂行上欠くことのできない機能を果たしていること
	措令39の14の3⑨一ロ 措令39の14の3⑨一ロ	3 (被管理支配要件) ・その事業の管理、支配及び運営が管理支配会社によつて行われていること ・通常必要と認められる業務の全てが、管理支配会社の役員又は使用人によつて行われていること
	措令39の14の3⑨一ロ	4 (所在地国要件) その本店所在地国を管理支配会社の本店所在地国と同じくすること
	措令39の14の3⑨一ロ	5 (課税要件) その所得がその本店所在地国で課税対象とされていること

3	根拠	内容
適用対象となる外国法人	措令39の14の3⑨一ハ 措規22の11⑯	6 (収入割合要件) $\frac{\text{特定不動産譲渡対価＋特定不動産貸付対価＋一定の預金利子}}{\text{総収入金額}} > 95\%$
	措令39の14の3⑧七 措規22の11⑰	7 (資産割合要件) $\frac{\text{特定不動産簿価＋特定不動産に係る未収金・前払費用等＋一定の現預金}}{\text{総資産簿価}} > 95\%$
	措令39の14の3⑨一	〈特定不動産要件〉 ・その本店所在地国にある不動産（不動産の上に存する権利を含む。） ・管理支配会社の事業の遂行上欠くことのできないもの
	措法66の6②二イ⑷	〈管理支配会社要件〉 上記③(b)参照 (b) 管理支配会社が自ら使用する不動産を保有する外国関係会社 次を満たす外国関係会社
	措令39の14の3⑨二	1 (事業要件) 主たる事業が特定不動産の保有
	措令39の14の3⑨二イ	2 (不可欠機能要件) 管理支配会社の行う事業の遂行上欠くことのできない機能を果たしていること
	措令39の14の3⑨二イ 措令39の14の3⑨二イ	3 (被管理支配要件) ・その事業の管理、支配及び運営が管理支配会社によつて行われていること ・通常必要と認められる業務の全てが、管理支配会社の役員又は使用人によつて行われていること
	措令39の14の3⑨二イ	4 (所在地国要件) その本店所在地国を管理支配会社の本店所在地国と同じくすること
	措令39の14の3⑨二イ	5 (課税要件) その所得がその本店所在地国で課税対象とされていること
	措令39の14の3⑨二ロ 措規22の11⑱	6 (収入割合要件) $\frac{\text{特定不動産譲渡対価＋特定不動産貸付対価＋一定の預金利子}}{\text{総収入金額}} > 95\%$
	措令39の14の3⑨二ハ 措規22の11⑲	7 (資産割合要件) $\frac{\text{特定不動産簿価＋特定不動産に係る未収金・前払費用等＋一定の現預金}}{\text{総資産簿価}} > 95\%$
	措令39の14の3⑨二	〈特定不動産要件〉 ・その本店所在地国にある不動産（不動産の上に存する権利を含む。）

区分	根拠条文		内容
3 適用対象となる外国法人			・管理支配会社が自ら使用するもの
	措法66の6②二イ(4)		〈管理支配会社要件〉 上記③(b)参照
			⑤ **資源開発等プロジェクトに係る一定の外国関係会社** 次を満たす外国関係会社
	措令39の14の3⑨三イ(1) 措令39の14の3⑨三イ(2) 措令39の14の3⑨三イ(3)	1	(事業要件) 主たる事業が次のいずれかであること (1) 主たる事業が特定子会社（注1）株式等の保有 (2) 関連者以外の者からの資源開発等プロジェクト（注4）の遂行のための資金の調達及び特定子会社に対して行う当該資金の提供 (3) 主たる事業が特定不動産（注3）の保有
	措令39の14の3⑨三ハ	2	(不可欠機能要件) 管理支配会社等（注2）の行う資源開発等プロジェクトの遂行上欠くことのできない機能を果たしていること
	措令39の14の3⑨三ロ 措令39の14の3⑨三ニ	3	(被管理支配要件) ・その事業の管理、支配及び運営が管理支配会社等によつて行われていること ・通常必要と認められる業務の全てが、管理支配会社等の役員又は使用人によつて行われていること
	措令39の14の3⑨三ホ	4	(所在地国要件) その本店所在地国を管理支配会社等の本店所在地国と同じくすること
	措令39の14の3⑨三ヘ 措令39の14の3⑧五	5	(課税要件) その所得がその本店所在地国で課税対象とされていること
	措令39の14の3⑨三ト 措規22の11㉒	6	(収入割合要件) $\frac{\text{特定子会社からの配当等の額＋特定子会社株式等譲渡対価(上記③(b)6)＋特定子会社に対する貸付金(注5)利子＋特定不動産譲渡対価＋特定不動産貸付対価＋一定の預金利子(注6)}}{\text{総収入金額}} > 95\%$
	措令39の14の3⑨三チ 措規22の11㉓	7	(資産割合要件) $\frac{\text{特定子会社株式等＋特定子会社に対する貸付金＋特定不動産＋未収金(上記6の分子の収入に係るもの)＋未収金・前払費用等(特定不動産に係るもの)＋一定の現預金}}{\text{総資産簿価}} > 95\%$
			注1：〈特定子会社要件〉
	措令39の14の3⑨三イ(1)		・当該外国関係会社とその本店所在地国を同じくする外国法人 ・当該外国関係会社の事業年度開始の時又は終了の時において、その発行済株式等のうちに当該外国関係会社が有するその株式等の数・金額の占める割合又その議決権のある株式等の数・金額の占める割合のいずれかが10%以

3 適用対象となる外国法人		
		上となつていること ・管理支配会社等（注２）の行う資源開発等プロジェクトの遂行上欠くことのできない機能を果たしていること。
	措令39の14の３⑨三イ(1)(ii)	注２：〈管理支配会社等要件〉 ・部分対象外国関係会社に該当するもの ・その本店所在地国において、その役員または使用人が資源開発等プロジェクトを的確に遂行するために通常必要と認められる業務の全てに従事しているもの（その本店所在地国と同一国に所在する他の外国法人の役員または使用人と共同で当該業務の全てに従事している場合の当該他の外国法人を含む。）
	措令39の14の３⑨三イ(3)	注３：〈特定不動産要件〉 ・その本店所在地国にある不動産（不動産の上に存する権利を含む。） ・資源開発等プロジェクトの遂行上欠くことのできない機能を果たすもの
	措令39の14の３⑨三イ(1)(ii)	注４：〈資源開発等プロジェクト〉 その本店所在地国において行う石油その他の天然資源の探鉱、開発若しくは採取の事業（採取した天然資源に密接に関連する事業を含む。）又はその本店所在地国の社会資本の整備に関する事業
	措令39の14の３⑨三ト(3)	注５：〈貸付金〉 資源開発等プロジェクトの遂行上欠くことのできないものに限る。
	措規22の11㉒	注６：〈一定の預金利子〉 資源開発等プロジェクトに係る業務の通常の過程において生ずる預金又は貯金の利子をいう。
	措法66の６③	〈資料提出がない場合の基準非該当の推定〉 国税職員は、必要があるときは、当該内国法人に対し、期間を定めて、当該外国関係会社が上記Ａ①～⑤に該当することを明らかにする書類その他の資料の提示又は提出を求めることができる。この場合において、当該書類その他の資料の提示又は提出がないときは、当該外国関係会社は上記Ａ①～⑤に該当しないものと推定する。
	Q&A８の2	（実体基準又は管理支配基準を満たすことを明らかにする書類等の具体例）
		Ｂ　事実上のキャッシュ・ボックス（下記の(a)(b)）
	措法66の６②二ロ	(a)　次の①又は②を満たす外国関係会社 ①　一般事業子会社（外国金融子会社等を除く外国関係会社）の場合 $\frac{\text{受動的所得（下記５(1)①～⑦の２及び⑧～⑩合計額）}^{注}}{\text{総資産の額}} > 30\%$

3 適用対象となる外国法人		かつ $\frac{\text{有価証券＋貸付金＋固定資産＋無形資産等}}{\text{総資産の額}} > 50\%$ 注：清算外国金融子会社等の特定清算事業年度については、分子は特定金融所得金額（下記5⑴①～⑦の２）がないものとして算定する（下記5⑵参照）。 ②　外国金融子会社等の場合 $\frac{\text{下記6⑴①と下記6⑴②～④合計額のいずれか多い金額}}{\text{総資産の額}} > 30\%$ かつ $\frac{\text{有価証券＋貸付金＋固定資産＋無形資産等}}{\text{総資産の額}} > 50\%$
	措令39の14の３⑩	（総資産の額） 外国関係会社の当該事業年度終了の時における貸借対照表に計上されている総資産の帳簿価額
	措令39の14の３⑪	（固定資産） 固定資産には無形資産等（措法66の６⑥九）を除くものとし、貸付けの用に供しているものに限る。
	措法66の６②七	（外国金融子会社等） 下記６参照
	措法66の６②二ハ	⒝　保険に係る事実上のキャッシュボックス 次に該当する外国関係会社
	措令39の14の３⑫⑬⑭	$\frac{\text{非関連者等収入保険料の合計額}}{\text{収入保険料の合計額}} < 10\%$ かつ
	措令39の14の３⑮⑯	$\frac{\text{非関連者等支払再保険料合計額}}{\text{関連者等収入保険料の合計額}} < 50\%$
	措法66の６②二ハ⑴	（非関連者等収入保険料） 関連者（措令39の14の３⑫）以外の者から収入するものとして（措令39の14の３⑬）で定める収入保険料をいう。
	措令39の14の３⑮	（非関連者等支払再保険料合計額） $\text{各事業年度に非関連者に支払う再保険料} \times \frac{\text{関連者等収入保険料の合計額}}{\text{収入保険料の合計額}}$
	措法66の６②二ニ	**C　ブラックリスト国所在外国関係会社** 租税の情報交換に関する国際的な取組への協力が著しく不十分な国・地域に本店等を有する外国関係会社
	措法66の６⑭	（財務大臣の告示） 財務大臣は、措置法の規定により国又は地域を指定したときは、これを告示する。

3 適用対象となる外国法人	措法66の６②三	⑶ **対象外国関係会社** 次の経済活動基準（A～D）のいずれかに該当しない外国関係会社（上記⑵特定外国関係会社に該当するものを除く。）をいう。 A 事業基準、B 実体基準、C 管理支配基準、D 非関連者基準・所在地国基準
	措法66の６②三イ	A　事業基準 次の①から④に掲げる事業を主たる事業とする外国関係会社でないこと ①　株式等の保有（統括業務を行う**統括会社、一定の外国金融持株会社**を除く。） ②　債券の保有 ③　工業所有権その他の技術に関する権利、特別な技術による生産方式若しくはこれに準ずるもの（これらの権利に関する使用権を含む。）、著作権（出版権及び著作隣接権その他これに準ずるものを含む。）の提供 ④　船舶、航空機の貸付け（**実体のある航空機リース業**を除く。）
	措通66の6-10	（株式等の保有を主たる事業とする統括会社の経済活動基準の判定）
	措通66の6-15	（船舶又は航空機の貸付け）定期用船（機）契約又は航海用船（機）に基づく用船（機）は該当しない。
		〈**統括会社**について〉
	措令39の14の３⑰	（統括業務の意義） 外国関係会社が被統括会社との間における契約に基づき行う業務のうち当該被統括会社の事業の方針の決定又は調整に係るもの（当該事業の遂行上欠くことのできないものに限る。）であって、二以上の被統括会社に係る当該業務を一括して行うことによりこれらの被統括会社の収益性の向上に資することとなると認められるものをいう。
	措通66の6-11	（被統括会社の事業の方針の決定又は調整に係るものの意義）
	措令39の14の３⑳	（統括会社の要件） ①　複数の被統括会社（外国法人である二以上の被統括会社を含む場合に限る。）に対して統括業務を行っていること ②　その本店所在地国に統括業務に係る事務所、店舗、工場その他の固定的施設及び統括業務を行うに必要と認められる当該統括業務に従事する者（もっぱら当該統括業務に従事する者に限るものとし、当該外国関係会社の役員及び当該役員の特殊関係使用人を除く。）を有していること ③　一の内国法人によって、その発行済株式等の全部を直接又は間接に保有されていること ④　統括会社の事業年度終了時において、統括会社に係る被統括会社の株式等の貸借対照表に計上されている帳簿価額の合計額が、統括会社の有する株式等の帳簿価額の合計額の50％超であること

3 適用対象となる外国法人		かつ、以下のイ又はロのいずれかが50%超であること イ　当該統括会社の当該事業年度終了の時において有する当該統括会社に係る外国法人である被統括会社の株式等の当該事業年度終了の時における貸借対照表に計上されている帳簿価額の合計額の当該統括会社の当該事業年度終了の時において有する当該統括会社に係る被統括会社の株式等の当該貸借対照表に計上されている帳簿価額の合計額に対する割合 又は ロ　当該統括会社の当該事業年度における当該統括会社に係る外国法人である被統括会社に対して行う統括業務に係る対価の額の合計額の当該統括会社の当該事業年度における当該統括会社に係る被統括会社に対して行う統括業務に係る対価の額の合計額に対する割合
	措通66の6-14	(専ら統括業務に従事する者) 外国関係会社に統括業務を行う専門部署が存している場合には、当該部署で当該統括業務に従事する者を有していることをいい、統括部署が存していない場合には当該統括業務に専属的に従事する者を有していることをいう。
	措令39の14の3㉑	(発行済株式等の全部を直接又は間接に保有されているかの判定) 直接保有株式等保有割合と間接保有株式等保有割合とを合計した割合による。
	措令39の14の3㉒	(間接保有の株式等の計算方法) 上記2①イ(間接に有する外国関係会社の株式等の数・金額(措令39の14③))を準用する。
	措令39の14の3⑱	(被統括会社の要件) 次の①②を満たす外国法人(統括会社の子会社からひ孫会社までに限る。) ①　統括会社が法人の発行済株式等のうち直接保有する割合及び議決権の割合のいずれもが25%(当該法人が内国法人である場合には、50%)以上であること ②　本店所在地国にその事業を行うに必要と認められる当該事業に従事する者を有すること
	措通66の6-12	(被統括会社に該当する外国関係会社の経済活動基準の判定)
	措通66の6-13	(被統括会社の事業を行うに必要と認められる者) 当該外国法人がその事業の内容、規模等に応じて必要な従事者を本店所在地国に有していることをいうのであるから、当該外国法人の事業に専属的に従事している者に限られない。
	措法66の6②三イ(2)	〈**一定の外国金融持株会社**について〉 〈**実体のある航空機リース業**について〉
	措令39の14の3㉓一～三	次の要件①～③を満たす航空機の貸付けを主たる事業とする外国関係会社は、事業基準を満たすものとされる。

3 適用対象となる外国法人

①	通常必要業務従事基準	外国関係会社の役員又は使用人がその本店所在地国において航空機の貸付けを的確に遂行するために通常必要と認められる業務の全てに従事していること
②	費用基準	当該年度における航空機の貸付けに係る業務の委託に係る対価の支払額の合計額 / 当該年度における航空機の貸付けに係る業務に従事する役員及び使用人に係る人件費の額の合計額 ≦30%
③	リース収益人件費割合基準	当該年度における航空機の貸付けに係る業務に従事する役員及び使用人に係る人件費の額の合計額 / (航空機の貸付けによる収入金額 − 貸付けの用に供する航空機に係る償却費の額の合計額) ＞5％ （分母が0以下の場合には、人件費の額の合計額）

Q&A9 （事業基準から除外される航空機リース会社における「通常必要と認められる業務」の範囲）

Q&A10 （通常必要と認められる業務の全てに従事しているかどうかの判定）

措法66の6②三ロ　B　実体基準

措令39の14の3㉔　本店所在地国においてその主たる事業（統括会社にあつては、統括業務。一定の外国金融持株会社にあっては、特定外国金融機関の経営管理。）を行うに必要と認められる事務所、店舗、工場その他の固定施設を有していること

措令39の14の3㉕　（同様の状況にあるもの）

一定の特定保険外国子会社等、一定の特定保険委託者

措法66の6②三ロ　C　管理支配基準

本店所在地国においてその事業の管理、支配及び運営を自ら行っていること

措令39の14の3㉖　（同様の状況にあるもの）

一定の特定保険外国子会社等、一定の特定保険委託者

措通66の6-9 （特定保険協議者又は特定保険受託者の管理支配基準の判定）

措法66の6②三ハ　D　非関連者基準・所在地国基準

措法66の6②三ハ(1)　①　非関連者基準

措令39の14の3㉘　主たる事業について、次の区分に応じて各事業年度の当該取引の合計額のうち、関連者以外の者（非関連者）との取引が50％超であること

卸売業	棚卸資産の販売に係る収入金額の合計額に占める非関連者取引の割合又は取得した棚卸資産の取得価額の合計額に占める非関連者取引の割合

3 適用対象となる外国法人

銀行業	受入利息の合計額に占める非関連者取引の割合又は支払利息の合計額に占める非関連者取引の割合
信託業	信託報酬の合計額に占める非関連者取引の割合
金融商品取引業	受入手数料（有価証券の売買による利益を含む。）の合計額に占める非関連者取引の割合
保険業	収入保険料（ハに掲げる金額を含む。）のうちに次に掲げる金額の合計額の占める割合 イ．関連者以外の者から収入する収入保険料 ロ．特定保険委託者に該当する外国関係会社が収入する一定の収入保険料及び特定保険受託者に該当する外国関係会社が収入する一定の収入保険料 ハ．特定保険協議者に該当する外国関係会社が支払を受ける一定の業務手数料及び特定保険受託者に該当する外国関係会社が支払を受ける一定の業務手数料
水運業又は航空運送業	船舶の運航及び貸付け又は航空機の運航及び貸付けによる収入金額の合計額に占める非関連者取引の割合
物品賃貸業（航空機の貸付けを主たる事業とするものに限る。）	航空機の貸付けによる収入金額の合計額に占める非関連者取引の割合

措通66の6-18　（金融商品取引業を営む外国関係会社が受けるいわゆる分与口銭）

措令39の14の3㉙　（非関連者を介在させて行われている場合）

次に掲げる取引イ・ロは、関連者との間で行われた取引とみなす。

イ　外国関係会社と非関連者との間で行う取引（対象取引）により当該非関連者に移転又は提供をされる資産、役務等が当該外国関係会社に係る関連者に移転又は提供をされることが当該対象取引を行った時において契約その他によりあらかじめ定まっている場合における当該対象取引

ロ　関連者と非関連者との間で行う取引（先行取引）により当該非関連者に移転又は提供をされる資産、役務等が非関連者と外国関係会社との間の取引（対象取引）により当該外国関係会社に移転又は提供をされることが当該先行取引を行った時において契約その他によりあらかじめ定まっている場合における当該対象取引

措令39の14の3㉚　（卸売業（物流統括会社）の特例）

外国法人である被統括会社を関連者に含めないものとする（内国法人である被統括会社は関連者取引に含まれる。）。

3 適用対象となる外国法人

措令39の14の3㉗

（関連者の範囲）

①	本税制の適用対象となる居住者、内国法人及び連結法人
②	①の連結法人と連結完全支配関係にある他の連結法人
③	①の内国法人の発行済株式等の50％超を保有する者
④	①の連結法人の発行済株式等の50％超を保有する者
⑤	①の者に係る被支配外国法人
⑥	①又は⑤の者が外国関係会社に係る間接保有の株式等を保有している場合における当該間接保有の株式等に係る他の外国法人及び出資関連外国法人
⑦	外国関係会社及び①～⑥の者と特殊の関係にある者（同族関係者）

措法66の6②三ハ(2)
措令39の14の3㉜

② 所在地国基準

上記①に掲げる事業以外の事業が、外国関係会社の各事業年度において行う主たる事業である場合には、次の通りその事業を主として本店所在地国において行っていること

不動産業	主として本店所在地国にある不動産の売買又は貸付け、当該不動産の売買又は貸付けの代理又は媒介及び当該不動産の管理を行っていること
物品賃貸業（航空機の貸付けを主たる事業とするものを除く。）	主として本店所在地国において使用に供される物品の貸付けを行っていること
製造業	主として本店所在地国において製品の製造を行っている場合（製造における重要な業務を通じて製造に主体的に関与していると認められる場合として下記(措規22の11⑲)の場合を含む。）
その他の事業	主として本店所在地国において行っていること

措規22の11㉔

（重要な業務を通じて製造に主体的に関与していると認められる場合）

外国関係会社が本店所在地国において行う次に掲げる業務の状況を勘案して、その本店所在地国においてこれらの業務を通じて製品の製造に主体的に関与していると認められる場合とする。

①	工場その他の製品の製造に係る施設又は製品の製造に係る設備の確保、整備及び管理
②	製品の製造に必要な原料又は材料の調達及び管理
③	製品の製造管理及び品質管理の実施又はこれらの業務に対する監督
④	製品の製造に必要な人員の確保、組織化、配置及び労務管理又はこれらの業務に対する監督
⑤	製品の製造に係る財務管理（損益管理、原価管理、資産管理、資金管理その他の管理を含む。）

3 適用対象となる外国法人

⑥	事業計画、製品の生産計画、製品の生産設備の投資計画その他製品の製造を行うために必要な計画の策定
⑦	その他製品の製造における重要な業務

措通66の6-17

（事業の判定）

外国関係会社の営む事業が上記①②のいずれに該当するかは、原則として日本標準産業分類を基準とする。

措法66の６④

〈資料提出がない場合の基準非該当の推定〉

国税職員は、必要があるときは、当該内国法人に対し、期間を定めて、当該外国関係会社が経済活動基準（上記Ａ～Ｄの４基準）に掲げる要件に該当することを明らかにする書類その他の資料の提示又は提出を求めることができる。この場合において、当該書類その他の資料の提示又は提出がないときは、当該外国関係会社は経済活動基準の要件に該当しないものと推定する。

措法66の６⑤

⑷　適用免除基準

次に掲げる外国関係会社につき租税負担割合がそれぞれに定める場合に該当する事実があるときは、その該当する事業年度に係る適用対象金額については、会社単位の合算課税を適用しない。

①　特定外国関係会社（上記⑵）に係る適用免除基準　租税負担割合30％以上

R5年改正（内国法人の令和６年４月１日以後開始する事業年度に適用される改正事項）

⑴　特定外国関係会社（上記⑵）に係る適用免除基準　租税負担割合27％以上

②　対象外国関係会社（上記⑶）に係る適用免除基準　租税負担割合20％以上

措令39の17の２

③　租税負担割合の計算

措令39の17の２②一イ

Ａ　無税国（下記Ｂ）以外に本店等のある外国関係会社

本店所在地国で納付する外国法人税[注1] ＋ 本店所在地国以外の国で納付する外国法人税[注1]

（分母）本店所在地国法令の規定[注2]に基づく所得
＋非課税所得
＋損金算入支払配当
＋損金算入外国法人税[注3]
＋保険準備金の繰入限度超過額
＋保険準備金の取崩不足額
－益金算入還付外国法人税[注3]

措令39の17の２②二

注１：外国法人税に関する法令に企業集団等所得課税規定がある場合には、企業集団等所得課税規定の適用がないものとした場合に計算される外国法人税の額とする。

措令39の17の２②一イ

注２：企業集団等所得課税規定を除く。

措令39の17の２②一イ⑶⑹

注３：外国法人税に関する法令に企業集団等所得課税規定がある場合には、企業集団等所得課税規定の適用がないものとした場合に納付するもの・還付されるものとして計算

3 適用対象となる外国法人		
		される外国法人税の額
	措令39の15⑥	〈企業集団等所得課税規定〉次に掲げる規定をいう。 イ （本店所在地国における連結納税規定） 外国法人の属する企業集団の所得に対して法人所得税を課することとする本店所在地国の法令の規定 ロ （第三国における連結納税規定） 外国法人（無税国又は所得の全部につき免税とされる国所在の法人に限る。）の属する企業集団の所得に対して法人所得税を課することとしている場合の本店所在地国以外の国の法令の規定 ハ （パススルー規定） 外国法人の所得をその株主等である者の所得として取り扱うこととする本店所在地国の法令の規定
	措令39の17の２②一イ(1)	「非課税所得」には、本店所在地国の法令により非課税とされる支払いを受ける配当等を含まない。
		(分子)
	措令39の17の２②三イ	分子の外国法人税には、本店所在地国の法令により当該外国関係会社が納付したものとみなしてその本店所在地国の外国法人税の額から控除されるものを含む。 「本店所在地国以外の国で納付する外国法人税」には、本店所在地国の法令により課税所得から除かれる本店所在地国以外の国の法人から受ける配当等に課される外国法人税を除く。
	措令39の17の２②四	(本店所在地国法令が累進税率の場合) 最も高い税率であるものとして算定した外国法人税とすることができる。
	措令39の17の２②五イ	(所得金額がない場合又は欠損の場合) 主たる事業に係る収入金額から生じたとした場合にその所得に適用される本店所在地国の外国法人税の税率により判定する。
	措令39の17の２②一ロ	B 無税国（法人の所得に課される税が存在しない国・地域）に本店等のある外国関係会社 $\dfrac{\text{本店所在地国以外の国で納付する外国法人税}^{注1}}{\begin{array}{l}\text{決算に基づく所得（会計上の利益）}\\ +\text{費用計上した支払配当}\\ +\text{費用計上した外国法人税}\\ +\text{保険準備金の繰入限度超過額}\\ +\text{保険準備金の取崩不足額}\\ -\text{収益計上した受取配当}\\ -\text{収益計上した還付外国法人税}\end{array}}$ 注１：上記Ａの注１参照
		(分子)
	措令39の17の２②三ロ	「本店所在地国以外の国で納付する外国法人税」には、分母から控除する「収益計上した受取配当」に課される外国法人税を除く。
	措令39の17の２②五ロ	(所得金額がない場合又は欠損の場合) 零とする。

3 適用対象となる外国法人	措通66の6-22	（外国関係会社の事業年度と課税年度とが異なる場合の租税負担割合の計算）
	措通66の6-23	（課税標準の計算がコストプラス方式による場合）
	措通66の6-24	（外国法人税の範囲）
	措通66の6-24の2	（租税負担割合の計算における企業集団等所得課税規定を除いた法令の規定による所得の金額の計算）
	措通66の6-24の3	（企業集団等所得課税規定の適用がないものとした場合に計算される外国法人の額の計算）
	措通66の6-25	（非課税所得の範囲）
	措通66の6-26	（外国法人税の額に加算される税額控除額）
	措通66の6-27	（複数税率の場合の特例の適用）
	措令39の20①	（判定の時期） 外国法人が外国関係会社に該当するかの判定は、当該外国関係会社の各事業年度終了時の現況による。
	措通66の6-5	（主たる事業の判定）
	措通66の6-6	（主たる事業を行うに必要と認められる事務所等の意義） 固定施設が、主たる事業に係る活動を行うために使用されるものでない場合には、主たる事業を行うに必要と認められる事務所等には該当しない。
	措通66の6-7	（自ら事業の管理、支配等を行っていることの意義） 次の事実があるとしてもそのことだけでこの要件を満たさないことにはならないことに留意する。 (1) 当該外国関係会社の役員が他の法人の役員等を兼務していること。 (2) 当該外国関係会社の事業計画の策定等に当たり、親会社等と協議し、その意見を求めていること。 (3) 当該事業計画等に基づき、当該外国関係会社の業務の一部を委託していること。
	措通66の6-8	（事業の管理、支配等を本店所在地国において行っていることの判定） 外国関係会社の株主総会及び取締役会等の開催、事業計画の策定等、役員等の職務執行、会計帳簿の作成及び保管等が行われている場所並びにその他の状況を総合的に勘案の上行うことに留意する。
	措通66の6-16	（全てに従事していることの範囲） 外国関係会社の業務の一部の委託（補助業務（広告宣伝、市場調査、専門的知識の提供その他の当該外国関係会社が業務を行う上での補助的な機能を有する業務をいう。）以外の業務の委託にあっては、当該外国関係会社が仕様書等を作成し、又は指揮命令している場合に限る。）が含まれることに留意する。

4 合算される課税対象金額の算定		内国法人に益金算入される特定外国関係会社及び対象外国関係会社の課税対象金額算定のプロセス (1)基準所得金額⇒(2)適用対象金額⇒(3)課税対象金額
	措法66の6②四	(1) 基準所得金額
	措令39の15①②	特定外国関係会社及び対象外国関係会社の各事業年度の決算に基づく所得の金額について法人税法・措置法による一定の調整を加えて計算した金額であり、A本邦法令に基づく方式、B所在地国法令に基づく方式がある。
	措令39の15⑩	いったん採用した方式を変更する場合には、あらかじめ所轄税務署長の承認を受けなければならない。
	措令39の15①	**A 本邦法令に基づく方式**（以下の①～⑥の調整を行う。）
	措令39の15①一	① 法人税法第2編第1章第1節第2款から第9款まで及び第11款までを準用する。 但し、次に掲げる法人税法の規定を除外する。

第23条	（受取配当益金不算入）
第23条の2	（外国子会社から受ける配当等の益金不算入）
第25条の2	（受贈益）
第26条第1項～第4項	（還付金の益金不算入）
第27条	（中間申告における繰戻しによる還付に係る災害損失欠損金額の益金算入）
第33条第5項	（資産の評価損の損金不算入）
第37条第2項	（寄附金の損金不算入）
第38条～第41条の2	（税金関連条項）
第55条第4項	（不正行為等に係る費用等の損金不算入）
第57条	（青色申告書を提出した事業年度の欠損金の繰越し）
第59条	（資産整理に伴う私財提供等があった場合の欠損金の損金算入）
第61条の2第17項	（有価証券の譲渡益又は譲渡損の益金又は損金算入）
第61条の11	（連結納税関連）
第62条の5第3項～第6項	（現物分配による資産の譲渡）
第62条の7	（特定資産に係る譲渡等損失額の損金不算入（適格現物分配に係る部分に限る。））

② 次に掲げる租税特別措置法の規定を準用する。

第43条	（特定設備等の特別償却）
第45条の2	（医療用機器等の特別償却）
第52条の2	（特別償却不足額がある場合の償却限度額の計算の特例）

4 合算される課税対象金額の算定

第57条の5	(保険会社等の異常危険準備金)
第57条の6	(原子力保険又は地震保険に係る異常危険準備金)
第57条の8	(特定船舶に係る特別修繕準備金)
第57条の9	(中小企業等の貸倒引当金の特例)
第61条の4	(交際費等の損金算入)
第65条の7～第65条の9	(特定資産の買換え関連の条項のうち、船舶の買換えに係る部分)
第66条の4第3項	(国外関連者に対する寄附金の損金不算入)
第67条の12、第67条の13	(組合事業に係る損失がある場合の課税の特例)

措令39の15①二　③ 当該各事業年度に納付する法人所得税を加算する。

措令39の15①三　④ 当該各事業年度に還付を受ける法人所得税を減算する。

措令39の15①四　⑤ 外国子会社益金不算入の規定の適用を受ける配当等の額を減算する。

(外国子会社要件（発行済株式等の25%（注）以上を6か月以上継続保有している。）を充たす外国子会社等から受ける配当等の額)

但し、受ける配当等の額の全部又は一部が当該子会社の本店所在地国において損金に算入される場合におけるその受ける配当等の額を除く。

(注) 配当法人の主たる事業が化石燃料を採取する事業で、租税条約の我が国以外の締約国又は締約者内に化石燃料を採取する場所を有している場合には、10%。

措令39の15①五　⑥ 適用対象となる外国関係会社による**特定部分対象外国関係会社株式等**の**特定譲渡**に係る譲渡利益額を減算する。

(本項⑥の適用対象となる外国関係会社（特定外国関係会社又は対象外国関係会社）)

その発行済株式等の全部または一部が上記2の内国法人に保有されていないもの

(**特定部分対象外国関係会社株式等**の意義)

居住者等株主等の当該適用対象外国関係会社に係る持株割合が50%超となつた場合（当該外国関係会社が設立された場合を除く。）の当該超えることとなつた日（特定関係発生日）に当該外国関係会社が有する部分対象外国関係会社に該当する外国法人の株式等。

(**特定譲渡**の意義)

次に掲げる要件のすべてに該当する譲渡であること。

4 合算される課税対象金額の算定

イ	譲渡先要件	当該外国関係会社に係る（上記2の）内国法人等又は他の部分対象外国関係会社への譲渡であること。 （その譲渡後に他の者に移転する見込みの場合を除く。）
ロ	期間要件	特定関係発生日から2年以内の事業年度に行う譲渡であること。 （やむを得ない場合には、5年以内） （経過措置（改正令附29①）適用の場合、5年以内）
ハ	解散等要件	次のいずれかに該当すること 1　当該外国関係会社の清算中に行われる譲渡 2　当該譲渡の日から2年以内に当該外国関係会社の解散が見込まれる 3　当該譲渡の日から2年以内に非関連者が当該外国関係会社の発行済株式等の全部を有すると見込まれる
ニ	統合計画書要件	次に掲げる事項を記載した計画書に基づく譲渡であること 1　居住者等株主等の持株割合（上記3(1)①）を50%超とする目的 2　上記目的を達成するための基本方針 3　目的達成のために行う組織再編成に係る基本方針 4　その他省令（措規22の11㉓）で定める事項
ホ	特定事由非該当要件	特定部分対象外国関係会社株式等を発行した外国法人の合併、分割、解散等の事由により金銭その他の資産の交付を受けた場合における当該株式等の譲渡でないこと。

Q&A 8の3　（ペーパー・カンパニー等の整理に伴う一定の株式譲渡益の免除特例の具体例）

措令39の15③④　⑦　控除対象配当等を減算する。

（合算課税が行われた他の外国関係会社から受ける配当等の額（上記⑤の対象となる外国子会社を除く。））

措令39の15③一～四　（控除対象配当等の額）

次に掲げる場合の区分に応じ定める金額に相当する金額をいう。

第一、二号については、他の外国関係会社には、上記⑤外国子会社要件を充たすものを除く。

第三、四号については、他の外国関係会社には、上記⑤外国子会社要件を充たすものに限る。また、その受ける配当等の全部又は一部が当該他の外国関係会社の本店所在地国の法令で損金算入される場合におけるその受ける配当等に限る。

	（措令39の15③）場合の区分	控除する額
一号	他の外国関係会社（注１）から受ける配当等の額 ≦ 基準事業年度の配当可能金額のうち出資対応配当可能金額 かつ 当該基準事業年度に課税対象金額が生じる事業年度である場合	当該配当等の額
二号	他の外国関係会社（注１）から受ける配当等の額 ＞ 基準事業年度の出資対応配当可能金額 である場合	当該他の外国関係会社の基準事業年度以前の各事業年度の出資対応配当可能金額をそれぞれ最も新しい事業年度のものから順次当該配当等の額に充てるものとして当該配当等の額を当該各事業年度の出資対応配当可能金額に応じそれぞれの事業年度ごとに区分した場合において、課税対象金額の生ずる事業年度の出資対応配当可能金額から充てるものとされた配当等の額の合計額
三号	他の外国関係会社（注２）から受ける配当等の額（注３） ≦ 基準事業年度の配当可能金額のうち出資対応配当可能金額 かつ 当該基準事業年度に課税対象金額が生じる事業年度である場合	当該配当等の額
四号	他の外国関係会社（注２）から受ける配当等の額（注３） ＞ 基準事業年度の出資対応配当可能金額 である場合	当該他の外国関係会社の基準事業年度以前の各事業年度の出資対応配当可能金額をそれぞれ最も新しい事業年度のものから順次当該配当等の額に充てるものとして当該配当等の額を当該各事業年度の出資対応配当可能金額に応じそれぞれの事業年度ごとに区分した場合において、課税対象金額の生ずる事業年度の出資対応配当可能金額から充てるものとされた配当等の額の合計額

4 合算される課税対象金額の算定

注1：特定外国関係会社又は対象外国関係会社に該当するものに限る。上記⑤の外国子会社要件を充たすものを除く。
注2：特定外国関係会社又は対象外国関係会社に該当するものに限る。上記⑤の外国子会社要件を充たすものに限る。
注3：受ける配当等の全部又は一部が当該他の外国関係会社の本店所在地国の法令で損金算入される場合におけるその受ける配当等に限る。

（用語の意義）

基準事業年度

当該他の外国関係会社の当該配当等の額の支払に係る基準日の属する事業年度

措令39の15④一

配当可能金額

他の外国関係会社の各事業年度の適用対象金額に当該適用対象金額に係る次に掲げる項目の金額を加減算した残額をいう。

＋基準所得金額の計算で控除された子会社配当等の額

＋基準所得金額の計算で控除された控除対象配当等の額

＋内国法人との間の取引で移転価格税制の適用がある場合において減額される所得金額のうち当該内国法人に支払われない金額

－当該事業年度の剰余金の処分により支出される金額（法人所得税・配当等の額を除く。）

－費用として支出された金額（法人所得税・配当等の額を除く。）のうち損金不算入の扱い等により適用対象金額に含まれた金額

措令39の15④二

出資対応配当可能金額

他の外国関係会社の配当可能金額に外国関係会社の有する株式等の保有割合を乗じて計算した金額

措通66の6-20 （法人税法等の規定の例に準じて計算する場合の取扱い）

措通66の6-21 （大法人により発行済株式等の全部を保有される場合の適用対象金額の計算）

措令39の15②

B　所在地国法令に基づく方式

外国関係会社の本店所在地国の法令の規定（企業集団等所得課税規定（上記3⑷③参照）を除く。）により計算した所得金額に以下の調整を行う。

①　次の項目を加算する。

1　課税所得に含まれていない所得（非課税所得）の額

2　損金に算入された支払配当の額

3　減価償却について任意償却を行っている場合には、法人税法の規定に基づいて計算された減価償却限度額を超過する額

4　資産の評価損を損金に算入している場合には、法人税法33条による損金不算入額

4 合算される課税対象金額の算定

5 役員賞与、過大な役員報酬及び過大な役員退職金に係る損金算入額

6 特殊関係使用人に対する過大な給与及び退職給与に係る損金算入額

7 (法人税法及び措法66条の4③(国外関連者への寄附金)の規定に基づいて計算した)寄附金の限度超過額

8 損金に算入した法人所得税[注]

9 損金算入した繰越欠損金の金額

10 保険準備金の積立額に係る損金算入限度超過額

11 保険準備金の取崩しに係る益金算入不足金額

12 租税特別措置法の規定に基づいて計算された交際費限度超過額

13 組合事業等に係る損金不算入額

② 次の項目を減算する。

1 組合事業等に係る損金算入額

2 益金算入された還付法人所得税額[注]

3 資産の評価益が益金に算入している場合には、法人税法25条による益金不算入額

4 外国子会社益金不算入の規定の適用を受ける配当等の額

(発行済株式等の25%(注)以上を6か月以上保有している外国子会社等からの配当等の額)

(注) 配当法人の主たる事業が化石燃料を採取する事業で、租税条約の我が国以外の締約国又は締約者内に化石燃料を採取する場所を有している場合には、10%。

5 適用対象となる外国関係会社による特定部分対象外国関係会社株式等の特定譲渡に係る譲渡利益額

(上記A⑥を参照)

措令39の15③④

6 控除対象配当等

(合算課税が行われた他の外国関係会社から受ける配当等の額(上記4の対象となる外国子会社を除く。))

(上記A⑦の控除対象配当等の額を参照)

注:法人所得税に関する法令に企業集団等所得課税規定(上記3⑷③参照)がある場合には、企業集団等所得課税規定の適用がないものとした場合に納付するもの・還付されるものとして計算される法人所得税の額をいう。(「個別計算納付法人所得税額」「個別計算還付法人所得税額」)

措通66の6-21の2

(企業集団等所得課税規定を除いた法令の規定による所得の金額の計算)

措通66の6-21の3

(企業集団等所得課税規定を除いた法令の規定により計算する場合の取扱い)

4 合算される課税対象金額の算定

措通66の6-21の4 （合理的な方法による所得の金額の簡便計算）

措通66の6-21の5 （企業集団等所得課税規定の適用がある場合の個別計算納付法人所得税額等の計算）

措通66の6-21の6 （選択適用の規定がある場合の個別計算納付法人所得税額等の計算）

措通66の6-21の7 （無税国の外国関係会社が企業集団等所得課税規定の適用を受ける場合の所得の金額の計算）

無税国に所在する外国関係会社は、所在地国法令に基づく方式は適用できない。

措法66の6②四 (2) 適用対象金額

上記(1)で算出した基準所得金額に対して次の①②を控除して計算した金額

措令39の15⑤一 ① 各事業年度開始の日前7年以内に開始した事業年度において生じた欠損金額の（前年度以前に控除未済の）合計額に相当する金額

なお、下記の事業年度に生じた欠損金額は繰越控除の対象とならない。

イ 特定外国関係会社又は対象外国関係会社に該当しなかった事業年度

ロ 適用免除基準（上記3(4)）に該当する事業年度

措令39の15⑦ （欠損金額とは、上記(1)を適用した場合において計算される欠損の額をいう。）

措令39の15⑤二 ② 当該事業年度において納付をすることになる法人所得税の額

法人所得税に関する法令に企業集団等所得課税規定（上記3(4)③参照）がある場合には、企業集団等所得課税規定の適用がないものとした場合に納付するものとして計算される法人所得税の額

措通66の6-19 （適用対象金額等の計算）

(3) 課税対象金額

措令39の14① 課税対象金額＝適用対象金額×請求権等勘案合算割合

措令39の14②一 （請求権等勘案合算割合）

次の場合の区分に応じそれぞれ次に定める割合をいう（イ、ハのいずれにも該当する場合には、その合算割合）。

	場合の区分	割合
イ	内国法人が外国関係会社（被支配外国法人を除く。）の株式等を直接又は他の外国法人を通じて間接に有している場合	$\frac{\text{内国法人の有する当該外国関係会社の請求権等勘案保有株式等}}{\text{当該外国関係会社の発行済株式等}}$
ロ	外国関係会社が内国法人の被支配外国法人の場合	100％

4 合算される課税対象金額の算定		
		<table><tr><td>ハ</td><td>内国法人に係る被支配外国法人が外国関係会社の株式等を直接又は他の外国法人を通じて間接に有している場合</td><td>当該被支配外国法人の有する当該外国関係会社の請求権等勘案保有株式等 / 当該外国関係会社の発行済株式等</td></tr></table>
	措令39の14②二	（**請求権等勘案保有株式等**の意義） 請求権等勘案保有株式等 ＝ 内国法人等*が直接に有する外国法人の株式等** ＋ 請求権等勘案間接保有株式等 * 内国法人等：内国法人又は当該内国法人に係る被支配外国法人 **当該外国法人が請求権の内容が異なる株式等を発行している場合には、当該外国法人の発行済株式等に、当該内国法人等が当該請求権の内容が異なる株式等に係る請求権に基づき受けることができる剰余金の配当等の額がその総額のうちに占める割合を乗じて計算した数又は金額
	措令39の14②三	（**請求権等勘案間接保有株式等**の意義） 外国法人の発行済株式等に、次に掲げる場合の区分に応じて定める割合を乗じて計算した株式等の数又は金額をいう（掛算方式）。

	場合の区分	割合
イ	当該外国法人の株主等である他の外国法人の発行済株式等の全部又は一部が内国法人等に所有されている場合	当該内国法人等の当該他の外国法人に係る持株割合 × 当該他の外国法人の当該外国法人に係る持株割合 （当該他の外国法人が二以上ある場合には、二以上の当該他の外国法人につきそれぞれ計算した割合の合計割合）
ロ	当該外国法人と他の外国法人（その発行済株式等の全部又は一部が内国法人等により所有されているものに限る。）との間に一又は二以上の外国法人（出資関連外国法人）が介在している場合であって、当該内国法人等、当該他の外国法人、出資関連外国法人及び当該外国法人が株式等の所有を通じて連鎖関係にある場合	当該内国法人等の当該他の外国法人に係る持株割合 × 当該他の外国法人の出資関連外国法人に係る持株割合 × 出資関連外国法人の他の出資関連外国法人に係る持株割合 × 当該他の出資関連外国法人の当該外国法人に係る持株割合 （当該連鎖関係が二以上ある場合には、当該二以上の連鎖関係につきそれぞれ計算した割合の合計割合）

4 合算される課税対象金額の算定

上記における持株割合は、以下の場合においては、それぞれに定める割合とする。

(1) 当該発行法人が請求権の内容が異なる株式等を発行している場合（(2)に掲げる場合に該当する場合を除く。）
その株主等が当該請求権の内容が異なる株式等に係る請求権に基づき受けることができる剰余金の配当等の額がその総額のうちに占める割合

(2) 当該発行法人と居住者又は内国法人との間に実質支配関係がある場合
零

措通66の6-3　（特定外国関係会社等が２以上ある場合の損益の不通算）

措通66の6-4　（課税対象金額等の円換算）

（原則）当該外国関係会社の当該事業年度終了の日の翌日から２月を経過する日の電信売買相場の仲値

（例外）継続適用を条件に、当該内国法人の同日を含む事業年度終了の日の電信売買相場の仲値

5 合算される部分課税対象金額（一般事業子会社）

措法66の６⑥

上記２に掲げる内国法人に係る**部分対象外国関係会社（外国金融子会社等を除く。）**が、**特定所得**[注]の金額を有するときは、当該各事業年度の特定所得の金額に係る**部分適用対象金額**に**請求権等勘案合算割合**を乗じて計算した金額（**部分課税対象金額**）は、その内国法人の収益の額とみなして当該各事業年度終了の日の翌日から２月を経過する日を含むその内国法人の各事業年度の益金の額に算入する。

注：**清算外国金融子会社等**（解散により外国金融子会社等に該当しないこととなった部分対象外国関係会社）の特定清算事業年度については、特定金融所得金額がないものとした場合の金額（下記(2)参照）

措法66の６②六　（部分対象外国関係会社）

対象外国関係会社の４基準（上記３(3)Ａ～Ｄ）のすべてを充たす外国関係会社（特定外国関係会社を除く。）をいう。

措法66の６②七　（外国金融子会社等）

下記６参照

(1) 特定所得の金額（次の12種類）

① 措法66の６⑥一、措令39の17の３④～⑧
② 措法66の６⑥二、措令39の17の３⑨～⑩
③ 措法66の６⑥三

	所得類型	対象から除外される項目	区分
①	**配当等** 剰余金の配当等の額－（直接費用の額＋負債利子配賦額）	持分割合が（配当支払い義務確定日以前６か月以上）25％以上の株式等 一定の化石燃料会社については持分割合10％以上	A
②	**利子等** 受取利子等の額－直接要した費用の額	事業に係る通常の過程において受ける預貯金の利子 一定の貸金業者が得る貸付金利子 その他の一定の利子	A
③	**有価証券の貸付対価** 貸付対価の額－直接費用の額	—	A

項目	根拠	No.	内容	除外等	区分
5 合算される部分課税対象金額（一般事業子会社）	措法66の6⑥四 措令39の17の3⑪〜⑭	④	**有価証券の譲渡損益** 譲渡対価の額－（譲渡原価＋直接費用の額）	持分割合が譲渡直前に25％以上の株式等の譲渡損益	B
	措法66の6⑥五 措規22の11㉞〜㊴	⑤	**デリバティブ取引（法法61の5①）損益** 利益の額又は損失の額（法法61の5等に準じる）	ヘッジ目的で行った一定のデリバティブ取引 一定の商品先物取引業者等が行う一定の商品先物取引に係る損益 その他のデリバティブ取引（措規22の11㊴）に係る損益	B
	措法66の6⑥六 措令39の17の3⑮ Q&A15	⑥	**外国為替損益** 利益の額又は損失の額	事業に係る業務の通常の過程で生ずる損益 （外国為替の売買相場の変動に伴つて生ずる利益を得ることを目的とする投機的な取引を行う事業を除く。）	B
	措法66の6⑥七 措令39の17の3⑯	⑦	**上記①〜⑥の金融資産から生じるその他の金融所得** 利益の額又は損失の額	ヘッジ目的で行った一定のデリバティブ取引（措規22の11㊸）	B
	措法66の6⑥七の二 措令39の17の3⑰⑱	⑦の2	**保険所得** （収入すべき収入保険料・再保険返戻金－支払うべき再保険料・解約返戻金）－（支払うべき支払保険金－収入すべき再保険金）	—	B
	措法66の6⑥八 措令39の17の3⑲〜㉑	⑧	**有形固定資産の貸付対価** 貸付対価の額－直接費用の額（償却費を含む）	本店所在地国で使用される資産等の貸付対価 一定のリース事業（措令39の17の3⑳）	A
	措法66の6⑥九 措令39の17の3㉒〜㉕	⑨	**無形資産等の使用料** 貸付対価の額－直接費用の額（償却費を含む）	自己開発等の一定の無形資産の使用料	A
	措法66の6⑥十 措令39の17の3㉖	⑩	**無形資産等の譲渡損益** 譲渡対価の額－（譲渡原価＋直接費用の額）	自己開発等の一定の無形資産の譲渡損益	B
	措法66の6⑥十一 措令39の17の3㉗〜㉛	⑪	**異常所得** 下記参照	—	A

「区分」：部分適用対象金額算定の際のグループ区分（下記⑵参照）

項目	根拠	内容
5 合算される部分課税対象金額（一般事業子会社）		〈①配当等に関して〉
	措令39の17の３④	イ　対象から除外される配当等には、本店所在地国において損金に算入される配当等は除かれる。
	措令39の17の３⑤	ロ　負債利子配賦額
		$$\text{部分対象外国関係会社が当該事業年度に支払う負債利子の合計額} \times \frac{\text{事業年度終了時の対象となる株式等の帳簿価額の合計額}}{\text{当該部分対象外国関係会社の事業年度終了時の総資産の帳簿価額}}$$
		〈②利子等に関して〉
	措令39の17の３⑨	イ　利子に準ずるものの範囲
	措規22の11⑯	手形の割引料、償還有価証券に係る調整差益、経済的な性質が支払いを受ける利子に準ずるもの（一定の金利スワップを除く。）
	措令39の17の３⑩	ロ　対象外とされるその他の一定の利子 ・一定の割賦販売等から生ずる利子 ・一定の棚卸資産の販売から生ずる利子 ・一定のグループファイナンスに係る利子（個人に対するものを除く。）
	Q&A11	（「受動的所得」である受取利子等のうち活動の実体がある場合として除外されるグループファイナンスに係る利子の要件における通常必要と認められる業務の範囲）
	Q&A12	（グループファイナンスに係る利子の要件における「通常必要と認められる業務の全て」が当該事業年度内に行われていない場合において、役員又は使用人が業務の全てに従事しているかどうかの判定）
		〈④有価証券の譲渡損益に関して〉
	措令39の17の３⑪⑫	（譲渡損益の算出方法） 原則　移動平均法。総平均法とすることもできる。
	措令39の17の３⑬⑭	算出方法は有価証券の種類ごとに選定できる。選定した方法を変更する場合には所轄税務署長の承認が要る。
		〈⑤デリバティブ取引損益に関して〉
	措規22の11㊴	対象から除外されるその他のデリバティブ取引に係る損益 ・短期売買商品の価額の変動に伴う損失をヘッジ対象とする一定のデリバティブ取引損益 ・先物外国為替契約等に相当する契約に基づくデリバティブ取引損益 ・一定の金利スワップ等（法規27の７②）に係る損益
	Q&A13	（デリバティブ取引に係る損益の額）ヘッジ目的のもの
	Q&A14	（商品先物取引業の通常必要と認められる業務の範囲）
		〈⑦その他の金融所得に関して〉
		上記①～⑥を生じさせる資産の運用、保有、譲渡、貸付けその他

5 合算される部分課税対象金額（一般事業子会社）

の行為により生ずる利益の額又は損失の額

措令39の17の3⑯
措規22の11㊸

（金融所得に含まれるものの例示）

次に掲げる損益の額（上記①～⑥の損益及びヘッジ目的で行われた取引損益を除く。）

・投資信託の収益の分配金－直接要した費用の額

・売買目的有価証券の評価損益等

〈⑧有形固定資産の貸付対価に関して〉

有形固定資産の貸付には、不動産又は不動産の上に存する権利を使用させる行為を含む。

（償却費の額）

措令39の17の3㉑

（原則）当該事業年度の償却費の額のうち法法31の規定による償却限度額に達するまでの金額とする。

措令39の17の3㉔

（例外）外国関係会社の本店所在地国の法令により損金の額に算入している金額（任意償却を除く。）とすることもできる。

措令39の17の3㉕

上記の原則又は例外による選定した方法を変更する場合にはあらかじめ所轄税務署長の承認が要る。

〈⑨無形資産等の使用料に関して〉

措法66の6⑥九

（無形資産等）

工業所有権その他の技術に関する権利、特別の技術による生産方式若しくはこれらに準ずるもの（これらの権利に関する使用権を含む。）又は著作権（出版権及び著作隣接権その他これに準ずるものを含む。）

措令39の17の3㉒

（対象から除外する無形資産等の使用料）

次に掲げる無形資産等の区分に応じ、それぞれに定める使用料（所得合算される内国法人が次に定めるものであることを明らかにする書類を保存している場合における当該使用料に限る。）とする。

	無形資産等の区分	対象から除外される使用料
イ	部分対象外国関係会社が自ら行った研究開発の成果に係る無形資産等	当該部分対象外国関係会社が当該研究開発を主として行った場合の当該無形資産等の使用料
ロ	部分対象外国関係会社が取得をした無形資産等	当該部分対象外国関係会社が当該取得につき相当の対価を支払い、かつ、当該無形資産等をその事業（株式等若しくは債券の保有、無形資産等の提供又は船舶若しくは航空機の貸付けを除く。）の用に供している場合の当該無形資産等の使用料
ハ	部分対象外国関係会社が使用を許諾された無形資産等	当該部分対象外国関係会社が当該許諾につき相当の対価を支払い、かつ、当該無形資産等をその事業の用に供している場合の当該無形資産等の使用料

（償却費の額）

措令39の17の3㉓ （原則）当該事業年度の償却費の額のうち法法31の規定による償却限度額に達するまでの金額とする。

措令39の17の3㉔ （例外）外国関係会社の本店所在地国の法令により損金の額に算入している金額（任意償却を除く。）とすることもできる。

措令39の17の3㉕ 上記の原則又は例外による選定した方法を変更する場合にはあらかじめ所轄税務署長の承認が要る。

〈⑩無形資産等の譲渡損益に関して〉

措令39の17の3㉖ （対象から除外される対価の範囲）

上記⑨（対象から除外する無形資産等の使用料（措令39の17の3⑱））を準用する。

〈⑪異常所得に関して〉

措法66の6⑥十一 異常所得＝

措令39の17の3㉗ （以下の粗所得イ～ヌがないとした場合の部分対象外国関係会社の各事業年度の決算に基づく所得の金額（税引後利益））

措令39の17の3㉛ －（総資産の額＋人件費＋減価償却費（累計額））×50%

措規22の11㊹

イ	支払を受ける剰余金の配当等の額
ロ	受取利子等の額
ハ	有価証券の貸付けによる対価の額
ニ	有価証券の譲渡対価の額－譲渡原価の額
ホ	デリバティブ取引に係る損益の額
へ	外国為替差損益
ト	イ～への所得を生じさせる金融資産から生じるその他の所得
チ	保険所得（上記⑴⑦の２）の額
リ	固定資産の貸付けによる対価の額
ヌ	支払を受ける無形資産等の使用料
ル	無形資産等の譲渡対価の額－譲渡原価の額

措通66の6-28 （特定所得の金額に係る源泉税）直接要した費用の額には特定所得の金額に係る源泉税等の額も含まれる。

措通66の6-29 （自ら行った研究開発の意義）

⑵ 部分適用対象金額

措法66の6⑦ 以下のAとBの合計額

A

上記⑴の区分Aの所得の合計 （各所得類型ごとにマイナスの場合は零） ① 配当等 ② 利子等 ③ 有価証券の貸付対価 ⑧ 有形固定資産の貸付対価 ⑨ 無形資産等の使用料 ⑪ 異常所得

5 合算される部分課税対象金額（一般事業子会社）		
		B 上記(1)の区分Bの所得の合計 （各所得類型±合算。合算額マイナスの場合は零） ④　有価証券の譲渡損益 ⑤　デリバティブ取引損益 ⑥　外国為替差損益 ⑦　その他金融所得 ⑦の2　保険所得 ⑩　無形資産等の譲渡損益 前7年以内の**部分適用対象損失額**の繰越控除
		（清算外国金融子会社等の部分適用対象金額） **清算外国金融子会社等**（解散により外国金融子会社等に該当しないこととなった部分対象外国関係会社）の**特定清算事業年度**については、**特定金融所得金額**がないものとした場合の部分適用対象金額とする。
	措令39の17の3①	**（特定清算事業年度）** 特定日（解散により外国金融子会社等に該当しないこととなった日）から同日以後3年を経過する日（残余財産確定日と早い方の日。やむを得ない理由の場合、5年を経過する日）までの期間内の日を含む事業年度。
	措令39の17の3②	**（特定金融所得金額）** 上記Aについては①～③、上記Bについては④～⑦の2
	措令39の17の3㉜	**（部分適用対象損失額）** 部分対象外国関係会社の当該事業年度前7年以内に開始した事業年度において生じた上記④⑤⑥⑦⑦の2⑩の合計額のマイナス額（当該事業年度前の年度で控除されたものを除く。） 清算外国金融子会社等の特定清算事業年度にあっては、特定金融所得金額がないものとした場合の上記金額のマイナス額（当該事業年度前の年度で控除されたものを除く）。 （繰越控除の対象とならない欠損金額） ・平成30年4月1日前に開始した事業年度に生じた部分対象欠損金額 ・部分対象外国関係会社に該当しなかった事業年度に生じた部分対象欠損金額 ・租税負担割合が20%以上であった事業年度の部分対象欠損金額
	措令39の17の3③	(3)　部分課税対象金額 部分課税対象金額＝部分適用対象金額×請求権等勘案合算割合 請求権等勘案合算割合は、上記4(3)と同じ。
	措法66の6⑩	(4)　適用免除基準 次のいずれかに該当する場合には、当該部分対象外国関係会社のその該当する事業年度に係る部分適用対象金額については適用しない。

	措令39の17の5	① 各事業年度の租税負担割合が20%以上であること ② 各事業年度の部分適用対象金額が2千万円以下であること ③ 各事業年度の決算に基づく所得の金額（税引前所得金額）のうちに、当該事業年度の部分適用対象金額の占める割合が5%以下であること
6 合算される金融子会社等部分課税対象金額	措法66の6⑧	上記2に掲げる内国法人に係る**部分対象外国関係会社**（**外国金融子会社等に限る。**）が、**特定所得**の金額を有するときは、当該各事業年度の特定所得の金額に係る**金融子会社等部分適用対象金額に請求権等勘案合算割合**を乗じて計算した金額（**金融子会社等部分課税対象金額**）は、その内国法人の収益の額とみなして当該各事業年度終了の日の翌日から2月を経過する日を含むその内国法人の各事業年度の益金の額に算入する。
	措法66の6②七	（外国金融子会社等） 本店所在地国の法令に準拠して銀行業、金融商品取引業（金融商品取引法28①に規定する第一種金融商品取引業と同種類の業務に限る。）又は保険業を行う部分対象外国関係会社[注1]でその本店所在地国においてその役員又は使用人がこれらの事業を的確に遂行するために通常必要と認められる業務の全てに従事しているもの[注2]（**外国金融機関**）及びこれに準ずるものとして定める部分対象外国関係会社（**外国金融持株会社**）をいう。
	措令39の17①	注1 （同様の状況にあるものとして含まれるもの） 一定の特定保険外国子会社等、一定の特定保険受託者
	措令39の17②	注2 （同様の状況にあるものとして含まれるもの） 一定の特定保険外国子会社等、一定の特定保険委託者
	措令39の17③	（外国金融持株会社の範囲）
	措法66の6⑧	(1) 特定所得の金額

		所得類型	対象から除外される項目
措法66の6⑧一 措令39の17の4③～⑨	①	**異常な水準の資本に係る所得** 下記参照	—
措法66の6⑧二	②	**有形固定資産の貸付対価**（上記5(1)⑧に準じる。） 貸付対価の額－直接費用の額（償却費を含む。）	本店所在地国で使用される資産の貸付対価 一定のリース事業
措法66の6⑧三	③	**無形資産等の使用料**（上記5(1)⑨に準じる。） 貸付対価の額－直接費用の額（償却費を含む。）	自己開発等の一定の無形資産の使用料
措法66の6⑧四	④	**無形資産の譲渡損益**（上記5(1)⑩に準じる。） 譲渡対価の額－（譲渡原価＋直接費用の額）	自己開発等の一定の無形資産の譲渡損益
措法66の6⑧五	⑤	**異常所得**（上記5(1)⑪に準じる。）	—

6 合算される金融子会社等部分課税対象金額		〈①異常な水準の資本に係る所得に関して〉
	措法66の6⑧一 措令39の17の4③	外国金融子会社等のうち、一の内国法人及び当該一の内国法人との間に**特定資本関係**のある内国法人によってその発行済株式等の全部を直接又は間接に保有されている部分対象外国関係会社（その設立から5年以内又はその解散の日から3年以内のものを除く。）の**親会社等資本持分相当額**が総資産の額の70%超の場合には、以下の金額が異常な水準の資本に係る所得として、部分合算の対象とされる。
	措令39の17の4⑨	（親会社等資本持分相当額－最低資本金勘案額）×親会社の資本利益率
	措令39の17の4②、39の17④⑤	（特定資本関係）次に掲げる関係 ・二の法人のいずれか一方の法人が他方の法人の発行済株式等の全部を直接又は間接に保有する関係 ・二の法人が同一の者によつてそれぞれその発行済株式等の全部を直接又は間接に保有される場合における当該二の法人の関係
	措令39の17の4⑥	（親会社等資本持分相当額） 部分対象外国関係会社の当該事業年度終了の時における純資産の額から、次の額を控除した残額とする。
	措規22の11㊻一～四	イ　利益剰余金の額 ロ　利益剰余金の資本組入額 ハ　累積損失額 ニ　（金融持株会社の場合）その有する他の外国金機関等（持分割合50%超のもの）の株式等の帳簿価額
	措令39の17の4⑦	（総資産の額） 部分対象外国関係会社の当該事業年度終了の時における貸借対照表に計上されている総資産の帳簿価額（保険業の場合は、措規22の11⑲で定めるものの額を含む。）
	措令39の17の4⑧	（最低資本金勘案額） 部分対象外国関係会社の本店所在地国の法令に基づき下回ることができない資本の額の2倍に相当する金額
	措令39の17の4⑨	（親会社の資本利益率） 親会社事業年度（当該部分対象外国関係会社の当該事業年度終了の日の翌日から2月を経過する日を含む一の内国法人の事業年度）における以下の割合（10%を下回る場合には10%） $\dfrac{\text{親会社事業年度の決算に基づく所得の金額（税引後利益）}}{\text{当該事業年度末の貸借対照表上の純資産の帳簿価額}}$
		(2)　金融子会社等部分適用対象金額
	措法66の6⑨	以下のAとBのうちいずれか多い金額をいう。

6 合算される金融子会社等部分課税対象金額		A 上記(1)① 異常な水準の資本に係る所得 B 上記(1)の以下の所得の合計 (各所得類型ごとにマイナスの場合は零) ② 有形固定資産の貸付対価 ③ 無形資産等の使用料 ⑤ 異常所得 及び ④ 無形資産の譲渡損益 前7年以内の金融子会社等部分適用対象損失額の繰越控除
	措令39の17の4⑩	(金融子会社等部分適用対象損失額) 当該部分対象外国関係会社の当該事業年度前7年以内に開始した事業年度において生じた上記(1)④の無形資産の譲渡損益に係るマイナス額(当該事業年度前の年度で控除されたものを除く。)をいう。 当該事業年度の④無形資産の譲渡益から控除することができる。 (繰越控除の対象とならない欠損金額) ・平成30年4月1日前に開始した事業年度に生じた金融子会社等部分対象欠損金額 ・部分対象外国関係会社に該当しなかった事業年度に生じた金融子会社等部分対象欠損金額 ・租税負担割合が20%以上であった事業年度の金融子会社等部分対象欠損金額
	措令39の17の4①	(3) 金融子会社等部分課税対象金額 金融子会社等部分課税対象金額 =金融子会社等部分適用対象金額×請求権等勘案合算割合 請求権等勘案合算割合は、上記4(3)と同じ。
	措法66の6⑩	(4) 適用免除基準 次のいずれかに該当する場合には、当該部分対象外国関係会社のその該当する事業年度に係る部分適用対象金額については適用しない。 ① 各事業年度の租税負担割合が20%以上であること ② 各事業年度の金融子会社等部分適用対象金額が2千万円以下であること
	措令39の17の5	③ 各事業年度の決算に基づく所得の金額(税引前所得金額)のうちに、当該事業年度の金融子会社等部分適用対象金額の占める割合が5%以下であること

7 特定課税対象金額等を有する内国法人の配当等の益金不算入		⑴　特定課税対象金額を有する内国法人の場合の配当等の益金不算入
	措法66の８①	①　外国子会社要件を満たさない外国法人からの配当等の場合 内国法人が外国法人（外国子会社から受ける配当等の益金不算入（法法23の２①）の要件を満たす外国子会社を除く。）から受ける剰余金の配当等の額がある場合には、当該剰余金の配当等の額のうち当該外国法人に係る特定課税対象金額に達するまでの金額は、当該内国法人の各事業年度の益金の額に算入しない。
	措法66の８②	②　外国子会社要件を満たす外国法人からの配当等の場合 内国法人が外国法人から受ける剰余金の配当等の額（外国子会社から受ける配当等の益金不算入（法法23の２①）の適用を受けるものに限る。）がある場合には、当該剰余金の配当等の額のうち当該外国法人に係る特定課税対象金額に達するまでの金額は、当該内国法人の各事業年度の益金の額に算入しない。
	措法66の８⑭	この場合において、益金不算入の規定の適用を受ける部分の金額（特定課税対象金額に達するまでの金額）に係る外国源泉税については、配当等に係る外国源泉税の損金不算入の規定（法法39の２）は適用しない。
	措法66の８③	③　自己株取得を予定されている株式の取得に伴うみなし配当の場合 内国法人が外国法人から受ける剰余金の配当等の額（自己株取得を予定されている株式を取得した場合のみなし配当の額の益金算入（法法23の２②）の適用を受けるものに限る。）がある場合には、当該剰余金の配当等の額のうち当該外国法人に係る特定課税対象金額に達するまでの金額は、当該内国法人の各事業年度の益金の額に算入しない。
	措法66の８④ 措令39の19②③	⑵　特定課税対象金額の意義 特定課税対象金額とは次の①と②の合計額をいう。
	措法66の８④一 措令39の19②	①　内国法人の配当事業年度*における当該外国法人の適用対象金額又は（金融子会社等）部分適用対象金額 × （内国法人の有する当該外国法人の**請求権等勘案直接保有株式等**）／（当該外国法人の事業年度終了時の発行済株式等）
	措法66の８④二 措令39の19③	②　内国法人の前10年以内の各事業年度における当該外国法人の適用対象金額又は(金融子会社等)部分適用対象金額 × （当該外国法人の各事業年度終了時における内国法人の有する**請求権等勘案直接保有株式等**）／（当該外国法人の各事業年度終了時の発行済株式等） (前10年以内の各事業年度において、すでに益金不算入の対象となったものを控除した残額（課税済金額）とする。) ＊配当事業年度とは、内国法人が当該外国法人から剰余金の配当等の額を受ける日を含む当該内国法人の事業年度をいう。

7 特定課税対象金額等を有する内国法人の配当等の益金不算入

措令39の19②

（請求権等勘案直接保有株式等）

内国法人が有する外国法人の株式等の数又は金額で、次に掲げる場合に該当する場合には、それぞれに定める数又は金額をいう。

	場合	数又は金額
イ	当該外国法人が請求権の内容が異なる株式等を発行している場合	当該外国法人の発行済株式等に、当該内国法人が当該請求権に基づき受けることができる剰余金の配当等の額がその総額のうちに占める割合を乗じて計算した数又は金額
ロ	当該外国法人の事業年度終了の時において当該外国法人と当該内国法人との間に実質支配関係がある場合	当該外国法人の発行済株式等
ハ	当該外国法人の事業年度終了の時において当該外国法人と当該内国法人以外の者との間に実質支配関係がある場合	零

(3) 間接特定課税対象金額を有する内国法人の場合の配当等の益金不算入

措法66の８⑦

① 外国子会社要件を満たさない外国法人からの配当等の場合

内国法人が外国法人（外国子会社から受ける配当等の益金不算入（法法23の２①）の要件を満たす外国子会社を除く。）から受ける剰余金の配当等の額がある場合には、当該剰余金の配当等の額（上記(1)①の適用を受ける部分の金額を除く。）のうち当該外国法人に係る間接特定課税対象金額に達するまでの金額は、当該内国法人の各事業年度の益金の額に算入しない。

措法66の８⑧

② 外国子会社要件を満たす外国法人からの配当等の場合

内国法人が外国法人から受ける剰余金の配当等の額（外国子会社から受ける配当等の益金不算入（法法23の２①）の適用を受けるものに限る。）がある場合には、当該剰余金の配当等の額（上記(1)②の適用を受ける部分の金額を除く。）のうち当該外国法人に係る間接特定課税対象金額に達するまでの金額は、当該内国法人の各事業年度の益金の額に算入しない。

措法66の８⑭

この場合において、益金不算入の規定の適用を受ける部分の金額（間接特定課税対象金額に達するまでの金額）に係る外国源泉税については、配当等に係る外国源泉税の損金不算入の規定（法法39の２）は適用しない。

措法66の８⑨

③ 自己株取得を予定されている株式の取得に伴うみなし配当の場合

内国法人が外国法人から受ける剰余金の配当等の額（自己株取得を予定されている株式を取得した場合のみなし配当の額の益金算入（法法23の２②）の適用を受けるものに限る。）がある

7 特定課税対象金額等を有する内国法人の配当等の益金不算入

場合には、当該剰余金の配当等の額（上記(1)③の適用を受ける部分の金額を除く。）のうち当該外国法人に係る間接特定課税対象金額に達するまでの金額は、当該内国法人の各事業年度の益金の額に算入しない。

(4) 間接特定課税対象金額の意義

措法66の8⑩

間接特定課税対象金額とは次の①と②のいずれか少ない金額をいう。

措法66の8⑩一　措令39の19⑧

措法66の8⑩二　措令39の19⑨⑩

措令39の19⑪

<table>
<tr><td>①</td><td colspan="2">配当事業年度*及び前2年以内の各事業年度の期間において外国法人が他の外国法人から受けた配当等の額（注1）</td><td>×</td><td>直近配当基準日における内国法人の有する当該外国法人の請求権勘案直接保有株式等
――――――
直近配当基準日における当該外国法人の発行済株式等</td></tr>
<tr><td rowspan="3">②</td><td colspan="4">以下の(a)配当事業年度分及び(b)前2年以内の各事業年度分の合計額</td></tr>
<tr><td>(a)</td><td>配当事業年度*における他の外国法人の適用対象金額又は（金融子会社等）部分適用対象金額で内国法人の益金に算入されるもの</td><td>×</td><td>他の外国法人の事業年度終了時における内国法人の有する他の外国法人の請求権等勘案間接保有株式等
――――――
他の外国法人の事業年度終了時における他の外国法人の発行済株式等</td></tr>
<tr><td>(b)</td><td>前2年以内の各事業年度における他の外国法人の各事業年度の適用対象金額又は（金融子会社等）部分適用対象金額で内国法人の益金に算入されたもの</td><td>×</td><td>他の外国法人の各事業年度終了時における内国法人の有する他の外国法人の請求権等勘案間接保有株式等
――――――
他の外国法人の各事業年度終了時における他の外国法人の発行済株式等</td></tr>
</table>

＊配当事業年度とは、内国法人が外国法人から剰余金の配当等の額を受ける日を含む当該内国法人の事業年度をいう。

措令39の19⑦

注1：他の外国法人から受けた配当等の額であって次に掲げるものは除く。

イ　当該他の外国法人の課税対象金額又は（金融子会社等）部分課税対象金額（内国法人の益金に算入されたものに限る。）の生ずる事業年度がない場合における当該他の外国法人から受けたもの

ロ　当該他の外国法人の課税対象金額等の生ずる事業年度開始の日前に受けたもの

注2：①及び②(b)については、前2年以内の各事業年度において当該外国法人から受けた配当等（上記(3)①②③の適用を受けた金額のうち、当該外国法人が当該他の外国法人から受けた配当等の額に対応する部分の金額に限る。）がある場合には、当該配当等の額に相当する金額を控除した残額（間接配当等、間接課税済金額）とする。

注3：「直近配当基準日」とは、配当事業年度において内国法人が

7 特定課税対象金額等を有する内国法人の配当等の益金不算入		外国法人から受けた配当等の額のうち当該配当事業年度終了日にもっとも近い日に受けた配当等の支払いに係る基準日をいう。
	措令39の19⑥⑧	（請求権勘案直接保有株式等） 内国法人が有する外国法人の株式等（当該外国法人が請求権の内容が異なる株式等を発行している場合には、当該外国法人の発行済株式等に、当該内国法人が当該請求権の内容が異なる株式等に係る請求権に基づき受けることができる剰余金の配当等の額がその総額のうちに占める割合を乗じて計算した数又は金額）をいう。
	措令39の19⑫一	（請求権等勘案間接保有株式等） 外国法人の発行済株式等に、内国法人の出資関連法人（当該外国法人の株主等（法法２十四）である外国法人をいう。）に係る**請求権等勘案保有株式等保有割合**及び当該出資関連法人の当該外国法人に係る**請求権等勘案保有株式等保有割合**を乗じて計算した株式等の数又は金額をいう。
	措令39の19⑫二	（請求権等勘案保有株式等保有割合） 株式等発行法人の株主等の有する株式等 / 当該発行法人の発行済株式等 但し、次に掲げる場合に該当する場合には、次に定める割合とする。

	場合の区分	割合
イ	当該発行法人が請求権の内容が異なる株式等を発行している場合（ロ又はハの場合を除く。）	当該株主等が株式等に係る請求権に基づき受けることができる配当等の額 / 配当等の額の総額
ロ	他の外国法人の事業年度終了の時において当該発行法人と当該株主等との間に実質支配関係がある場合	100%
ハ	他の外国法人の事業年度終了の時において当該発行法人と当該株主等以外の者との間に実質支配関係がある場合	零

		(5)　適格組織再編が行われた場合の取扱い
	措法66の８⑤	A　特定課税対象金額の取扱い 内国法人が適格組織再編成（適格合併、適格分割、適格現物出資又は適格現物分配）により被合併法人、分割法人、現物出資法人又は現物分配法人からその有する外国法人の直接保有の株式等の数の全部又は一部の移転を受けた場合には、当該内国法人の当該適格組織再編成の日を含む事業年度以後の各事業年度における特定課税対象金額の規定の適用については、次の区分に応じ定める金額は、当該内国法人の前10年以内の各事業年度の課税済金額とみなす。

適格合併等（適格合併、適格現物分配（残余財産の全部の分配に限る。））	当該適格合併等に係る被合併法人又は現物分配法人の合併等前10年内事業年度（適格合併等の日前10年以内に開始した各事業年度をいう。）の課税済金額
適格分割等（適格分割、適格現物出資、適格現物分配（残余財産の全部の分配を除く。））	当該適格分割等に係る分割法人等（分割法人、現物出資法人又は現物分配法人）の分割等前10年内事業年度の課税済金額のうち、当該適格分割等により当該内国法人が移転を受けた当該外国法人の直接保有の株式等の数に対応する部分の金額として請求権の内容を勘案して計算した金額

措令39の19④　（内国法人の課税済金額とみなす事業年度）

措令39の19⑤　（内国法人に該当事業年度がない場合の取扱い）

措令39の19⑥　（適格分割等が行われた場合の外国法人の直接保有の株式等の数に対応する部分の金額）

措法66の８⑥　（分割承継法人等の課税済金額の取扱い）

措法66の８⑤⑪　B　間接特定課税対象金額の取扱い

内国法人が適格組織再編成（適格合併、適格分割、適格現物出資又は適格現物分配）により被合併法人、分割法人、現物出資法人又は現物分配法人からその有する外国法人の間接保有の株式等の数の全部又は一部の移転を受けた場合には、当該内国法人の当該適格組織再編成の日を含む事業年度以後の各事業年度における間接特定課税対象金額の規定の適用については、次の区分に応じ定める金額は、当該内国法人の前２年以内の各事業年度等の間接配当等又は間接課税済金額とみなす。

適格合併等（適格合併、適格現物分配（残余財産の全部の分配に限る。））	当該適格合併等に係る被合併法人又は現物分配法人の合併等前２年内事業年度（適格合併等の日前２年以内に開始した各事業年度をいう。）の間接配当等又は間接課税済金額
適格分割等（適格分割、適格現物出資、適格現物分配（残余財産の全部の分配を除く。））	当該適格分割等に係る分割法人等（分割法人、現物出資法人又は現物分配法人）の分割等前２年内事業年度の間接配当等又は間接課税済金額のうち、当該適格分割等により当該内国法人が移転を受けた当該外国法人の間接保有の株式等の数に対応する部分の金額として請求権の内容を勘案して計算した金額

措令39の19⑬　（特定課税対象金額の規定の準用）

措令39の19④～⑥を（一部読み替えて）準用する。

(6)　配当等益金不算入の適用要件

措法66の８⑫　上記(1)①～③、(3)①～③の益金不算入の規定は、課税済金額・間接配当等・間接課税済金額に係る事業年度のうち最も古い事業年度以後の各事業年度の確定申告書の提出があり、かつ、益金不算入の適用を受けようとする事業年度の確定申告書等、修正申告書、更正請求書に益金に算入されない配当等の額及びその計算に

		関する明細を記載した書類の添付がある場合に限り、適用する。この場合において、益金不算入となる金額は、当該金額として記載された金額を限度とする。
8 タックスヘイブン税制に係る外国税額控除	措法66の7①	内国法人（特定目的会社等（下記(8)）を除く。）に係る外国関係会社の所得に対して課される外国法人税の額（注）のうち、当該外国関係会社の課税対象金額、部分課税対象金額又は金融子会社等部分課税対象金額に対応するものとして計算した金額は、当該内国法人が納付する控除対象外国法人税の額とみなして、外国税額控除の規定を適用する。
	措令39の18①	(注)：外国法人税に関する法令に企業集団等所得課税規定（上記3(4)③参照）がある場合には、この企業集団等所得課税規定の適用がないものとしたときに計算される外国法人税の額（個別計算外国法人税額）をいう。
	措令39の18②	個別計算外国法人税額は、企業集団等所得課税規定の適用がないものとした場合に当該個別計算外国法人税額に係る外国法人税に関する法令の規定により当該個別計算外国法人税額を納付すべきものとされる期限の日に課されるものとして、この外国税額控除の規定を適用する。
		(1) 控除対象外国法人税額の計算
	措令39の18③	① 課税対象金額に係る控除対象外国法人税額 次のイとロのうちいずれか小さい金額とする。 イ 課税対象年度の所得に対して課される外国法人税 $\times \frac{\text{内国法人に係る課税対象金額}}{\text{課税対象年度の調整適用対象金額}}$ 注1 「課税対象年度」とは、外国関係会社につきその適用対象金額を有する年度をいう。 注2 「調整適用対象金額」 ＝課税対象年度に係る適用対象金額＋控除された子会社配当等の額*＋控除された控除配当等の額* *当該外国法人税の課税標準に含まれるものに限る。 ロ 内国法人に係る課税対象金額
	措令39の18④⑤⑥	② （金融子会社等）部分課税対象金額に係る控除対象外国法人税額 次のイとロのうちいずれか小さい金額とする。 イ 課税対象年度の所得に対して課される外国法人税 $\times \frac{\text{内国法人に係る（金融子会社等）部分課税対象金額}}{\text{課税対象年度の調整適用対象金額}^{*}}$ *上記①の注2「調整適用対象金額」参照。但し、「課税対象年度に係る適用対象金額」については、外国関係会社が特定外国関係会社又は対象外国関係会社に該当するとした場合に計算される適用対象金額とする。なお、分母＜分子の場合には、分母を（金融子会社等）部分適用対象金額とする。 ロ 内国法人に係る部分課税対象金額

8 タックスヘイブン税制に係る外国税額控除	措通66の6-30	（課税対象金額等に係る外国法人税額の計算）現地通貨ベースによる係数で計算し、算出額を一括円換算する。
	措令39の18⑧	(2) 外国税額控除の対象となる内国法人の事業年度 ① 内国法人が課税対象金額又は（金融子会社等）部分課税対象金額の合算課税の適用を受ける事業年度終了の日以前に、当該課税対象金額又は（金融子会社等）部分課税対象金額に係る課税対象年度の所得に対して課された外国法人税については、合算課税の適用を受ける事業年度 ② 合算課税の適用を受ける事業年度終了の日後に当該課税対象年度の所得に対して課された外国法人税については、その課された日の属する事業年度
	措令39の18⑦	(3) 複数の外国法人税が課された場合の取扱い
	措令39の18⑨	(4) 複数の外国法人税が課された場合の外国税額控除適用の選択
	措令39の18⑩	(5) 外国法人税額が減額された場合の取扱い
	措令39の18⑪	① （減額されたものとみなされた場合の調整） 第２章１の３(4)①による。
	措令39の18⑭	② 減額控除対象外国法人税額のうち、①の調整で控除されるものの損金算入
		(6) 控除外国税額の益金算入
	措法66の７② 措令39の18⑮	外国税額控除の適用を受けるときは、外国関係会社が納付した外国法人税につき、控除対象外国法人税の額とみなされた金額は、内国法人の控除対象外国法人税とみなす事業年度の益金の額に算入する。
		(7) 国外所得の計算
	措令39の18⑫	外国関係会社の課税対象金額又は（金融子会社等）部分課税対象金額として益金算入された金額は、調整国外所得に含まれるものとする。ただし、外国法人税を課さない国等を本店所在地とする外国関係会社の場合（本店所在地国以外において、当該益金算入額の基礎となる所得に対して課される外国法人税の額がある場合の当該益金算入額を除く。）を除く。
	措令39の18⑬	内国法人の益金に算入される(1)の金額（内国法人の納付する控除対象外国法人税とみなされる金額）は、調整国外所得に含まれるものとする。
	措法66の７③	(8) **特定目的会社等**が合算課税の適用を受ける場合の外国法人税の控除
	措令39の18⑰～㉒	内国法人（特定目的会社等に限る。）が合算課税の適用を受ける場合には、外国関係会社の所得に対して課される外国法人税の額のうち、合算対象とされた金額に対応する部分の金額は、その内国法人が納付した外国法人税の額とみなして、特定目的会社等の配当等に係る源泉徴収等の特例等を適用する。
	措法66の７①	**（特定目的会社等）** 特定目的会社（資産流動化法２③、投資法人（投信法２⑫）、特定目的信託に係る受託法人、特定投資信託に係る受託法人

		をいう。
9 タックスヘイブン税制に係る所得税等の控除	措法66の7④⑩ 地法53㊱ 地法321の8㊱	内国法人に係る外国関係会社に対して課される所得税等の額（日本の所得税、法人税、地方法人税、道府県民税（法人税割）、市町村民税（法人税割）の額）のうち、当該外国関係会社の課税対象金額、部分課税対象金額又は金融子会社等部分課税対象金額に対応するものとして計算した金額（**控除対象所得税額等相当額**）は、当該内国法人の事業年度の所得に対する法人税、地方法人税、道府県民税、市町村民税の額から順次控除する。 (1) 控除対象所得税額等相当額の計算
	措令39の18㉓	① 課税対象金額に係る控除対象所得税額等相当額 課税対象年度の所得に対して課される所得税等の額 × $\frac{\text{内国法人に係る課税対象金額}}{\text{課税対象年度の調整適用対象金額}}$
	措令39の18③	注1 「課税対象年度」とは、外国関係会社につきその適用対象金額を有する年度をいう。
	措令39の18③	注2 「調整適用対象金額」 ＝課税対象年度に係る適用対象金額＋控除された子会社配当等の額*＋控除された控除配当等の額* *当該外国法人税の課税標準に含まれるものに限る。
	措令39の18㉔㉕	② （金融子会社等）部分課税対象金額に係る控除対象所得税額等相当額 課税対象年度の所得に対して課される所得税等の額 × $\frac{\text{内国法人に係る（金融子会社等）部分課税対象金額}}{\text{課税対象年度の調整適用対象金額*}}$ *上記①の注2「調整適用対象金額」参照。但し、「課税対象年度に係る適用対象金額」については、外国関係会社が特定外国関係会社又は対象外国関係会社に該当するとした場合に計算される適用対象金額とする。なお、分母＜分子の場合には、分母を（金融子会社等）部分適用対象金額とする。
	措令39の18㉖	(2) 所得税等の額の税額控除の対象となる内国法人の事業年度 内国法人が課税対象金額又は（金融子会社等）部分課税対象金額の合算課税の適用を受ける事業年度
	措法66の7⑥	(3) 控除所得税等の額の益金算入 上記所得税等の額に係る税額控除の適用を受けるときは、外国関係会社に係る控除対象所得税額等相当額は、内国法人の合算課税を受ける事業年度の益金の額に算入する。
	措法66の7⑤⑪	(4) 適用要件 確定申告書等、修正申告書又は更正請求書に控除の対象となる所得税等の額、控除を受ける金額及び当該金額の計算に関する明細を記載した書類の添付がある場合に限り、適用する。この場合において、控除される金額の計算の基礎となる所得税等の額は、当該書類に当該所得税等の額として記載された金額を限度とする。

10 確定申告書の添付書類等	措法66の6⑪ 措規22の11㊽	(1) 適用対象となる内国法人 上記2①～④に掲げる内国法人は当該内国法人に係る次のA、Bの外国関係会社（**添付対象外国関係会社**）の各事業年度の次に掲げる書類（①～⑦）を当該各事業年度の確定申告書に添付しなければならない。 A　当該各事業年度の租税負担割合が20％未満である外国関係会社（特定外国関係会社を除く。） B　当該各事業年度の租税負担割合が30％未満である特定外国関係会社
	R5年改正（内国法人の令和6年4月1日以後開始する事業年度に適用される改正事項）	
	措法66の6⑪ 措規22の11㊽、㊿～(52)	(1) 適用対象となる内国法人 上記2①～④に掲げる内国法人は当該内国法人に係る次のA、B、Cの外国関係会社（**添付対象外国関係会社**）の各事業年度の次に掲げる書類（①～⑦）を当該各事業年度の確定申告書に添付しなければならない。 A　当該各事業年度の租税負担割合が20％未満である部分対象外国関係会社（当該部分対象外国関係会社のうち、当該事業年度において以下のイ又はロのいずれかに該当するもの（**添付不要部分対象外国関係会社**）を除く。） イ　各事業年度の（金融子会社等）部分適用対象金額が2千万円以下であること ロ　各事業年度の決算に基づく所得の金額（税引前所得金額）のうちに、当該事業年度の（金融子会社等）部分適用対象金額の占める割合が5％以下であること B　当該各事業年度の租税負担割合が20％未満である対象外国関係会社 C　当該各事業年度の租税負担割合が27％未満である特定外国関係会社 なお、（上記）適用対象となる内国法人は、当該内国法人に係る添付不要部分対象外国関係会社の各事業年度に係る下記①～⑦の書類を整理し、納税地に保存しなければならない。
		①　当該外国関係会社の貸借対照表及び損益計算書（これに準ずるものを含む。） ②　当該外国関係会社の各事業年度の株主資本等変動計算書、損益金の処分に関する計算書その他これらに準ずるもの ③　①に掲げるものに係る勘定科目内訳明細書 ④　本店所在地国の法人所得税に関する法令により課される税に関する申告書で各事業年度に係るものの写し ⑤　企業集団等所得課税規定（上記3(4)③）の適用がないものとした場合に計算される法人所得税の額に関する計算の明細を記載した書類及び当該法人所得税の額に関する計算の基礎となる書類で各事業年度に係るもの ⑥　当該外国関係会社の各事業年度終了の日における株主等の氏名及び住所又は名称及び本店若しくは主たる事務所の所

項目	根拠法令	内容
10 確定申告書の添付書類等		在地並びにその有する株式等の数又は金額を記載した書類 ⑦ 当該外国関係会社の各事業年度終了の日における当該外国関係会社に係る他の外国法人の株主等並びに他の外国法人及び出資関連外国法人の株主等に係る⑥に掲げる書類
	措令39の15⑧	(2) 上記4(1)の基準所得金額の計算においてA本邦法令に基づく方式の場合 当該各事業年度において一定のものを損金の額に算入されることとなる金額があるときは、当該各事業年度に係る確定申告書に当該金額の損金算入に関する明細書の添付がある場合に限り、基準所得金額の計算上、損金の額に算入する。
	措令39の15⑨	(3) 上記4(1)で基準所得金額から外国子会社益金不算入の規定の適用を受ける配当等の額を控除する場合 基準所得金額を計算する場合において、当該配当等につき控除されることとなる金額があるときは、当該各事業年度に係る確定申告書に当該金額の計算に関する明細書の添付がある場合に限り、基準所得金額の計算上控除する。
11 特定外国信託に係る所得の課税の特例	措法66の6⑫	内国法人が外国信託（外国投資信託（投資信託及び投資法人に関する法2㉔）のうち特定投資信託（措法68の3の3①）に類するものをいう。）の受益権を直接又は間接に有する場合（当該内国法人に係る被支配外国法人を通じて間接に有する場合を含む。）及び当該外国信託と実質支配関係がある場合には、当該外国信託の受託者は、当該外国信託の信託資産等（信託財産に属する資産及び負債並びに当該信託財産に帰せられる収益及び費用をいう。）及び固有資産等（外国信託の信託資産等以外の資産及び負債並びに収益及び費用をいう。）ごとに、それぞれ別の者とみなして、外国関係会社に係る合算税制（措法66の6～66の9まで）の規定を適用する。
	措法66の6⑬	（法人課税信託の規定の適用） 上記の適用については、「法人課税信託の受託者に関するこの法律の適用」（法法4の6②）及び「受託法人等に関するこの法律の適用」（法法4の7）の規定を準用する。
12 特殊関係株主等である内国法人に係る外国関係法人に係る所得の課税の特例（コーポレートインバージョン対策税制）	措法66の9の2①	(1) 特殊関係株主等である内国法人に係る外国関係法人の課税対象金額の益金算入 特殊関係株主等（特定株主等に該当する者並びにこれらの者と特殊の関係のある個人及び法人をいう。）と特殊関係内国法人との間に当該特殊関係株主等が当該特殊関係内国法人の発行済株式等の総数又は総額の80％以上の数又は金額の株式等を間接に有する関係（特定関係）がある場合において、当該特殊関係株主等と特殊関係内国法人との間に発行済株式等の保有を通じて介在する外国法人（外国関係法人）のうち、特定外国関係法人又は対象外国関係法人に該当するものが、各事業年度において適用対象金額を有するときは、その適用対象金額のうち当該特殊関係株主等である内国法人の有する当該特定外国関係法人又は対象外国関係法人の直接及び間接保有の株式等の数に対応するものとしてその株式等の請求権の内容を勘案して計算した金額（課税対象金額）に相当する金額は、当該特殊関係株主等である内国法人の収益の額と

12 特殊関係株主等である内国法人に係る外国関係法人に係る所得の課税の特例（コーポレートインバージョン対策税制）		
		みなして当該各事業年度終了の日の翌日から２月を経過する日を含む当該内国法人の各事業年度の益金の額に算入する。
	措法66の９の２②一	（特定株主等の意義） 特定関係が生ずることとなる直前に特定内国法人（当該直前に株主等の５人以下並びにこれらと特殊の関係のある個人及び法人によって発行済株式等の総数又は総額の80％以上の数又は金額の株式等を保有される内国法人をいう。）の株式等を有する個人及び法人をいう。
	措法66の９の２②二	（特殊関係内国法人の意義）
	措令39の20の３④	特定内国法人又は特定事由（合併、分割、事業の譲渡その他の事由）により、当該特定内国法人の当該特定事由の直前の資産及び負債のおおむね全部の移転を受けた内国法人をいう。
	措法66の９の２②三	（特定外国関係法人の意義）
	措法66の９の２②四	（対象外国関係法人の意義）
	措令39の20の２①～③	（特殊関係株主等の範囲）
	措令39の20の２④	（特定関係）間接保有株式等保有割合 特殊関係株主等と特殊関係内国法人との間に特殊関係株主等の特殊関係内国法人に係る間接保有株式等保有割合が80％以上である関係がある場合における当該関係とする。
	措令39の20の２⑤	（（外国関係法人）発行済株式等の保有を通じて介在する外国法人）
	措法66の９の２②五	（適用対象金額） 特定外国関係法人又は対象外国関係法人の各事業年度の決算に基づく所得の金額につき法人税法及び租税特別措置法による各事業年度の所得の金額の計算に準ずるものとして計算した金額（基準所得金額）を基礎として、当該各事業年度開始の日前７年以内に開始した各事業年度において生じた欠損の金額及び当該基準所得金額に係る税額に関する調整を加えた金額をいう。
	措令39の20の３⑯⑰	（特定外国関係法人又は対象外国関係法人の適用対象金額の計算）
	措令39の20の２⑦	（特定外国関係法人又は対象外国関係法人の課税対象金額の計算）
	措法66の９の２⑥	(2)　合算される部分対象外国関係法人（外国金融関係法人を除く。）の部分課税対象金額
	措法66の９の２⑧	(3)　合算される部分対象外国関係法人（外国金融関係法人に限る。）の金融関係法人部分課税対象金額
	措法66の９の２⑩	（部分対象外国関係法人に係る少額の場合の適用免除）
		(4)　外国法人から受ける配当等の益金不算入
	措法66の９の４①	①　特定課税対象金額
	措法66の９の４⑥	②　間接特定課税対象金額
	措法66の９の３①	(5)　特定外国関係法人又は対象外国関係法人の課税対象金額等に係る外国税額控除

	措法66の9の3③	(6) 特定外国関係法人又は対象外国関係法人の課税対象金額等に係る所得税等の額の税額控除

（注） Q&A：「平成29年度及び平成30年度改正　外国子会社合算税制に関するQ&A」平成30年1月（平成30年8月・令和元年6月改訂）　国税庁

第5章
移転価格税制

令和5年改正
大きな改正はありません。

令和4年改正
大きな改正はありません。

項目	根拠法令	説明
1 国外関連者との取引に係る課税の特例	措法66の4① 措令39の12①	法人が各事業年度において、当該法人に係る国外関連者（外国法人で、当該法人との間に特殊の関係があるものをいう。）との間で資産の販売、資産の購入、役務の提供その他の取引を行った場合に、国外関連取引につき、当該法人が当該国外関連者から支払を受ける対価が独立企業間価格に満たないとき、又は当該法人が当該国外関連者に支払う対価の額が独立企業間価格を超えるときは、当該法人の当該事業年度の所得に係る法人税法その他法人税に関する法令の規定の適用については、当該国外関連取引は、独立企業間価格で行われたものとみなす。 （特殊な関係）
	措令39の12①一	① 二の法人のいずれか一方の法人が他方の法人の発行済株式又は出資（自己が有する自己の株式又は出資を除く。）の総数又は総額（発行済株式等）の100分の50以上の数又は金額の株式又は出資を直接又は間接に保有する関係
	措令39の12①二	② 二の法人が同一の者（当該者が個人である場合には、当該個人及びこれと同族関係者の範囲に掲げる特殊な関係のある個人）によって、それぞれ発行済株式等の100分の50以上の数又は金額の株式又は出資を直接又は間接に保有される場合における当該二の法人の関係（①に掲げる関係に該当するものを除く。）
	措令39の12①三	③ 次に掲げる事実その他これに類する事実（特定事実）が存在することにより二の法人のいずれか一方の法人が他方の法人の事業の方針の全部又は一部につき実質的に決定できる関係（①及び②に掲げる関係に該当するものを除く。） イ 当該他方の法人の2分の1以上又は代表する権限を有する役員が、当該一方の役員の役員若しくは使用人を兼務している者又は当該一方の法人の役員若しくは使用人であった者であること。 ロ 当該他方の法人がその事業活動の相当部分を当該一方の法人との取引に依存して行っていること。

1 国外関連者との取引に係る課税の特例		ハ　当該他方の法人がその事業活動に必要とされる資金の相当部分を当該一方の法人から借入れにより、又は当該一方の法人の保証を受けて調達していること。
	措令39の12①四	④　一の法人と次に掲げるいずれかの法人との関係（①から③までに掲げる関係に該当するものを除く。）
		イ　当該一の法人が、その発行済株式等の100分の50以上の数又は金額の株式若しくは出資を直接若しくは間接に保有し、又は特定事実が存在することによりその事業の方針の全部もしくは一部につき実質的に決定できる関係にある法人
		ロ　イ又はハに掲げる法人が、その発行済株式等の100分の50以上の数若しくは金額の株式若しくは出資を直接若しくは間接に保有し、又は特定事実が存在することによりその事業の方針の全部もしくは一部につき実質的に決定できる関係にある法人
		ハ　ロに掲げる法人が、その発行済株式等の100分の50以上の数若しくは金額の株式若しくは出資を直接若しくは間接に保有し、又は特定事実が存在することによりその事業の方針の全部もしくは一部につき実質的に決定できる関係にある法人
	措令39の12①五	⑤　二の法人がそれぞれ次に掲げるいずれかの法人に該当する場合における当該二の法人の関係（イに掲げる一の者が同一の者（当該者が個人である場合には、当該個人及びこれと同族関係者の範囲に掲げる特殊な関係のある個人である場合に限るものとし、①から④に掲げる関係に該当するものを除く。）
		イ　一の法人が、その発行済株式等の100分の50以上の数又は金額の株式若しくは出資を直接若しくは間接に保有し、又は特定事実が存在することによりその事業の方針の全部もしくは一部につき実質的に決定できる関係にある法人
		ロ　イ又はハに掲げる法人が、その発行済株式等の100分の50以上の数若しくは金額の株式若しくは出資を直接若しくは間接に保有し、又は特定事実が存在することによりその事業の方針の全部もしくは一部につき実質的に決定できる関係にある法人
		ハ　ロに掲げる法人が、その発行済株式等の100分の50以上の数若しくは金額の株式若しくは出資を直接若しくは間接に保有し、又は特定事実が存在することによりその事業の方針の全部もしくは一部につき実質的に決定できる関係にある法人
	措法66の4㉜	（特殊な関係の判定の時期）
	措令39の12㉔	それぞれの取引が行われた時の現況による。
	措通66の4(1)－1	（発行済株式）
	措通66の4(1)－2	（直接又は間接保有の株式）
	措法66の4① 措令39の12②	（直接又は間接保有の株式等の保有割合の計算）

1 国外関連者との取引に係る課税の特例	措法66の４① 措令39の12③④	（直接又は間接保有の株式等の保有割合の意義及び準用）
	措通66の4(1)－3	（実質的支配関係があるかどうかの判定）
	措法66の４①カッコ書	（国外関連取引に該当しない国外関連者との取引）
	措令39の12⑤	国外関連取引に該当しない取引は、国外関連者の法人税法第百四十一条第一号イに掲げる国内源泉所得（租税条約の規定その他財務省令で定める規定により法人税が軽減され、又は免除される所得を除く。）に係る取引とする。カッコ内で除外された取引は、国外関連取引になる。
2 独立企業間価格	措法66の４② 措令39の12⑧	独立企業間価格とは、国外関連取引が棚卸資産の販売又は購入かそれ以外の取引かのいずれかの取引に該当するかに応じ、下記に掲げる方法のうち、当該国外関連取引の内容及び当該国外関連取引の当事者が果たす機能その他の事情を勘案して、当該国外関連取引が独立の事業者の間で通常の取引の条件に従って行われるとした場合に当該国外関連取引につき支払われるべき対価の額を算定するための最も適切な方法により算定した金額をいう。
	措法66の４②一	①　棚卸資産の販売又は購入：次に掲げる方法 （独立価格比準法）
	措法66の４②一イ	イ　特殊の関係にない売手と買手が、国外関連取引に係る棚卸資産と同種の棚卸資産を当該国外関連取引と取引段階、取引数量その他が同様の状況の下で売買した取引の対価の額（当該同種の棚卸資産を当該国外関連取引と取引段階、取引数量その他に差異のある状況の下で売買した取引がある場合において、その差異により生じる対価の額の差を調整できるときは、その調整を行った後の対価の額を含む。）に相当する金額をもって当該国外関連取引の対価の額とする方法をいう。
	事務運営指針別冊 事例1	（独立価格比準法を用いる場合）
		（再販売価格基準法）
	措法66の４②一ロ	ロ　国外関連取引に係る棚卸資産の買手が特殊の関係にない者に対して当該棚卸資産を販売した対価の額（再販売価格）から通常の利潤の額（当該再販売価格に政令で定める通常の利益率を乗じて計算した金額をいう。）を控除して計算した金額をもって当該国外関連取引の対価の額とする方法をいう。
	事務運営指針別冊 事例2	（再販売価格基準法を用いる場合）
		（原価基準法）
	措法66の４②一ハ	ハ　国外関連取引に係る棚卸資産の売手の購入、製造その他の行為による取得の原価の額に通常の利潤の額（当該原価の額に政令で定める通常の利益率を乗じて計算した金額をいう。）を加算して計算した金額をもって当該国外関連取引

2 独立企業間価格		の対価の額とする方法をいう。
	事務運営指針別冊 事例3	（原価基準法を用いる場合）
		（その他の方法）
	措法66の4②一ニ	ニ　イからハまでに掲げる方法に準ずる方法その他政令で定める方法（所得の発生に寄与した程度に応じて計算する方法等）をいう。
	事務運営指針4-2	（独立企業間価格の算定における基本三法の長所）
	事務運営指針4-4	（差異の調整方法）
	事務運営指針4-5	（差異の調整における統計的手法の適用に当たっての留意事項）
	事務運営指針4-6	（差異の調整に統計的手法を適用した場合の取扱い）
	事務運営指針別冊 事例10	（差異の調整）
	事務運営指針別冊 事例4	（独立価格批准法に準ずる方法を用いる場合）
	事務運営指針別冊 事例5	（原価基準法に準ずる方法と同等の方法を用いる場合）
		（その他の政令で定める方法）
	措令39の12⑧一イ	（比較利益分割法）
	事務運営指針4-9	（利益分割法における共通費用の取扱い）
	事務運営指針別冊 事例17	（連鎖取引における利益分割法の適用範囲）
	事務運営指針別冊 事例18	（利益分割法の適用範囲から除くことのできる取引）
	事務運営指針別冊 事例19	（分割対象利益等の算出）
	措令39の12⑧一ロ	（寄与度利益分割法）
	事務運営指針別冊 事例7	（寄与度利益分割法を用いる場合）
	措令39の12⑧一ハ	（残余利益分割法）
	事務運営指針4-10	（残余利益分割法の取扱い）
	事務運営指針別冊 事例8	（残余利益分割法を用いる場合）
	事務運営指針別冊 事例20	（人件費較差による利益の取扱い）
	事務運営指針別冊 事例21	（市場特性、市況変動等による利益の取扱い）
	事務運営指針別冊 事例22	（基本的利益の計算）

2 独立企業間価格	事務運営指針別冊 事例23	（残余利益等の分割要因）
	措令39の12⑧二	（取引単位営業利益法）棚卸資産の購入が国外関連取引の場合
	措令39の12⑧三	（取引単位営業利益法）棚卸資産の販売が国外関連取引の場合
	措令39の12⑧四	（取引単位営業利益法：再販売）
	措令39の12⑧五	（取引単位営業利益法：原価基準）
	事務運営指針4-11	（取引単位営業利益法の適用における比較対象取引の選定）
	事務運営指針4-12	（取引単位営業利益法の適用における販売のために要した販売費及び一般管理費）
	事務運営指針別冊 事例6	（取引単位営業利益法を用いる場合）
	措令39の12⑧六	（DCF 法）
	措通66の4(7)－1	（DCF 法　準ずるものの例示）
	措通66の4(7)－2	（DCF 法　合理的と認められる割引率）
	事務運営指針4-3	（独立企業間価格の算定におけるディスカウント・キャッシュ・フロー法の適用）
	事務運営指針4-13	（ディスカウント・キャッシュ・フロー法の取扱い）
	事務運営指針別冊 事例9	（DCF 法に準ずる方法と同等の方法を用いる場合）
	事務運営指針別冊 事例24	（DCF 法に準ずる方法に準ずる方法と同等の方法の適用に当たっての留意事項に関する事例）
	措法66の４②二	②　棚卸資産の販売又は購入以外の取引：①のイからニに掲げる方法と同等の方法
	措令39の12⑥	（再販売価格基準法における通常の利益率）
	措令39の12⑦	（原価基準法における通常の利益率）
	措令39の12⑧	（所得の発生に寄与した程度に応じて計算する方法等）
	措通66の4(2)－1	（最も適切な算定法に当たって留意すべき事項）
	事務運営指針4-1	（最も適切な方法の選定に関する検討）
	措通66の4(3)－1	（比較対象取引の意義）
	措通66の4(3)－2	（同種又は類似の棚卸資産の意義）
	措通66の4(3)－3	（比較対象取引の選定に当たって検討すべき諸要素等）
	事務運営指針4-7	（無形資産の使用を伴う国外関連取引に係る比較対象取引の選定）
	措通66の4(3)－4	（比較対象取引が複数ある場合の取扱い）
	事務運営指針4-8	（比較対象取引が複数ある場合の独立企業間価格の算定）
	措通66の4(4)－1	（取引単位）
	措通66の4(4)－2	（相殺取引）
	措通66の4(4)－3	（為替差損益）独立企業間価格に含まれない。
	措通66の4(4)－4	（値引き、割戻し等の取扱い）

2 独立企業間価格	措通66の4(4)－5	(会計処理方法の差異の取扱い)
	措通66の4(4)－6	(原価基準法における取得原価の額)
	措通66の4(5)－1	(利益分割法の意義)
	措通66の4(5)－2	(分割要因)
	措通66の4(5)－3	(為替の換算)
	措通66の4(5)－4	(残余利益分割法)
	措通66の4(6)－1	(準ずる方法の例示) 取引単位営業利益法
	措通66の4(7)－1	(準ずる方法の例示) DCF 法
	措通66の4(7)－2	(合理的と認められる割引率)
	措通66の4(8)－1	(同等の方法の意義)
	措通66の4(8)－2	(無形資産の例示)
	措通66の4(8)－3	(有形資産の賃借の取扱い)
	措通66の4(8)－4	(委託製造先に対する機械設備等の貸与の取扱い)
	措通66の4(8)－5	(金銭の貸付け又は借入れの取扱い)
	事務運営指針3-7	(金融取引)
	事務運営指針3-8	(金融取引に係る独立企業間価格の検討を行う場合の留意事項)
	措通66の4(8)－6	(役務提供の取扱い)
	事務運営指針3-9	(役務提供)
	事務運営指針3-10	(企業グループ内における役務の提供の取扱い)
	事務運営指針3-11	(企業グループ内における役務提供に係る独立企業間価格の検討)
	事務運営指針別冊事例26	(企業グループ内役務提供)
	措通66の4(8)－7	(無形資産の使用許諾等の取扱い)
	事務運営指針3-12	(調査において検討すべき無形資産)
	事務運営指針3-13	(無形資産の形成、維持又は発展への貢献)
	事務運営指針3-14	(無形資産の使用許諾取引)
	事務運営指針別冊事例11	(研究開発及びマーケティング活動により形成された無形資産)
	事務運営指針別冊事例12	(販売網及び品質管理ノウハウに関する無形資産)
	事務運営指針別冊事例13	(従業員等の事業活動を通じて企業に蓄積されたノウハウ等の無形資産)
	事務運営指針別冊事例14	(無形資産の形成・維持・発展への貢献)
	事務運営指針別冊事例15	(無形資産の形成費用のみ負担している場合の取扱い)
	事務運営指針別冊事例16	(出向者が使用する法人の無形資産)

2 独立企業間価格	措通66の4⑽－1 措通66の4⑽－2 措通66の4⑽－3 事務運営指針3-15 事務運営指針3-16 事務運営指針3-17 事務運営指針3-18 事務運営指針3-19	（独立企業間価格との差額の申告調整） （独立企業間価格との差額の申告減算） （高価買入れの場合の取得価額の調整） （費用分担契約） （費用分担契約の取扱い） （費用分担契約に関する留意事項） （費用分担契約における既存の無形資産の使用） （費用分担契約に係る検査を行う書類）
3 非関連者と通ずる取引への適用	措法66の４⑤	（みなし国外関連取引） 法人が当該法人に係る国外関連者との取引を他の者（当該法人に係る他の国外関連者及び当該国外関連者と特殊の関係のある内国法人を除く。「非関連者」という。）を通じて行う場合として次に掲げる場合における当該法人と当該非関連者との取引は、当該法人の国外関連取引とみなして、移転価格税制の規定を適用する。
	措令39の12⑨	①　法人と非関連者との間で行う資産の販売、資産の購入、役務の提供その他の取引の対象となる資産、役務その他のものが当該法人に係る国外関連者に販売、譲渡、貸付けその他の方法によって移転又は提供されることが当該取引を行った時において契約その他によりあらかじめ定まっている場合で、かつ、当該移転又は提供に係る対価の額が当該法人と当該国外関連者との間で実質的に決定されていると認められる場合 ②　法人に係る国外関連者と非関連者との間で行う資産の販売、資産の購入、役務の提供その他の取引の対象となる資産、役務その他のものが当該法人に販売、譲渡、貸付けその他の方法によって移転又は提供されることが当該取引を行った時において契約その他によりあらかじめ定まっている場合で、かつ、当該移転又は提供に係る対価の額が当該法人と当該国外関連者との間で実質的に決定されていると認められる場合
	措令39の12⑩	（国外関連取引とみなされた取引の独立企業間価格） 必要な調整をする。
	措法66の４㉜ 措令39の12㉔	（特殊の関係の判定の時期） 取引が行われた時の現況による。
	措通66の4⑿－1	（非関連者を通じて行う取引の例示）（再保険の場合）

項目	根拠	内容
4 国外関連取引の対価の額と独立企業間価格との差額の損金不算入	措法66の4④	移転価格税制の規定の適用がある場合における国外関連取引の対価の額と当該国外関連取引に係る同項に規定する独立企業間価格との差額（寄附金の額に該当するものを除く。）は、法人の各事業年度の所得の金額の計算上、損金の額に算入しない。
	措通66の4(11)−1	（国外移転所得金額の取扱い）利益の社外流出として取り扱う。
	措通66の4(11)−2	（国外移転所得金額の返還を受ける場合の取扱い）
	事務運営指針5-1	（国外移転所得金額の返還を受ける場合の取扱いに関する留意事項）
	事務運営指針5-2	（対応的調整に伴う返還額の取扱い）
	事務運営指針5-3	（対応的調整に伴い国外関連者に返還する金額がある場合の取扱い）
5 国外関連者に対する寄附金の損金不算入	措法66の4③	（国外関連者への寄附金） 法人が各事業年度において支出した寄附金の額のうち当該法人に係る国外関連者に対するもの（恒久的施設を有する外国法人である国外関連者に対する寄附金の額で当該国外関連者の各事業年度の所得の金額の計算上益金の額に算入されるものを除く。）は、当該法人の各事業年度の所得の金額の計算上、損金の額に算入しない。
	事務運営指針3-20	（国外関連者に対する寄附金）
6 同時文書化	措法66の4⑥	法人が、当該事業年度において、当該法人に係る国外関連者との間で国外関連取引を行つた場合には、当該国外関連取引に係る独立企業間価格を算定するために必要と認められる書類として財務省令で定める書類（電磁的記録を含む。）を、当該事業年度の法人税法の申告書の提出期限までに作成し、又は取得し、財務省令で定めるところにより保存しなければならない。
	措法66の4⑦	同時文書化が免除される場合。 前事業年度の国外関連取引（支払額と受取額の合計）の合計額が50億円未満で、かつ、国外関連取引のうち、無形資産の譲渡等の合計額が３億円未満。
	措令39の12⑪	（前事業年度がない場合等）
	措令39の12⑫	（国外関連取引がない場合）
	措令39の12⑬	（本項の無形資産の定義）
7 特定無形資産国外関連取引に係る事後の価格調整措置	措法66の4⑧	特定無形資産に係る国外関連取引（特定無形資産国外関連取引）について、その特定無形資産国外関連取引の対価の額を算定するための前提となった事項についてその内容と相違する事実が判明した場合には、税務署長は、その特定無形資産国外関連取引の内容及びその特定無形資産国外関連取引の当事者が果たす機能その他の事情（その相違する事実及びその相違することとなった事由の発生の可能性（客観的事実に基づき、通常用いられる方法により計算されたものに限ります。）を含みます。）を勘案して、その特定無形資産国外関連取引に係る最も適切な方法により算定した金額を独立企業間価格とみなして更正等をすることができることとされた（価格調整措置）。ただし、差額が20％を超えていない場合は、価格調整措置はなし。

7 特定無形資産国外関連取引に係る事後の価格調整措置	措令39の12⑭	（特定無形資産の定義）国外関連取引を行つた時において評価することが困難な無形資産として政令で定めるものをいい、特定無形資産に係る権利の設定その他他の者に特定無形資産を使用させる一切の行為を含む。独立企業間価格を算定するための全となる事項（取引記事に予測されるものに限る。）の内容が著しく不確実な要素を有していると認められるものとされる。
	措通66の4(9)－1	（固有の特性を有し、かつ、高い付加価値を創出するために使用されるもの）
	措通66の4(9)－2	（予測利益の金額を基礎として算定するもの）
	措通66の4(9)－3	（著しく不確実な要素を有していると認められるものかどうかの判定）
	措通66の4(9)－4	（災害に類するものの例示）
	措令39の12⑮	（当該特定無形資産国外関連取引を行つた時における客観的な事実に基づいて計算されたものであることその他の政令で定める要件を満たすものとされるための要件。）
	措令39の12⑯	（著しく相違しないものとして価格調整をされない場合の意義）価格調整の発動基準。ALP の上下20％以内。
	事務運営指針4-7	（無形資産の使用を伴う国外関連取引に係る比較対象取引の選定）
	事務運営指針別冊事例25	（特定無形資産国外関連取引に係る価格調整措置）
	措法66の４⑨	（特定無形資産国外関連取引について、価格調整措置の規定が適用されない場合の条件）適用免除基準：文書化要件等
	措令39の12⑰	（価格調整をされない場合として客観的な事実に基づいて計算されたものであること等の要件）
	措法66の４⑩ 措令39の12⑱	（予測された利益の額と実際の利益の額との差額が20％を超えていない場合は価格調整措置されない。）適用免除基準：収益乖離条件。判定期間は５年。
	措法66の４⑪	国税庁の当該職員等が法人に前二項の規定の適用があることを明らかにする書類（当該電磁的記録を含む。）又はその写しの提示又は提出を求めた場合において、その提示又は提出を求めた日から60日（その求めた書類又はその写しが同時文書化対象国外関連取引に係る財務省令で定める書類（当該電磁的記録を含む。）又はその写しに該当する場合には、その提示又は提出を求めた日から45日）を超えない範囲内においてその求めた書類又はその写しの提示又は提出の準備に通常要する日数を勘案して当該職員が指定する日までにこれらの提示又は提出がなかつたときは、前二項の規定の適用はないものとする。
	措法66の４⑫	（所定の期間内に同時文書化対象の書類等を提出しない場合、推定課税できる。）
	措法66の４⑬⑮	価格調整措置に係る適用免除基準（収益乖離要件）を満たす場合には、収益乖離要件における判定期間を経過する日後から推定課税規定の適用はないこととされている。
	措法66の４⑭	（同時文書化免除国外関連取引に係る推定課税）

8 独立企業間価格の推定による更正又は決定等	措法66の４⑫	国税庁の当該職員又は法人の納税地の所轄税務署若しくは所轄国税局の当該職員が、法人に各事業年度における同時文書化対象国外関連取引に係る第六項に規定する財務省令で定める書類若しくはその写しの提示若しくは提出を求めた場合においてその提示若しくは提出を求めた日から45日を超えない範囲内においてその求めた書類若しくはその写しの提示若しくは提出の準備に通常要する日数を勘案して当該職員が指定する日までにこれらの提示若しくは提出がなかつたとき、又は法人に各事業年度における同時文書化対象国外関連取引に係る第一項に規定する独立企業間価格（第８項本文の規定により当該独立企業間価格とみなされる金額を含む。）を算定するために重要と認められる書類として財務省令で定める書類（その作成又は保存に代えて電磁的記録の作成又は保存がされている場合における当該電磁的記録を含む。）若しくはその写しの提示若しくは提出を求めた場合においてその提示若しくは提出を求めた日から60日を超えない範囲内においてその求めた書類若しくはその写しの提示若しくは提出の準備に通常要する日数を勘案して当該職員が指定する日までにこれらの提示若しくは提出がなかつたときは、税務署長は、次の各号に掲げる方法（第２号に掲げる方法は、第１号に掲げる方法を用いることができない場合に限り、用いることができる。）により算定した金額を第一項に規定する独立企業間価格と推定して、当該法人の当該事業年度の所得の金額又は欠損金額につき更正又は決定をすることができる。ただし、当該事業年度において、当該同時文書化対象国外関連取引につき第８項又は第９項の規定（特定無形資産国外関連取引に係る事後の価格調整措置）の適用がある場合は、この限りでない。
	措法66の４⑫一	①　当該法人の当該国外関連取引に係る事業と同種の事業を営む法人で事業規模その他の事業の内容が類似するものの当該事業に係る売上総利益率又はこれに準ずる割合として政令で定める割合を基礎とした第２項第１号ロ（再販売価格基準法）若しくはハに掲げる方法（原価基準法）又は同項第２号に定める方法（同項第１号ロ又はハに掲げる方法と同等の方法に限る。）
	措令39の13⑲	（売上総利益率等）
	措法66の４⑫二	②　第２項第１号ニに規定する政令で定める方法又は同項第２号に定める方法（当該政令で定める方法と同等の方法に限る。）に類するものとして政令で定める方法
	措令39の12⑳	（その他の方法に類する方法）
	措規22の10⑥二	（独立企業間価格を算定するために必要と認められる書類）
	措法66の４⑯	（国外関連者の帳簿書類等の提示又は提出）
	措法66の４⑰	（比較対象企業に対する質問検査権）
	措法66の４⑱	（同時文書化＋免除国外関連取引に係る比較対象企業に係る質問検査権）
	措法66の４⑲	（比較対象企業に係る提出物件の留置き）
	事務運営指針4-14	（推定による課税を行う場合の留意事項）

9 国外関連者に対する明細書の添付	措法66の4㉕ 措規22の10⑬	法人は、各事業年度において当該法人に係る国外関連者との間で取引を行った場合には、当該国外関連者の名称及び本店又は主たる事務所の所在地その他財務省令で定める事項を記載した書類を当該事業年度の確定申告書に添付しなければならない。 次に掲げる書類 ① 国外関連取引を行う者が当該法人に係る国外関連者に該当する事情 ② 法人の当該事業年度終了の時における当該法人に係る国外関連者の資本金の額又は出資金の額及び従業員の数並びに当該国外関連者の営む主たる事業の内容 ③ 法人の当該事業年度終了の日以前の同日に最も近い日に終了する当該法人に係る国外関連者の事業年度の営業収益、営業費用、営業利益、税引前当期利益及び利益剰余金の額 ④ 法人が、当該事業年度において当該法人に係る国外関連者から支払を受ける対価の額の取引種類別の総額又は当該国外関連者に支払う対価の額の取引種類別の総額 ⑤ 独立企業間価格の算定の方法のうち、④に規定する対価の額に係る独立企業間価格につき国外関連法人が選定した算定の方法（一の取引種類につきその選定した算定の方法が二以上ある場合には、そのうち主たる算定の方法） ⑥ ④に規定する対価の額に係る独立企業間価格の算定の方法についての法人の納税地を所轄する国税局長若しくは税務署長又は我が国以外の国若しくは地域の権限ある当局による確認の有無 ⑦ その他参考となるべき事項
10 当初申告に係る更正の請求の特例	措法66の4㉖	法人が当該法人に係る国外関連者との間で行った取引につき移転価格税制の規定の適用があった場合において、更正の請求に掲げる事由が生じたときのの規定の適用については、「5年」とあるのは、「7年」とする（移転価格税制に係る更正の請求は、7年）。
11 更正・決定等の期間制限の特例	措法66の4㉗	独立企業間価格に係る更正決定又は賦課決定は、国税通則法の規定にかかわらず、国税通則法に定める期限又は日から7年を経過する日まで、することができる（通常の5年ではなく、7年）。

<table>
<tr>
<td>12
国外関連者との取引に係る課税の特例に係る納税の猶予</td>
<td>措法66の４の２①、66の４㉛
措令39の12の2①</td>
<td>法人が租税条約の規定に基づき国税庁長官に対し当該租税条約に規定する申立てをした場合には、税務署長等は、これらの申立てに係る更正決定により納付すべき法人税の額及び当該法人税の額に係る加算税の額として政令で定めるところにより計算した金額を限度として、これらの申立てをした者の申請に基づき、その納期限から当該条約相手国等の権限ある当局との間の合意に基づく更正があった日の翌日から１月を経過する日までの期間（納税の猶予期間）に限り、その納税を猶予することができる。ただし、当該申請を行う者につき当該申請の時において当該法人税の額以外の国税の滞納がある場合は、この限りでない。</td>
</tr>
<tr>
<td>13
国外関連者との取引に係る課税の特例により納付すべき法人税に係る延滞税の一部免除</td>
<td>措法66の４㉛
措令39の12㉒㉓

措令39の12の2②
措法66の４の２⑧
措令39の12の2③
措規22の10の2
措法66の４の２②
措法66の４の２⑤
措法66の４の２⑥
措令39の12の2④
措法66の４の２⑦</td>
<td>移転価格税制の規定の適用がある場合において、法人と当該法人に係る国外関連者（租税条約の規定により条約相手国等の居住者又は法人とされるものに限る。）との間の国外関連取引に係る独立企業間価格につき財務大臣が当該条約相手国等の権限ある当局との間で当該租税条約に基づく合意をしたことその他の政令で定める要件を満たすときは、国税局長又は税務署長は、政令で定めるところにより、当該法人が同項の規定の適用により納付すべき法人税に係る延滞税のうちその計算の基礎となる期間で財務大臣が当該条約相手国等の権限ある当局との間で合意をした期間に対応する部分に相当する金額を免除することができる。
（権限ある当局との合意等がない場合における更正があった日）
（納税の猶予を受けるための申請）
（申請書の記載内容）
（申請書類）
（納税の猶予における担保）
（納税の猶予の取消し）
（国税通則法等の関連規定の読替え）

（納税の猶予期間における延滞税）
免除される。</td>
</tr>
</table>

14 租税条約に基づく合意があった場合の更正の特例	租税条約実施特例法7①	相手国等の法令に基づき、相手国居住者等又は居住者若しくは内国法人に係る租税（当該相手国等との間の租税条約の適用があるものに限る。）の課税標準等又は税額等につき更正又は決定に相当する処分があった場合において、当該課税標準等又は税額等に関し、財務大臣と当該相手国等の権限ある当局との間の当該租税条約に基づく合意が行われたことにより、居住者の各年分の各種所得の金額、内国法人の各事業年度の所得の金額又は相手国居住者等の各年分の各種所得の金額若しくは各事業年度の所得の金額のうちに減額されるものがあるときは、当該居住者若しくは当該内国法人又は当該相手国居住者等の更正の請求に基づき、税務署長は、当該合意をした内容を基に計算される当該居住者の各年分の各種所得の金額、当該内国法人の各事業年度の所得の金額又は当該相手国居住者等の各年分の各種所得の金額若しくは各事業年度の所得の金額を基礎として、更正をすることができる。
	実施特例法7②	（更正の請求に基づく更正の特例）
	実施特例法7③	（留保金額等との関係）
	実施特例法7③、同令6①	（利益積立金額との関係）
15 外国法人の内部取引に係る課税の特例	措法66の4の3①	恒久的施設を有する外国法人の平成28年4月1日以後に開始する各事業年度において、当該外国法人の本店等と恒久的施設との間の同号に規定する内部取引の対価の額とした額が独立企業間価格と異なることにより、当該外国法人の当該事業年度の国内源泉所得に係る所得の金額の計算上益金の額に算入すべき金額が過少となるとき、又は損金の額に算入すべき金額が過大となるときは、当該外国法人の当該事業年度の国内源泉所得に係る所得に係る法人税等に関する法令の規定の適用については、当該内部取引は、独立企業間価格によるものとする。
	措法66の4の3②	（独立企業間価格）
	措法66の4の3③	内部寄附金は、損金不算入
	措法66の4の3④	独立企業間価格を算定するために必要な書類の作成、取得、保存義務
	措法66の4の3⑤	（内部取引に係る必要書類の前項の義務の免除）内部取引額が50億円未満で、かつ、特許権等の内部取引の対価の額が3億円未満
	措法66の4の3⑥	（同時文書化対象内部取引に係る比較対象企業に対する質問検査権）
	措法66の4の3⑦	（同時文書化免除国外関連取引に係る比較対象企業に対する質問検査権）
	措法66の4の3⑧	（⑥、⑦に係る提出物件の留置き）
	措法66の4の3⑨	質問検査権は、犯罪捜査のために認められていない。
	措法66の4の3⑩	税務職員の身分証の携帯と提示
	措法66の4の3⑪	（罰金等）
	措法66の4の3⑫	代表者等の違反行為は、法人も刑を科される。

	措法66の４の３⑬	（人格のない社団等）
	措法66の４の３⑭	（内国法人の場合との読替え規定）
	措法66の４の３⑮	（政令への委任）
16 特定多国籍企業グループに係る国別報告事項の提供	措法66の４の４①	特定多国籍企業グループ（直前期の総収入金額等が千億円以上）の構成会社等である内国法人（最終親会社等又は代理親会社等に該当するものに限る。）は、当該特定多国籍企業グループの各最終親会計年度に係る国別報告事項（特定多国籍企業グループの構成会社等の事業が行われる国又は地域ごとの収入金額、税引前当期利益の額、納付税額その他の財務省令で定める事項をいう。）を、当該各最終親会計年度終了の日の翌日から１年以内に、財務省令で定めるところにより、特定電子情報処理組織を使用する方法により、当該内国法人の本店又は主たる事務所の所在地の所轄税務署長に提供しなければならない。
	措法66の４の４②	わが国と情報交換がない場合の、わが国への提出義務。事業年度終了後１年以内。
	措法66の４の４③	１社が代表して提供すれば、他社は提供不要。
	措法66の４の４④	用語の意義
	措法66の４の４⑤	最終親会社等届出事項の電子申告により提出
	措法66の４の４⑥	１社が代表して提供すれば、他社は提供不要。
	措法66の４の４⑦	（罰金等）
	措法66の４の４⑧	代表者等の違反行為は、法人も刑を科される。
	措法66の４の４⑨	（人格のない社団等）
	措法66の４の４⑩	（政令への委任）
17 特定多国籍企業グループに係る事業概況報告事項の提供	措法66の４の５①	特定多国籍企業グループ（直前期の総収入金額等が千億円以上）の構成会社等である内国法人又は当該構成会社等である恒久的施設を有する外国法人は、当該特定多国籍企業グループの各最終親会計年度に係る事業概況報告事項（特定多国籍企業グループの組織構造、事業の概要、財務状況その他の財務省令で定める事項をいう。）を、当該各最終親会計年度終了の日の翌日から１年以内に、財務省令で定めるところにより、特定電子情報処理組織を使用する方法により、当該内国法人にあつてはその本店又は主たる事務所の所在地、当該外国法人にあつてはその恒久的施設を通じて行う事業に係る事務所、事業所その他これらに準ずるものの所在地の所轄税務署長に提供しなければならない。
	措法66の４の５②	１社が代表して提供すれば、他社は提供不要。
	措法66の４の５③	（罰則等）
	措法66の４の５④	代表者等の違反行為は、法人も刑を科される。
	措法66の４の５⑤	（人格のない社団等）
	措法66の４の５⑥	（政令への委任）

（参考１）移転価格事務運営要領の制定について（事務運営指針）

第１章　定義及び基本方針
第２章　国別報告事項、事業概況報告事項及びローカルファイル
第３章　調査
第４章　独立企業間価格の算定等における留意点
第５章　国外移転所得金額等の取扱い
第６章　事前確認
第７章　日台相互協議に定める相互協議が行われる場合の取扱い

第１章　定義及び基本方針
　1－1（定義）
　1－2（基本方針）
　1－3（別冊の活用）
第２章　国別報告事項、事業概況報告事項及びローカルファイル
　2－1（国別報告事項の適切な使用）
　2－2（国別報告事項及び事業概況報告事項の訂正等）
　2－3（国別報告事項に相当する情報に誤り等がある場合）
　2－4（ローカルファイル）
第３章　調査
　3－1（調査の方針）
　3－2（調査に当たり配意する事項）
　3－3（別表17(4)の添付状況の検討）
　3－4（調査時に検討を行う書類）
　3－5（推定規定又は同業者に対する質問検査規定の適用に当たっての留意事項）
　3－6（特定無形資産国外関連取引に係る価格調整措置の適用免除規定の検討に当たっての留意事項）
　3－7（金銭の貸借取引）
　3－8（独立価格比準法に準ずる方法と同等の方法による金銭の貸借取引の検討）
　3－9（役務提供）
　3－10（企業グループ内における役務の提供の取扱い）
　3－11（企業グループ内における役務提供に係る独立企業間価格の検討）
　3－12（調査において検討すべき無形資産）
　3－13（無形資産の形成、維持又は発展への貢献）
　3－14（無形資産の使用許諾取引）
　3－15（費用分担契約）
　3－16（費用分担契約の取扱い）
　3－17（費用分担契約に関する留意事項）
　3－18（費用分担契約における既存の無形資産の使用）
　3－19（費用分担契約に係る検討を行う書類）
　3－20（国外関連者に対する寄附金）
　3－21（価格調整金等がある場合の留意事項）
　3－22（外国税務当局が算定した対価の額）
　3－23（事前確認の申出との関係）
　3－24（移転価格課税と所得の内外区分）
　3－25（過少資本税制との関係）
　3－26（過大支払利子税制との関係）
　3－27（源泉所得税との関係）

3-28（消費税との関係）
第4章　独立企業間価格の算定等における留意点
4-1（最も適切な方法の選定に関する検討）
4-2（独立企業間価格の算定における基本三法の長所）
4-3（独立企業間価格の算定におけるディスカウント・キャッシュ・フロー法の適用）
4-4（差異の調整方法）
4-5（差異の調整における統計的手法の適用に当たっての留意事項）
4-6（差異の調整に統計的手法を適用した場合の取扱い）
4-7（無形資産の使用を伴う国外関連取引に係る比較対象取引の選定）
4-8（比較対象取引が複数ある場合の独立企業間価格の算定）
4-9（利益分割法における共通費用の取扱い）
4-10（残余利益分割法の取扱い）
4-11（取引単位営業利益法の適用における比較対象取引の選定）
4-12（取引単位営業利益法における販売のために要した販売費及び一般管理費）
4-13（ディスカウント・キャッシュ・フロー法の取扱い）
4-14（推定による課税を行う場合の留意事項）
4-15（特定無形資産国外関連取引に係る価格調整措置を適用する場合の留意事項）
第5章　国外移転所得金額等の取扱い
5-1（国外移転所得金額の返還を受ける場合の取扱いに関する留意事項）
5-2（対応的調整に伴う返還額の取扱い）
5-3（対応的調整に伴い国外関連者に返還する金額がある場合の取扱い）
第6章　事前確認
6-1（事前確認の方針）
6-2（事前確認の申出）
6-3（資料の添付）
6-4（翻訳文の添付）
6-5（確認申出書の補正）
6-6（確認申出書の送付等）
6-7（確認対象事業年度）　3から5事業年度
6-8（事前確認の申出の修正）
6-9（事前確認の申出の取下げ）
6-10（事前相談）
6-11（事前確認審査）
6-12（事前確認に係る相互協議）
6-13（局担当課又は庁担当課と庁相互協議室との協議・連絡）
6-14（事前確認を行うこと又は事前確認審査を開始することが適当でない場合）
6-15（事前確認の通知）
6-16（事前確認の効果）
6-17（報告書の提出）
6-18（報告書の取扱い）
6-19（事前確認に基づく調整等）
6-20（事前確認の改定）
6-21（事前確認の取消し）
6-22（事前確認の更新）
6-23（確認対象事業年度前の各事業年度への準用）
第7章　日台相互協議指針に定める相互協議が行われる場合の取扱い

（参考２）別冊　移転価格税制の適用に当たっての参考事例

第１章　独立企業間価格の算定方法の選定に関する事例
　事例１　独立価格比準法を用いる場合
　事例２　再販売価格基準法を用いる場合
　事例３　原価基準法を用いる場合
　事例４　独立価格比準法に準ずる方法を用いる場合
　事例５　原価基準法に準ずる方法と同等の方法を用いる場合
　事例６　取引単位営業利益法を用いる場合
　事例７　寄与度利益分割法を用いる場合
　事例８　残余利益分割法を用いる場合
　事例９　ディスカウント・キャッシュ・フロー法に準ずる方法と同等の方法を用いる場合
　事例10　差異の調整
第２章　独立企業間価格の算定方法の適用等に係る留意事項に関する事例
⑴　無形資産の取扱いに関する事例
　事例11　研究開発及びマーケティング活動により形成された無形資産
　事例12　販売網及び品質管理ノウハウに関する無形資産
　事例13　従業員等の事業活動を通じて企業に蓄積されたノウハウ等の無形資産
　事例14　無形資産の形成・維持・発展への貢献
　事例15　無形資産の形成費用のみ負担している場合の取扱い
　事例16　出向者が使用する法人の無形資産
⑵　利益分割法の適用に当たり共通的な留意事項に関する事例
　事例17　連鎖取引における利益分割法の適用範囲
　事例18　利益分割法の適用範囲から除くことのできる取引
　事例19　分割対象利益等の算出
⑶　残余利益分割法の適用に当たっての留意事項に関する事例
　事例20　人件費較差による利益の取扱い
　事例21　市場特性、市況変動等による利益の取扱い
　事例22　基本的利益の計算
　事例23　残余利益等の分割要因
⑷　ディスカウント・キャッシュ・フロー法に準ずる方法と同等の方法の適用に当たっての留意事項に関する事例
　事例24　ディスカウント・キャッシュ・フロー法に準ずる方法と同等の方法の適用における対価の額の算定
⑸　特定無形資産国外関連取引に係る価格調整措置に関する事例
　事例25　特定無形資産国外関連取引に係る価格調整措置
⑹　その他の事例
　事例26　企業グループ内役務提供
　事例27　複数年度の考慮
　事例28　国外関連者に対する寄附金
　事例29　価格調整金等の取扱い
第３章　事前確認事例
　事例30　目標利益率に一定の範囲を設定する事例
　事例31　重要な前提条件

（参考３）相互協議の手続について（事務運営指針）

第１　通則

第２　我が国において行われる申立てに係る相互協議
第３　相手国等の権限ある当局からの申入れに係る相互協議
第４　相互協議の申立てに基づかない相互協議の申入れ
第５　仲裁
第６　納税の猶予及び徴収猶予（地方税）に係る事務手続

第１　通則
　1　用語の意義
　2　相互協議の実施
第２　我が国において行われる申立てに係る相互協議
　3　相互協議の申立てができる場合
　4　期間制限
　5　事前相談
　6　相互協議の申立ての手続
　7　確定申告書等の保存措置等
　8　相互協議申立書の記載事項の検討等
　9　資料の提出
　10　翻訳資料の提出
　11　提出資料等の説明
　12　提出資料等の変更等の連絡
　13　相手国等の権限ある当局への相互協議の申入れ
　14　申立者への相互協議の進ちょく状況の説明
　15　合意に先立っての申立者の意向の確認
　16　相互協議の合意の通知
　17　相互協議手続の終了
　18　相互協議の申立ての取下げ
　19　確定申告書等の保存措置の解除
第３　相手国等の権限ある当局からの申入れに係る相互協議
　20　事前相談
　21　相互協議の申入れがあった場合の手続
　22　移転価格課税等に係る相互協議の申入れがあった場合の手続
　23　事前確認に係る相互協議の申入れがあった場合の手続（居住者又は内国法人の場合）
　24　事前確認に係る相互協議の申入れがあった場合の手続（非居住者又は外国法人の場合）
　25　源泉徴収に係る相互協議の申入れがあった場合の源泉徴収義務者への連絡
　26　資料の提出等
　27　相互協議の合意の通知
　28　相互協議手続の終了
　29　確定申告書等の保存措置の解除
第４　相互協議の申立てに基づかない相互協議の申入れ
　30　相互協議の申立てに基づかない相互協議の申入れ
　31　確定申告書等の保存措置等
　32　相互協議の申入れを行った旨の通知等
第５　仲裁
　33　仲裁手続
　34　仲裁手続を規定する租税条約に基づく相互協議の申立てがあった場合の手続
　35　仲裁手続を規定する租税条約に基づく相互協議の申入れがあった場合の手続
　36　仲裁の要請ができる場合
　37　事前相談

38　仲裁の要請の手続
39　仲裁の要請を行った者等への通知
40　仲裁決定を実施するための相互協議の合意手続
41　仲裁の要請の取下げ
第6　納税の猶予及び徴収猶予（地方税）に係る事務手続
42　納税の猶予
43　徴収猶予（地方税）に係る都道府県への通知

（参考4）移転価格税制に係る文書化制度（FAQ）
【共通】
（文書化制度の概要、改正の背景・理由）
問1　移転価格税制に係る文書化制度の概要を教えてください。
問2　平成28年度税制改正による移転価格税制に係る文書化制度の適用開始時期を教えてください。
問3　移転価格税制に係る文書化制度の改正が行われた背景、理由を教えてください。
（免除基準・提供義務者）
問4　国別報告事項及び事業概況報告事項の提供義務が免除される基準並びにローカルファイルの同時文書化義務が免除される基準を教えてください。
問5　国別報告事項及び事業概況報告事項の提供が免除される基準の総収入金額について教えてください。また、多国籍企業グループの連結財務諸表が外国通貨で表示される場合の直前の最終親会計年度における多国籍企業グループの総収入金額を円に換算する際に適用する為替相場は何を使ったらよいですか。
問6　国別報告事項及び事業概況報告事項の免除基準は、BEPSプロジェクトの7.5億ユーロが基準になっているとのことですが、為替相場が大きく変動した場合には、変更される可能性がありますか。
問7　直前の最終親会計年度が、決算期変更により1年未満の決算となった場合、各文書の免除基準は、（当該年度の月数）／12といった調整を加えた金額とする必要がありますか。
問8　規模の重要性から連結対象外としている子会社は、構成会社等になるとされていますが、国別報告事項及び事業概況報告事項の提供義務があるかどうかについては、連結財務諸表ベースの総収入金額で判定してもよいですか。それとも、連結対象外の構成会社等の収入金額を加算した金額で判定する必要がありますか。
問9　日本に恒久的施設に該当する事業所等が複数ある場合には、全ての事業所等が最終親会社等届出事項、事業概況報告事項等を提供する必要がありますか。
問10　当社はどの書類を提供する必要があるのかわかりません。国別報告事項、事業概況報告事項及び最終親会社等届出事項について、提供期限及び提供義務者を関連付けて教えてください。
（様式の入手方法）
問11　今回の改正により作成することとなった各様式及び記載要領の入手方法を教えてください。
（提供方法）
問12　国別報告事項、事業概況報告事項及び最終親会社等届出事項について、書面での提供は認められないのでしょうか。
問13　e-Taxで提供を行う場合に、データの容量制限はありますか。
問14　国別報告事項及び事業概況報告事項はワードやエクセルで作成したものを提供すればよいですか。
問15　いつから国別報告事項及び事業概況報告事項を提供できますか。
問16　提供した国別報告事項、事業概況報告事項及び最終親会社等届出事項の記載内容に誤りがあった場合の訂正方法を教えてください。

問17　国別報告事項又は事業概況報告事項を提供しなかった場合はどうなるのですか。

【最終親会社等届出事項】

（概要）

問18　最終親会社等届出事項の概要を教えてください。

（提供義務者）

問19　最終親会社等届出事項の提供義務者が複数ある場合には、全ての法人が最終親会社等届出事項を提供する必要がありますか。

（代理親会社等の指定）

問20　代理親会社等の制度について教えてください。

問21　日本に所在する構成会社等を代理親会社等として指定することはできますか。

（最終親会社等届出事項への法人番号の記載）

問22　法人番号が分からない場合には、法人番号を最終親会社等届出事項に記載しなくてもよいですか。また、設立間もないため法人番号が付与されていない子会社があるのですが、この場合でも最終親会社等届出事項の提供を要しないこととされる法人に関する事項に法人番号の記載が必要ですか。

問23　最終親会社等届出事項に法人番号を記載する必要があるとのことですが、提供期限までに法人番号が付与されない場合には、法人番号が付与された後で提供すればよいですか。

【国別報告事項】

（提供義務者）

問24　連結親会社に加えて、連結子会社も連結財務諸表を作成している場合は、連結子会社も国別報告事項を提供する必要がありますか。

問25　最終親会社等（非上場会社）は連結財務諸表を作成していませんが、子会社（上場会社）が連結財務諸表を作成している場合、どちらが国別報告事項を提供する必要がありますか。

問26　外国に子会社を有していない法人も国別報告事項を提供する必要がありますか。

問27　外国に子会社を有していない法人であって、外国の拠点が支店ではなく連絡事務所の場合、国別報告事項を提供する必要がありますか。

問28　外国の子会社と取引を行っていない場合でも国別報告事項を提供する必要がありますか。

（構成会社等の範囲）

問29　多国籍企業グループの構成会社等とは、国外関連者をいうのですか。

問30　多国籍企業グループの構成会社等には、持分法適用会社も含まれますか。

問31　最終親会計年度終了の日から国別報告事項の提供期限までに事業再編によって、子会社を譲渡又は他社を買収した場合は、その年度分の国別報告事項に含める必要がありますか。

問32　構成会社等には、米国のLLCやLPSなどのいわゆるハイブリッド・エンティティは含まれますか。

（作成上の留意点）

問33　国別報告事項の作成に当たって参考となる資料はありますか。

問34　外国に所在する構成会社等の収入金額を円に換算する際の為替相場は何を使ったらよいですか。また、社内で使用している為替相場を使ってもよいですか。

問35　国別報告事項を作成するために、外国に所在する構成会社等の財務データを日本の会計基準等に合わせて再計算する必要がありますか。

問36　国別報告事項の表１に記載する収入金額と当社の有価証券報告書の数値が、日本と各国の会計基準及び経理処理の違い等から一致しません。これらを理由に外国の税務当局から、国別報告事項の内容について指摘を受けることはありますか。

問37　本店と支店間の内部取引を認識して記載する必要がありますか。

問38　国別報告事項の表１の収入金額等は居住地国等ごとに記載することになっていますが、

会計年度の異なる構成会社等について、最終親会計年度に合わせて収入金額等を調整する必要がありますか。例えば、最終親会計年度末が2017年３月末で、構成会社等の会計年度末が2016年12月末の場合にはどうしたらよいですか。

問39　国別報告事項の表１及び表２には、外国に所在する全ての恒久的施設を記載する必要がありますか。

問40　同一国内の関連者間取引は、現地で連結パッケージとして財務諸表が作成され、関連者間取引金額の相殺を行っていますが、国別報告事項の表１に記載する収入金額を計算する際に、それを分解する必要がありますか。

問41　国別報告事項の表１に記載する収入金額を計算する際に、営業外損益項目の収入金額を抽出する必要がありますか（財務諸表上はネット表示しています。）。

問42　税引前当期利益の額は、繰越欠損金を考慮する必要がありますか。

問43　所得税の源泉徴収額の記載箇所は、実際に支払った会社等（源泉徴収義務者）の居住地国又は負担している会社等（納税義務者）の居住地国のどちらに記載するのですか。

問44　国別報告事項の表３にはどのようなことを記載する必要がありますか。

問45　国別報告事項の表２の「主要な事業活動」欄でその他にチェックをした場合、事業活動の性質について表３に記載することになっていますが、どの程度の追加情報が必要ですか。

問46　国別報告事項を日本語で作成してもよいですか。

（子会社方式による提供）

問47　日本と租税条約等を締結していない国にグループの最終親会社等が所在する場合、日本の子会社が国別報告事項を提供する必要がありますか。

問48　どのような場合に特定多国籍企業グループの日本の子会社が、国別報告事項を提供する必要がありますか。

問49「最終親会社等の居住地国において、国別報告事項に相当する事項の提供を求めるために必要な措置が講じられていない場合」とはどのような場合ですか。また、それはどのように確認できますか。

問50「最終親会社等の居住地国が適格当局間合意を有していない場合」とはどのような場合ですか。また、それはどのように確認できますか。

問51「特定多国籍企業グループの最終親会社等の居住地国が、日本が行う国別報告事項の提供に相当する情報の提供を日本に対して行うことができないと認められる場合」とはどのような場合ですか。また、それはどのように確認できますか。

問52　BEPS最終報告書において、国別報告書は平成28年（2016年）１月１日以後に開始する事業年度分から提供が求められることとされている一方で、日本では平成28年（2016年）４月１日以後に開始する最終親会計年度分から国別報告事項の提供が求められることとなっています。平成28年（2016年）１月１日から３月31日までの間に開始する最終親会計年度分の国別報告事項について、外国の税務当局から提供が求められますか。また、この間に開始する最終親会計年度の国別報告事項を自主的に提供してもよいですか。

問53　国別報告事項の子会社方式による提供義務者が複数ある場合には、全ての法人が国別報告事項を提供する必要がありますか。

（情報交換）

問54　当社が作成した国別報告事項は、日本の税務当局に提供した後、どのような手続で、どこに提供されますか。

問55　外国の税務当局から情報交換により国税庁に提供された国別報告事項に相当する情報に誤り又は不備があった場合、特定多国籍企業グループの日本の子会社に対して問合せが行われますか。

問56

⑴　海外子会社の居住地国の税務当局から、国別報告事項に相当する事項の提供が求められた場合、どのように対応すればよいですか。

(2) 日本に所在する最終親会社等はその多国籍企業グループの連結総収入金額が1,000億円未満のため、日本の税務当局に国別報告事項を提供する義務はありませんが、海外子会社の居住地国の税務当局から国別報告事項に相当する事項の提供を求められている場合（子会社居住地国の国別報告事項に相当する事項の提供に係る法制はOECDの勧告に則ったものであり、その子会社居住地国は日本との適格当局間合意を有しています。)、どのように対応すればよいですか。

(3) 自主的に日本の最終親会社等から日本の税務当局に国別報告事項を提供した場合でも、租税条約等に基づく情報交換制度により外国の税務当局に提供されますか。

【事業概況報告事項（マスターファイル)】

(提供義務者)

問57　事業概況報告事項の提供義務者は、国別報告事項の提供義務者と同じですか。

問58　事業概況報告事項の提供義務者が複数ある場合には、全ての法人が事業概況報告事項を提供する必要がありますか。

(免除基準)

問59　当社の最終親会社等の居住地国は、日本と租税条約等を締結していないため、当社グループの国別報告事項に相当する情報は日本の税務当局には提供されません。この場合でも、当社は日本の税務当局に事業概況報告事項を提供する必要がありますか。

問60　日本では事業概況報告事項の免除基準に該当する法人でも、外国の税務当局から事業概況報告事項に相当する事項の提供が求められますか。

(作成上の留意点)

問61　事業概況報告事項の作成に当たって参考となる資料はありますか。

問62　事業概況報告事項は、どの程度詳細に記載する必要がありますか。

問63　事業概況報告事項は英語も使用可となっていますが、日本の税務当局から日本語への翻訳を求められることはありますか。

(その他)

問64　事業概況報告事項は、自動的情報交換の対象になりますか。

問65　当社が作成した事業概況報告事項の内容は来期も変更がないと思われますが、毎年作成する必要がありますか。

問66　日本では事業概況報告事項を、最終親会計年度終了の日の翌日から１年以内に提供することが義務付けられていますが、海外子会社の居住地国の税務当局にも、同様に最終親会計年度終了の日の翌日から１年以内に提供すればよいのですか。

【独立企業間価格を算定するために必要と認められる書類（ローカルファイル)】

(同時文書化義務)

問67　同時文書化義務について教えてください。

問68　ローカルファイルを含む調査時に提出する書類について、これまで調査時に提示又は提出していた書類との相違点を教えてください。

問69　ローカルファイルを確定申告時までに作成するというのは、確定申告時点で該当する書類全てをファイル等で保存すること（ファイル等に綴って倉庫等に保管すること）をいうのですか。

問70　同時文書化義務のある取引と同時文書化義務のない取引では、提示又は提出する書類が異なりますか。

(同時文書化義務の免除基準)

問71　ローカルファイルの同時文書化義務の免除基準の１つとして、一の国外関連者との国外関連取引に係る対価の額の合計額50億円未満がありますが、当社は、国外関連者に部品を輸出し、それを用いて国外関連者が製造した製品を輸入しており、その代金を相殺しています。この場合、相殺後の取引金額を対価の額の合計額とするのでしょうか。

問72　国外関連者からの経営管理料の受領は、同時文書化義務の免除基準における無形資産取引に含まれますか。

問73　当社は、外国にある親会社から企業グループ内役務提供（IGS）を受け、その対価を支払っています。この支払は無形資産取引の対価に含まれますか。
問74　当社は、国外関連者との間で、研究開発に係る費用分担契約を締結し、その契約に基づいて費用分担額を負担しています。この支払は無形資産取引の対価に含まれますか。
問75　同時文書化義務の免除基準に該当するかどうかの判定に当たっては、事前確認を受けた取引の対価の額を含めて計算する必要がありますか。
問76　調査時に新たな取引が税務当局から指摘され、同時文書化義務があったことが後で判明した場合には、ローカルファイルを作成する必要がありますか。
問77　当社の国外関連者が外国の税務当局の税務調査を受けて国外関連取引の金額が増加し、同時文書化義務の免除基準に該当しなくなった場合、その時点でローカルファイルを作成する必要がありますか。
(作成上の留意点)
問78　ローカルファイルの作成に当たって参考となる資料はありますか。
問79　ローカルファイルに使用する言語は、日本語に限定されますか。また、ローカルファイルを英語で作成した場合に、日本の税務当局から日本語への翻訳を求められることはありますか。
問80　当社の国外関連者が作成したローカルファイルを集約して、当社のローカルファイルとすることはできますか。
問81　当社が作成したローカルファイルを国外関連者の居住地国の税務当局からの要請に基づき、ローカルファイルとして提出することができますか。
問82　当社は国外関連者が１社しかないため、事業概況報告事項とローカルファイルの情報が重複しますが、その場合、ローカルファイルの記載を省略しても構いませんか。
問83　事前確認を受けている取引は同時文書化義務の対象になりますか。また、同時文書化義務の対象となる場合、新たな文書を作成する必要がありますか。
問84　どのような方法で比較対象取引を選定すればよいですか。
問85　確定申告書の提出期限までに、国外関連者の監査済財務諸表を入手できない場合、未監査の財務諸表に基づき、独立企業間価格の算定を行っても構いませんか。
問86　確定申告書の提出期限までに、対象年度に係る比較対象取引の財務情報を入手できない場合、前年度の比較対象取引の財務情報に基づき、独立企業間価格を算定することはできますか。
問87　調査時に比較対象取引等の財務情報の更新を求められることがありますか。
(提出期限)
問88　ローカルファイルの提示又は提出の期限について教えてください。
問89　ローカルファイル等移転価格文書の提示又は提出期限はどのように決まるのですか。
問90　当社が提示又は提出したローカルファイルに記載誤り、不備又は漏れがあった場合にも推定課税及び / 又は同業者調査が行われるのですか。
問91　提示又は提出期限が60日を超えない範囲内とされる独立企業間価格を算定するために重要と認められる書類とは具体的にどのような書類をいいますか。
問92　ローカルファイルの記載事項に関連する書類とはどのような書類をいいますか。
問93　45日期限の書類と60日期限の書類を、調査時に同時に求められることがありますか。
問94　書類の提出期限は、45日又は60日を超えない範囲内の調査官が指定する日とされていますが、指定する日は担当する調査官により異なるのですか。
(その他)
問95　ローカルファイルは、自動的情報交換の対象になりますか。
【その他】
(BEPS プロジェクト)
問96　BEPS 行動13（多国籍企業の企業情報の文書化）に関連するその他の BEPS 行動はありますか。

第6章
過少資本税制

項目	根拠法令	説明
1 適用要件	措法66の5①	過少資本税制が適用されて内国法人に対して負債の利子等の損金算入制限が生じるのは、次の①②の比率がともに3倍を超える場合。 ① $\dfrac{\text{国外支配株主等及び資金供与者等に対する負債（下記4参照）に係る平均負債残高}}{\text{国外支配株主等の資本持分}} > 3$ ② $\dfrac{\text{総負債に係る平均負債残高}}{\text{自己資本の額}} > 3$ （総負債＝負債の利子等の支払の基因となるものその他資金の調達に係るものに限る。）
2 国外支配株主等の意義	措法66の5⑤一 措令39の13⑫	国外支配株主等とは、次の関係にある非居住者または外国法人（非居住者等）をいう。 ① 当該法人がその発行済株式等の50％以上を直接または間接に保有される関係 ② 当該法人と外国法人が同一の者によってそれぞれその発行済株式等の50％以上を直接または間接に保有される場合の両法人の関係 ③ 当該法人と次に掲げる事実その他これに類する事実が存在することにより、当該法人の事業の方針の全部または一部につき実質的に決定できる関係 イ その事業活動の相当部分を当該非居住者等との取引に依存して行っていること ロ その事業活動に必要とされる資金の相当部分を当該非居住者等からの借入れにより、または当該非居住者等の保証を受けて調達していること ハ 内国法人の役員の2分の1以上または代表する権限を有する役員が、当該外国法人の役員もしくは使用人を兼務している者または当該外国法人の役員もしくは使用人であった者であること
	措令39の13⑬	（直接または間接保有割合の計算） 移転価格税制の規定（措令39の12②③）を準用
	措通66の5-3	（名義株がある場合の直接または間接保有の株式）その実際の権利者が保有するものとして判定する。
	措通66の5-4	（実質的支配関係の判定における「その他これに類する事実」（上記③）とは）

2 国外支配株主等の意義		例示： ① 内国法人が非居住者又は外国法人から提供される事業活動の基本となる工業所有権（特許権、実用新案権、意匠権、商標権）、ノーハウ等に依存していること ② 内国法人の２分の１以上又は代表する権限を有する役員が非居住者又は外国法人によって実質的に決定されていると認められる事実があること
3 資金供与者等の意義	措法66の５⑤二 措令39の13⑭	資金供与者等とは、内国法人に資金を供与する者および当該資金の供与に関係のある者として次の者をいう。 （一般的には、国外支配株主等の保証を受けて資金を提供する金融機関がこれに該当する。） ① 国外支配株主等が第三者を通じて資金を供与したと認められる場合における当該第三者 ② 国外支配株主等が第三者に債務の保証をすることにより、第三者が資金を供与したと認められる場合における当該第三者 ③ 国外支配株主等から内国法人に貸し付けられた債券（国外支配株主等が債務保証することにより、第三者から貸し付けられた債券を含む。）が他の第三者に担保提供され、債券現先取引で譲渡され、または現金担保付債券貸借取引で貸し付けられることにより、当該他の第三者が資金を供与したと認められる場合における当該第三者および他の第三者
4 国外支配株主等及び資金供与者に対する負債	措法66の５⑤四 措令39の13⑱ 措通66の5-10	国外支配株主等に対する負債[注]及び資金供与者等に対する（上記３①～③に規定する資金に係る）負債[注]をいう。 注：負債の利子等の支払の基因となるものその他資金の調達に係るものに限る。 （国外支配株主等及び資金供与者等に対する負債） 利子を付する預かり敷金については、利子を付する期間に限り含める。
5 平均負債残高の意義	措法66の５⑤五 措令39の13⑲ 措通66の5-13 （逐条解説） 措令39の13㉔	（平均負債残高） 負債の帳簿価額の平均的な残高として合理的な方法により計算した金額のこと 日々の平均残高、各月末の平均残高等、少なくとも各月末の平均残高以上の精度が予定されている。期初・期末の平均残高では合理的な方法に該当しない。 帳簿価額は、会計帳簿に記載した資産または負債の金額によるものとする。

6 国外支配株主等の資本持分の意義	措法66の5⑤六 措令39の13⑳ 措令39の13㉑ 措令39の13㉒	国外支配株主等の資本持分 $=$自己資本の額$\times\dfrac{\text{国外支配株主等の直接及び間接保有の株式等}}{\text{発行済株式等}}$ （直接及び間接保有の株式等の意義） （特殊の関係がある場合の国外支配株主等のみなし規定）
7 自己資本の額の意義	措法66の5⑤七 措令39の13㉓ 措令39の13㉔ 措通66の5-14 措通66の5-15 措通66の5-16 措通66の5-17 措通66の5-18 措令39の13㉗	自己資本の額＝総資産の帳簿価額の平均残高－総負債の帳簿価額の平均残高 自己資本の額（総資産の帳簿価額の平均残高－総負債の帳簿価額の平均残高）が法人税法上の「資本金等の額（法２十六）」に満たない場合には、当該資本金等の額をもって算定する。 ただし、当該資本金等の額が資本金の額に満たないときは、当該資本金の額とする（措令39の13㉓）。 （帳簿価額）帳簿価額は、会計帳簿に記載した資産又は負債の金額による。 （総負債の範囲）税務会計上損金に算入されないものも含む。 （保険会社の総負債） （自己資本の額を計算する場合の総資産・総負債の帳簿価額） その会計帳簿に記載されている金額による。税務計算上の否認金は関係させないことに留意する。 （総資産の帳簿価額の平均的な残高及び総負債の帳簿価額の平均的な残高の意義） （自己資本の額を計算する場合の資本金等の額） （内国法人が公益法人等又は人格のない社団等である場合の国外支配株主等の資本持分及び自己資本の額）
8 負債の利子等の意義	措法66の5⑤三 措法66の5⑤九 措令39の13㉙ 措令39の13⑮ 措通66の5-5 措通66の5-6 措通66の5-7 措通66の5-8 措通66の5-9	適用対象となる負債の利子等は、次の①②をいう。 ただし、①②ともに、これらの支払いを受ける者の日本の所得税・法人税の課税対象所得に含まれるものは除かれる。 ①　負債の利子および利子に準じるもの（手形の割引料、社債発行差金の償却等経済的な性質が利子に準じるもの） （金銭債務の償還差損等） 発行差金の当該年度の損金算入額を含める。 （短期の前払利息） 当該年度の損金算入された利息額を含める。 （負債の利子の範囲） （原価に算入した負債の利子等） 固定資産等の取得価額に算入した負債の利子等も含まれる。 （原価に算した負債の利子等の調整）

項目	根拠	内容
8 負債の利子等の意義		原価算入額のうち損金不算入額からなる部分の金額を限度として、固定資産の取得価額等を減額することができる。この場合、翌事業年度において決算上調整するものとする。
	措令39の13⑯	② 保証料等の費用 イ 上記3②の場合における内国法人が国外支配株主等に支払う債務の保証料 ロ 上記3③の場合における内国法人が国外支配株主等に支払う債券の使用料・債務の保証料または第三者に支払う債券の使用料
	措法66の5⑤九 措令39の13㉙	（課税対象所得） 支払を受ける者の次に掲げる区分に応じて定める所得をいう。

区分	所得
居住者	各年分の各種所得
内国法人	各事業年度の所得
非居住者	所法164①一イに掲げる国内源泉所得（租税条約により軽減又は免除される所得を除く。）
外国法人	法法141一イに掲げる国内源泉所得（租税条約により軽減又は免除される所得を除く。）

項目	根拠	内容
9 損金不算入額の計算	措令39の13①	(1) イに掲げる金額からロに掲げる金額を控除した残額（基準平均負債残高）がハに掲げる金額以下である場合 （イ－ロ≦ハ）： 損金不算入額＝国内の資金供与者等に対する負債に係る保証料等の額×（イ－ハ）/ロ イ 国外支配株主等及び資金供与者等に対する負債に係る平均負債残高 （国外支配株主等に対する有利子の負債および資金供与者等に対する上記3の資金に係る負債） ロ 国内の資金供与者等に対する負債（上記3②③に係る場合の負債）に係る平均負債残高 ハ 国外支配株主等の資本持分×3 イ－ハ＝平均負債残高超過額

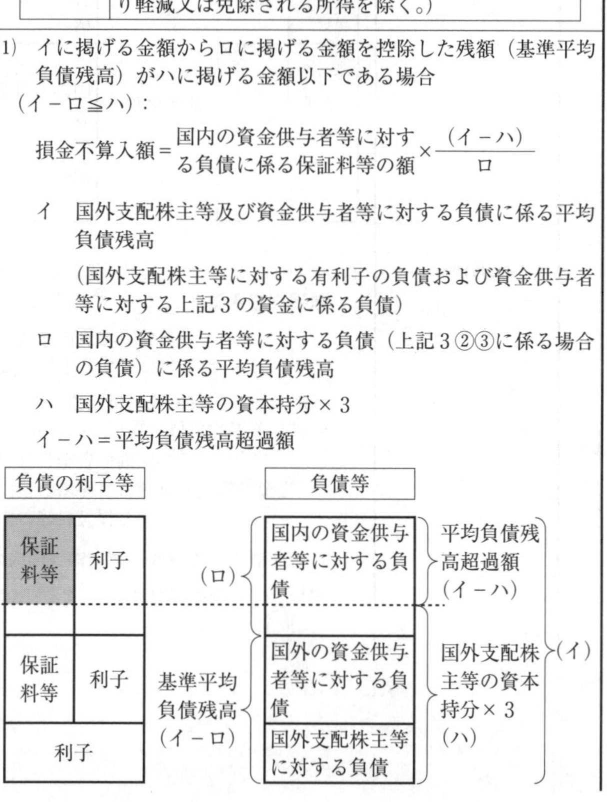

負債の利子等

保証料等	利子
保証料等	利子
利子	

負債等

（ロ）：国内の資金供与者等に対する負債 ― 平均負債残高超過額（イ－ハ）

基準平均負債残高（イ－ロ）：国外の資金供与者等に対する負債、国外支配株主等に対する負債 ― 国外支配株主等の資本持分×3（ハ）

（イ）：全体

9 損金不算入額の計算

(2) 前記イに掲げる金額から前記ロに掲げる金額を控除した残額（基準平均負債残高）が、前記ハに掲げる金額を超える場合（イ－ロ＞ハ）：

損金不算入額＝ニ＋ホ

ニ＝{国外支配株主等および資金供与者等に対する負債に係る利子等の額 － 国内の資金供与者等に対する負債に係る保証料等の額} × {平均負債残高超過額*（イ－ハ） － 国内の資金供与者等に対する負債の平均負債残高(ロ)} ／ {国外支配株主等および資金供与者等に係る平均負債残高イ － 国内の資金供与者等に対する負債の平均負債残高(ロ)}

*平均負債残高超過額＝イ－ハ

ホ＝国内の資金供与者等に対する負債に係る保証料等の額

負債の利子等

保証料等 | 利子

保証料等 | 利子

利子

負債等

(ロ) 国内の資金供与者等に対する負債

基準平均負債残高（イ－ロ）

国外の資金供与者等に対する負債

国外支配株主等に対する負債

平均負債残高超過額（イ－ハ）

国外支配株主等の資本持分×3（ハ）

イ

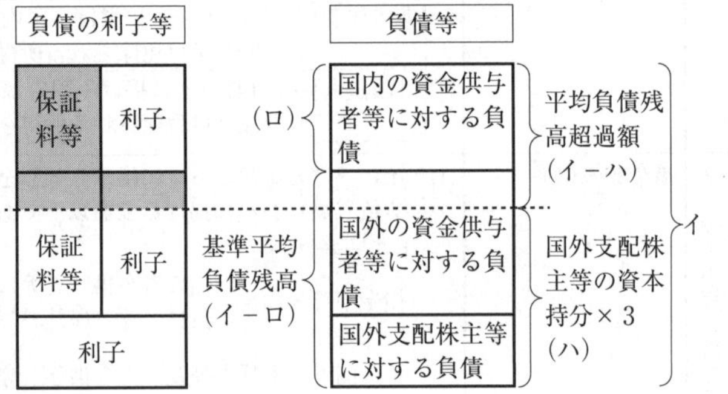

措令39の13②

(3) 上記(1)(2)にかかわらず、総負債平均負債残高超過額*＜平均負債残高超過額（イ－ハ）の場合においては、次の(i)(ii)による。

*総負債平均負債残高
＝総負債に係る平均負債残高－自己資本の額×3

(i) 総負債平均負債残高超過額≦国内の資金供与者等に対する負債に係る平均負債残高(ロ)のとき

損金不算入額＝国内の資金供与者等に対する負債に係る保証料等の額 × 総負債平均負債残高超過額／ロ

(ii) 総負債平均負債残高超過額＞国内の資金供与者等に対する負債に係る平均負債残高(ロ)のとき

損金不算入額＝ニ＋ホ

9 損金不算入額の計算		ニ＝（国外支配株主等および資金供与者等に対する負債に係る利子等の額 － 国内の資金供与者等に対する負債に係る保証料等の額）×（総負債平均負債残高超過額 － 国内の資金供与者等に対する負債の平均負債残高(ロ)）／（国外支配株主等および資金供与者等に係る平均負債残高(イ) － 国内の資金供与者等に対する負債の平均負債残高(ロ)） ホ＝国内の資金供与者等に対する負債に係る保証料等の金額
10 国外支配株主等が複数ある場合	措法66の５⑩ 措令39の13④	複数の国外支配株主等に対して有利子負債がある場合には、国外支配株主等および資金供与者等に対する負債に係る平均負債残高、国外支配株主等の資本持分又は国外支配株主等および資金供与者等に支払う負債の利子等の額は、それらの額を合計して計算するものとする。
11 特定債券現先取引等がある場合	措法66の５② 措法66の５⑤八 措令39の13㉘ 措法66の５⑥	内国法人が特定債券現先取引等に係る負債があるときは、国外支配株主等および資金供与者等に対する負債に係る平均負債残高から特定債券現先取引等に係る平均負債残高を控除し、総負債に係る平均負債残高から特定債券現先取引等に係る平均負債残高を控除し、また特定債券現先取引等に係る負債の利子等についても国外支配株主等および資金供与者等に支払う負債の利子等から控除することができる。この場合においては負債・自己資本の比率は、原則の３倍ではなく、２倍とする。 （特定債券現先取引等の意義） 次のいずれかの債券を現金担保付債券貸借取引で貸し付ける場合又は債券現先取引で譲渡する場合の当該現金担保付債券貸借取引又は債券現先取引をいう。 ①　現金担保付債券貸借取引で借り入れた債券 ②　債券現先取引で購入した債券 （適用要件） 本規定の適用を受けるには、確定申告書にその旨を記載した書面並びに控除する特定債券現先取引等に係る負債平均残高及び負債の利子等の額の計算に関する明細書を添付し、かつその計算に関する書類を保存する場合に限り適用する。
12 類似法人の負債・資本比率の採用	措法66の５③ 措令39の13⑩ 措規22の10の６	負債・自己資本の比率は原則３倍であるが、同種の事業を営む内国法人で事業規模その他の状況が類似するものの負債・資本比率に照らし、妥当と認められる倍数を用いることができる。 類似法人の負債・資本比率とは、類似法人の各事業年度終了の日における負債の額の同日における資本金、法定準備金及び剰余金の合計額に対する比率とされており、内国法人の当該事業年度終了の日以前３年以内に終了した類似法人の各事業年度のうちいずれかの事業年度終了の日における比率を用いることができる。

	措法66の5⑧	（適用要件） 本規定の適用を受けるには、確定申告書にその旨を記載した書面を添付し、かつその用いる倍率が妥当なものであることを明らかにする資料等を保存する場合に限り適用する。
13 過大支払利子税制との調整	措法66の5④	本制度により計算された損金不算入額が、過大支払利子税制により計算された損金不算入額を下回る場合には、本制度は適用されない。ただし、過大支払利子税制における適用除外要件を充たして適用除外となる場合（措法66の5の2③）には、本制度の適用を受ける。
14 外国法人への適用	旧措法66の5⑩の廃止	（外国法人に対する本制度の不適用） 国内において事業を行う外国法人が支払う負債の利子等については、本制度は適用されないこととされた。

第７章
過大支払利子税制
（R２/４/１以後開始事業年度に適用）

項目	根拠法令（改正後）	説明
1 損金不算入額	措法66の５の２①	法人の各事業年度において、対象純支払利子等の額が当該事業年度の**調整所得金額**（下記５）の20%を超えるときは、その超過額は損金に算入しない。 対象純支払利子等の額 ＝**対象支払利子等の額**の合計額（下記３）－**控除対象受取利子等合計額**（下記４）
2 関連者の意義	措法66の５の２②四 措令39の13の２⑰	⑴　関連者とは以下の①～⑤の関係のある者をいう。 ①　二の法人のいずれか一方の法人が他方の法人の発行済株式等の総数又は総額の50%以上の数又は金額の株式等を直接または間接に保有する関係 ②　二の法人が同一の者（当該者が個人である場合には、当該個人及びこれと同族関係者の範囲（法令４①）における特殊の関係のある個人）によつてそれぞれその発行済株式等の総数又は総額の50%以上の数又は金額の株式等を直接又は間接に保有される場合における当該二の法人の関係（①に掲げる関係に該当するものを除く。） ③　次に掲げる事実その他これに類する事実が存在することにより二の法人のいずれか一方の法人が他方の法人の事業の方針の全部又は一部につき実質的に決定できる関係（①②に掲げる関係に該当するものを除く。） イ　当該他方の法人の役員の二分の一以上又は代表する権限を有する役員が、当該一方の法人の役員若しくは使用人を兼務している者又は当該一方の法人の役員若しくは使用人であつた者であること。 ロ　当該他方の法人がその事業活動の相当部分を当該一方の法人との取引に依存して行つていること。 ハ　当該他方の法人がその事業活動に必要とされる資金の相当部分を当該一方の法人からの借入れにより、又は当該一方の法人の保証を受けて調達していること。
	措令39の13の２⑲一	④　個人（当該個人と同族関係者の範囲（法令４①）における特殊の関係のある個人を含む。）が当該法人の発行済株式等の総数又は総額の50%以上の数又は金額の株式等を直接又は間接に保有する関係
	措令39の13の２⑳	（保有割合の計算）直接保有割合と間接保有割合を合計した割合により判定する。

2 関連者の意義	措令39の13の2㉑	（間接保有の株式等の保有割合の計算）
	措令39の13の2⑲二	⑤ 当該法人と個人との間に次に掲げる事実その他これに類する事実が存在することにより、当該個人が当該法人の事業の方針の全部又は一部につき実質的に決定できる関係（④に掲げる関係に該当するものを除く。） イ 当該法人がその事業活動の相当部分を当該個人との取引に依存して行つていること。 ロ 当該法人がその事業活動に必要とされる資金の相当部分を当該個人からの借入れにより、又は当該個人の保証を受けて調達していること。
	措法66の5の2②五	(2) 非関連者とは、法人に係る関連者以外の者をいう。
	措令39の13の2㉒	（関連者の判定時期）当該法人の各事業年度終了時の現況による。
	措令39の13の2⑱	（直接又は間接に保有するかの判定） 移転価格税制の規定（措令39の12②③）を準用
	措通66の5の2-13	（発行済株式－払込未済株式） 「発行済株式」には、払込金額等の全部又は一部について払込み等が行われていないものも含まれる。
	措通66の5の2-14	（直接又は間接保有の株式） 直接又は間接に保有する株式には、その払込金額等の全部又は一部について払込み等が行われていないものが含まれる。
	措通66の5の2-15	（名義株がある場合の直接又は間接保有の株式） 名義株は、その実際の権利者が保有するものとしてその判定を行う。
	措通66の5の2-16	（実質的支配関係の判定における「その他これに類する事実」（上記(1)③）とは） ① 一方の法人が他方の法人から提供される事業活動の基本となる工業所有権（特許権、実用新案権、意匠権、商標権）、ノーハウ等に依存していること。 ② 一方の法人の2分の1以上または代表する権限を有する役員が他方の法人によって実質的に決定されていると認められる事実があること。 注 上記(1)⑤における「その他これに類する事実」については、①又は②の「一方の法人」は「法人」と、「他方の法人」は「個人」と読み替えて適用する。
3 対象支払利子等の意義	措法66の5の2②	対象支払利子等の額とは、法人の支払う支払利子等（(1)負債の利子（準ずるものを含む)、(2)その他費用または損失をいう。）の額をいう。なお、(3)**対象外支払利子等の額**（下記）を除く。
	措令39の13の2②	(1) （負債の利子に準ずるもの）手形の割引料、リース取引対価（千万円に満たないものを除く）に含まれる利息相当額、金銭債務の償還差損等その他経済的な性質が支払う利子に準ずるもの
	措通66の5の2-1	（原価に算入した支払利子等）

3 対象支払利子等の意義		
		固定資産等の取得価額に算入した負債の利子等も含まれる。
	措通66の5の2-2	（原価に算入した支払利子等の調整）
		支払利子等の額のうちに固定資産の取得価額等に含めた原価算入額がある場合において、当該支払利子等の額のうちに上記1.の規定による損金不算入額があるときは、当該事業年度の確定申告書において、当該損金不算入額から成る部分の金額を限度として、固定資産の取得価額等を減額することができるものとする。 この場合には、その翌事業年度において決算上調整するものとする。
	措通66の5の2-3	（短期の前払利息）
		基本通達２－２－14によりその支払った日の属する事業年度の損金の額に算入された前払利息の額は、支払利子等の額に含まれる。
	措通66の5の2-4	（金銭債務の償還差損等）
		債務の割引発行の場合における、当該年度の調整差損の額を含む。
	措通66の5の2-5	（経済的な性質が利子に準ずるもの）
		債権額を超えて取得した金銭債権の当該年度の調整差損を含む。
	措通66の5の2-6	（負債の利子の範囲）
	措令39の13の２③	(2)　（その他費用または損失）
		イ　当該法人に係る**関連者**（上記２）が**非関連者**に対して当該法人の債務の保証をすることにより、当該非関連者が当該法人に対して資金を供与したと認められる場合において当該法人が当該関連者に支払う債務保証料
		ロ　当該法人に係る関連者から当該法人に貸し付けられた債券（当該関連者が当該法人の債務の保証をすることにより、非関連者から当該法人に貸し付けられた債券を含む。）が、他の非関連者に、担保として提供され、債券現先取引で譲渡され、又は現金担保付債券貸借取引で貸し付けられることにより、当該他の非関連者が当該法人に対して資金を供与したと認められる場合において、当該法人が当該関連者に支払う貸付債券の使用料若しくは債務の保証料又は当該非関連者に支払う貸付債券の使用料
		ハ　（法令139の２①）償還有価証券に係る調整差損
	措法66の５の２②三	(3)　**対象外支払利子等の額**
	措令39の13の２④⑤	次に掲げる支払利子等（下記の〈対象外支払利子等に該当しない支払利子等の額〉を除く。）をいう。
	措法66の５の２②三イ	①　支払利子等を受ける者の課税対象所得（下記）に含まれる支払利子等（④の支払利子等を除く。）
	措令39の13の２⑥	（課税対象所得の範囲）
		当該法人から支払利子等を受ける者の次に掲げる区分に応じ

3　対象支払利子等の意義

て定める所得をいう。

区　分	所　得
居住者	各種所得
非居住者	所法164①各号に応じ各号に定める国内源泉所得
内国法人	各事業年度の所得
外国法人	法法141各号に応じて当該各号に定める国内源泉所得

措法66の5の2②三ロ

②　公共法人（法法2五）のうち次のものに対する支払利子等

措令39の13の2⑦
措規22の10の7③

沖縄振興開発金融公庫、国際協力銀行、日本政策金融公庫、奄美群島振興開発基金、年金積立金管理運用独立行政法人

措法66の5の2②三ハ

③　除外対象特定債券現先取引等に係る支払利子等の額

措令39の13の2⑨

$$= \text{除外対象特定債券現先取引等に係る支払利子の額} \times \frac{\text{除外対象特定債券現先取引等に係る調整後平均負債残高}}{\text{除外対象特定債券現先取引等に係る負債に係る平均負債残高}}$$

措令39の13の2⑧

（除外対象特定債券現先取引等）

特定債券現先取引等で、当該取引に係る支払利子等の額が当該支払利子等を受ける者の課税対象所得に含まれないものをいう。

措法66の5⑤八
措令39の13㉛

（特定債券現先取引等の意義）

次のいずれかの債券を現金担保付債券貸借取引で貸し付ける場合又は債券現先取引で譲渡する場合の当該現金担保付債券貸借取引又は債券現先取引をいう。

イ　現金担保付債券貸借取引で借り入れた債券
ロ　債券現先取引で購入した債券

措令39の13の2⑨

（負債に係る平均負債残高）

負債に係る平均負債残高は、当該事業年度の当該負債の帳簿価額の平均的な残高として合理的な方法により計算した金額をいう。

措令39の13の2⑩

（調整後平均負債残高）

除外対象特定債券現先取引等に係る負債に係る平均負債残高をいう。

但し、当該平均残高が当該除外対象特定債券現先取引等に係る対応債券現先取引等に係る資産に係る平均資産残高を超える場合には、当該平均資産残高とする。

（対応債券現先取引等）とは、上記（特定債券現先取引等の意義）で規定される場合におけるイの現金担保付債券貸借取引又はロの債券現先取引をいう。

（資産に係る平均資産残高）とは、当該事業年度の当該資産の帳簿価額の平均的な残高として合理的な方法により計算した金額をいう。

措令39の13の2⑪

（帳簿価額）とは、当該法人がその会計帳簿に記載した資産又は負債の金額によるものとする。

3 対象支払利子等の意義	措通66の5の2-7	（除外対象特定債券現先取引等に係る負債の帳簿価額の平均的な残高の意義） 「平均的な残高として合理的な方法により計算した金額」とは、例えば、負債の帳簿価額の日々の平均残高又は各月末の平均残高等、その事業年度を通じた負債の帳簿価額の平均的な残高をいう。 （注）その事業年度の開始の時及び終了の時における負債の帳簿価額の平均額は、「平均的な残高として合理的な方法により計算した金額」に該当しない。
	措通66の5の2-8	（除外対象特定債券現先取引等に係る平均負債残高の計算方法）
	措通66の5の2-9	（対応債券現先取引等に係る資産の帳簿価額の平均的な残高の意義）
	措通66の5の2-10	（除外対象特定債券現先取引等に係る支払利子等の額の計算方法）
	措通66の5の2-11	（債券現先取引等に係る負債の帳簿価額及び資産の帳簿価額） 税務計算上の否認金があっても、関係させない。
	措法66の5の2②三ニ	④　生命保険契約及び損害保険契約に基づく以下の保険負債利子の額
	措令39の13の2⑫⑬	・生命保険契約または損害保険契約に基づいて保険積立金に繰り入れる支払利子等の額 ・損害保険契約に基づいて払戻積立金に繰り入れる支払利子等の額
	措法66の5の2②三ホ	⑤　特定債券利子等の額（債券の銘柄ごとに次のイ、ロのいずれかの金額） （特定債券利子等の意義） 法人が発行した債券（その取得をした者が実質的に多数でないものとして一定のもの（措令39の13の2⑫⑬）を除く。）に係る支払利子等で非関連者に対するもの
	措通66の5の2-12	（法人が発行した債券を取得した者が実質的に多数でないもの） イ　原則法 次に掲げる金額の合計額 ・その支払若しくは交付の際、その特定債券利子等について所得税法その他法令の規定により所得税の徴収が行われ、又は特定債券利子等を受ける者の課税対象所得に含まれる特定債券利子等の額 ・上記②の公共法人に対する特定債券利子等（その支払又は交付の際、所得税法その他法令の規定により所得税の徴収が行われるものを除く。）の額 ロ　簡便法

3 対象支払利子等の意義

措令39の13の2⑯

次に掲げる債券の区分に応じ、その銘柄ごとにそれぞれ次に定める金額とする。

債券の区分	対象外支払利子等の額
国内で発行された債券	特定債券利子等の額の合計額の95%に相当する金額
国外で発行された債券	特定債券利子等の額の合計額の25%に相当する金額

〈対象外支払利子等に該当しない支払利子等の額〉

措令39の13の2④

イ　法人に係る関連者（当該法人から受ける支払利子等があったとした場合に当該支払利子等が当該関連者の課税対象所得に含まれるものを除く。）が非関連者（当該法人から受ける支払利子等が当該非関連者の課税対象所得に含まれるものに限る。）を通じて当該法人に対して資金を供与したと認められる場合における当該非関連者に対する支払利子等の額

措令39の13の2⑤

ロ　非関連者（当該法人から受ける支払利子等が当該非関連者の課税対象所得に含まれるものに限る。）が有する債権（当該法人から受ける支払利子等に係るものに限る。）に係る経済的利益を受ける権利がいわゆるローン・パーティシペーション等により次に掲げるものに移転されることがあらかじめ定まつている場合における当該非関連者に対する支払利子等の額

(イ)　他の非関連者（当該法人から受ける支払利子等があつたとした場合に当該支払利子等が当該他の非関連者の課税対象所得に含まれるものを除く。）

(ロ)　当該非関連者（外国法人に限る。）の本店等（当該法人から受ける支払利子等があつたとした場合に当該支払利子等が当該非関連者の国内源泉所得（法法141一ロ）に含まれるものを除く。）

4 控除対象受取利子等合計額

措法66の5の2②六

控除対象受取利子等合計額

措令39の13の2㉓

$$= \left(\text{当該事業年度の受取利子等の額} - \text{除外対象特定債券現先取引等に係る対応債券現先取引等に係る受取利子等の額}\right)^{注} \times \frac{\text{対象支払利子等の合計額}}{\text{当該事業年度の支払利子等の合計額}}$$

措法66の5の2②七

（受取利子等）

措令39の13の2㉕

法人が支払を受ける利子等及びそれに準ずるものとして、手形の割引料、リース取引対価の額に含まれる利息に相当する額、償還有価証券に係る調整差益その他経済的な性質が支払を受ける利子に準ずるもの

措令39の13の2㉓

但し、当該適用対象法人と連結完全支配関係がある連結法人から受けるものを除く。

注：当該適用対象法人に係る国内関連者（関連者のうち居住者、内国法人、国内に恒久的施設を有する非居住者又は外国法人）から受ける受取利子等にあっては、各国内関連者の別に計算した金額と、適用対象法人の事業年度と同一の期間において当該各国内関連者が非国内関連者（当該適用対象法人

項目	根拠	内容
4 控除対象受取利子等合計額		及び他の国内関連者以外の者）から受けた受取利子等の額とのうちいずれか少ない金額とする。
	措令39の13の2㉔	なお、公社債投資信託の収益の分配の額のうち、公社債の利子からなる部分の金額を上記の「受取利子等の額」に加えることができる。
	措通66の5の2-17	（控除対象受取利子等合計額に含まれる内部利子の額）
	措通66の5の2-18	（対応債券現先取引等に係る受取利子等の額の計算方法）
	措通66の5の2-19	（公社債の利子から成る部分の金額）
5 調整所得金額	措令39の13の2①	調整所得金額とは、次の①の規定を適用する前の所得金額（但し寄附金の全額を損金算入して計算する）に、次の②③を加減算した金額（当該金額がマイナスの場合は、零とする。）とする。 ①　適用しない規定

措法52の3⑤⑥	特別償却準備金の取り崩し益
措法57の7①	関西国際空港整備準備金
措法57の7の2①	中部国際空港整備準備金
措法59①②	新鉱床探鉱費または海外新鉱床探鉱費の特別控除
措法59の2①④	対外船舶運航事業を営む法人の日本船舶による収入金額の課税の特例
措法60①②⑥	沖縄の認定法人の所得の特別控除
措法61①⑤	—
措法61の2①	農業経営基盤化準備金
措法61の3①	農用地等を取得した場合の課税の特例
措法66の5①	過少資本税制
措法66の5の2①	過大支払利子税制
措法66の5の3①②	超過利子額の損金算入
措法66の7②⑥	法人税額から控除する特定外国子会社等の外国税額の益金算入
措法66の9の3②⑤	法人税額から控除する特定外国法人の外国税額の益金算入
措法66の13①、⑤～⑩、⑭	特別新事業開拓事業所に対し特別事業活動として出資をした場合の課税の特例
措法67の12①②	組合事業等による損失がある場合の課税の特例
措法67の13①②	組合事業等による損失がある場合の課税の特例
措法67の14①	特定目的会社に係る課税の特例
措法67の15①	投資法人に係る課税の特例
措法68の3の2①	特定目的信託に係る受託法人の課税の特例
措法68の3の3①	特定投資信託に係る受託法人の課税の特例
法法27	中間申告における繰戻しによる還付に係る災害損失欠損金額の益金算入
法法33②	資産の評価損の損金不算入等
法法41	法人税額から控除する外国税額の損金不算入
法法41の2	分配時調整外国税相当額の損金不算入
法法57①	繰越欠損金の損金算入

5 調整所得金額		法法59①～④ 会社更生法等による債務免除等があった場合の欠損金の損金算入 法法62の5⑤ 最後事業年度の事業税の損金算入の特例 法法64の5①③ 損益通算 法法64の7⑥ 欠損金の通算 法法64の8 通算法人の合併等があった場合の欠損金の損益通算 法法142の4① 恒久的施設に帰せられるべき資本に対応する負債の利子の損金不算入 ② 加算する額 ・対象純支払利子の額 ・減価償却資産に係る償却費で損金の額に算入される金額 ・金銭債権の貸倒れによる損失の額で損金の額に算入される金額 ・匿名組合契約により匿名組合員に分配すべき利益の額で損金の額に算入される金額 ③ 減算する額 ・タックスヘイブン税制との調整規定の対象となる合算額 ・匿名組合契約により匿名組合員に負担させるべき損失の額で益金の額に算入される金額
6 適用除外要件	措法66の5の2③	上記1「損金不算入」の規定は、次のいずれかに該当する場合には、適用しない。 ① 法人の当該事業年度の対象純支払利子等の額が2千万円以下であるとき。 ② 内国法人及び当該内国法人との間に特定資本関係（注1）のある他の内国法人（注2）の当該事業年度に係るイに掲げる金額がロに掲げる金額の20%に相当する金額を超えないとき。 イ 対象純支払利子等の額の合計額から対象純受取利子等の額（控除対象受取利子等合計額から対象支払利子等合計額を控除した残額をいう。）の合計額を控除した残額
	措令39の13の2㉙	ロ 当該事業年度に係る調整所得金額の合計額から調整損失金額（注3）の合計額を控除した残額
	措令39の13の2㉖㉗㉘	注1：（特定資本関係） 一の内国法人が他の内国法人の発行済株式等の総数・総額の50%超の数・金額の株式・出資を直接・間接に保有する関係（当事者間の特定資本関係）又は一の内国法人との間に当事者間の特定資本関係がある内国法人相互の関係をいう。 注2：その事業年度開始の日及び終了の日がそれぞれ当該開始の日を含む当該内国法人の事業年度開始の日及び終了の日であるものに限る。
	措令39の13の2㉙㉚	注3：（調整損失金額） 調整所得金額の計算において零を下回る金額が算出される場合のその下回る額
	措法66の5の2④	（確定申告書等への添付等の義務）

6 適用除外要件	 措法66の5の2⑤	確定申告書等に適用除外の規定の適用がある旨を記載した書面及びその計算に関する明細書の添付があり、かつその計算に関する書類を保存している場合に限り、適用する。 （添付等がない場合の宥恕規定）
7 過少資本税制との調整	措法66の5の2⑥	本制度の上記1「損金不算入額」により計算された金額が、過少資本税制の規定（9「損金不算入額の計算」）により計算された金額以下となる場合には、本制度は適用されない。
8 タックスヘイブン税制との調整	措法66の5の2⑦ 措令39の13の2㉝ 措令39の13の2㉜	法人の当該事業年度の（上記1の）超過額のうちに外国関係会社（措法66の6②一）又は外国関係法人（措法66の9の2①）に係る調整対象金額がある場合においては、当該法人の当該事業年度（調整事業年度）における当該超過額から次の金額を控除した残額を損金不算入額とする。 (1)　（上記1の）超過額から控除する金額 次の①②のうち、いずれか少ない金額 ①　調整事業年度における当該外国関係会社又は外国関係法人に係る調整対象金額 ②　調整事業年度における当該外国関係会社又は外国関係法人の課税対象金額又は（金融子会社等）部分課税対象金額 (2)　調整対象金額の意義 （調整事業年度の上記1の）超過額 × 調整事業年度における対象支払利子等の額のうち、外国関係会社又は外国関係法人事業年度の期間内（注）に当該外国関係会社又は外国関係法人に対して支払われた利子等の額 ／ 調整事業年度における対象支払利子等合計額 注：当該調整事業年度開始の日前の期間がある場合には、当該期間を除く。
9 外国法人への適用	措法66の5の2⑧ 措法66の5の2⑧一イ 措法66の5の2⑧一ロ	(1)　外国法人に係る対象支払利子等の額 ①　外国法人の場合の対象支払利子等の額 本制度の対象となる外国法人の所得の範囲は、以下の通り。 イ　恒久的施設を有する外国法人に係る恒久的施設帰属所得 ロ　恒久的施設を有する外国法人に係る恒久的施設帰属所得以外の国内源泉所得 ハ　恒久的施設を有しない外国法人に係る国内源泉所得 ②　内部利子の取扱い 恒久的施設から外国の本店等に対する内部利子の額についても、対象支払利子等の額に含まれる。 ③　「外国銀行等の資本に係る負債の利子の損金算入」との調整 「外国銀行等の資本に係る負債の利子の損金算入（法法142の5①）」の規定により、恒久的施設に帰せられるべき資本の額に対応する部分の利子の額として、当該恒久的施設帰属所得に係る所得金額の計算上損金に算入されるものうち、対象支払利子等の額に相当するもの（措令39の13の2㉝）は、本

9 外国法人への適用		制度の関連者支払利子等の額に含めない。
	措法66の5の2⑨	(2)「恒久的施設に帰せられるべき資本に対応する負債利子の損金不算入」との調整 外国法人の恒久的施設を通じて行う事業に係る本制度による超過額が「恒久的施設に帰せられるべき資本に対応する負債利子の損金不算入」(法法142の4)の規定による損金不算入額以下となる場合には、本制度の規定は適用されない。
10 超過利子額の損金算入	措法66の5の3①	法人の各事業年度開始の日前7年以内に開始した事業年度において、本制度の上記1「損金不算入額」により損金に算入されなかった金額（超過利子額）がある場合には、当該事業年度の調整所得金額の20%から対象純支払利子等の額を控除した残高を限度として、当該事業年度の所得金額の計算上、損金の額に算入する。
	措法66の5の3②	(タックスヘイブン税制との調整に係る調整対象超過利子額の損金算入)
	措令39の13の3①	(調整対象超過利子額)
	措令39の13の3③	(損金算入額)
	措法66の5の3③	(被合併法人等の超過利子額) 当該法人を合併法人とする適格合併等が行われた場合又は当該法人と完全支配関係がある他の法人の残余財産が確定した場合において、被合併法人等の前7年内事業年度において生じた超過利子額（引継対象超過利子額）があるときは、合併法人等の合併当事業年度以後の各事業年度における超過利子額の損金算入の規定の適用については、引継対象超過利子額はそれぞれの当該引継対象超過利子額の生じた前7年内事業年度開始の日を含む当該合併法人等の各事業年度において生じた超過利子額とみなす。
	措令39の13の3④	(引継対象超過利子額の要件)
	措令39の13の3⑤	(被合併法人等前のもっとも古い事業年度開始の日が合併法人等よりも後である場合の適用)
	措法66の5の3④	(確定申告書等への添付等の義務) 超過利子額に係るもっとも古い事業年度以後の各確定申告書の提出があり、かつ超過利子額又は調整対象超過利子額の損金算入の規定の適用を受ける事業年度の確定申告書等、修正申告書、更正請求書に当該超過利子額、損金に算入される金額およびその計算に関する明細を記載した書類の添付がある場合に限り、適用する。 この場合において、損金算入の基礎となる超過利子額は当該書類に記載された額を限度とする。
	措令39の13の3⑥	(留保金額との関係)
	措令39の13の3⑦	(利益積立金額との関係)

第8章 外貨建取引等

項目	根拠法令	説明
1 外貨建取引の意義	法法61の8①	外国通貨で支払が行われる資産の販売及び購入、役務の提供、金銭の貸付け及び借入れ、剰余金の配当その他の取引をいう。
2 取引発生時の円換算	法法61の8①	外貨建取引の金額の円換算額は、当該外貨建取引を行った時における外国為替の売買相場により換算した金額とする。 (1) 原則
	法基通13の2-1-2	円換算は、外貨建取引を計上すべき日における電信売買相場の仲値（TTM）による。 ただし、継続適用を条件として、売上その他の収益又は資産については取引日の電信買相場（TTB）、仕入その他の費用（原価及び損失を含む。）又は負債については取引日の電信売相場（TTS）によることができるものとされている。
	同上注1～6	① 電信売相場、電信買相場及び電信売買相場の仲値については、原則として、その法人の主たる取引金融機関のものによることとされるが、法人が、同一の方法により入手等をした合理的なものを継続して使用している場合には認められる。 ② 継続適用を条件として、当該外貨建取引の内容に応じてそれぞれ合理的と認められる次のような為替相場も使用することができる。 イ 取引日の属する月若しくは週の前月若しくは前週の末日又は当月若しくは当週の初日の電信買相場若しくは電信売相場又はこれらの日における電信売買相場の仲値 ロ 取引日の属する月の前月又は前週の平均相場のように1月以内の一定期間における電信売買相場の仲値、電信買相場又は電信売相場の平均値 ③ 円換算に係る当該日（為替相場の算出の基礎とする日）の為替相場については、次に掲げる場合には、それぞれ次によるものとされる。 イ 当該日に為替相場がない場合には、同日前の最も近い日の為替相場による。

2 取引発生時の円換算

ロ 当該日に為替相場が２以上ある場合には、その当該日の最終の相場（当該日が取引日である場合には、取引発生時の相場）による。ただし、取引日の相場については、取引日の最終の相場によっているときも認められる。

④ 外国通貨を購入し直ちに資産を取得した場合の取扱い

本邦通貨により外国通貨を購入し直ちに資産を取得し若しくは発生させる場合の当該資産、又は外国通貨による借入金（社債を含む。）に係る当該外国通貨を直ちに売却して本邦通貨を受け入れる場合の当該借入金については、現にその支出し、又は受け入れた本邦通貨の額をその円換算額とすることができる。

⑤ 外貨建資産等の取得または発生時において、その支払いが本邦通貨で行われている場合の取扱い

⑥ 外貨建て円払いの取引の取扱い

法基通13の2-1-1　（いわゆる外貨建て円払い取引）

「外貨建取引の換算」（法法61の８①）に規定する外貨建取引は、その取引に係る支払が外国通貨で行われるべきこととされている取引をいうのであるから、例えば、債権債務の金額が外国通貨で表示されている場合であっても、その支払が本邦通貨により行われることとされているものは、ここでいう外貨建取引には該当しない。

法基通13の2-2-1　（前渡金、未収収益等）

外貨建取引に関して支払った前渡金又は収受した前受金で資産の売買代金に充てられるものは、外貨建債権債務に含まれない。ただし、外貨建取引に係る未収収益又は未払費用は、外貨建債権債務に該当するものとして取り扱う。

法基通13の2-1-3　（多通貨会計を採用している場合の外貨建取引の換算）

法基通13の2-1-5　（前渡金等の振替え）

取引に関して受け入れた前受金又は支払った前渡金があるときは、当該前受金又は前渡金に係る部分については、当該前受金又は前渡金の帳簿価額をもって収益又は費用の額とし、改めてその収益又は費用の計上日における為替相場による円換算を行わないことができるものとする。

法基通13の2-1-6　（延払基準の適用）

法基通13の2-1-7　（リース譲渡に係る債権等につき為替差損益を計上した場合の未実現利益繰延額の修正）

(2) 先物外国為替契約等がある場合の取扱い

法規27の７①六　（先物外国為替取引の意義）

外国通貨をもって表示される支払手段又は外貨債権の売買契約に基づく債権の発生、変更又は消滅に係る取引をその売買契約の締結の日後の一定の時期に一定の外国為替の売買相場により実行する取引をいう。

法規27の10①　（先物外国為替契約の意義）

2 取引発生時の円換算		先物外国為替取引に係る契約のうち外貨建資産・負債の取得又は発生の基因となる外貨建取引に伴って支払い、又は受け取る外国通貨の金額の円換算額を確定させる契約をいう。
	法規27の11①	（先物外国為替契約等の意義） 外貨建取引によって取得し、又は発生する資産又は負債の金額の円換算額を確定させる契約のうち、次のものをいう。 イ　先物外国為替取引に係る契約のうち外貨建取引によって取得し、又は発生する資産又は負債の決済によって受け取り、若しくは支払う外国通貨の金額の円換算額を確定させる契約 ロ　スワップ取引に係る契約のうちその取引の当事者が元本及び利息として定めた外国通貨の金額についてその当事者間で取り決めた外国為替の売買相場に基づき金銭の支払を相互に約する取引に係る契約（次に掲げるいずれかの要件を満たすものに限る。） (イ)　その契約の締結に伴って支払い、又は受け取ることとなる外貨元本額の円換算額が満了時円換算額と同額となっていること（いわゆる直先フラット型） (ロ)　その契約に係る満了時円換算額がその契約の期間の満了の日を外国為替の売買の日とする先物外国為替契約に係る外国為替の売買相場により外貨元本額を円換算額に換算した金額に相当する金額となっていること（いわゆる為替予約型）
		①　外貨建ての収益費用の換算等
	法基通13の2-1-4	外貨建取引に係る売上その他の収益又は仕入その他の費用につき円換算を行う場合において、その計上を行うべき日までに、当該収益又は費用の額に係る本邦通貨の額を先物外国為替契約等により確定させているときは、その収益又は費用の額については上記(1)にかかわらず、その確定させている本邦通貨の額をもってその円換算額とすることができる。 この場合、その収益又は費用の額が先物外国為替契約等により確定しているかどうかは、原則として個々の取引ごとに判定するのであるが、外貨建取引の決済約定の状況等に応じ、包括的に先物外国為替契約等を締結してその予約額の全部又は一部を個々の取引に比例配分するなど合理的に振り当てているときは、認められる。
	法基通13の2-1-4	（帳簿記載要件）
	法法61の８②	②　外貨建資産負債の換算（外貨建資産等の決済時の円換算額を確定させる場合） 先物外国為替契約等により外貨建取引（短期売買商品等（法法61②）又は売買目的有価証券（法法61の３①一）の取得及び譲渡を除く。）によって取得し、又は発生する資産又は負債の金額の円換算額を確定させた場合には、当該資産又は負債については、当該円換算額をもって、換算した金額とする。

2 取引発生時の円換算	法規27の11②	（帳簿記載要件）
	法法61の８③	（適格合併等の場合の被合併法人等からの承継）
	法基通13の2-2-6	（先物外国為替契約等がある外貨建資産・負債の換算） 当該外貨建資産・負債につき先物外国為替契約等を締結しているかどうかは、原則として個々の外貨建資産・負債ごとに判定する。ただし、法人が、その取引の決済約定の状況等に応じ、包括的に先物外国為替契約等を締結しているような場合には、当該外貨建資産・負債に係る円換算額は、その予約額の全部又は一部を個々の取引に比例配分するなど合理的に振り当てて算出するものとされる。
	法基通13の2-2-7	（外貨建資産等につき通貨スワップ契約を締結している場合の取扱い）
	法法61の８④ 法令122① 法規27の10①	③　外貨建資産負債の換算（外貨建資産等の発生時の外国通貨の円換算額を確定させる場合） 先物外国為替契約により、外貨建資産又は負債（外貨建取引によって取得し、又は発生する資産又は負債をいい、上記②の適用を受ける資産又は負債を除く。）の取得又は発生の基因となる外貨建取引に伴って支払い、又は受け取る外国通貨の金額の円換算額を確定させた場合には、その外貨建資産・負債については、その円換算額をもって、換算した金額とする。
	法規27の10②	（帳簿記載要件）
	法令122②	（適格合併等の場合の被合併法人等からの承継）
3 外貨建資産等の期末換算	法法61の９① 法令122の４	内国法人が事業年度終了の時において次の表に掲げる外貨建資産等を有する場合には、その時における当該外貨建資産等の金額の円換算額は、当該外貨建資産等の区分に応じ定める方法により換算した金額とする。
	法法61の９②	（為替換算差額の益金又は損金算入） 内国法人が事業年度終了の時において外貨建資産等（期末時換算法によりその金額の円換算額への換算をするものに限る。）を有する場合には、当該外貨建資産等の金額を期末時換算法により換算した金額と当該外貨建資産等のその時の帳簿価額との差額に相当する金額（為替換算差額）は、当該事業年度の所得の金額の計算上、益金の額又は損金の額に算入する。
	法令122の８①	（外貨建資産等の為替換算差額の翌事業年度における処理） 上記（為替換算差額の益金又は損金算入）の規定により当該事業年度の益金の額又は損金の額に算入した金額に相当する金額は、当該事業年度の翌事業年度の所得の金額の計算上、損金の額又は益金の額に算入する。

3 外貨建資産等の期末換算

外貨建資産等の区分		換算方法（＊法定換算方法）
短期外貨建債権債務		「発生時換算法」又は「期末時換算法＊」
長期外貨建債権債務		「発生時換算法＊」又は「期末時換算法」
外貨建有価証券	売買目的有価証券	「期末時換算法」
	償還期限及び償還金額の定めのあるもの	「発生時換算法＊」又は「期末時換算法」
	その他の有価証券	「発生時換算法」
短期外貨預金		「発生時換算法」又は「期末時換算法＊」
長期外貨預金		「発生時換算法＊」又は「期末時換算法」
外国通貨		「期末時換算法」

（発生時換算法）

「発生時換算法」とは、期末時において有する外貨建資産等について、当該外貨建資産等の取得又は発生の基因となった外貨建取引の金額の円換算額への換算に用いた為替相場により換算した金額（外貨建取引発生時の円換算にあたって、先物外国為替契約等により確定させた決済時の円換算額を用いている場合は、当該確定した円換算額）をもって当該外貨建資産等の期末時における円換算額とする方法をいう。

（期末時換算法）

「期末時換算法」とは、期末時のおいて有する外貨建資産等について、当該期末時における為替相場により換算した金額（外貨建取引発生時の円換算にあたって、先物外国為替契約等により確定させた決済時の円換算額を用いている場合は、当該確定した円換算額）をもって外貨建資産負債の期末時における円換算額とする方法をいう。

（短期）

「短期」とは、その決済又は満期による本邦通貨の受取又は支払の期限が当該事業年度終了日の翌日から１年を経過した日の前日までに到来するものをいう（法令122の４）。

（換算方法の選定）

換算方法を選択できるものについては、その取得の日の属する事業年度の申告書の提出期限までに、採用する期末換算方法を所轄税務署長に届出をすることとされている（法令122の４、122の５）。

法人が方法を選択しなかった場合には、法定換算方法（表中＊）により換算するものとされる（法法61の９①、法令122の７）。

法基通13の2-1-8

（海外支店等の資産等の換算の特例）

法人が国外に支店等を有する場合において、当該支店等の外国通貨で表示されている財務諸表を本店の財務諸表に合算す

3 外貨建資産等の期末換算

る場合における円換算額については、当該支店等の財務諸表項目の全てについて当該事業年度終了の時の為替相場による円換算額を付すことができるものとする。

法基通13の2-1-9　(為替差益を計上した場合の資産の取得価額の不修正)

資産の取得に要した外貨建債務を当該事業年度終了の時の為替相場により円換算を行ったため為替差益が生じた場合であっても、当該資産の取得価額を減額することはできない。

法基通13の2-1-10　(外貨建てで購入した原材料の受入差額)

法基通13の2-1-11　(製造業者等が負担する為替損失相当額等)

製造業者等が商社等を通じて行った輸出入等の取引に関して生ずる為替差損益の全部又は一部を製造業者等に負担させ又は帰属させる契約を締結している場合における商社等及び製造業者等の取扱いについては、次による。

商社等	外貨建債権債務について「期末時換算法」を選定している場合において、当該契約に係る外貨建債権債務につき当該事業年度終了の時にその決済が行われたものと仮定した場合において製造業者等に負担させ又は帰属させることとなる金額を当該事業年度の益金の額又は損金の額に算入する。
製造業者等	全ての商社等に対する当該契約に係る金銭債権及び金銭債務につき当該事業年度終了の時にその決済が行われたものと仮定した場合において負担し又は帰属することとなる金額を当該事業年度の損金の額又は益金の額に算入しているときは、継続適用を条件として、これを認める。

法基通13の2-2-4　(発生時換算法－期末時換算による換算差額を純資産の部に計上している場合の取扱い)

事業年度終了の時(「期末時」)に有する有価証券について、期末時における為替相場により換算した金額をもって当該有価証券の当該期末時における円換算額とし、かつ、当該換算によって生じた換算差額の金額の全額をいわゆる洗替方式により純資産の部に計上している場合の当該換算の方法は、発生時換算法として取り扱うのであるから留意する。

法基通13の2-2-5　(期末時換算法－事業年度終了の時における為替相場)

法人が期末時換算法により円換算を行う場合(先物外国為替契約等により円換算額を確定させた外貨建取引の換算の規定の適用を受ける場合を除く。)の為替相場は、事業年度終了の日の電信売買相場の仲値による。ただし、継続適用を条件として、外国通貨の種類の異なるごとに当該外国通貨に係る外貨建資産等の全てについて、外貨建ての資産については電信買相場により、外貨建ての負債については電信売相場によることができる。

法基通13の2-2-9　(期末時換算法－為替差損益の一括表示)

法基通13の2-2-11　(適正な円換算をしていない場合の処理)

3 外貨建資産等の期末換算		法人が当該事業年度終了の時において有する外貨建資産等につきそのよるべきものとされる方法による円換算を行っていない場合には、当該事業年度の所得の金額の計算上そのよるべきものとされる方法により換算した金額とその帳簿価額との差額は、益金の額又は損金の額に算入する。
	法基通13の2-2-12	（期限徒過の外貨建債権） 外貨建債権で既にその支払期限を経過し支払が延滞しているものは、短期外貨建債権に該当しないものとして取り扱う。
	法基通13の2-2-14	（届出の効力）
	法基通13の2-2-15	（換算方法の変更申請があった場合等の「相当期間」）
4 為替相場に著しい変動があった場合の期末換算の特例	法令122の3①	内国法人が事業年度終了の時において有する外貨建資産等（企業支配株式を除く）につき当該事業年度にその外貨建資産等に係る為替相場が著しく変動した場合には、その外貨建資産等と通貨の種類を同じくする外貨建資産等のうち為替相場が著しく変動したもののすべてにつき、これらの取得又は発生の基因となった外貨建取引を当該事業年度終了の時に行ったものとみなして円換算をすることができる。
	法基通13の2-2-10	事業年度終了の時において有する個々の外貨建資産等につき次の算式により計算した割合がおおむね15%に相当する割合以上となるものがあるときは、当該外貨建資産等については、「為替相場が著しく変動した場合」に該当するものとされる（15%ルール）。 $$\frac{\text{当該外貨建資産等の額につき当該事業年度終了の日の為替相場により換算した本邦通貨の額} - \text{当該事業年度終了の日における当該外貨建資産等の帳簿価額（同日における当該規定の適用前の帳簿価格）}}{\text{当該外貨建資産等の額につき当該事業年度終了の日の為替相場により換算した本邦通貨の額}}$$
5 為替予約差額の期間按分	法法61の10①	内国法人が事業年度終了の時において有する外貨建資産等について、その取得又は発生の基因となった外貨建取引の金額の円換算額への換算に当たって上記2⑵②（先物外国為替契約等により円換算額を確定させた外貨建取引の換算）の規定の適用を受けたときは、為替予約差額（当該外貨建資産等の金額を先物外国為替契約等により確定させた円換算額と当該金額を当該外貨建資産等の取得又は発生の基因となった外貨建取引を行った時における外国為替の売買相場により換算した金額との差額）については、次のように期間按分した金額（為替予約差額配分額）を益金の額又は損金の額に算入する。
	法令122の9①一	⑴ 外貨建取引を行った時以後に先物外国為替契約等を締結した場合 関係する為替相場は、次の3種である。 ① 外貨建取引を行った時の為替相場（取引時為替相場）、②先物外国為替契約等を締結した時における為替相場（締結時為替相場）、③先物外国為替契約等により確定させた為替相場 為替予約差額は、①②間の差額（直々差額）と②③間の差額（直先差額）により構成されるが、損益の発生は次のように扱われる。

5 為替予約差額の期間按分

イ　①②間の直々差額

外貨建取引を行った時における相場①で換算した円換算額と契約等を締結した時における相場②で換算した円換算額との差額は、締結の日の属する事業年度の損益とする。

ロ　②③間の直先差額

契約等を締結した時における相場②で換算した円換算額と契約等により確定させた相場③による円換算額との差額（直先差額）は、次の通り期間按分して損益計上する。

$$\text{当事業年度の按分損益} = \text{直先差額} \times \frac{\text{当事業年度の日数}}{\text{契約締結日から決済日までの日数}}$$

注１：分子の事業年度の日数は、契約締結の日の属する事業年度については、同日から事業年度末日までの日数

注２：決済日の属する事業年度については、（直先差額－前事業年度までの益金・損金計上額）とする。

注３：「日数」とあるのは「月数」とすることができる（法令122の９③）。

法令122の９①二

(2)　先物外国為替契約等を締結した後に外貨建取引を行った場合

この場合は、①取引時の為替相場で換算した円換算額と②契約等により確定させた為替相場により換算した円換算額との差額が為替予約差額となり、次の通り期間按分して益金・損金に計上する。

$$\text{当事業年度の按分損益} = \text{為替予約差額} \times \frac{\text{当事業年度の日数}}{\text{外貨建取引を行った日から決済日までの日数}}$$

注１：分子の事業年度の日数は、契約締結の日の属する事業年度については、同日から事業年度末日までの日数

注２：決済日の属する事業年度については、（為替予約差額－前事業年度までの益金・損金計上額）とする。

注３：「日数」とあるのは「月数」とすることができる（法令122の９③）。

法法61の10③

(3)　短期外貨建資産等の場合の一括計上

外貨建資産等が短期外貨建資産等（決済による本邦通貨の受取りまたは支払の期限が当該事業年度終了日の翌日から１年を経過した日の前日までに到来するもの）である場合には、為替予約差額を当該事業年度において、一括して益金または損金に計上することができる。

法令122の10

ただし、この方法を採用する場合には、採用しようとする事業年度に係る申告書の提出期限までに、所轄税務署長に届出をすることとされている（法法61の10⑤、法令122の10）。

法基通13の2-2-3

（先物外国為替契約等の範囲－選択権付為替予約）

法人が、選択権付為替予約をしている場合において、当該選択権付為替予約に係る選択権の行使をしたときは、その選択権の行使をした日が先物外国為替契約等の締結の日となることに留意する。この場合、オプション料に相当する金額は、

5 為替予約差額の期間按分		為替予約差額の配分（法法61の10①）に規定する為替予約差額の直先差額に含めて各事業年度の益金の額又は損金の額として配分する。
	法基通13の2-2-8	（２以上の先物外国為替契約等を締結している場合の契約締結日の特例）
	法基通13の2-2-16	（先物外国為替契約等の解約等があった場合の取扱い）
	法基通13の2-2-17	（外貨建資産等に係る契約の解除があった場合の調整）
	法基通13の2-2-18	（外貨建資産等の支払の日等につき繰延べ等があった場合の取扱い）

第9章

1　国際最低課税額に対する法人税

国際的な法人税の引き下げ競争に対して、企業間の公平な競争条件を確保するために、2021年10月にOECD/G20の「BEPS包摂的枠組み」において議論がなされ、グローバルミニマム課税について国際的合意がなされた。

グローバルミニマム課税のルールのうち、所得合算ルールとして、「国際最低課税額に対する法人税」が令和5年度改正で創設された。この国際最低課税額に対する法人税は、企業グループの年間総収入金額が7億5千万ユーロ以上の多国籍グループを対象とし、グループの構成会社等の所在地国・地域ごとに実効税率を算定し、基準税率15%に至るまでの差額に対して日本の親会社に対して上乗せ課税（トップアップ課税）を行うものである。

（R6/4/1以後開始する対象会計年度の国際最低課税額に対する法人税について適用。なお、下記5.情報申告制度は、R6/4/1以後開始する対象会計年度に係る特定多国籍企業グループ等報告事項等について適用。）

項目	根拠法令	説明
1 納税義務者	法法4	内国法人は、各対象会計年度の**国際最低課税額**に対する法人税を納める義務がある。ただし、公共法人については、その義務がない。
2 課税の範囲	法法6の2	**特定多国籍企業グループ等**に属する内国法人に対して、各**対象会計年度**の国際最低課税額について、各対象会計年度の国際最低課税額に対する法人税を課する。
	法法82四	**（特定多国籍企業グループ等）** 特定多国籍企業グループ等とは、**多国籍企業グループ等**のうち、各対象会計年度の直前の4対象会計年度のうち2以上の対象会計年度の総収入金額が7億5,000万ユーロ以上であるもの等をいう。
	法法82三	**（多国籍企業グループ等）** ①　**企業グループ等**に属する会社等の所在地国（その会社等の恒久的施設等がある場合には、その恒久的施設等の所在地国を含む。）が2以上ある場合のその企業グループ等その他これに準ずる一定のもの ②　（下記②記載の）企業グループ等
	法法82二	**（企業グループ等）** ①　**連結等財務諸表**に財産及び損益の状況が連結して記載される又は記載されることとなる会社等その他一定の会社等に係る企業集団のうち、最終親会社に係るもの ②　会社等（上記①の企業集団に属する会社等を除く。）のう

2 課税の範囲		ち、その会社等の恒久的施設等の所在地国がその会社等の所在地国以外の国又は地域であるもの
	法法15の2	**(対象会計年度)** 多国籍企業グループ等の最終親会社等の**連結等財務諸表**の作成に係る期間をいう。
	法法82一	**(連結等財務諸表)** 以下のものをいう。 ① 国際的に共通した会計処理の基準等（特定財務会計基準）又は特定財務会計基準を除く最終親会社等の所在地国で一般に公正妥当と認められる会計処理の基準（適格財務会計基準）に従って作成された連結財務諸表や個別財務諸表 ② 上記①の連結財務諸表を作成していないグループについては、特定財務会計基準又は適格財務会計基準に従って暦年の財産及び損益の状況について作成するとしたならば作成されることとなる連結財務諸表 ③ 上記①の個別財務諸表を作成していない会社等については、特定財務会計基準又は適格財務会計基準に従って暦年の財産及び損益の状況について作成するとしたならば作成されることとなる個別財務諸表
3 国際最低課税額の計算	法法82の2①	(1) **国際最低課税額** 国際最低課税額は、構成会社等である内国法人が属する特定多国籍企業グループ等の**グループ国際最低課税額**のうち、その特定多国籍企業グループ等に属する**構成会社等**（我が国を所在地国とするものを除く。）又はその特定多国籍企業グループ等に係る**共同支配会社等**（我が国を所在地国とするものを除く。）の個別計算所得金額に応じて政令の定めるところにより配賦される**会社等別国際最低課税額**について、内国法人の所有持分等を勘案して計算した帰属割合を乗じて計算した金額（内国法人が他の構成会社等を通じて間接に有する一定の構成会社等又は共同支配会社等については、その計算した金額からその計算した金額のうち当該他の構成会社等に帰せられる部分の金額として計算した金額を控除した残額）の合計額とする。
	法法82十三	**(構成会社等)** 次に掲げるものをいう。 ① 企業グループ等に属する会社等（**除外会社等**を除く。） ② 会社等（企業集団に属するものを除く。）で恒久的施設等がその会社等の所在地国以外の国又は地域にあるもの（除外会社等を除く。） ③ 上記①及び②の会社等の恒久的施設等
	法法82十四	**(除外会社等)** 政府関係会社等、国際機関関係会社等、非営利会社等、年金基金、最終親会社等である投資会社等又は不動産投資会社等その他一定の会社等をいう。
	法法82十五	**(共同支配会社等)** 最終親会社等の連結等財務諸表において会社等が有する持分に

応じた金額を連結等財務諸表に反映させる一定の方法が適用され、又は適用されることとなる会社等で、その最終親会社等が直接又は間接に有する所有持分に係る権利に基づき受けることができる金額の合計額がその会社等に対する所有持分に係る権利に基づき受けることができる金額の総額のうちに占める割合として、一定の計算をした割合が50%以上であるもの（特定多国籍企業グループ等の最終親会社等その他一定の会社等を除く。）、その会社等の連結等財務諸表に財産及び損益の状況が連結して記載される又は記載されることとなる会社等（除外会社等を除く。）及びこれらの恒久的施設等をいう。

法法82の２①

(2)　**グループ国際最低課税額**

グループ国際最低課税額は、「**構成会社等に係るグループ国際最低課税額**」と「**共同支配会社等に係るグループ国際最低課税額**」とを合計した金額とする。

法法82の２②

(3)　構成会社等に係るグループ国際最低課税額

構成会社等（**無国籍構成会社等（下記(4)）**を除く。）に係るグループ国際最低課税額は、次に掲げる場合の区分Ａ～Ｃに応じそれぞれ次に定める金額の合計額とする。

法法82の２②一

Ａ　構成会社等の所在地国における**国別実効税率**が基準税率15%を下回り、かつ、その所在地国に係る**国別グループ純所得**の金額がある場合

構成会社等に係るグループ国際最低課税額＝

①**当期国別国際最低課税額**

＋　②**再計算国別国際最低課税額**

＋　③**未分配所得国際最低課税額**

－　④**自国内最低課税額に係る税の額**

法法82の２②一イ(3)

（国別実効税率）

国別調整後対象租税額（その所在地国を所在地国とする全ての構成会社等に係る調整後対象租税額の合計額をいう。）が**国別グループ純所得の金額**（その所在地国を所在地国とする全ての構成会社等の個別計算所得金額の合計額からその所在地国を所在地国とする全ての構成会社等の個別計算損失金額の合計額を控除した残額をいう。）のうちに占める割合をいう。

法法82の２②一イ

①　**当期国別国際最低課税額**

＝（国別グループ純所得の金額－**実質ベースの所得除外額（注１）**）×（基準税率15%－国別実効税率）

注１　**（実質ベースの所得除外額）**

＝その国又は地域を所在地国とする全ての構成会社等に係る給与等の費用の額×５%（注２）

＋その国又は地域を所在地国とする全ての構成会社等に係る有形固定資産等の額×５%（注２）

改正法附14⑤⑥

注２　令和６年中に開始する対象会計年度においては給与等の費用の額に乗じる割合は9.8%、有形固定資産等の

3 国際最低課税額の計算		
		額に乗じる割合は7.8%とし、それぞれ9年間で5%に逓減する経過措置が設けられている。
	法法82の2②一ロ	② **再計算国別国際最低課税額** 過去対象会計年度（当該対象会計年度開始の日前に開始した各対象会計年度）の構成会社等の所在地国に係る当期国別国際最低課税額に満たない金額として政令で定める金額の合計額をいう。
	法法82の2②一ハ	③ **未分配所得国際最低課税額** 当該構成会社等（各種投資会社等（下記(5)③）に限る。）に係る個別計算所得金額のうち他の構成会社等に分配されなかつた部分に対応する国際最低課税額として政令で定める金額をいう。
	法法82三十一	④ **自国内最低課税額に係る税の額** わが国以外の国又は地域の租税に関する法令において、その国又は地域を所在地国とする特定多国籍企業グループ等に属する構成会社等に対して課される税（その国又は地域における国別実効税率に相当する割合が基準税率15%に満たない場合のその満たない部分の割合を基礎として計算される金額を課税標準とするものに限る。）又はこれに相当する税の額
	法法82の2②二	B 構成会社等の所在地国における国別実効税率が基準税率15%以上であり、かつ、その所在地国に係る国別グループ純所得の金額がある場合 構成会社等に係るグループ国際最低課税額＝ 再計算国別国際最低課税額 ＋ 未分配所得国際最低課税額 － 自国内最低課税額に係る税の額
	法法82の2②三	C 構成会社等の所在地国に係る国別グループ純所得の金額がない場合 構成会社等に係るグループ国際最低課税額＝ 再計算国別国際最低課税額 ＋ 未分配所得国際最低課税額 － 自国内最低課税額に係る税の額 ただし、その国又は地域を所在地国とする全ての構成会社等の**調整後対象租税額**の合計額が0を下回る場合で、その下回る額から**特定国別調整後対象租税額**を控除した残額（**永久差異調整のための国際最低課税額**）がある場合 構成会社等に係るグループ国際最低課税額＝ 再計算国別国際最低課税額 ＋ 未分配所得国際最低課税額 ＋ 永久差異調整のための国際最低課税額 － 自国内最低課税額に係る税の額

3 国際最低課税額の計算		
	法法82三十	**（調整後対象租税額）** 国又は地域における実効税率を計算するための基準とすべき税の額として構成会社等の各対象会計年度の当期純損益金額に係る対象租税の額その他の事情を勘案して政令に定めるところにより計算をした金額
	法法82の２②三ハ	**（特定国別調整後対象租税額）** その国又は地域を所在地国とする全ての構成会社等の個別計算損失金額の合計額からその国又は地域を所在地国とする全ての構成会社等の個別計算所得金額の合計額を控除した残額に基準税率15%を乗じて計算した金額
	法法82の２②四～六	(4)　構成会社等が**無国籍構成会社等**である場合における構成会社等に係るグループ国際最低課税額 構成会社等が無国籍構成会社等である場合における構成会社等に係るグループ国際最低課税額の計算については、その無国籍構成会社等ごとに計算する点を除き、基本的には上記(3)A～Cと同様の計算をする。ただし、無国籍構成会社等には、実質ベースの所得除外額（A①参照）の控除が認められない。
	法法82十七	**（無国籍会社等）** 会社等又は恒久的施設等のうち、所在地国がないもの
	法法82十八	**（無国籍構成会社等）** 構成会社等のうち、無国籍会社等に該当するもの
	法法82の２③一～三	(5)　**特定構成会社等**がある場合における構成会社等に係るグループ国際最低課税額 その所在地国に**特定構成会社等**（次の①から③）がある場合における構成会社等に係るグループ国際最低課税額の金額は、特定構成会社等とそれ以外の構成会社等とに区分して、それぞれの特定構成会社等ごとに上記(3)A～Cと同様に計算する。
	法法82十九	①　**被少数保有構成会社等**（下記②③に掲げるものを除く。） 構成会社等のうち、最終親会社等が直接又は間接に有する所有持分に係る権利に基づき受けることができる金額の合計額がその構成会社等に対する所有持分に係る権利に基づき受けることができる金額の総額のうちに占める割合として、政令で定めるところにより計算をした割合が30%以下であるもの ②　**被少数保有親構成会社等**又は**被少数保有子構成会社等**（下記③に掲げるものを除く。）
	法法82二十	**（被少数保有親構成会社等）** 他の被少数保有構成会社等の支配持分を直接又は間接に有する被少数保有構成会社等で、他の被少数保有構成会社等がその支配持分を直接又は間接に有しないもの
	法法82二十一	**（被少数保有子構成会社等）** 被少数保有親構成会社等がその支配持分を直接又は間接に有する被少数保有構成会社等

3 国際最低課税額の計算	法法82十六	③ **各種投資会社等** 投資会社等、不動産投資会社等、投資会社等又は不動産投資会社等が直接又は間接に有する一定の会社等、又は保険投資会社等
	法法82の2④⑤	(6) 共同支配会社等に係るグループ国際最低課税額 共同支配会社等に係るグループ国際最低課税額の計算については、構成会社等に係るグループ国際最低課税額の計算（上記(3)～(5)）と基本的に同様の計算をすることとされている。
	法法82の2①	(7) 会社等別国際最低課税額 会社等別国際最低課税額は、「グループ国際最低課税額」のうち、特定多国籍企業グループ等に属する構成会社等（我が国を所在地国とするものを除く。）又はその特定多国籍企業グループ等に係る共同支配会社等（我が国を所在地国とするものを除く。）の個別計算所得金額に応じて各構成会社等又は共同支配会社等に帰属する金額として一定の計算をした金額
	法法82の2①	(8) 国際最低課税額 会社等別国際最低課税額から、所有持分等を勘案して、親会社等である内国法人が負担すべき金額として一定の計算をした金額
		(9) 課税標準・税額の計算
	法法82の4①②	（課税標準） 内国法人に対して課する各対象会計年度の「国際最低課税額に対する法人税」の課税標準は、各対象会計年度の**課税標準国際最低課税額**であり、各対象会計年度の**課税標準国際最低課税額**は、各対象会計年度の国際最低課税額とする。
	法法82の5	（税額の計算） 内国法人に対して課する各対象会計年度の「国際最低課税額に対する法人税」の額は、各対象会計年度の課税標準国際最低課税額の90.7％とする。 （なお、残余の9.3％は、「特定基準法人税額に対する地方法人税」として課される。）
	法法82の6①	(10) 申告・納付 特定多国籍企業グループ等に属する内国法人は、各対象会計年度終了の日の翌日から1年3月以内に、税務署長に対し、次に掲げる事項を記載した申告書を提出しなければならない。ただし、①に掲げる金額がない場合は、当該申告書を提出することを要しない。 ① 各対象会計年度の課税標準である課税標準国際最低課税額 ② 各対象会計年度の国際最低課税額に対する法人税の額 ③ 上記①②の計算の基礎その他財務省令で定める事項
	法法82の6②	（初回の申告期限） なお、特定多国籍企業グループ等に属する内国法人が、対象会計年度について、国際最低課税額確定申告書を最初に提出すべき場合には、原則としてその対象会計年度終了の日の翌日から1年6月以内に国際最低課税額確定申告書を提出することとなる。

	法法82の9	(納期限) 当該申告書の提出期限までに、各対象会計年度の国際最低課税額に対する法人税を国に納付しなければならない。
4 適用免除基準	法法82の2⑥	(1) 適用免除基準(デミニマス除外) 特定多国籍企業グループ等に属する構成会社等(各種投資会社等を除く。)が各対象会計年度において次の要件の全てを満たす場合には、その構成会社等の所在地国における当期国別国際最低課税額(上記3(3)A①)は、0とすることができる。 ① その構成会社等の所在地国におけるその対象会計年度及びその直前の2対象会計年度に係るその特定多国籍企業グループ等の収入金額の平均額として一定の計算をした金額が1,000万ユーロに満たないこと ② その構成会社等の所在地国におけるその対象会計年度及びその直前の2対象会計年度に係るその特定多国籍企業グループ等の利益又は損失の額の平均額として一定の計算をした金額が100万ユーロに満たないこと
	法法82の2⑦	(適用要件)特定多国籍企業グループ等報告事項等の提供がある場合等に限り、適用される。(**5(1)②参照**)
	法法82の2⑩	共同支配会社等に係る適用免除基準(デミニマス)についても、基本的に上記と同様。
	改法附14①② **(経過措置)**	(2) 適用免除基準(国別報告事項セーフハーバー) 各対象会計年度に係る国別報告事項(租法66の4の4①、連結等財務諸表を基礎として作成されたものに限る。)又はこれに相当するもの(国別報告事項等)における記載内容に基づき、令和6年4月1日から令和8年12月31日までの間に開始する各対象会計年度(令和10年6月30日までに終了するものに限る。)については、次の①~③のいずれかの要件を満たす構成会社等(無国籍構成会社等その他一定のものを除く。)の所在地国における上記3(3)A~Cにより計算される構成会社等に係るグループ国際最低課税額の金額を0とすることができる。
	改法附14①一	① デミニマス要件(次の要件をすべて満たすこと) イ 当該年度に係る国別報告事項等に記載されるその構成会社等の所在地国に係る収入金額に一定の調整を加えた金額が1,000万ユーロ未満であること ロ 当該年度に係る国別報告事項等に記載されるその構成会社等の所在地国に係る税引前当期利益の額に一定の調整を加えた金額(**調整後税引前当期利益の額**)が100万ユーロ未満であること
	改法附14①二	② 簡素な実効税率要件 $$\text{簡素の実効税率} = \frac{\text{連結等財務諸表に係る法人税の額等に一定の調整を加えた金額の国別合計額}}{\text{調整後税引前当期利益の額}}$$ 上記の実効税率が、次の対象会計年度の区分に応じた割合

4 適用免除基準		以上であること。 令和6年4月1日から同年12月31日までの間に開始する対象会計年度……15% 令和7年4月1日から同年12月31日までの間に開始する対象会計年度……16% 令和8年4月1日から同年12月31日までの間に開始する対象会計年度……17%
	改法附14①三	③　通常利益要件 調整後税引前当期利益の額が、特定構成会社等とそれ以外の構成会社等を区分しないで計算した場合の上記3⑶A①の実質ベースの所得除外額（国別報告事項等における租法66条の4の4①の事業が行われる国又は地域と所在地国が同一である構成会社等（無国籍構成会社等その他一定のものを除く。）に係るものに限る。）以下であること
	改法附14④	（適用要件）特定多国籍企業グループ等報告事項等の提供がある場合等に限り、適用される。
	改法附14③	共同支配会社等に係る適用免除基準（国別報告事項セーフハーバー）についても、基本的には上記に準じた適用がある。
5 情報申告制度	法法150の3①	⑴　**特定多国籍企業グループ等報告事項等の提供** 特定多国籍企業グループ等に属する構成会社等である内国法人は、当該特定多国籍企業グループ等の各対象会計年度に係る次に掲げる事項（**特定多国籍企業グループ等報告事項等**）を、当該各対象会計年度終了の日の翌日から1年3月以内に、財務省令で定めるところにより、e-Taxを使用する方法により、当該内国法人の納税地の所轄税務署長に提供しなければならない。 **（特定多国籍企業グループ等報告事項等）** ①　特定多国籍企業グループ等に属する構成会社等の名称、当該構成会社等の所在地国ごとの国別実効税率、当該特定多国籍企業グループ等のグループ国際最低課税額その他一定の事項 ②　適用免除（上記4）等特定の規定の適用を受けようとする旨及び受けることをやめようとする旨の事項
	法法150の3⑥	**（初回の提供期限）** 特定多国籍企業グループ等に属する構成会社等である内国法人が最初に特定多国籍企業グループ等報告事項等を提供しなければならないこととされる場合には、原則としてその対象会計年度終了の日の翌日から1年6月以内に提供することとされる。
	法法150の3②	（特定多国籍企業グループ等報告事項等の提供義務者が複数ある場合の特例） 特定多国籍企業グループ等報告事項等の提供義務のある内国法人が複数ある場合において、これらの内国法人のいずれか一の法人がこれらの法人を代表して特定多国籍企業グループ等報告事項等を提供する法人に関する情報を所轄税務署長に提供した

5 情報申告制度		ときは、その代表して提供することとされた法人以外の法人は、特定多国籍企業グループ等報告事項等の提供をすることを要しない。
		(2) 提供義務の免除
	法法150の3③	① 報告事項等提供の免除
		特定多国籍企業グループ等の最終親会社等（**指定提供会社等**を指定した場合には指定提供会社等）の所在地国の税務当局が特定多国籍企業グループ等報告事項等に相当する情報の提供をわが国に対して行うことができると認められる一定の場合には、上記(1)の内国法人の提供義務が免除される。
		(指定提供会社等)
		特定多国籍企業グループ等の最終親会社等以外のいずれか一の構成会社等で、特定多国籍企業グループ等報告事項等に相当する事項を当該構成会社等の所在地国の税務当局に提供するものとして最終親会社等が指定したもの
	法法150の3④	② 最終親会社等届出事項の提供
	法法150の3⑥	上記①で提供義務が免除された内国法人は、**最終親会社等届出事項**を、各対象会計年度終了の日の翌日から1年3月以内に、e-Taxを使用する方法で所轄税務署長に提供しなければならない。 なお、(1)と同様に「初回の提供期限の特例」がある。
		(最終親会社等届出事項)
		特定多国籍企業グループ等の最終親会社等に関する情報として財務省令で定める事項
	法法150の3⑤	(最終親会社等届出事項の提供義務のある内国法人が複数ある場合の特例)
		最終親会社等届出事項の提供義務のある内国法人が複数ある場合において、これらの内国法人のうちいずれか一の法人が、これらの法人を代表して最終親会社等届出事項を提供する法人に関する情報を所轄税務署長に提供したときは、その代表して提供することとされた法人以外の法人は、最終親会社等届出事項を提供することを要しない。

改正法人税法施行令（R5/6/16公布）

第二章　各対象会計年度の国際最低課税額に対する法人税

第1款　用語の定義等

155条の3（定義）
①特定多国籍企業グループ等の範囲等（令155条の4～15）
155条の4（企業グループ等の範囲）
155条の5（多国籍企業グループ等の範囲）
155条の6（特定多国籍企業グループ等の範囲）
155条の7（導管会社等の範囲）

155条の８（所在地国の判定）
155条の９（所有持分）
155条の10（被部分保有親会社等の範囲）
155条の11（除外会社等の範囲）
155条の12（共同支配会社等の範囲）
155条の13（各種投資会社等の範囲）
155条の14（被少数保有構成会社等）
155条の15（被少数保有共同支配会社等）

②個別計算所得等の金額の計算等（令155条の16～33）
155条の16（当期純損益金額）
155条の17（各種投資会社等に係る当期純損益金額の特例）
155条の18（個別計算所得等の金額の計算）
155条の19（国際海運業所得）
155条の20（連結等納税規定の適用がある場合の個別計算所得等の金額の計算の特例）
155条の21（保険会社に係る個別計算所得等の金額の計算）
155条の22（銀行等に係る個別計算所得等の金額の計算）
155条の23（株式報酬費用額に係る個別計算所得等の金額の計算の特例）
155条の24（資産等の時価評価損益に係る個別計算所得等の金額の計算の特例）
155条の25（不動産の譲渡に係る個別計算所得等の金額の計算の特例）
155条の26（一定のヘッジ処理に係る個別計算所得等の金額の計算の特例）
155条の27（一定の利益の配当に係る個別計算所得等の金額の計算の特例）
155条の28（債務免除等を受けた場合の個別計算所得等の金額の計算の特例）
155条の29（資産等の時価評価課税が行われた場合の個別計算所得等の金額の計算の特例）
155条の30（恒久的施設等を有する構成会社等に係る個別計算所得等の金額の計算の特例）
155条の31（各種投資会社等に係る個別計算所得等の金額の計算の特例）
155条の32（導管会社等である最終親会社等に係る個別計算所得等の金額の計算の特例）
155条の33（配当控除所得課税規定の適用を受ける最終親会社等に係る個別計算所得等の金額の計算の特例）

③調整後対象租税額の計算等（令155条の34、35）
155条の34（対象租税の範囲）
155条の35（調整後対象租税額の計算）

第２款　国際最低課税額

④会社等別国際最低課税額の計算（令155条の36）
155条の36（会社等別国際最低課税額の計算）

⑤帰属割合の計算等（令155条の37）
155条の37（帰属割合の計算等）

⑥国別グループ純所得の金額から控除する金額等（令155条の38等）
155条の38（国別グループ純所得の金額から控除する金額）
155条の39（構成会社等に係る国別実効税率の計算）
155条の43（無国籍構成会社等実効税率の計算）
155条の46（国別グループ純所得の金額から控除する金額）
155条の47（共同支配会社等に係る国別実効税率の計算）

155条の50（無国籍共同支配会社等実効税率の計算）

⑦再計算国別国際最低課税額等（令155条の40等）
155条の40（構成会社等に係る再計算国別国際最低課税額）
155条の41（不動産の譲渡に係る再計算国別国際最低課税額の特例）
155条の44（無国籍構成会社等に係る再計算国際最低課税額）
155条の48（共同支配会社等に係る再計算国別国際最低課税額）
155条の51（無国籍共同支配会社等に係る再計算国際最低課税額）

⑧未分配所得国際最低課税額（令155条の42等）
155条の42（構成会社等に係る未分配所得国際最低課税額）
155条の45（無国籍構成会社等に係る未分配所得国際最低課税額）
155条の49（共同支配会社等に係る未分配所得国際最低課税額）
155条の52（無国籍共同支配会社等に係る未分配所得国際最低課税額）

⑨各種投資会社等に係る国際最低課税額の計算の特例（令155条の53）
155条の53（各種投資会社等に係る国際最低課税額の計算の特例）

⑩適用免除基準等（令155条の54～57）
155条の54（適用免除基準）
155条の55（共同支配会社等に係る適用免除基準）
155条の56（財務省令への委任）
155条の57（除外会社等に関する特例）

その他
156条（申告）
212条（特定多国籍企業グループ等報告事項等の提供）

改正法人税法施行規則（R5/ 6 /30公布）

第一節　総則
第１款　用語の定義等
38条の２（定義）
38条の３（本邦通貨表示の金額への換算）
38条の４（特定財務会計基準の範囲）
38条の５（企業グループ等の範囲）
38条の６（特定多国籍企業グループ等の範囲）
38条の７（導管会社等の範囲）
38条の８（恒久的施設等の範囲）
38条の９（所在地国等の範囲）
38条の10（除外会社等の範囲）
38条の11（共同支配会社等の範囲）
38条の12（各種投資会社等の範囲）
38条の13（当期純損益金額）
38条の14（特定組織再編成の範囲）
38条の15（移行対象会計年度に係る当期純損益金額等）
38条の16（個別計算所得等の金額の計算）
38条の17（国際海運業所得）

38条の18（連結等納税規定の適用がある場合の個別計算所得等の金額の計算の特例）
38条の19（銀行等に係る個別計算所得等の金額の計算）
38条の20（資産等の時価評価損益に係る個別計算所得等の金額の計算の特例）
38条の21（一定のヘッジ処理に係る個別計算所得等の金額の計算の特例）
38条の22（債務免除等を受けた場合の個別計算所得等の金額の計算の特例）
38条の23（資産等の時価評価課税が行われた場合の個別計算所得等の金額の計算の特例）
38条の24（各種投資会社等に係る個別計算所得等の金額の計算の特例）
38条の25（導管会社等の恒久的施設等に係る個別計算所得等の金額の計算の特例）
38条の26（配当控除所得課税規定の適用を受ける最終親会社等に係る個別計算所得等の金額の計算の特例）
38条の27（対象租税の範囲）
38条の28（調整後対象租税額の計算）
38条の29（被配分当期対象租税額等）

第２款　国際最低課税額

38条の30（帰属割合の計算等）
38条の31（構成会社等に係る国別グループ純所得の金額から控除する金額）
38条の32（構成会社等に係る再計算国別国際最低課税額）
38条の33（不動産の譲渡に係る再計算国別国際最低課税額の特例）
38条の34（構成会社等に係る未分配所得国際最低課税額）
38条の35（無国籍構成会社等に係る再計算国際最低課税額）
38条の36（共同支配会社等に係る国別グループ純所得の金額から控除する金額）
38条の37（共同支配会社等に係る再計算国別国際最低課税額）
38条の38（共同支配会社等に係る未分配所得国際最低課税額）
38条の39（無国籍共同支配会社等に係る再計算国際最低課税額）
38条の40（みなし繰延税金資産相当額がある場合における国別調整後対象租税額等の計算の特例）
38条の41（適格分配時課税制度を有する所在地国に係る国別調整後対象租税額等の計算の特例）
38条の42（各種投資会社等に係る国際最低課税額の計算の特例）
38条の43（適用免除基準）
38条の44（共同支配会社等に係る適用免除基準）

第二節　申告

38条の45（国際最低課税額確定申告書の記載事項）
38条の46（国際最低課税額確定申告書の添付書類）
38条の47（電子情報処理組織による申告）
38条の48（電子情報処理組織による申告が困難である場合の特例）

その他

68条（特定多国籍企業グループ等報告事項等の提供）

第9章

2　特定基準法人税額に対する地方法人税

（内国法人の R6/ 4 / 1 以後開始する課税対象会計年度の特定基準法人税額に対する地方法人税について適用。）

項目	根拠法令	説明
1 課税の対象	地方法人税法５ 地方法人税法６ 地方法人税法７	特定多国籍企業グループ等に属する内国法人の各**課税対象会計年度の特定基準法人税額**には、特定基準法人税額に対する地方法人税を課する。 **（特定基準法人税額）** 特定基準法人税額は、国際最低課税額確定申告書を提出すべき内国法人の各対象会計年度の課税標準国際最低課税額に対する法人税の額とする。 **（課税対象会計年度）** 内国法人の各対象会計年度を課税対象会計年度とする。
2 課税標準	地方法人税法24の2	「特定基準法人税額に対する地方法人税」の課税標準は、各課税対象会計年度の**課税標準特定法人税額**とし、各課税対象会計年度の**課税標準特定法人税額**は、各課税対象会計年度の**特定基準法人税額**（課税標準国際最低課税額に対する法人税の額）とする。
3 税額の計算	地方法人税法24の3	「特定基準法人税額に対する地方法人税の額」は、各課税対象会計年度の課税標準特定法人税額に907分の93の税率を乗じて計算した金額とする。 （注）国際最低課税額に対する法人税＝課税標準国際最低課税額×90.7％（法法82の５）であるため、 「特定基準法人税額に対する地方法人税の額」 ＝課税標準国際最低課税額×90.7％×93/907 ＝課税標準国際最低課税額×9.3％
4 申告・納付	地方法人税法24の4 地方法人税法24の7	特定多国籍企業グループ等に属する内国法人は、各課税対象会計年度終了の日の翌日から１年３月（初回の申告期限の場合には、１年６月）以内に、税務署長に対し、次に掲げる事項を記載した申告書を提出しなければならない。 ①　当該課税対象会計年度の課税標準である課税標準特定法人税額 ②　当該課税対象会計年度の特定基準法人税額に対する地方法人税の額 ③　上記①②の計算の基礎その他財務省令で定める事項 （納期限） 当該申告書の提出期限までに、特定基準法人税額に対する地方法人税を国に納付しなければならない。

第２編　個人の国際税務

第１章
個人の居住形態と課税所得の範囲、課税の方法等

項目	根拠法令	説明
1		（居住者）
居住形態の区分、定義	所法２①三	日本に住所を有するか、あるいは現在まで引き続いて１年以上居所を有する個人をいう。居住者は、非永住者と永住者に区分。
		（非永住者）
	所法２①四	居住者のうち、日本の国籍を有しておらず、かつ、過去10年以内において国内に住所又は居所を有していた期間の合計が５年以下である個人をいう。
		（永住者）
	所法７①一	居住者のうち、非永住者以外の居住者をいう。
		（非居住者）
	所法２①五	居住者以外の個人をいう。
	所法３①	（国家公務員又は地方公務員）日本国籍を有する者は、原則、居住者
	所令13	（国内に住所を有するものとみなされる公務員から除かれる者）
	所法３②	（居住者及び非居住者の区分）
	所令14	（国内に住所を有する者と推定する場合）
	所令15	（国内に住所を有しない者と推定する場合）
	所基通2-1	（住所の意義）
	所基通2-2	（再入国した場合の居住期間）
	所基通2-3	（国内に居住する者の非永住者等の区分）
	所基通2-4	（居住期間の計算の起算日）
	所基通2-4の2	（過去10年以内の計算）
	所基通2-4の3	（国内に住所又は居所を有していた期間の計算）
	所基通3-1	（船舶、航空機の乗組員の住所の判定）
	所基通3-2	（学術、技芸を習得する者の住所の判定）相続税と異なる。
	所基通3-3	（国内に居住することとなった者等の推定）

2 恒久的施設 平成三十一年分から適用		恒久的施設（PE）の範囲について、PE 認定を人為的に回避することによる租税回避を防止するための措置が盛り込まれた（平成31年分以後の所得税について適用する）。
	所法２①八の四	（恒久的施設の定義） 次のイ、ロ、ハに掲げるものをいう。ただし、我が国が締結した租税条約において、異なる定めがある場合は、その租税条約の適用を受ける非居住者又は外国法人については、その条約上の恒久的施設（国内にあるものに限る。）を国内法上の恒久的施設とする。
	所令1の2④	（支店 PE・建設 PE に含まれないもの） 次の場所は、その場所における活動（⑥は、その場所における活動の全体）が、非居住者等の事業の遂行にとって準備的又は補助的な性格のものである場合に限り、PE に含まれないものとする。 ①　非居住者又は外国法人（以下、非居住者等）に属する商品等の保管、展示又は引渡しのためにのみ使用する施設 ②　非居住者等に属する商品等の在庫を保管、展示又は引渡しのためのみに保有することのみを行う場所 ③　非居住者等に属する商品等の在庫を他の事業者による加工のためにのみ保有することのみを行う場所 ④　非居住者等の事業のための商品等の購入、又は情報収集のみを目的として保有する所令１の２①に掲げる場所 ⑤　非居住者等の事業のために上記①から④に掲げる活動以外の活動を行うことのみを目的として保有する所令１の２①に掲げる場所 ⑥　上記①から④までに掲げる活動及びそれ以外の活動を組み合わせた活動を行うことのみを目的として保有する所令１の２①に掲げる場所
	所令1の2⑤	（所令１の２④が適用されない場所） 前項の取扱いは、事業を行う一定の場所を有する非居住者等と密接に関連する者が当該一定の場所等において事業活動を行う等の場合において、当該一定の場所等がその者の PE を構成する等の一定の要件に該当するとき（当該事業活動が一体的な業務の一部として補完的な機能を果たすときに限る。）は、当該一定の場所については適用されず、PE に含まれる。
	所法２①八の四イ	（恒久的施設）：支店 PE 非居住者又は外国法人の国内にある支店、工場その他事業を行う一定の場所で政令で定めるもの
	所令1の2①	（支店 PE の内容） ①　国内にある事業の管理を行う場所、支店、事務所、工場又は作業場 ②　国内にある天然資源を採取する場所 ③　その他事業を行う国内にある一定の場所

2 恒久的施設 平成三十一年分から適用	所法2①八の四ロ	(恒久的施設)：建設PE 非居住者又は外国法人の国内にある建設若しくは据付けの工事又はこれらの指揮監督の役務の提供を行う場所その他これに準ずるものとして政令で定めるもの
	所令1の2②	(建設PEの内容) 非居住者等の国内にある長期建設工事現場等（一年を超えて行われるもの）
	所令1の2③	(建設PEの期間要件) 契約を分割して建設工事等の期間を1年以下とすることにより建設PEを構成しないことがその契約分割の主たる目的の一つであった場合には、分割された期間を合計して判定する。
	所令1の2⑥	(長期建設工事現場等)
	所法2①八の四ハ	(恒久的施設)：代理人PE 非居住者又は外国法人が国内に置く自己のために契約を締結する権限のある者その他これに準ずる者で政令で定めるもの
	所令1の2⑦	(代理人PEの範囲) 非居住者等の名において締結する契約に加えて、非居住者等の物品の販売に関する契約及び企業による役務提供に関する契約が追加された。「契約締結代理人等」という。
	所令1の2⑧	(独立代理人の範囲) 専ら又は主として関連企業のために代理人業を行う者が除外された。
	所令1の2⑨	(特殊の関係の意義) 直接または間接に50％超の持分を有する関係その他支配・被支配の関係。
	所令279	(恒久的施設に係る内部取引の相手方である事業場等の範囲)
3 課税所得の範囲	所法7①一	(永住者) すべての所得
	所法7①二	(非永住者) 非国外源泉所得及び国外源泉所得（国外にある有価証券の譲渡により生ずる所得として政令で定めるものを含む。）で国内において支払われ、又は国外から送金されたもの
	所令17	(非永住者の国外源泉所得のうち課税される所得の範囲)
	所基通7-1	(特定有価証券の意義)
	所基通7-2	(非永住者に係る課税標準の計算……送金を受領しなかった場合)
	所基通7-3	(非永住者に係る課税標準の計算……送金を受領した場合)
	所基通7-4	(国内において支払われたものの意義)
	所基通7-5	(確定申告等の時までに支払いがない所得の支払地の推定)

3 課税所得の範囲	所基通7-6	（送金の範囲）
		（非居住者）
	所法７①三	第164条第１項各号（非居住者に対する課税の方法）に掲げる非居住者の区分に応じそれぞれ同項各号及び同条第２項各号に定める国内源泉所得
		（外国法人）
	所法７①五	国内源泉所得のうち第161条第４号から第11号まで及び第13号から第16号までに掲げるもの
	所法８	（納税義務者の区分が異動した場合の課税所得の範囲）
	所法102	（年の中途で非居住者が居住者となった場合の税額の計算）
	所令258	（年の中途で非居住者が居住者となった場合の税額の計算）
	所基通165-1	（年の中途で居住者が非居住者となった場合の税額の計算）
	所基通165-2	（居住期間を有する非居住者に係る扶養親族等の判定の時期等）
4 非居住者の課税の方法等	所法161	（国内源泉所得）
		（３号：国内にある資産の譲渡により生ずる所得）
	所令281①	課税対象となる国内源泉所得（３号所得）
		①　国内にある不動産の譲渡による所得
		②　国内にある不動産の上の存する権利等の譲渡
		③　国内にある山林の伐採又は譲渡による所得
		④　内国法人株式の譲渡で一定のもの（イ　買占め等による譲渡、ロ　事業譲渡等類似株式の譲渡）
		⑤　不動産関連法人の株式等の譲渡
		⑥　国内にあるゴルフ場の所有又は経営に係る法人の株式
		⑦　国内のゴルフ会員権の譲渡
		⑧　国内滞在中の国内にある資産の譲渡
	所令281②	買集めの意義
	所令281③	特殊関係者の意義
	所令281④	特殊関係株主等の意義
	所令281⑤	組合契約の意義
	所令281⑥	事業譲渡等類似株式の意義（３年以内持株25％以上＆その年５％以上の譲渡）
	所令281⑦	分割型分割の場合
	所令281⑧	不動産関連法人の意義
	所令281⑨	不動産関連法人株式の譲渡の意義
	所規66の2	（不動産関連法人の上場株式等に類するものの範囲）
	所令281⑩	⑨における特殊関係株主等の意義
	所法162	（租税条約に異なる定めがある場合の国内源泉所得）
	所法163	（国内源泉所得の範囲の細目）

4 非居住者の課税の方法等		(非居住者に対する課税の方法：総合課税)
	所法164①一	(PE を有する非居住者) 恒久的施設帰属所得 (1号) 及び民法組合所得 (4号) 並びに2号、3号、5号から7号まで及び17号の国内源泉所得
	所法164①二	(PE を有しない非居住者) 2号、3号、5号から7号まで及び17号の国内源泉所得
		(非居住者に対する課税の方法：分離課税：源泉徴収)
	所法164②一	(PE を有する非居住者) 8号から16号までの国内源泉所得のうち、PE に帰せられないもの
	所法164②二	(PE を有しない非居住者) 8号から16号までの国内源泉所得
	所基通164-1	(非居住者に対する課税関係の概要)
	所基通164-2	(恒久的施設を有する非居住者に対する課税の方法)
	所基通164-3	(総合課税の対象となる非居住者の国外源泉所得)
	所基通164-4	(恒久的施設を有する組合員の判定)
5 非居住者に対する所得税の総合課税	所法165	(総合課税に係る所得税の課税標準、税額等の計算)
	所令292	(恒久的施設帰属所得についての総合課税に係る所得税の課税標準等の計算)
	所基通165-1	(年の中途で居住者が非居住者となった場合の税額の計算)
	所基通165-2	(居住期間を有する非居住者に係る扶養親族等の判定の時期等)
	所基通165-3	(複数の事業活動の拠点を有する場合の取扱い)
	所基通165-4	(内部取引から生ずる恒久的施設帰属所得に係る各種所得の金額の計算)
	所基通165-5	(必要経費の額等に算入できない保証料)
	所基通165-6	(国際海上運輸業における運送原価の計算)
	所基通165-7	(必要経費の額に算入できない償却費等)
	所基通165-8	(販売費等及び育成費等の必要経費算入)
	所基通165-9	(事業税の取扱い)
	所基通165-10	(事業場配賦経費の配分の基礎となる費用の意義)
	所基通165-11	(事業場配賦経費の計算)
	所基通165-12	(事業場配賦経費に含まれる減価償却費等)
	所基通165-13	(租税条約等により所得税が課されない所得の損失の金額)
	所基通165-14	(恒久的施設に係る外貨建取引の円換算)
	所基通165-15	(恒久的施設を有する非居住者の総合課税に係る所得税の課税標準の計算)
	所法165の2	(減額された外国所得税額の総収入金額不算入等)
	所令292の2	(減額された外国所得税額のうち総収入金額に算入しないもの)
	所法165の3	(恒久的施設に帰せられるべき純資産に対応する負債の利子の必要経費不算入)

5 非居住者に対する所得税の総合課税	所令292の3	（恒久的施設に帰せられるべき純資産に対応する負債の利子の必要経費不算入）
	所令292の3⑨	令和４年分以後の所得税について、非居住者の恒久的施設に帰せられるべき純資産に対応する負債の利子の必要経費不算入額について、その恒久的施設を通じて行う事業に係る負債利子額に、純資産不足額が資金の調達に係る負債の額（現行は、その利子の支払の基因となる負債のみの額）に占める割合を乗じて計算することとする（附則６条）。
	所規66の3	（発生し得る危険の範囲）
	所規66の4	（同業個人比準法を用いた恒久的施設帰属資本相当額の計算）
	所規66の5	（危険勘案資産額の計算日の特例の適用に関する届出書の記載事項）
	所規66の6	（資本配賦法等を用いた恒久的施設帰属資本相当額を計算することができない場合）
	所規66の7	（配賦経費に関する書類）
	所基通165の3-1	（恒久的施設に係る資産等の帳簿価額の平均的な残高の意義）
	所基通165の3-2	（総資産の帳簿価額の平均的な残高及び総負債の帳簿価額の平均的な残高の意義）
	所基通165の3-3	（発生し得る危険を勘案して計算した金額の円換算）
	所基通165の3-4	（恒久的施設に帰せられる資産の意義）
	所基通165の3-5	（比較対象者の純資産の額の意義）
	所基通165の3-6	（総資産の帳簿価額の円換算）
	所基通165の3-7	（短期の前払利息）
	所基通165の3-8	（負債の利子の額の範囲）
	所基通165の3-9	（原価に算入した負債の利子の額）
	所基通165の3-10	（原価に算入した負債の利子の額の調整）
	所法165の４	（所得税額から控除する外国税額の必要経費不算入）
	所基通165の4-1	（必要経費算入と税額控除との選択方法）
	所法165の５	（配賦経費に関する書類の保存がない場合における配賦経費の必要経費不算入）
	所法165の５の２	（特定の内部取引に係る恒久的施設帰属所得に係る所得の金額の計算）
	所令292の4	（特定の内部取引に係る恒久的施設帰属所得に係る所得の金額の計算）
	所令292の5	（その他の国内源泉所得についての総合課税に係る所得税の課税標準等の計算）
	所令292の6	（恒久的施設を有する非居住者の総合課税に係る所得税の課税標準の計算）
	所法165の６	（非居住者に係る外国税額の控除）
	所令292の7	（国外所得金額）
	所規66の8	（共通費用の額の配分に関する書類）

区分	条文	内容
5 非居住者に対する所得税の総合課税	所令292の8	（控除限度額の計算）
	所令292の9	（外国税額控除の対象とならない外国所得税の額）
	所令292の10	（地方税控除限度額）
	所令292の11	（繰越控除限度額等）
	所令292の12	（繰越控除対象外国所得税額等）
	所令292の13	（外国税額の控除に係る国外源泉所得に関する規定の準用）
	所令292の14	（外国所得税が減額された場合の特例）
	所基通165の6-1	（非居住者に係る外国税額の控除）
	所法166の2	（恒久的施設に係る取引に係る文書化）
	所法166	（申告、納付及び還付）
	所令293	（申告、納付及び還付）
	所規67	（申告、納付及び還付）
	所規68	（非居住者の提出する確定申告書への添付書類）
	所法167	（更正の請求の特例）
	所令294	（更正の請求の特例）
	所法168	（更正及び決定）
	所令295	（更正及び決定）
	所法168の2	（非居住者の恒久的施設帰属所得に係る取引に係る行為又は計算の否認）
6 非居住者に対する所得税の分離課税	所法169	（分離課税に係る所得税の課税標準）
	所令296	（生命保険契約等に基づく年金等に係る課税標準）
		（分離課税に係る所得税の税率）
	所法170	20.42％（８号及び15号は15.315％）
	所法171	（退職所得についての選択課税）
	所法172	（給与等につき源泉徴収を受けない場合の申告納税等）
	所規69	（給与等につき源泉徴収を受けない場合の申告納税等）
	所法173	（退職所得の選択課税による還付）
	所令297	（退職所得の選択課税による還付）
	所規70	（退職所得の選択課税による還付のための申告書の記載事項）
	所規71	（退職所得の選択課税による還付のための申告書への添付書類）
7 外国法人の所得税の納税義務	所法178	（外国法人に係る所得税の課税標準）
	所令303の2	（外国法人に係る所得税の課税標準から除かれる国内源泉所得）
	所基通178-1	（不特定多数の者から支払われるものの範囲）
	所基通178-2	（居住用土地家屋等の貸付けによる対価）
		（外国法人に係る所得税の税率）
	所法179一	次のものを除く国内源泉所得：20.42％

7 外国法人の所得税の納税義務	所法179二	5号の国内源泉所得（土地等の譲渡）：10.21％
	所法179三	8号及び15号の国内源泉所得：15.315％
	所法180	（国内に恒久的施設を有する外国法人の受ける国内源泉所得に係る課税の特例）源泉徴収免除の特例
	所基通180-1	（届出書を提出していない外国法人）
	所基通180-2	（登記をすることができない外国法人）
	所法180の2	（信託財産に係る利子等の課税の特例） 源泉徴収の免除
8 非居住者又は外国法人の所得に係る源泉徴収		（源泉徴収義務）
	所法212①	非居住者又は外国法人に対して支払いをする者の源泉徴収義務
	所法212②	みなし国内払いの規定：国外で支払っていても、国内に事務所等を有する場合、国内で支払ったものとみなされる。
	所令328	（源泉徴収を要しない国内源泉所得）
	所令328の2	（組合員に類する者の範囲）
	所基通212-1	（不特定多数の者から支払われるものの範囲）
	所基通212-2	（源泉徴収を要しない居住用土地家屋等の貸付けによる対価）
	所基通212-3	（内部取引から生じる所得）
	所基通212-4	（対価又は報酬の支払者が負担する旅費）
	所基通212-5	（給与等の計算期間の中途で非居住者となった者の給与等）
	所基通212-6	（組合契約事業から生ずる利益に係る源泉徴収義務者）
	所基通212-7	（交付の意義）
	所法213	（源泉徴収税額）
	所令329	（金銭以外のもので支払われる賞金の価額等）
	所基通213-1	（外貨で表示されている額の邦貨換算）
	所基通213-2	（換算の基礎となる電信買相場）
	所基通213-3	（邦貨換算の特例）
	所基通213-4	（居住者等に支払う場合の準用）
	所基通213-5	（年金を併給する場合の税額の計算）
	所基通213-6	（新旧年金の差額等に対する税額の計算）
	所法214	（源泉徴収を要しない非居住者の国内源泉所得）
	所令330	（非居住者が源泉徴収の免除を受けるための要件）
	所令331	（非居住者が源泉徴収の免除を受けるための手続等）
	所令332	（源泉徴収を免除されない非居住者の国内源泉所得）
	所令333	（非居住者が源泉徴収の免除の要件に該当しなくなった場合の手続等）
	所基通214-1	（開業等の届出書を提出していない非居住者）
	所法215	（非居住者の人的役務の提供による給与等に係る源泉徴収の特例）
	所令334	（非居住者の給与又は報酬で源泉徴収が行われたものとみなされるもの）

個人の国際税務

9		令和2年度改正により創設（令和3年以後に適用）
国外中古建物の不動産所得に係る損益通算等の特例		（国外中古建物の不動産所得に係る損益通算等の特例）
	措法41の4の3①	個人が、令和3年以後の各年において、国外中古建物から生ずる不動産所得を有する場合においてその年分の不動産所得の金額の計算上国外不動産所得の損失の金額があるときは、その国外不動産所得の損失の金額のうち国外中古建物の償却費に相当する部分の金額は、所得税に関する法令の規定の適用については、生じなかったものとみなす。
	措令26の6の3⑤	（必要経費に算入される資産損失の金額）
	措法41の4の3②一	（国外中古建物）他の個人において使用され、又は法人において事業の用に供された国外にある建物で、個人が取得して不動産所得を生ずべき業務の用に供したもののうち、建物の償却費として必要経費に算入する金額を計算する際の耐用年数を次の方法により算定しているものをいう。
	措規18の24の2① 減価償却資産の耐用年数等に関する省令3	① 法定耐用年数の全部を経過した資産について、その法定耐用年数の20%に相当する年数を耐用年数とする方法 ② 法定耐用年数の一部を経過した資産について、経過年数の80%に相当する年数を法定耐用年数から減算した年数を耐用年数とする方法 ③ その用に供した時以後の使用可能期間の年数を耐用年数とする方法（その耐用年数を国外中古建物の所在地国の法令における耐用年数としている旨を明かにする書類その他のその使用可能期間の年数が適切であることを証する一定の書類の添付がある場合を除く。）
	措法41の4の3②二	（国外不動産所得の損失の金額）不動産所得の金額の計算上生じた国外中古建物の貸付による損失の金額（その国外中古建物以外の国外不動産等の貸付による不動産所得の金額がある場合には、その損失の金額を当該国外不動産等の貸付による不動産所得の金額の計算上控除してもなお控除しきれない金額）のうち当該国外中古建物の償却費の額に相当する部分の金額として一定の方法により計算した金額をいう。
	措令26の6の3①②③	（国外中古建物を有する場合の不動産所得の金額の計算等）
	措法41の4の3③	国外中古建物を譲渡した場合における譲渡所得の金額の計算上、その取得費から控除することとされる償却費の額の累計額からは、生じなかったものとみなされた損失の合計額を控除する。
	措令26の6の3④	（生じなかったものとみなされた損失の金額に相当する金額）
10		（令和4年分まで適用される規定）
国外居住親族に係る扶養控除	所法2①三十四の二	（控除対象扶養親族） 扶養親族のうち16歳以上の者をいう。
	所法120③二	（確定所得申告）平成28年分から所得税の確定申告において、非居住者である親族（国外居住親族という。）に係る障害者控除、配偶者控除、配偶者特別控除又は扶養控除の適用を受ける居住者は、親族関係書類及び送金関係書類を確定申告書に添付又は提示しなければならない。

10 国外居住親族に係る扶養控除	所令262③一	(確定申告書に関する書類等の提出又は提示：親族関係書類)
	所規47の2⑤	(確定申告書に添付すべき書類等：親族関係書類) 「親族関係書類」とは、次の①又は②のいずれかの書類で、国外居住親族が居住者の親族であることを証するものをいう。 ① 戸籍の附票の写しその他の国又は地方公共団体が発行した書類及び国外居住親族の旅券の写し ② 外国政府又は外国の地方公共団体が発行した書類（国外居住親族の氏名、生年月日及び住所又は居所の記載があるものに限る。)
	所令262③二	(確定申告書に関する書類等の提出又は提示：送金関係書類)
	所規47の2⑥	(確定申告書に添付すべき書類等：送金関係書類) 「送金関係書類」とは、次の書類で、居住者がその年において国外居住親族の生活費又は教育費に充てるための支払を必要の都度、各人に行ったことを明らかにするものをいう。 ① 金融機関の書類又はその写しで、その金融機関が行う為替取引により居住者から国外居住親族に支払いをしたことを明らかにする書類 ② クレジットカード発行会社の書類又はその写しで、国外居住親族がそのクレジットカード発行会社が交付したカードを提示してその国外居住親族が商品等を購入したこと等により、その商品等の購入等の代金に相当する額の金銭をその居住者から受領した、又は受領することとなることを明らかにする書類
	所法194①七	(給与所得者の扶養控除等申告書）控除対象扶養親族が国外居住親族である場合には、その旨を記載した扶養控除等申告書を、毎年最初の給与支払日の前日までに、支払者を経由して所轄税務署長に提出しなければならない。
	所令316の2②	(給与所得者の扶養控除等申告書に関する書類の提出又は提示)
	所規73の2②	(給与所得者の扶養控除等申告書に添付すべき書類等)
	所法194④	(親族関係書類の提出又は提示）扶養控除等申告書に所法194①七に掲げる事項を記載した居住者は、国外居住親族が当該居住者の親族に該当する旨を証する書類を提出又は提示しなければならない。
	所法194⑤	(生計を一にする事実）給与等の年末調整において、国外居住親族が居住者と生計を一にする事実を記載した扶養控除等申告書を、その年最後の給与支払日の前日までに、支払者を経由して所轄税務署長に提出しなければならない。
	所法194⑥	(生計を一にすることを明らかにする書類）給与等の年末調整において、国外居住親族が居住者と生計を一にすることを明らかにする書類を提出又は提示しなければならない。
	所令316の2③	(給与所得者の扶養控除等申告書に関する書類の提出又は提示)

10 国外居住親族に係る扶養控除	所規73の2②	（給与所得者の扶養控除等申告書に添付すべき書類等）
	所法195①四	（従たる給与についての扶養控除等申告書）
	所令318の2	（従たる給与についての扶養控除等申告書に関する書類の提出又は提示）
	所規74の2	（従たる給与についての扶養控除等申告書に添付すべき書類等）
	所法195④	（親族に該当する旨を証する書類の提出又は提示）
	所法203の6①六	（公的年金等の受給者の扶養控除等申告書）
	所令319の10	（公的年金等の受給者の扶養控除等申告書に関する書類の提出又は提示）
	所規77の5	（公的年金等の受給者の扶養控除等申告書に添付すべき書類等）
	所法203の6③	（親族に該当する旨を証する書類の提出又は提示）
10の2 国外居住親族に係る扶養控除	（令和2年度改正：令和5年分以後の所得税に適用される規定）	
	所法2①三十四の二ロ	（控除対象扶養親族）扶養控除の対象となる親族から、30歳以上70歳未満の非居住者で、次のいずれにも該当しない者を除外する。 ①　留学により非居住者となった者 ②　障害者 ③　居住者からその年における生活費又は教育費に充てるための支払いを38万円以上受けている者
	所法120③三	（確定所得申告）確定申告において、30歳以上70歳未満の非居住者である親族（障害者を除く）に係る扶養控除の適用を受けようとする居住者は、上記①又は③に掲げる者に該当することを明らかにする書類を確定申告書に添付又は提示しなければならない。
	所令262④	（確定申告書に関する書類等の提出又は提示）
	所規47の2	（確定申告書に添付すべき書類等）
	所法194①七	（給与所得者の扶養控除等申告書）非居住者である親族である旨及び控除対象扶養親族に該当する事実を記載した扶養控除等申告書を、毎年最初の給与支払日の前日までに、支払者を経由して所轄税務署長に提出しなければならない。
	所令316の2②	（給与所得者の扶養控除等申告書に関する書類の提出又は提示）
	所規73の2②	（給与所得者の扶養控除等申告書に添付すべき書類等）
	所法194④	（親族に該当する旨を証する書類）扶養控除等申告書に所法194①七に掲げる事項を記載した居住者は、30歳以上70歳未満の非居住者である親族が留学により非居住者となった者に該当する旨を証する書類を提出又は提示しなければならない。
	所法194⑤	（生計を一にする事実）給与等の年末調整において、国外居住親族が所法2①三十四の二ロ③に該当する事実を記載した扶養控除等申告書を、その年最後の給与支払日の前日までに、支払者を経由して所轄税務署長に提出しなければならない。

10の2 国外居住親族に係る扶養控除	所法194⑥	（生計を一にすることを明らかにする書類）給与等の年末調整において、国外居住親族が所法2①三十四の二ロ③に該当することを明らかにする書類を提出又は提示しなければならない。
	所令316の2③	（給与所得者の扶養控除等申告書に関する書類の提出又は提示）
	所規73の2③④	（給与所得者の扶養控除等申告書に添付すべき書類等）
	所法195①四	（従たる給与についての扶養控除等申告書）
	所令318の2	（従たる給与についての扶養控除等申告書に関する書類の提出又は提示）
	所規74の2	（従たる給与についての扶養控除等申告書に添付すべき書類等）
	所法195④	（親族に該当する旨、留学生は留学生に該当する旨を証する書類の提出又は提示）
	所法203の6①六	（公的年金等の受給者の扶養控除等申告書）
	所令319の10	（公的年金等の受給者の扶養控除等申告書に関する書類の提出又は提示）
	所規77の5	（公的年金等の受給者の扶養控除等申告書に添付すべき書類等）
	所法203の6③	（親族に該当する旨、留学生は留学生に該当する旨を証する書類の提出又は提示）

第2章
国内源泉所得と源泉徴収税率

所得税法第161条（国内源泉所得）			源泉税率
所法161一	（恒久的施設帰属所得） 非居住者が恒久的施設を通じて事業を行う場合において、当該恒久的施設が当該非居住者から独立して事業を行う事業者であるとしたならば、当該恒久的施設が果たす機能、当該恒久的施設において使用する資産、当該恒久的施設と当該非居住者の事業場等（当該非居住者の事業に係る事業場その他これに準ずるものとして政令で定めるものであって当該恒久的施設以外のものをいう。）との間の内部取引その他の状況を勘案して、当該恒久的施設に帰せられるべき所得（当該恒久的施設の譲渡により生ずる所得を含む。）		NA
	所基通161-8	（恒久的施設帰属所得の認識に当たり勘案されるその他の状況）	
	所基通161-9	（恒久的施設帰属所得の認識）	
	所基通161-10	（恒久的施設が果たす機能の範囲）	
	所基通161-11	（恒久的施設において使用する資産の範囲）	
所法161二	国内にある資産の運用又は保有により生ずる所得（8号から16号までに該当するものを除く。）		NA
	所令280①	（国内にある資産の運用又は保有により生ずる所得）	
	所令280②	（国内にある資産の運用又は保有により生ずる所得に含まれない利子）	
	所基通161-12	（国内にある資産）	
	所基通161-13	（振替公社債等の運用又は保有）	
	所基通161-14	（資産の運用又は保有により生ずる所得）	
	所基通161-15	（特殊関係株主等が譲渡した発行済株式又は出資の総数又は総額に占める割合の判定時期）	
所法161三	国内にある資産の譲渡により生ずる所得として政令で定めるもの		NA
	所令281	（国内にある資産の譲渡により生ずる所得）	
所法161四	民法の組合契約（これに類するものとして政令で定める契約を含む。）に基づいて恒久的施設を通じて行う事業から生ずる利益で当該組合契約に基づいて配分を受けるもののうち政令で定めるもの		20.42%
	所令281の2①	（民法組合契約に類するものの範囲）	
	所令281の2②	（組合利益の意義）	

所法161五	国内にある土地若しくは土地の上に存する権利又は建物及びその附属設備若しくは構築物の譲渡による対価（政令で定めるものを除く。）		10.21％
	所令281の3	（国内にある土地等の譲渡による対価） 譲渡対価1億円以下で、自己又はその親族の居住の用に供するために譲り受けた個人から支払われるものを除く。	
	所基通161-16	（土地等の範囲）	
	所基通161-17	（自己又はその親族の居住の用に供するために該当するかどうかの判定）	
	所基通161-18	（譲渡対価が1億円を超えるかどうかの判定）	
所法161六	国内において人的役務の提供を主たる内容とする事業で政令で定めるものを行う者が受ける当該人的役務の提供に係る対価		20.42％
	所令282	（人的役務の提供を主たる内容とする事業の範囲）	
	所基通161-19	（旅費、滞在費等） 原則、含まれるが、直接旅行会社等へ実費を支払った場合は別	
	所基通161-20	（人的役務の提供を主たる内容とする事業等の範囲）	
	所基通161-21	（人的役務の提供を主たる内容とする事業等の意義）	
	所基通161-22	（芸能人の役務の提供に係る対価の範囲）	
	所基通161-23	（職業運動家の範囲）	
	所基通161-24	（人的役務の提供に係る対価に含まれるもの）	
	所基通161-25	（機械設備の販売等に付随して行う技術役務の提供）	
所法161七	国内にある不動産、国内にある不動産の上に存する権利若しくは採石法の規定による採石権の貸付け等、鉱業法の規定による租鉱権の設定又は居住者若しくは内国法人に対する船舶若しくは航空機の貸付けによる対価		20.42％
	所基通161-26	（船舶又は航空機の貸付け） 裸用船契約をいい、定期用船契約は該当しない。	
	所基通161-27	（船舶等の貸付けに伴う技術指導の対価） 貸付と役務提供の対価が区分されていなければ全額7号該当	
所法161八	利子所得に規定する利子等のうち次に掲げるもの		15.315％

	イ　日本国の国債若しくは地方債又は内国法人の発行する債券の利子 所基通161-28　（振替公社債等の利子） ロ　外国法人の発行する債券の利子のうち当該外国法人の恒久的施設を通じて行う事業に係るもの ハ　国内にある営業所、事務所その他これらに準ずるものに預け入れられた預貯金の利子 ニ　国内にある営業所に信託された合同運用信託、公社債投資信託又は公募公社債等運用投資信託の収益の分配	
所法161九	配当所得に規定する配当等のうち次に掲げるもの イ　内国法人から受ける剰余金の配当、利益の配当、剰余金の分配又は基金利息 ロ　国内にある営業所に信託された投資信託（公社債投資信託及び公募公社債等運用投資信託を除く。）又は特定受益証券発行信託の収益の分配	20.42%
所法161十	国内において業務を行う者に対する貸付金等で当該業務に係るものの利子等 所令283　（国内業務に係る貸付金の利子）履行期間が6月以下のものを除く。 所基通161-29　（当該業務に係るものの利子の意義）使用地主義で判定 所基通161-30　（貸付金に準ずるものの例示） 所基通161-31　（商品等の輸入代金に係る延払債権の利子相当額） 所基通161-32　（資産の譲渡又は役務の提供の対価に係る債権等の意義）	20.42%
所法161十一	国内において業務を行う者から受ける次に掲げる使用料又は対価で当該業務に係るもの イ　工業所有権その他の技術に関する権利等の使用料又はその譲渡による対価 ロ　著作権等の使用料又はその譲渡による対価 ハ　機械、装置、用具等の使用料 所令284①　（使用料に含まれる用具の範囲） 所令284②　（居住者又は内国法人の業務の用に供される船舶又は航空機において使用されるものは、国内源泉所得） 所基通161-33　（当該業務に係るものの意義）使用地主義により判定 所基通161-34　（工業所有権等の意義） 所基通161-35　（使用料の意義）	20.42%

	所基通161-36	（図面、人的役務等の提供の対価として支払を受けるものが使用料に該当するかどうかの判定）	
	所基通161-37	（使用料に含まれないもの）	
	所基通161-38	（工業所有権等の現物出資があった場合） 譲渡対価又は使用料に該当	
	所基通161-39	（備品の範囲）	
所法161 十二	次に掲げる給与、報酬又は年金		20.42%
	イ　俸給、給料、賃金、歳費、賞与又はこれらの性質を有する給与その他人的役務の提供に対する報酬のうち、国内において行う勤務その他の人的役務の提供（内国法人の役員として国外において行う勤務その他の政令で定める人的役務の提供を含む。）に基因するもの		
	所令285①一本文	（内国法人の役員としての勤務で国外で行うもの：国内源泉所得）	
	所令285①一本文カッコ書	（内国法人の使用人として国外で常勤を行う場合は国外源泉所得）	
	所令285①二	（居住者又は内国法人等が運航する船舶、航空機での勤務は、国内源泉所得）	
	所基通161-40	（旅費、滞在費等）	
	所基通161-41	（勤務等が国内及び国外の双方にわたって行われた場合の国内源泉所得の計算） 原則として期間按分する。	
	所基通161-42	（内国法人の使用人として常時勤務を行う場合の意義）	
	所基通161-43	（内国法人の役員が国外にあるその法人の子会社に常時勤務する場合）	
	所基通161-44	（内国法人等が運航する船舶又は航空機において行う勤務等）原則、国内源泉所得	
	所基通161-45	（国外の寄港地において行われる一時的な人的役務の提供）	
	ロ　公的年金等（政令で定めるものを除く。）		
	所令285②	（公的年金等のうち、国内源泉所得から除かれるもの）	
	ハ　退職手当等のうちその支払を受ける者が居住者であった期間に行った勤務その他の人的役務の提供（内国法人の役員として非居住者であった期間に行った勤務その他の政令で定める人的役務の提供を含む。）に基因するもの		

	所令285③	（所令285①により国内源泉所得とされる勤務等に基づくものは、国内源泉所得とされる退職手当等になる）	
所法161 十三	国内において行う事業の広告宣伝のための賞金		20.42%
	所令286	（事業の広告宣伝のための賞金の意義）	
所法161 十四	生命保険契約等に基づいて受ける年金等		20.42%
	所令287	（国内源泉所得とされる年金に係る契約の範囲）	
所法161 十五	定期積金の給付補てん金等		15.315%
所法161 十六	匿名組合契約に基づいて受ける利益の分配		20.42%
	所令288	（匿名組合契約に準ずる契約の範囲）	
所法161 十七	前各号に掲げるもののほかその源泉が国内にある所得として政令で定めるもの		NA
	所令289	政令で定める所得は、次に掲げる所得とする。 ① 国内において行う業務又は国内にある資産に関し受ける保険金、補償金又は損害賠償金（これらに類するものを含む。）に係る所得 ② 国内にある資産の法人からの贈与により取得する所得 ③ 国内において発見された埋蔵物又は国内において拾得された遺失物に係る所得 ④ 国内において行う懸賞募集に基づいて懸賞として受ける金品その他の経済的な利益（旅行その他の役務の提供を内容とするもので、金品との選択ができないものとされているものを除く。）に係る所得 ⑤ 前三号に掲げるもののほか、国内においてした行為に伴い取得する一時所得 ⑥ 前各号に掲げるもののほか、国内において行う業務又は国内にある資産に関し供与を受ける経済的な利益に係る所得	
	所基通161-46	（損害賠償金等）	

第3章

1 個人の外国税額控除（現行：令和4年分以降）

項目	根拠法令	説明
1 外国税額控除	所法95①	居住者が各年において外国所得税を納付することとなる場合には、控除限度額を限度として、その外国所得税の額をその年分の所得税の額から控除する。 但し、A　通常行われない取引に係るもの、B　日本の所得税法令で非課税とされるもの、C　（タックスヘイブン対策税制）特定課税対象金額等に達するまでの配当等に係るものを除く。
	所法165の6①	（非居住者に係る外国税額の控除） 恒久的施設を有する非居住者が各年において外国所得税を納付することとなる場合には、国外事業所等帰属所得について課された外国所得税額について、居住者の場合に準じて、外国税額控除が適用される。
2 外国所得税の範囲	所法95①	外国の法令により課される所得税に相当する税で政令で定めるもの
	所令221①	（外国所得税の範囲） 外国の所令に基づき外国又はその地方公共団体により個人の所得を課税標準として課される税
	所令221②	（外国所得税に含まれるもの） ①　超過利潤税その他個人の所得の特定の部分を課税標準として課される税 ②　個人の所得又はその特定の部分を課税標準として課される税の附加税 ③　個人の所得を課税標準として課される税と同一の税目に属する税で、個人の特定の所得につき、徴税上の便宜のため、所得に代えて収入金額その他これに準ずるものを課税標準として課されるもの ④　個人の特定の所得につき、所得を課税標準とする税に代え、個人の収入金額その他これに準ずるものを課税標準として課される税
	所基通95-1	（外国所得税の一部につき控除申告をした場合の取扱い）
	所基通95-2	（源泉徴収の外国所得税等）
	所令221③	（外国所得税に含まれないもの） ①　税を納付する者が、当該税の納付後、任意にその金額の全部又は一部の還付を請求することができる税 ②　税の納付が猶予される期間を、その税の納付をすること

2 外国所得税の範囲		となる者が任意に定めることができる税 ③　複数の税率の中から税の納付をすることとなる者と外国若しくはその地方公共団体又はこれらの者により税率の合意をする権限を付与された者との合意により税率が決定された税（当該複数の税率のうち最も低い税率（当該最も低い税率が当該合意がないものとした場合に適用されるべき税率を上回る場合には当該適用されるべき税率）を上回る部分に限る。） ④　外国所得税に附帯して課される附帯税に相当する税その他これに類する税
	所令222の2	（外国税額控除の対象とならない外国所得税の額）
	所令222の2①	A　通常行われる取引と認められない取引に基因する所得に係る外国所得税
	所令222の2②	（特殊の関係ある者の範囲）
	所令222の2③	B　日本の所得税に関する法令により所得税が課されないものを課税標準とする外国所得税 ①　みなし配当に掲げる事由により交付を受ける金銭の額及び金銭以外の資産の価額に対して課される外国所得税の額（取得価額を超える部分の金額に対して課される部分を除く。） ②　国外事業所等から国外事業所等以外の事業場等への支払につき当該国外事業所等の所在する国又は地域において当該支払に係る金額を課税標準として課される外国所得税の額：内部取引に課された外国所得税の額 ③　居住者に対する配当等の支払があったものとみなして課される外国所得税の額（③は令和2年分以後に適用） ④　非課税口座内の少額上場株式等に係る配当等に対して課される外国所得税の額
	令和2年度改正による見直し（令和4年分以後に適用）	
		『B　日本の所得税に関する法令により所得税が課されないものを課税標準とする外国所得税』に、他者の所得に相当する金額を居住者の所得金額とみなして課される一定の外国所得税額を追加。上記B④（四号）は、平成4年分以後は五号となる。
	所令222の2③三	（一部改正）外国法人の所得の金額に相当する金額に対し、これを居住者（当該居住者が外国法人の株式又は出資を直接又は間接に保有する関係等がある居住者に限る。）の所得金額とみなして課される外国所得税の額
	所規40の17①	（所得税が課されないこととなる金額を課税標準として課される外国所得税の額の範囲）
	所令222の2③四	（創設）居住者の国外事業所等の所在する国または地域（国外事業所等所在地国という。）において、当該国外事業所等から当該居住者の関連者又は当該居住者がその国以外の地に有する事業場等への支払金額がないものとした場合に得られる

2 外国所得税の範囲		所得につき課される外国所得税の額
	所規40の17②	（所得税が課されないこととなる金額を課税標準として課される外国所得税の額の範囲）
	所令222の2④	C　その他外国税額控除の対象とならない外国所得税 ①　居住者がその年以前の年において非居住者であった期間内に生じた所得に対して課される外国所得税の額 ②　令和４年分以後の所得税については、外国子会社から受ける配当等の額のうち、外国子会社合算税制との二重課税調整の対象とされる金額に対応する部分の外国所得税の額に限定する（現行は、配当等の額に係る外国所得税額の全額）（附則５条） ③　令和４年分以後の所得税については、外国子会社から受ける配当等の額のうち、外国子会社合算税制（コーポレート・インバージョン税制）との二重課税調整の対象とされる金額に対応する部分の外国所得税の額に限定する（現行は、配当等の額に係る外国所得税額の全額）（附則５条） ④　我が国が租税条約を締結している条約相手国等において課される外国所得税の額のうち、当該租税条約の規定（当該外国所得税の軽減又は免除に関する規定に限る。）により当該条約相手国等において課することができることとされる額を超える部分に相当する金額又は免除することとされる額に相当する金額：旧所基通95－５が廃止され、政令へ移管されたもの。 ⑤　居住者の所得に課される外国所得税額で租税条約の規定において外国税額控除の計算に当たって考慮しないとされるもの
	所基通95-3	（外国税額控除の適用時期）
	所基通95-4	（予定納付等をした外国所得税についての税額控除の適用時期）
	所基通95-29	（非永住者の外国税額控除の対象となる外国所得税の範囲）
3 外国税額の控除限度額	所法95①	
	所令221の2	（国外所得金額）次の合計額 ①　国外事業所等帰属所得（所得税法第95条４項１号） ②　国外源泉所得のうち所得税法第95条第４項２号から17号に掲げるもの（15号以外は①を除く）
	所令221の3	（国外事業所等帰属所得に係る所得の金額の計算）
	所基通95-5	（国外事業所等帰属所得に係る所得の金額の計算） 国外事業所等帰属所得に係る所得の金額の計算に規定する「国外事業所等（……）を通じて行う事業に係る所得のみについて所得税を課するものとした場合に課税標準となるべき金額」とは、現地における外国所得税の課税上その課税標準とされた所得の金額そのものではなく、その年分において生じた国外事業所等帰属所得に係る所得の計算につき所得税法（措置法その他所得税に関する法令で法

3 外国税額の控除限度額

根拠	内容
	以外のものを含む。）の規定を適用して計算した場合におけるその年分の課税標準となるべき所得の金額をいう。
	（注）非永住者に係る調整国外所得金額の計算の基礎となる国外所得金額は、国内において支払われ、又は国外から送金されたものに限られることに留意する。
所基通95-6	（複数の国外事業所等を有する場合の取扱い）各事業所ごとに計算する
所基通95-7	（国外事業所等帰属所得に係る所得の金額を計算する場合の準用）
所基通95-8	（国外事業所等帰属所得に係る所得の金額の計算における共通費用の額の配賦）
所基通95-9	（国外事業所等帰属所得に係る所得の金額の計算における引当金の取崩額等）
所令221の4	（国外事業所等に帰せられるべき純資産に対応する負債の利子）
所令221の4⑧	令和４年分以後の所得税については、居住者の国外事業所に帰せられるべき純資産に対応する負債の利子の必要経費不算入額について、その国外事業所等を通じて行う事業に係る負債利子額に、純資産不足額が資金の調達に係る負債の額（現行は、その利子の支払の基因となる負債のみの額）に占める割合を乗じて計算することとする。
所令221の5	（特定の内部取引に係る国外事業所等帰属所得に係る所得の金額の計算）
所令221の6	（その他の国外源泉所得に係る所得の金額の計算）
所基通95-10	（その他の国外源泉所得に係る所得の金額の計算）
所基通95-11	（その他の国外源泉所得に係る所得の金額の計算における共通費用の額の配賦）
所基通95-12	（その他の国外源泉所得に係る所得の金額の計算における引当金の取崩額等）
所令222①	（控除限度額の計算） $控除限度額＝所得税額\times\frac{その年の調整国外所得総額}{その年の所得総額}$
所令222②	（所得総額） 純損失の繰越控除又は雑損失の繰越控除の規定を適用しないで計算した場合の所得総額
所令222③	（調整国外所得総額）

（国外源泉所得の内容）

根拠	内容
所法95④一	国外事業所等帰属所得
所令225の2	（国外事業所等に帰せられるべき所得）
所基通95-17	（国外事業所等帰属所得を認識する場合の準用）
所基通95-27	（利子の範囲）国外事業所等に係る内部利子の取扱い
所法95④二	国外にある資産の運用又は保有により生ずる所得
所令225の3	（国外にある資産の運用又は保有により生ずる所得）

3 外国税額の控除限度額	所基通95-18	（振替公社債等の運用又は保有）
	所法95④三	国外にある資産の譲渡により生ずる所得として政令で定めるもの
	所令225の4	（国外にある資産の譲渡により生ずる所得）
	所法95④四	国外において人的役務の提供を主たる内容とする事業で政令で定めるものを行う者が受ける当該人的役務の提供に係る対価
	所令225の5	（人的役務の提供を主たる内容とする事業の範囲）
	所基通95-19	（機械設備の販売等に付随して行う技術役務の提供）
	所法95④五	国外にある不動産等の貸付けによる対価
	所基通95-20	（船舶又は航空機の貸付け）
	所法95④六	国外源泉所得となる利子所得
	所基通95-21	（振替公社債等の利子）
	所法95④七	国外源泉所得となる配当所得
	所法95④八	国外源泉所得となる貸付金の利子等
	所令225の6	（国外業務に係る貸付金の利子）
	所基通95-22	（貸付金に準ずるもの）
	所法95④九	国外源泉所得となる使用料又はその譲渡対価
	所令225の7	（国外業務に係る使用料等）
	所基通95-23	（工業所有権等の意義）
	所基通95-24	（使用料の意義）
	所基通95-25	（備品の範囲）
	所法95④十	国外源泉所得となる給与、報酬又は年金
	所令225の8	（国外に源泉がある給与又は報酬の範囲）
	所基通95-26	（給与所得及び退職所得に係る国外源泉所得の所得の金額の計算）
	所法95④十一	国外源泉所得となる広告宣伝のための賞金
	所令225の9	（事業の広告宣伝のための賞金）
	所法95④十二	国外源泉所得となる生命保険契約等に基づいて受ける年金等
	所令225の10	（年金に係る契約の範囲）
	所法95④十三	国外源泉所得となる定期積金の給付補填金等
	所法95④十四	国外源泉所得となる匿名組合契約に基づいて受ける利益の分配
	所令225の11	（匿名組合契約に準ずる契約の範囲）
	所法95④十五	国外源泉所得となる国際運輸業所得
	所令225の12	（国際運輸業所得）
	所基通95-13	（国際海上運輸業における運送原価の計算）
	所法95④十六	租税条約の規定により当該租税条約の相手国等において租税を課することができることとされる所得のうち政令で定めるもの
	所令225の13	（相手国等において租税を課することができることとされる所得）
	所法95④十七	その他の国外源泉所得
	所令225の14	（国外に源泉がある所得）

3 外国税額の控除限度額		
	所令225の15	（債務保証等に類する取引）
	所令225の16	（内部取引に含まれない事実の範囲）
	（措置法等が適用される場合の調整国外所得金額及び所得総額の計算）	
	所令222③	調整国外所得金額がその年分の所得総額を超える場合には、その年分の所得総額に相当する金額とする。
	措法28の４⑤三 措法31③四	A　総所得金額（純損失の繰越控除、雑損失の繰越控除及び居住用財産の買換えの場合の譲渡損失の繰越控除を適用しないで計算）
	措法32④	又は特定居住用財産の譲渡損失の繰越控除をしないで計算したその年分の総所得金額
	措法37の10⑥六	B　土地等に係る事業所得等の金額（平成10年１月から平成32年３月31日までの間については適用なし）
	措法37の11⑥	C　分離短期譲渡所得の金額
	措法41の14②五	D　分離長期譲渡所得の金額
		E　分離課税の上場株式等に係る配当所得の金額
		F　株式等に係る譲渡所得の金額（上場株式等に係る譲渡損失の繰越控除及び特定株式に係る譲渡損失の適用前の金額）
		G　先物取引に係る雑所得等の金額（先物取引の差金等決済に係る損失の繰越控除の適用前の金額）
		H　山林所得及び退職所得金額
	所令222③ 所令221の6①	調整国外所得総額　国外源泉所得のみについて所得税を課するものとした場合に課税標準となるその年分の、次の金額の合計額（非永住者については、国内払い又は国外から送金された国外源泉所得に限る。）
	措法28の４⑤三 措法31③四 措法32④	A　総所得金額（純損失の繰越控除、雑損失の繰越控除及び居住用財産の買換えの場合の譲渡損失の繰越控除を適用しないで計算）
	措法37の10⑥六 措法37の11⑥	又は特定居住用財産の譲渡損失の繰越控除をしないで計算したその年分の総所得金額
	措法41の14②五	B　土地等に係る事業所得等の金額（平成10年１月から平成32年３月31日までの間については適用なし）
		C　分離短期譲渡所得の金額
		D　分離長期譲渡所得の金額
		E　分離課税の上場株式等に係る配当所得の金額（上場株式等に係る譲渡損失の損益通算及び繰越控除の適用後の金額）
		F　株式等に係る譲渡所得の金額（上場株式等に係る譲渡損失の繰越控除及び特定株式に係る譲渡損失の適用後の金額）
		G　先物取引に係る雑所得等の金額（先物取引の差金等決済に係る損失の繰越控除の適用後の金額）
		H　山林所得及び退職所得金額

3 外国税額の控除限度額

地方税の外国税額控除	
地法37の3、 地法314の8	所得税額から控除しきれない控除対象外国所得税については、地方税の道府県民税および市町村民税の所得税割から次の控除限度額の範囲で税額控除することができる。 控除対象外国所得税額を税額控除する場合の順序としては、所得税、復興特別所得税、道府県民税、市町村民税となる。
所法223	(地方税控除限度額)
	〈地方税控除限度額〉
地令7の19③、地令48の9の2④	標準税率方式 イ　道府県民税の控除限度額＝所得税の控除限度額×12.0% ロ　市町村民税の控除限度額＝所得税の控除限度額×18.0% ただし、政令指定都市においては、平成30年1月1日から 道府県民税　6% 市町村民税　24%
控除限度超過額と控除余裕額の繰越	
所法95②③	
所令224④	控除余裕額＝その年の控除対象外国所得税額がその年の控除限度額に満たない場合のその満たない部分の金額をいう。
所令224⑥	控除限度超過額＝各年の控除対象外国所得税額がその年の所得税と地方税の控除限度額合計を超える場合のその超過額をいう。 繰越控除限度額＝前3年内の各年に発生してその年に繰り越された控除余裕額 繰越控除対象外国所得税額＝前3年内の各年に発生してその年に繰り越された控除限度超過額
所法95②	(控除限度超過額が生じた場合の繰越控除限度額による外国税額控除) 控除対象外国所得税額が、その年の所得税・地方税の控除限度額の合計額を超える場合において、控除限度額の繰越があるときは、その繰越控除限度額を限度として、控除限度超過額をその年の所得税の額から控除する。
所令224①	(繰越控除限度額の計算) 繰越控除限度額は、前3年内の各年の国税の余裕額又は地方税の控除余裕額を、最も古い年のものから、かつ国税、地方税の順にその年の控除限度超過額に充てる。
所令224②	(控除対象外国所得税の損金算入を選択した場合の控除余裕額の打切り)
所法95③	(控除余裕額が生じた場合の繰越控除対象外国所得税額の控除) 控除対象外国所得税額が、その年の控除限度額に満たない場合において、繰越控除対象外国所得税額があるときは、その満たない金額を限度として、繰越控除対象外国所得税額をその年の所得税の額から控除する。

3 外国税額の控除限度額		
	所令225①	（繰越控除対象外国所得税額の計算） 繰越控除対象外国所得税額は、前3年内の各年の控除限度超過額を、最も古い年のものから順次、その年の国税の控除余裕額に充てる。
	所令225②、224②	（控除対象外国所得税の損金算入を選択した場合の控除限度超過額の打切り）
	所令225③	繰越控除対象外国所得税額の控除の適用ができる年後の年においては、その適用を受けることができる金額は、控除限度超過額及び控除余裕額として繰り越せない。
	所令225④	（地方税における繰越控除対象外国所得税額の控除の適用を受けた後の控除余裕額の繰越）
	外国所得税が減額または増額された場合の取扱い	
	所法95⑼	①　外国所得税額が減額された場合 外国所得税の税額控除の適用を受けた年の翌年以後7年内の各年において当該外国所得税額の額が減額された場合における減額されることとなった日の属する年については、次のように調整する。
	所令226①	イ　減額に係る年の納付控除対象外国所得税額>減額控除対象外国所得税の場合 減額に係る年の納付控除対象外国所得税額（みなし外国税を含む）から、減額控除対象外国所得税の額を控除して、その控除後の金額をその年の外国税額控除の適用対象となる控除対象外国所得税とする。
	所令226③	ロ　減額に係る年の納付控除対象外国所得税額<減額控除対象外国所得税の場合 (イ)　減額控除対象外国所得税から、減額に係る年の納付控除対象外国所得税額を控除し、控除しきれない残額は、減額に係る年に繰り越された繰越控除対象外国所得税額から控除する（最も古い年の控除限度超過額から控除する）。
	所法44の3後段	(ロ)　上記(イ)で控除できない金額がある場合には、減額に係る年分の雑所得の金額の計算上、総収入金額に算入する。
	所令93の2	（減額された外国所得税額のうち総収入金額に算入しないもの）
	所基通95-14	上記の処理は、減額されることが確定した日の属する年分ではなく、実際に還付金を受領した日の属する年分において行うことも認められる。
	所基通95-15	（外国所得税が減額された場合の邦貨換算）
		②　外国所得税額が増額された場合
	所基通95-16	外国所得税の税額控除の適用を受けた年分後の年分において、当該外国所得税に追加納付が発生し増額があった場合には、増額した外国所得税の額は、当該外国所得税の増額のあった日の属する年分において新たに生じたものとして外国税額控除の規定を適用する。

3 外国税額の控除限度額		所得税の外国税額還付と地方税の繰越控除
	所法120①四、所法138① 地令7の19⑥、地令48の9の2⑦	① 所得税の還付 当年度の所得税額から控除しきれなかった金額は確定申告書に記載することにより還付となる。 ② 地方税の繰越控除 地方税から控除すべき外国所得税が当年度の所得税割額を超える場合には、その超過額は控除未済外国所得税として3年間繰り越して控除することになる。
		外国所得税の円換算
	所基通95-28	① 源泉徴収による外国所得税 源泉徴収により納付することとなる利子、配当、使用料等（配当等）に係る外国所得税については、その配当等の額の換算に適用する売買相場 ② ①以外による外国所得税 源泉徴収以外の方法により納付することとなる外国所得税については、外貨建取引の換算に規定する外貨建取引に係る経費の金額の換算に適用する為替相場
4 みなし外国税額控除	実施特例法省令1十一 実施特例法省令10	(1) みなし外国税額の定義 みなし外国税額とは、相手国等の法律の規定又は当該相手国等との間の租税条約の規定により軽減され又は免除された当該相手国等の租税の額で、当該租税条約の規定に基づき納付したものとみなされるものをいう。 (2) みなし外国税額の控除の申告手続 居住者又は内国法人が外国税額控除の規定による外国税額の控除を受けようとする場合において、外国所得税の額（所法95①）のうちにみなし外国税額があるときは、所得税の申告書等には、控除を受けるべきみなし外国税額の計算の明細を記載した書類及び当該みなし外国税額を証明する書類を添付するものとする。
5 外国税額控除を適用する場合の所得計算	所法46 所基通95-1	（所得税額から控除する外国税額の必要経費不算入） 居住者が納付する控除対象外国所得税額について、外国税額控除の適用を受ける場合には、その控除対象外国所得税の額は、必要経費に算入されない。 外国税額控除の適用を受けるか、あるいは外国税額を損金に算入するかは、居住者の任意であるが、当該年において納付する控除対象外国所得税額の一部について税額控除の適用を受ける場合には、当該控除対象外国所得税額の全部が必要経費に算入されない。

6 外国税額控除の適用要件	所法95⑩⑪⑫ 所規41、42	外国税額控除の適用を受けるには、確定申告書、修正申告書または更正請求書に控除を受けるべき金額およびその計算に関する明細を記載した書類、控除対象外国所得税の額の計算に関する明細等を記載した書類の添付が要件とされる。 平成23年の法改正で、平成23年12月２日以後に法定申告期限が到来する所得税については、外国税額控除に係る当初申告要件が廃止され、控除額の制限が見直されたため、確定申告書において税額控除の適用を受けていなかった場合または確定申告書に記載された金額を増額する場合においても修正申告や更正請求により税額控除の適用を受けることができることとされた。
	所基通95-30	（外国所得税を課されたことを証する書類）

個人の外国税額控除の特徴

法人の外国税額控除と比べて、個人は、次のような違いがある。

1　外国税額控除は、経費算入（損金算入）との選択ができるが、個人の場合は、利子所得、配当所得、給与所得、退職所得及び譲渡所得については外国税額控除だけしか認められていない。

2　個人がタックスヘイブン対策税制で留保金課税（雑所得）されても、その所得は国内源泉所得とされて、外国税額控除の対象にならない。

（注）令和４年分以後の所得税については、外国子会社から受ける配当のうち、外国子会社合算税制との二重課税調整の対象とされない部分の外国所得税額は、外国税額控除の対象とされる。

3　平成26年の国際課税原則の見直しにより、非居住者にも外国税額控除が認められることとなったが、非居住者（個人）で事業所得課税される人は、我々の経験則から判断して非常に少ないので、非居住者で外国税額控除の対象になる人は、改正税法が適用される平成29年以降も、非常に少ないものと推測される。

4　個人で、事業所得のうち国外事業所からの所得を有する人は、我々の経験則から判断して非常に少ないので、改正税法が適用された平成29年以降も、その影響を受ける人は、非常に少ないものと推測される。

5　上記３及び４により、個人の外国税額控除は、事業所得に対するものを除いて考えるのが、理解が早い。 個人の事業所得の外国税額控除については、外国法人の外国税額控除に準じて判断すべきである。

6　法人税では、「控除対象外国法人税の額を課されたことを証する書類」は、保存義務のみで、添付義務はない（法法69㉕、法規29の４②一）。しかし所得税では「控除対象外国所得税の額を課されたことを証する書類」の添付義務がある。

（参考１）外国税額控除の個人法人対比表

	内国法人			個人（居住者）	
法法	69	外国税額の控除	所法	95	外国税額控除
法令	141	外国法人税の範囲	所令	221	外国所得税の範囲
法令	141の２	国外所得金額	所令	221の２	国外所得金額
法令	141の３	国外事業所等帰属所得に係る所得の金額の計算	所令	221の３	国外事業所等帰属所得に係る所得の金額の計算
法令	141の４	国外事業所等に帰せられるべき資本に対応する負債の利子	所令	221の４	国外事業所等に帰せられるべき純資産に対応する負債の利子
法令	141の５	銀行等の資本に係る負債の利子			
法令	141の６	保険会社の投資資産及び投資収益			
法令	141の７	特定の内部取引に係る国外事業所等帰属所得に係る所得の金額の計算	所令	221の５	特定の内部取引に係る国外事業所等帰属所得に係る所得の金額の計算
法令	141の８	その他の国外源泉所得に係る所得の金額の計算	所令	221の６	その他の国外源泉所得に係る所得の金額の計算
法令	142	控除限度額の計算	所令	222	控除限度額の計算
法令	142の２	外国税額控除の対象とならない外国法人税の額	所令	222の２	外国税額控除の対象とならない外国所得税の額
法令	143	地方税控除限度額	所令	223	地方税控除限度額
法令	144	繰越控除限度額等	所令	224	繰越控除限度額等
法令	145	繰越控除対象外国法人税額	所令	225	繰越控除対象外国所得税額等
法令	145の２	国外事業所等に帰せられるべき所得	所令	225の２	国外事業所等に帰せられるべき所得
法令	145の３	国外にある資産の運用又は保有により生ずる所得	所令	225の３	国外にある資産の運用又は保有により生ずる所得
法令	145の４	国外にある資産の譲渡により生ずる所得	所令	225の４	国外にある資産の譲渡により生ずる所得
法令	145の５	人的役務の提供を主たる内容とする事業の範囲	所令	225の５	人的役務の提供を主たる内容とする事業の範囲
法令	145の６	国外業務に係る貸付金の利子	所令	225の６	国外業務に係る貸付金の利子
法令	145の７	国外業務に係る使用料等	所令	225の７	国外業務に係る使用料等
			所令	225の８	国外に源泉がある給与又は報酬の範囲
法令	145の８	事業の広告宣伝のための賞金	所令	225の９	事業の広告宣伝のための賞金

法令	145の９	年金に係る契約の範囲	所令	225の10	年金に係る契約の範囲
法令	145の10	匿名組合契約に準ずる契約の範囲	所令	225の11	匿名組合契約に準ずる契約の範囲
法令	145の11	国際運輸業所得	所令	225の12	国際運輸業所得
法令	145の12	相手国等において租税を課することができることとされる所得	所令	225の13	相手国等において租税を課することができることとされる所得
法令	145の13	国外に源泉がある所得	所令	225の14	国外に源泉がある所得
法令	145の14	債務の保証等に類する取引	所令	225の15	債務の保証等に類する取引
法令	145の15	内部取引に含まれない事実の範囲等	所令	225の16	内部取引に含まれない事実の範囲等
法令	146	適格合併等が行われた場合の繰越控除限度額等			
法令	147	外国法人税が減額された場合の特例	所令	226	外国所得税が減額された場合の特例
法令	148	通算法人に係る控除限度額の計算			
法令	149	法人税額から控除する分配時調整外国税相当額の計算			
法基通	16-3-1	外国法人税の一部につき控除申告をした場合の取扱い	所基通	95-1	外国所得税の一部につき控除申告をした場合の取扱い
法基通	16-3-4	源泉徴収の外国法人税等	所基通	95-2	源泉徴収の外国所得税等
法基通	16-3-5	外国税額控除の適用時期	所基通	95-3	外国税額控除の適用時期
法基通	16-3-6	予定納付等をした外国法人税についての税額控除の適用時期	所基通	95-4	予定納付等をした外国所得税についての外国税額控除の適用時期
法基通	16-3-7	国外からの利子、配当等について送金が許可されない場合の外国税額の控除			
法基通	16-3-8	（削除）租税条約による限度税率超過税額			
法基通	16-3-9	国外事業所等帰属所得に係る所得の金額の計算	所基通	95-5	国外事業所等帰属所得に係る所得の金額の計算
法基通	16-3-9の2	複数の国外事業所等を有する場合の取扱い	所基通	95-6	複数の国外事業所等を有する場合の取扱い
法基通	16-3-9の3	国外事業所等帰属所得に係る所得の金額を計算する場合の準用	所基通	95-7	国外事業所等帰属所得に係る所得の金額を計算する場合の準用

法基通	16-3-10	(削除) 国外所得金額の計算における欠損金の繰越控除等の不適用			
			所基通	95-8	国外事業所等帰属所得に係る所得の金額の計算における共通費用の額の配賦
法基通	16-3-11	(削除) 国際海上運輸業における運送原価の配賦			
法基通	16-3-12	国外事業所等帰属所得に係る所得の金額の計算における共通費用の額の配賦			
法基通	16-3-13	国外事業所等帰属所得に係る所得の金額の計算における負債の利子の額の配賦			
法基通	16-3-14	国外事業所等帰属所得に係る所得の金額の計算における確認による共通費用の額等の配賦方法の選択			
法基通	16-3-15	国外事業所等帰属所得に係る所得の金額の計算における引当金の繰入額等			
法基通	16-3-16	国外事業所等帰属所得に係る所得の金額の計算における引当金の取崩額等	所基通	95-9	国外事業所等帰属所得に係る所得の金額の計算における引当金の取崩額等
法基通	16-3-17	(削除) ←評価損益等の配賦			
法基通	16-3-18	(削除)			
法基通	16-3-19	国外事業所等帰属所得に係る所得の金額の計算における寄附金、交際費等の損金算入限度額の計算			
法基通	16-3-19の2	その他の国外源泉所得に係る所得の金額の計算	所基通	95-10	その他の国外源泉所得に係る所得の金額の計算
法基通	16-3-19の3	その他の国外源泉所得に係る所得の金額の計算における共通費用の額の配賦	所基通	95-11	その他の国外源泉所得に係る所得の金額の計算における共通費用の額の配賦

法基通	16-3-19の4	その他の国外源泉所得に係る所得の金額の計算における負債の利子の額の配賦			
法基通	16-3-19の5	その他の国外源泉所得に係る所得の金額の計算における確認による共通費用の額等の配賦方法の選択			
法基通	16-3-19の6	その他の国外源泉所得に係る所得の金額の計算における引当金の繰入額等			
法基通	16-3-19の7	その他の国外源泉所得に係る所得の金額の計算における引当金の取崩額等	所基通	95-12	その他の国外源泉所得に係る所得の金額の計算における引当金の取崩額等
法基通	16-3-19の7の2	その他の国外源泉所得に係る所得の金額の計算における損金の額に算入されない寄附金、交際費等			
法基通	16-3-19の8	国際海上運輸業における運送原価の計算	所基通	95-13	国際海上運輸業における運送原価の計算
法基通	16-3-20	欠損金の繰戻しによる還付があった場合の処理			
法基通	16-3-21	外国法人税を課さないことの意義			
法基通	16-3-22	外国法人税額の高率負担部分の判定			
法基通	16-3-23	予定納付等をした場合の高率負担部分の判定			
法基通	16-3-24	高率負担部分の判定をする場合の総収入金額の計算における連結法人株式の帳簿価額修正額の取扱い			
法基通	16-3-25	高率負担部分の判定をする場合の総収入金額の計算における譲渡損益調整額の取扱い			
			所基通	94-14	外国所得税額が減額された場合の特例の適用時期
			所基通	95-15	外国所得税が減額された場合の邦貨換算
法基通	16-3-26	外国法人税に増額等があった場合	所基通	95-16	外国所得税額に増額があった場合

個人の国際税務

法基通	16-3-27	（削除）←貸付金に準ずるもの			
法基通	16-3-28	外国法人税の額から控除されるもの			
法基通	16-3-29	事業の区分			
法基通	16-3-30	所得率等が変動した場合の取扱い			
法基通	16-3-31	総収入金額			
法基通	16-3-32	引当金勘定の取崩し等による益金の額の収入金額からの除外			
法基通	16-3-33	資産の売却に係る収入金額			
法基通	16-3-34	棚卸資産の販売による収入金額			
法基通	16-3-35	棚卸資産の販売以外の事業に係る収入金額			
法基通	16-3-36	内国法人に帰せられるものとして計算される金額を課税標準として当該内国法人に対して課せられる外国法人税の額			
法基通	16-3-36の2	外国子会社から受ける剰余金の配当等の額に係る外国法人税の額の計算			
法基通	16-3-37	国外事業所等帰属所得を認識する場合の準用	所基通	95-17	国外事業所等帰属所得を認識する場合の準用
法基通	16-3-38	振替公社債等の運用又は保有	所基通	95-18	振替公社債等の運用又は保有
法基通	16-3-39	機械設備の販売等に付随して行う技術役務の提供	所基通	95-19	機械設備の販売等に付随して行う技術役務の提供
法基通	16-3-40	船舶又は航空機の貸付け	所基通	95-20	船舶又は航空機の貸付け
法基通	16-3-41	振替公社債等の利子	所基通	95-21	振替公社債等の利子
法基通	16-3-42	貸付金に準ずるもの	所基通	95-22	貸付金に準ずるもの
法基通	16-3-43	工業所有権等の意義	所基通	95-23	工業所有権等の意義
法基通	16-3-44	使用料の意義	所基通	95-24	使用料の意義
法基通	16-3-45	備品の範囲	所基通	95-25	備品の範囲
			所基通	95-26	給与所得及び退職所得に係る国外源泉所得の所得の金額の計算
法基通	16-3-46	利子の範囲	所基通	95-27	利子の範囲
法基通	16-3-47	外国法人税の換算	所基通	95-28	外国所得税の換算

			所基通	95-29	非永住者の外国税額控除の対象となる外国所得税の範囲
法基通	16-3-48	外国法人税を課されたことを証する書類	所基通	95-30	外国所得税を課されたことを証する書類
法基通	16-3-49	欠損金額を有する通算法人等の調整前控除限度額			
法基通	16-3-50	隠蔽又は仮装により当初申告税額控除額固定措置が適用されない場合			
法基通	16-3-51	進行年度調整規定の適用に係る対象事業年度の意義等			
法基通	16-3-52	対象事業年度の税額控除不足額相当額等が進行年度調整に係る調査結果説明の内容と異なる場合			
法基通	16-3-53	進行年度調整に係る調査結果説明における手続通達の準用			

（参考２）外国税額控除の非居住者外国法人対比表

	外国法人			個人（非居住者）	
法法	144の２	外国法人に係る外国税額の控除	所法	165の６	非居住者に係る外国税額の控除
法令	141	外国法人税の範囲	所令	221	外国所得税の範囲
法令	193	（国外所得金額）	所令	292の７	（国外所得金額）
法令	194	控除限度額の計算	所令	292の８	控除限度額の計算
法令	195	外国税額控除の対象とならない外国法人税の額	所令	292の９	外国税額控除の対象とならない外国所得税の額
法令	195の２	地方法人税控除限度額			
法令	196	地方税控除限度額	所令	292の10	地方税控除限度額
法令	197	繰越控除限度額等	所令	292の11	繰越控除限度額等
法令	198	繰越控除対象外国法人税額等	所令	292の12	繰越控除対象外国所得税額等
法令	199	外国税額の控除に係る国外源泉所得に関する規定の準用	所令	292の13	外国税額の控除に係る国外源泉所得に関する規定の準用
法令	200	適格合併等が行われた場合の繰越控除限度額等			
法令	201	外国法人税が減額された場合の特例	所令	292の14	外国所得税が減額された場合の特例
法基通	20-7-2	外国法人に係る外国税額の控除	所基通	165の6-1	非居住者に係る外国税額の控除

第3章

2　分配時調整外国税相当額控除

（令和2年1月1日以後に支払われる収益の分配について適用）

項目	根拠法令	説明
居住者	所法93① 所令220の2	（源泉徴収税額の切下げ） 居住者が各年において所法176③（信託財産に係る利子等の課税の特例）に規定する集団投資信託の収益の分配の支払いを受ける場合には、所法180の2③の規定により、投資信託が納めた外国所得税額をその分配金に係る所得税額及び復興特別所得税額から控除する。 （分配時調整外国税相当額の控除制度の創設） 集団投資信託の収益につき、分配時に源泉徴収所得税から控除された外国所得税のうち、居住者が支払いを受ける収益の分配に対応する部分の金額として政令で定める金額（分配時調整外国税相当額という）は、その年分の申告に係る所得税額及び復興特別所得税額から控除する（控除しきれない額は切捨て）。
	所法93②	所法93①の規定は、確定申告書、修正申告書又は更正請求書に明細を記載した書類の添付がある場合に限り適用する。控除される金額は、その明細書に記載された金額を限度とする。
	所規40の10の2	（分配時調整外国税相当額控除を受けるための添付書類）
	所法93③	所法93①により控除する金額は、申告時の所得税額を限度とする（所法92②を準用）。
非居住者	所法165の5の3① 所令292の6の2	（源泉徴収税額の切下げ） 恒久的施設を有する非居住者が各年において所法176③に規定する集団投資信託の収益の分配の支払いを受ける場合（恒久的施設帰属所得に該当するものの支払いを受ける場合に限る）には、所法180の2③の規定により、投資信託が納めた外国所得税額をその分配金に係る所得税額及び復興特別所得税額から控除する。 （分配時調整外国税相当額の控除制度の創設） 集団投資信託の収益につき、分配時に源泉徴収所得税から控除された外国所得税のうち、非居住者が支払いを受ける収益の分配に対応する部分の金額として政令で定める金額（分配時調整外国税相当額という）は、控除限度額を限度として、その年分の申告に係る所得税額及び復興特別所得税額から控除する（控除しきれない額は切捨て）。
	所法165の5の3②	所法93②を準用する。

	所規66の7の2	（非居住者に係る分配時調整外国税相当額の控除を受けるための添付書類）
	所法165の５の３③	所法165の５の３①により控除する金額は、申告時の所得税額を限度とする。

個人の国際税務

第４章
外貨建取引の換算等

項目	根拠法令	説明
1 外貨建取引の意義	所法57の３①	（概要） 個人が、外貨建取引を行った場合には、その外貨建取引を行った時における外国為替の売買相場により換算した金額に基づいて、その者の各年分の各種所得の金額を計算しなければならない。外貨建取引とは、外国通貨で支払が行われる資産の販売及び購入、役務の提供、金銭の貸付け及び借入れ、剰余金の配当その他の取引をいう。
	所令167の6②	（外貨建取引に該当しない外貨建ての預貯金）
2 取引発生時の円換算	所法57の３①	外貨建取引の金額の円換算額は、当該外貨建取引を行った時における外国為替の売買相場により換算した金額とする。 (1)　原則
	所基通57の3-2	（外貨建取引の円換算） 円換算は、外貨建取引を計上すべき日における電信売買相場の仲値（TTM）による。 ただし、継続適用を条件として、売上その他の収入又は資産については取引日の電信買相場（TTB）、仕入その他の費用（原価及び損失を含む。）又は負債については取引日の電信売相場（TTS）によることができるものとされている。
	同上注1～5	①　電信売相場、電信買相場及び電信売買相場の仲値については、原則として、その者の主たる取引金融機関のものによることとされるが、同一の方法により入手等をした合理的なものを継続して使用している場合には認められる。 ②　継続適用を条件として、当該外貨建取引の内容に応じてそれぞれ合理的と認められる次のような為替相場も使用することができる。 イ　取引日の属する月若しくは週の前月若しくは前週の末日又は当月若しくは当週の初日の電信買相場若しくは電信売相場又はこれらの日における電信売買相場の仲値 ロ　取引日の属する月の前月又は前週の平均相場のように１月以内の一定期間における電信売買相場の仲値、電信買相場又は電信売相場の平均値 ③　円換算に係る当該日（為替相場の算出の基礎とする日）の為替相場については、次に掲げる場合には、それぞれ次によるものとされる。 イ　当該日に為替相場がない場合には、同日前の最も近い日の為替相場による。

2 取引発生時の円換算

ロ 当該日に為替相場が2以上ある場合には、その当該日の最終の相場（当該日が取引日である場合には、取引発生時の相場）による。ただし、取引日の相場については、取引日の最終の相場によっているときも認められる。

④ 外国通貨を購入し直ちに資産を取得した場合の取扱い

本邦通貨により外国通貨を購入し直ちに資産を取得し若しくは発生させる場合の当該資産、又は外国通貨による借入金（社債を含む。）に係る当該外国通貨を直ちに売却して本邦通貨を受け入れる場合の当該借入金については、現にその支出し、又は受け入れた本邦通貨の額をその円換算額とすることができる。

⑤ 外貨建て円払いの取引の取扱い

所基通57の3-1 （いわゆる外貨建て円払い取引）

「外貨建取引の換算」（所法57の３①）に規定する外貨建取引は、その取引に係る支払が外国通貨で行われるべきこととされている取引をいうのであるから、例えば、債権債務の金額が外国通貨で表示されている場合であっても、その支払が本邦通貨により行われることとされているものは、ここでいう外貨建取引には該当しない。

⑵ 先物外国為替契約等がある場合の取扱い

所規36の7① （先物外国為替取引の意義）

外国通貨をもって表示される支払手段又は外貨債権の売買契約に基づく債権の発生、変更又は消滅に係る取引をその売買契約の締結の日後の一定の時期に一定の外国為替の売買相場により実行する取引をいう。

所規36の7① （先物外国為替契約の意義）

先物外国為替取引に係る契約のうち外貨建資産・負債の取得又は発生の基因となる外貨建取引に伴って支払い、又は受け取る外国通貨の金額の円換算額を確定させる契約をいう。

所規36の8① （先物外国為替契約等の意義）

外貨建取引によって取得し、又は発生する資産又は負債の金額の円換算額を確定させる契約のうち、次のものをいう。

イ 先物外国為替取引に係る契約のうち外貨建取引によって取得し、又は発生する資産又は負債の決済によって受け取り、若しくは支払う外国通貨の金額の円換算額を確定させる契約

ロ デリバティブ取引に係る契約のうちその取引の当事者が元本及び利息として定めた外国通貨の金額についてその当事者間で取り決めた外国為替の売買相場に基づき金銭の支払を相互に約する取引に係る契約（次に掲げるいずれかの要件を満たすものに限る。）

(ｲ) その契約の締結に伴って支払い、又は受け取ることとなる外貨元本額の円換算額が満了時円換算額と同額となっていること（いわゆる直先フラット型）。

2 取引発生時の円換算		(ロ) その契約に係る満了時円換算額がその契約の期間の満了の日を外国為替の売買の日とする先物外国為替契約に係る外国為替の売買相場により外貨元本額を円換算額に換算した金額に相当する金額となっていること（いわゆる為替予約型）。
	所基通57の3-4	① 先物外国為替契約等がある場合の収入経費の換算等 外貨建取引に係る売上その他の収入又は仕入その他の経費につき円換算を行う場合において、その計上を行うべき日までに、当該収入又は経費の額に係る本邦通貨の額を先物外国為替契約等により確定させているときは、その収入又は経費の額については上記(1)にかかわらず、その確定させている本邦通貨の額をもってその円換算額とすることができる。 この場合、その収入又は経費の額が先物外国為替契約等により確定しているかどうかは、原則として個々の取引ごとに判定するのであるが、外貨建取引の決済約定の状況等に応じ、包括的に先物外国為替契約等を締結してその予約額の全部又は一部を個々の取引に比例配分するなど合理的に振り当てているときは、認められる。
	所法57の３②	② 外貨建資産負債の換算（外貨建資産等の決済時の円換算額を確定させる場合） 先物外国為替契約等により外貨建取引によって取得し、又は発生する資産又は負債の金額の円換算額を確定させた場合には、当該資産又は負債については、当該円換算額をもって、換算した金額とする。
	所規36の8②	（外貨建資産等の決済時の帳簿記載要件）
	所令167の6① 所規36の7①	③ 外貨建資産負債の換算（外貨建資産等の発生時の外国通貨の円換算額を確定させる場合） 先物外国為替契約により、外貨建取引によって取得し、又は発生する外貨建資産又は負債（上記②の適用を受ける資産又は負債を除く。）の取得又は発生の基因となる外貨建取引に伴って支払い、又は受け取る外国通貨の金額の円換算額を確定させた場合には、その外貨建資産・負債については、その円換算額をもって、換算した金額とする。
	所規36の7②	（外貨建資産・負債の発生時の帳簿記載要件）
	所基通57の3-7	（国外で業務を行う者の損益計算書等に係る外貨建取引の換算） その者が国外に支店等を有する場合において、当該支店等の外国通貨で表示されている財務諸表を本店の財務諸表に合算する場合における円換算額については、当該支店等の財務諸表項目の全てについて当該事業年度終了の時の為替相場による円換算額を付すことができるものとする。

（参考）外貨建取引の個人法人対比表

法人			個人		
法法	61の8	外貨建取引の換算	所法	57の3	外貨建取引の換算
法法	61の9	外貨建資産等の期末換算差益又は期末換算差損の益金又は損金算入等			
法法	61の10	為替予約差額の配分			
法令	122	先物外国為替契約により発生時の外国通貨の円換算額を確定させた外貨建資産・負債の換算等	所令	167の6	先物外国為替契約により発生時の外国通貨の円換算額を確定させた外貨建資産・負債の換算等
法令	122の2	外貨建資産等の評価換えをした場合のみなし取得による換算			
法令	122の3	外国為替の売買相場が著しく変動した場合の外貨建資産等の期末換算			
法令	122の4	外貨建資産等の期末換算方法の選定の方法			
法令	122の5	外貨建資産等の期末換算の方法の選定の手続			
法令	122の6	外貨建資産等の期末換算の方法の変更の手続			
法令	122の7	外貨建資産等の法定の期末時換算方法			
法令	122の8	外貨建資産等の為替換算差額の翌事業年度における処理等			
法令	122の9	為替予約差額の配分			
法令	122の10	為替予約差額の一括計上の方法の選定の手続			
法令	122の11	為替予約差額の一括計上の方法の変更の手続			
法規	27の10	外貨建資産・負債の発生時の外国通貨の円換算額を確定させる先物外国為替契約	所規	36の7	外貨建資産・負債の発生時の外国通貨の円換算額を確定させる先物外国為替契約
法規	27の11	外貨建資産等の決済時の円換算額を確定させる先物外国為替契約等	所規	36の8	外貨建資産等の決済時の円換算額を確定させる先物外国為替契約等

法規	27の12	外貨建有価証券			
法規	27の13	外貨建資産等の期末換算の方法の変更申請書の記載事項			
法基通	13の2-1-1	いわゆる外貨建て円払いの取引	所基通	57の3-1	いわゆる外貨建て円払いの取引
法基通	13の2-1-2	外貨建取引及び発生時換算法の円換算	所基通	57の3-2	外貨建取引の円換算
法基通	13の2-1-3	多通貨会計を採用している場合の外貨建取引の換算	所基通	57の3-3	多通貨会計を採用している場合の外貨建取引の換算
法基通	13の2-1-4	先物外国為替契約等がある場合の収益、費用の換算等	所基通	57の3-4	先物外国為替医薬等がある場合の収入、経費の換算等
法基通	13の2-1-5	前渡金等の振替え	所基通	57の3-5	前渡金等の振替え
法基通	13の2-1-6	延払基準の適用	所基通	57の3-6	延払基準の適用
法基通	13の2-1-7	リース譲渡に係る債券等につき為替差損益を計上した場合の未実現利益繰延額の修正			
法基通	13の2-1-8	海外支店等の資産等の換算の特例	所基通	57の3-7	国外で業務を行う者の損益計算書に係る外貨建取引の換算
法基通	13の2-1-9	為替差益を計上した場合の資産の取得価額の不修正			
法基通	13の2-1-10	外貨建てで購入した原材料の受入差額			
法基通	13の2-1-11	製造業者等が負担する為替損失相当額			
法基通	13の2-2-1	前渡金、未収収益等			
法基通	13の2-2-3	先物外国為替契約との範囲―選択権付為替予約			
法基通	13の2-2-4	発生時換算法―期末時換算による換算差額を純資産の部に計上している場合の取扱い			
法基通	13の2-2-5	期末時換算法―事業年度終了の時における為替相場			
法基通	13の2-2-6	先物外国為替契約等がある外貨建資産・負債の換算			

個人の国際税務

法基通	13の2-2-7	外貨建資産等につき通貨スワップ契約を締結している場合の取扱い	
法基通	13の2-2-8	2以上の先物外国為替契約等を締結している場合の契約締結日の特例	
法基通	13の2-2-9	期末時換算法―為替差損益の一括表示	
法基通	13の2-2-10	為替相場の著しい変動があった場合の外貨建資産等の換算	
法基通	13の2-2-11	適正な円換算をしていない場合の処理	
法基通	13の2-2-12	期限徒過の外貨建債券	
法基通	13の2-2-14	届出の効力	
法基通	13の2-2-15	換算方法の変更申請があった場合等の「相当期間」（3年）	
法基通	13の2-2-16	先物外国為替契約等の解約があった場合の取扱い	
法基通	13の2-2-17	外貨建資産等に係る契約の解除があった場合の調整	
法基通	13の2-2-18	外貨建資産等の支払の日等につき繰延べ等があった場合の取扱い	

個人の外貨建取引

個人の外貨建取引については、過去においては円貨に代えるときと資産等を処分した時に外貨建ての損益を認識すべきものと考えられていたようだが、平成18年に導入された所得税法の規定によれば、全ての外貨建取引は所得税法の課税の対象と規定されている。

一方、個人の活動は多岐にわたり、かつ、グローバル化しているので、全ての外貨建取引が所得税法の対象と規定されていても、家族旅行で海外での外貨での残額の処理や外貨預金の通貨換え等の些細なものからＦＸ取引や国外不動産の取得、売却等の金額が大きなものまで広範囲に適用されることになる。

現状では、どこまでを課税の対象とし、どこまでを少額省略できるのかが通達等で明定されていないので、税務の専門家としては、全て対象になるものとして処理せざるを得ないのが現状である。当面は、国税庁のＱ＆Ａ等の公表事例を丁寧にフォローしていかなければならない。

第5章 個人のタックスヘイブン対策税制

（外国関係会社のH30/4/1以後開始事業年度から適用）
（所得税の適用は、令和元年分以後）

項目	根拠法令	説明
1 会社単位の合算課税（課税対象金額の総収入金額算入）	措法40の4①	2に掲げる居住者に係る外国関係会社（下記3(1)）のうち、特定外国関係会社（下記3(2)）又は対象外国関係会社（下記3(3)）に該当するものが、適用対象金額を有する場合には、その適用対象金額に請求権等勘案合算割合を乗じて計算した課税対象金額（下記4(3)）は、その居住者の雑所得に係る収入金額とみなして当該外国関係会社の各事業年度終了の日の翌日から2か月を経過する日の属する年分のその居住者の雑所得の総収入金額に算入する。
2 適用対象となる居住者	措法40の4①	適用対象となるのは次の①～④の居住者
	措法40の4①一イ～ハ	①　居住者の外国関係会社に係る次に掲げる割合（イ～ハ）のいずれかが10%以上である居住者 イ　居住者の直接有する外国関係会社の株式等の数・金額（当該外国関係会社と居住者又は居住者との間に実質支配関係がある場合には、零）及び他の外国法人を通じて間接に有する株式等の数・金額の合計が総数・総額に占める割合
	措令25の19⑤	（間接に有する外国関係会社の株式等の数・金額） 外国関係会社の発行済株式等に、次に掲げる場合の区分に応じて定める割合（掲げる場合のいずれにも該当する場合には、合計割合）を乗じて計算した株式等の数・金額とする（掛算方式）。

	場合の区分	割合
(イ)	外国関係会社の株主等である他の外国法人の発行済株式等の全部又は一部が居住者に所有されている場合	当該居住者の当該他の外国法人に係る持株割合 × 当該他の外国法人の外国関係会社に係る持株割合 （当該他の外国法人が二以上ある場合には、二以上の当該他の外国法人につきそれぞれ計算した割合の合計割合）
(ロ)	外国関係会社と他の外国法人（その発行済株式等の全部又は一部が居住者により所有されているものに限る。）との間に一又は二以上の外国法人（出資関連外国法人）が介在して	当該居住者の当該他の外国法人に係る持株割合 × 当該他の外国法人の出資関連外国法人に係る持株割合 × 当該出資関連外国法人の他の出資関連外国法人に係る持株割合 × 当該他の出資関連外国法人の外国関係会社に係る持株割合

いる場合であって、当該居住者、他の外国法人、出資関連外国法人及び外国関係会社が株式等の所有を通じて連鎖関係にある場合	(当該連鎖関係が二以上ある場合には、当該二以上の連鎖関係につきそれぞれ計算した割合の合計割合)

(注) 持株割合：当該発行法人と居住者又は内国法人との間に実質支配関係がある場合には、零とする。

ロ　居住者の直接有する外国関係会社の議決権（配当等の決議に係るものに限る。）の数（当該外国関係会社と居住者又は内国法人との間に実質支配関係がある場合には、零）及び他の外国法人を通じて間接に有する議決権の数の合計が総数に占める割合

措令25の19⑥　(間接に有する外国関係会社の議決権の数)
上記イ（株式等の数・金額の規定（措令25の19⑤））を準用する。

ハ　居住者の直接有する外国関係会社の株式等の請求権に基づき受けることができる配当等の額（当該外国関係会社と居住者又は内国法人との間に実質支配関係がある場合には、零）及び他の外国法人を通じて間接に有する株式等の請求権に基づき受けることができる配当等の額の合計額が総額に占める割合

措令25の19⑦　(間接に有する外国関係会社の株式等の請求権に基づき受けることができる配当等の額)
上記イの株式等の数・金額の規定（措令25の19⑤）を準用する。

措法40の４①二　②　外国関係会社との間に実質支配関係がある居住者

措法40の４②五　(実質支配関係の意義)

措令25の21①　居住者等（居住者又は内国法人）と外国法人との間に次に掲げる事実その他これに類する事実が存在する場合における当該居住者等と当該外国法人との間の関係とする。
但し、当該外国法人の行う事業から生ずる利益のおおむね全部が剰余金の配当、利益の配当、剰余金の分配その他の経済的な利益の給付として当該居住者等（当該居住者等と特殊の関係のある者を含む。）以外の者に対して金銭その他の資産により交付されることとなっている場合を除く。

イ　居住者等が外国法人の残余財産のおおむね全部について分配を請求する権利を有していること

ロ　居住者等が外国法人の財産の処分の方針のおおむね全部を決定することができる旨の契約その他の取決めが存在すること（上記イの場合を除く。）

措令25の21②　(特殊の関係の意義)

措令25の21①　(実質支配関係の判定を行わない場合)

2 適用対象となる居住者		実質支配関係を考慮しないで外国関係会社の判定（下記3(1)①（措法40の4②一イ）に限る。）をした場合に、居住者等・特殊関係非居住者と当該外国法人との間に持分割合50％超の関係がある場合には、当該居住者等と当該外国法人との間の実質支配関係はないものとする。
	措法40の4②一イ	（特殊関係非居住者の意義） 下記3(1)①参照
	措法40の4①三	③　居住者との間に実質支配関係がある外国関係会社の他の外国関係会社に係る直接及び間接の持分割合（上記①イ～ハのいずれか）が10％以上である場合における当該居住者（①に掲げる居住者を除く。）
	措法40の4①四	④　外国関係会社に係る直接及び間接の持分割合（上記①イ～ハのいずれか）が10％以上である一の同族株主グループに属する居住者（外国関係会社に係る上記①イ～ハの割合又は他の外国関係会社（居住者と実質支配関係があるものに限る）の当該外国関係会社に係る上記①イ～ハの割合のいずれかが零を超えるものに限る。①、③に掲げる居住者を除く。） （同族株主グループの意義） 次に掲げる者のうち、一の居住者又は内国法人、当該一の居住者又は内国法人との間に実質支配関係がある者及び当該一の居住者又は内国法人と特殊の関係のある者（外国法人を除く。）をいう。 イ　外国関係会社の株式等を直接又は間接に有する者 ロ　外国関係会社の株式等を直接又は間接に有する者との間に実質支配関係がある者（上記イに掲げる者を除く。）
	措令25の19⑧	（特殊の関係のある者の意義） 居住者の親族、内国法人の役員、支配している法人等
	措令25の24①	（外国関係会社に係る居住者該当の判定の時期） 居住者が上記①～④に該当するかの判定は、当該外国関係会社の各事業年度終了時の現況による。
3 適用対象となる外国法人	(1)　外国関係会社	
	措法40の4②一	次に掲げる外国法人①②③をいう。
	措法40の4②一イ（外国関係会社①）	①　居住者等株主等（居住者、内国法人、特殊関係非居住者、実質支配されている外国法人）の外国法人に係る次に掲げる割合イ～ハのいずれかが50％超の場合における当該外国法人
	措令25の19の2①	（特殊関係非居住者） 居住者又は内国法人と特殊の関係（措令25の19⑧一）のある非居住者
	措法40の4②一イ(1)	イ　居住者等株主等の外国法人（②の外国法人を除く。）に係る直接保有株式等保有割合及び間接保有株式等保有割合を合計した割合　（連鎖方式） （直接保有株式等保有割合の意義）

3 適用対象となる外国法人		
		居住者等株主等の有する当該外国法人の株式等の数又は金額がその発行済株式等の総数又は総額のうちに占める割合
	措令25の19の2②	（間接保有株式等保有割合の意義） 次の区分に応じ定める割合（いずれにも該当する場合には、合計の割合）とする。

	区分	割合
(イ)	判定対象外国法人の株主等である他の外国法人（被支配外国法人に該当するものを除く。）の発行済株式等の50％超の株式等が居住者等株主等によって保有されている場合	当該株主等である他の外国法人の有する当該判定対象外国法人の株式等 / 当該判定対象外国法人の発行済株式等 （当該株主等である外国法人が二以上ある場合には、その合計割合）
(ロ)	判定対象外国法人の株主等である他の外国法人（上記イに該当する株主等である外国法人及び被支配外国法人を除く。）と居住者等株主等との間にこれらの者と株式等の保有を通じて連鎖関係にある一又は二以上の外国法人（「出資関連外国法人」という。被支配外国法人を除く。）が介在している場合 （出資関連外国法人及び当該株主等である外国法人がそれぞれその50％超の株式等を居住者等株主等又は出資関連外国法人（その発行済株式等の50％超の株式等が居住者等株主等又は他の出資関連外国法人によって保有されているものに限る。）によって保有されている場合に限る。）	同上

	措法40の４②一イ(2)	ロ　居住者等株主等の外国法人（②の外国法人を除く。）に係る直接保有議決権保有割合及び間接保有議決権保有割合を合計した割合　（連鎖方式） （直接保有議決権保有割合） 居住者株主等の有する当該外国法人の議決権の数がその総数のうちに占める割合
	措令25の19の2③	（間接保有議決権保有割合の意義） 上記イ（間接保有株式等保有割合）の規定を準用する。
	措法40の４②一イ(3)	ハ　居住者等株主等の外国法人（②の外国法人を除く。）に係る直接保有請求権保有割合及び間接保有請求権保有割合を合計した割合　（連鎖方式） （直接保有請求権保有割合の意義） 居住者等株主等の有する当該外国法人の株式等の請求権に

3 適用対象となる外国法人		基づき受けることができる剰余金の配当等の額がその総額のうちに占める割合
	措令25の19の2④	（間接保有請求権保有割合の意義） 上記イ（間接保有株式等保有割合）の規定を準用する。
	措法40の４②一ロ （外国関係会社②）	②　被支配外国法人（居住者又は内国法人との間に実質支配関係がある外国法人）
	措法40の４②一ハ （外国関係会社③）	③　外国金融持株会社の判定において追加することとされる特定外国金融機関
	措令25の19の2⑤ 措令25の22①	（その本店所在地国の法令等により、50％超の株式等を有することが認められないもののうち、40％以上の議決権を有することその他で定める要件に該当するもの）
	措法40の４②五、 措令25の21①	（実質支配関係の意義） （実質支配関係の判定を行わない場合）上記２②参照
	(2)　特定外国関係会社	
	措法40の４②二	次に掲げるＡ～Ｃの外国関係会社をいう。 Ａペーパーカンパニー、Ｂ事実上のキャッシュ・ボックス、Ｃブラックリスト国所在外国関係会社
	措法40の４②二イ	Ａ　ペーパーカンパニー 次の①②③④⑤のいずれにも該当しない外国関係会社をいう。
	措法40の４②二イ(1)	①　実体基準 その主たる事業を行うに必要と認められる事務所、店舗、工場その他の固定施設を有している外国関係会社
	措法40の４②二イ(2)	②　管理支配基準 その本店所在地国においてその事業の管理、支配及び運営を自ら行っている外国関係会社
	措法40の４②二イ(3) 措令25の19の3①②	③　外国子会社の株式等の保有を主たる事業とする外国関係会社で、収入に占める配当の割合が95％超等の要件に該当するもの
	措法40の４②二イ(4) 措令25の19の3③④	④　特定子会社の株式等の保有を主たる事業とする外国関係会社で、本店所在地国を同じくする管理支配会社によってその事業の管理、支配及び運営が行われている等の要件に該当するもの
	措法40の４②二イ(5) 措令25の19の3⑤	⑤　不動産保有や資源開発等プロジェクトに係る一定の外国関係会社
	措法40の４③	〈資料提出がない場合の基準非該当の推定〉 国税職員は、必要があるときは、当該居住者に対し、期間を定めて、当該外国関係会社が上記Ａ①又は②に該当することを明らかにする書類その他の資料の提示又は提出を求めることができる。この場合において、当該書類その他の資料の提示又は提出がないときは、当該外国関係会社は上記Ａ①又は②に該当しないものと推定する。

3 適用対象となる外国法人	措法40の４②二ロ	B　事実上のキャッシュ・ボックス 次の①又は②を満たす外国関係会社 ①　一般事業子会社（外国金融子会社等を除く外国関係会社）の場合 $\frac{\text{受動的所得（下記５(1)①～⑩合計額）}}{\text{総資産の額}} > 30\%$ かつ $\frac{\text{有価証券＋貸付金＋固定資産＋無形資産等}}{\text{総資産の額}} > 50\%$ ②　外国金融子会社等の場合 $\frac{\text{下記６(1)①と下記６(1)②～④合計額のいずれか多い金額}}{\text{総資産の額}} > 30\%$ かつ $\frac{\text{有価証券＋貸付金＋固定資産＋無形資産等}}{\text{総資産の額}} > 50\%$
	措令25の19の3①	（総資産の額） 外国関係会社の当該事業年度終了の時における貸借対照表に計上されている総資産の帳簿価額
	措令25の19の3⑦	（固定資産） 固定資産には無形資産等（措法40の４⑥九）を除くものとし、貸付けの用に供しているものに限る。
	措法40の４②七	（外国金融子会社等） 下記６参照 事実上のキャッシュ・ボックスに、次の①②のいずれにも該当する外国関係会社を加える。
	措法40の４②二ハ(1) 措令25の19の3⑧⑨⑩	①　各事業年度の非関連者等収入保険料の合計額の収入保険料の合計額に対する割合が10％未満
	措法40の４②二ハ(2) 措令25の19の3⑪⑫	②　各事業年度の非関連者等支払再保険料合計額の関連者等収入保険料の合計額に対する割合が50％未満
	措法40の４②二ニ	C　ブラックリスト国所在外国関係会社 租税の情報交換に関する国際的な取組への協力が著しく不十分な国・地域に本店等を有する外国関係会社
	措法40の４⑭	（財務大臣の告示） 財務大臣は、措置法の規定により国又は地域を指定したときは、これを告示する。
	(3)　対象外国関係会社	
	措法40の４②三	次の経済活動基準（A～D）のいずれかに該当しない外国関係会社（上記(2)特定外国関係会社に該当するものを除く。）をいう。 A事業基準、B実体基準、C管理支配基準、D非関連者基準・所在地国基準

3 適用対象となる外国法人	措法40の4②三イ	A　事業基準 次の①～④に掲げる事業を主たる事業とする外国関係会社でないこと ①　株式等の保有（統括業務を行う事業持株会社（統括会社）を除く。） ②　債券の保有 ③　工業所有権その他の技術に関する権利、特別な技術による生産方式若しくはこれに準ずるもの（これらの権利に関する使用権を含む。）、著作権（出版権及び著作隣接権その他これに準ずるものを含む。）の提供 ④　船舶、航空機の貸付け（実体のある航空機リース業を除く。） 〈統括会社について〉
	措令25の19の3⑬	（統括業務の意義） 外国関係会社が被統括会社との間における契約に基づき行う業務のうち当該被統括会社の事業の方針の決定又は調整に係るもの（当該事業の遂行上欠くことのできないものに限る。）であって、二以上の被統括会社に係る当該業務を一括して行うことによりこれらの被統括会社の収益性の向上に資することとなると認められるものをいう。
	措令25の19の3⑯	（統括会社の要件） ①　複数の被統括会社（外国法人である二以上の被統括会社を含む場合に限る。）に対して統括業務を行っていること ②　その本店所在地国に統括業務に係る事務所、店舗、工場その他の固定的施設及び統括業務を行うに必要と認められる当該統括業務に従事する者（もっぱら当該統括業務に従事する者に限るものとし、当該外国関係会社の役員及び当該役員の特殊関係使用人を除く。）を有していること ③　一の居住者によって、その発行済株式等の全部を直接又は間接に保有されていること ④　統括会社の事業年度終了時において、統括会社に係る被統括会社の株式等の貸借対照表に計上されている帳簿価額の合計額が、統括会社の有する株式等の帳簿価額の合計額の50％超であること かつ、以下のイ又はロのいずれかが50％超であること イ　当該統括会社の当該事業年度終了の時において有する当該統括会社に係る外国法人である被統括会社の株式等の当該事業年度終了の時における貸借対照表に計上されている帳簿価額の合計額の当該統括会社の当該事業年度終了の時において有する当該統括会社に係る被統括会社の株式等の当該貸借対照表に計上されている帳簿価額の合計額に対する割合 ロ　当該統括会社の当該事業年度における当該統括会社に係る外国法人である被統括会社に対して行う統括業務に係

3 適用対象となる外国法人		
		る対価の額の合計額の当該統括会社の当該事業年度における当該統括会社に係る被統括会社に対して行う統括業務に係る対価の額の合計額に対する割合
	措令25の19の3⑰	（発行済株式等の全部を直接又は間接に保有されているかの判定） 直接保有株式等保有割合と間接保有株式等保有割合とを合計した割合による。
	措令25の19の3⑱	（間接保有の株式等の計算方法） 上記２①イ（間接に有する外国関係会社の株式等の数・金額（措令25の19⑤））を準用する。
	措令25の19の3⑭	（被統括会社の要件） 次の①②を満たす外国法人（統括会社の子会社からひ孫会社までに限る。） ① 統括会社が法人の発行済株式等のうち直接保有する割合及び議決権の割合のいずれもが25％（当該法人が内国法人である場合には、50％）以上であること ② 本店所在地国にその事業を行うに必要と認められる当該事業に従事する者を有すること
		〈実体のある航空機リース業について〉
	措令25の19の3⑲一～三	次の要件①～③を満たす航空機の貸付けを主たる事業とする外国関係会社は、事業基準を満たすものとされる。

①	通常必要業務従事基準	外国関係会社の役員又は使用人がその本店所在地国において航空機の貸付けを的確に遂行するために通常必要と認められる業務の全てに従事していること
②	費用基準	(当該年度における航空機の貸付けに係る業務の委託に係る対価の支払額の合計額) ／ (当該年度における航空機の貸付けに係る業務に従事する役員及び使用人に係る人件費の額の合計額) ≦30％
③	リース収益人件費割合	(当該年度における航空機の貸付けに係る業務に従事する役員及び使用人に係る人件費の額の合計額) ／ (航空機の貸付けによる収入金額 － 貸付けの用に供する航空機に係る償却費の額の合計額) ＞５％

	措法40の４②三ロ	B 実体基準 本店所在地国においてその主たる事業（事業持株会社にあっては、統括業務）を行うに必要と認められる事務所、店舗、工場その他の固定施設を有していること
	措法40の４②三ロ	C 管理支配基準 本店所在地国においてその事業の管理、支配及び運営を自ら行っていること

個人の国際税務

3 適用対象となる外国法人

措法40の４②三ハ

D　非関連者基準・所在地国基準

措法40の４②三ハ(1)
措令25の19の3㉒

①　非関連者基準

主たる事業について、次の区分に応じて各事業年度の当該取引の合計額のうち、関連者以外の者（非関連者）との取引が50％超であること

卸売業	棚卸資産の販売に係る収入金額の合計額に占める非関連者取引の割合又は取得した棚卸資産の取得価額の合計額に占める非関連者取引の割合
銀行業	受入利息の合計額に占める非関連者取引の割合又は支払利息の合計額に占める非関連者取引の割合
信託業	信託報酬の合計額に占める非関連者取引の割合
金融商品取引業	受入手数料（有価証券の売買による利益を含む。）の合計額に占める非関連者取引の割合
保険業	収入保険料の合計額に占める非関連者取引の割合
水運業又は航空運送業	船舶の運航及び貸付け又は航空機の運航又は貸付けによる収入金額の合計額に占める非関連者取引の割合
物品の賃貸（航空機の貸付けを主たる事業とするものに限る。）	航空機の貸付けによる収入金額の合計額に占める非関連者取引の割合

措令25の19の3㉓

（非関連者を介在させて行われている場合）

次に掲げる取引イ・ロは、関連者との間で行われた取引とみなす。

イ　外国関係会社と非関連者との間で行う取引（対象取引）により当該非関連者に移転又は提供をされる資産、役務等が当該外国関係会社に係る関連者に移転又は提供をされることが当該対象取引を行った時において契約その他によりあらかじめ定まっている場合における当該対象取引

ロ　関連者と非関連者との間で行う取引（先行取引）により当該非関連者に移転又は提供をされる資産、役務等が非関連者と外国関係会社との間の取引（対象取引）により当該外国関係会社に移転又は提供をされることが当該先行取引を行った時において契約その他によりあらかじめ定まっている場合における当該対象取引

措令25の19の3㉔

（卸売業（物流統括会社）の特例）

外国法人である被統括会社を関連者に含めないものとする（内国法人である被統括会社は関連者取引に含まれる。）。

措令25の19の3㉑

（関連者の範囲）

①	本税制の適用対象となる居住者、内国法人及び連結法人
②	①の連結法人と連結完全支配関係にある他の連結法人
③	①の内国法人の発行済株式等の50％超を保有する者

3 適用対象となる外国法人		

④	①の連結法人の発行済株式等の50％超を保有する者
⑤	①の者に係る被支配外国法人
⑥	①又は⑤の者が外国関係会社に係る間接保有の株式等を保有している場合における当該間接保有の株式等に係る他の外国法人及び出資関連外国法人
⑦	外国関係会社及び①～⑥の者と特殊の関係にある者（同族関係者）

措法40の４②三ハ(2)
措令25の19の3㉖

② 所在地国基準

上記①に掲げる事業以外の事業が、外国関係会社の各事業年度において行う主たる事業である場合には、次の通りその事業を主として本店所在地国において行っていること

不動産業	主として本店所在地国にある不動産の売買又は貸付け、当該不動産の売買又は貸付けの代理又は媒介及び当該不動産の管理を行っていること
物品賃貸業（航空機の貸付けを主たる事業とするものを除く。）	主として本店所在地国において使用の用に供される物品の貸付けを行っていること
製造業	主として本店所在地国において製品の製造を行っている場合(製造における重要な業務を通じて製造に主体的に関与していると認められる場合として下記(措規18の20①)の場合を含む。)
その他の事業	主として本店所在地国において行っていること

措規18の20①

（重要な業務を通じて製造に主体的に関与していると認められる場合）

外国関係会社が本店所在地国において行う次に掲げる業務の状況を勘案して、その本店所在地国においてこれらの業務を通じて製品の製造に主体的に関与していると認められる場合とする。

①	工場その他の製品の製造に係る施設又は製品の製造に係る設備の確保、整備及び管理
②	製品の製造に必要な原料又は材料の調達及び管理
③	製品の製造管理及び品質管理の実施又はこれらの業務に対する監督
④	製品の製造に必要な人員の確保、組織化、配置及び労務管理又はこれらの業務に対する監督
⑤	製品の製造に係る財務管理（損益管理、原価管理、資産管理、資金管理その他の管理を含む。）
⑥	事業計画、製品の生産計画、製品の生産設備の投資計画その他製品の製造を行うために必要な計画の策定
⑦	その他製品の製造における重要な業務

措法40の４④

〈資料提出がない場合の基準非該当の推定〉

国税職員は、必要があるときは、当該居住者に対し、期間を定

3 適用対象となる外国法人		
		めて、当該外国関係会社が経済活動基準（上記Ａ～Ｄの４基準）に掲げる要件に該当することを明らかにする書類その他の資料の提示又は提出を求めることができる。この場合において、当該書類その他の資料の提示又は提出がないときは、当該外国関係会社は経済活動基準の要件に該当しないものと推定する。
		⑷　適用免除基準
	措法40の４⑤	次に掲げる外国関係会社につき租税負担割合がそれぞれに定める場合に該当する事実があるときは、その該当する事業年度に係る適用対象金額については、会社単位の合算課税を適用しない。 ①　特定外国関係会社（上記⑵）に係る適用免除基準　　租税負担割合30％以上（令和６年分以後は、27％以上） ②　対象外国関係会社（上記⑶）に係る適用免除基準　　租税負担割合20％以上
	措令25の22の２②	③　租税負担割合の計算 Ａ　無税国（下記Ｂ）以外に本店等のある外国関係会社
	措令39の17の２②一イ	$$\frac{\text{本店所在地国で納付する外国法人税} + \text{本店所在地国以外の国で納付する外国法人税}}{\text{本店所在地国法令に基づく所得} + \text{非課税所得} + \text{損金算入支払配当} + \text{損金算入外国法人税} + \text{保険準備金の繰入限度超過額} + \text{保険準備金の取崩不足額} - \text{益金算入還付外国法人税}}$$
	措令25の22の２②一	（分母） 「本店所在地国法令に基づく所得」は、企業集団等所得課税規定を除いた規定を適用して計算する。 非課税所得には、本店所在地国の法令により非課税とされる支払いを受ける配当等を含まない。
	措令25の22の２②二	（分子） 分子の外国法人税の額は、企業集団等所得課税規定の適用がないものとした場合に計算される外国法人税の額とする。
	措令25の22の２②三	（分子） 分子の外国法人税には、本店所在地国の法令により当該外国関係会社が納付したものとみなして、その本店所在地国の外国法人税額から控除されるものを含む。 本店所在地国以外の国で納付する外国法人税には、本店所在地国の法令により課税所得から除かれる本店所在地国以外の国の法人から受ける配当等に課される外国法人税を除く。
	措令25の22の２②四	（本店所在地国法令が累進税率の場合） 最も高い税率であるものとして算定した外国法人税とすることができる。
	措令25の22の２②五	（所得金額がない場合又は欠損の場合） 主たる事業に係る収入金額から生じたとした場合にその所得に

3 適用対象となる外国法人		適用される本店所在地国の外国法人税の税率により判定する。
	措令39の17の2②一ロ	B　無税国（法人の所得に課される税が存在しない国・地域）に本店等のある外国関係会社 本店所在地国以外の国で納付する外国法人税 ――――――――――――――――――― 決算に基づく所得（会計上の利益） ＋費用計上した支払配当 ＋費用計上した外国法人税 ＋保険準備金の繰入限度超過額 ＋保険準備金の取崩不足額 －収益計上した受取配当 －収益計上した還付外国法人税
	措令39の17の2②二	外国法人税に関する法令に企業集団等所得課税規定がある場合は、企業集団等所得課税規定の適用がないものとした場合に計算される外国法人税の額とする。
	措令39の17の2②五ロ	所得金額がない場合又は欠損の場合は零とする
	措令25の24①	（判定の時期） 外国法人が外国関係会社に該当するかの判定は、当該外国関係会社の各事業年度終了時の現況による。
	措令39の15⑥	「企業集団等所得課税規定」とは、次に掲げる外国法人の本店所在地国の法令の規定をいう。 ①　連結納税の規定 ②　無税国における連結納税の規定 ③　パススルー課税規定
4 合算される課税対象金額の算定		居住者に総収入金額に算入される特定外国関係会社及び対象外国関係会社の課税対象金額算定のプロセス ⑴基準所得金額⇒⑵適用対象金額⇒⑶課税対象金額
	⑴　基準所得金額	
	措法40の４②四 措令25の20①②	特定外国関係会社又は対象外国関係会社の各事業年度の決算に基づく所得の金額について法人税法・措置法による一定の調整を加えて計算した金額であり、A本邦法令に基づく方式、B所在地国法令に基づく方式がある。
	措令25の20⑧	いったん採用した方式を変更する場合には、あらかじめ所轄税務署長の承認を受けなければならない。
	措令25の20①	A　本邦法令に基づく方式（以下の①～⑥の調整を行う。）法人の規定の準用 各事業年度の決算に基づく所得の金額に係る措令第39条の15第１項第１号及び第２号に掲げる金額の合計額から当該所得の金額に係る同項第３号及び５号に掲げる金額の合計額を控除した残額（当該所得の金額に係る同項第１号に掲げる金額が欠損の金額である場合には、当該所得の金額に係る同項第２号に掲げる金額から当該欠損の金額と当該所得の金額に係る同項第３号及び５号に掲げる金額との合計額を控除した残額）とする。

4 合算される課税対象金額の算定

措法40の4②四

措令25の20①

措令39の15①五

適用対象となる外国関係会社（特定外国関係会社又は対象外国関係会社））による特定部分対象外国関係会社株式等の特定譲渡に係る譲渡利益額を減算する。

その発行済株式等の全部または一部が上記2の内国法人に保有されていないもの

（特定部分対象外国関係会社株式等の意義）

居住者等株主等の当該適用対象外国関係会社に係る持株割合が50%超となつた場合（当該外国関係会社が設立された場合を除く。）の当該超えることとなつた日（特定関係発生日）に当該外国関係会社が有する部分対象外国関係会社に該当する外国法人の株式等。

（特定譲渡の意義）

次に掲げる要件のすべてに該当する譲渡であること。

イ	譲渡先要件	当該外国関係会社に係る（上記2の）内国法人等又は他の部分対象外国関係会社への譲渡であること。 (その譲渡後に他の者に移転する見込みの場合を除く。)
ロ	期間要件	特定関係発生日から2年以内の事業年度に行う譲渡であること。 (やむを得ない場合には、5年以内) (経過措置（改正令附29①）適用の場合、5年以内)
ハ	解散等要件	次のいずれかに該当すること 1　当該外国関係会社の清算中に行われる譲渡 2　当該譲渡の日から2年以内に当該外国関係会社の解散が見込まれる 3　当該譲渡の日から2年以内に非関連者が当該外国関係会社の発行済株式等の全部を有すると見込まれる
ニ	統合計画書要件	次に掲げる事項を記載した計画書に基づく譲渡であること 1　居住者等株主等の持株割合（上記3⑴①）を50%超とする目的 2　上記目的を達成するための基本方針 3　目的達成のために行う組織再編成に係る基本方針 4　その他省令（措規22の11⑥）で定める事項
ホ	特定事由非該当要件	特定部分対象外国関係会社株式等を発行した外国法人の合併、分割、解散等の事由により金銭その他の資産の交付を受けた場合における当該株式等の譲渡でないこと。

4 合算される課税対象金額の算定	措令39の15①一	① 法人税法第2編第1章第1節第2款から第9款まで及び第11款までを準用する。 但し、次に掲げる法人税法の規定を除外する。

第23条	(受取配当益金不算入)
第23条の2	(外国子会社から受ける配当等の益金不算入)
第25条の2	(受贈益)
第26条第1項～第5項	(還付金の益金不算入)
第27条	(中間申告における繰戻しによる還付に係る災害損失欠損金額の益金算入)
第33条第5項	(資産の評価損の損金不算入)
第37条第2項	(寄附金の損金不算入)
第38条～第41条	(税金関連条項)
第55条第3項	(不正行為等に係る費用等の損金不算入)
第57条	(青色申告書を提出した事業年度の欠損金の繰越し)
第58条	(青色申告書を提出しなかった事業年度の災害による損失金の繰越し)
第59条	(資産整理に伴う私財提供等があった場合の欠損金の損金算入)
第61条の2第17項	(有価証券の譲渡益又は譲渡損の益金又は損金算入)
第61条の11～第61条の13	(連結納税関連)
第62条の5第3項～第6項	(現物分配による資産の譲渡)
第62条の7	(特定資産に係る譲渡等損失額の損金不算入(適格現物分配に係る部分に限る。))

② 次に掲げる租税特別措置法の規定を準用する。

第43条	(特定設備等の特別償却)
第45条の2	(医療用機器等の特別償却)
第52条の2	(特別償却不足額がある場合の償却限度額の計算の特例)
第57条の5	(保険会社等の異常危険準備金)
第57条の6	(原子力保険又は地震保険に係る異常危険準備金)
第57条の8	(特定船舶に係る特別修繕準備金)
第57条の9	(中小企業等の貸倒引当金の特例)
第61条の4	(交際費等の損金算入)
第65条の7～第65条の9	(特定資産の買換え関連の条項のうち、船舶の買換えに係る部分)
第66条の4第3項	(国外関連者に対する寄附金の損金不算入)

4 合算される課税対象金額の算定

第67条の12、第67条の13	（組合事業に係る損失がある場合の課税の特例）

措令39の15①二　③　当該各事業年度に納付する法人所得税を加算する。

措令39の15①三　④　当該各事業年度に還付を受ける法人所得税を減算する。

措令25の20③　⑤　控除対象配当等を減算する。

（合算課税が行われた他の外国関係会社から受ける配当等の額（上記⑤の対象となる外国子会社を除く。））

措令25の20③一、二　（控除対象配当等の額）

次に掲げる場合の区分に応じ定める金額に相当する金額をいう。

	（措令39の15③）場合の区分	控除する額
一号	他の外国関係会社（注１）から受ける配当等の額 ≦ 基準事業年度の配当可能金額のうち出資対応配当可能金額 かつ 当該基準事業年度に課税対象金額が生じる事業年度である場合	当該配当等の額
二号	他の外国関係会社（注１）から受ける配当等の額 ＞ 基準事業年度の出資対応配当可能金額 である場合	当該他の外国関係会社の基準事業年度以前の各事業年度の出資対応配当可能金額をそれぞれ最も新しい事業年度のものから順次当該配当等の額に充てるものとして当該配当等の額を当該各事業年度の出資対応配当可能金額に応じそれぞれの事業年度ごとに区分した場合において、課税対象金額の生ずる事業年度の出資対応配当可能金額から充てるものとされた配当等の額の合計額
三号	他の外国関係会社（注２）から受ける配当等の額（注３） ≦ 基準事業年度の配当可能金額のうち出資対応配当可能金額 かつ 当該基準事業年度に課税対象金額が生じる事業年度である場合	当該配当等の額
四号	他の外国関係会社（注２）から受ける配当等の額（注３） ＞ 基準事業年度の出資対応配当可能金額 である場合	当該他の外国関係会社の基準事業年度以前の各事業年度の出資対応配当可能金額をそれぞれ最も新しい事業年度のものから

	順次当該配当等の額に充てるものとして当該配当等の額を当該各事業年度の出資対応配当可能金額に応じそれぞれの事業年度ごとに区分した場合において、課税対象金額の生ずる事業年度の出資対応配当可能金額から充てるものとされた配当等の額の合計額

注1：特定外国関係会社又は対象外国関係会社に該当するものに限る。上記⑤の外国子会社要件を満たすものを除く。

注2：特定外国関係会社又は対象外国関係会社に該当するものに限る。上記⑤の外国子会社要件を満たすものに限る。

注3：受ける配当等の全部又は一部が当該他の外国関係会社の本店所在地国の法令で損金算入される場合におけるその受ける配当等に限る。

（用語の意義）

基準事業年度

当該他の外国関係会社の当該配当等の額の支払に係る基準日の属する事業年度

措令25の20④一　配当可能金額

外国関係会社の各事業年度の適用対象金額に当該適用対象金額に係る次に掲げる項目の金額を加減算した残額をいう。

＋基準所得金額の計算で控除された子会社配当等の額

＋基準所得金額の計算で控除された控除対象配当等の額

＋居住者との間の取引で移転価格税制の適用がある場合において減額される所得金額のうち当該居住者に支払われない金額

－当該事業年度の剰余金の処分により支出される金額（法人所得税・配当等の額を除く。）

－費用として支出された金額（法人所得税・配当等の額を除く。）のうち損金不算入の扱い等により適用対象金額に含まれた金額

措令25の20④二　出資対応配当可能金額

外国関係会社の配当可能金額に他の外国関係会社の有する株式等の保有割合を乗じて計算した金額

措令25の20②　B　所在地国法令に基づく方式

外国関係会社の本店所在地国の法令の規定から「企業集団等所得課税規定」を除いた規定を適用して計算した所得金額に以下

4 合算される課税対象金額の算定		の調整を行う。 ① 次の項目を加算する。 1 課税所得に含まれていない所得（非課税所得）の額 2 損金に算入された支払配当の額 3 減価償却について任意償却を行っている場合には、法人税法の規定に基づいて計算された減価償却限度額を超過する額 4 資産の評価損を損金に算入している場合には、法人税法33条による損金不算入額 5 役員賞与、過大な役員報酬及び過大な役員退職金に係る損金算入額 6 特殊関係使用人に対する過大な給与及び退職給与に係る損金算入額 7 法人税法及び措法66条の４③（国外関連者への寄附金）の規定に基づいて計算した寄附金の限度超過額 8 損金に算入した法人所得税 9 損金算入した繰越欠損金の金額 10 保険準備金の積立額に係る損金算入限度超過額 11 保険準備金の取崩しに係る益金算入不足金額 12 租税特別措置法の規定に基づいて計算された交際費限度超過額 13 組合事業等に係る損金不算入額 ② 次の項目を減算する。 1 組合事業等に係る損金算入額 2 益金算入された還付法人所得税額 3 資産の評価益が益金に算入している場合には、法人税法25条による益金不算入額 4 適用対象となる外国関係会社による特定部分対象外国関係会社株式等の特定譲渡に係る譲渡利益額
	措令25の20③	（合算課税が行われた他の外国関係会社から受ける配当等の額（上記４の対象となる外国子会社を除く。）） （上記Ａ⑤の控除対象配当等の額を参照）
		⑵ 適用対象金額
	措法40の４②四	上記⑴で算出した基準所得金額に対して次の①②を控除して計算した金額
	措令25の20⑤一	① 外国関係会社の各事業年度開始の日前７年以内に開始した事業年度において生じた欠損金額の（前年度以前に控除未済の）合計額に相当する金額 なお、下記の事業年度に生じた欠損金額は繰越控除の対象とならない。

4 合算される課税対象金額の算定		
		イ　特定外国関係会社又は対象外国関係会社に該当しなかった事業年度 ロ　適用免除基準（上記3(4)）に該当する事業年度
	措令25の20⑥	（欠損金額とは、上記(1)を適用した場合において計算される欠損の額をいう。）
	措令25の20⑤二	②　外国関係会社が当該事業年度において納付をすることになる法人所得税の額
	(3)　課税対象金額	
	措令25の19①	課税対象金額＝適用対象金額×請求権等勘案合算割合
	措令25の19②一	（請求権等勘案合算割合） 次の場合の区分に応じそれぞれ次に定める割合をいう（イ、ハのいずれにも該当する場合には、その合算割合）。

	場合の区分	割合
イ	居住者が外国関係会社（被支配外国法人を除く。）の株式等を直接又は他の外国法人を通じて間接に有している場合	$\frac{\text{居住者の有する当該外国関係会社の請求権等勘案保有株式等}}{\text{当該外国関係会社の発行済株式等}}$
ロ	外国関係会社が居住者の被支配外国法人の場合	100%
ハ	居住者に係る被支配外国法人が外国関係会社の株式等を直接又は他の外国法人を通じて間接に有している場合	$\frac{\text{当該被支配外国法人の有する当該外国関係会社の請求権等勘案保有株式等}}{\text{当該外国関係会社の発行済株式等}}$

	措令25の19②二	（請求権等勘案保有株式等の意義） 請求権等勘案保有株式等＝居住者等*が直接に有する外国法人の株式等**＋請求権等勘案間接保有株式等 *　居住者等：居住者又は当該居住者に係る被支配外国法人 **当該外国法人が請求権の内容が異なる株式等を発行している場合には、当該外国法人の発行済株式等に、当該居住者等が当該請求権の内容が異なる株式等に係る請求権に基づき受けることができる剰余金の配当等の額がその総額のうちに占める割合を乗じて計算した数又は金額
	措令25の19②三	（請求権等勘案間接保有株式等の意義） 外国法人の発行済株式等に、次に掲げる場合の区分に応じて定める割合を乗じて計算した株式等の数又は金額をいう（掛算方式）。

4 合算される課税対象金額の算定

	場合の区分	割合
イ	当該外国法人の株主等である他の外国法人の発行済株式等の全部又は一部が居住者等に所有されている場合	当該居住者等の当該他の外国法人に係る持株割合 × 当該他の外国法人の当該外国法人に係る持株割合 （当該他の外国法人が二以上ある場合には、二以上の当該他の外国法人につきそれぞれ計算した割合の合計割合）
ロ	当該外国法人と他の外国法人（その発行済株式等の全部又は一部が居住者等により所有されているものに限る。）との間に一又は二以上の外国法人（出資関連外国法人）が介在している場合であって、当該居住者等、当該他の外国法人、出資関連外国法人及び当該外国法人が株式等の所有を通じて連鎖関係にある場合	当該居住者等の当該他の外国法人に係る持株割合 × 当該他の外国法人の出資関連外国法人に係る持株割合 × 出資関連外国法人の他の出資関連外国法人に係る持株割合 × 当該他の出資関連外国法人の当該外国法人に係る持株割合 （当該連鎖関係が二以上ある場合には、当該二以上の連鎖関係につきそれぞれ計算した割合の合計割合）

上記における持株割合は、以下の場合においては、それぞれに定める割合とする。

(1) 当該発行法人が請求権の内容が異なる株式等を発行している場合（(2)に掲げる場合に該当する場合を除く。）
その株主等が当該請求権の内容が異なる株式等に係る請求権に基づき受けることができる剰余金の配当等の額がその総額のうちに占める割合

(2) 当該発行法人と居住者又は内国法人との間に実質支配関係がある場合
零

措令25の19③

（必要経費に算入すべき金額）

次の一と二の合計額

一．居住者が有する特定外国関係会社等の株式等を所得するために要した負債利子で、その年中に支払う額のうち、その年において当該株式等を有していた期間に対応する部分の金額

二．特定外国関係会社等から受ける所令222の２④二に規定する配当等の額を課税標準として課される外国所得税の額で、その年中に納付するもの

（注）令和４年１月１日以後に納付することとなる配当等の額に係る外国所得税額については、その配当等の額のうち、外国子会社合算税制との二重課税調整の適用を受ける金額に対応する部分に限定される。

5 合算される部分課税対象金額（一般事業子会社）	措法40の4⑥	上記2に掲げる居住者に係る部分対象外国関係会社（外国金融子会社等を除く。）が、特定所得の金額を有するときは、当該各事業年度の特定所得の金額に係る部分適用対象金額に請求権等勘案合算割合を乗じて計算した金額（部分課税対象金額）は、その居住者の雑所得に係る収入金額とみなして当該部分対象外国関係会社の各事業年度終了の日の翌日から2月を経過する日の属する年分のその居住者の雑所得の総収入金額に算入する。
	措法40の4②六	（部分対象外国関係会社） 対象外国関係会社の4基準（上記3(3)A～D）のすべてを充たす外国関係会社（特定外国関係会社を除く。）をいう。
	措法40の4②七	（外国金融子会社等） 下記6参照
		(1) 特定所得の金額（次の12種類）

根拠条文		所得類型	対象から除外される項目	区分
措法40の4⑥一 措令25の22の3④～⑥	①	配当等 剰余金の配当等の額－（直接費用の額＋負債利子配賦額）	持分割合が（配当支払い義務確定日以前6か月以上）25％以上の株式等	A
措法40の4⑥二 措令25の22の3⑦～⑧	②	利子等 受取利子等の額－直接要した費用の額	事業に係る通常の過程において受ける預貯金の利子 一定の貸金業者が得る貸付金利子 その他の一定の利子	A
措法40の4⑥三	③	有価証券の貸付対価 貸付対価の額－直接費用の額	—	A
措法40の4⑥四 措令25の22の3⑨～⑫	④	有価証券の譲渡損益 譲渡対価の額－（譲渡原価＋直接費用の額）	持分割合が譲渡直前に25％以上の株式等の譲渡損益	B
措法40の4⑥五 措規18の20⑤～⑪	⑤	デリバティブ取引（法法61の5①）損益 利益の額又は損失の額（法法61の5等に準じる。）	ヘッジ目的で行った一定のデリバティブ取引 一定の商品先物取引業者等が行う一定の商品先物取引に抱える損益 その他のデリバティブ取引に係る損益	B
措法40の4⑥六 措令25の22の3⑬ 措規18の20⑫	⑥	外国為替損益 利益の額又は損失の額	事業に係る業務の通常の過程で生ずる損益 （外国為替の売買相場の変動に伴って生ずる利益を得ることを目的とする投機的な取引を行う事業を除く。）	B

5 合算される部分課税対象金額（一般事業子会社）

根拠条文		所得の種類・算定方法	除外されるもの	区分
措法40の４⑥七 措令25の22の3⑭	⑦	上記①～⑥の金融資産から生じるその他の金融所得 利益の額又は損失の額	ヘッジ目的で行った一定のデリバティブ取引	B
措法40の４⑥七の二 措令25の22の3⑮⑯	⑦の2	(収入保険料合計額－支払った再保険料合計額）－（支払保険金合計額－収入した再保険金合計額）	—	B
措法40の４⑥八 措令25の22の3⑰～⑲	⑧	有形固定資産の貸付対価 貸付対価の額－直接費用の額（償却費を含む。）	本店所在地国で使用される資産等の貸付対価 一定のリース事業	A
措法40の４⑥九 措令25の22の3⑳～㉓	⑨	無形資産等の使用料 貸付対価の額－直接費用の額（償却費を含む。）	自己開発等の一定の無形資産の使用料	A
措法40の４⑥十 措令25の22の3㉔	⑩	無形資産等の譲渡損益 譲渡対価の額－（譲渡原価＋直接費用の額）	自己開発等の一定の無形資産の譲渡損益	B
措法40の４⑥十一 措令25の22の3㉕～㉙	⑪	異常所得 下記参照	—	A

「区分」：部分適用対象金額算定の際のグループ区分（下記⑵参照）

〈①配当等に関して〉

措令25の22の3④　イ　措法44の４①一に規定する要件（25％以上、継続要件）

措令25の22の3⑤　ロ　対象から除外される配当には、本店所在地国において損金に算入される配当等は除かれる。

措令25の22の3⑥　ハ　負債利子配賦額

$$\text{部分対象外国関係会社が当該事業年度に支払う負債利子の合計額} \times \frac{\text{事業年度終了時の対象となる株式等の帳簿価額の合計額}}{\text{当該部分対象外国関係会社の事業年度終了時の総資産の帳簿価額}}$$

〈②利子等に関して〉

措令25の22の3⑦　イ　利子に準ずるものの範囲

手形の割引料、償還有価証券に係る調整差益、経済的な性質が支払いを受ける利子に準ずるもの

措令25の22の3⑧　ロ　対象外とされるその他の一定の利子

・一定の割賦販売等から生ずる利子

・一定のグループファイナンスに係る利子

〈④有価証券の譲渡損益に関して〉

5 合算される部分課税対象金額（一般事業子会社）	措令25の22の3⑨ ⑩	（譲渡損益の算出方法） 原則　移動平均法。総平均法とすることもできる。
	措令25の22の3⑪ ⑫	算出方法は有価証券の種類ごとに選定できる。選定した方法を変更する場合には所轄税務署長の承認が要る。
		〈⑤ディリバティブ取引に関して〉
		〈⑥外国為替損益に関して〉
	措規18の20⑫⑬	対象とされる損益 各事業年度において行う特定通貨建取引の金額又は各事業年度終了の時において有する特定通貨建資産等の金額に係る機能通貨換算額につき法人税法61条の8から61条の10までの規定その他法人税に関する法令の規定の例に準じて計算した場合に算出される利益の額又は損失の額とする。
		〈⑦その他の金融所得に関して〉 上記①～⑥を生じさせる資産の運用、保有、譲渡、貸付けその他の行為により生ずる利益の額又は損失の額
	措令25の22の3⑭ 措規18の20⑭	（金融所得に含まれるものの例示） 次に掲げる損益の額（上記①～⑥の損益及びヘッジ目的で行われた取引損益を除く。） ・投資信託の収益の分配金－直接要した費用の額 ・売買目的有価証券の評価損益等
		〈⑧有形固定資産の貸付対価に関して〉 （償却費の額）
	措令25の22の3⑲	（原則）当該事業年度の償却費の額のうち法法31の規定による償却限度額に達するまでの金額とする。
	措令25の22の3㉒	（例外）外国関係会社の本店所在地国の法令により損金の額に算入している金額（任意償却を除く。）とすることもできる。
	措令25の22の3㉓	上記の原則又は例外による選定した方法を変更する場合にはあらかじめ所轄税務署長の承認が要る。
		〈⑨無形資産等の使用料に関して〉
	措法40の4⑥九	（無形資産等） 工業所有権その他の技術に関する権利、特別の技術による生産方式若しくはこれらに準ずるもの（これらの権利に関する使用権を含む。）又は著作権（出版権及び著作隣接権その他これに準ずるものを含む。）
	措令25の22の3⑳	（対象から除外する無形資産等の使用料） 次に掲げる無形資産等の区分に応じ、それぞれに定める使用料（所得合算される居住者が次に定めるものであることを明らかにする書類を保存している場合における当該使用料に限る。）とする。

	無形資産等の区分	対象から除外される使用料
イ	部分対象外国関係会社が自ら行った研究開発の成果に係る無形資産等	当該部分対象外国関係会社が当該研究開発を主として行った場合の当該無形資産等の使用料
ロ	部分対象外国関係会社が取得をした無形資産等	当該部分対象外国関係会社が当該取得につき相当の対価を支払い、かつ、当該無形資産等をその事業（株式等若しくは債券の保有、無形資産等の提供又は船舶若しくは航空機の貸付けを除く。）の用に供している場合の当該無形資産等の使用料
ハ	部分対象外国関係会社が使用を許諾された無形資産等	当該部分対象外国関係会社が当該許諾につき相当の対価を支払い、かつ、当該無形資産等をその事業の用に供している場合の当該無形資産等の使用料

（償却費の額）

措令25の22の3㉑　（原則）当該事業年度の償却費の額のうち法法31の規定による償却限度額に達するまでの金額とする。

措令25の22の3㉒　（例外）外国関係会社の本店所在地国の法令により損金の額に算入している金額（任意償却を除く。）とすることもできる。

措令25の22の3㉓　上記の原則又は例外による選定した方法を変更する場合にはあらかじめ所轄税務署長の承認が要る。

〈⑩無形資産等の譲渡損益に関して〉

措令25の22の3㉔　（対象から除外される対価の範囲）

上記⑨（対象から除外する無形資産等の使用料（措令25の22の3⑱））を準用する。

〈⑪異常所得に関して〉

異常所得＝

措令25の22の3㉕　（以下の粗所得イ～ヌがないとした場合の部分対象外国関係会社の各事業年度の決算に基づく所得の金額（税引後利益）

措令25の22の3㉙　－（総資産の額＋人件費＋減価償却費（累計額））×50%）

措法40の４⑥十一

措規18の20⑦⑧

イ	支払を受ける剰余金の配当等の額
ロ	受取利子等の額
ハ	有価証券の貸付けによる対価の額
ニ	有価証券の譲渡対価の額－譲渡原価の額
ホ	デリバティブ取引に係る損益の額
ヘ	外国為替差損益
ト	イ～ヘの所得を生じさせる金融資産から生じるその他の所得
チ	固定資産の貸付けによる対価の額
リ	支払を受ける無形資産等の使用料
ヌ	無形資産等の譲渡対価の額－譲渡原価の額

5 合算される部分課税対象金額（一般事業子会社）

	(2) 部分適用対象金額
措法40の4⑦	以下のAとBの合計額 A　上記(1)の区分Aの所得の合計 (各所得類型ごとにマイナスの場合は零) ①　配当等 ②　利子等 ③　有価証券の貸付対価 ⑧　有形固定資産の貸付対価 ⑨　無形資産等の使用料 ⑪　異常所得 B　上記(1)の区分Bの所得の合計 (各所得類型±合算。合算額マイナスの場合は零) ④　有価証券の譲渡損益 ⑤　デリバティブ取引損益 ⑥　外国為替差損益 ⑦　その他金融所得 ⑦の2　保険料 ⑩　無形資産等の譲渡損益 前7年以内の部分適用対象損失額の繰越控除
措令25の22の3㉚	(部分適用対象損失額) 部分対象外国関係会社の当該事業年度前7年以内に開始した事業年度において生じた上記④⑤⑥⑦⑩の合計額のマイナス額(当該事業年度前の年度で控除されたものを除く。) (繰越控除の対象とならない欠損金額) ・平成30年4月1日前に開始した事業年度に生じた部分対象欠損金額 ・部分対象外国関係会社に該当しなかった事業年度に生じた部分対象欠損金額 ・租税負担割合が20%以上であった事業年度の部分対象欠損金額
	(3) 部分課税対象金額
措令25の22の3③	部分課税対象金額＝部分適用対象金額×請求権等勘案合算割合 請求権等勘案合算割合は、上記4(3)と同じ。
	(4) 適用免除基準
措法40の4⑩	次のいずれかに該当する場合には、当該部分対象外国関係会社のその該当する事業年度に係る部分適用対象金額については適用しない。 ①　各事業年度の租税負担割合が20%以上であること ②　各事業年度の部分適用対象金額が2千万円以下であること
措令25の22の5	③　各事業年度の決算に基づく所得の金額（税引前所得金額）のうちに、当該事業年度の部分適用対象金額の占める割合が5%以下であること

6 合算される金融子会社等部分課税対象金額	措法40の4⑧	上記2に掲げる居住者に係る部分対象外国関係会社（外国金融子会社等に限る。）が、特定所得の金額を有するときは、当該各事業年度の特定所得の金額に係る金融子会社等部分適用対象金額に請求権等勘案合算割合を乗じて計算した金額（金融子会社等部分課税対象金額）は、その居住者の雑所得に係る収入金額とみなして当該部分対象外国関係会社の各事業年度終了の日の翌日から2月を経過する日の属する年分のその居住者の雑所得の総収入金額に算入する。
	措法40の4②七	（外国金融子会社等） 本店所在地国の法令に準拠して銀行業、金融商品取引業（金融商品取引法28①に規定する第一種金融商品取引業と同種類の業務に限る。）又は保険業を行う部分対象外国関係会社でその本店所在地国においてその役員又は使用人がこれらの事業を的確に遂行するために通常必要と認められる業務の全てに従事しているもの（**外国金融機関**）及びこれに準ずるものとして政令で定める部分対象外国関係会社（**外国金融持株会社**）をいう。
	措令25の22① 措令39の17③	（外国金融持株会社の範囲） 部分対象外国関係会社は、措令39の17③に掲げるもの（一の居住者によってその発行済み株式等の全部を直接又は間接に保有されているものに限る。）とする。 一の内国法人及び当該一の内国法人との間に特定資本関係のある内国法人によってその発行済株式等の全部を直接又は間接に保有されているものに限る。
		(1)　特定所得の金額
	措法40の4⑧一 措令25の22の4②～⑧ 措法40の4⑧二 措法40の4⑧三 措法40の4⑧四 措法40の4⑧五	(see table below)

	所得類型	対象から除外される項目
①	異常な水準の資本に係る所得 下記参照	—
②	有形固定資産の貸付対価（上記5(1)⑧に準じる。） 貸付対価の額－直接費用の額（償却費を含む。）	本店所在地国で使用される資産の貸付対価 一定のリース事業
③	無形資産等の使用料（上記5(1)⑨に準じる。） 貸付対価の額－直接費用の額（償却費を含む。）	自己開発等の一定の無形資産の使用料
④	無形資産の譲渡損益（上記5(1)⑩に準じる。） 譲渡対価の額－(譲渡原価＋直接費用の額)	自己開発等の一定の無形資産の譲渡損益
⑤	⑤異常所得(上記5(1)⑪に準じる。)	—

〈①異常な水準の資本に係る所得に関して〉

措法40の4⑧一　外国金融子会社等のうち、一の居住者によってその発行済株式等の全部を直接又は間接に保有されている部分対象外国関係会社（その設立から5年以内又はその解散の日から3年以内のものを除く。）の親会社等資本持分相当額が総資産の額の70％超の場合

6 合算される金融子会社等部分課税対象金額		には、以下の金額が異常な水準の資本に係る所得として、部分合算の対象とされる。 （親会社等資本持分相当額－最低資本金勘案額）×親会社の資本利益率
	措令25の22の4⑤	（親会社等資本持分相当額） 部分対象外国関係会社の当該事業年度終了の時における純資産の額から、次の額を控除した残額とする。
	措規18の20⑰	イ　利益剰余金の額 ロ　利益剰余金の資本組入額 ハ　累積損失額 ニ　（金融持株会社の場合）その有する他の外国金機関等（持分割合50％超のもの）の株式等の帳簿価額
	措令25の22の4⑥	（総資産の額） 部分対象外国関係会社の当該事業年度終了の時における貸借対照表に計上されている総資産の帳簿価額（保険業の場合は、措規18の20⑱で定めるものの額を含む。）
	措令25の22の4⑦	（最低資本金勘案額） 部分対象外国関係会社の本店所在地国の法令に基づき下回ることができない資本の額の2倍に相当する金額
	⑵　金融子会社等部分適用対象金額	
	措法40の4⑨	以下のAとBのうちいずれか多い金額をいう。 A　上記⑴①　異常な水準の資本に係る所得 B　上記⑴の以下の所得の合計 （各所得類型ごとにマイナスの場合は零） ②　有形固定資産の貸付対価 ③　無形資産等の使用料 ⑤　異常所得 及び ④　無形資産の譲渡損益 前7年以内の金融子会社等部分適用対象損失額の繰越控除
	措令25の22の4⑨	（金融子会社等部分適用対象損失額） 当該部分対象外国関係会社の当該各事業年度前7年以内に開始した事業年度において生じた上記⑴④の無形資産の譲渡損益に係るマイナス額（当該事業年度前の年度で控除されたものを除く。）をいう。 当該事業年度の④無形資産の譲渡益から控除することができる。 （繰越控除の対象とならない欠損金額） ・平成30年4月1日前に開始した事業年度に生じた金融子会社等部分対象欠損金額

6 合算される金融子会社等部分課税対象金額		
		・部分対象外国関係会社に該当しなかった事業年度に生じた金融子会社等部分対象欠損金額 ・租税負担割合が20％以上であった事業年度の金融子会社等部分対象欠損金額
		⑶　金融子会社等部分課税対象金額
	措令25の22の4①	金融子会社等部分課税対象金額 ＝金融子会社等部分適用対象金額×請求権等勘案合算割合 請求権等勘案合算割合は、上記4⑶と同じ。
		⑷　適用免除基準
	措法40の4⑩	次のいずれかに該当する場合には、当該部分対象外国関係会社のその該当する事業年度に係る部分適用対象金額については適用しない。 ①　各事業年度の租税負担割合が20％以上であること ②　各事業年度の金融子会社等部分適用対象金額が2千万円以下であること
	措令25の22の5	③　各事業年度の決算に基づく所得の金額（税引前所得金額）のうちに、当該事業年度の金融子会社等部分適用対象金額の占める割合が5％以下であること

7 外国関係会社から受ける配当等の配当所得からの控除等		
	⑴　課税対象金額、部分課税対象金額又は金融子会社等部分課税対象金額を有する居住者の場合の配当所得の金額の計算上の控除	
	措法40の5①一	①　課税対象金額、部分課税対象金額又は金融子会社等部分課税対象金額がある場合
	措令25の23①	外国法人に係る課税対象金額、部分課税対象金額又は金融子会社等部分課税対象金額で、配当日の属する年分において各年分の雑所得の金額の計算上総収入金額に算入されるもののうち、当該居住者の有する当該外国法人の直接保有の株式等の数及び当該居住者と当該外国法人との間の実質支配関係の状況を勘案して政令で定めるところにより計算した金額

	場合	数又は金額
イ	当該外国法人が請求権の内容が異なる株式等を発行している場合	当該外国法人の発行済株式等に、当該居住者が当該請求権に基づき受けることができる剰余金の配当等の額がその総額のうちに占める割合を乗じて計算した数又は金額
ロ	当該外国法人の事業年度終了の時において当該外国法人と当該居住者との間に実質支配関係がある場合	当該外国法人の発行済株式等
ハ	当該外国法人の事業年度終了の時において当該外国法人と当該居住者以外の者との間に実質支配関係がある場合	零

<table>
<tr><td rowspan="5">7
外国関係会社から受ける配当等の配当所得からの控除等</td><td>措法40の５①二

措令25の23②</td><td>② 前年以前３年内に課税対象金額、部分課税対象金額又は金融子会社等部分課税対象金額がある場合　次の金額
外国法人に係る課税対象金額、部分課税対象金額又は金融子会社等部分課税対象金額で、配当日の属する年の前年以前３年内の各年分において各年分の雑所得の金額の計算上総収入金額に算入されたもののうち、当該居住者の有する当該外国法人の直接保有の株式等の数及び当該居住者と当該外国法人との間の実質支配関係の状況を勘案して政令で定めるところにより計算した金額（当該各年分において当該外国法人から受けた剰余金の配当等の額（この項の規定の適用を受けた部分の金額に限る。）がある場合には、当該剰余金の配当等の額に相当する金額を控除した残額。）</td></tr>
<tr><td colspan="2">(2) 間接配当がある場合</td></tr>
<tr><td>措法40の５②

措令25の23③～⑧</td><td>(1)の外国法人が他の外国法人から受ける剰余金の配当等の額があるときは、居住者が当該外国法人から受ける剰余金の配当等の額から当該剰余金の配当等の額につき(1)の規定の適用を受ける部分の金額を控除した金額（当該外国法人に係る次の①と②のうちいずれか少ない金額に達するまでの金額に限る。）は、当該居住者の配当日の属する年分の当該外国法人から受ける剰余金の配当等の額に係る配当所得の金額の計算上控除する。
<table>
<tr><td>①</td><td colspan="2">配当事業年度及び前２年以内の各事業年度の期間において外国法人が他の外国法人から受けた配当等の額 × (直近配当基準日における居住者の有する当該外国法人の請求権勘案直接保有株式等 ／ 直近配当基準日における当該外国法人の発行済株式等)</td></tr>
<tr><td rowspan="3">②</td><td colspan="2">以下の(a)配当事業年度分及び(b)前２年以内の各事業年度分の合計額</td></tr>
<tr><td>(a)</td><td>配当事業年度における他の外国法人の適用対象金額又は（金融子会社等）部分適用対象金額で居住者の総収入金額に算入されるもの × (他の外国法人の事業年度終了時における居住者の有する他の外国法人の請求権等勘案間接保有株式等 ／ 他の外国法人の事業年度終了時における他の外国法人の発行済株式等)</td></tr>
<tr><td>(b)</td><td>前２年以内の各事業年度における他の外国法人の各事業年度の適用対象金額又は（金融子会社等）部分適用対象金額で居住者の総収入金額に算入されたもの × (他の外国法人の各事業年度終了時における居住者の有する他の外国法人の請求権等勘案間接保有株式等 ／ 他の外国法人の各事業年度終了時における他の外国法人の発行済株式等)</td></tr>
</table></td></tr>
<tr><td>措令25の23⑧一</td><td>（請求権等勘案間接保有株式等）</td></tr>
</table>

7 外国関係会社から受ける配当等の配当所得からの控除等

外国法人の発行済株式等に、居住者の出資関連法人に係る請求権等勘案保有株式等保有割合及び当該出資関連法人の当該外国法人に係る請求権等勘案保有株式等保有割合を乗じて計算した株式等の数又は金額をいう。

措令25の23⑧二

（請求権等勘案保有株式等保有割合）

$$\frac{\text{株式等発行法人の株主等の有する株式等}}{\text{当該発行法人の発行済株式等}}$$

但し、次に掲げる場合に該当する場合には、次に定める割合とする。

	場合の区分	割合
イ	当該発行法人が請求権の内容が異なる株式等を発行している場合（ロ又はハの場合を除く。）	$\frac{\text{当該株主等が株式等に係る請求権に基づき受けることができる配当等の額}}{\text{配当等の額の総額}}$
ロ	他の外国法人の事業年度終了の時において当該発行法人と当該株主等との間に実質支配関係がある場合	100%
ハ	他の外国法人の事業年度終了の時において当該発行法人と当該株主等以外の者との間に実質支配関係がある場合	零

措法40の5③

（確定申告書の連続した提出、明細書の添付、記載等の要件）

課税済金額又は間接配当等若しくは間接課税済金額に係る年のうち最も古い年以後の各年分の確定申告書を連続して提出している場合であって、かつ、配当日の属する年分の確定申告書、修正申告書又は更正請求書に、これらの規定による控除を受ける剰余金の配当等の額及びその計算に関する明細書の添付がある場合に限り、適用する。この場合において、これらの規定により控除される金額は、当該金額として記載された金額を限度とする。

8 確定申告書の添付書類等

措法40の4⑪

(1) 確定申告書に添付する書類

措規18の20⑲

上記2に掲げる居住者は当該居住者に係る次のA、Bの外国関係会社（添付対象外国関係会社）の各事業年度の次に掲げる書類を当該各事業年度の確定申告書に添付しなければならない。

A　当該各事業年度の租税負担割合が20%未満である外国関係会社（特定外国関係会社を除く。）

B　当該各事業年度の租税負担割合が30%未満である特定外国関係会社

①	当該外国関係会社の貸借対照表及び損益計算書
②	当該外国関係会社の各事業年度の株主資本等変動計算書、損益金の処分に関する計算書その他これらに類するもの
③	①に掲げるものに係る勘定科目内訳明細書

項目	根拠条文	内容
8 確定申告書の添付書類等		④ 当該外国関係会社の本店所在地国の法令により課される税に関する申告書で各事業年度に係るものの写し ⑤ 当該外国関係会社の各事業年度終了の日における株主等の氏名及び住所又は名称及び本店若しくは主たる事務所の所在地並びにその有する株式等の数又は金額を記載した書類 ⑥ 当該外国関係会社の各事業年度終了の日における当該外国関係会社に係る他の外国法人の株主等並びに他の外国法人及び出資関連外国法人の株主等に係る⑤に掲げる書類 （注）令和６年分以後は、確定申告書に添付することとされている外国関係会社の書類から次の部分対象外国関係会社に関する書類を除外し、保存するものとする。 ① 部分適用対象金額がない部分対象外国関係会社 ② 部分適用対象金額が2,000万円以下等の要件を満たし合算課税が適用されない部分対象外国関係会社
	措令25の20⑦	⑵ 上記４⑴の基準所得金額の計算においてＡ本邦法令に基づく方式の場合 当該各事業年度において一定のものを損金の額に算入されることとなる金額があるときは、当該各事業年度に係る確定申告書に当該金額の損金算入に関する明細書の添付がある場合に限り、基準所得金額の計算上、損金の額に算入する。
9 特定外国信託に係る所得の課税の特例	措法40の４⑫	居住者が外国信託（外国投資信託（投資信託及び投資法人に関する法２㉔）のうち特定投資信託（措法68の３の３①）に類するものをいう。）の受益権を直接又は間接に有する場合（当該居住者に係る被支配外国法人を通じて間接に有する場合を含む。）及び当該外国信託と実質支配関係がある場合には、当該外国信託の受託者は、当該外国信託の信託資産等（信託財産に属する資産及び負債並びに当該信託財産に帰せられる収益及び費用をいう。）及び固有資産等（外国信託の信託資産等以外の資産及び負債並びに収益及び費用をいう。）ごとに、それぞれ別の者とみなして、外国関係会社に係る合算税制（措法40の４～40の６まで）の規定を適用する。
	措法40の４⑬	（法人課税信託の規定の適用） 上記の適用については、「法人課税信託の受託者に関するこの法律の適用」（法法４の６②）及び「受託法人等に関するこの法律の適用」（法法４の７）の規定を準用する。

個人の国際税務

10 特殊関係株主等である居住者に係る外国関係法人に係る所得の課税の特例（コーポレートインバージョン対策税制）	措法40の７①	(1) 特殊関係株主等である居住者に係る外国関係法人の課税対象金額の総収入金額算入 特殊関係株主等（特定株主等に該当する者並びにこれらの者と特殊の関係のある個人及び法人をいう。）と特殊関係内国法人との間に当該特殊関係株主等が当該特殊関係内国法人の発行済株式等の総数又は総額の80％以上の数又は金額の株式等を間接に有する関係（特定関係）がある場合において、当該特殊関係株主等と特殊関係内国法人との間に発行済株式等の保有を通じて介在する外国法人（外国関係法人）のうち、特定外国関係法人又は対象外国関係法人に該当するものが、各事業年度において適用対象金額を有するときは、その適用対象金額のうち当該特殊関係株主等である居住者の有する当該特定外国関係法人又は対象外国関係法人の直接及び間接保有の株式等の数に対応するものとしてその株式等の請求権の内容を勘案して計算した金額（課税対象金額）に相当する金額は、当該特殊関係株主等である居住者の雑所得に係る収入金額とみなして当該各事業年度終了の日の翌日から２月を経過する日の属する年分の当該居住者の雑所得の総収入金額に算入する。
	措令25の25⑨	措令25の19③④の規定は、必要経費を算入すべき場合について準用する。
	措法40の７②一	（特定株主等の意義） 特定関係が生ずることとなる直前に特定内国法人（当該直前に株主等の５人以下並びにこれらと特殊の関係のある個人及び法人によって発行済株式等の総数又は総額の80％以上の数又は金額の株式等を保有される内国法人をいう。）の株式等を有する個人及び法人をいう。
	措法40の７②二	（特殊関係内国法人の意義） 特定内国法人又は特定内国法人からその資産及び負債の大部分の移転を受けたものとして政令で定める内国法人をいう。
	措法40の７②三	（特定外国関係法人の意義）
	措法40の７②四	（対象外国関係法人の意義）
	措令25の26①～③	（特定株主等の範囲）
	措法40の７②五	（適用対象金額） 特定外国関係法人又は対象外国関係法人の各事業年度の決算に基づく所得の金額につき法人税法及び租税特別措置法による各事業年度の所得の金額の計算に準ずるものとして計算した金額（基準所得金額）を基礎として、当該各事業年度開始の日前７年以内に開始した各事業年度において生じた欠損の金額及び当該基準所得金額に係る税額に関する調整を加えた金額をいう。
	措法40の７⑥⑦	(2) 合算される部分対象外国関係法人（外国金融関係法人を除く。）の部分課税対象金額
	措令25の27⑧二	部分合算課税の対象としないこととされる関連者等に対する金銭の貸付けに係る利子について、関連者等から個人を除く。

	措法40の7⑧⑨	(3) 合算される部分対象外国関係法人（外国金融関係法人に限る。）の金融関係法人部分課税対象金額
	措法40の7⑩	（部分対象外国関係法人に係る少額等の場合の適用免除）
		(4) 外国法人から受ける配当等の総収入金額不算入
	措法40の8①	① 課税済配当がある場合
	措法40の8②	② 間接配当がある場合
	措法40の8③	(5) 確定申告書の連続した提出、明細書の添付要件等

（参考）タックスヘイブン対策税制の個人法人対比表
（外国関係会社のH30/4/1以後開始事業年度から適用）

	内国法人			居住者	
措法	66の6	（内国法人の外国関係会社に係る所得の課税の特例）…表題が消失	措法	40の4	居住者に係る特定外国子会社等の課税対象金額等の総収入金額算入…表題が消失
措法	66の7	（外国税額控除）…表題が消失			
措法	66の8	（TH法人からの配当等の益金不算入）…表題が消失	措法	40の5	（TH法人からの配当の配当所得からの控除）…表題が消失
措法	66の9	（政令への移管）…表題が消失	措法	40の6	（政令への移管）…表題が消失
措法	66の9の2	（特殊関係株主等である内国法人に係る外国関係法人の所得の課税の特例）…表題が消失	措法	40の7	（特殊関係株主等である居住者に係る特定外国法人の課税対象金額等の総収入金額算入）…表題が消失
措法	66の9の3	（外国税額控除）…表題が消失			
措法	66の9の4	（TH法人からの配当等の益金不算入）…表題が消失	措法	40の8	（TH法人からの配当の配当所得からの控除）…表題が消失
措法	66の9の5	（政令への移管）…表題が消失	措法	40の9	（政令への移管）…表題が消失
措令	39の14	課税対象金額の計算等	措令	25の19	課税対象金額の計算等
措令	39の14の2	外国関係会社の範囲	措令	25の19の2	外国関係会社の範囲
措令	39の14の3	特定外国関係会社及び対象外国関係会社の範囲	措令	25の19の3	特定外国関係会社及び対象外国関係会社の範囲
措令	39の15	適用対象金額の計算	措令	25の20	適用対象金額の計算
措令	39の16	実質支配関係の判定	措令	25の21	実質支配関係の判定
措令	39の17	外国金融子会社等の範囲	措令	25の22	外国金融子会社等の範囲
措令	39の17の2	外国関係会社に係る租税負担割合の計算	措令	25の22の2	外国関係会社に係る租税負担割合の計算
措令	39の17の3	部分適用対象金額の計算等	措令	25の22の3	部分適用対象金額の計算等
措令	39の17の4	金融子会社等部分適用対象金額の計算等	措令	25の22の4	金融子会社等部分適用対象金額の計算等
措令	39の17の5	部分適用対象金額又は金融子会社等部分適用対象金額に係る適用除外	措令	25の22の5	部分適用対象金額又は金融子会社等部分適用対象金額に係る適用除外

措令	39の18	外国関係会社の課税対象金額等に係る外国法人税額の計算等			
措令	39の19	特定課税対象金額及び間接特定課税対象金額の計算等			
			措令	25の23	剰余金の配当等の額の控除
措令	39の20	外国関係会社の判定等	措令	25の24	外国関係会社の判定等
措令	39の20の2	特殊関係株主等の範囲等	措令	25の25	特殊関係株主等の範囲等
措令	39の20の3	特定株主等の範囲等	措令	25の26	特定株主等の範囲等
措令	39の20の4	部分適用対象金額の計算等	措令	25の27	部分適用対象金額の計算等
措令	39の20の5	金融関係法人部分適用対象金額の計算等	措令	25の28	金融関係法人部分適用対象金額の計算等
措令	39の20の6	部分適用対象金額又は金融関係法人部分適用対象金額に係る適用除外	措令	25の29	部分適用対象金額又は金融関係法人部分適用対象金額に係る適用除外
措令	39の20の7	外国関係法人の課税対象金額等に係る外国法人税額の計算等			
措令	39の20の8	特定課税対象金額及び間接特定課税対象金額の計算等			
			措令	25の30	剰余金の配当等の額の控除
措令	39の20の9	特定関係の判定等	措令	25の31	特定関係の判定等
措通	66の6-1	発行済株式			
措通	66の6-2	直接及び間接に有する株式			
措通	66の6-3	特定外国関係会社等が2以上ある場合の損益の不通算			
措通	66の6-4	課税対象金額等の円換算			
措通	66の6-5	主たる事業の判定			
措通	66の6-6	主たる事業を行うに必要と認められる事務所等の意義			
措通	66の6-7	自ら事業の管理、支配等を行っていることの意義			
措通	66の6-8	事業の管理、支配等を本店所在地国において行っていることの判定			
措通	66の6-9	特定保険協議者又は特定保険受託者の管理支配基準の判定			
措通	66の6-9の2	管理支配会社によって事業の管理・支払等が行われていることの判定			

措通	66の6－9の3	事業の遂行上欠くことのできない機能の意義	
措通	66の6－10	株式等の保有を主たる事業とする統括会社の経済活動基準の判定	
措通	66の6－11	被統括会社の事業の方針の決定又は調整に係るものの意義	
措通	66の6－12	被統括会社に該当する外国関係会社の経済活動基準の判定	
措通	66の6－13	被統括会社の事業を行うに必要と認められる者	
措通	66の6－14	専ら統括業務に従事する者	
措通	66の6－15	船舶又は航空機の貸付けの意義	
措通	66の6－16	全てに従事していることの範囲	
措通	66の6－17	事業の判定	
措通	66の6－18	金融商品取引業を営む外国関係会社が受けるいわゆる分与口銭	
措通	66の6－19	適用対象金額等の計算	
措通	66の6－20	法人税法等の規定の例に準じて計算する場合の取扱い	
措通	66の6－21	大法人により発行済株式等の全部を保有される場合の適用対象金額の計算	
措通	66の6－21の2	企業集団等所得課税規定を除いた法令の規定による所得の金額の計算	
措通	66の6－21の3	企業集団等所得課税規定を除いた法令の規定により計算する場合の取扱い	
措通	66の6－21の4	合理的な方法による所得の金額の簡便計算	
措通	66の6－21の5	企業集団等所得課税規定の適用がある場合の個別計算納付法人所得税額等の計算	
措通	66の6－21の6	選択適用の規定がある場合の個別計算納付法人所得税額等の計算	

措通	66の6-21の7	無税国の外国関係会社が企業集団等所得課税規定の適用を受ける場合の所得の金額の計算	
措通	66の6-22	外国関係会社の事業年度と課税年度とが異なる場合の租税負担割合の計算	
措通	66の6-23	課税標準の計算がコストプラス方式による場合	
措通	66の6-24	外国法人税の範囲	
措通	66の6-24の2	租税負担割合の計算における企業集団等所得課税規定を除いた法令の規定による所得の金額の計算	
措通	66の6-24の3	企業集団等所得課税規定の適用がないものとした場合に計算される外国法人税の額の計算	
措通	66の6-25	非課税所得の範囲	
措通	66の6-26	外国法人税の額に加算される税額控除額	
措通	66の6-27	複数税率の場合の特例の適用	
措通	66の6-28	特定所得の金額に係る源泉税等	
措通	66の6-29	自ら行った研究開発の意義	
措通	66の6-30	課税対象金額等に係る外国法人税額の計算	
措通	66の6-31	企業集団等所得課税規定の適用がないものとした場合に計算される個別計算外国法人税額の計算	
措通	66の9の2-1	特殊関係株主等である内国法人の外国関係法人に係る所得の課税の特例	

第6章
相続税・贈与税（現行：令和3/4/1以降）

項目	根拠法令	説明
1 相続税・贈与税の国際税務の概要		相続税及び贈与税については、昭和25年に財産の取得者を納税義務者として課税する仕組みに改組され、それ以来、その納税義務の範囲は、財産の取得者（相続人・受贈者）の所在地が国内にあるのか、又は国外にあるのかによって区分されてきた。すなわち、財産の取得者の住所が国内にある場合は取得したすべての財産が課税対象となり（無制限納税義務者）、財産の取得者の住所が国外にある場合は国内財産のみが課税対象とされていた（制限納税義務者）。 相続税・贈与税の納税義務の範囲については、改正の度に国外財産に係る租税回避事例が生まれ、その租税回避を防ぐため度々大きな改正が行われている。また、近年は外国人招致の障害を緩和するための改正も行われた。この改正の流れを把握すれば、国際税務に関する相続税法の規定の理解に役立つと思われるので、以下に概要を記す。なお、文中の〔租税回避名〕は、著者が勝手に付けたものである。 (1) 平成12年度改正以前 財産の取得者（相続人・受贈者）の住所地のみをもって、無制限納税義務者と制限納税義務者を判別する制度の下では、人（相続人・受贈者）と財産の双方を国外に移転することにより、容易に租税回避〔取得者&財産双方移転〕することができた。 (2) 平成12年度改正（平成25年3月31日以前の相続・贈与に適用） 上記(1)の租税回避を防ぐため、相続人・受贈者が日本国籍を有する場合は、被相続人・贈与者及び相続人・受贈者がいずれも5年超日本に住所を有しないことを、制限納税義務者の要件とした。ところが、海外で生まれた孫等に日本国籍を取得させないで、国外財産の贈与等をすることにより、課税を回避する事例が生じた〔孫の国籍外し〕。 (3) 平成25年度改正（平成25年4月1日～29年3月31日の相続・贈与に適用） 上記(2)の租税回避を防ぐため、日本国籍を有しない国外居住者に相続・贈与しても、被相続人・贈与者が相続・贈与時に日本に住所を有していた場合は、無制限納税義務者とした。ところが、この改正は、一時的に日本で就労する外国人にとっては、予期せぬ相続税・贈与税の負担リスクを生むこととなり、来日の大きな障害となった。 (4) 平成29年度改正（平成29年4月1日～30年3月31日の相続・贈与に適用） イ 上記(3)の障害につき、一時的に国内に居住する外国人の納税義務を緩和するため、被相続人・贈与者が出入国管理及び難民認定法別表第一の在留資格をもって一時的滞在をしている

場合等の相続・贈与については、国内財産のみを課税対象とすることとした。

ロ　一方で日本人の間では、被相続人・贈与者と相続人・受贈者の双方が５年超国外に住所を移すことによって国外財産について相続税・贈与税を逃れようとする節税プランが生じた〔5年移住＆帰国〕。この租税回避を防止すべく、日本国籍を有する国外居住者が取得する国外財産を相続税・贈与税の課税対象外とする要件として、被相続人・贈与者及び相続人・受贈者がいずれも国内に住所を有しない相続・贈与前の期間を、平成12年度改正による５年超から10年超に拡大した。

ハ　また、海外で出生して日本国籍を取得させなかった子を海外に居住させ、親が一時的に国外に住所を移した上でその子に国外財産を贈与する租税回避が生じた〔海外出生＆贈与者住所外し〕。この租税回避を防ぐため、日本国籍を有しない国外居住者が相続人・受贈者となる場合であっても、被相続人・贈与者が過去10年以内に国内に住所を有している場合は、相続・贈与時に国内に住所を有しなくとも、国外財産を相続税・贈与税の課税対象に加えることした。ただし、被相続人・贈与者が、日本国籍を有せず、過去15年以内において国内に住所を有していた期間の合計が10年以下の場合に限り、国外財産を課税対象外とした。

(5)　平成30年度改正（平成30年４月１日～令和３年３月31日の相続・贈与に適用）

イ　上記(4)ハの改正により、相続・贈与前15年以内に10年超国内に居住した外国人については、国内に住所を有しなくなってから被相続人・贈与者となった場合であっても、全世界財産が課税対象とされることとなった。これでは、高度外国人材受入れの障害となるので、国内に住所を有しなくなった日前15年以内において国内に住所を有していた期間の合計が10年を超える被相続人・贈与者であっても、当該期間引き続き日本国籍を有せず、かつ、相続・贈与の時に国内に住所を有しない場合は、国外財産を課税対象外とした。

ロ　上記イの改正中、贈与については、相続とは異なり外国人が一時的に出国して国外財産を贈与した後に、再び来日するという租税回避が想定される〔一時出国＆贈与〕。この租税回避を防ぐために、国内に住所を有しなくなった日前15年以内に10年超国内に居住した外国人が日本に住所を有しなくなってから２年以内に、国外財産を贈与し、かつ、日本に住所を有することとなった場合は、国外財産も贈与税の課税対象とした。

ハ　上記イの改正によって、外国人が本国に戻った後に相続・贈与した場合は、国外財産には課税されないこととなったが、15年中10年超日本に在住した外国人が本国に戻る前に相続贈与が生じた場合は、依然として国外財産にも課税されることとなっていた。

(6)　令和３年度改正（令和３年４月１日以後の相続・贈与に適用）

高度外国人材等の日本での就労を促進する観点から、就労のために日本に居住している外国人が死亡又は贈与した場合、その外

		国人の居住期間にかかわらず、外国に居住する家族等が相続又は贈与により取得する国外財産を相続税・贈与税の課税対象としないこととした。 つまり、被相続人・贈与者が15年以内に10年以下居住の場合に限り国外財産を課税対象外とする要件を廃して、外国に居住する外国人が、別表第一の在留資格（永住者、日本人の配偶者等の別表第二の資格は含まれない。）で日本に居住する外国人から取得する国外財産については、その居住期間にかかわらず、相続税・贈与税のいずれも課税対象としないこととした。 また、贈与税については、日本に長期間（15年以内に10年超）滞在していた外国人が、出国後に外国に居住する外国人に対して行った贈与について、出国後２年以内に再び日本に住所を戻した場合に国外財産にも課税する規定が削除され、廃止された。
2	相続税の納税義務者及び課税財産の範囲	
納税義務者と課税財産	相法１の３①一、相法２①	（Ⓐ　居住無制限納税義務者） 相続又は遺贈（贈与をした者の死亡により効力を生ずる贈与を含む。）により財産を取得した次に掲げる者であって、当該財産を取得した時において国内に住所を有するもの イ　一時居住者でない個人 ロ　一時居住者である個人（当該相続又は遺贈に係る被相続人（遺贈をした者を含む。）が外国人被相続人又は非居住被相続人である場合を除く。） その相続財産の全部が相続税の対象とされる。
	相法１の３①二イ、ロ、相法２①	（Ⓑ　非居住無制限納税義務者） 相続又は遺贈により財産を取得した次に掲げる者であって、当該財産を取得した時において国内に住所を有しないもの イ　日本国籍を有する個人であって次に掲げるもの (1)　当該相続又は遺贈に係る相続の開始前10年以内（H29/4/1前は５年）のいずれかの時において国内に住所を有していたことがあるもの (2)　当該相続又は遺贈に係る相続の開始前10年以内（H29/4/1前は５年）のいずれの時においても国内に住所を有していたことがないもの（当該相続又は遺贈に係る被相続人が外国人被相続人又は非居住被相続人である場合を除く。） ロ　日本国籍を有しない個人（当該相続又は遺贈に係る被相続人が外国人被相続人又は非居住被相続人である場合を除く。） その相続財産の全部が相続税の対象とされる。
	相法１の３①三、相法２②	（Ⓒ　居住制限納税義務者） 相続又は遺贈により国内にある財産を取得した個人で当該財産を取得した時において国内に住所を有するもの（上記Ⓐに掲げる者を除く。） この場合、国内にある財産が相続税の対象とされる。 （Ⓓ　非居住制限納税義務者）

2 納税義務者と課税財産	相法1の3①四、相法2②	相続又は遺贈により国内にある財産を取得した個人で当該財産を取得した時において国内に住所を有しないもの（上記Ⓑに掲げる者を除く。） この場合、国内にある財産が相続税の対象にされる。
		（⑤　相続時精算課税適用者）
	相法1の3①五	平成15年度改正により創設された「相続時精算課税制度」の通用を受けた受贈者は、相続又は遺贈により財産を取得しなかった場合においても、相続時精算課税制度の適用を受けた贈与財産は相続により取得したものとみなして相続税が課税される。
	相基通1の3・1の4共-5	（「住所」の意義） 同一人について同時に国内に2箇所以上の住所はないものとする。
	相基通1の3・1の4共-6	（国外勤務者等の住所の判定）
	相基通1の3・1の4共-7	（日本国籍と外国国籍とを併有する者がいる場合） 重国籍者を含む。
		（国外転出時課税制度に係る納税猶予の特例を受けた者等の相続税の居住形態）
	相法1の3②一	①　国外転出時課税に係る納税猶予の特例の適用を受ける個人が死亡した場合には、当該個人の死亡に係る相続税の規定の適用については、当該個人は、当該個人の死亡に係る相続の開始前10年以内のいずれかの時において国内に住所を有していたものとみなす。
	相法1の3②二	②　国外転出時（贈与）時課税の規定の適用を受ける者から納税猶予の規定の適用に係る贈与により財産を取得した者（受贈者）が死亡した場合には、当該受贈者の死亡に係る相続税の規定の適用については、当該受贈者は、当該受贈者の死亡に係る相続の開始前10年以内のいずれかの時において国内に住所を有していたものとみなす。 ただし、当該受贈者が当該贈与前10年以内のいずれの時においても国内に住所を有していたことがない場合は、この限りでない。
	相法1の3②三	③　国外転出時（相続）時課税の規定の適用を受ける相続人（包括受遺者を含む。）が死亡（「二次相続」という。）をした場合には、当該二次相続に係る相続税の規定の適用については、当該相続人は、当該二次相続の開始前10年以内のいずれかの時において国内に住所を有していたものとみなす。ただし、当該相続人が当該相続の開始前10年以内のいずれの時においても国内に住所を有していたことがない場合は、この限りでない。
	相法1の3③	（用語の意義） ①（一時居住者） 相続開始時に出入国管理及び難民認定法別表第一の上覧の在

2 納税義務者と課税財産		留資格を有する者で、当該相続の開始前15年以内において国内に住所を有していた期間の合計が10年以下であるものをいう。 ②（外国人被相続人） 相続開始時に別表第一の上覧の在留資格を有し、かつ、国内に住所を有していた当該相続に係る被相続人 ③（非居住被相続人） 相続開始時に国内に住所を有していなかった当該相続に係る被相続人であって、当該相続の開始前10年以内のいずれかの時において国内に住所を有していたことがあるもののうち、そのいずれの時においても日本国籍を有していなかったもの又は当該相続の開始前10年以内のいずれの時においても国内に住所を有していたことがないものをいう。
	贈与税の納税義務者及び課税財産の範囲	
	相法１の４①一、相法２の２①	〔Ⓐ　居住無制限納税義務者〕 贈与により財産を取得した次に掲げる者であって、当該財産を取得した時において国内に住所を有するもの イ　一時居住者でない個人 ロ　一時居住者である個人（当該贈与をした者が外国人贈与者又は非居住贈与者である場合を除く。） 贈与により取得した財産の全部が贈与税の対象とされる。
	相法１の４①二イ、ロ、相法２の２①	〔Ⓑ　非居住無制限納税義務者〕 贈与により財産を取得した次に掲げる者であって、当該財産を取得した時において国内に住所を有しないもの イ　日本国籍を有する個人であって次に掲げるもの (1)　当該贈与前10年以内のいずれかの時において国内に住所を有していたことがあるもの (2)　当該贈与前10年以内のいずれの時においても国内に住所を有していたことがないもの（当該贈与をした者が外国人贈与者又は非居住贈与者である場合を除く。） ロ　日本国籍を有しない個人（当該贈与をした者が外国人贈与者又は非居住贈与者である場合を除く。） 贈与により取得した財産の全部が贈与税の対象とされる。
	相法１の４①三、相法２の２②	〔Ⓒ　居住制限納税義務者〕 贈与により国内にある財産を取得した個人で当該財産を取得した時において国内に住所を有するもの（上記Ⓐに掲げる者を除く。） この場合、国内にある財産が贈与税の対象とされる。
	相法１の４①四、相法２の２②	〔Ⓓ　非居住制限納税義務者〕 贈与により国内にある財産を取得した個人で当該財産を取得した時において国内に住所を有しないもの（上記Ⓑに掲げる者を除く。） この場合、国内にある財産が贈与税の対象とされる。 （国外転出時課税制度に係る納税猶予の特例を受けた者等の贈与税の居住形態）

2 納税義務者と課税財産	相法1の4②一	① 国外転出時課税に係る納税猶予の特例の規定の適用を受ける個人が財産の贈与をした場合には、当該贈与に係る贈与税の規定の適用については、当該個人は、当該贈与前10年以内のいずれかの時において国内に住所を有していたものとみなす。
	相法1の4②二	② 国外転出（贈与）時課税に係る納税猶予の特例の規定の適用を受ける者から特例の規定の適用に係る贈与により財産を取得した者（受贈者）が財産の贈与（「二次贈与」という。）をした場合には、当該二次贈与に係る贈与税の規定の適用については、当該受贈者は、当該二次贈与前10年以内のいずれかの時において国内に住所を有していたものとみなす。ただし、当該受贈者が当該贈与に係る贈与前10年以内のいずれの時においても国内に住所を有していたことがない場合は、この限りでない。
	相法1の4②三	③ 国外転出（相続）時課税に係る納税猶予の特例の規定の適用を受ける相続人が財産の贈与をした場合には、当該贈与に係る贈与税の規定の適用については、当該相続人は、当該贈与前10年以内のいずれかの時において国内に住所を有していたものとみなす。ただし、当該相続人が当該相続の開始前10年以内のいずれの時においても国内に住所を有していたことがない場合は、この限りでない。
	相法1の4③	（用語の意義） ①（一時居住者） 贈与時に出入国管理及び難民認定法別表第一の上覧の在留資格を有する者で、当該贈与前15年以内において国内に住所を有していた期間の合計が10年以下であるものをいう。 ②（外国人贈与者） 贈与時に別表第一の上覧の在留資格を有し、かつ、国内に住所を有していた当該贈与をした者をいう。 ③（非居住贈与者） 贈与時に国内に住所を有していなかった当該贈与をした者であって、当該贈与前10年以内のいずれかの時において国内に住所を有していたことがあるもののうちそのいずれの時においても日本国籍を有していなかったもの又は当該贈与前10年以内のいずれの時においても国内に住所を有していたことがないものをいう。
	相法28①	（贈与税の申告書） 贈与により財産を取得した者は、その年分の贈与税の課税価格に係る贈与税額があるときは、その年の翌年2月1日から3月15日までに贈与税の申告をしなければならない。
	相法28⑤⑥⑦	令和3年度税制改正により削除（令和3年4月1日施行）

3 財産の所在	相法10	相続又は遺贈により財産を取得した者のうち、制限納税義務者は国内にある財産についてのみ納税義務を負うこととなるので、財産の所在の判定は重要な問題となる。
	相法10④	財産の所在については、財産を相続、遺贈により取得したときの現況によって判定を行う。
		(動産・不動産・不動産の上に存する権利（地上権、借地権、永小作権等))
	相法10①一 相基通10－1	その動産又は不動産の所在地 ただし、船舶又は航空機の所在地については船籍又は航空機を登録した機関の所在地によることになっているが、船舶のうち船籍のない船舶については、一般の動産と同様にその所在地により判定する。
		(鉱業権・粗鉱権・採石権)
	相法10①二	鉱区（登録を受けた一定の土地の区域）又は採石場の所在地
		(漁業権・入漁権)
	相法10①三	漁場に最も近い沿岸の属する市町村又はこれに相当する行政区画の所在地
		(預金・貯金・積金・寄託金)
	相法10①四	受入れをした営業所又は事務所の所在地
		(保険金)
	相法10五 相基通10－2	生命保険契約又は損害保険契約を締結した保険会社の本店又は主たる事務所の所在地
		(退職手当金)
	相法10六	退職手当金を支払った者の住所又は本店又は主たる事務所の所在地
		(貸付金債権)
	相法10①七 相令１の14 相基通10－3	債務者の住所又は本店もしくは主たる事務所の所在地 なお、債務者が２以上ある場合には、主たる債務者の住所又は本店もしくは主たる事務所の所在地により判定する。
	相基通10－4	(社債・株式・法人に対する出資)
	相法10①八 相基通10－5	社債もしくは株式の発行法人又は出資した法人の本店又は主たる事務所の所在地 また、外国預託証券の所在地は、外国預託証券に係る株式の発行法人の本店又は主たる事務所の所在地によることとされている。
		(集団投資信託・法人課税信託に関する権利)
	相法10①九	信託の引受けをした営業所又は事務所等の所在地
		(特許権・実用新案権・意匠権・これらの実施権・商標権)
	相法10①十	登録をした機関の所在地
		(著作権・出版権・著作隣接権)
	相法10①十一	これらの目的物を発行する営業所又は事務所の所在地

3 財産の所在		（低額譲受により贈与又は遺贈により取得したものとみなされる財産）
	相法10①十二	取得したものとみなされる基因となった財産の種類に応じ、この条に規定する場所
		（上記に掲げる以外の財産で営業上等の権利）
	相法10①十三	その営業所・事業所の所在地
	相基通10－6	（国債・地方債）
	相法10②	わが国の国債・地方債は日本国内にあり、外国又は外国の地方公共団体その他これに準ずるものの発行する公債は、外国にあるものとされる。
		（その他の財産）
	相法10③	財産の権利者であった被相続人又は贈与をした者の住所の所在地
	相基通10－1	（船籍のない船舶の所在）
	相基通10－2	（生命保険契約及び損害保険契約の所在）
	相基通10－3	（「貸付金債権」の意義）
	相基通10－4	（主たる債務者が２人以上ある場合の債権の所在）
	相基通10－5	（株式に関する権利等の所在）
	相基通10－6	（営業上の権利）
4 海外の財産の評価		相続税法で特別に評価方法が定められているもの以外の財産の価額は「当該財産の取得のときにおける時価」により評価することとなっている。客観的価値である「時価」の算定は、実務上、「財産評価基本通達」に委ねられている。
		（国外財産の評価）
	評通5－2	通達では海外にある財産の評価について、まず「国外にある財産の価額についても、この通達に定める評価方法により評価する」としている。これは基本的に、国外にある財産についても、その評価は時価に基づいて行われるという意味である。通達の定めによって評価することができない財産については、この通達に定める評価方法に準じて、又は、売買実例価額、精通者意見価格等を参酌して評価するとし、課税上弊害がない限り取得価額をもとに時点修正して求めた価額や課税時期後に譲渡した場合における譲渡価額をもとに算出した課税時期現在の価額により評価することができるとしている。
		（邦貨換算）
	評通4－3	外貨預金等の外貨建財産及び国外にある財産を邦貨換算する換算レートは、預けている金融機関の公表する電信買相場（TTB）を用いることとなる。また、海外にある不動産等の財産を評価し、邦貨換算する換算レートは、納税義務者の取引金融機関の公表する電信買相場又はこれに準ずる為替相場によることになる。 外貨建債務の換算は、電信売相場（TTS）による。

5 債務控除	相法13① 相法13②	(無制限納税義務者) 相続又は遺贈によって財産を取得した者が、無制限納税義務者の場合には、その取得した財産の価額から、(イ)被相続人の債務で相続開始の際、現に存するもの(公租公課を含む)及び(ロ)被相続人に係る葬式費用のうちで、取得者の負担に属する部分の金額を債務控除額として控除する。 (制限納税義務者) 相続又は遺贈によって財産を取得した者が、制限納税義務者である場合には、相続税法の施行地(日本国内)にある取得財産の価額から、被相続人の債務で次に掲げるものの金額のうち、その者の負担に属する部分の金額を控除する。 ① その財産に係る公租公課 ② その財産を目的とする留置権、特別の先取特権、質権又は抵当権で担保される債務 ③ ①、②に掲げる債務のほか、その財産の取得、維持又は管理のために生じた債務 ④ その財産に関する贈与の義務 ⑤ ①～④に掲げる債務のほか、被相続人が死亡の際、相続税法の施行地内に営業所又は事務所を有していた場合においては、その営業所又は事務所に係る営業上又は事業上の債務
6 外国税額控除	相法20の2、 相法21の8 相法20の2、 相法21の8 相基通20の2－1 相基通21の8－1	相続若しくは遺贈又は贈与によって外国にある財産を取得した場合にその財産に対して外国の法令によって日本の相続税に相当する税金を課された場合には、その財産について、外国と日本とで二重に相続税を課されるのを回避するため、外国で課税された相続税額相当額をわが国の相続税額から控除することができる。外国税額控除の限度額は、次のうち、いずれか少ない金額となる。 ① 外国の法令により課せられた相続税に相当する税額 ② 贈与税額控除から相次相続控除までの諸控除を行った後の日本の相続税額×(在外財産の価額－その財産に係る債務金額)/(債務控除後の取得財産の価額＋相続開始の年に受けた贈与財産の価額) (控除限度超過額) 限度額を超える部分の金額については控除されない。 (邦貨換算) ①の「外国の法令により課せられた相続税に相当する税額」は、原則としてその地の法令により納付すべき日における電信売相場(TTS)により邦貨に換算した金額によることとされている。ただし、外国税額を納付する場合、常にその納付すべき日に納付されるとは限らないので、送金が著しく遅延して行われる場合を除き国内から実際に送金する日における電信売相場によって邦貨換算することもできる。

第７章
出国税（国外転出時課税制度）

項目	根拠法令	説明
1 出国税の概要：国外転出をする場合の譲渡所得等の特例の創設	所法60の２①②③	国外転出（国内に住所及び居所を有しないこととなることをいう。以下同じ。）をする居住者が、所得税法に規定する有価証券若しくは匿名組合契約の出資の持分（国内源泉所得とされるストックオプションは除く。以下「有価証券等」という。）又は決済をしていないデリバティブ取引、信用取引若しくは発行日取引（以下「未決済デリバティブ取引等」という。）を有する場合には、その国外転出の時に、次に掲げる場合の区分に応じそれぞれ次に定める金額によりその有価証券等の譲渡又はその未決済デリバティブ取引等の決済をしたものとみなして、事業所得の金額、譲渡所得の金額又は雑所得の金額を計算することとなった。 イ　その国外転出の日の属する年分の確定申告書の提出時までに納税管理人の届出をした場合、あるいは、納税管理人の届出をしないで国外転出した日以後に確定申告書を提出する場合（すなわち、国外転出後に確定申告書を提出する場合）…その国外転出の時におけるその有価証券等の価額に相当する金額又はその未決済デリバティブ取引等の決済に係る利益の額若しくは損失の額 ロ　上記イに掲げる場合以外の場合（すなわち、国外転出前に確定申告書を提出する場合）…その国外転出の予定日から起算して３月前の日におけるその有価証券等の価額に相当する金額又はその未決済デリバティブ取引等の決済に係る利益の額若しくは損失の額
	所令170	（国外転出をする場合の譲渡所得等の特例）
	所規37の2	（国外転出をする場合の譲渡所得等の特例）
	所基通60の2-1	（国外転出時に譲渡又は決済があったものとみなされた対象資産の収入すべき時期）
	所基通60の2-2	（国外転出直前に譲渡した有価証券等の取扱い）
	所基通60の2-3	（有価証券等の範囲）
	所基通60の2-4	（デリバティブ取引等の範囲）
	所基通60の2-5	（非課税有価証券の取扱い）
	所基通60の2-6	（令第84条第２項各号に掲げる権利で当該権利を行使したならば同項の規定の適用のあるもの）
	所基通60の2-7	（国外転出の時における有価証券等の価額）
	所基通60の2-8	（外貨建ての対象資産の円換算）
	所基通60の2-9	（修正申告等をする場合における対象資産の国外転出時の価額等）

	所基通60の2-11	（対象資産を贈与により居住者に移転した場合の課税取消しと価額下落との関係）
2 取得価額の洗替え	所法60の２④	国外転出時課税の適用により、国外転出日の属する年分の所得税につき確定申告書を提出した後に、国外転出時に有していた有価証券等の譲渡若しくは未決済デリバティブ取引等の決済をした場合、その対象資産の取得費は国外転出時の価額とする。ただし、確定申告書の提出及び決定がされていない場合は、その対象資産の取得費は、実際の取得価額となる。
	所基通60の2-10	（総収入金額に算入されていない対象資産）
3 特例の対象者	所法60の２⑤	本特例は、次のイ及びロに掲げる要件を満たす居住者について、適用される。 イ　上記１のイに定める金額の合計額が１億円以上である者、又は１のロに定める金額の合計額が１億円以上である者 ロ　国外転出の日前10年以内に、国内に住所又は居所を有していた期間の合計が５年超である者 （注）上記の「国内に住所又は居所を有していた期間」には、下記５の納税猶予を受けている期間を含み、出入国管理及び難民認定法別表第一の在留資格をもって在留していた期間は除かれる。また、平成27年６月30日までの同法別表第二の上欄の在留資格（永住者、永住者の配偶者等）による在留期間も除かれる。
4 国外転出後5年を経過する日までに帰国等をした場合の取扱い	所法60の２⑥一	本特例の適用を受けた者が、その国外転出の日から５年を経過する日までに帰国をした場合において、その者がその国外転出の時において有していた有価証券等又は未決済デリバティブ取引等（以下、対象資産という。）でその国外転出の時以後引き続き有していたものについては、本特例による課税を取り消すことができる。
	所法60の２⑥二	本特例の適用を受けた者が、その国外転出の日から５年を経過する日までに、対象資産を居住者に贈与した場合、本特例による課税を取り消すことができる。
	所法60の２⑥三	本特例の適用を受けた者が死亡し、対象資産を相続（限定承認を除く）又は遺贈（包括遺贈のうち限定承認を除く）により取得した相続人及び受遺者の全員が居住者となった場合、本特例による課税を取り消すことができる。
	所法60の２⑥ただし書	ただし、その帰国までの間に、その有価証券等の譲渡又は未決済デリバティブ取引等の決済による所得の計算につきその計算の基礎となるべき事実の全部又は一部の隠蔽又は仮装があった場合には、その隠蔽又は仮装した事実に基づく所得金額については、本特例による課税を取り消すことはできない。
	所法153の２①	この課税の取消しを行う場合には、帰国の日、あるいは対象資産が居住者に移転した日から４月を経過する日までに、更正の請求をしなければならない。

5 納税猶予	所法137の2①	(1) 納税の猶予の内容 国外転出をする居住者でその国外転出の時において有する有価証券等又は未決済デリバティブ取引等につき本特例の適用を受けたものが、その国外転出の日の属する年分の確定申告書に納税猶予を受けようとする旨の記載をした場合には、その国外転出の日の属する年分の所得税のうち本特例によりその有価証券等の譲渡又は未決済デリバティブ取引等の決済があったものとされた所得に係る部分については、その国外転出の日から5年を経過する日（同日前に帰国をする場合には、同日とその者の帰国の日のいずれか早い日）の翌日以後4月を経過する日まで、その納税が猶予される。
	所法137の2①	(2) 納税の猶予の条件 この納税猶予は、国外転出時までに納税管理人の届出をし、かつ、その所得税に係る確定申告書の提出期限までに、納税猶予分の所得税額に相当する担保を供した場合に限り適用される。
	所法137の2②	(3) 納税の猶予の期限の延長 納税猶予の期限は、申請により国外転出の日から10年を経過する日までとすることができる。
	所法137の2⑥⑦⑧	(4) 継続適用届出書の提出義務 納税猶予を受けている者は、納税猶予の期限までの各年の12月31日（基準日）におけるその納税猶予に係る有価証券等及び未決済デリバティブ取引等の所有に関する届出書を、基準日の属する年の翌年3月15日までに、税務署長に提出しなければならない。その届出書を提出期限までに提出しなかった場合には、その提出期限の翌日から4月を経過する日をもって、納税猶予の期限となる。
	所法137の2⑫	納税猶予の期限の到来により所得税を納付する場合には、その納税猶予がされた期間に係る利子税を納付する義務が生じる。
	所令266の2	（国外転出をする場合の譲渡所得等の特例の適用がある場合の納税猶予）
	所規52の2	（国外転出をする場合の譲渡所得等の特例の適用がある場合の納税猶予）
	所基通137の2-1	（修正申告等に係る所得税額の納税猶予）
	所基通137の2-2	（適用資産の譲渡又は贈与による移転をした日の意義）
	所基通137の2-3	（納税猶予分の所得税額の一部について納税猶予の期限が確定する場合の所得税の額の計算）
	所基通137の2-4	（納税猶予の任意の取りやめ）
	所基通137の2-5	（納税猶予適用者が死亡した場合の納税猶予分の所得税額に係る納付義務の承継）
	所基通137の2-6	（猶予承継相続人に確定事由が生じた場合）
	所基通137の2-7	（担保の提供等）
	所基通137の2-8	（取引相場のない株式の納税猶予の担保）
	所基通137の2-9	（納税猶予分の所得税額に相当する担保）

	所基通137の2-10	（増担保命令等に応じない場合の納税猶予の期限の繰上げ）
5 納税猶予	所法137の3	（贈与等により非居住者に資産が移転した場合の譲渡所得等の特例の適用がある場合の納税猶予）
	所令266の3	（贈与等により非居住者に資産が移転した場合の譲渡所得等の特例の適用がある場合の納税猶予）
	所規52の3	（贈与等により非居住者に資産が移転した場合の譲渡所得等の特例の適用がある場合の納税猶予）
	所基通137の3-1	（遺産分割等があった場合の修正申告等に係る所得税額の納税猶予）
	所基通137の3-2	（国外転出をする場合の譲渡所得等の特例の適用がある場合の納税猶予に関する取扱いの準用）
6 納税猶予の期限までに有価証券等の譲渡等があった場合	所法137の2⑤	(1) 納税の猶予に係る期限の前倒し 本特例の適用を受けた者で納税猶予を受けているものが、その納税猶予の期限までに、本特例の対象となった有価証券等の譲渡又は未決済デリバティブ取引等の決済等をした場合には、その納税猶予に係る所得税のうちその譲渡があった有価証券等又は決済等があった未決済デリバティブ取引等に係る部分については、その譲渡又は決済等があった日から4月を経過する日をもって納税猶予に係る期限となる。
	所基通137の2-3	（納税猶予分の所得税額の一部について納税猶予の期限が確定する場合の所得税の額の計算）
	所法60の2⑧、 所法153の2②	(2) 譲渡等、決済、限定相続等した際の譲渡価額等が国外転出時よりも下落している場合の更正の請求 本特例の適用を受けた者で納税猶予を受けているものが、その納税猶予の期限までに、本特例の対象となった有価証券等又は未決済デリバティブ取引等の譲渡又は決済等をした場合において、その譲渡に係る譲渡価額又は決済に係る利益の額が国外転出の時に課税が行われた額を下回るとき（決済に係る損失の額にあっては上回るとき）等は、その譲渡又は決済等があった日から4月を経過する日までに、更正の請求をすることにより、その国外転出の日の属する年分の所得税額の減額等をすることができる。
	所基通60の2-12	（国外転出後に譲渡又は決済をした際の譲渡費用等の取扱い）
7 納税猶予の期限が到来した場合の取扱い	所法60の2⑩、 所法153の2③	納税猶予の期限の到来に伴いその納税猶予に係る所得税の納付をする場合において、その期限が到来した日における有価証券等の価額又は未決済デリバティブ取引等の決済による利益の額若しくは損失の額が、本特例の対象となった金額を下回るとき（損失の額にあっては上回るとき）は、その到来の日から4月を経過する日までに、更正の請求をすることにより、その国外転出の日の属する年分の所得税額の減額等をすることができる。 なお、この取扱いは、納税猶予の期限が到来する日前に自ら納税猶予に係る所得税の納付をする場合には適用されない。
	所基通60の2-13	（納税猶予期限が繰り上げられた場合等の価額下落の適用除外）

8 修正申告の特例	所法151の2	（国外転出をした者が帰国をした場合等の修正申告の特例）
	所法151の3	（非居住者である受贈者等が帰国をした場合等の修正申告の特例）
	所法151の4	（相続により取得した有価証券等の取得費の額に変更があった場合等の修正申告の特例）平成29年1月1日施行
	所法151の5	（遺産分割等があった場合の期限後申告等の特例）
	所法151の6	（遺産分割等があった場合の修正申告の特例）「遺言分割等の事由」
9 更正の請求の特例	所法152	（各種所得の金額に異動が生じた場合の更正の請求の特例）
	所法153	（前年分の所得税額等の更正等に伴う更正の請求の特例）
	所法153の2	（国外転出をした者が帰国をした場合等の更正の請求の特例）
	所法153の3	（非居住者である受贈者等が帰国をした場合等の更正の請求の特例）
	所法153の4	（相続により取得した有価証券等の取得費の額に変更があった場合等の更正の請求の特例）
	所法153の5	（遺産分割等があった場合の更正の請求の特例）「遺言分割等の事由」
	所法153の6	（国外転出をした者が外国所得税を納付する場合の更正の請求の特例）
8及び9の参考	所法151の6① 所令273の2	（遺言分割等の事由） ① 未分割財産について民法の規定による相続分の割合に従って対象資産の移転等があるものとして国外転出（相続）時課税を適用した後、遺産分割が行われたこと。 ② 強制認知の判決の確定等により相続人に移動が生じたこと。 ③ 遺留分による減殺の請求に基づき返還すべき又は弁償すべき額が確定したこと。 ④ 遺贈による遺言書が発見され又は遺贈の放棄があったこと。 ⑤ 相続等により取得した財産についての権利の帰属に関する訴えについての判決があったこと。 ⑥ 条件付きの遺贈について、条件が成就したこと。
10 二重課税の調整	所法95の2①、所法153の6	（国外転出をする場合の譲渡所得等の特例に係る外国税額控除の特例） 外国税額控除の適用 本特例の適用を受けた者で納税猶予を受けているものが、その納税猶予の期限までに本特例の対象となった有価証券等の譲渡又は未決済デリバティブ取引等の決済等をし、その所得に対する外国所得税を納付する場合において、その外国所得税の額の計算上本特例により課された所得税について二重課税が調整されないときは、その外国所得税を納付することとなった日から4月を経過する日までに、更正の請求をすることにより、その者が国外転出の日の属する年においてその外国所得税（納税猶予に係る所得税のうちその譲渡又は決済等があった有価証券等又は未決済デリバティブ取引等に係る部分に相当する金額に限る。）を納付するも

10 二重課税の調整		のとみなして、外国税額控除の適用を受けることができる。 （注）有価証券等の譲渡又は未決済デリバティブ取引等の決済等による所得が国内源泉所得に該当する等の一定の場合は、上記イの対象外とされ、わが国では二重課税は調整されないことになる。その場合は、外国で課税された国で二重課税の調整を求めることになる。
	所法95の２②	（納税猶予を受けていない場合）
	所令226の2	（国外転出をする場合の譲渡所得等の特例に係る外国税額控除の特例）
	所規43	（国外転出をする場合の譲渡所得等の特例に係る外国税額控除の特例）
	所基通95の2-1	（納税猶予期間が繰り上げられた場合等の外国税額控除の適用除外）
	所基通95の2-2	（外国税額控除に関する取扱いの適用）
11 更正の期間制限の取扱い	国通法70④三 国通令29②	本特例による所得税（その所得税に係る確定申告書の提出期限までに納税管理人の届出及び税務代理権限証書の提出がある場合として定める一定の場合は除かれる。）の更正の期間制限は７年となる。
12 納税猶予の期限を延長した場合の相続税等の納税義務の取扱い	相法１の３②、 相法１の４②	納税猶予の期限を延長した者は、相続税又は贈与税の納税義務の判定に際しては、納税猶予がされた期間中は、相続若しくは遺贈又は贈与前10年以内（H29/4/1前は５年：附則平29法４第31条）のいずれかの時において国内に住所を有していた場合と同様の取扱いとされる。したがって、対象の財産が国外財産であったとしても、わが国で相続税又は贈与税の課税財産の対象とされる。
13 贈与、相続又は遺贈により非居住者に有価証券等が移転する場合	所法60の３	（贈与等により非居住者に資産が移転した場合の譲渡所得等の特例） 贈与、相続又は遺贈の時に上記３イ及びロに掲げる要件を満たす者の有する有価証券等又は未決済デリバティブ取引等が、贈与、相続又は遺贈により非居住者に移転した場合には、その贈与、相続又は遺贈の時に、その時における価額に相当する金額により、その有価証券等の譲渡又は未決済デリバティブ取引等の決済があったものとみなして、事業所得の金額、譲渡所得の金額又は雑所得の金額を計算する。
	所令170の2	（贈与等により非居住者に資産が移転した場合の譲渡所得等の特例）
	所規37の3	（贈与等により非居住者に資産が移転した場合の譲渡所得等の特例）

13 贈与、相続又は遺贈により非居住者に有価証券等が移転する場合	所基通60の3-1 所基通60の3-2 所基通60の3-3 所基通60の3-4 所基通60の3-5	(非居住者である相続人等が限定承認をした場合) (贈与等の時に有している対象資産の範囲) (非居住者から譲渡等をした旨の通知がなかった場合) (遺産分割等の事由により非居住者に移転しないこととなった対象資産) (国外転出をする場合の譲渡所得等の特例に関する取扱いの準用)
14 外国転出時課税	所法60の4	(外国転出時課税の規定の適用を受けた場合の譲渡所得等の特例) 居住者の場合の特例(外国転出時課税された場合) 居住者が、本特例に相当する外国の法令の規定により外国所得税を課された場合において、その対象となった有価証券等又は未決済デリバティブ取引等の譲渡又は決済等をしたときは、その者の事業所得の金額、譲渡所得の金額又は雑所得の金額の計算上必要経費又は取得費に算入する金額は、その外国の法令の規定により収入金額に算入された金額とされる。 (注) 外国転出時課税とは、外国における国外転出時課税制度をいう。
	所令170の3	(外国転出時課税の規定の適用を受けた場合の譲渡所得等の特例)
	所基通60の4-1	(有価証券等の取得費とされる金額等の円換算)
15 適用等		(注1) この特例(上記14を除く)は、平成27年7月1日以後に国外転出をする場合又は同日以後の贈与、相続若しくは遺贈について適用される。 (注2) 上記14の特例は、平成27年7月1日以後に国外転出に相当する事由があった場合等について適用される。

(参考１）国外転出時課税制度関係の各種様式

（確定申告書等関係）

1	申告書
2	申告書第三表（分離課税用）
3	死亡した者の平成・令和　年分の所得税及び復興特別所得税の確定申告書付表（兼相続人の代表者指定届出書）

（計算明細書等関係）

4	先物取引に係る雑所得等の金額の計算明細書
	確定申告書付表（先物取引に係る繰越損失用）
5	株式等に係る譲渡所得等の金額の計算明細書
	確定申告書付表（上場株式等に係る譲渡損失の損益通算及び繰越控除用）
6	譲渡所得の内訳書（確定申告書付表）【総合譲渡用】
7	国外転出等の時に譲渡又は決済があったものとみなされる対象資産の明細書（兼納税猶予の特例の適用を受ける場合の対象資産の明細書）《確定申告書付表》【国外転出時課税（所法60条の２）用】
8	国外転出等の時に譲渡又は決済があったものとみなされる対象資産の明細書（兼納税猶予の特例の適用を受ける場合の対象資産の明細書）《確定申告書付表》【国外転出（贈与）時課税（所法60条の３）用】
9	国外転出等の時に譲渡又は決済があったものとみなされる対象資産の明細書（兼納税猶予の特例の適用を受ける場合の対象資産の明細書）《確定申告書付表》【国外転出（相続）時課税（所法60条の３）用】
10	国外転出をする場合の譲渡所得等の特例等に係る納税猶予分の所得税及び復興特別所得税の額の計算書
11	外国税額控除に関する明細書（居住者用）
	（説明書）外国税額控除を受けられる方へ（居住者用）

（届出書等関係）

12	所得税・消費税の納税管理人の届出書
13	国外転出をする場合の譲渡所得等の特例等に係る納税猶予の期限延長届出書
14	国外転出をする場合の譲渡所得等の特例等に係る納税猶予の継続適用届出書
	付表　適用資産等の明細
15	国外転出をする場合の譲渡所得等の特例等に係る納税猶予期限の一部確定事由が生じた場合の適用資産等の明細書
	付表１　納税猶予期限の一部確定する所得税等の金額に関する計算書
	付表２　納税猶予期限の一部確定事由が発生した適用資産等の明細
16	国外転出をする場合の譲渡所得等の特例等に係る納税猶予を全部取りやめる場合の申出書
17	国外転出をする場合の譲渡所得等の特例等に係る所得税・消費税の納税管理人の届出書付表
18	国外転出をする場合の譲渡所得等の特例等に係る納税猶予＿＿＿付表

（担保提供等）

19	担保提供書
20	担保目録（土地）
21	担保目録（家屋）
22	担保目録（有価証券）
23	納税保証書
24	抵当権設定登記承諾書

（参考２）国外転出時課税制度（FAQ）国税庁　令和５年６月最終改訂

【国外転出時課税制度の概要】

（Q１）国外転出時課税制度の概要について教えてください。

【国外転出時課税】

（Q２）国外転出時課税とは、どのような制度ですか。

（Q３）国外転出時課税は、どのような者が対象となりますか。

（Q４）国外転出時課税の対象資産には、どのようなものがありますか。

（Q５）対象資産の価額の合計額が１億円以上となるかどうかについては、いつの価額で判定しますか。

（Q６）国外転出をするまでに国外転出時課税の適用を受ける準確定申告書を提出する予定ですので、対象資産を「国外転出の予定日から起算して３か月前の日」における価額に相当する金額で算定する必要がありますが、例えば、国外転出の予定日が平成29年７月15日である場合、「国外転出の予定日から起算して３か月前の日」はいつの日になりますか。

（Q７）８月に国外転出をすることとなりましたが、いつまでに申告が必要ですか。

（Q８）対象資産の価額の算定方法を教えてください。

（Q９）国外転出までに準確定申告書を提出する場合、対象資産を国外転出の予定日の３か月前の日の価額で算定することとされていますが、国外転出の予定日の３か月前の日より後に取得したものは、国外転出時課税の対象に含める必要はありますか。

（Q10）外貨建ての有価証券を所有していますが、どのように円換算をすればいいですか。

（Q11）対象資産の価額の合計額が１億円以上となるかどうかの判定に際して、含み損がある有価証券等や国外で所有している有価証券についても対象資産として含める必要はありますか。

（Q12）国外転出時課税の適用により、国外転出の時に所有している上場株式について譲渡損失（赤字）が生じることとなる場合、その譲渡損失（赤字）について、上場株式等に係る譲渡損失の損益通算及び繰越控除の特例の適用を受けることはできますか。

（Q13）国外転出時課税の適用により国外転出の日の属する年分の所得税につき確定申告書を提出した後に、国外転出の時に所有していた対象資産を譲渡した場合、その対象資産の取得費はどうなりますか。

（Q14）国外転出の日から５年以内に帰国する予定ですが、帰国した際にどのような手続が必要ですか。

（Q15）国外転出時課税の申告をする場合で、納税するための資金がないときは、どうすればいいですか。

（Q16）国外転出時課税の納税猶予の特例の適用を受けるためには、どのような手続が必要ですか。

（Q17）納税猶予の特例の適用を受けましたが、納税猶予期間中に国外転出時課税の対象となった有価証券等の一部を譲渡しました。納税が猶予されている税金を納税する必要はありますか。
（Q18） Q17での有価証券等の譲渡価額が、国外転出の時の価額よりも下落している場合には、国外転出時課税により課税された所得税は減額できますか。
（Q19） Q17で有価証券等ではなく、未決済信用取引等又は未決済デリバティブ取引の決済をした場合に、その決済時の利益の額が国外転出の時の利益の額を下回るときは、課税された所得税は減額できますか。
（Q20） 納税猶予期間が満了した場合、どのような手続が必要ですか。
（Q21） 納税猶予期間中に国外転出先の国で対象資産の譲渡等をし、外国所得税を納付しましたが、外国税額控除を適用することはできますか。
（Q22） 国外転出時課税により納税猶予の特例の適用を受けていた者が、納税猶予の期限までに亡くなりましたが、納税を猶予されていた所得税はどのようになりますか。

【国外転出（贈与）時課税】

（Q23） 国外転出（贈与）時課税とは、どのような制度ですか。
（Q24） 国外転出（贈与）時課税は、どのような者が対象となりますか。
（Q25） 国外転出（贈与）時課税の対象資産には、どのようなものがありますか。
（Q26） 対象資産の価額の合計額が１億円以上となるかどうかについては、いつの価額で判定しますか。
（Q27） 対象資産の価額の合計額が１億円以上となるかどうかの判定は、非居住者へ贈与した贈与対象資産の価額で判定すればいいですか。それとも、贈与対象資産の価額だけでなく、贈与者が贈与の時に所有等していた全ての対象資産の価額の合計額で判定することになりますか。
（Q28） 対象資産の価額の算定方法を教えてください。
（Q29） 外貨建ての有価証券を所有していますが、どのように円換算をすればいいですか。
（Q30） 対象資産の価額の合計額が１億円以上となるかどうかの判定に際して、贈与の時に含み損がある有価証券等や国外で所有等している有価証券等についても対象資産として含める必要はありますか。
（Q31） 国外転出（贈与）時課税の適用により、贈与の時に所有している上場株式について譲渡損失（赤字）が生じることとなる場合、その譲渡損失（赤字）について、上場株式等に係る譲渡損失の損益通算及び繰越控除の特例の適用を受けることはできますか。
（Q32） 国外転出（贈与）時課税の申告は、いつまでにする必要がありますか。
（Q33） 国外転出（贈与）時課税の適用により贈与者が所得税の確定申告書を提出した後に、贈与対象資産の贈与を受けた者（非居住者）がその贈与対象資産を譲渡等した場合、その贈与対象資産の取得費はどうなりますか。
（Q34） 贈与の日から５年以内に受贈者が帰国しますが、帰国した際にどのような手続が必要ですか。
（Q35） 国外転出（贈与）時課税の納税猶予の特例の適用を受けるためには、どのような手続が必要ですか。
（Q36） 贈与者が納税猶予の特例の適用を受けましたが、納税猶予期間中に国外転出（贈与）時課税の対象となった有価証券等の一部を受贈者が譲渡しました。贈与者は、納税が猶予されている税金を納税する必要はありますか。
（Q37） Q36での有価証券等の譲渡価額が、贈与の時の価額よりも下落している場合には、国外転出（贈与）時課税により課税された所得税は減額できますか。
（Q38） Q36で有価証券等の譲渡ではなく、未決済信用取引等又は未決済デリバティブ取引の決済をした場合に、その決済時の利益の額が贈与の時の利益の額を下回るときは、課税された所得税は減額できますか。
（Q39） 納税猶予期間が満了した場合、どのような手続が必要ですか。
（Q40） 非居住者である受贈者が贈与対象資産を譲渡した場合、その受贈者は、贈与者へ贈与対象資産を譲渡した旨を通知しなければならないこととなっていますが、受贈者からの通知がありませんでした。この場合、納税猶予期限はどうなりますか。

（Q41）国外転出（贈与）時課税により納税猶予の特例の適用を受けていた方が、納税猶予の期限までに亡くなりましたが、納税を猶予されていた所得税はどのようになりますか。

【国外転出（相続）時課税】

（Q42）国外転出（相続）時課税とは、どのような制度ですか。

（Q43）国外転出（相続）時課税は、どのような者が対象となりますか。

（Q44）限定承認により非居住者である相続人が有価証券等を取得しましたが、国外転出（相続）時課税の適用はありますか。

（Q45）国外転出（相続）時課税の対象資産には、どのようなものがありますか。

（Q46）対象資産の価額の合計額が1億円以上となるかどうかについては、いつの価額で判定しますか。

（Q47）対象資産の価額の合計額が1億円を超えるかどうかの判定は、非居住者である相続人等が取得した相続対象資産の価額の合計額で判定すればいいですか。それとも、その相続対象資産の価額の合計額だけでなく、被相続人が相続開始の時に所有等していた対象資産の価額の合計額で判定することになりますか。

（Q48）対象資産の価額の算定方法を教えてください。

（Q49）被相続人は外貨建ての有価証券を所有していましたが、どのように円換算をすればいいですか。

（Q50）対象資産の価額の合計額が1億円以上となるかどうかの判定に際して、相続開始の時に、含み損がある有価証券等や国外で所有等していた有価証券等についても対象資産として含める必要はありますか。

（Q51）国外転出（相続）時課税の適用により、被相続人が相続開始の時に所有していた上場株式について譲渡損失（赤字）が生じることとなる場合、その譲渡損失（赤字）について、上場株式等に係る譲渡損失の損益通算の特例の適用を受けることはできますか。

（Q52）国外転出（相続）時課税の申告は、いつまでにする必要がありますか。

（Q53）相続対象資産を取得していない相続人についても、国外転出（相続）時課税の申告をする必要はありますか。

（Q54）国外転出（相続）時課税の適用により適用被相続人等の所得税の準確定申告書を提出した後に、非居住者である相続人等が相続又は遺贈により取得した相続対象資産を譲渡等した場合、その相続対象資産の取得費はどうなりますか。

（Q55）相続開始の日から5年以内に相続対象資産を取得した非居住者である相続人等が帰国しますが、帰国した際にどのような手続が必要ですか。

（Q56）国外転出（相続）時課税の申告期限までに遺産分割が確定していない場合、民法の規定による相続分の割合に従って国外転出（相続）時課税の申告をした後で、遺産分割が確定し、非居住者である相続人等が取得する相続対象資産が相続分の割合に従って申告した内容と異なることとなったときはどのような手続が必要ですか。

（Q57）国外転出（相続）時課税の申告をする場合で、納税するための資金がないときは、どうすればいいですか。

（Q58）国外転出（相続）時課税の納税猶予の特例の適用を受けるためには、どのような手続が必要ですか。

（Q59）納税猶予の特例の適用を受けるために納税管理人の届出書を提出する予定ですが、相続対象資産を取得した非居住者である相続人等が複数いる場合、どのように納税管理人の届出書を提出すればいいですか。

（Q60）「国外転出をする場合の譲渡所得等の特例等に係る納税猶予の継続適用届出書」を提出する予定ですが、相続人が複数おり、相続対象資産を取得していない相続人がいる場合にも、この継続適用届出書を提出する必要がありますか。

（Q61）納税猶予の特例の適用を受けましたが、納税猶予期間中に国外転出（相続）時課税の対象となった有価証券等の一部を譲渡しました。納税が猶予されている税金を納税する必要はありますか。

（Q62）Q61での有価証券等の譲渡価額が、相続開始の時の価額よりも下落している場合には、国外転出（相続）時課税により課税された所得税は減額できますか。

（Q63）Q61で有価証券等ではなく、未決済信用取引等又は未決済デリバティブ取引の決済をした場合に、その決済時の利益の額が相続開始の時の利益の額を下回るときは、課税された所得税は減額できますか。

（Q64）納税猶予期間が満了した場合、どのような手続が必要ですか。

（Q65）国外転出（相続）時課税により納税猶予の特例の適用を受けていた者が、納税猶予の期限までに亡くなりましたが、納税を猶予されていた所得税はどのようになりますか。

【共通】

（Q66）国外転出時課税制度の適用がある場合の確定申告書等の記載方法を教えてください。

（Q67）国外転出時課税制度の納税猶予の特例の適用を受けるに当たって、担保を提供する必要があると聞きましたが、どのような財産を担保として提供できますか。

（Q68）担保に関する書類等はいつまでに何を提出する必要がありますか。

（Q69）株券を発行していない会社の非上場株式は、納税猶予の担保として認められますか。

（Q70）法人による保証は納税猶予の担保として認められますか。

（Q71）担保として提供する財産は、どの程度の価額のものが必要ですか。

（Q72）国外転出時課税制度の適用がある場合の所得税について、更正決定の期間制限（いわゆる除斥期間）はどのようになりますか。

（Q73）Q72の(3)又は(4)の相続人が亡くなった場合、更正決定の期間制限はどうなりますか。

第8章　各種調書

1　国外財産調書

項目	根拠法令	説明
1 国外財産調書制度	（制度のポイント）	1　総額5,000万円超の国外財産を有すること 2　財産価値のあるものが対象 3　居住者のうち永住者が対象 4　12月31日現在の現況で判定 5　価額は時価又は見積価額で算定する 6　確定申告義務がなくても提出が必要 平成24年度税制改正により導入され、平成26年1月から施行された。
2 制度の概要	国外送金等調書法5① 国外送金等調書法5②	居住者（非永住者は除かれる。）は、その年の12月31日において、その価額の合計額が5,000万円を超える国外財産を有する場合には、その財産の種類、数量及び価額等を記載した国外財産調書を、翌年の6月30日までに、所轄税務署長に提出しなければならない（令和4年分以前の国外財産調書は3月15日）。 （令和2年分以後の国外財産調書に適用）相続開始年の12月31日においてその価額の合計額が5,000万円を超える国外財産を有する相続人は、相続開始年分の国外財産調書には、相続国外財産を除外して提出することができる。
3 居住者の定義	国外送金等調書法5①	居住者とは、所得税法に定める非永住者以外の居住者をいう。
4 財産の定義	国外送金等調書法通達2－1 同通達5－1	国外送金等調書法に規定する財産とは、金銭に見積もることができる経済的価値のある全てのものをいう。 財産の価額の合計額の判定は、国外財産調書に総額で記載する財産を含めて行う。
5 居住者の判定の時期	同通達5－2	居住者（所得税法第2条第1項第3号に規定する居住者をいい、同項第4号に規定する非永住者を除く。）であるかどうかの判定は、その年の12月31日の現況による。

6 適用対象外の者	国外送金等調書法5①ただし書	国外財産調書の提出期限（翌年の３月15日）までの間に、次のいずれかに該当すると、国外財産調書の提出を要しない。 ① 国外財産調書を提出しないで死亡したとき ② 出国（納税管理人の届出をしないで国内に住所又は居所を有しなくなること）したとき
7 国外財産の意義	国外送金等調書法２十四、５①、同令10①	国外財産とは、国外にある財産をいう。 国外にあるかどうかの財産の所在判定については、相続税法第10条の規定によることとされている。 ただし、有価証券等のうち、金融機関の口座で管理するものについては、例外的な取扱いが適用される（次欄８「国外財産の例外」）。
8 国外財産の例外	同令10②	① 国外にある金融機関の営業所等に設けられた口座において管理されている国内有価証券（内国法人等が発行した株式、公社債その他の有価証券をいう。）は国外財産調書の対象。
	同規則12③ただし書	② 国内にある金融機関の営業所等に設けられた口座において管理されている外国有価証券（外国法人等が発行した株式、公社債その他の有価証券をいう。）は国外財産調書の対象外。
	同通達5－8	（有価証券の内外判定）
9 財産の所在地	国外送金等調書法２十四、５②、同令10①、相法10①②	動産・不動産：動産・不動産の所在地 預金等：その預金の受入れをした営業所の所在地 保険金：その保険の契約に係る保険会社の本店所在地 退職金：その給与を支払った者の本店所在地 貸付金債権：その債務者の住所又は本店所在地 社債又は株式：その社債又は株式の発行法人の本店所在地 国債又は地方債：日本国内 外国の国債又は公債：その外国 集団投資信託又は法人課税信託に関する権利：これらの信託の引き受けをした営業所の所在地 信託に関する権利（上記の信託を除く。）：その信託の引受けをした営業所の所在地 特許権等：その登録をした機関の所在地 著作権等：これを発行する営業所の所在地
	相法10③	相続税法第10条①②に規定されている財産以外の財産：財産を有する者（被相続人又は贈与者）の住所・居所
	国外送金等調書法通達５－４	（規則別表第一（六）有価証券、（十一）未収入金（受取手形を含む）、（十四）現金、書画骨とう・美術工芸品及び貴金属等以外の動産、（十五）その他の財産の例示）
	同通達5－5	（国外財産調書の記載事項）
	同通達5－6	（相続税法第10条第１項第５号及び第８号により所在の判定を行う財産の例示）：保険の契約に関する権利、株式を無償又は有利な価額で取得することができる権利、その他これに類する権利

	同通達5－7	（規則第12条第３項により所在の判定を行う財産）：預託金、その他これらに類する契約に基づく出資、信託に関する権利
10 国外財産の評価	国外送金等調書法5②、同令10④、同規則12⑤	国外財産の「価額」は、その年の12月31日における「時価」又は時価に準ずるもののとしての「見積価額」により評価することとされている。
		（国外財産の価額の意義）
	同通達5－9	国外財産の価額は、時価又は時価に準ずるものとして「見積価額」によるが、時価とは、その年の12月31日における財産の現況に応じ、不特定多数の当事者間で自由な取引が行われる場合に通常成立すると認められる価額をいい、その価額は、専門家による鑑定評価額、金融商品取引所等の公表する同日の最終価格（同日の最終価格がない場合には、同日前の最終価格のうち同日に最も近い日の価額）などをいう。 また、見積価額とは、その年の12月31日における財産の現況に応じ、その財産の取得価額や売買実例価額などを基に、合理的な方法により算定した価額をいう。
		（見積価額の例示⑴：土地）
	同通達5－10⑴	①　その財産に対して、外国又は外国の地方公共団体の定める法令により固定資産税に相当する租税が課される場合には、その年の12月31日が属する年中に課された当該租税の計算の基となる課税標準額。 ②　その財産の取得価額を基にその取得後における価額の変動を合理的な方法によって見積もって算出した価額。 ③　その年の翌年１月１日から国外財産調書の提出期限までにその財産を譲渡した場合における譲渡価額。
		（見積価額の例示⑵：建物）
	同通達5－10⑵	①　土地の場合の評価方法 ②　その財産が業務の用に供する資産以外のものである場合には、その財産の取得価額から、その年の12月31日における経過年数に応ずる償却費の額を控除した金額。 (注)「経過年数に応ずる償却費の額」は、その財産の取得又は建築の時からその年の12月31日までの期間の償却費の額の合計額とされる。この場合における償却方法は、定額法によるものとし、その耐用年数は、減価償却資産の耐用年数等に関する省令に規定する耐用年数による。
		（見積価額の例示⑶：非上場有価証券）
	同通達5－10⑸	①　その年の12月31日における売買実例価額（その年の12月31日における売買実例価額がない場合には、その年の12月31日前の同日に最も近い日におけるその年中の売買実例価額）のうち、適正と認められる売買実例価額。 ②　①がない場合には、土地の場合の③に掲げる価額（申告期限までの売却価額）。 ③　①及び②がない場合には、株式の発行法人の純資産価額に持株割合を乗じた価額 ④　①、②及び③がない場合には、取得価額。

10 国外財産の評価		
		(見積価額の例示(4)：株式に関する権利)
	同通達5－10⒀ロ	「株式に関する権利」に該当する「株式を無償又は有利な価額で取得することができる権利」については、その目的たる株式がその年の12月31日における金融商品取引所等の公表する最終価格がないものである場合には、その年の12月31日におけるその目的たる株式の見積価額から１株当たりの権利行使価額を控除した金額に権利行使により取得することができる株式数を乗じて計算した金額によることができる。 (注)「その年の12月31日におけるその目的たる株式の見積価額」については、非上場有価証券の取扱いに準じて計算した金額とすることができる。
		(見積価額の例示(5)：匿名組合出資等)
	同通達5－10⒀ハ	民法第667条第１項《組合契約》に規定する組合契約、匿名組合契約その他これらに類する契約に基づく出資については、組合等の組合事業に係るその年の12月31日又は同日前の同日に最も近い日において終了した計算期間の計算書等に基づき、その組合等の純資産価額又は利益の額に自己の出資割合を乗じて計算するなど合理的に算出した価額によることができる。 ただし、組合等から計算書等の送付等がない場合には、出資額によることとして差し支えないこととされている。
		(見積価額の例示(6)：信託受益権)
	同通達5－10⒀ニ	①　元本と収益との受益者が同一人である場合には、信託財産の見積価額。 ②　元本と収益との受益者が元本及び収益の一部を受ける場合には、①の価額にその受益割合を乗じて計算した価額。 ③　元本の受益者と収益の受益者とが異なる場合には、次による。 A　元本を受益する場合 ①の価額から、Bにより算定した収益受益者に帰属する信託の利益を受ける権利の価額を控除した価額。 B　収益を受益する場合 受益者が将来受けると見込まれる利益の額の複利現価の額の合計額。 ただし、その年の12月31日が属する年中に給付を受けた利益の額に、信託契約の残存年数を乗じて計算した金額によることとして差し支えないこととされている。
		(見積価額の例示(7)：その他の財産)
	同通達5－10⒀ホ	上記例示の(1)～(6)までの財産以外の財産については、その財産の取得価格を基に、その取得後における価額の変動を合理的な方法によって見積もって算定した価額による。
	同通達5－11	(規則第12条第５項に規定する見積価額のうち減価償却資産の償却後の価額の適用)
	同通達5－12	(有価証券等の取得価額の例示)

10 国外財産の評価	同通達5－13	（国外財産調書に記載する財産の価額の取扱い：他の法令との関係） 国外財産調書に記載された国外財産の種類、数量及び価額は、内国税の適正な課税の確保を図るための国外送金等に係る調書の提出等に関する法律に基づくものであるから、当該国外財産に関する所得税及び復興特別所得税の課税標準並びに相続税及び贈与税の課税価格は、各税に関する法令の規定に基づいて計算することに留意する。
	同通達5－15	（共有財産の持分の取扱い） ① 共有の財産の持分の価額は、その財産の価額をその共有者の持分に応じてあん分した価額とする。 ② 共有の財産について、共有する者のそれぞれの持分が定まっていない場合（持分が明らかでない場合を含む。）には、その財産の価額は、各共有者の持分は相等しいものと推定し、その推定した持分に応じてあん分した価額とする。
11 国外財産の価額の邦貨換算	同通達5－14	（外貨で表示されている財産の邦貨換算の方法） (1) 国外財産の邦貨換算は、国外財産調書の提出義務者の取引金融機関（その財産が預金等で、取引金融機関が特定されている場合は、その取引金融機関）が公表するその年の12月31日における最終の為替相場による。 ただし、その年の12月31日に当該相場がない場合には、同日前の当該相場のうち、同日に最も近い日の当該相場によるものとされる。 (2) (1)の「為替相場」は、邦貨換算を行う場合の外国為替の売買相場のうち、その外貨に係る、いわゆる対顧客直物電信買相場（TTB）又はこれに準ずる相場をいう。
12 国外財産調書の提出先	国外送金等調書法5①	① その年分の所得税の納税義務のある者：その者の所得税を所轄する税務署長 ② それ以外の者：その者の住所地（国内に住所がないときは居所地）を所轄する税務署長
	同通達5－3	（国外財産調書の提出先の判定等） ① 国外財産調書の提出先については、その提出の際における法第5条第1項各号に規定する場所の所轄税務署長となることに留意する。 ② 国外財産調書の提出期限については、国税通則法第10条第2項《期間の計算及び期限の特例》及び第11条《災害等による期限の延長》の適用があり、その提出時期については、同法第22条《郵送等に係る納税申告書等の提出時期》の適用があることに留意する。
	同通達5－16	（同一人から2以上の国外財産調書があった場合の取扱い） 最後に提出されたものが効力を有する。 国外財産調書の提出期限内に同一人から国外財産調書が2以上提出された場合には、特段の申出（国外財産調書の提出期

項目	根拠	内容
12 国外財産調書の提出先		限内における申出に限る。）がない限り、当該２以上の国外財産調書のうち最後に提出された国外財産調書をもって、法第５条第１項の規定により提出された国外財産調書とする。
	同通達6－6	（国外財産調書の提出を要しない者から提出された国外財産調書の取扱い） 国外財産調書に該当しない。
13 過少申告加算税等の特例	令和２年度改正後の規定（令和２年分以後の国外財産調書に適用）	
	国外送金等調書法6①	（加算税の軽減措置）提出した国外財産調書に国外財産の記載がある場合：所得税、相続税に申告漏れがあっても、加算税を５％軽減する。
	国外送金等調書法6③	（加算税の加重措置）国外財産調書の提出等がない場合又は国外財産の記載がない場合：所得税の申告漏れがある場合、又は相続国外財産に対する相続税に申告漏れがある場合は、加算税を５％加重する。 ただし、次のいずれかに該当するときは加重しない。 ①　その年の12月31日において相続国外財産を有する者（相続国外財産以外に5,000万円を超える国外財産を有する者を除く。）の責めに帰すべき事由がなく国外財産調書の提出がない場合 ②　その年の12月31日において相続国外財産を有する者の責めに帰すべき事由がなく相続国外財産の記載がない場合（記載不備を含む。）
	同令11①	（国外財産に係る過少申告加算税等の特例の対象となる所得の範囲等） 軽減又は加重の対象となる所得は、全ての所得ではなく、次の所得に限定されている。国内財産に係る申告漏れは軽減・加重の対象外。 ①　国外財産から生ずる利子所得 ②　国外財産から生ずる配当所得 ③　国外財産の貸付けによる所得 ④　国外財産の譲渡による所得 ⑤　それ以外で国外財産に基因して生ずる所得で財務省令で定めるもの
	同規13	（国外財産に係る過少申告加算税等の特例の対象となる所得の範囲）
	国外送金等調書法6②	（加算税の軽減措置の適用対象となる調書提出の有無の判定時期） ①　所得税の修正申告等：その修正申告等に係る年分の調書の提出の有無で判定（年の中途で有しなくなった国外財産については前年分の調書で判定） ②　相続税に関する修正申告等：次の国外財産調書のいずれかの提出の有無で判定する。 イ　被相続人の相続開始年の前年分の国外財産調書 ロ　相続人の相続開始年の年分の国外財産調書 ハ　相続人の相続開始年の翌年分の国外財産調書

13 過少申告加算税等の特例	国外送金等調書法 6④	(加算税の加重措置の適用対象となる調書提出の有無の判定時期) ① 所得税の修正申告等：その修正申告等に係る年分の調書の提出の有無で判定（年の中途で有しなくなった国外財産については前年分の調書で判定し、相続開始年に取得した相続国外財産にあっては相続開始年分の国外財産調書を除く。） ② 相続税に関する修正申告等：次の国外財産調書の全ての提出の有無で判定する。 イ 被相続人の相続開始年の前年分の国外財産調書 ロ 相続人の相続開始年の年分の国外財産調書 ハ 相続人の相続開始年の翌年分の国外財産調書
	国外送金等調書法 6⑤	加算税の加重措置は、相続開始年の翌年分の国外財産調書の提出義務がない相続人には、適用しない。
	国外送金等調書法 6⑥	国外財産調書が調査予知して提出されたものでない場合は、提出期限内に提出されたものとみなして、加算税等の特例を適用する。 (注) 令和6年1月1日以後に提出される国外財産調書については、調査通知がある前に提出された場合に限り、提出期限内に提出したものとみなす。
	国外送金等調書法 6⑦	(国外財産に関する書類の提示又は提出がない場合の軽減・加重措置の特例の創設) 国外財産を有する者が、国税庁等の職員から国外財産調書に記載すべき国外財産の取得、運用又は処分に係る書類のうち、その者が通常保存し、又は取得することができると認められるもの（その電磁的記録又はその写しを含む。）の提示又は提出を求められた場合において、その求められた日から60日を超えない範囲内においてその提示又は提出の準備に通常要する日数を勘案して職員が指定する日までにその提示又は提出をしなかったとき（その者の責めに帰すべき事由がない場合を除く。）における加算税の軽減・加重措置の適用については、次のとおりとする。 ① その国外財産に係る加算税の軽減措置は、適用しない。 ② その国外財産に係る加算税の加重措置については、加算する割合を10%（適用前加算割合：5%）とする。 ③ 上記②について、適用前加算割合が0の場合は、加算する割合を5%とする。
	同通達6-1	(国外財産に基因して生ずる所得)：例示
	同通達6-2	(国外財産に基因して生ずる所得に該当しないもの)
	同通達6-3	(重要なものの記載が不十分であると認められるとき)
	同通達6-4	(法第6条第1項及び第2項の適用の判断の基となる国外財産調書)
	同通達6-5	(相続国外財産を有する者の責めに帰すべき事由がない場合) [令和2.12.15新設]

個人の国際税務

13 過少申告加算税等の特例	同通達6-6	(国外財産調書の提出を要しない者から提出された国外財産調書の取扱い)
	同通達6-7	(居住者の責めに帰すべき事由がない場合)
	同通達6-8	(国外財産調書の提出期限前にあった修正申告等に係る過少申告加算税等の特例適用)
	同通達6-9	(国外財産に関する書類の提示又は提出がなかった場合の過少申告加算税等の特例の対象となる国外財産の単位)
	同通達6-10	(法6⑦の規定により読み替えられた同条3項の「修正申告等の基因となる相続国外財産についての記載がない場合」の範囲)
14 故意の不提出等に対する罰則	国外送金等調書法9、10	故意に次に掲げる行為をした者は、1年以下の懲役又は50万円以下の罰金。ただし、④は情状により免除。 ① 当該職員の質問に対する不答弁若しくは虚偽答弁又は検査の拒否、妨害、若しくは忌避 ② 当該職員の物件の提示若しくは提出の要求に対する正当な理由のない拒否又は虚偽記載等の帳簿書類その他の物件の提示若しくは提出 ③ 国外財産調書の虚偽記載による提出 ④ 正当な理由のない国外財産調書の提出期限内の不提出

別表第一　(第十二条関係)　国外財産調書の記載事項

区分	記載事項	備考
(一)　土地	用途別及び所在別の地所数、面積及び価額	(1)　庭園その他土地に附設したものを含む。 (2)　用途別は、一般用及び事業用の別とする。
(二)　建物	用途別及び所在別の戸数、床面積及び価額	(1)　附属設備を含む。 (2)　用途別は、一般用及び事業用の別とする。
(三)　山林	用途別及び所在別の面積及び価額	(1)　林地は、土地に含ませる。 (2)　用途別は、一般用及び事業用の別とする。
(四)　現金	用途別及び所在別の価額	用途別は、一般用及び事業用の別とする。
(五)　預貯金	種類別、用途別及び所在別の価額	(1)　種類別は、当座預金、普通預金、定期預金等の別とする。 (2)　用途別は、一般用及び事業用の別とする。
(六)　有価証券	種類別、用途別及び所在別の数量及び価額並びに取得価額（特定有価証券にあっては、種類別、用途別及び所在別の数量及び価額）	(1)　種類別は、株式、公社債、投資信託、特定受益証券発行信託、貸付信託等の別及び銘柄の別とする。 (2)　用途別は、一般用及び事業用の別とする。
(七)　匿名組合契約の出資の持分	種類別、用途別及び所在別の数量及び価額並びに取得価額	(1)　種類別は、匿名組合の別とする。 (2)　用途別は、一般用及び事業用の別とする。
(八)　未決済信用取引等に係る権利	種類別、用途別及び所在別の数量及び価額並びに取得価額	(1)　種類別は、信用取引及び発行日取引の別並びに銘柄の別とする。 (2)　用途別は、一般用及び事業用の別とする。
(九)　未決済デリバティブ取引に係る権利	種類別、用途別及び所在別の数量及び価額並びに取得価額	(1)　種類別は、先物取引、オプション取引、スワップ取引等の別及び銘柄の別とする。 (2)　用途別は、一般用及び事業用の別とする。
(十)　貸付金	用途別及び所在別の価額	用途別は、一般用及び事業用の別とする。
(土)　未収入金（受取手形を含む。）	用途別及び所在別の価額	用途別は、一般用及び事業用の別とする。
(圭)　書画骨とう及び美術工芸品	種類別、用途別及び所在別の数量及び価額（1点10万円未満のものを除く。）	(1)　種類別は、書画、骨とう及び美術工芸品の別とする。 (2)　用途別は、一般用及び事業用の別とする。
(亖)　貴金属類	種類別、用途別及び所在別の数量及び価額	(1)　種類別は、金、白金、ダイヤモンド等の別とする。 (2)　用途別は、一般用及び事業用の別とする。
(亘)　(四)、(土)及び(亖)に掲げる財産以外の動産	種類別、用途別及び所在別の数量及び価額（1個又は1組の価額が10万円未満のものを除く。）	(1)　種類別は、(四)、(土)及び(亖)に掲げる財産以外の動産について、適宜に設けた区分とする。 (2)　用途別は、一般用及び事業用の別とする。

個人の国際税務

㈤　その他の財産	種類別、用途別及び所在別の数量及び価額	(1)　種類別は、㈠から㈣までに掲げる財産以外の財産について、預託金、保険の契約に関する権利等の適宜に設けた区分とする。 (2)　用途別は、一般用及び事業用の別とする。

備考一　この表に規定する「事業用」とはその者の不動産所得、事業所得又は山林所得を生ずべき事業又は業務の用に供することをいい、「一般用」とは当該事業又は業務以外の用に供することをいうこと。

二　この表に規定する「預貯金」、「有価証券」、「公社債」、「投資信託」、「特定受益証券発行信託」又は「貸付信託」とは、所得税法第２条第１項に規定する預貯金、有価証券、公社債、投資信託、特定受益証券発行信託又は貸付信託をいうこと。

三　この表に規定する「取得価額」については、法第６条の２第２項の規定により同条第１項に規定する財産債務調書への記載を要しないものとされる場合に記載すること。

四　この表に規定する「特定有価証券」とは所得税法施行令第170条第１項に規定する有価証券をいい、「匿名組合契約の出資の持分」とは所得税法第60条の２第１項に規定する匿名組合契約の出資の持分をいい、「未決済信用取引等」とは同条第２項に規定する未決済信用取引等をいい、「未決済デリバティブ取引」とは同条第３項に規定する未決済デリバティブ取引をいうこと。

(参考) 国外財産調書制度（FAQ）国税庁　令和５年４月

Ⅰ　通則

【制度の概要等】

Q１　国外財産調書制度の概要について教えてください。

Q２　国外財産調書を提出しなければならない場合について、具体的に教えてください。

Q３　その年の12月31日において保有する国外財産の価額の合計額が5,000万円を超えているかどうかを判定するに当たって、含み損がある信用取引等やデリバティブ取引に係る権利の価額も含める必要がありますか。

Q４　国外財産調書は、住所地を所轄する税務署長に提出すればよいのですか。

【国外財産調書の記載に係る基本的な考え方】

Q５　国外財産調書には、氏名、住所（又は居所等）及びマイナンバー（個人番号）のほか、国外財産の種類、数量、価額、所在等を記載することとされていますが、記載事項を具体的に教えてください。

【財産の所在】

Q６　国外財産調書への記載の対象となる「国外財産」であるかどうかは、どのような基準に基づき判定するのですか。

Q７　国外財産の所在については、「国名及び住所等」を記載することとされていますが、「国名」は正式名称で記載する必要がありますか。

【財産の用途】

Q８　国外財産調書に記載する国外財産の種類、数量、価額、所在等は、その国外財産の用途別（一般用及び事業用の別）に記載することとされています。保有する財産の用途が「一般用」であるのか、「事業用」であるのかについては、どのように判定すればよいのですか。

Q９　国外財産の用途が「一般用」及び「事業用」の兼用である場合、国外財産調書にはどのように記載すればよいのですか。

【財産の価額の算定】

Q10　国外財産調書に記載する国外財産の価額は、その年の12月31日における時価によらなければならないのですか。

Q11　国外財産の「時価」とは、どのような価額をいうのですか。

Q12　国外財産の「見積価額」とは、どのような価額をいうのですか。また、国外財産の「見積価額」の合理的な算定方法について、国外財産の種類ごとに具体的に教えてください。

Q13　国外財産調書に記載する国外財産の価額は、財産評価基本通達で定める方法により評価した価額でもよいのですか。

【事業用財産を保有している場合の取扱い】

Q14　不動産賃貸業を営んでいます。所得税の確定申告において、国外に所在する賃貸用建物を青色申告決算書（又は収支内訳書）の「減価償却費の計算」欄に減価償却資産として記載していますが、この場合、国外財産調書にも同じ内容を記載する必要がありますか。

【財産を共有している場合の取扱い】

Q15　外国に別荘を保有していますが、その別荘は配偶者との共有財産として取得しており、持分が明らかではありません。このような財産の価額はどのような方法で算定すればよいのですか。

【相続により財産を取得した場合の取扱い】

Q16　国外財産調書の提出義務の判断に当たって、国外財産の相続があった場合におけるその価額の算定方法について教えてください。

Q17　昨年、親が亡くなったため、親の財産を相続する予定です。昨年の12月31日において自分自身が保有している国外財産の価額の合計額は4,000万円ですが、親から相続する予定の国外財産の価額を合わせると、5,000万円を超えると思われます。この場合、国外財産調書を提出する必要はありますか。

【外貨で表示されている財産の邦貨換算】

Q18　国外財産調書に記載する国外財産の価額は邦貨（円）によることとされていますが、外貨で表示されている国外財産の価額はどのような方法で邦貨に換算すればよいのですか。

【国外財産調書と財産債務調書の関係】

Q19　「財産債務調書」を提出する場合でも、保有する国外財産の価額の合計額が5,000万円を超える場合は、国外財産調書を提出する必要があるのですか。

Ⅱ　国外財産調書の記載・価額の算定等（各財産に関する内容）

【土地・建物】

Q20　国内の事業者を通じて国外に所在する不動産を購入しました。この不動産は国外財産調書への記載の対象となる国外財産に該当しますか。

Q21　国外に避暑用のコンドミニアム（土地付建物）を保有しています。売買契約書を確認しても「土地」と「建物」の価額に区分することができません。このような財産の場合、国外財産調書にはどのように記載すればよいのですか。

【預貯金】

Q22　国内に本店のある銀行の国内支店に外貨預金口座を開設していますが、この外貨預金は国外財産調書への記載の対象となる国外財産に該当しますか。

【有価証券】

Q23　有価証券等が「国外にある」かどうかは、具体的にどのように判定するのですか。

Q24　外国法人のストックオプションに関する権利を保有していますが、その価額はどのように算定すればよいのですか。

Q25　有価証券等の取得価額を記載する必要がある場合とは、どのような場合ですか。また、取得価額を記載する必要がある場合、どのように取得価額を算定すればよいのですか。

【貸付金】

Q26　国外に設立した法人に対して、事業運転資金として金銭を貸し付けていますが、この貸付金は国外財産調書への記載の対象となる国外財産に該当しますか。なお、この法人の本店所在地は国外にあります。

【家庭用動産】

Q27　国外に多数の家庭用動産を保有しています。この家庭用動産について、国外財産調書にはどのように記載すればよいのですか。

Q28　国外に多数の指輪やネックレスなどを保有しています（事業用ではありません。）。この場合、国外財産調書にはどのように記載すればよいのですか。

【保険・保険契約に基づく定期金に関する権利】

Q29　以前、国外に居住していた際、外国の生命保険会社（国内に営業所等はありません。）の生命保険に加入し現在も引き続き加入していますが、この生命保険の価額はどのように算定すればよいのですか。なお、加入している生命保険契約は満期返戻金のあるものです。

Q30　以前、国外に居住していた際に加入していた外国の生命保険会社（国内に営業所等はありません。）から、生命保険契約に基づく定期金（年金）を受け取っていますが、その価額はどのように算定すればよいのですか。

【国外で加入した確定拠出型年金に関する権利】

Q31　以前、国外に居住し仕事をしていた際に加入していた確定拠出型年金があります。将来は年金として受け取る予定ですが、その価額はどのように算定すればよいのですか。

【預託金等】

Q32　外国にあるリゾート施設を利用するための会員権を保有しています。会員権を取得する際に、外国のリゾート施設経営会社に預託金を支払っていますが、この預託金も国外財産調書への記載の対象になりますか。

【民法に規定する組合契約等その他これらに類する契約に基づく出資】

Q33　不動産投資を目的とした外国のパートナーシップに対して出資していますが、国外財産調書には出資額を記載すればよいのですか。

【信託に関する権利】

Q34　保有している外国国債を外国の金融機関（国内に営業所等はありません。）に信託して運用しています。このような財産の価額は、どのような方法で算定すればよいのですか。

【無体財産権】

Q35　特許権（無体財産権）を保有していますが、この特許権が国外財産に該当する場合、その価額はどのような方法で算定すればよいのですか。

【暗号資産・NFT】

Q36　国外の暗号資産取引所に暗号資産を保有しています。暗号資産は国外財産調書への記載の対象になりますか。

Q37　国外のマーケットプレイスで購入したNFTを保有しています。ＮＦＴは国外財産調書への記載の対象になりますか。

【委託証拠金】

Q38　先物取引を行うに当たり、保有するA, Inc.（国外に所在する法人）の株式（上場株式）を委託証拠金として証券会社（国外金融機関）に預託しました。この預託した株式について、国外財産調書にはどのように記載すればよいのですか。

【各種債務】

Q39　国外財産を金融機関からの借入金で取得している場合、その財産の価額の算定に当たり、借入金元本を差し引いてよいのですか。

Ⅲ　過少申告加算税等の特例

【特例の概要】

Q40　国外財産調書を提出している場合等の過少申告加算税等の特例措置について教えてください。

Q41　国外財産調書に記載すべき国外財産に関する書類の提示等がない場合の過少申告加算税等の特例措置について教えてください。

【過少申告加算税等の加重措置の適用要件】

Q42　所得税又は相続税の申告漏れが生じた場合の過少申告加算税等の加重措置の適用要件について教えてください。

【相続税の申告漏れが生じた場合の過少申告加算税等の加重措置の取扱い】

Q43　相続税の税務調査の際に、一昨年に相続した国外財産について申告漏れを指摘されました。相続分を加えた国外財産の価額の合計額は5,000万円を超えていましたが、昨年中にその相続した国外財産は売却しており、昨年の12月31日において保有している国外財産の価額の合計額は5,000万円以下となっています。この場合の過少申告加算税等の加重措置の適用について教えてください。

【過少申告加算税等の特例措置における「国外財産に係る所得税の申告漏れ」とは】

Q44　過少申告加算税等の特例措置における「国外財産に係る所得税の申告漏れ」とは、具体的にどのようなことをいうのですか。

【外国子会社合算税制が適用された場合の過少申告加算税等の取扱い】

Q45　外国子会社合算税制が適用され、所得税の申告漏れが生じた場合に、外国関係会社の株式を国外財産調書に記載していれば、過少申告加算税等の軽減措置の適用を受けることはできますか。

【国外財産調書の提出ができないこと又は記載ができないことについて「相続国外財産を有する者の責めに帰すべき事由がない場合」とは】

Q46　相続税の税務調査の際に、国外財産調書に記載すべき相続した国外財産に係る申告漏れを指摘されました。この場合の過少申告加算税等の加重措置の適用がない「相続国外財産を有する者の責めに帰すべき事由がない場合」とは具体的にどういった場合が該当するのか教えてください。

Q47　X1～X3年の各年分の所得税の税務調査において、X1年に相続した国外財産Cに係る所得について申告漏れを指摘されました。各年の状況は次のとおりですが、いずれの年分も国外財産調書を提出していません。この場合の相続国外財産Cに係る所得の申告漏れに対する過少申告加算税等の加重措置の適用について教えてください。

【国外財産調書に記載すべき国外財産の取得、運用又は処分に係る書類を指定する期限までに提示等をしなかったことについて「居住者の責めに帰すべき事由がない場合」とは】

Q48　所得税の税務調査の際に、国外財産に関する書類について、指定された期限までに提示等を求められました。この場合の過少申告加算税等の加重措置の適用がない「居住者の責めに帰すべき事由がない場合」とは具体的にどういった場合が該当するのか教えてください。

【国外財産調書に記載すべき国外財産に関する書類の範囲】

Q49　国外財産調書に記載すべき国外財産に関する書類の提示等がない場合の過少申告加算税等の特例について、どのような書類が対象となるのでしょうか。

【年の中途で財産を有しなくなった場合の取扱い】

Q50　令和５年中に国外財産に当たる株式についてその全てを譲渡し、これに伴い生じた所得の申告漏れがあった場合、過少申告加算税等の加重措置の適用を判断すべき国外財産調書は、どの年分の国外財産調書になりますか。

【提出期限後に提出された国外財産調書の取扱い】

Q51　提出期限内に国外財産調書を提出することができなかった場合、過少申告加算税等に係る軽減措置の適用を受けることはできないのですか。

Ⅳ罰則

Q52　国外財産調書を提出しなかった場合の罰則について教えてください。

Ⅴその他

【提出した国外財産調書に誤りがあった場合の取扱い】

Q53　提出した国外財産調書の記載内容に誤りのあった場合の訂正方法について教えてください。

個人の国際税務

第8章

2　国外送金等調書

項目	根拠法令	説明
1 国外送金等をする者の告知書の提出等		（概要） 国外送金等をする者は、その際に金融機関の営業所等の長に対し、告知書を提出しなければならない。金融機関の営業所等の長は、その告知した内容を確認しなければならない。国外送金等には、海外からの送金等も含む。 （告知書の提出）
	国外送金等調書法3①前段	国外送金又は国外からの送金等の受領をする者（公共法人等を除く。）は、その国外送金又は国外からの送金等の受領（以下「国外送金等」という。）がそれぞれ特定送金又は特定受領に該当する場合を除き、次の各号に掲げる場合の区分に応じ当該各号に定める事項を記載した告知書を、その国外送金等をする際、国外送金等に係る金融機関の営業所等の長に対し（当該国外送金等に係る為替取引又は買取りが当該国外送金等に係る金融機関の営業所等以外の金融機関の営業所等の長による取次ぎその他の政令で定める行為に基づいて行われる場合には、取次ぎ等に係る金融機関の営業所等の長を経由して、当該国外送金等に係る金融機関の営業所等の長に対し）提出しなければならない。
	国外送金等調書令4	（告知書の提出義務のない公共法人等の範囲） （告知の内容と確認）
	国外送金等調書法3①後段	この場合において、当該告知書の提出をする者は、当該告知書の提出をする金融機関の営業所等の長（取次ぎ等に係る金融機関の営業所等の長を経由して当該告知書の提出をする場合には、当該取次ぎ等に係る金融機関の営業所等の長）にその者の住民票の写し、法人の登記事項証明書その他の政令で定める書類を提示しなければならないものとし、当該告知書の提出を受ける金融機関の営業所等の長は、当該告知書に記載されている氏名又は名称及び住所（国内に住所を有しない者にあっては、財務省令で定める場所）を当該書類により確認しなければならないものとする。 （いつ提出されたのか）
	国外送金等調書法3③	告知書が取次ぎ等に係る金融機関の営業所等の長に受理されたときは、当該告知書は、その受理された時に国外送金等に係る金融機関の営業所等の長に提出されたものとみなす。
	国外送金等調書令5	（告知書の提出に係る住民票の写しその他の書類の提示等）

1 国外送金をする者の告知書の提出等	国外送金等調書令6	（金融機関の営業所等の長の確認等）
	国外送金等調書法3②一	（特定送金） その国外送金をする者の本人口座からの振替によりされる国外送金その他これに準ずる国外送金として政令で定めるもの
	国外送金等調書法3②二	（特定受領） その国外からの送金等の受領をする者の本人口座においてされる国外からの送金等の受領その他これに準ずる国外からの送金等の受領として政令で定めるもの
	国外送金等調書令7	（特定送金及び特定受領の範囲）
	国外送金等調書規3	（国内に住所を有しない者の確認すべき居所地等）
	国外送金等調書規4	（金融期間の営業所等の長に提示する書類の範囲）
	国外送金等調書規5	（告知書の提出に係る確認書類の提示を要しない者の範囲）
	国外送金等調書規6	（告知書の記載事項等）
	国外送金等調書規7	（銀行業を営む者に準ずるものの範囲等）
2 国外送金等調書の提出	国外送金等調書法4①	金融機関は、その顧客（公共法人等を除く。）が当該金融機関の営業所等を通じてする国外送金等（その金額が100万円以下のものを除く。）に係る為替取引を行ったときは、その国外送金等ごとに次の各号に掲げる場合の区分に応じ当該各号に定める事項を記載した調書（国外送金等調書という。）を、その為替取引を行った日として財務省令で定める日の属する月の翌月末日までに、当該為替取引に係る金融機関の営業所等の所在地の所轄税務署長に提出しなければならない。
	国外送金等調書法4①一	（国外送金の場合） ① その国外送金をした顧客の氏名又は名称、当該顧客の住所、その国外送金をした金額、その国外送金に係る前条第1項の告知書に記載されている送金原因その他の財務省令で定める事項
	国外送金等調書法4①二	（国外からの送金等の受領の場合） ② その国外からの送金等の受領をした顧客の氏名又は名称、当該顧客の住所（国外からの送金等の受領がその者の本人口座においてされた場合には、住所又は当該本人口座が開設されている金融機関の営業所等の名称及び所在地並びに当該本人口座の種類及び番号）、その国外からの送金等の受領をした金額その他の財務省令で定める事項
	国外送金等調書令8①	（国外送金等調書の提出を要しない国外送金等の上限額） 100万円

2 国外送金等調書の提出	国外送金等調書規8	（為替取引を行った日）
	国外送金等調書規9	（国外送金等に係る外国通貨の本邦通貨への換算のために用いられる外国為替相場）
	国外送金等調書規10	（国外送金等調書の記載事項）
	国外送金等調書規11	（国外送金等調書の提出方法等）

国外送金等

国外送金等とは、金融機関が行う為替取引によってされる国外送金又は国外からの送金等の受領をいい、国内から国外への支払のみでなく、国外から国内への支払も含まれる。

平成９年の国外送金等調書提出制度の創設時、国外送金等調書の提出基準は200万円超の海外送金等であったが、200万円以下に分割して送金する事例が増加したため、平成20年の改正により、200万円超から100万円超に引き下げられた。

この海外送金等の基準額は、１回ごとに判定するものと解されている。

第8章

3　国外証券移管等調書

項目	根拠法令	説明
1　国外証券移管等をする者の告知書の提出等	国外送金等調書法4の2	(概要) 国外証券移管等をする者は、その際に金融機関の営業所等の長に対し、告知書を提出しなければならない。金融機関の営業所等の長は、その告知した内容を確認しなければならない。
		(告知書の提出)
	国外送金等調書法4の2①前段	金融商品取引業者等の営業所等の長にその有する有価証券の国外証券移管又は国外証券受入れの依頼をする者（別表法人等を除く。）は、その国外証券移管又は国外証券受入れ（国外証券移管等という。）がそれぞれ特定移管又は特定受入れに該当する場合を除き、その者の氏名又は名称及び住所その他の財務省令で定める事項を記載した告知書を、その国外証券移管等の依頼をする際、当該金融商品取引業者等の営業所等の長に対し提出しなければならない。
		(告知の内容と確認)
	国外送金等調書法4の2①後段	この場合において、当該告知書の提出をする者は、当該告知書の提出をする金融商品取引業者等の営業所等の長に第3条第1項に規定する政令で定める書類を提示しなければならないものとし、当該告知書の提出を受ける金融商品取引業者等の営業所等の長は、当該告知書に記載されている氏名又は名称及び住所等を当該書類により確認しなければならないものとする。
	国外送金等調書法令9の2	(国外証券移管等に係る告知書の提出義務のない別表法人等の範囲)
	国外送金等調書法令9の3	(国外証券移管等に係る告知書の提出に係る住民票の写しその他の書類の提示等)
	国外送金等調書法令9の4	(金融商品取引業者等の営業所等の長の確認等)
	国外送金等調書法規11の2	(国外証券移管等に係る告知書の提出に係る告知書の提示を要しない者の範囲)
	国外送金等調書法規11の3	(国外証券移管等に係る告知書の記載事項等)
		(特定移管の場合)
	国外送金等調書法4の2②一	①　その国外証券移管を依頼する者の本人証券口座に係る振替口座簿に記載若しくは記録がされ、又は当該本人証券口座に保管の委託がされている有価証券についてされる国外証券移管
		(特定受入れの場合)

	国外送金等調書法 4の2②二	② その国外証券受入れを依頼する者の本人証券口座に係る振替口座簿に記載若しくは記録がされ、又は当該本人証券口座に保管の委託がされることとなる有価証券についてされる国外証券受入れ
2 国外証券移管等調書の提出	国外送金等調書法 4の3①	金融商品取引業者等は、その顧客（別表法人等を除く。）からの依頼により国外証券移管等をしたときは、その国外証券移管等ごとに、その顧客の氏名又は名称及び住所、マイナンバー、その国外証券移管等をした有価証券の種類及び銘柄その他の財務省令で定める事項を記載した調書（国外証券移管等調書という。）を、その国外証券移管等をした日の属する月の翌月末日までに、当該国外証券移管等を行った金融商品取引業者等の営業所等の所在地の所轄税務署長に提出しなければならない。 （国外送金等調書の規定の準用）
	国外送金等調書法 4の3②	第4条第2項から第5項〔国外送金等調書の提出〕までの規定は、国外証券移管等調書を提出すべき金融商品取引業者等について準用する。

国外証券移管等調書制度は、平成26年の税制改正により創設。平成27年1月1日以後に金融商品取引業者等の営業所等の長に依頼する国外証券移管等について適用される。金融商品取引業者等は、その顧客からの依頼により国外証券移管等をしたときは、その国外証券移管等ごとに、その顧客の氏名又は名称及び住所、その国外証券移管等（国外証券移管又は国外証券受入れ）をした有価証券の種類及び銘柄その他一定の事項を記載した国外証券等調書を、その国外証券移管等をした日の属する月の翌月末日までに、その国外証券移管等を行った金融商品業者等の営業所等の所在地の所轄税務署長に提出しなければならないこととされた。

国外証券移管とは、金融取引業者等が顧客の依頼に基づいて国内証券口座から国外証券口座へ有価証券を移管することをいい、国外証券受入とは、国外証券口座から国内証券口座へ有価証券を受け入れることをいう。

国外送金等調書制度により現金の内外の移動が捕捉されることとされ、国外証券移管等証書制度により有価証券の内外の移動が捕捉されることとなり、国外財産調書制度とともに、富裕層の資産の捕捉の環境が整備されてきている。

第8章

4　財産債務調書

項目	根拠法令	説明
1 財産債務調書の提出	国外送金等調書法6の2①	①　平成27年度の税制改正により、所得税法第232条に規定されていた財産債務明細書の規定が廃止され、財産債務調書の規定が創設された。この改正は、平成28年1月1日以後に提出すべき財産債務調書について適用となる。 ②　対象者は、確定申告義務を有し、その年分の退職所得を除く各種所得金額の合計額が2,000万円を超え、かつ、その年の12月31日においてその価額の合計額が3億円以上の財産又は1億円以上の国外転出特例対象財産を有する者である。 ③　提出期限は翌年の6月30日（令和4年分以前の財産債務調書の提出期限は翌年の3月15日）（提出期限前に死亡したときは提出不要）。 ④　令和3年度の税制改正により、申告書を提出すべき者に加えて、還付申告書（配当控除後の所得税額がある場合に限る）を提出できる者が対象者に含まれる。この改正は令和4年1月1日以後に提出すべき財産債務調書に適用される（附則1条）。 次に掲げる申告書を提出すべき者又は提出できる者は、財産債務調書を、その年の翌年の3月15日までに、その者の納税地の所轄税務署長に提出しなければならない。
	一	（所法120①の規定による申告書）
	二	（所法122①の規定による申告書）
	三	（所法127①の規定による申告書）
	四	（所法127②の規定による申告書）
	国外送金等調書法令12の2⑥	（法6の2①二及び四の所得税の合計額）
	⑦	（法6の2①二及び四の配当控除の額）
	国外送金等調書法6の2②	（令和2年分以後の財産債務調書に適用） 相続開始年分の財産債務調書には、相続財産債務を除外して提出することができる。
	国外送金等調書法6の2③	（令和5年分以後の財産債務調書について適用） その年の12月31日においてその価額の合計額が10億円以上の財産を有する居住者は6の2①の規定にかかわらず、財産債務調書を翌年6月30日までに納税地（納税義務のない居住者は住所地又は居住地）の税務署長に提出しなければならない。
	国外送金等調書法6の2⑤	国外財産調書に記載した国外財産については、価額のみ記載する。

<table>
<tr><td rowspan="21">1
財産債務調書の提出</td><td>国外送金等調書法令12の2</td><td>（財産債務調書の提出に関し必要な事項）</td></tr>
<tr><td>同通達6の2-1</td><td>（財産債務調書に係る財産の価額の合計額の判定）</td></tr>
<tr><td>同通達6の2-2</td><td>（居住者であるかどうかの判定の時期）</td></tr>
<tr><td>同通達6の2-3</td><td>（財産債務調書の提出先の判定等）</td></tr>
<tr><td>同通達6の2-4</td><td>（規則別表第三（六）、（十一）、（十四）、（十五）の財産の例示）
「暗号資産」は「（十五）その他の財産」に該当する。</td></tr>
<tr><td>同通達6の2-5</td><td>（規則別表第三（十七）の未払金の例示）</td></tr>
<tr><td>同通達6の2-6</td><td>（財産債務調書の財産の記載事項）</td></tr>
<tr><td>同通達6の2-7</td><td>（有価証券の所在）</td></tr>
<tr><td>同通達6の2-8</td><td>（財産債務調書の債務の記載事項）</td></tr>
<tr><td>同通達6の2-9</td><td>（債務に係る所在）</td></tr>
<tr><td>同通達6の2-10</td><td>（財産の価額の意義等）</td></tr>
<tr><td>同通達6の2-11</td><td>（見積価額の例示）</td></tr>
<tr><td>同通達6の2-12</td><td>（規則第15条第４項が準用する規則第12条第５項に規定する見積価額のうち減価償却資産の償却後の価額の適用）</td></tr>
<tr><td>同通達6の2-13</td><td>（有価証券等の取得価額の例示）</td></tr>
<tr><td>同通達6の2-14</td><td>（共有財産の持分の取扱い）</td></tr>
<tr><td>同通達6の2-15</td><td>（債務の金額の意義）</td></tr>
<tr><td>同通達6の2-16</td><td>（財産債務調書に記載する財産の価額及び債務の金額の取扱い）</td></tr>
<tr><td>同通達6の2-17</td><td>（外貨で表示されている財産債務の邦貨換算の方法）</td></tr>
<tr><td>同通達6の2-18</td><td>（同一人から二以上の財産債務調書の提出があった場合の取扱い）</td></tr>
<tr><td>同通達6の2-19</td><td>（財産債務調書合計表）</td></tr>
<tr><td rowspan="2">2
財産債務に係る過少申告加算税又は無申告加算税の特例</td><td colspan="2">令和２年度改正後の規定（令和２年分以後の財産債務調書に適用）</td></tr>
<tr><td>国外送金等調書法６の３</td><td>①　過少申告加算税等の軽減の規定は、財産債務に係る所得税又は財産に対する相続税に関し修正申告等があり、国税通則法第65条（過少申告加算税）又は第66条（無申告加算税）の規定の適用がある場合において、提出期限内に税務署長に提出された財産債務調書に当該修正申告等の基因となる財産又は債務についての記載があるときについて適用される（５％軽減）。
（注）国外財産調書に関する規定中、国外送金等調書法６条の１項及び２項を準用する。
②　財産債務に係る所得税に関し修正申告等（死亡した者に係るものを除く。）があり、過少申告加算税等の規定の適用がある場合において、税務署長に提出すべき財産債務調書について提出期限内に提出がないとき、又は提出期限内に税務署長に提出された財産債務調書に記載すべき当該修正申告等の基因となる財産若しくは債務についての記載がないとき（財産債務調書に記載すべき事項のうち重要なものの記載が不十分であると認められるときを含む。）については、過少申告加算税等が加重される（５％加重）。</td></tr>
</table>

2 財産債務に係る過少申告加算税又は無申告加算税の特例		(注) 国外財産調書に関する規定中、国外送金等調書法6条の3項、4項1号(所得税の修正申告等)を準用する。 ③ 財産債務調書が調査予知して提出されたものでない場合は、提出期限内に提出されたものとみなして、加算税等の特例を適用する。 (注) 令和6年1月1日以後に提出される財産債務調書については、調査通知がある前に提出されたものに限り、提出期限内に提出したものとみなす。
	国外送金等調書法令12の3	(財産債務に係る過少申告加算税又は無申告加算税の特例の対象となる所得の範囲等)
	国外送金等調書法令12の4	(死亡した者に係る修正申告等の場合の財産債務に係る過少申告加算税又は無申告加算税の特例の規定が適用される場合における財産債務調書等の取扱い)
	同通達6の3-1	(財産債務に基因して生ずる所得):例示
	同通達6の3-2	(財産債務に基因して生ずる所得に該当しないもの)
	同通達6の3-3	(重要なものの記載が不十分であると認められる場合)
	同通達6の3-4	(法第6条の3第1項及び第2項の適用の判断の基となる財産債務調書)
	同通達6の3-5	(相続財産債務を有する者の責めに帰すべき事由がない場合)[令和2.12.15新設]
	同通達6の3-6	(財産債務調書の提出期限前にあった修正申告等に係る過少申告加算税等の特例適用)
	同通達6の3-7	(財産債務調書の提出を要しない者から提出された財産債務調書の取扱い)

(参考)財産債務調書制度(FAQ)国税庁　令和5年4月

Ⅰ　通則

【制度の概要等】

Q1　財産債務調書制度の概要について教えてください。

Q2　財産債務調書を提出しなければならない場合について、具体的に教えてください。

Q3　その年の12月31日において保有する財産の価額の合計額の算定に当たって、含み損がある信用取引等やデリバティブ取引に係る権利の価額も含める必要がありますか。

Q4　財産債務調書は、住所地を所轄する税務署長に提出すればよいのですか。

【財産債務調書の記載に係る基本的な考え方】

Q5　財産債務調書には、氏名、住所(又は居所等)及びマイナンバー(個人番号)のほか、財産の種類、数量、価額、所在並びに債務の金額等を記載することとされていますが、記載事項を具体的に教えてください。

【財産の用途】

Q6　財産債務調書に記載する財産の種類、数量、価額、所在並びに債務の金額等は、その財産債務の用途別(一般用及び事業用の別)に記載することとされています。保有する財産債務の用途が「一般用」であるのか、「事業用」であるのかについては、どのように判定すればよいのですか。

Q7　財産債務の用途が「一般用」及び「事業用」の兼用である場合、財産債務調書にはどのように記載すればよいのですか。

【財産の所在】

Q８　財産債務調書に記載する財産の「所在」は、どのように判定するのですか。

【財産の価額の算定】

Q９　財産債務調書に記載する財産の価額は、その年の12月31日における時価によらなければならないのですか。

Q10　財産の「時価」とは、どのような価額をいうのですか。

Q11　財産の「見積価額」とは、どのような価額をいうのですか。また、財産の「見積価額」の合理的な算定方法について、財産の種類ごとに具体的に教えてください。

Q12　財産債務調書に記載する財産の価額は、財産評価基本通達で定める方法により評価した価額でもよいのですか。

【事業用財産を保有している場合の取扱い】

Q13　個人で事業を営んでいます。12月31日現在の売掛金が多数あります。これらの売掛金についても所在別に記載する必要がありますか。

Q14　不動産賃貸業を営んでいます。12月31日現在の未払金や預り保証金が多数あります。これらの債務についても所在別に記載する必要がありますか。

Q15　不動産賃貸業を営んでいます。所得税の確定申告において、国内に所在する賃貸用建物を青色申告決算書（又は収支内訳書）の「減価償却費の計算」欄に減価償却資産として記載していますが、この場合、財産債務調書にも同じ内容を記載する必要がありますか。

【財産を共有している場合の取扱い】

Q16　外国に別荘を保有していますが、その別荘は配偶者との共有財産として取得しており、持分が明らかではありません。このような財産の価額はどのような方法で算定すればよいのですか。

【相続により財産を取得した場合の取扱い】

Q17　財産債務調書の提出義務の判断に当たって、財産の相続があった場合におけるその価額の算定方法について教えてください。

Q18　昨年、親が亡くなったため、親の財産を相続する予定です。昨年の12月31日において自分自身が保有している財産の価額の合計額では財産債務調書の提出義務者になりませんが、親から相続する予定の財産の価額を合わせると、財産債務調書の提出義務者になると思われます。この場合、財産債務調書を提出する必要はありますか。なお、その他は財産債務調書の提出要件を満たしています。

【外貨で表示されている財産の邦貨換算】

Q19　財産債務調書に記載する財産の価額は邦貨（円）によることとされていますが、外貨で表示されている財産の価額はどのような方法で邦貨に換算すればよいのですか。

【国外財産調書と財産債務調書の関係】

Q20　「国外財産調書」を提出する場合でも、財産債務調書の提出義務者に該当する場合は、財産債務調書を提出する必要があるのですか。

Ⅱ　財産債務調書の記載・価額の算定等（各財産に関する内容）

【土地・建物】

Q21　借地権を有していますが、財産債務調書にはこの借地権をどのように記載すればよいのですか。

Q22　避暑用のリゾートマンション（土地付建物）を保有しています。売買契約書を確認しても「土地」と「建物」の価額に区分することができません。このような財産の場合、財産債務調書にはどのように記載すればよいのですか。

【預貯金】

Q23　預入高が50万円未満の預金口座を複数保有していますが、この預金口座について全て記載する必要がありますか。

【有価証券】

Q24　有価証券等の所在は、具体的にどのように記載するのですか。

Q25　証券会社に特定口座を開設しています。この口座内で保有する上場株式等については、財産債務調書にどのように記載すればよいのですか。

Q26　証券会社に非課税口座を開設しています。この口座内で保有する上場株式等については、財産債務調書にどのように記載すればよいのですか。

Q27　ストックオプションに関する権利を保有していますが、その価額はどのように算定すればよいのですか。

Q28　財産債務調書には、有価証券等の取得価額を記載する必要があるとのことですが、どのように取得価額を算定すればよいのですか。

【未収入金】

Q29　小口の未収入金が複数ある場合に、この内容について全て記載する必要がありますか。

【家庭用動産】

Q30　自宅に多数の家庭用動産を保有しています。この家庭用動産について、財産債務調書にはどのように記載すればよいのですか。

Q31　自宅に多数の指輪やネックレスなどを保有しています（事業用ではありません。）。この場合、財産債務調書にはどのように記載すればよいのですか。

【保険・保険契約に基づく定期金に関する権利】

Q32　生命保険に加入していますが、この生命保険の価額はどのように算定すればよいのですか。なお、加入している生命保険契約は満期返戻金のあるものです。

Q33　生命保険契約に基づく定期金（年金）を受け取っていますが、その価額はどのように算定すればよいのですか。

【預託金等】

Q34　リゾート施設を利用するための会員権を保有しています。会員権を取得する際に、リゾート施設経営会社に預託金を支払っていますが、この預託金も財産債務調書への記載の対象になりますか。

【民法に規定する組合契約等その他これらに類する契約に基づく出資】

Q35　不動産投資を目的とした民法上の組合に対して出資していますが、財産債務調書には出資額を記載すればよいのですか。

【信託に関する権利】

Q36　保有している国債を金融機関に信託して運用しています。このような財産の価額は、どのような方法で算定すればよいのですか。

【無体財産権】

Q37　特許権（無体財産権）を保有していますが、その価額はどのような方法で算定すればよいのですか。

【暗号資産・NFT】

Q38　国内外の暗号資産取引所に暗号資産を保有しています。暗号資産は財産債務調書への記載の対象になりますか。

Q39　暗号資産の価額は、どのように記載すればよいのですか。

Q40　国内外のマーケットプレイスで購入したNFTを保有しています。NFTは財産債務調書への記載の対象になりますか。

Q41　NFTの価額は、どのように記載すればよいのですか。

【委託証拠金】

Q42　先物取引を行うに当たり、保有するA社の株式（上場株式）を委託証拠金として証券会社に預託しました。この預託した株式について、財産債務調書にはどのように記載すればよいのですか。

【各種債務】

Q43 「債務」に係る所在については、財産債務調書にどのように記載するのですか。
Q44 債務の「金額」とは、どのような金額をいうのですか。
Q45 財産を金融機関からの借入金で取得している場合、その財産の価額の算定に当たり、借入金元本を差し引いてよいのですか。
Q46 金融機関からの借入金について連帯して債務を負っている場合、財産債務調書にはどのように記載すればよいのですか。

Ⅲ 過少申告加算税等の特例

【特例の概要】

Q47 財産債務調書を提出している場合等の過少申告加算税等の特例措置について教えてください。

【過少申告加算税等の加重措置の適用要件】

Q48 所得税の申告漏れが生じた場合の過少申告加算税等の加重措置の適用要件について教えてください。

【過少申告加算税等の特例措置における「財産債務に係る所得税の申告漏れ」とは】

Q49 過少申告加算税等の特例措置における「財産債務に係る所得税の申告漏れ」とは、具体的にどのようなことをいうのですか。

【財産債務調書の提出ができないこと又は記載ができないことについて「相続財産債務を有する者の責めに帰すべき事由がない場合」とは】

Q50 所得税の税務調査の際に、財産債務調書に記載すべき相続した財産に係る申告漏れを指摘されました。この場合の過少申告加算税等の加重措置の適用がない「相続財産債務を有する者の責めに帰すべき事由がない場合」とは具体的にどういった場合が該当するのか教えてください。
Q51 　X1～X3年の各年分の所得税の税務調査において、X1年に相続した財産（以下この問において「相続財産」といいます。）Cに係る所得について申告漏れを指摘されました。各年の状況は次のとおりですが、いずれの年分も財産債務調書を提出していません。この場合の相続財産Cに係る所得の申告漏れに対する過少申告加算税等の加重措置の適用について教えてください。

【年の中途で財産債務を有しなくなった場合の取扱い】

Q52 令和５年中に国内で保有していた株式の全てを譲渡し、これに伴い生じた所得の申告漏れがあった場合、過少申告加算税等の加重措置の適用を判断すべき財産債務調書は、どの年分の財産債務調書になりますか。

【提出期限後に提出された財産債務調書の取扱い】

Q53 提出期限内に財産債務調書を提出することができなかった場合、過少申告加算税等に係る軽減措置の適用を受けることはできないのですか。

Ⅳ その他

【提出した財産債務調書に誤りがあった場合の取扱い】

Q54 提出した財産債務調書の記載内容に誤りのあった場合の訂正方法について教えてください。

【財産債務調書の提出方法】

Q55 財産債務調書は電子申告でも提出することができますか。

第3編　国際取引と消費税

第１章
国際取引と消費税

項目	根拠法令	説明
1 国際取引と消費税の概要	消法４①	(1) 国内外判定 消費税の課税の対象は、国内において事業者が行った資産の譲渡等であるから、取引の内外判定が重要となる。
	消法７	(2) 輸出免税等 国内において行う課税資産の譲渡等であっても、輸出取引等は免税となる。
	消法31①	（非課税資産の輸出等を行った場合の仕入税額控除の特例） 非課税資産の譲渡等のうち輸出取引等に該当するものは、課税売上割合の算定上、輸出取引等とみなされる。 (3) 輸入取引
	消法４②	保税地域から引き取られる外国貨物に対しても消費税を課される。
2 国内取引と国外取引の判定	消法４③	資産の譲渡等が国内において行われたかどうかの判定は、次に掲げる場合の区分に応じ定める場所が国内にあるかどうかにより行うものとする。
	消法４③一	(1) 資産の譲渡又は貸付けである場合 〈原則〉 当該譲渡又は貸付けが行われる時において当該資産が所在していた場所
	消令６①	〈特例〉 次に掲げる資産については、譲渡又は貸付けが行われるときにおける次に掲げる場所が国内か国外かにより判定する。

号	資産の区分	場所
1	船舶（登録（外国の登録を含む。）を受けたものに限る。）	船舶の登録をした機関の所在地 但し、居住者が行う日本船舶（国内において登録を受けた船舶をいう。）以外の船舶の貸付け及び非居住者が行う日本船舶の譲渡又は貸付けにあっては、当該譲渡又は貸付けを行う者の住所又は本店若しくは主たる事務所の所在地（「住所地」）

2		上記以外の船舶	その譲渡又は貸付けを行う者の当該譲渡又は貸付けに係る事務所等の所在地
3		航空機	航空機の登録をした機関の所在地 但し、登録を受けていない航空機にあっては、当該譲渡又は貸付けを行う者の譲渡又は貸付けに係る事務所等の所在地
4		鉱業権若しくは租鉱権、採石権その他土石を採掘し、若しくは採取する権利又は樹木採取権	鉱業権に係る鉱区若しくは租鉱権に係る租鉱区、採石権等に係る採石場又は樹木採取権に係る樹木採取区の所在地
5		特許権、実用新案権、意匠権、商標権、回路配置利用権又は育成者権（これらの権利を利用する権利を含む。）	これらの権利の登録をした機関の所在地 但し、同一の権利について2以上の国において登録をしている場合には、これらの権利の譲渡又は貸付けを行う者の住所地
6		公共施設等運営権	公共施設等運営権に係る民間資金等の活用による公共施設等の整備等の促進に関する法律2①（定義）に規定する公共施設等の所在地
7		著作権等 （著作権（出版権及び著作隣接権その他これに準ずる権利を含む。）又は特別の技術による生産方式及びこれに準ずるもの）	著作権等の譲渡又は貸付けを行う者の住所地
8		営業権又は漁業権若しくは入漁権	これらの権利に係る事業を行う者の住所地
9	イ	有価証券（ハに掲げる有価証券等及びヘに掲げるゴルフ場利用株式等を除く。）	当該有価証券が所在していた場所
	ロ	登録国債	登録国債の登録をした機関の所在地
	ハ	振替機関等（国内振替機関及びこれに類する外国の機関）が取り扱う有価証券等[注]	当該振替機関等の所在地

2 国内取引と国外取引の判定

国際取引と消費税

		資産の種類	所在場所
	ニ	上記ハ以外の有価証券に類する権利又は持分	当該権利又は持分に係る法人の本店、主たる事務所その他これらに準ずるものの所在地
	ホ	貸付金、預金、売掛金その他の金銭債権（へに掲げる金銭債権を除く。）	当該金銭債権に係る債権者の譲渡に係る事務所等の所在地
	へ	ゴルフ場利用株式等又はゴルフ場預託に係る金銭債権	ゴルフ場その他の施設の所在地
10		上記に掲げる資産以外の資産でその所在していた場所が明らかでないもの	その資産の譲渡又は貸付けを行う者の当該譲渡又は貸付けに係る事務所等の所在地

注：有価証券等は次のものをいう。

- 有価証券（へに掲げるゴルフ場利用株式等を除く。）
- 有価証券に表示されるべき権利（有価証券が発行されていないものに限る。登録国債を除く。）
- 合名会社、合資会社又は合同会社の社員の持分、協同組合等の組合員又は会員の持分その他法人の出資者の持分

消基通5-7-1 （国外と国外との間における取引の取扱い）
消基通5-7-2 （船舶の登録をした機関の所在地等）
消基通5-7-3 （航空機の登録をした機関の所在地）
消基通5-7-4 （鉱業権等の範囲）
消基通5-7-5 （特許権等の範囲）
消基通5-7-6 （著作権等の範囲）
消基通5-7-7 （特別の技術による生産方式の範囲）
消基通5-7-8 （営業権の範囲）
消基通5-7-9 （漁業権等の範囲）
消基通5-7-10 （資産の所在場所が国外である場合の取扱い）
消基通5-7-11 （船荷証券の譲渡に係る内外判定）
消基通5-7-12 （貸付けに係る資産の所在場所が変わった場合の内外判定）
消基通5-7-14 （事務所の意義）

消法４③二

(2) 役務の提供の場合（電気通信利用役務の提供（第２章参照）を除く。）

〈原則〉

当該役務の提供が行われた場所

消令６②

〈特例〉

次に掲げる役務の提供については、当該役務の提供が行われる際における次に掲げる場所が国内か国外かにより判定する。

号	役務の区分	場所
1	国内及び国内以外の地域にわたって行われる旅客又は貨物の輸送	当該旅客又は貨物の出発地若しくは発送地又は到着地
2	国内及び国内以外の地域にわたって行われる通信	発信地又は受信地
3	国内及び国内以外の地域にわたって行われる郵便又は信書便	差出地又は配達地
4	保険	保険に係る事業を営む者（保険の契約の締結の代理をする者を除く。）の保険の契約の締結に係る事務所等の所在地
5	専門的な科学技術に関する知識を必要とする調査、企画、立案、助言、監督又は検査に係る役務の提供で次に掲げるもの（生産設備等）の建設又は製造に関するもの	当該生産設備等の建設又は製造に必要な資材の大部分が調達される場所
イ	建物（その附属設備を含む。）又は構築物（ロに掲げるものを除く。）	
ロ	鉱工業生産施設、発電及び送電施設、鉄道、道路、港湾設備その他の運輸施設又は漁業生産施設	
ハ	イ又はロに掲げるものに準ずるものとして消規2で定めるもの（変電及び配電施設等）	
6	上記に掲げる役務の提供以外のもので国内及び国内以外の地域にわたって行われる役務の提供その他の役務の提供が行われた場所が明らかでないもの	役務の提供を行う者の役務の提供に係る事務所等の所在地

消基通5-7-13 （国内及び国外にわたって行われる旅客又は貨物の輸送等）

消基通5-7-15 （役務の提供に係る内外判定）

役務の提供地とは、現実に役務提供の行われた場所が具体的に特定できる場合はその場所をいい、具体的な場所を特定できない場合であってもその役務の提供に係る契約で明らかにされている役務の提供場所があるときはその場所をいう。

役務の提供の場所が明らかにされていないもののほか、役務の提供が国内と国外の間において連続して行われるもの及び

2 国内取引と国外取引の判定

同一の者に対して行われる役務の提供で役務の提供場所が国内と国外の双方で行われるもののうち、その対価の額が合理的に区分されていないものについて、上記の表の6「役務の提供が国内、国外にわたるものの内外判定」(消令6②六)により判定することになる。

消令6③

(3) 金融取引の場合

消令10①
消令10③一～八

利子を対価とする金銭の貸付け(国債等の取得及び特別引出権の保有を含む。)又は次に掲げる行為が国内において行われたかどうかの判定は、当該貸付け又は行為を行う者の当該貸付け又は行為に係る事務所等の所在地が国内にあるかどうかにより行う。

①	預金又は貯金の預入(譲渡性預金証書に係るものを含む。)
②	収益の分配金を対価とする消法14①ただし書信託(集団投資信託、法人課税信託、退職年金等信託、特定公益信託等)
③	給付補てん金を対価とする掛金の払込み
④	無尽に係る契約に基づく掛金の払込み
⑤	利息を対価とする抵当証券(これに類する外国の証券を含む。)の取得
⑥	償還差益を対価とする国債等又は約束手形の取得
⑦	手形(約束手形を除く。)の割引
⑧	上記に掲げるもののほか、金銭債権の譲受けその他の承継(包括承継を除く。)

3 輸出取引等

(1) 輸出免税

消法7①

(輸出免税の範囲)

事業者が国内において行う課税資産の譲渡等のうち、次に掲げるものに該当するものについては、消費税を免除する。

消法7①一～五

① 本邦からの輸出として行われる資産の譲渡又は貸付け

② 外国貨物の譲渡又は貸付け

③ 国内及び国内以外の地域にわたって行われる旅客若しくは貨物の輸送又は通信

④ 専ら③に規定する輸送の用に供される船舶又は航空機の譲渡若しくは貸付け又は修理で次に掲げるもの

消令17①一～三

イ 船舶運航事業又は船舶貸渡業を営む者に対して行われる船舶の譲渡又は貸付け

ロ 航空運送事業を営む者に対して行われる航空機の譲渡又は貸付け

ハ イの船舶又はロの航空機の修理でイ又はロに規定する者の求めに応じて行われるもの

⑤ 上記①～④に掲げる資産の譲渡等に類するものとして次に掲げるもの(輸出類似取引)

消令17②一～七

イ 専ら国内以外の地域間で行われる旅客又は貨物の輸送の用に供される船舶又は航空機の譲渡若しくは貸付け又は修理で次に掲げるもの

3 輸出取引等		⑴ 船舶運航事業又は船舶貸渡業を営む者に対して行われる船舶の譲渡又は貸付け ⑵ 航空運送事業を営む者に対して行われる航空機の譲渡又は貸付け ⑶ 船舶又は航空機の修理で⑴又は⑵に規定する者の求めに応じて行われるもの ロ 専ら国内及び国内以外の地域にわたって又は国内以外の地域間で行われる貨物の輸送の用に供されるコンテナーの譲渡若しくは貸付けで船舶運航事業者等に対して行われるもの又は当該コンテナーの修理で船舶運航事業者等の求めに応じて行われるもの ハ 船舶又は航空機の水先、誘導その他入出港若しくは離着陸の補助又は入出港、離着陸、停泊若しくは駐機のための施設の提供に係る役務の提供その他これらに類する役務の提供（当該施設の貸付けを含む。）で船舶運航事業者等に対して行われるもの ニ 外国貨物の荷役、運送、保管、検数、鑑定その他これらに類する外国貨物に係る役務の提供 ホ 国内及び国内以外の地域にわたって行われる郵便又は信書便 ヘ 上記2⑴4～8に掲げる資産の譲渡又は貸付けで非居住者に対して行われるもの ト 非居住者に対して行われる役務の提供で次に掲げるもの以外のもの ⑴ 国内に所在する資産に係る運送又は保管 ⑵ 国内における飲食又は宿泊 ⑶ ⑴及び⑵に掲げるものに準ずるもので、国内において直接便益を享受するもの
	消基通7-2-16	（非居住者に対する役務の提供で免税とならないものの範囲） 例示 イ 国内に所在する資産に係る運送や保管 ロ 国内に所在する不動産の管理や修理 ハ 建物の建築請負 ニ 電車、バス、タクシー等による旅客の輸送 ホ 国内における飲食又は宿泊 ヘ 理容又は美容 ト 医療又は療養 チ 劇場、映画館等の興業場における観劇等の役務の提供 リ 国内間の電話、郵便又は信書便 ヌ 日本語学校等における語学教育等に係る役務の提供
	消基通7-2-17	（国内に支店等を有する非居住者に対する役務の提供） 事業者が非居住者に対して役務の提供を行った場合に、当該非居住者が支店又は出張所等を国内に有するときは、当該役

3 輸出取引等

務の提供は当該支店又は出張所等を経由して役務の提供を行ったものとして、上記(1)⑤ト「非居住者に対する役務の提供」の規定の適用はないものとして取り扱う。

ただし、国内に支店又は出張所等を有する非居住者に対する役務の提供であっても、次の要件の全てを満たす場合には、上記(1)⑤トに規定する非居住者に対する役務の提供に該当するものとして取り扱うことができる。

イ　役務の提供が非居住者の国外の本店等との直接取引であり、当該非居住者の国内の支店又は出張所等はこの役務の提供に直接的にも間接的にもかかわっていないこと。

ロ　役務の提供を受ける非居住者の国内の支店又は出張所等の業務は、当該役務の提供に係る業務と同種、あるいは関連する業務でないこと。

(2)　輸出免税の適用要件

消基通7-1-1　（輸出免税の適用範囲）

資産の譲渡等のうち上記(1)輸出免税等の範囲の規定（消法７①）により消費税が免除されるのは、次の要件を満たしているものに限られる。

イ　その資産の譲渡等は、課税事業者によって行われるものであること。

ロ　その資産の譲渡等は、国内において行われるものであること。

ハ　その資産の譲渡等は、「非課税資産の輸出等を行った場合の仕入れに係る消費税額の控除の特例」（消法31①②）の適用がある場合を除き、課税資産の譲渡等に該当するものであること。

ニ　その資産の譲渡等は、上記(1)①～⑤に掲げるものに該当するものであること。

ホ　その資産の譲渡等は、上記(1)①～⑤に掲げるものであることにつき、証明がなされたものであること。

消法７②　（適用要件）

輸出免税の規定は、その課税資産の譲渡等が上記(1)①～⑤に掲げる資産の譲渡等に該当するものであることにつき、消規５（輸出取引の証明）で定めるところにより証明がされたものでない場合には、適用しない。

消基通7-2-23　（輸出証明書等）

(3)　輸出物品販売場における輸出物品の譲渡の免税

消法８①
消令18⑭

輸出物品販売場を経営する事業者が、免税購入対象者（外国為替及び外国貿易法６①六に規定する非居住者で、法令に基づき在留する者等）に対し、次に掲げる物品で輸出するため消令18③で定める方法により購入されるものの譲渡（消費税を課さないこととされるもの（消法６①）を除く。）を行った場合（下限額である一般物品５千円、消耗品５千円以上となるときに限る。）には、当該物品の譲渡については、消費税を免除される。

3 輸出取引等

消令18③　指定された方法により包装等を行う場合には、当該一般物品と消耗品の販売額を合計して下限額を判定する。

消令18②　（輸出物品販売場で譲渡する物品の範囲）

次の①②以外の物品（「免税対象物品」という。）とする。

① 金又は白金の地金その他通常生活の用に供しないもの

② 通常生活の用に供する物品のうち消耗品（食品類、飲料類、薬品類、化粧品類その他の消耗品）にあっては、その免税購入対象者に対して、同一の輸出物品販売場（輸出物品販売場とみなされるものを含む。）において同一の日に譲渡する当該消耗品の譲渡に係る対価の額の合計額が50万円を超えるもの

消令18の2　（輸出物品販売場の許可に関する手続等）

消令18の3　（免税手続カウンターにおける手続等の特例）

消令18の4　（電子情報処理組織による購入記録情報の提供の特例）

消令18の5　（臨時販売場を設置しようとする事業者に係る承認の申請手続等）

消基通8-1-1～8-3-5　「輸出物品販売場における輸出物品の譲渡に係る免税」関連通達

(4) 租税特別措置法による免税

措法85　① 外航船等に積み込む物品の譲渡等に係る免税

措法86　② 外国公館等に対する課税資産の譲渡等に係る免税

措法86の2　③ 海軍販売所等に対する物品の譲渡に係る免税

措法86の3　④ 入国者が輸入するウイスキー等又は紙巻たばこの非課税

(5) 非課税資産の輸出等を行った場合の仕入税額控除の特例

消法31①　① 事業者が国内において非課税資産の譲渡等（消法6①）のうち輸出取引等（消法7①）に該当するものを行った場合において、非課税資産の輸出等を行った場合の証明（消規16①）で定めるところにより証明がされたときは、課税資産の譲渡等に係る輸出取引等に該当するものとみなして、仕入れに係る消費税額の控除の規定（消法30）を適用する。

消令51②　（非課税資産の輸出等があった場合の課税売上割合の計算）

課税売上割合の計算については、国内において行った非課税資産の譲渡等のうち輸出取引等に該当するものの対価の額は、課税資産の譲渡等の対価の額の合計額に含まれるものとする。

消令17③　（非課税資産の輸出等に含まれる取引）

次のイ～トで金銭債権の債務者が非居住者であるもの及びチで非居住者に貸し付けられるもの

イ	利子を対価とする金銭の貸付け
ロ	預金又は貯金の預入（譲渡性預金証書に係るものを含む。）
ハ	収益の分配金を対価とする消法14①ただし書信託
ニ	利息を対価とする抵当証券（これに類する外国の証券を含む。）の取得
ホ	償還差益を対価とする国債等又は約束手形の取得

3 輸出取引等

ヘ	手形（約束手形を除く。）の割引
ト	金銭債権の譲受けその他の承継（包括承継を除く。）
チ	有価証券（ゴルフ場利用株式等を除く。）又は登録国債の貸付け

消令51①　（非課税資産の輸出等に含まれない取引）

有価証券、支払手段、金銭債権の輸出は含まれないものとする。

消法31②　② 事業者が、国内以外の地域における資産の譲渡等又は自己の使用のため、資産を輸出した場合において、当該資産が輸出されたことにつき消規16②で定めるところにより証明がされたときは、課税資産の譲渡等に係る輸出取引等に該当するものとみなして、仕入れに係る消費税額の控除の規定（消法30）を適用する。

消令51③　（国外移送のための輸出を行った場合の課税売上割合の計算）

課税売上割合の計算については、上記②の資産の輸出に該当するものに係る資産の価額に相当する金額は、資産の譲渡等の対価の額の合計額（消令48①一、割合の分母）及び課税資産の譲渡等の対価の額の合計額（消令48①二、割合の分子）にそれぞれ含まれるものとする。

消令51④　（国外移送のための輸出物品の価額）

当該資産が対価を得て輸出されるものとした場合における当該資産の「申告すべき数量及び価格」（関税法施行令59の２②）の本邦の輸出港における本船甲板渡し価格（航空機によって輸出される資産については、これに準ずる条件による価格）とする。

消基通11-8-1　（国内以外の地域における自己の使用のための資産の輸出等）

上記②（消法31②）に規定する「国内以外の地域における……自己の使用のため、資産を輸出した場合」とは、例えば、事業者が国外にある支店において使用するための事務機器等を当該支店あてに輸出する場合がこれに該当する。

消基通11-5-4　（国内において行った資産の譲渡等の対価の額）

課税売上割合（消法30⑥）における「資産の譲渡等の対価の額」及び「課税資産の譲渡等の対価の額」には、輸出免税等（消法７）に規定する輸出取引に係る対価の額は含まれるが、国外において行う取引に係る対価の額は含まれない。

消基通7-2-1　（輸出免税等の具体的範囲）

消基通7-2-2　（輸出物品の下請加工等）

消基通7-2-3　（国外で購入した貨物を国内の保税地域を経由して国外へ譲渡した場合の取扱い）

消基通7-2-4　（旅客輸送に係る国際輸送の範囲）

消基通7-2-5　（貨物輸送に係る国際輸送の範囲）

消基通7-2-6　（旅行業者が主催する海外パック旅行の取扱い）

消基通7-2-7　（国外の港等を経由して目的港等に到着する場合の輸出免税の取扱い）

3 輸出取引等	消基通7-2-8	（船舶運航事業を営む者等の意義）
	消基通7-2-9	（船舶の貸付けの意義）
	消基通7-2-10	（船舶運航事業者等の求めに応じて行われる修理の意義）
	消基通7-2-11	（水先等の役務の提供に類するもの）
	消基通7-2-12	（外国貨物の荷役等に類する役務の提供）
	消基通7-2-13	（指定保税地域等における役務の提供の範囲等）
	消基通7-2-13の2	（特例輸出貨物に対する役務の提供）
	消基通7-2-14	（その他これらに類する役務の提供）
	消基通7-2-15	（非居住者の範囲）
	消基通7-2-18	（外航船等への積込物品に係る輸出免税）
	消基通7-2-19	（合衆国軍隊の調達機関を通じて輸出される物品の輸出免税）
	消基通7-2-20	（海外旅行者が出国に際して携帯する物品の輸出免税）
	消基通7-2-21	（保税蔵置場の許可を受けた者が海外旅行者に課税資産の譲渡を行う場合の輸出免税）
	消基通7-2-22	（加工又は修繕のため輸出された課税物品に係る消費税の軽減）
4 輸入取引		(1)　課税の対象
	消法４②	保税地域から引き取られる外国貨物には、この法律により、消費税を課する。
	関税法29	（保税地域の種類）
		指定保税地域、保税蔵置場、保税工場、保税展示場及び総合保税地域の５種
		（外国貨物）
	関税法２①三	輸出の許可を受けた貨物及び外国から本邦に到着した貨物（外国の船舶により公海で採捕された水産物を含む。）で輸入が許可される前のものをいう。
	消基通5-6-2	①　無償の貨物
		保税地域から引き取られる外国貨物に係る対価が無償の場合においても、課税の対象とされる。
	消基通5-6-1	②　保税地域以外の場所からの引取り
	輸徴法５	保税地域からの引取りとみなされる場合（課税物品を保税地域以外の場所から輸入する場合、又は保税展示場又は総合保税地域内における外国貨物の販売が輸入とみなされる場合）も課税対象となる。
	消法４⑥	③　保税地域内での消費又は使用
		保税地域において外国貨物が消費され、又は使用された場合には、その消費又は使用をした者がその消費又は使用の時に当該外国貨物をその保税地域から引き取るものとみなされる。ただし、当該外国貨物が課税貨物の原料又は材料として消費され、又は使用された場合その他消令７で定める場合は、この限りでない。
	消法６②、別表２の２	(2)　非課税となる外国貨物

4 輸入取引

保税地域から引き取られる外国貨物のうち、次に掲げるものには、消費税を課されない。

有価証券等、郵便切手類、印紙、証紙、物品切手等、身体障害者用物品、教科用図書

(3) 免税となる外国貨物

輸徴法13

関税が免除される一定のものを保税地域から引取る場合には、その引取りに係る消費税を免除される。

関税定率法14

① 無条件免税対象物品

本邦に住所を移転するものの引越荷物、課税価格の合計額が1万円以下の物品等

関税定率法15

② 特定用途物品

学術研究又は教育のため国又は地方公共団体等が経営する学校、博物館等の施設に寄贈された物品等

関税定率法16

③ 外交官用貨物等

関税定率法17

④ 再輸出免税貨物

輸徴法13②

⑤ 専ら本邦と外国との間の旅客若しくは貨物の輸送の用に供される船舶又は航空機

(4) 納税義務者

消法5②

外国貨物を保税地域から引き取る者は、課税貨物につき、消費税を納める義務がある（したがって、免税事業者や事業者でないもの（消費者）も対象となる。）。

(5) 納税地

消法26

保税地域から引き取られる外国貨物に係る消費税の納税地は、当該保税地域の所在地とする。

(6) 課税標準と税率

消法28④

① 課税標準

保税地域から引き取られる課税貨物に係る消費税の課税標準は、当該課税貨物につき関税定率法の規定に準じて算出した価格（関税課税価格）に当該課税貨物の保税地域からの引取りに係る消費税以外の消費税等（酒税、たばこ税、揮発油税、地方揮発油税、石油ガス税、石油石炭税）の額（附帯税の額に相当する額を除く。）及び関税の額に相当する金額を加算した金額とする。

課税標準＝関税課税価格＋個別消費税額＋関税額

消法29

② 標準税率　7.8%（地方消費税と合わせて10%）
　軽減税率　6.24%（地方消費税と合わせて8%）

(7) 申告と納税

① （関税法）申告納税方式が適用される課税貨物

消法47①

申告納税方式（関税法6の2①一）が適用される課税貨物を保税地域から引き取ろうとする者は、次に掲げる事項を記載した申告書を税関長に提出しなければならない。

4 輸入取引		イ　当該引取りに係る課税貨物の品名並びに品名ごとの数量、課税標準額及び税率 ロ　課税標準額に対する消費税額及び当該消費税額の合計額 ハ　上記イロに掲げる金額の計算の基礎その他消規24（記載事項）で定める事項
	消法50①	上記の申告書を提出した者は、当該申告に係る課税貨物を保税地域から引き取る時までに、当該申告書に記載した消費税額の合計額に相当する消費税を国に納付しなければならない。
		(特例申告の場合)
	消法47③	その引取りに係る課税貨物につき特例申告（関税法７の２②）を行う場合には、当該課税貨物に係る上記の申告書の提出期限は、当該課税貨物の引取りの日の属する月の翌月末日となる。
	消法50①かっこ書	この場合の消費税の納期限は当該申告書の提出期限となる。
		(引取りに係る課税貨物についての納期限の延長)
	消法51①	イ　都度延長 申告納税方式が適用される課税貨物を保税地域から引き取ろうとする者（特例申告書を提出する者を除く。）が、申告書を提出した場合において、消費税額の全部又は一部の納期限に関し、その延長を受けたい旨の申請書を税関長に提出し、かつ、当該消費税額の全部又は一部に相当する額の担保を当該税関長に提供したときは、当該税関長は、当該提供された担保の額を超えない範囲内において、その納期限を３月以内に限り延長することができるとされている。
	消法51②	ロ　月まとめ延長 申告納税方式が適用される課税貨物を保税地域から引き取ろうとする者（特例申告書を提出する者を除く。）が、その月（特定月）における消費税の納期限に関し、特定月の前月末日までにその延長を受けたい旨の申請書を税関長に提出し、かつ、特定月に係る消費税額の合計額に相当する額の担保を当該税関長に提供したときは、当該税関長は、特定月における消費税の額の累計額が当該提供された担保の額を超えない範囲内において、その納期限を特定月の末日の翌日から３月以内に限り延長することができるとされている。
	消法51③	ハ　特例申告に係る延長 特例申告書をその提出期限までに提出した者が、消費税額の合計額の全部又は一部の納期限に関し、当該特例申告書の提出期限までにその延長を受けたい旨の申請書を同項の税関長に提出し、かつ、当該消費税額の合計額の全部又は一部に相当する額の担保を当該税関長に提供したときは、当該税関長は、当該消費税額が当該提供された担保の額を超えない範囲内において、その納期限を２月以内に限り延長することができるとされている。
		②　賦課課税方式が適用される課税貨物

4 輸入取引	消法47②	賦課課税方式（関税法６の２①二）が適用される課税貨物を保税地域から引き取ろうとする者は、その引き取る課税貨物に係る上記①に掲げる事項その他消規24で定める事項を記載した申告書を税関長に提出しなければならない。
	消法50②	この場合の消費税は、その保税地域の所在地を所轄する税関長が当該引取りの際徴収することとされている。
		(8) 仕入税額控除
	消法30①	保税地域からの引取りに係る課税貨物につき課された又は課されるべき消費税額は仕入税額控除の対象となる。
	消基通5-6-3	（無体財産権の伴う外国貨物に係る課税標準）
	消基通5-6-4	（保税地域において外国貨物が亡失又は滅失した場合）
	消基通5-6-5	（保税作業により製造された貨物）
	消基通5-6-6	（輸入外航機等の課税関係）

第2章
国境を越えた役務の提供（電子商取引等）に係る消費税

1　**事業者向け電気通信利用役務の提供**（平成27年10月1日以後に行われる課税資産の譲渡等及び課税仕入れに適用）
2　**消費者向け電気通信利用役務の提供**（同上）
3　**特定役務の提供**（平成28年4月1日以後に行われる課税資産の譲渡等及び課税仕入れに適用）

（本章の概要）

(1)　電気通信利用役務の提供に係る内外判定

インターネットを介した電子書籍・音楽・広告の配信等の役務提供を「**電気通信利用役務の提供**」と定義し、当該役務提供の内外判定については、従来の役務提供者の事務所等の所在地から役務提供を受ける者の住所とする改正が行われた。これにより、国内に住所を有する者が、国外事業者から当該役務の提供を受ける場合においても国内取引とされることになった。

(2)　「事業者向け電気通信利用役務の提供」⇒リバースチャージ方式

「電気通信利用役務の提供」は、「**事業者向け電気通信利用役務の提供**」と、それ以外のものである「**消費者向け電気通信利用役務の提供**」に区分される。「事業者向け電気通信利用役務の提供」については、国外事業者から当該役務の提供を受けた国内事業者が「**特定課税仕入れ**」として申告納税を行うことになる（**リバースチャージ方式**）。同時に、当該特定課税仕入れに係る仕入税額控除も認められる。

なお、「**特定課税仕入れがなかったものとされる経過措置**」として、①一般課税で課税売上割合が95％以上の課税期間、又は②簡易課税制度が適用される課税期間については、国内において特定課税仕入れがなかったものとして扱われる。

H28年改正（平成29年1月1日以後行う特定仕入れから適用される改正事項）
国外事業者が国内支店等で行う特定仕入れ（他の者から受けた事業者向け電気通信利用役務の提供に該当するものに限る。）のうち、国内において行う資産の譲渡等に要するものは、国内取引とされることに改正された。また、国内事業者が国外事業所等で行う特定仕入れのうち、国内以外の地域において行う資産の譲渡等にのみ要するものは、国外取引とされることに改正された。（消法4④但書）

(3)　「消費者向け電気通信利用役務の提供」⇒国外事業者申告納税方式

「**消費者向け電気通信利用役務の提供**」については、その役務提供を行った事業者が申告納税を行うことになる。この場合、国外事業者（適格請求書発行事業者を除く。）についても、事業者免税点制度の適用がある。

国外事業者から受けた「消費者向け電気通信利用役務の提供」については、一定の事項を記載した帳簿のほか、適格請求書発行事業者として登録された国外事業者から交付を受けた適格請求書等の保存を要件として仕入税額控除が認められる。

(4)　「特定役務の提供」⇒リバースチャージ方式

国内において行う「**特定役務の提供**（国外事業者が他の事業者に対して行う芸能人・職業運動家の役務の提供を主たる内容とする事業として行う役務の提供）」については、当該役務の提供を受けた国内事業者が「特定課税仕入れ」として申告納税を行うことになる（リバースチャージ方式）。(2)と同様に、「特定課税仕入れがなかったものとされる経過措置」の適用がある。

項目	根拠法令	説明
1 事業者向け電気通信利用役務の提供	消法２①八の三	(1) 電気通信利用役務の提供の意義 資産の譲渡等のうち、電気通信回線を介して行われる著作物（著作権法２①一）の提供（当該著作物の利用の許諾に係る取引を含む。）その他の電気通信回線を介して行われる役務の提供（電話、電信その他の通信設備を用いて他人の通信を媒介する役務の提供を除く。）であって、他の資産の譲渡等の結果の通知その他の他の資産の譲渡等に付随して行われる役務の提供以外のものをいう。
	消基通5-8-3	（電気通信利用役務の提供） 電気通信利用役務の提供とは、電気通信回線を介して行われる著作物の提供その他の電気通信回線を介して行われる役務の提供であって、例えば、次に掲げるようなものが該当する。 ① インターネットを介した電子書籍の配信 ② インターネットを介して音楽・映像を視聴させる役務の提供 ③ インターネットを介してソフトウエアを利用させる役務の提供 ④ インターネットのウエブサイト上に他の事業者等の商品販売の場所を提供する役務の提供 ⑤ インターネットのウエブサイト上に広告を掲載する役務の提供 ⑥ 電話、電子メールによる継続的なコンサルティング
	Q&A2-1	（電気通信利用役務の提供の範囲） 具体例
		(2) 電気通信利用役務の提供の内外判定
	消法４③三	資産の譲渡等が国内において行われたかどうかの判定は、次に定める場所が国内にあるかどうかにより行うものとする。 電気通信利用役務の提供である場合：当該電気通信利用役務の提供を受ける者の住所若しくは居所又は本店若しくは主たる事務所の所在地
	消基通5-7-15の2	（電気通信利用役務の提供に係る内外判定）
		(3) 課税方式（リバースチャージ方式）
	消法４①	① 課税の対象 国内において事業者が行った資産の譲渡等（**特定資産の譲渡等**に該当するものを除く。）及び**特定仕入れ**（事業として他の者から受けた特定資産の譲渡等をいう。）には、消費税を課する。
	消法２①八の二	（特定資産の譲渡等の意義） 事業者向け電気通信利用役務の提供及び特定役務の提供をいう。
	消法２①八の四	（事業者向け電気通信利用役務の提供の意義）

1 事業者向け電気通信利用役務の提供		国外事業者が行う電気通信利用役務の提供のうち、当該電気通信利用役務の提供に係る役務の性質又は当該役務の提供に係る取引条件等から当該役務の提供を受ける者が通常事業者に限られるものをいう。
	消法４④	〈特定仕入れの内外判定〉 特定仕入れが国内において行われたかどうかの判定は、当該特定仕入れを行った事業者が、当該特定仕入れとして他の者から受けた役務の提供につき、上記(2)に定める場所が国内にあるかどうかにより行うものとする。
	消法４④但書	ただし、国外事業者が恒久的施設（所法２①八の四又は法法２一二の一九）で行う特定仕入れ（他の者から受けた事業者向け電気通信利用役務の提供に該当するものに限る。）のうち、国内において行う資産の譲渡等に要するものは、国内で行われたものとする。 また、事業者（国外事業者を除く。）が国外事業所等（所法95④一又は法法69④一）で行う特定仕入れのうち、国内以外の地域において行う資産の譲渡等にのみ要するものは、国内以外の地域で行われたものとする。
	消基通5-8-4	（事業者向け電気通信利用役務の提供） 該当するもの、しないものの具体例
	Q&A3-1	（事業者向け電気通信利用役務の提供の範囲） 具体例
		（国外事業者の意義）
	消法２①四の二	非居住者（所法２①五）である個人事業者及び外国法人（法法２四）をいう。
	Q&A6	したがって、国内に支店等を有する外国法人についても、国外事業者に該当する。
	消基通5-7-15の3	国外事業者の恒久的施設で行う特定仕入れ（他の者から受けた事業者向け電気通信利用役務の提供に該当するものに限る。）について、当該特定仕入れが国内において行う資産の譲渡等及び国内以外の地域において行う資産の譲渡等に共通して要するものである場合には、国内において行われたものに該当する。
		②　納税義務者
	消法５①	事業者は、国内において行った課税資産の譲渡等（特定資産の譲渡等に該当するものを除く。）及び**特定課税仕入れ**（課税仕入れのうち特定仕入れに該当するものをいう。）につき、消費税を納める義務がある。
	Q&A24	（免税事業者から提供を受けた特定課税仕入れ） 提供者が免税事業者であっても提供される役務が「事業者向け電気通信利用役務の提供」等に該当するものであれば、役務提供を受けた事業者において「特定課税仕入れ」として納税義務が課される。

	③　課税標準
消法28②	特定課税仕入れに係る消費税の課税標準は、特定課税仕入れに係る支払対価の額（対価として支払い、又は支払うべき一切の金銭又は金銭以外の物若しくは権利その他経済的な利益の額をいう。）とする。
消基通10-2-1	（特定課税仕入れに係る支払対価の額）
Q&A18	（特定課税仕入れに係る消費税の課税標準）
	④　特定課税仕入れに係る仕入税額控除
消法30①	（仕入れに係る消費税額の控除）
	事業者（免税事業者を除く。）が、国内において行う課税仕入れ（特定課税仕入れに該当するものを除く。）若しくは特定課税仕入れ又は保税地域から引き取る課税貨物については、課税期間の課税標準額に対する消費税額から、当該課税期間中に国内において行った課税仕入れに係る消費税額、**当該課税期間中に国内において行った特定課税仕入れに係る消費税額**及び当該課税期間における保税地域からの引取りに係る課税貨物につき課された又は課されるべき消費税額の合計額を控除する。
Q&A29	（課税売上割合の計算方法）
	特定課税仕入れについては当該事業者の課税資産の譲渡等ではないので、課税売上割合の計算においては考慮しない。
消法30⑦、30⑧二	（帳簿及び請求書等の保存）
	課税仕入れ等の税額が特定課税仕入れに係るものである場合には、次の事項が記載された帳簿の保存のみで仕入税額控除の適用が受けられる。
Q&A28	イ　特定課税仕入れの相手方の氏名又は名称
	ロ　特定課税仕入れを行った年月日
	ハ　特定課税仕入れの内容
	ニ　特定課税仕入れに係る支払対価の額
	ホ　特定課税仕入れに係るものである旨
	⑤　特定課税仕入れがなかったものとされる経過措置
同改正法附42	イ　一般課税で課税売上割合が95％以上の場合
	国内において特定課税仕入れを行う事業者の平成27年10月1日を含む課税期間以後の各課税期間（簡易課税制度（消法37①）の適用を受ける課税期間を除く。）において、当該課税期間における課税売上割合が95％以上である場合には、当分の間、当該課税期間中に国内において行った特定課税仕入れはなかったものとして、新消費税法の規定を適用する。
同改正法附44②	ロ　簡易課税制度が適用される課税期間の場合
	簡易課税制度の適用を受ける課税期間については、当分の間、当該課税期間中に国内において行った特定課税仕入れはなかったものとして、新消費税法の規定を適用する。

Q&A25	（特定課税仕入れがなかったものとされた課税期間における特定課税仕入れの仕入税額控除） 特定課税仕入れに係る消費税額について、仕入税額控除を行うことはできない。
同改正令附2	⑥ 継続的電気通信利用役務の提供に関する経過措置 イ 国外事業者が、平成27年4月1日前に締結した電気通信利用役務の提供に係る契約（「特定契約」という。）に基づき、同年10月1日前から同日以後引き続き行う電気通信利用役務の提供に係る消費税については、なお従前の例による。ただし、同年4月1日以後に当該電気通信利用役務の提供の対価の額の変更が行われた場合は、この限りでない。 ロ 事業者が、平成27年4月1日前に国外事業者との間で締結した特定契約に基づき、同年10月1日前から同日以後引き続き行う特定課税仕入れについては、消費税を課さない。ただし、同年4月1日以後に当該特定課税仕入れに係る支払対価の額の変更が行われた場合は、この限りでない。 ハ 上記の規定の適用を受けた特定課税仕入れについては、新法第三十条から第三十七条までの規定は、適用しない。
	⑦ 課税売上高に特定課税仕入れの支払対価の額を含めない事項 下記の判定における際の各種課税売上高には、特定課税仕入れの支払対価の額を含めない。
消法9①	イ 小規模事業者に係る納税義務の免除制度における基準（特定）期間の課税売上高（1,000万円）
消法30②	ロ 仕入税額控除制度における課税期間における課税売上高（5億円）
消法37①	ハ 簡易課税制度における基準期間における課税売上高（5,000万円）
	(4) その他
消法62 消基通5-8-2 Q&A21	① 特定資産の譲渡等を行う事業者の表示義務 特定資産の譲渡等（国内において他の者が行う特定課税仕入れに該当するものに限る。）を行う国外事業者は、当該特定資産の譲渡等に際し、あらかじめ、当該特定資産の譲渡等に係る特定課税仕入れを行う事業者が消法5①の規定により消費税を納める義務がある旨を表示しなければならない。
消基通11-2-13の2	② 国内事業者の国外支店が受けた電気通信利用役務の提供 電気通信利用役務の提供が国内において行われたかどうかについては、役務の提供を受けた者が法人である場合には、当該法人の本店又は主たる事務所の所在地が国内にあるかどうかにより判定するのであるから、例えば、内国法人の国外事業所等において受けた電気通信利用役務の提供であっても、原則として国内において行った課税仕入れに該当する。 (注)内国法人の国外事業所等で受けた事業者向け電気通信利用役務の提供に係る特定仕入れについては、消法4④ただし

1 事業者向け電気通信利用役務の提供		書の規定の適用があることに留意する。
	消基通5-7-15の4	(国内事業者の国外事務所等で行う特定仕入れに係る内外判定) 事業者(国外事業者を除く。)の国外事業所等で行う特定仕入れ(他の者から受けた事業者向け電気通信利用役務の提供に該当するものに限る。)が国内において行われたかどうかの判定は、当該特定仕入れを行った日の状況により行うのであるから、当該特定仕入れを行った日において、国内以外の地域において行う資産の譲渡等にのみ要するものであることが明らかなもののみが国外取引に該当する。
	Q&A12	(内国法人の海外支店が受ける電気通信利用役務の提供の内外判定)
2 消費者向け電気通信利用役務の提供		**〈消費者向け電気通信利用役務の提供を行う国外事業者の申告納付義務〉**
	消法2①八の三	(1) 電気通信利用役務の提供の意義 資産の譲渡等のうち、電気通信回線を介して行われる著作物(著作権法2①一)の提供(当該著作物の利用の許諾に係る取引を含む。)その他の電気通信回線を介して行われる役務の提供(電話、電信その他の通信設備を用いて他人の通信を媒介する役務の提供を除く。)であって、他の資産の譲渡等の結果の通知その他の他の資産の譲渡等に付随して行われる役務の提供以外のものをいう。
	消基通5-8-3	(電気通信利用役務の提供) 該当するもの、しないものの具体例
	Q&A2-1～2	(電気通信利用役務の提供の範囲) 具体例
		(2) 電気通信利用役務の提供の内外判定
	消法4③三	資産の譲渡等が国内において行われたかどうかの判定は、次に定める場所が国内にあるかどうかにより行うものとする。 電気通信利用役務の提供である場合:当該電気通信利用役務の提供を受ける者の住所若しくは居所又は本店若しくは主たる事務所の所在地
	消基通5-7-15の2	(電気通信利用役務の提供に係る内外判定)
		(3) 課税方式(国外事業者による申告・納税)
	消法4①	① 課税の対象 国内において事業者が行った資産の譲渡等(**特定資産の譲渡等**に該当するものを除く。)及び**特定仕入れ**(事業として他の者から受けた特定資産の譲渡等をいう。)には、消費税を課する。
	消法2①八の二	(特定資産の譲渡等の意義) 事業者向け電気通信利用役務の提供及び特定役務の提供をいう。 **(消費者向け電気通信利用役務の提供)** 「消費者向け電気通信利用役務の提供」は、「電気通信利用役務

の提供」のうち、「事業者向け電気通信利用役務の提供」に該当しないものをいう。したがって、国外事業者が行う当該役務提供については、当該役務の提供を行う国外事業者が申告・納税を行うことになる。

Q&A4 （「消費者向け電気通信利用役務の提供」とは）

具体例

② 納税義務者

消法5① 事業者は、国内において行った課税資産の譲渡等（特定資産の譲渡等に該当するものを除く。）及び**特定課税仕入れ**（課税仕入れのうち特定仕入れに該当するものをいう。）につき、消費税を納める義務がある。

(4) 小規模事業者に係る納税義務の免除（事業者免税点制度）

消法9① ① 基準期間の課税売上高

事業者のうち、その課税期間に係る基準期間における課税売上高が1,000万円以下である者（適格請求書発行事業者を除く。）については、上記(3)②にかかわらず、その課税期間中に国内において行った課税資産の譲渡等及び特定課税仕入れにつき、消費税を納める義務を免除する。

消法9の2① ② 特定期間（前課税期間開始から6か月）の課税売上高

個人事業者のその年又は法人のその事業年度の基準期間における課税売上高が1,000万円以下である場合において、当該個人事業者又は法人のうち、当該個人事業者のその年又は法人のその事業年度に係る特定期間における課税売上高が1,000万円を超えるときは、当該個人事業者のその年又は法人のその事業年度における課税資産の譲渡等及び特定課税仕入れについては、①の規定は、適用しない。

Q&A13 （国外事業者の納税義務の判定①）

国外事業者であっても、事業者免税点制度が適用される。

Q&A14 （国外事業者の納税義務の判定②）

基準期間の課税売上高には、特定資産の譲渡等に該当するものは除く。

したがって、例えば、電気通信利用役務の提供のみ行っている国外事業者で、「事業者向け電気通信利用役務の提供」と「消費者向け電気通信利用役務の提供」を国内に提供している場合には、「消費者向け電気通信利用役務の提供」に係る対価の額のみで計算することになる。

改正法附36①～④ Q&A16 （事業者免税点制度に係る経過措置）

〈国外事業者からの消費者向け電気通信利用役務に係る国内事業者の仕入税額控除〉

改正法附38① (1) 令和5年9月30日までの期間

① 国外事業者から受けた電気通信利用役務の提供に係る税額控除に関する経過措置

2 消費者向け電気通信利用役務の提供

事業者が、平成27年10月１日以後に国内において行った課税仕入れのうち国外事業者から受けた電気通信利用役務の提供（事業者向け電気通信利用役務の提供に該当するものを除く。）に係るものについては、当分の間、仕入税額控除（新消法30）から棚卸資産に係る消費税額の調整（新消法36）までの規定は、適用しない。ただし、当該国外事業者のうち登録国外事業者（下記）に該当する者から受けた電気通信利用役務の提供については、この限りでない。

② 登録国外事業者制度

改正法附39①

（国外事業者の登録）

電気通信利用役務の提供を行い、又は行おうとする国外事業者（免除事業者（消法９①）を除く。）は、国税庁長官の登録を受けることができる。

Q&A41

（事業者向け電気通信利用役務の提供のみを行っている場合の登録の可否）

消費者向け電気通信利用役務の提供を行いまたは行おうとする事業者のみ登録を行うことができる。

改正法附39⑩

（登録国外事業者への事業者免税点制度の不適用）

登録国外事業者が、登録を受けた日の属する課税期間の翌課税期間以後の課税期間（消法９①の規定により消費税を納める義務が免除されることとなる課税期間に限る。）中に国内において行う課税資産の譲渡等及び特定課税仕入れについては、消費税の免除の規定は、適用しない。

③ 登録国外事業者から受けた消費者向け電気通信利用役務の提供に係る仕入税額控除

改正法附38②
Q&A30

（帳簿及び請求書保存要件）

登録国外事業者から受けた消費者向け電気通信利用役務の提供については、仕入税額控除の適用が認められるが、帳簿については、登録国外事業者に付された「登録番号」、請求書等については「登録番号」と「当該役務の提供を行った事業者において消費税を納める義務があること」の記載を要件とされる。

改正法附38③

（電磁的な請求書の保存）

請求書等の保存は、電磁的記録（電子的方式、磁気的方式その他の人の知覚によっては認識することができない方式で作られる記録であって、電子計算機による情報処理の用に供されるものをいう。）の保存をもって代えることができる。

(2) 令和５年10月１日以降の期間

消法30①

① 適格請求書等保存方式（インボイス制度）

令和５年10月１日以降、国内において行う課税仕入れにつき仕入税額控除の適用を受けるためには、一定の事項を記載した帳簿のほか、適格請求書発行事業者から交付を受けた適格請求書（従来の区分記載請求書に発行事業者の登録番号、適用税率、及び税率ごとに区分した消費税額等を追加記載したもの）等の保存が必要とされる。

2 消費者向け電気通信利用役務の提供		当該インボイス制度は国内事業者からの課税仕入れ同様、国外事業者からの課税仕入れにも適用され、国外事業者からの消費者向け電気通信利用役務の提供に係る仕入税額控除を行うためには当該国外事業者が適格請求書発行事業者として登録された事業者であることを要する。 適格請求書発行事業者であるかどうかは、国税庁適格請求書発行事業者公表サイトに登録番号を入力して確認する。 なお、事業者向け電気通信利用役務の提供及び特定役務の提供に適用されるリバースチャージ方式に係る特定課税仕入れ、及び輸入引取消費税については適格請求書等保存方式の適用はなく、国外事業者が登録事業者であることを要しない。
	消法57の2	② 国外事業者の登録 国外事業者が適格請求書発行事業者の登録を受けようとする場合、「適格請求書発行事業者の登録申請書（国外事業者用）」により申請する。
	消規26の2	国外事業者が特定国外事業者（国内に事務所、事業所等を有しない国外事業者）に該当する場合、消費税に関する税務代理人を有しないことが登録拒否事由にあたるため、同申請書に税務代理人に関する記載及び税務代理権限証書の添付が必要とされる。
	改正法附45	令和５年９月30日まで適用された登録国外事業者制度（改正法附39）は廃止されるが、令和５年９月１日において同制度に基づく登録国外事業者であった事業者（登録取消届出書を提出した者を除く）は、令和５年10月１日において適格請求書発行事業者の登録を受けたものとみなされるため、登録申請書を提出することなく適格請求書発行事業者となる。なお、登録番号は新登録番号が付される。
3 特定役務の提供		**〈国外事業者が行う芸能・スポーツ等の役務提供に対するリバースチャージ課税〉**
	消法２①八の五	(1) 特定役務の提供の意義 資産の譲渡等のうち、国外事業者が行う演劇その他の次に定める役務の提供（電気通信利用役務の提供に該当するものを除く。）をいう。
	消令２の２	（特定役務の提供の範囲） 映画若しくは演劇の俳優、音楽家その他の芸能人又は職業運動家の役務の提供を主たる内容とする事業として行う役務の提供のうち、国外事業者が他の事業者に対して行う役務の提供（当該国外事業者が不特定かつ多数の者に対して行う役務の提供を除く。）
	Q&A43-1～3	（「特定役務の提供」の範囲） 具体例
	Q&A44	（「特定役務の提供」から除かれるもの）
	消法４④、③二	(2) 特定役務の提供の内外判定

3 特定役務の提供		特定仕入れが国内で行われたかどうかの判定は、次に定める場所が国内にあるかどうかにより行うものとする。 役務の提供である場合（電気通信利用役務の提供である場合を除く。）：当該役務の提供が行われた場所 (3)　課税方式（リバースチャージ方式） 上記1(3)課税方式　参照

（注）Q&A：「国境を越えた役務の提供に係る消費税の課税に関するQ&A」平成27年5月（平成28年12月改訂）国税庁

第４編　国際源泉課税と租税条約に関する届出書関係

第1章
国際源泉課税

<table>
<tr><th>項目</th><th>根拠法令</th><th>説明</th></tr>
<tr><td>1
国際源泉課税とは</td><td></td><td>国際源泉とは、非居住者又は外国法人に係る源泉徴収の対象となる所得税（復興特別所得税を含む。以下同じ）に係るものをいいます。納税義務者、源泉徴収義務者、源泉徴収の対象となる国内源泉所得の範囲、租税条約が適用される場合、源泉徴収の免除、みなし国内払いなどが、その範囲になります。
源泉徴収された所得の中には、源泉徴収だけでは課税関係が終了せず、確定申告によって精算するものもありますが、それについては、非居住者又は外国法人の確定申告の部分を参照してください。
非居住者又は外国法人に、国外源泉所得を国内で支払った場合に源泉徴収義務が発生しますが、国内に事務所等を有する者の場合、国外でそれらを支払っても、国内で支払ったものとみなす規定があることに注意する必要があります。</td></tr>
<tr><td>2
非居住者又は外国法人の対する源泉徴収の対象となる国内源泉所得と税率（概要）</td><td></td><td>
<table>
<tr><th>根拠条文</th><th>通称</th><th>源泉徴収の対象となる国内源泉所得の種類</th><th>源泉徴収の税率</th></tr>
<tr><td>所法161①四</td><td>4号所得</td><td>組合契約事業に基づいて恒久的施設を通じて行う事業から生ずる利益で当該組合契約に基づいて配分を受けるもののうち政令で定めるもの</td><td>20.42%</td></tr>
<tr><td>所法161①五</td><td>5号所得</td><td>国内にある土地等の譲渡等による対価</td><td>10.21%</td></tr>
<tr><td>所法161①六</td><td>6号所得</td><td>国内において人的役務の提供を主たる内容とする事業を行う非居住者又は外国法人に支払うその人的役務の提供の対価
イ　映画や演劇の俳優、音楽家などの芸能人、職業運動家
ロ　弁護士、公認会計士、建築士などの自由職業者
ハ　科学技術、経営管理などの分野に関する専門的知識や特別の技能のある人</td><td>20.42%</td></tr>
<tr><td>所法161①七</td><td>7号所得</td><td>国内にある不動産等（航空機、船舶を含む）の貸付による対価</td><td>20.42%</td></tr>
</table>
</td></tr>
</table>

所法161①八	8号所得	日本国の公社債若しくは内国法人の発行する債券の利子、外国法人の発行する債券の利子のうち当該外国法人の恒久的施設を通じて行う事業に係るもの、国内にある営業所等に預け入れられた預貯金の利子等	15.315%
所法161①九	9号所得	内国法人から受ける剰余金の配当、利益の配当や剰余金の分配などの配当等	20.42%
所法161①十	10号所得	国内において業務を行う者に対する貸付金の利子でその業務に係るもの	20.42%
所法161①十一	11号所得	国内において業務を行う者から受ける次の使用料又は対価でその業務に係るもの イ　工業所有権などの技術に関する権利、特別の技術による精算方法、ノウハウなどの使用料又はその譲渡の対価 ロ　著作権、著作隣接権、出版権などの使用料又はこれらの権利の譲渡の対価 ハ　機械、装置、車両、運搬具、工具、器具、備品の使用料 ニ　上記ロ又はハの資産で居住者又は内国法人の業務の用に供される船舶又は航空機において使用されるものの使用料	20.42%
所法161①十二	12号所得	給与等その他人的役務の提供に対する報酬で国内勤務等に基因するもの、公的年金等、退職手当等で居住者期間の勤務等に基因するもの	20.42%
所法161①十三	13号所得	国内において行われる事業の広告宣伝のための賞金、賞品	20.42%
所法161①十四	14号所得	国内において保険業法に規定する生命保険会社、損害保険会社等と締結した保険契約等に基づく年金	20.42%
所法161①十五	15号所得	国内にある営業所等と締結した契約により支払いを受ける定期積金の給付補填金等	15.315%

所法161①十六	16号所得	匿名組合契約等に基づく利益の分配	20.42%

3 納税義務者の意義	所法2①三	居住者とは、国内に住所を有し、又は現在まで引き続いて一年以上居所を有する個人をいう。
	所法2①四	非永住者とは、居住者のうち、日本の国籍を有しておらず、かつ、過去10年以内において国内に住所又は居所を有していた期間の合計が5年以下である個人をいう。
	所法2①五	非居住者とは、居住者以外の個人をいう。
	所法2①六	内国法人　国内に本店又は主たる事務所を有する法人をいう。
	所法2①七	外国法人とは、内国法人以外の法人をいう。
	所法3	（居住者及び非居住者の区分）公務員は、原則居住者。
	所令13	（国内に住所を有するものとみなされる公務員から除かれる者）
	所令14	（国内に住所を有する者と推定する場合）
	所令15	（国内に住所を有しない者と推定する場合）
	所基通2-1	（住所の意義）
	所基通2-2	（再入国した場合の居住期間）
	所基通2-3	（国内に居住する者の非永住者等の区分）
	所基通2-4	（居住期間の計算の起算日）
	所基通2-4の2	（過去10年以内の計算）
	所基通2-4の3	（国内に住所又は居所を有していた期間の計算）
	所基通3-1	（船舶、航空機の乗組員の住所の判定）
	所基通3-2	（学術、技芸を習得する者の住所の判定）
	所基通3-3	（国内に居住することとなった者等の推定）
4 課税所得の範囲	所法7①三	（非居住者） 第164条第1項各号（非居住者に対する課税の方法）に掲げる非居住者の区分に応じそれぞれ同項各号及び同条第2項各号に掲げる国内源泉所得
	所法7①五	（外国法人） 国内源泉所得のうち第161条第4号から第11号まで及び第13号から第16号までに掲げるもの
5 源泉徴収義務	所法6	第二十八条第一項（給与所得）に規定する給与等の支払をする者その他第四編第一章から第六章まで（源泉徴収）に規定する支払をする者は、この法律により、その支払に係る金額につき源泉徴収をする義務がある。第四編第五章が非居住者又は外国法人に対するもの。
	所法212①	（非居住者又は外国法人に対する源泉徴収義務） 非居住者：4号から16号までの国内源泉所得 外国法人：4号から11号まで、13号から16号までの国内源泉所得 （法人なので12号の給与等が除かれている。）
	所法212②	（みなし国内払いの規定：国内に事務所等がある場合、国外で支払っても国内で支払ったものとみなす規定） みなし国内払いの場合の納期限は、翌月10日ではなく、翌月末日。

5 源泉徴収義務	所法212⑤	(非居住者又は外国法人に対して民法組合等の利益を分配する場合の源泉徴収義務)
	所令328	(源泉徴収を要しない国内源泉所得)
		(源泉徴収　共通関係)
	所基通181～223共 -1	(支払の意義)
	所基通181～223共 -2	(支払者が債務免除を受けた場合の源泉徴収)
	所基通181～223共 -3	(役員が未払賞与等の受領を辞退した場合)
	所基通181～223共 -4	(源泉徴収の対象となるものの支払額が税引手取額で定められている場合の税額の計算)
	所基通181～223共 -5	(端数計算)
	所基通212-1	(不特定多数の者から支払われるものの範囲)
	所基通212-2	(源泉徴収を要しない居住用土地家屋等の貸付けによる対価)
	所基通212-3	(内部取引から生じる所得)
	所基通212-4	(対価又は報酬の支払者が負担する旅費)
	所基通212-5	(給与等の計算期間の中途で非居住者となった者の給与等)
	所基通212-6	(組合事業から生ずる利益に係る源泉徴収義務)
	所基通212-7	(交付の意義)
	所法213	(徴収税額)
	所令329	(金銭以外のもので支払われる賞金の価額等)
	所基通213-1	(外貨で表示されている額の邦貨換算)
	所基通213-2	(換算の基礎となる電信買相場)
	所基通213-3	(邦貨換算の特例)
	所基通213-4	(居住者等に支払う場合の準用)
	所基通213-5	(年金を併給する場合の税額の計算)
	所基通213-6	(新旧年金の差額等に対する税額の計算)
6 源泉徴収の対象となる国内源泉所得の意義	所法161①四	組合契約事業に基づいて恒久的施設を通じて行う事業から生ずる利益で当該組合契約に基づいて配分を受けるもののうち政令で定めるもの
		(恒久的施設を通じて行う組合事業から生ずる利益)
	所令281の2①	(民法組合に類するものの範囲)
	所令281の2②	(組合利益の意義)
	所基通161-46	(損害賠償金等)
	所法161①五	国内にある土地等の譲渡等による対価
	所令281の3	(除かれるもの。１億円以下で、自己又はその親族の居住の用に供するために譲り受けた個人から支払われるもの)
	所基通161-16	(土地等の範囲)
	所基通161-17	(自己又はその親族の居住の用に供するために該当するかどうかの判定)

6 源泉徴収の対象となる国内源泉所得の意義	所基通161-18	（譲渡対価が１億円を超えるかどうかの判定）
	所法161①六	国内において人的役務の提供を主たる内容とする事業を行う非居住者又は外国法人に支払うその人的役務の提供の対価
	所令282	（人的役務の提供を主たる内容とする事業の範囲） イ　映画や演劇の俳優、音楽家などの芸能人、職業運動家 ロ　弁護士、公認会計士、建築士などの自由職業者 ハ　科学技術、経営管理などの分野に関する専門的知識や特別の技能のある人
	所基通161-19	（旅費、滞在費等） 非居住者等のために負担する旅費等。原則、報酬等に含むが、直接旅行会社等へ実費を支払った場合は別。
	所基通161-20	（人的役務の提供を主たる内容とする事業等の範囲）
	所基通161-21	（人的役務の提供を主たる内容とする事業等の意義）
	所基通161-22	（芸能人の役務の提供の対価の範囲）
	所基通161-23	（職業運動家の範囲）
	所基通161-24	（人的役務の提供に係る対価に含まれるもの）
	所基通161-25	（機械設備の販売等に付随して行う技術役務の提供）
	所法161①七	国内にある不動産等（航空機、船舶を含む）の貸付による対価
	所基通161-26	（船舶又は航空機の貸付けによる対価：裸用船だけが７号該当）
	所基通161-27	（船舶又は航空機の貸付けに伴い技術指導のための役務を提供した場合、区分されていなければ全額７号）
	所法161①八	日本国の公社債又は内国法人の発行する債券の利子、外国法人の発行する債券の利子のうち当該外国法人の恒久的施設を通じて行う事業に係るもの、国内にある営業所等に預け入れられた預貯金の利子等
	所基通161-28	（振替公社債等の利子）
	所法161①九	内国法人から受ける剰余金の配当、利益の配当や剰余金の分配などの配当
	所法161①十	国内おいて業務を行う者に対する貸付金の利子でその業務に係るもの。使用地主義による。
	所令283①	国内業務に係る貸付金の利子から除外されるもの
	所令283②	船舶又は航空機の購入のための貸付金の取扱い。内国法人向けは国内源泉所得、外国法人向けは国外源泉所得になる。債務者主義による。
	所令283③	債券現先取引の意義
	所令283④	債券現先取引の差益の意義
	所基通161-29	（当該業務に係るものの利子の意義：使用地主義で判定）
	所基通161-30	（貸付金に準ずるものの範囲）
	所基通161-31	（商品等の輸入代金に係る延払債権の利子相当額　６月超以外は、該当せず）

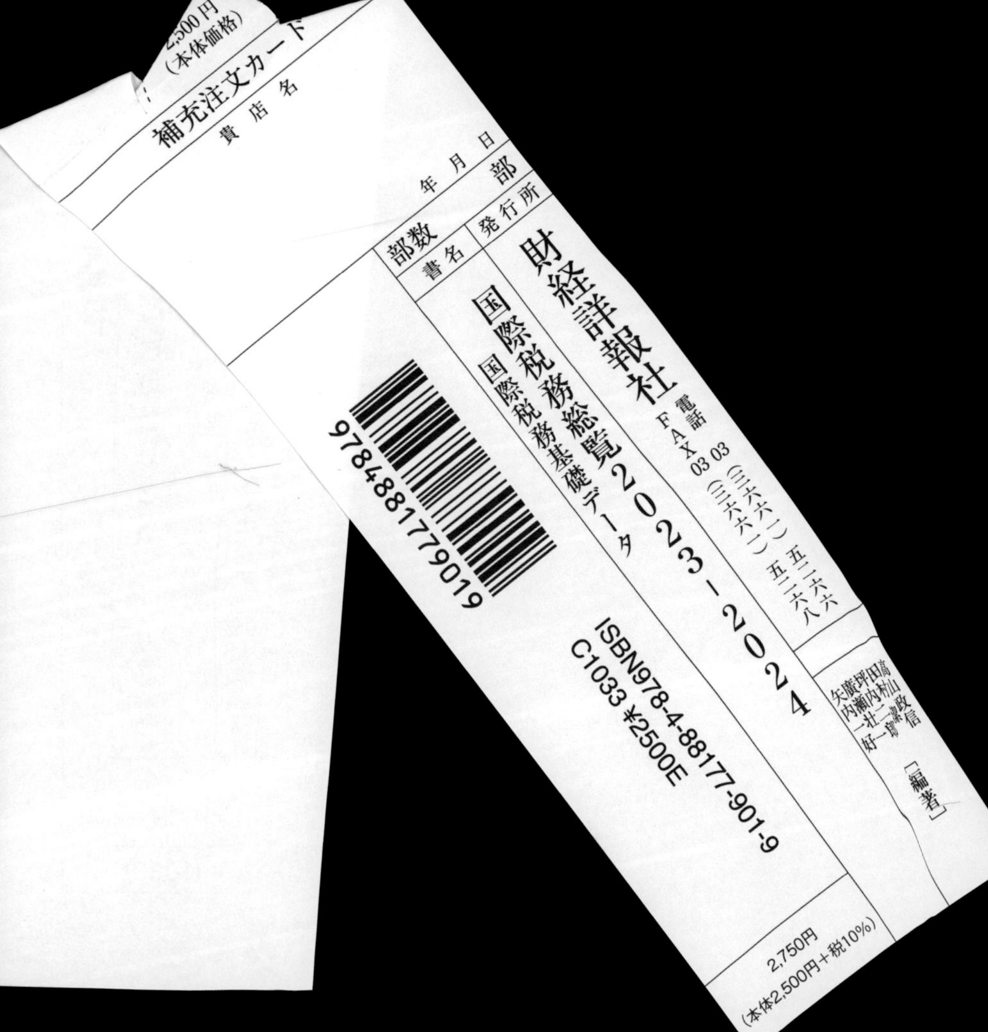
2,500円（本体価格）

補充注文カード

貴店名

年　月　日

部数　部

書名　国際税務総覧2023-2024

国際税務基礎データ

発行所　財経詳報社

電話03（三六六一）五二六六
FAX03（三六六一）五二六八

高山政信
田村潔
坪内二郎
廣瀬壮一
矢内一好
［編著］

ISBN978-4-88177-901-9
C1033 ¥2500E

2,750円
（本体2,500円＋税10%）

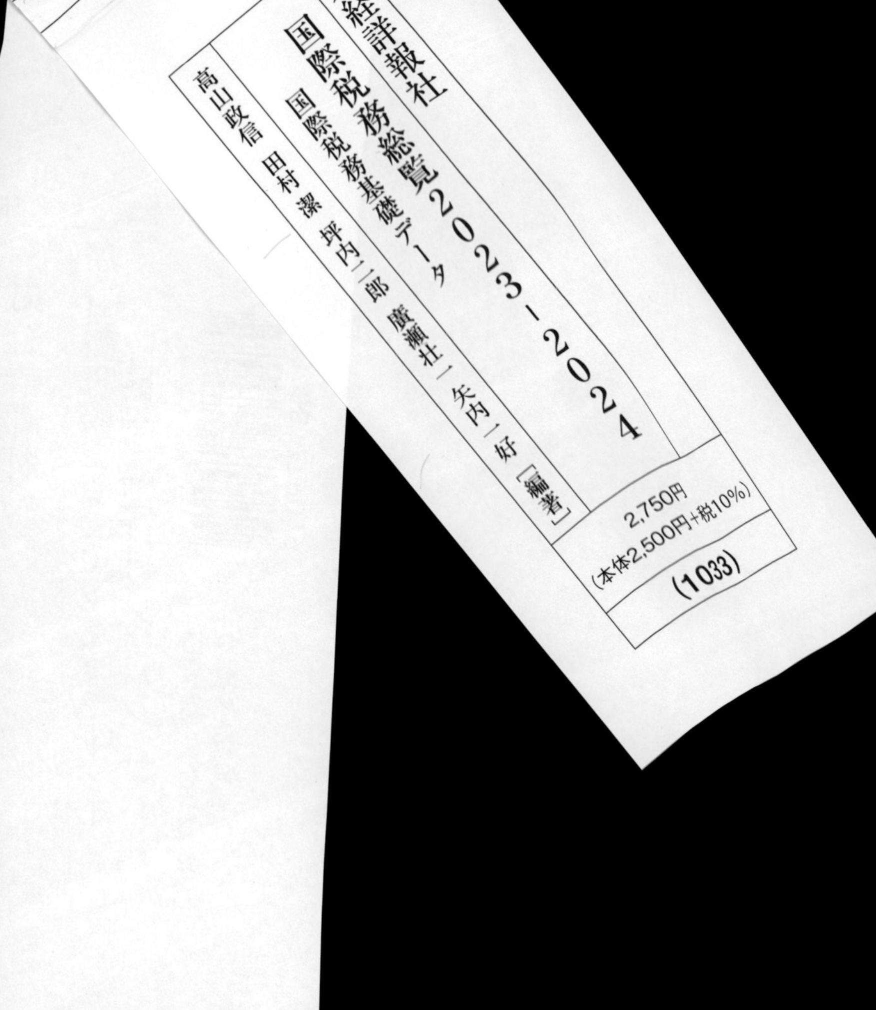

財経詳報社

国際税務総覧2023-2024

国際税務基礎データ

高山政信　田村潔　坪内二郎　廣瀬壮一　矢内一好［編著］

2,750円
(本体2,500円+税10%)

(1033)

6 源泉徴収の対象となる国内源泉所得の意義	所基通161-32	（資産の譲渡又は役務の提供の対価に係る債権等の意義）
	所法161①十一	国内において業務を行う者から受ける次の使用料又は対価でその業務に係るもの。使用地主義による。 イ　工業所有権などの技術に関する権利、特別の技術による精算方法、ノウハウなどの使用料又はその譲渡の対価 ロ　著作権、著作隣接権、出版権などの使用料又はこれらの権利の譲渡の対価 ハ　機械、装置、車両、運搬具、工具、器具、備品の使用料 ニ　上記ロ又はハの資産で居住者又は内国法人の業務の用に供される船舶又は航空機において使用されるものの使用料 （国内業務に係る使用料）
	所令284①	（使用料に含まれる用具の範囲）
	所令284②	（居住者又は内国法人の業務の用に供されるものは、国内源泉） 上記ロ又はハの資産で居住者又は内国法人の業務の用に供される船舶又は航空機において使用されるものの使用料は国内源泉所得
	所基通161-33	（当該業務に係るものの意義。使用地主義により判定）
	所基通161-34	（工業所有権等の意義）
	所基通161-35	（使用料の意義）
	所基通161-36	（図面、人的役務等の提供の対価として支払うをうけるものが使用料に該当するかどうかの判定）
	所基通161-37	（使用料に含まれないもの）
	所基通161-38	（工業所有権等の現物出資があった場合：譲渡対価又は使用料に該当）
	所基通161-39	（備品の範囲。美術工芸品等も使用料の範囲に入る）
	所法161①十二	給与等その他人的役務の提供に対する報酬で国内勤務等に基因するもの、公的年金等、退職手当等で居住者期間の勤務等に基因するもの
	所令285①一本文	（内国法人の役員としての勤務で国外で行うもの：国内源泉所得）
	所令285①一本文カッコ書	（内国法人の使用人兼務役員としての国外で常勤しているもの。内国法人が運航する航空機等において行う勤務で国外の寄航地における一時的な勤務は国外源泉所得：国外源泉所得） （国内に源泉がある給与、報酬又は年金の範囲）
	所令285①二	（内国法人等が運航する船舶、航空機での勤務は、国内源泉所得）
	所令285②	（公的年金のうち、国内源泉所得から除かれるもの）
	所令285③	（退職手当等のうち所令285①により国内源泉所得とされる内国法人の役員としての勤務等に基づくものは、国内源泉所得とされる退職手当等になる）
	所基通161-40	（旅費、滞在費等）
	所基通161-41	（勤務等が国内及び国外の双方にわたって行われた場合の国内源泉所得の計算。按分する。）
	所基通161-42	（内国法人の役員のうち使用人として常時勤務を行う場合の意義）

区分	根拠	内容
6 源泉徴収の対象となる国内源泉所得の意義	所基通161-43	（内国法人の役員が国外にあるその法人の子会社に常時勤務する場合で内国法人の使用人とされるもの）
	所基通161-44	（内国法人等が運航する船舶又は航空機において行う勤務等：原則、国内源泉所得）
	所基通161-45	（国外の寄港地において行われる一時的な人的役務の提供の意義）
	所法161①十三	国内において行われる事業の広告宣伝のための賞金、賞品
	所令286	（事業の広告宣伝のための賞金の意義）
	所法161①十四	国内において保険業法に規定する生命保険会社、損害保険会社等と締結した保険契約等に基づく年金（十二号ロの年金に該当しないもの）
	所令287	（国内源泉所得とされる年金に係る契約の範囲）
	所法161①十五	国内にある営業所等と締結した契約により支払いを受ける定期積金の給付補填金等
	所法161①十六	匿名組合契約等に基づく利益の分配
	所令288	（匿名組合契約に準ずる契約の範囲）
7 租税条約に異なる定めがある場合の国内源泉所得	所法162①	租税条約において国内源泉所得につき国内法の規定と異なる定めがある場合には、その租税条約の適用を受ける者については、国内法の規定にかかわらず、国内源泉所得は、その異なる定めがある限りにおいて、その租税条約に定めるところによるものと規定されています。この場合において、その租税条約が所得税法161条第1項第6号から第16号までの規定に代わって国内源泉所得を定めているときは、この法律中これらの号に規定する事項に関する部分の適用については、その租税条約により国内源泉所得とされたものをもつてこれに対応するこれらの号に掲げる国内源泉所得とみなされる。 具体的に租税条約でどのように規定されているかは、第5編の「各国情報」の「日本との租税条約の内容」を参照。

8 源泉徴収の免除		恒久的施設を有する非居住者又は外国法人で税務署で承認された者は、一定の国内源泉所得について、その支払を受ける際に、所轄税務署長の証明書を提示した場合は、その証明書が効力を有している間に支払いを受ける国内源泉所得について源泉徴収が免除されます。非居住者である個人は、５号所得と13号所得は免除の対象となっていない（所法180、214）。

根拠条文	通称	源泉徴収の対象となる国内源泉所得の種類	源泉徴収の税率	源泉徴収の免除の対象国内源泉所得	
				PEを有する非居住者	PEを有する外国法人
所法161①四	４号所得	組合契約事業に基づいて恒久的施設を通じて行う事業から生ずる利益で当該組合契約に基づいて配分を受けるもののうち政令で定めるもの	20.42％	○（PEに帰属するもののうち、組合事業に係るPE以外のPEに帰属するものに限ります。）	○（PEに帰属するもののうち、組合事業に係るPE以外のPEに帰属するものに限ります。）
所法161①五	５号所得	国内にある土地等の譲渡等による対価	10.21％	×	PEに帰属する場合は○。PEに帰属しない場合は×
所法161①六	６号所得	国内において次のような人の人的役務の提供を主たる内容とする事業を行う非居住者又は外国法人に支払うその人的役務の提供の対価 イ　映画や演劇の俳優、音楽家などの芸能人、職業運動家 ロ　弁護士、公認会計士、建築士などの自由職業者 ハ　科学技術、経営管理などの分野に関する専門的知識や特別の技能のある人	20.42％	PEに帰属する場合は○。PEに帰属しない場合は×（以下の号で同じ。）	○
所法161①七	７号所得	国内にある不動産等（航空機、船舶を含む）の貸付による対価	20.42％	○	○

所法161①八	8号所得	日本国の公社債又は内国法人の発行する債券の利子等、国内にある営業所等に預け入れられた預貯金の利子等	15.315%	×	×
所法161①九	9号所得	内国法人から受ける剰余金の配当、利益の配当や剰余金の分配などの配当	20.42%	×	×
所法161①十	10号所得	国内おいて業務を行う者に対する貸付金の利子でその業務に係るもの	20.42%	○	○
所法161①十一	11号所得	国内において業務を行う者から受ける次の使用料又は対価でその業務に係るもの イ　工業所有権などの技術に関する権利、特別の技術による精算方法、ノウハウなどの使用料又はその譲渡の対価 ロ　著作権、著作隣接権、出版権などの使用料又はこれらの権利の譲渡の対価 ハ　機械、装置、車両、運搬具、工具、器具、備品の使用料 ニ　上記ロ又はハの資産で居住者又は内国法人の業務の用に供される船舶又は航空機において使用されるものの使用料	20.42%	○	○
所法161①十二イ	12号所得	給与等その他人的役務の提供に対する報酬で国内勤務等に基因するもの（給与に係る部分は除かれる）	20.42%	○ 給与に係る部分を除く。	／
所法161①十三	13号所得	国内において行われる事業の広告宣伝のための賞金、賞品	20.42%	×	○

8 源泉徴収の免除

所法161①十四	14号所得	国内において保険業法に規定する生命保険会社、損害保険会社等と締結した保険契約等に基づく年金	20.42%	○	○
所法161①十五	15号所得	国内にある営業所等と締結した契約により支払いを受ける定期積金の給付補填金等	15.315%	×	×
所法161①十六	16号所得	匿名組合契約等に基づく利益の分配	20.42%	×	×

所法178　（外国法人に係る所得税の課税標準）

所令303の2　（外国法人に係る所得税の課税標準から除かれる国内源泉所得）所得税の源泉徴収の規定の対象から除かれるのは、①6号所得で、不特定多数の者から支払われるもの、②7号所得で、土地等で個人の自己等の居住の用に供するために借り受けた個人から支払われるもの。PEがなくても法人税は課税される。

所基通178-1　（不特定多数の者から支払われるものの範囲）

所基通178-2　（居住用土地家屋等の貸付けによる対価）事業と併用しているものは、居住用に当たらない。

所法179　（外国法人に係る所得税の税率）

所法180　（恒久的施設を有する外国法人の受ける国内源泉所得に係る課税の特例）　外国法人に係る源泉徴収免除の規定

所令304　（外国法人が課税の特例の適用を受けるための要件）

所令305　（外国法人が課税の特例の適用を受けるための手続等）

所令306　（外国法人が課税の特例要件に該当しなくなった場合の手続等）

所基通180-1　（届出書を提出していない外国法人）

所基通180-2　（登記をすることができない外国法人）

所法214　（源泉徴収を要しない非居住者の国内源泉所得）PEを有する非居住者の源泉徴収の免除の規定

所令330　（非居住者が源泉徴収の免除を受けるための要件）

所令331　（非居住者が源泉徴収の免除を受けるための手続等）

所令332　（源泉徴収を免除されない非居住者の国内源泉所得）

源泉徴収を免除されない非居住者の国内源泉所得は、①11号所得に掲げる使用料又は対価で所法204条①一に掲げる報酬又は料金に該当するもの、②12号所得のイに掲げる報酬で所法204条①五に掲げる人的役務の提供に関する報酬又は料金に該当するもの以外のもの、③14号所得に掲げる年金でその支払額が二十五万円以上のもの

8 源泉徴収の免除	所令333	（非居住者が源泉徴収の免除の要件に該当しなくなった場合の手続等）
	所基通214-1	（開業等の届出書を提出していない非居住者）
	所法215	（非居住者の人的役務の提供による給与等に係る源泉徴収の特例）
	所令334	（非居住者の給与又は報酬で源泉徴収が行われたものとみなされるもの）６号所得のうち、海外の芸能法人等が芸能人等の個人に支払った報酬については、所法212による源泉徴収がされたものとみなされる。よって、芸能法人等が後日精算のための確定申告において控除される所得税額は、このみなし納付額を控除した後の金額となる。
9 租税条約による免除又は税率の軽減を受けるための手続	実施特例法ほか	非居住者又は外国法人は、「租税条約に関する届出書」を支払の日の前日までにその国内源泉所得の支払者を経由して税務署長に提出することによって、その居住地国と我が国との間で締結されている租税条約に定めるところにより、その非居住者又は外国法人が支払を受ける国内源泉所得に対する課税の免除又は源泉税率の軽減を受けることができます。 主な租税条約に関する届出書は、第４編の租税条約の第３章「租税条約関係の届出書」に掲載されていますので、参照してください。 特典条項の適用がある租税条約の規定に基づき所得税の軽減又は免除を受ける場合には、「特典条項に関する付表」及び相手国の権限ある当局が発行した居住者証明書の添付が必要とされています。米国等との特典条項に関する付表は、同じ個所に掲載されていますので、参照してください。

第２章
租税条約実施特例法
○租税条約等の実施に伴う所得税法、法人税法及び地方税法の特例

項目	根拠法令	説明
1　租税条約に係る所得税等の軽減、免除等	実施特例法１	（趣旨）この法律は、租税条約等を実施するため、所得税法、法人税法、地方法人税法及び地方税法の特例その他必要な事項を定めるものとする。
	実施特例法２	（定義） この法律において、次の各号に掲げる用語の意義は、当該各号に定めるところによる。 ①　租税条約　我が国が締結した所得に対する租税に関する二重課税の回避又は脱税の防止のための条約をいう。 ②　租税条約等　租税条約及び租税相互行政支援協定（租税条約以外の我が国が締結した国際約束で、租税の賦課若しくは徴収に関する情報を相互に提供すること、租税の徴収の共助若しくは徴収のための財産の保全の共助をすること又は租税に関する文書の送達の共助をすることを定める規定を有するものをいう。）をいう。 ③　相手国等　租税条約等の我が国以外の締約国又は締約者をいう。 ④　相手国居住者等　所得税法第二条第一項第五号に規定する非居住者（以下「非居住者」という。）又は同項第七号に規定する外国法人（同項第八号に規定する人格のない社団等（以下「人格のない社団等」という。）を含む。以下「外国法人」という。）で、租税条約の規定により当該租税条約の相手国等の居住者又は法人とされるものをいう。 ⑤　限度税率　租税条約において相手国居住者等に対する課税につき一定の税率又は一定の割合で計算した金額を超えないものとしている場合におけるその一定の税率又は一定の割合をいう。
	実施特例実施特例法令1	（定義）
	実施特例法省令1	（定義）

1　租税条約に係る所得税等の軽減、免除等	実施特例法２の２	（法人課税信託の受託者等に関するこの実施特例法律の適用）
	実施特例法令1の2	（法人課税信託の受託者等に関する通則）
	実施特例法３	（免税芸能実施特例法人等の役務提供の対価に係る源泉徴収及び所得税の還付）
	実施特例法令2	（免税対象の役務提供対価に係る所得税の還付請求手続）
	実施特例法省令1の2	（免税対象の役務提供対価に係る所得税の還付請求書の記載事項等）
	実施特例法３の２	（配当等又は譲渡収益に対する源泉徴収に係る所得税の税率の特例等）
	実施特例法令2の2	（第三国団体配当等に係る申告書の記載事項等）
	実施特例法令2の3	（特定配当等に係る所得税実施特例法の適用に関する特例等）
	実施特例法省令2	（相手国居住者等配当等に係る所得税の軽減又は免除を受ける者の届出等）
	実施特例法省令2の2	（株主等配当等に係る所得税の軽減又は免除を受ける者の届出等）
	実施特例法省令2の3	（相手国団体配当等に係る所得税の軽減又は免除を受ける者の届出等）
	実施特例法省令2の4	（第三国団体配当等に係る所得税の軽減又は免除を受ける者の届出等）
	実施特例法省令2の5	（特定配当等に係る所得税の軽減又は免除を受ける者の届出等）
	実施特例法省令3	（外国預託証券が発行されている場合の配当に係る所得税の軽減又は免除を受けるための届出等）
	実施特例法省令3の2	（第三国団体配当等に係る申告書の記載事項等）
	実施特例法省令3の3	（特定配当等に係る予定納税額減額承認申請書の記載事項）
	実施特例法３の２の２	（配当等に対する特別徴収に係る住民税の税率の特例等）
	実施特例法令2の4	（特定外国配当等に係る地方税法の適用に関する特例）
	実施特例法令2の5	（特定外国配当等に係る国民健康保険税の課税の特例）
	実施特例法３の２の３	（配当等に係る国民健康保険税の課税の特例）
	実施特例法３の３	（割引債の償還差益に係る所得税の還付）
	実施特例法令3	（割引債の償還差益に係る所得税の還付）
	実施特例法省令3の4	（割引債の償還差益に係る所得税の軽減又は免除を受ける者の還付請求等）
	実施特例法４	（配当等又は譲渡収益に対する申告納税に係る所得税等の軽減等）

1　租税条約に係る所得税等の軽減、免除等	実施特例法令4	（住民税に租税条約が適用される場合の限度税率）
	実施特例法５	（配当等又は譲渡収益に係る住民税等の課税の特例）
	実施特例省令4	（自由職業者、芸能人及び短期滞在者等の届出等）
	実施特例省令5	（退職年金等に係る所得税の免除を受ける者の届出）
	実施特例省令6	（保険年金に係る所得税の免除を受ける者の届出）
2　出国税関係	実施特例法５の２	（相手国等転出時課税の規定の適用を受けた場合の所得税の課税の特例）
	実施特例法令4の2	（相手国等転出時課税の規定の適用を受けた場合の所得税の課税の特例）
3　保険料等	実施特例法５の２の２	（保険料を支払つた場合等の所得税の課税の特例）
	実施特例法令4の3	（保険料を支払つた場合等の所得税の課税の特例）
	実施特例法省令6の2	（保険料を支払つた者等の届出等）
	実施特例法５の３	（保険料を支払つた場合等の住民税の課税の特例）
	実施特例省令7	（教授等の届出）
	実施特例省令8	（留学生、事業修習者等の届出等）
	実施特例省令9	（その他の所得に係る所得税の免除を受ける者の届出）
	実施特例省令9の2	（申告納税に係る所得税又は法人税につき特典条項に係る規定の適用を受ける者の届出等）
	実施特例省令9の3	（株主等国内源泉所得に係る法人税につき特典条項に係る規定の適用を受ける者の届出等）
	実施特例省令9の4	（相手国団体国内源泉所得に係る所得税又は法人税につき特典条項に係る規定の適用を受ける者の届出等）
	実施特例省令9の5	（源泉徴収に係る所得税につき特典条項に係る規定の適用を受ける者の届出等）
	実施特例省令9の6	（株主等配当等に係る所得税につき特典条項に係る規定の適用を受ける者の届出等）
	実施特例省令9の7	（相手国団体配当等に係る所得税につき特典条項に係る規定の適用を受ける者の届出等）
	実施特例省令9の8	（第三国団体配当等に係る所得税につき特典条項に係る規定の適用を受ける者の届出等）
	実施特例省令9の9	（特定配当等に係る所得税につき特典条項に係る規定の適用を受ける者の届出等）
	実施特例省令9の10	（居住者証明書の提出の特例）
	実施特例省令9の11	（旧租税条約の規定の適用を受ける場合の手続等）
	実施特例省令10	（みなし外国税額の控除の申告手続等）
	実施特例省令11	（住民税の免除を受ける者の届出）

	実施特例省令12	(租税条約の規定に適合しない課税に関する申立て等の手続)
4　双方居住者	実施特例法6	(双方居住者の取扱い)
	実施特例省令13	(双方居住者の取扱いに係る協議に関する申立ての手続)
5　租税条約による認定	実施特例法6の2	(租税条約に基づく認定)
	実施特例法令5	(租税条約に基づく認定)
6　租税条約に基づく合意があった場合の更正の特例	実施特例法7	(租税条約に基づく合意があつた場合の更正の特例)
	実施特例法令6	(還付加算金を付さないこととする要件等)
	実施特例省令13の2	(利子所得に相手国等の租税が課されている場合の外国税額の還付)
	実施特例省令14	(更正の請求等)
	実施特例省令14の2	(所得税の軽減又は免除を受ける者の届出書等の提出等の特例)
	実施特例法省令15	(還付加算金等)
	実施特例法8	(租税条約に基づく協議等で地方税に係るものに関する手続)
7　情報交換等	実施特例法8の2	(相手国等への情報提供)
	実施特例法9	(相手国等から情報の提供要請があつた場合の当該職員の質問検査権)
	実施特例法省令15の2	(提出物件の留置き、返還等)
	実施特例法10	(身分証明書の携帯等)
	実施特例法10の2	(相手国等から犯則事件に関する情報の提供要請があつた場合の質問、検査又は領置)
	実施特例法省令16	(相手国等から犯則事件に関する情報の提供要請があつた場合の質問、検査又は領置等への国税に関する犯則事件の調査に関する規定の準用)
	実施特例法10の3	(相手国等から犯則事件に関する情報の提供要請があつた場合の臨検、捜索又は差押え等)
	実施特例法10の3の2	(相手国等から犯則事件に関する情報の提供要請があつた場合の通信事務を取り扱う者に対する差押え)
	実施特例法10の3の3	(相手国等から犯則事件に関する情報の提供要請があつた場合の鑑定等の嘱託)
	実施特例法10の4	(国税通則実施特例法の犯則事件の調査に関する規定の準用)
8　CRS関係	実施特例法10の5	(特定取引を行う者の届出書の提出等)
	実施特例法令6の2	(特定取引を行う者の届出書の提出等)
	実施特例法省令16の2	(特定取引を行う者の届出書の提出等)

8　CRS関係	実施特例法令6の3	(既存特定取引契約者等の住所等所在地国と認められる国又は地域の特定手続)
	実施特例法省令16の3	(既存特定取引契約者等の住所等所在地国と認められる国又は地域の特定手続)
	実施特例法令6の4	(法人に係る任意届出書の提出等)
	実施特例法省令16の4	(既存特定取引契約者の任意届出書の提出等)
	実施特例法省令16の5	(届出書を提出した者等の異動届出書の提出等)
	実施特例省令16の5の2	(届出書を提出した者等の住所等所在地国と認められる国又は地域の特定手続)
	実施特例法令6の5	(届出書を提出した者等の住所等所在地国と認められる国又は地域の特定手続)
	実施特例法令6の6	(既存特定取引契約者等の住所等所在地国と認められる国又は地域の再特定手続)
	実施特例省令16の5の2	(届出書を提出した者等の住所等所在地国と認められる国又は地域の特定手続)
	実施特例法省令16の6	(既存特定取引契約者等の住所等所在地国と認められる国又は地域の再特定手続)
	実施特例法令6の7	(報告金融機関等の範囲等)
	実施特例法省令16の7	(報告金融機関等とされる者の要件)
	実施特例法令6の8	(特定取引の範囲)
	実施特例法省令16の8	(特定取引から除かれる取引等)
	実施特例法令6の9	(特定法人の範囲)
	実施特例法省令16の9	(特定法人の範囲)
	実施特例法令6の10	(組合契約に類する契約の範囲)
	実施特例法令6の11	(実質的に特定取引を行つた者の範囲)
	実施特例法省令16の10	(実質的支配者)　マネロン実施特例法と同義
	実施特例法令6の12	(報告金融機関等に該当することとなつた日の判定等)
	実施特例法令6の13	(特定取引に係る契約の契約者の変更があつた場合の届出書の提出等)
	実施特例法省令16の11	(電磁的方法)
	実施特例法10の 6	(報告金融機関等による報告事項の提供)
	実施特例法令6の14	(報告金融機関等による報告事項の提供)
	実施特例法省令16の12	(報告金融機関等による報告事項の提供)
	実施特例法省令16の13	(記録の作成及び保存)
	実施特例法10の 7	(報告事項の提供の回避を主たる目的とする行為等があつた場合の特例)
	実施特例法10の 8	(記録の作成及び保存)
	実施特例法10の 9	(報告金融機関等の報告事項の提供に係る当該職員の質問検査権)

8	CRS関係	実施特例法省令16の14	(提出物件の留置き、返還等)
		実施特例法省令15	(相手国等からの個人番号の受領)
		実施特例法10の10	(身分証明書の携帯等)
9	徴収共助等	実施特例法11	(相手国等の租税の徴収の共助)
		実施特例法令7	(相手国等の租税の徴収の共助)
		実施特例法省令17	(相手国等の租税の徴収の共助)
		実施特例法11の2	(国税の徴収の共助)
		実施特例法令8	(国税の徴収の共助に係る地方税実施特例法施行令の適用に関する特例)
		実施特例法11の3	(送達の共助)
		実施特例法省令18	(送達の共助)
10	実施規定	実施特例法12	(実施規定)
		実施特例法省令4	(自由職業者、芸能人及び短期滞在者等の届出等)
		実施特例法省令5	(退職年金等に係る所得税の免除を受ける者の届出)
		実施特例法省令6	(保険年金に係る所得税の免除を受ける者の届出)
		実施特例法省令7	(教授等の届出)
		実施特例法省令8	(留学生、事業修習者等の届出等)
		実施特例法省令9	(その他の所得に係る所得税の免除を受ける者の届出)
		実施特例法省令9の2	(申告納税に係る所得税又は実施特例法人税につき特典条項に係る規定の適用を受ける者の届出等)
		実施特例法省令9の3	(株主等国内源泉所得に係る実施特例法人税につき特典条項に係る規定の適用を受ける者の届出等)
		実施特例法省令9の4	(相手国団体国内源泉所得に係る所得税又は実施特例法人税につき特典条項に係る規定の適用を受ける者の届出等)
		実施特例法省令9の5	(源泉徴収に係る所得税につき特典条項に係る規定の適用を受ける者の届出等)
		実施特例法省令9の6	(株主等配当等に係る所得税につき特典条項に係る規定の適用を受ける者の届出等)
		実施特例法省令9の7	(相手国団体配当等に係る所得税につき特典条項に係る規定の適用を受ける者の届出等)
		実施特例法省令9の8	(第三国団体配当等に係る所得税につき特典条項に係る規定の適用を受ける者の届出等)
		実施特例法省令9の9	(特定配当等に係る所得税につき特典条項に係る規定の適用を受ける者の届出等)
		実施特例法省令9の10	(居住者証明書の提出の特例)
		実施特例法省令9の11	(旧租税条約の規定の適用を受ける場合の手続等)

10　実施規定	実施特例法省令10	（みなし外国税額の控除の申告手続等）
	実施特例法省令11	（住民税の免除を受ける者の届出）
	実施特例法省令12	（租税条約の規定に適合しない課税に関する申立て等の手続）
	実施特例法省令13	（双方居住者の取扱いに係る協議に関する申立ての手続）
	実施特例法省令13の2	（利子所得に相手国等の租税が課されている場合の外国税額の還付）
	実施特例法省令14	（更正の請求等）
	実施特例法省令14の2	（所得税の軽減又は免除を受ける者の届出書等の提出等の特例）
11　罰則	実施特例法13	（罰則）

第３章
租税条約関係の届出書

1　租税条約関係の届出書関係の動き

前年版と比べて、国税庁のウェブページによれば、次の届出等が追加されています。

http://www.nta.go.jp/taxes/tetsuzuki/shinsei/annai/joyaku/mokuji2.htm
https://www.nta.go.jp/taxes/tetsuzuki/shinsei/annai/joyaku/annai/5320/01.htm

様式17-スペイン王国　特典条項に関する付表（スペイン王国）(様式省略)
様式17-ジョージア　特典条項に関する付表（ジョージア）(様式省略)
様式17-コロンビア共和国　特典条項に関する付表（コロンビア共和国）(様式省略)

2　租税条約の届出書一覧

（租税条約に関する届出書）

様式１　租税条約に関する届出書（配当に対する所得税及び復興特別所得税の軽減・免除）
様式１－２　租税条約に関する特例届出書（上場株式等の配当等に対する所得税及び復興特別所得税の軽減・免除）
○　租税条約／外国居住者等所得相互免除法に関する特例届出書の受理に関する届出書
様式１－３　租税条約に関する届出（譲渡収益に対する所得税及び復興特別所得税の軽減・免除）
様式２　租税条約に関する届出書（利子に対する所得税及び復興特別所得税の軽減・免除）
様式３　租税条約に関する届出書（使用料に対する所得税及び復興特別所得税の軽減・免除）
様式４　租税条約に関する届出書（外国預託証券に係る配当に対する所得税及び復興特別所得税の源泉徴収の猶予）（様式省略）
様式５　租税条約に関する届出書（外国預託証券に係る配当に対する所得税及び復興特別所得税の軽減）（様式省略）
様式６　租税条約に関する届出書（人的役務提供事業の対価に対する所得税及び復興特別所得税の免除）
様式７　租税条約に関する届出書（自由職業者・芸能人・運動家・短期滞在者の報酬・給与に対する所得税及び復興特別所得税の免除）
様式７－２　租税条約に関する届出書（国際運輸従事者の給与に対する所得税及び復興特別所得税の免除）（様式省略）
様式８　租税条約に関する届出書（教授等・留学生・事業等の修習者・交付金等の受領者の報酬・交付金等に対する所得税及び復興特別所得税の免除）
様式９　租税条約に関する届出書（退職年金・保険年金等に対する所得税及び復興特別所得税の免除）（様式省略）
様式10　租税条約に関する届出書（所得税法第161条第１項第７号から第11号まで、第13号、第15号又は第16号に掲げる所得に対する所得税及び復興特別所得税の免除）

（源泉徴収税額の還付請求書）

様式11　租税条約に関する源泉徴収税額の還付請求書（発行時に源泉徴収の対象となる割引債及び芸能人等の役務提供事業の対価に係るものを除く。）（様式省略）

様式12　租税条約に関する芸能人等の役務提供事業の対価に係る源泉徴収税額の還付請求書
様式13　租税条約に関する割引債の償還差益に係る源泉徴収税額の還付請求書（発行時に源泉徴収の対象となる割引国債用）（様式省略）
様式14　租税条約に関する割引債の償還差益に係る源泉徴収税額の還付請求書（割引国債以外の発行時に源泉徴収の対象となる割引債用）（様式省略）

（特典条項に関する付表等）

様式17-米　特典条項に関する付表（米）
様式17-英　特典条項に関する付表（英）
様式17-仏　特典条項に関する付表（仏）（様式省略）
様式17-豪　特典条項に関する付表（豪）（様式省略）
様式17-オランダ王国　特典条項に関する付表（オランダ王国）（様式省略）
様式17-スイス　特典条項に関する付表（スイス）（様式省略）
様式17-ニュージーランド　特典条項に関する付表（ニュージーランド）（様式省略）
様式17-スウェーデン　特典条項に関する付表（スウェーデン）（様式省略）
様式17-独　特典条項に関する付表（独）（様式省略）
様式17-ラトビア共和国　特典条項に関する付表（ラトビア共和国）（様式省略）
様式17-リトアニア共和国　特典条項に関する付表（リトアニア共和国）（様式省略）
様式17-エストニア共和国　特典条項に関する付表（エストニア共和国）（様式省略）
様式17-ロシア連邦　特典条項に関する付表（ロシア連邦）（様式省略）
様式17-オーストリア共和国　特典条項に関する付表（オーストリア共和国）（様式省略）
様式17-アイスランド　特典条項に関する付表（アイスランド）（様式省略）
様式17-デンマーク王国　特典条項に関する付表（デンマーク王国）（様式省略）
様式17-ベルギー王国　特典条項に関する付表（ベルギー王国）（様式省略）
様式17-クロアチア共和国　特典条項に関する付表（クロアチア共和国）（様式省略）
様式17-ウズベキスタン共和国　特典条項に関する付表（ウズベキスタン共和国）（様式省略）
様式17-スペイン王国　特典条項に関する付表（スペイン王国）（様式省略）
様式17-ジョージア　特典条項に関する付表（ジョージア）（様式省略）
様式17-コロンビア共和国　特典条項に関する付表（コロンビア共和国）（様式省略）
様式17-第三国PE　特典条項に関する付表（認定省令第一条第二号関係）
様式18　租税条約に基づく認定を受けるための申請（認定省令第１条第１号関係）
様式18-２　租税条約に基づく認定を受けるための申請（認定省令第１条第２号関係）

○　租税条約に関する源泉徴収税額の還付請求書（利子所得に相手国の租税が賦課されている場合の外国税額の還付）
○　免税芸能法人等に関する届出書
○　源泉徴収に係る所得税及び復興特別所得税の納税管理人の届出書
○　居住者証明書交付請求書

3　租税条約に関する届出等の概要等

様式番号等		手続名	概要	提出時期
1	様式1	租税条約に関する届出（配当に対する所得税及び復興特別所得税の軽減・免除）	我が国と租税条約を締結している国の居住者（法人を含みます。）が、我が国の法人から支払を受ける配当について、租税条約の規定に基づき源泉徴収税額の軽減又は免除を受けるために行う手続です。	最初に配当の支払を受ける日の前日までに提出してください。
2	様式1－2	租税条約に関する特例届出（上場株式等の配当等に対する所得税及び復興特別所得税の軽減・免除）	我が国と租税条約を締結している国の居住者（法人を含みます。）が、我が国の法人から支払を受ける租税特別措置法第9条の3の2第1項に規定する上場株式等の配当等（同項に規定する利子等を除きます。相手国居住者等上場株式等配当等といいます。）について、租税条約の規定に基づき源泉徴収税額の軽減又は免除を受けるために行う手続です。	特に定められていません（特例届出書の提出をした場合には、その提出の日以後、交付を受ける相手国居住者等上場株式等配当等について源泉徴収税額の軽減又は免除を受けることができます）。
3	様式1－3	租税条約に関する届出（譲渡収益に対する所得税及び復興特別所得税の軽減・免除）	我が国と租税条約を締結している国の居住者が、租税特別措置法第37条の11の4第1項（特定口座内保管上場株式等の譲渡による所得等に対する源泉徴収等の特例）の規定による譲渡収益に係る源泉徴収税額について、租税条約の規定に基づき軽減又は免除を受けるために行う手続です。	最初に譲渡収益の支払を受ける日の前日までに提出してください。
4	様式2	租税条約に関する届出（利子に対する所得税及び復興特別所得税の軽減・免除）	我が国と租税条約を締結している国の居住者（法人を含みます。）が、支払を受ける利子について、租税条約の規定に基づき源泉徴収税額の軽減又は免除を受けるために行う手続です。	最初に利子の支払を受ける日の前日までに提出してください。
5	様式3	租税条約に関する届出（使用料に対する所得税及び復興特別所得税の軽減・免除）	我が国と租税条約を締結している国の居住者（法人を含みます。）が、支払を受ける工業所有権又は著作権等の使用料について、租税条約の規定に基づき源泉徴収税額の軽減又は免除を受けるために行う手続です。	最初に使用料の支払を受ける日の前日までに提出してください。
6	様式4	租税条約に関する申請（外国預託証券に係る配当に対する所得税及び復興特別所得税の源泉徴収の猶予）	外国預託証券の受託者又はその代理人が、その外国預託証券の真実の所有者の受けるその外国預託証券に係る剰余金の配当につき租税条約の規定又は外国居住者等の所得に対する相互主義による所得税等の非課税等に関する法律の規定に基づく源泉徴収税額の軽減又は免除を受けることのできるものであるかどうかの調査を要するため、その配当の支払に係る基準日の翌日から起算して8月を経過した日までの間その配当に対する所得税及び復興特別所得税の源泉徴収の猶予を受けるための手続です。	外国預託証券に係る剰余金の配当の支払を受ける日の前日までに提出してください。

7	様式5	租税条約に関する届出（外国預託証券に係る配当に対する所得税及び復興特別所得税の軽減）	外国預託証券の受託者又はその代理人が、「租税条約に関する申請書（外国預託証券に係る配当に対する所得税及び復興特別所得税の源泉徴収の猶予）」により源泉徴収の猶予の申請をした外国預託証券に係る剰余金の配当につき、租税条約の規定又は外国居住者等の所得に対する相互主義による所得税等の非課税等に関する法律（以下「外国居住者等所得相互免除法」といいます。）の規定に基づく源泉徴収税額の軽減又は免除を受けることのできるものであるかの調査を行った結果、源泉徴収税額の軽減又は免除を受けることができるものについてその軽減又は免除を受けるために行う手続です。	その配当の支払に係る基準日の翌日から起算して８ヶ月を経過した日までに提出してください。
8	様式6	租税条約に関する届出（人的役務提供事業の対価に対する所得税及び復興特別所得税の免除）	我が国と租税条約を締結している国の居住者（法人を含みます。）が、我が国における人的役務提供事業の対価（その居住者が免税芸能法人等に該当し、その受ける対価につき免税芸能法人等に係る特例（源泉徴収及び所得税及び復興特別所得税の還付）の規定の適用を受けるものを除きます。）について、租税条約の規定に基づき源泉徴収税額の免除を受けるために行う手続です。 この様式は、人を派遣する事業者のものです。実際に働く人は、様式７になります。	国内においてその事業を開始した日以後最初にその対価の支払を受ける日の前日までに提出してください。この届出書の提出後その記載事項に異動が生じた場合も同様です。
9	様式7	租税条約に関する届出（自由職業者・芸能人・運動家・短期滞在者の報酬・給与に対する所得税及び復興特別所得税の免除）	租税条約の相手国の居住者である自由職業者、芸能人若しくは職業運動家又はその相手国の居住者である個人で国内での滞在が年間若しくは継続する12月の期間中183日又はそれより短い一定の期間を超えない者（「短期滞在者」といいます。）が、その支払を受ける所得税法第161条第１項第12号イに掲げる報酬又は給与について、租税条約の規定に基づき源泉徴収税額の免除を受けるために行う手続です。	入国の日以後最初にその報酬又は給与の支払を受ける日の前日までに提出してください。この届出書の提出後その記載事項に異動が生じた場合も同様です。
10	様式7－2	租税条約に関する届出（国際運輸従事者の給与に対する所得税及び復興特別所得税の免除）	租税条約の相手国の居住者である個人が、国際運輸（租税条約に規定する国際運輸をいいます。以下同じです。）の用に供される船舶又は航空機において行う勤務に基因して支払を受ける所得税法第161条第１項第12号イに掲げる給与について、租税条約の規定に基づき源泉徴収税額の免除を受けるために行う手続です。	最初に給与の支払を受ける日の前日までに提出してください。この届出書の提出後その記載事項に異動が生じた場合も同様です。

11	様式8	租税条約に関する届出（教授等・留学生・事業等の修習者・交付金等の受領者の報酬・交付金等に対する所得税及び復興特別所得税の免除）	我が国に来日した大学教授や留学生等が、その所得等につき下記に掲げる租税の免除を受けようとする場合に行う手続です。 ① 租税条約の相手国からの個人で学校教育法第１条に規定する学校（小学校、中学校、高校、大学、高等専門学校等）において教育又は研究を行う人（教授等）が、その教育又は研究を行うことにより支払を受ける報酬について、租税条約の規定に基づき源泉徴収税額の免除を受ける場合 ② 租税条約の相手国からの個人で、学校教育法第１条に規定する学校の児童、生徒若しくは学生（留学生）として、事業、職業若しくは技術の修習者（事業等の修習者）として又は政府若しくは宗教、慈善、学術、文芸若しくは教育の団体からの主として勉学若しくは研究のための交付金、手当若しくは奨学金の受領者として、それぞれ国内に一時的に滞在する人が、その支払を受ける国外からの給付若しくは送金、交付金等又は国内に一時的に滞在して行った人的役務の対価としての俸給、給料、賃金その他の報酬について、租税条約の規定に基づき源泉徴収税額の免除を受ける場合 （注）上記の留学生、事業等の修習者又は交付金等の受領者には、租税条約の相手国からの個人で、日本国政府又はその機関との取決めに基づき、もっぱら訓練、研究又は勉学のための国内に一時的に滞在する者が含まれます。	入国の日以後最初に報酬・交付金等の支払を受ける日の前日までに提出してください。この届出書の提出後その記載事項に異動が生じた場合も同様です。
12	様式9	租税条約に関する届出（退職年金・保険年金に対する所得税及び復興特別所得税の免除）	租税条約の相手国の居住者である個人が、その支払を受ける所得税法第161条第１項第12号ロに掲げる公的年金等若しくは同号ハに掲げる退職手当等又は同項第14号に掲げる年金について、租税条約の規定に基づき源泉徴収税額の免除を受けるために行う手続です。	最初にその支払を受ける日の前日までに提出してください。この届出書の提出後その記載事項に異動が生じた場合も同様です。
13	様式10	租税条約に関する届出（所得税法第161条第１項第７号から第11号まで、第13号、第15号又は第16号に掲げる所得に対する所得税及び復興特別所得税の免除）	租税条約の相手国の居住者が、その支払を受ける所得税法第161条第１項第７号から第11号まで、第13号、第15号又は第16号に掲げる国内源泉所得（これらのうち租税条約に規定する配当、利子又は使用料に該当するものを除きます。）について、租税条約の規定に基づき源泉徴収税額の免除を受けるために行う手続です。 なお、配当、利子又は使用料は、それぞれの様式を使うことになります。	最初にその支払を受ける日の前日までに提出してください。この届出書の提出後その記載事項に異動が生じた場合も同様です。

14	様式11	租税条約に関する源泉徴収税額の還付請求（発行時に源泉徴収の対象となる割引債及び芸能人等の役務提供事業の対価に係るものを除く）	この請求は、我が国と租税条約を締結している国の居住者（法人を含みます。）が、我が国の法人等から支払を受けた対価につき源泉徴収された所得税及び復興特別所得税について、下記に掲げる還付を受けようとする場合に行う手続です。 ① 租税条約の相手国の居住者である個人で自由職業者、芸能人若しくは運動家又は短期滞在者に該当する人が、２以上の支払者から国内における役務提供による給与又は報酬の支払を受けるため、その給与又は報酬につき「租税条約に関する届出書」を提出することができないことに基因して源泉徴収された所得税額及び復興特別所得税額について還付の請求をする場合 ② 租税条約の相手国からの個人で留学生、事業等の修習者又は交付金等の受領者に該当する人が、２以上の支払者から国内における役務提供による給料、賃金その他の報酬の支払を受けるため、その報酬につき「租税条約に関する届出書」を提出することができないことに基因して源泉徴収された所得税額及び復興特別所得税額について還付の請求をする場合 ③ 外国法人で租税条約の相手国においてその外国法人の株主等である者の所得として取り扱われるものとされる人的役務の提供に係る対価の支払を受けるものが、租税条約で免税の金額基準が設けられているため、その対価につき「租税条約に関する届出書」を提出することができないことに基因して源泉徴収された所得税額及び復興特別所得税額について還付の請求をする場合 ④ 租税条約の規定が遡及して適用される場合で、その規定の適用を受ける人が、その租税条約の適用開始以後その効力発生の日までの間に支払を受けた国内源泉所得につき源泉徴収をされた所得税額及び復興特別所得税額のうち、その租税条約の規定に基づき軽減又は免除を受けるべき金額について還付の請求をする場合	特に定められていませんが、納付があった日から５年の間に請求しないと、時効により請求権が消滅します。

			⑤　①、②又は③に掲げる場合以外の場合で、その支払を受ける所得につき租税条約の規定の適用を受ける人が、「租税条約に関する届出書」を提出しなかったことに基因して源泉徴収をされた所得税額及び復興特別所得税額のうち、その租税条約の規定に基づき軽減又は免除を受けるべき金額について還付の請求をする場合	
15	様式12	租税条約に関する芸能人等の役務提供事業の対価に係る源泉徴収税額の還付請求	我が国が締結した租税条約の相手国の居住者（法人を含みます。）である免税芸能法人等（日本国内に恒久的施設を有しないこと等により租税条約に基づき我が国の租税が免除されるものをいいます。）がその支払を受ける免税対象の役務提供に係る対価について、租税条約の規定に基づき源泉徴収税額の免除を受けるため、源泉徴収された所得税及び復興特別所得税の還付を受けようとする場合の手続です。	特に定められていませんが、納付があった日から5年の間に請求しないと、時効により請求権が消滅します。
16	様式13	租税条約に関する割引債の償還差益に係る源泉徴収税額の還付請求（発行時に源泉徴収の対象となる割引国債）	我が国が締結した租税条約の相手国の居住者（法人を含みます。）が、租税条約の規定により割引国債の償還差益に対する所得税及び復興特別所得税が軽減又は免除される場合に、その割引国債の発行時に源泉徴収された所得税額及び復興特別所得税額について、その償還金の支払を受ける際にその源泉徴収税額の還付を受けようとする場合の手続です。	割引国債の償還を受ける日の前日までに提出してください。
17	様式14	租税条約に関する割引債の償還差益に係る源泉徴収税額の還付請求（割引国債以外の発行時に源泉徴収の対象となる割引債）	我が国が締結している租税条約の相手国の居住者（法人を含みます。）が、租税条約の規定により割引国債以外の割引債の償還差益に対する所得税及び復興特別所得税が軽減又は免除される場合に、その割引債の発行時に源泉徴収された所得税額及び復興特別所得税額について、その償還金の支払を受ける際にその源泉徴収税額の還付を受けようとする場合の手続です。	割引債の償還を受ける日の前日までに提出してください。
18	様式17	特典条項に関する付表	「特典条項に関する付表（様式17）」は、特典条項の適用対象となる租税条約の規定の適用に基づき軽減又は免除を受けようとする者が、租税条約に関する届出に添付する書類です。 適用を受けようとする国の居住者は、それぞれの国の様式を使う必要があります。	基因となる所得の区分により、使う様式の提出期限によります。
19	様式17-2	特定条項に関する付表	第三国恒久的施設濫用防止規定に規定する特典条項の対象となる租税条約の規定の適用に基づき軽減又は免除を受けようとする場合に添付する書類です。	

20	様式18	租税条約に基づく認定を受けるための申請（認定省令第一条第一号関係）	租税条約の特典を受けようとする者が、特典条項の所定の要件を満たさない場合において、その特典を受けるために、国内源泉所得ごとに、その者の設立、取得若しくは維持又はその業務の遂行が当該条約の特典を受けることをその主たる目的の一つとするものでないことの認定を国税庁長官から受けるための手続です。	特に定めはありません。
21	様式18-2	租税条約に基づく認定を受けるための申請（認定省令第一条第二号関係）	第三国恒久的施設に帰せられる所得について、租税条約の特典を受けようとする者が、当該租税条約又はBEPS防止措置実施条約の規定により、当該特典が与えられない場合又は制限される場合において、当該特典を受けるために、その者の第三国恒久的施設の設立、取得若しくは維持又はその業務の遂行が当該特典を受けることをその主たる目的の一つとするものでないことの認定を国税庁長官から受けるための手続です。	特に定めはありません。
22	様式番号なし	租税条約に関する源泉徴収税額の還付請求（利子所得に相手国の租税が賦課されている場合の外国税額の還付）	居住者が国内において支払を受けた外国法人等が発行した債券等の利子等につき、租税条約の相手国の租税が課されている場合（特例により免税とされている場合を含みます。）において、その相手国との租税条約に規定する外国税額控除の適用を受けることにより源泉徴収された所得税及び復興特別所得税の還付を受けるために行う手続です。	特に定められていませんが、納付があった日から5年の間に請求しないと、時効により請求権が消滅します。
23	様式番号なし	免税芸能法人等に関する届出	国内において芸能人等の役務提供事業を行う非居住者又は外国法人で、その役務提供の対価が租税条約の規定により国内に恒久的施設を有しないことなどの理由で免除となるもの（以下「免税芸能法人等」といいます。）が支払を受ける芸能人等の役務提供の対価に対しては、いったん20.42％の税率による源泉徴収が行われますが、その源泉徴収された所得税及び復興特別所得税については、その免税芸能法人等がその免除とされる対価のうちから芸能人等に対して支払う役務提供報酬につき所得税及び復興特別所得税を徴収して納付した後に還付請求を行う（還付されるべき税額を納付すべき税額に充当することもできます。）ことにより還付されることとなります。 この場合、免税芸能法人等が支払を受ける対価につき徴収される所得税及び復興特別所得税の税率20.42％を15.315％に軽減する特例がありますが、この届出はその特例の適用を受けようとする場合に行う手続です。	対価の支払を受けるときまでに届出をする必要があります。

24	様式番号なし	源泉徴収に係る所得税及び復興特別所得税の納税管理人の届出	この届出は、免税芸能法人等に該当する外国法人等が、自己が国内又は国外において支払った芸能人等の役務提供報酬につき源泉徴収した所得税及び復興特別所得税を納付する場合又は自己が支払を受けた芸能人等の役務提供の対価につき源泉徴収された所得税及び復興特別所得税について還付を受けようとする場合において、納税管理人を選任したときに行う手続です。	特に定められていません
25	外国居住者等所得相互免除法第2章関係（台湾関係）		台湾の居住者の一定の国内源泉所得に係る源泉所得税については、租税条約と同様に、所定の手続を経ることで、軽減又は非課税の適用を受けることができます。 軽減又は非課税の対象となる国内源泉所得及び使用する届出書の様式の一覧については、「源泉所得税の軽減又は非課税の対象となる所得の種類及び届出書の様式」をご覧ください。	

4　租税条約に関する届出書等に記載すべき事項等の電磁的提供等について

(1)　条約届出書等に記載すべき事項等の電磁的提供等

非居住者等の居住地国と我が国との間で租税条約等が締結されている場合において、その租税条約等の定めるところにより、非居住者等が支払を受ける国内源泉所得に対する課税の免除等を受けようとするときは、租税条約に関する届出書等（以下「条約届出書等」といいます。）をその国内源泉所得の源泉徴収義務者を経由して税務署長に提出することとされています。

令和3年度税制改正により、令和3年4月1日以後、条約届出書等について、書面による提出に代えて、その書面に記載すべき事項等を電磁的方法により提供することができることとされました。

(2)　電磁的提供等の概要

条約届出書等に記載すべき事項等の電磁的提供等について、イ　非居住者等が源泉徴収義務者に提供する場合とロ　源泉徴収義務者が税務署長に提供する場合に分けるとそれぞれ次のとおりとなります。

イ　非居住者等が源泉徴収義務者に提供する場合

以下の租税条約等関係手続について、書面による条約届出書等の提出に代えて、その条約届出書等に記載すべき事項を電磁的方法により提供すること（電磁的提供）ができることとされました。この場合において、その提供があったときは、その条約届出書等の提出があったものとみなされます。

なお、非居住者等が電磁的提供を行うためには、それぞれ次に掲げる要件を満たす必要があります。

(イ)　非居住者等が満たすべき要件

非居住者等が、自身の氏名又は名称を明らかにする措置を講じていること。

(ロ)　源泉徴収義務者が満たすべき要件

①　非居住者等が行う電磁的方法による条約届出書等に記載すべき事項の提供を適正に受けることができる措置を講じていること。

②　提供を受けた条約届出書等に記載すべき事項について、その提供をした非居住者等を特定するための必要な措置を講じていること。

③　提供を受けた条約届出書等に記載すべき事項について、電子計算機の映像面への表示及び書面への出力をするための必要な措置を講じていること。

(ハ) 提供する電磁的記録の要件

居住者証明書などの一定の添付書類に記載されている事項に係る電磁的記録が次の①から③までの要件を満たすこと。

① 解像度が200dpi 相当以上であること。

② 赤色、緑色及び青色の階調が256階調以上（24ビットカラー）であること。

③ ファイル形式が、PDF 形式であること。

ロ 源泉徴収義務者が税務署長に提供する場合

源泉徴収義務者は、税務署に対して行う書面による条約届出書等の提出に代えて、その条約届出書等に記載すべきこととされている事項をスキャナにより読み取る方法等により作成したイメージデータ（PDF 形式）などの電磁的記録を e-Tax を利用して送信すること（e-Tax によるイメージデータ送信）により行うことができることとされました。

なお、源泉徴収義務者が e-Tax によるイメージデータ送信を行う際は、電磁的記録に記録された情報に源泉徴収義務者が電子署名を行い、その電子署名に係る電子証明書を付して送信する必要があります。具体的な手順については、e-Tax ホームページをご確認ください。

○ 提供する電磁的記録の要件

条約届出書等及び添付書類に記載すべき事項等に係る全ての電磁的記録が次の①から③までの要件を満たすこと。

① 解像度が200dpi 相当以上であること。

② 赤色、緑色及び青色の階調が256階調以上（24ビットカラー）であること。

③ ファイル形式が、PDF 形式であること。

(3) 条約届出書等の電磁的提供に関する FAQ

（制度の概要）

問１ 租税条約に関する届出書等の電磁的方法による提供とは、どのような制度ですか。

（対象書類）

問２ 条約届出書等の電磁的提供の対象となる書類には、どのような書類が含まれますか。

（非居住者等が満たすべき要件）

問３ 非居住者等が源泉徴収義務者に対して、条約届出書等の電磁的提供を行うためには、どのような要件を満たす必要がありますか。

問４ 非居住者等が条約届出書等の電磁的要件である「自身の氏名又は名称を明らかにする措置」とは具体的にどのような措置をいうのでしょうか。

（ID・パスワード方式を用いる場合の取扱い）

問５ 源泉徴収義務者から非居住者等に通知する認識符号（ID）及び暗証符号（パスワード）を用いる場合において、ID やパスワードに、英文字数字等の使用条件、必要文字数、源泉徴収義務者における ID・パスワードの管理方法や源泉徴収義務者が非居住者等に ID やパスワードを通知する方法などについて具体的な要件はありますか。

（電磁的記録の要件）

問６ スキャナで読み取るなどの方法により作成する電磁的記録は、どのような要件を満たす必要がありますか。

（電磁的提供の方法）

問７ 非居住者等が行う条約届出書等の電磁的提供の方法には、どのようなものがありますか。

（源泉徴収義務者が満たすべき要件）

問８ 非居住者が源泉徴収義務者に対して、条約届出書等の電磁的提供を行うに当たり、源泉徴収義務者はどのような要件を満たす必要がありますか。

（源泉徴収義務者が行うべき措置）

問９　非居住者等が条約届出書等の電磁的提供を行うため源泉徴収義務者が満たすべき要件である「電子計算機の映像面への表示及び書面への出力をするための必要な措置」とは、具体的にはどのような措置をいうのでしょうか。

（源泉徴収義務者がe-Taxによるイメージデータ送信を行う場合の手順）

問10　源泉徴収義務者が非居住者等から書面で提供を受けた条約届出書等について、税務署長に対しe-Taxによるイメージデータ送信を行う場合には、どのような手順で送信することとなるのでしょうか。また、非居住者等から電磁的提供を受けた条約届出書等に記載すべき事項に係る情報について、税務署に対しe-Taxによるイメージデータ送信を行う場合も同様の手順となるのでしょうか。

（非居住者等から電磁的提供を受ける場合）

問11　非居住者等から書面により条約届出書等の提出を受ける場合、正副２部を受領し、そのうち一部を源泉徴収義務者用として書面で保管していました。非居住者等から条約届出書等の電磁的提供を受ける場合において条約届出書等に記載すべき事項等はどのように取り扱えばよろしいでしょうか。

（非居住者等から書面により提出を受ける場合）

問12　非居住者等から書面により条約届出書等の提出を受ける場合には、税務署長提出用と源泉徴収義務者用として、正副２部の条約届出書等の提出を受けていますが、当社は、非居住者等から提出を受けた書面をイメージデータ化した上で、税務署長に対してe-Taxによるイメージデータ通信を行うこととしています。この場合、非居住者等から提出をうける条約届出書等は、１部でよいでしょうか。

様式 1
FORM

租税条約に関する届出書
APPLICATION FORM FOR INCOME TAX CONVENTION

配当に対する所得税及び復興特別所得税の軽減・免除
Relief from Japanese Income Tax and Special Income Tax for Reconstruction on Dividends

この届出書の記載に当たっては、別紙の注意事項を参照してください。
See separate instructions.

税務署受付印

（税務署整理欄 For official use only）
適用；有、無
番号確認

□ 限度税率＿＿＿%
Applicable Tax Rate
□ 免　税
Exemption

＿＿＿＿＿税務署長殿
To the District Director, ＿＿＿＿＿＿＿Tax Office

1　適用を受ける租税条約に関する事項；
Applicable Income Tax Convention
日本国と＿＿＿＿＿＿＿＿＿＿＿との間の租税条約第＿＿条第＿＿項＿＿
The Income Tax Convention between Japan and＿＿＿＿＿＿＿＿＿＿, Article＿＿, para.＿＿

2　配当の支払を受ける者に関する事項；
Details of Recipient of Dividends

氏名又は名称 Full name		
個人番号又は法人番号（有する場合のみ記入） Individual Number or Corporate Number (Limited to case of a holder)		
個人の場合 Individual	住所又は居所 Domicile or residence	（電話番号 Telephone Number）
	国籍 Nationality	
法人その他の団体の場合 Corporation or other entity	本店又は主たる事務所の所在地 Place of head office or main office	（電話番号 Telephone Number）
	設立又は組織された場所 Place where the Corporation was established or organized	
	事業が管理・支配されている場所 Place where the business is managed and controlled	（電話番号 Telephone Number）
下記「4」の配当につき居住者として課税される国及び納税地（注8） Country where the recipient is taxable as resident on Dividends mentioned in 4 below and the place where he is to pay tax (Note 8)		（納税者番号 Taxpayer Identification Number）
日本国内の恒久的施設の状況 Permanent establishment in Japan □有(Yes)，□無(No) If "Yes", explain:	名称 Name	
	所在地 Address	（電話番号 Telephone Number）
	事業の内容 Details of Business	

3　配当の支払者に関する事項；
Details of Payer of Dividends

(1) 名称 Full name	
(2) 本店の所在地 Place of head office	（電話番号 Telephone Number）
(3) 法人番号 Corporate Number	
(4) 発行済株式のうち議決権のある株式の数（注9） Number of voting shares issued (Note 9)	

4　上記「3」の支払者から支払を受ける配当で「1」の租税条約の規定の適用を受けるものに関する事項（注10）；
Details of Dividends received from the Payer to which the Convention mentioned in 1 above is applicable (Note 10)

元本の種類 Kind of Principal	銘柄又は名称 Description	名義人の氏名又は名称（注11） Name of Nominee of Principal (Note 11)
□出資・株式・基金 Shares (Stocks) □株式投資信託 Stock investment trust		

元本の数量 Quantity of Principal	左のうち議決権のある株式数 Of which Quantity of Voting Shares	元本の取得年月日 Date of Acquisition of Principal

5　その他参考となるべき事項（注12）；
Others (Note 12)

【裏面に続きます (Continue on the reverse)】

6　日本の税法上、届出書の「2」の外国法人が納税義務者とされるが、租税条約の規定によりその株主等である者（相手国居住者に限ります。）の所得として取り扱われる部分に対して租税条約の適用を受けることとされている場合の租税条約の適用を受ける割合に関する事項等(注4)；
Details of proportion of income to which the convention mentioned in 1 above is applicable, if the foreign company mentioned in 2 above is taxable as a company under Japanese tax law, and the convention is applicable to income that is treated as income of the member (limited to a resident of the other contracting country) of the foreign company in accordance with the provisions of the convention (Note 4)

届出書の「2」の外国法人の株主等で租税条約の適用を受ける者の氏名又は名称 Name of member of the foreign company mentioned in 2 above, to whom the Convention is applicable	間接保有 Indirect Ownership	持分の割合 Ratio of Ownership	受益の割合＝租税条約の適用を受ける割合 Proportion of benefit = Proportion for Application of Convention
	□	%	%
	□	%	%
	□	%	%
	□	%	%
	□	%	%
合計 Total		%	%

届出書の「2」の外国法人が支払を受ける「4」の配当について、「1」の租税条約の相手国の法令に基づきその株主等である者の所得として取り扱われる場合には、その根拠法令及びその効力を生じる日を記載してください。
If dividends mentioned in 4 above that a foreign company mentioned in 2 above receives are treated as income of those who are its members under the law in the other contracting country of the convention mentioned in 1 above, enter the law that provides the legal basis to the above treatment and the date on which it will become effective.

根拠法令
Applicable law＿＿＿＿＿＿＿＿＿＿　効力を生じる日
Effective date＿＿＿＿年　　月　　日

7　日本の税法上、届出書の「2」の団体の構成員が納税義務者とされるが、租税条約の規定によりその団体の所得として取り扱われるものに対して租税条約の適用を受けることとされている場合の記載事項等(注5)；
Details if, while the partner of the entity mentioned in 2 above is taxable under Japanese tax law, and the convention is applicable to income that is treated as income of the entity in accordance with the provisions of the convention (Note 5)
他の全ての構成員から通知を受けこの届出書を提出する構成員の氏名又は名称＿＿＿＿＿＿＿＿＿＿
Full name of the partner of the entity who has been notified by all other partners and is to submit this form

届出書の「2」の団体が支払を受ける「4」の配当について、「1」の租税条約の相手国の法令に基づきその団体の所得として取り扱われる場合には、その根拠法令及びその効力を生じる日を記載してください。
If dividends mentioned in 4 above that an entity at mentioned in 2 above receives are treated as income of the entity under the law in the other contracting country of the convention mentioned in 1 above, enter the law that provides the legal basis to the above treatment and the date on which it will become effective.

根拠法令
Applicable law＿＿＿＿＿＿＿＿＿＿　効力を生じる日
Effective date＿＿＿＿年　　月　　日

8　権限ある当局の証明（注13）
Certification of competent authority (Note 13)

私は、届出者が、日本国と＿＿＿＿＿＿＿＿との間の租税条約第＿＿条第＿＿項＿＿に規定する居住者であることを証明します。
I hereby certify that the applicant is a resident under the provisions of the Income Tax Convention between Japan and ＿＿＿＿＿＿＿＿, Article＿＿＿＿, para.＿＿＿＿.
年　　月　　日
Date＿＿＿＿＿＿＿＿　Certifier＿＿＿＿＿＿＿＿

○　代理人に関する事項　；　この届出書を代理人によって提出する場合には、次の欄に記載してください。
Details of the Agent　；　If this form is prepared and submitted by the Agent, fill out the following Columns.

代理人の資格 Capacity of Agent in Japan	氏名（名称） Full name		納税管理人の届出をした税務署名 Name of the Tax Office where the Tax Agent is registered
□ 納税管理人 ※ Tax Agent □ その他の代理人 Other Agent	住所（居所・所在地） Domicile (Residence or location)	（電話番号 Telephone Number）	税務署 Tax Office

※　「納税管理人」とは、日本国の国税に関する申告、申請、請求、届出、納付等の事項を処理させるため、国税通則法の規定により選任し、かつ、日本国における納税地の所轄税務署長に届出をした代理人をいいます。

※　"Tax Agent" means a person who is appointed by the taxpayer and is registered at the District Director of Tax Office for the place where the taxpayer is to pay his tax, in order to have such agent take necessary procedures concerning the Japanese national taxes, such as filing a return, applications, claims, payment of taxes, etc., under the provisions of Act on General Rules for National Taxes.

○　適用を受ける租税条約が特典条項を有する租税条約である場合；
If the applicable convention has article of limitation on benefits
特典条項に関する付表の添付　□有Yes
"Attachment Form for Limitation on Benefits Article" attached　□添付省略 Attachment not required
（特典条項に関する付表を添付して提出した租税条約に関する届出書の提出日
Date of previous submission of the application for income tax convention with the "Attachment Form for Limitation on Benefits Article"＿＿＿＿年　　月　　日）

様式 1－2
FORM

租税条約に関する特例届出書

(税務署整理欄 For official use only)

SPECIAL APPLICATION FORM FOR INCOME TAX CONVENTION

税務署受付印

上場株式等の配当等に対する所得税及び復興特別所得税の軽減・免除
Relief from Japanese Income Tax and Special Income Tax for Reconstruction on Dividends of Listed Stocks

適用；有、無

この届出書の記載に当たっては、別紙の注意事項を参照してください。
See separate instructions.

番号確認

＿＿＿＿＿税務署長殿
To the District Director, ＿＿＿＿＿＿＿Tax Office

1 適用を受ける租税条約に関する事項；
Applicable Income Tax Convention
日本国と＿＿＿＿＿＿＿＿＿＿との間の租税条約
The Income Tax Convention between Japan and＿＿＿＿＿＿＿＿

2 上場株式等の配当等の支払を受ける者に関する事項；
Details of Recipient of Dividends of Listed Stocks

氏名又は名称 Full name		
個人番号又は法人番号（有する場合のみ記入） Individual Number or Corporate Number (Limited to case of a holder)		
個人の場合 Individual	住所又は居所 Domicile or residence	(電話番号 Telephone Number)
	国籍 Nationality	
法人その他の団体の場合 Corporation or other entity	本店又は主たる事務所の所在地 Place of head office or main office	(電話番号 Telephone Number)
	設立又は組織された場所 Place where the Corporation was established or organized	
	事業が管理・支配されている場所 Place where the business is managed and controlled	(電話番号 Telephone Number)
上場株式等の配当等につき居住者として課税される国及び納税地（注８） Country where the recipient is taxable as resident on Dividends of Listed Stocks and the place where he is to pay tax (Note 8)		(納税者番号 Taxpayer Identification Number)
日本国内の恒久的施設の状況 Permanent establishment in Japan □有(Yes) , □無(No) If "Yes", explain:	名称 Name	
	所在地 Address	(電話番号 Telephone Number)
	事業の内容 Details of Business	

3 上場株式等の配当等の支払の取扱者に関する事項；
Details of Person in charge of handling payment of Dividends of Listed Stocks

(1) 名称 Full name	
(2) 本店の所在地 Place of head office	(電話番号 Telephone Number)
(3) 法人番号 Corporate Number	

4 その他参考となるべき事項；
Others

【裏面に続きます (Continue on the reverse) 】

国際源泉課税と租税条約に関する届出書関係

5　日本の税法上、届出書の「２」の外国法人が納税義務者とされるが、租税条約の規定によりその株主等である者（相手国居住者に限ります。）の所得として取り扱われる部分に対して租税条約の適用を受けることとされている場合の租税条約の適用を受ける割合に関する事項等(注４)；
Details of proportion of income to which the convention mentioned in 1 above is applicable, if the foreign company mentioned in 2 above is taxable as a company under Japanese tax law, and the convention is applicable to income that is treated as income of the member (limited to a resident of the other contracting country) of the foreign company in accordance with the provisions of the convention (Note 4)

届出書の「２」の外国法人の株主等で租税条約の適用を受ける者の氏名又は名称 Name of member of the foreign company mentioned in 2 above, to whom the Convention is applicable	間接保有 Indirect Ownership	持分の割合 Ratio of Ownership	受益の割合＝租税条約の適用を受ける割合 Proportion of benefit = Proportion for Application of Convention
	□	%	%
	□	%	%
	□	%	%
	□	%	%
	□	%	%
合計 Total		%	%

届出書の「２」の外国法人が「３」の支払の取扱者から交付を受ける上場株式等の配当等について、「１」の租税条約の相手国の法令に基づきその株主等である者の所得として取り扱われる場合には、その根拠法令及びその効力を生じる日を記載してください。
If dividends of Listed Stocks that a foreign company mentioned in 2 above receives by the person in charge of handling payment mentioned in 3 above are treated as income of those who are its members under the law in the other contracting country of the convention mentioned in 1 above, enter the law that provides the legal basis to the above treatment and the date on which it will become effective.

根拠法令
Applicable law ______　効力を生じる日　年　月　日
Effective date ______

6　日本の税法上、届出書の「２」の団体の構成員が納税義務者とされるが、租税条約の規定によりその団体の所得として取り扱われるものに対して租税条約の適用を受けることとされている場合の記載事項等(注５)；
Details if, while the partner of the entity mentioned in 2 above is taxable under Japanese tax law, and the convention is applicable to income that is treated as income of the entity in accordance with the provisions of the convention (Note 5)

他の全ての構成員から通知を受けこの届出書を提出する構成員の氏名又は名称 ______
Full name of the partner of the entity who has been notified by all other partners and is to submit this form

届出書の「２」の団体が「３」の支払の取扱者から交付を受ける上場株式等の配当等について、「１」の欄の租税条約の相手国の法令に基づきその団体の所得として取り扱われる場合には、その根拠法令及びその効力を生じる日を記載してください。
If dividends of Listed Stocks that an entity at mentioned in 2 above receives by the person in charge of handling payment mentioned in 3 above are treated as income of the entity under the law in the other contracting country of the convention mentioned in 1 above, enter the law that provides the legal basis to the above treatment and the date on which it will become effective.

根拠法令
Applicable law ______　効力を生じる日　年　月　日
Effective date ______

○　代理人に関する事項　；　この届出書を代理人によって提出する場合には、次の欄に記載してください。
Details of the Agent　；　If this form is prepared and submitted by the Agent, fill out the following Columns.

代理人の資格 Capacity of Agent in Japan	氏名（名称） Full name		納税管理人の届出をした税務署名 Name of the Tax Office where the Tax Agent is registered
□ 納税管理人 ※ Tax Agent □ その他の代理人 Other Agent	住所（居所・所在地） Domicile (Residence or location)	（電話番号 Telephone Number）	税務署 Tax Office

※　「納税管理人」とは、日本国の国税に関する申告、申請、請求、届出、納付等の事項を処理させるため、国税通則法の規定により選任し、かつ、日本国における納税地の所轄税務署長に届出をした代理人をいいます。

※　"Tax Agent" means a person who is appointed by the taxpayer and is registered at the District Director of Tax Office for the place where the taxpayer is to pay his tax, in order to have such agent take necessary procedures concerning the Japanese national taxes, such as filing a return, applications, claims, payment of taxes, etc., under the provisions of Act on General rules for National Taxes.

○　適用を受ける租税条約が特典条項を有する租税条約である場合；
If the applicable convention has article of limitation on benefits

特典条項に関する付表の添付
"Attachment Form for Limitation on Benefits Article" attached

□有Yes
□添付省略　Attachment not required
(特典条項に関する付表を添付して提出した租税条約に関する届出書の提出日　年　月　日)
Date of previous submission of the application for income tax convention with the "Attachment Form for Limitation on Benefits Article"

租税条約／外国居住者等所得相互免除法 に関する特例届出書の受理に関する届出書

税務署受付印

		※整理番号	
令和　年　月　日 税務署長殿	所在地	〒　－ 電話　－　－	
	（フリガナ）		
	名称		
	法人番号		
	（フリガナ）		
	代表者の氏名		
	この届出について応答ができる者の所属及び氏名		

租税条約等の実施に伴う所得税法、法人税法及び地方税法の特例等に関する法律の施行に関する省令第２条第 11 項、第２条の２第 10 項、第２条の３第９項、第２条の４第９項及び第２条の５第 10 項の規定（外国居住者等の所得に対する相互主義による所得税等の非課税等に関する法律施行規則第６条第１項から第５項までにおいて準用する場合を含みます。）により、「租税条約に関する特例届出書」及び「外国居住者等所得相互免除法に関する特例届出書」を受理しようとする旨について届け出ます。

※税務署処理欄	確認年月日	統括官	番号確認	（備考）
	． ．			

03.06改正

（規格Ａ４）

様式 1－3
FORM

租税条約に関する届出書
APPLICATION FORM FOR INCOME TAX CONVENTION

（譲渡収益に対する所得税及び復興特別所得税の軽減・免除
Relief from Japanese Income Tax and Special Income Tax for Reconstruction on Capital Gains）

この届出書の記載に当たっては、別紙の注意事項を参照してください。
See separate instructions.

（税務署整理欄
For official use only）

適用；有、無

番号確認

税務署受付印

＿＿＿＿税務署長殿
To the District Director, ＿＿＿＿Tax Office

1 適用を受ける租税条約に関する事項；
Applicable Income Tax Convention
日本国と＿＿＿＿との間の租税条約第＿＿条第＿＿項＿＿
The Income Tax Convention between Japan and＿＿＿＿, Article＿＿, para.＿＿

□ 限度税率＿＿％
Applicable Tax Rate
□ 免税
Exemption

2 譲渡収益の支払を受ける者に関する事項；
Details of Recipient of Capital Gains

氏名 Full name		
個人番号（有する場合のみ記入） Individual Number (Limited to case of a holder)		
住所又は居所 Domicile or residence		（電話番号 Telephone Number）
国籍 Nationality		
下記「4」の譲渡収益につき居住者として課税される国及び納税地（注6） Country where the recipient is taxable as resident on Capital Gains mentioned in 4 below and the place where he is to pay tax (Note 6)		（納税者番号 Taxpayer Identification Number）
日本国内の恒久的施設の状況 Permanent establishment in Japan	名称 Name	
	所在地 Address	（電話番号 Telephone Number）
	事業の内容 Details of Business	

3 譲渡収益の支払者に関する事項；
Details of Payer of Capital Gains

氏名又は名称 Full name	
住所（居所）又は本店（主たる事務所）の所在地 Domicile (residence) or Place of head office (main office)	（電話番号 Telephone Number）
個人番号又は法人番号（有する場合のみ記入） Individual Number or Corporate Number (Limited to case of a holder)	

4 上記「3」の支払者から支払を受ける譲渡収益で「1」の租税条約の規定の適用を受けるものに関する事項；
Details of Capital Gains received from the Payer to which the Convention mentioned in 1 above is applicable

株式又は出資の種類 Kind of Shares(Stocks) or Contributions	株式又は出資の銘柄 Description of Shares(Stocks) or Contributions	株式又は出資の譲渡数量 Transfer Quantity of Shares(Stocks) or Contributions	株式又は出資の取得年月日 Date of Acquisition of Shares(Stocks) or Contributions
□ 株式 Shares (Stocks) □ 出資 Contributions			

5 その他参考となるべき事項（注7）；
Others (Note 7)

【裏面に続きます (Continue on the reverse)】

○ 代理人に関する事項 ； この届出書を代理人によって提出する場合には、次の欄に記載してください。
Details of the Agent ; If this form is prepared and submitted by the Agent, fill out the following Columns.

代理人の資格 Capacity of Agent in Japan	氏名（名称） Full name		納税管理人の届出をした税務署名 Name of the Tax Office where the Tax Agent is registered
□ 納税管理人 ※ Tax Agent □ その他の代理人 Other Agent	住所（居所・所在地） Domicile (Residence or location)	（電話番号 Telephone Number）	税務署 Tax Office

※ 「納税管理人」とは、日本国の国税に関する申告、申請、請求、届出、納付等の事項を処理させるため、国税通則法の規定により選任し、かつ、日本国における納税地の所轄税務署長に届出をした代理人をいいます。

※ "Tax Agent" means a person who is appointed by the taxpayer and is registered at the District Director of Tax Office for the place where the taxpayer is to pay his tax, in order to have such agent take necessary procedures concerning the Japanese national taxes, such as filing a return, applications, claims, payment of taxes, etc., under the provisions of Act on General Rules for National Taxes.

○ 適用を受ける租税条約が特典条項を有する租税条約である場合；
If the applicable convention has article of limitation on benefits

特典条項に関する付表の添付 "Attachment Form for Limitation on Benefits Article" attached

□有Yes

□添付省略 Attachment not required

（特典条項に関する付表を添付して提出した租税条約に関する届出書の提出日 Date of previous submission of the application for income tax convention with the "Attachment Form for Limitation on Benefits Article" 　　年　　月　　日）

注意事項

届出書の提出について

1 この届出書は、租税特別措置法第37条の11の4第1項の規定による譲渡収益に係る日本国における源泉徴収税額について、租税条約の規定に基づく軽減又は免除を受けようとする場合に使用します。

2 この届出書は、譲渡収益の支払者ごとに作成してください。

3 この届出書は、正副2通を作成して譲渡収益の支払者に提出し、譲渡収益の支払者は、正本を、最初にその譲渡収益の支払をする日の前日までにその支払者の所轄税務署長に提出してください。この届出書の提出後その記載事項に異動が生じた場合も同様です。
　なお、記載事項に異動が生じた場合において、異動が生じた記載事項が届出書の「4」の「株式又は出資の譲渡数量」の増加又は減少によるものである場合には、異動に係る届出書の提出を省略することができます（一定の上場株式等の譲渡による譲渡収益については、既に提出した届出書に記載した株式又は出資と異なる種類の株式又は出資の譲渡による譲渡収益の支払を受けることとなる場合においても、異動に係る届出書の提出を省略できます。）。
　ただし、所得税法施行令第281条第1項第4号ロに掲げる譲渡収益については、譲渡収益の支払を受ける都度、この届出書を正副2通作成して譲渡収益の支払者に提出し、譲渡収益の支払者は、正本をその支払者の所轄税務署長に提出してください。

4 この届出書を納税管理人以外の代理人によって提出する場合には、その委任関係を証する委任状をその翻訳文とともに添付してください。

届出書の記載について

5 届出書の□欄には、該当する項目について✓印を付してください。

6 納税者番号とは、租税の申告、納付その他の手続を行うために用いる番号、記号その他の符号でその手続をすべき者を特定することができるものをいいます。支払を受ける者の居住地である国に納税者番号に関する制度が存在しない場合や支払を受ける者が納税者番号を有しない場合には納税者番号を記載する必要はありません。

7 届出書の「5」の欄には、「2」から「4」までの各欄に記載した事項のほか、租税の軽減又は免除を定める「1」の租税条約の適用を受けるための要件を満たす事情の詳細を記載してください。

INSTRUCTIONS

Submission of the FORM

1 This form is to be used by the Recipient of Capital Gains under the provision of Paragraph 1 of Article 37-11-4 of the Act on Special Measures Concerning Taxation in claiming the relief from Japanese withholding tax under the provisions of the Income Tax Convention.

2 This form must be prepared separately for each Payer of Capital Gains.

3 This form must be submitted in duplicate to the Payer of Capital Gains, who has to file the original with the District Director of Tax Office for the place where the Payer resides at the time of, by the day before the payment of the Capital Gains is made. The same procedures must be followed when there is any change in the statements on this form except if the change results in an increase or decrease in the "Transfer Quantity of Shares(Stocks) or Contributions" mentioned in column 4 (Regarding Capital Gains from transfer of certain shares, etc. of a listed corporation, the submission of the application form related to change in information already provided need not to be submitted even in the case of receiving the payment of a capital gain from transfer of shares or capital contributions that are of a different kind from those mentioned in the application form that has been already submitted.).
　However, in case of Capital Gains listed in (b) subparagraph 4 of Paragraph 1 of Article 281, this form must be submitted in duplicate at the time of each payment of such Capital Gains.

4 An Agent other than the Tax Agent must attach a power of attorney together with its Japanese translation.

Completion of the FORM

5 Applicable boxes must be checked.

6 The Taxpayer Identification Number is a number, code or symbol which is used for filing of return and payment of due amount and other procedures regarding tax, and which identifies a person who must take such procedures. If a system of Taxpayer Identification Number does not exist in the country where the recipient resides, or if the recipient of the payment does not have a Taxpayer Identification Number, it is not necessary to enter the Taxpayer Identification Number.

7 Enter into line 5 details of circumstance that the conditions for the application of the convention mentioned in 1 are satisfied, in addition to information entered in 2 thought 4.

この届出書に記載された事項その他租税条約の規定の適用の有無を判定するために必要な事項については、別に説明資料を求めることがあります。

If necessary, the applicant may be requested to furnish further information in order to decide whether relief under the Convention should be granted or not.

様式 2
FORM

租税条約に関する届出書

APPLICATION FORM FOR INCOME TAX CONVENTION

（利子に対する所得税及び復興特別所得税の軽減・免除
Relief from Japanese Income Tax and Special Income Tax for Reconstruction on Interest）

この届出書の記載に当たっては、別紙の注意事項を参照してください。
See separate instructions.

税務署受付印

（税務署整理欄 For official use only）
適用；有、無
番号確認 | 身元確認

______税務署長殿
To the District Director, ____________ Tax Office

1 適用を受ける租税条約に関する事項；
Applicable Income Tax Convention
日本国と____________との間の租税条約第___条第___項___
The Income Tax Convention between Japan and ____________, Article____, para.____

☐ 限度税率______%
Applicable Tax Rate
☐ 免税
Exemption

2 利子の支払を受ける者に関する事項；Details of Recipient of Interest

氏名又は名称 Full name		
個人番号又は法人番号（有する場合のみ記入） Individual Number or Corporate Number (Limited to case of a holder)		
個人の場合 Individual	住所又は居所 Domicile or residence	（電話番号 Telephone Number）
	国籍 Nationality	
法人その他の団体の場合 Corporation or other entity	本店又は主たる事務所の所在地 Place of head office or main office	（電話番号 Telephone Number）
	設立又は組織された場所 Place where the Corporation was established or organized	
	事業が管理・支配されている場所 Place where the business is managed and controlled	（電話番号 Telephone Number）
下記「4」の利子につき居住者として課税される国及び納税地（注8） Country where the recipient is taxable as resident on Interest mentioned in 4 below and the place where he is to pay tax (Note 8)		（納税者番号 Taxpayer Identification Number）
日本国内の恒久的施設の状況 Permanent establishment in Japan ☐有(Yes) , ☐無(No) If "Yes", explain:	名称 Name	
	所在地 Address	（電話番号 Telephone Number）
	事業の内容 Details of business	

3 利子の支払者に関する事項；Details of Payer of Interest

氏名又は名称 Full name		
住所（居所）又は本店（主たる事務所）の所在地 Domicile (residence) or Place of head office (main office)		（電話番号 Telephone Number）
個人番号又は法人番号（有する場合のみ記入） Individual Number or Corporate Number (Limited to case of a holder)		
日本国内にある事務所等 Office, etc. located in Japan	名称 Name	（事業の内容 Details of Business）
	所在地 Address	（電話番号 Telephone Number）

4 上記「3」の支払者から支払を受ける利子で「1」の租税条約の規定の適用を受けるものに関する事項（注9）；
Details of Interest received from the Payer to which the Convention mentioned in 1 above is applicable (Note 9)
○ 元本の種類： Kind of principal： ☐ 公社債 Bonds and debentures ☐ 公社債投資信託 Bond investment trust ☐ 預貯金、合同運用信託 Deposits or Joint operation trust ☐ 貸付金 Loans ☐ その他 Others

(1) 債券に係る利子の場合；In case of Interest derived from securities

債券の銘柄 Description of Securities	名義人の氏名又は名称（注10） Name of Nominee of Securities (Note 10)	債券の取得年月 Date of Acquisition of Securities

額面金額 Face Value of Securities	債券の数量 Quantity of Securities	利子の支払期日 Due Date for Payment	利子の金額 Amount of Interest

(2) 債券以外のものに係る利子の場合：In case of other Interest

支払の基因となった契約の内容 Content of Contract under Which Interest is paid	契約の締結年月日 Date of Contract	契約期間 Period of Contract	元本の金額 Amount of Principal	利子の支払期日 Due Date for Payment	利子の金額 Amount of Interest

【裏面に続きます（Continue on the reverse）】

5　その他参考となるべき事項（注11）；
Others (Note 11)

6　日本の税法上、届出書の「2」の外国法人が納税義務者とされるが、租税条約の規定によりその株主等である者（相手国居住者に限ります。）の所得として取り扱われる部分に対して租税条約の適用を受けることとされている場合の租税条約の適用を受ける割合に関する事項等（注4）；
Details of proportion of income to which the convention mentioned in 1 above is applicable, if the foreign company mentioned in 2 above is taxable as a company under Japanese tax law, and the convention is applicable to income that is treated as income of the member (limited to a resident of the other contracting country) of the foreign company in accordance with the provisions of the convention (Note 4)

届出書の「2」の外国法人の株主等で租税条約の適用を受ける者の氏名又は名称 Name of member of the foreign company mentioned in 2 above, to whom the Convention is applicable	間接保有 Indirect Ownership	持分の割合 Ratio of Ownership	受益の割合＝ 租税条約の適用を受ける割合 Proportion of benefit = Proportion for Application of Convention
	□	%	%
	□	%	%
	□	%	%
	□	%	%
	□	%	%
合計 Total		%	%

届出書の「2」の外国法人が支払を受ける「4」の利子について、「1」の租税条約の相手国の法令に基づきその株主等である者の所得として取り扱われる場合には、その根拠法令及びその効力を生じる日を記載してください。
If interest mentioned in 4 above that a foreign company mentioned in 2 above receives are treated as income of those who are its members under the law in the other contracting country of the convention mentioned in 1 above, enter the law that provides the legal basis to the above treatment and the date on which it will become effective.

根拠法令
Applicable law________________　効力を生じる日　年　月　日
Effective date____________

7　日本の税法上、届出書の「2」の団体の構成員が納税義務者とされるが、租税条約の規定によりその団体の所得として取り扱われるものに対して租税条約の適用を受けることとされている場合の記載事項等（注5）；
Details if, while the partner of the entity mentioned in 2 above is taxable under Japanese tax law, and the convention is applicable to income that is treated as income of the entity in accordance with the provisions of the convention (Note 5)

他の全ての構成員から通知を受けこの届出書を提出する構成員の氏名又は名称____________
Full name of the partner of the entity who has been notified by all other partners and is to submit this form

届出書の「2」の団体が支払を受ける「4」の利子について、「1」の租税条約の相手国の法令に基づきその団体の所得として取り扱われる場合には、その根拠法令及びその効力を生じる日を記載してください。
If interest mentioned in 4 above that an entity at mentioned in 2 above receives are treated as income of the entity under the law in the other contracting country of the convention mentioned in 1 above, enter the law that provides the legal basis to the above treatment and the date on which it will become effective.

根拠法令
Applicable law________________　効力を生じる日　年　月　日
Effective date____________

8　権限ある当局の証明（注12）
Certification of competent authority (Note 12)

私は、届出者が、日本国と____________との間の租税条約第____条第____項____に規定する居住者であることを証明します。
I hereby certify that the applicant is a resident under the provisions of the Income Tax Convention between Japan and ____________, Article______, para.______.
年　月　日
Date____________　Certifier____________

○　代理人に関する事項　；　この届出書を代理人によって提出する場合には、次の欄に記載してください。
Details of the Agent　；　If this form is prepared and submitted by the Agent, fill out the following columns.

代理人の資格 Capacity of Agent in Japan	氏名（名称） Full name		納税管理人の届出をした税務署名 Name of the Tax Office where the Tax Agent is registered
□ 納税管理人 ※ Tax Agent □ その他の代理人 Other Agent	住所（居所・所在地） Domicile (Residence or location)	（電話番号 Telephone Number）	税務署 Tax Office

※「納税管理人」とは、日本国の国税に関する申告、申請、請求、届出、納付等の事項を処理させるため、国税通則法の規定により選任し、かつ、日本国における納税地の所轄税務署長に届出をした代理人をいいます。

※"Tax Agent" means a person who is appointed by the taxpayer and is registered at the District Director of Tax Office for the place where the taxpayer is to pay his tax, in order to have such agent take necessary procedures concerning the Japanese national taxes, such as filing a return, applications, claims, payment of taxes, etc., under the provisions of Act on General Rules for National Taxes.

○　適用を受ける租税条約が特典条項を有する租税条約である場合；
If the applicable convention has article of limitation on benefits

特典条項に関する付表の添付
"Attachment Form for Limitation on Benefits Article" attached

□有Yes
□添付省略 Attachment not required
（特典条項に関する付表を添付して提出した租税条約に関する届出書の提出日　年　月　日）
Date of previous submission of the application for income tax convention with the "Attachment Form for Limitation on Benefit Article"____________

国際源泉課税と租税条約に関する届出書関係

様　式　3
FORM

租税条約に関する届出書
APPLICATION FORM FOR INCOME TAX CONVENTION

（税務署整理欄
For official use only）

適用；有、無			
番号確認		身元確認	

税務署受付印

（使用料に対する所得税及び復興特別所得税の軽減・免除
Relief from Japanese Income Tax and Special Income Tax for Reconstruction on Royalties）

この届出書の記載に当たっては、別紙の注意事項を参照してください。
See separate instructions.

＿＿＿＿＿＿＿税務署長殿
To the District Director, ＿＿＿＿＿＿＿＿Tax Office

1　適用を受ける租税条約に関する事項；
Applicable Income Tax Convention
日本国と＿＿＿＿＿＿＿＿＿＿＿＿＿との間の租税条約第＿＿条第＿＿項＿＿
The Income Tax Convention between Japan and＿＿＿＿＿＿＿＿＿＿＿, Article＿＿, para.＿＿

□ 限度税率＿＿＿＿％
Applicable Tax Rate
□ 免　税（注11）
Exemption (Note 11)

2　使用料の支払を受ける者に関する事項；
Details of Recipient of Royalties

氏名又は名称 Full name		
個人番号又は法人番号（有する場合のみ記入） Individual Number or Corporate Number (Limited to case of a holder)		
個人の場合 Individual	住所又は居所 Domicile or residence	（電話番号 Telephone Number）
	国籍 Nationality	
法人その他の団体の場合 Corporation or other entity	本店又は主たる事務所の所在地 Place of head office or main office	（電話番号 Telephone Number）
	設立又は組織された場所 Place where the Corporation was established or organized	
	事業が管理・支配されている場所 Place where the business is managed and controlled	（電話番号 Telephone Number）
下記「4」の使用料につき居住者として課税される国及び納税地（注8） Country where the recipient is taxable as resident on Royalties mentioned in 4 below and the place where he is to pay tax (Note 8)		（納税者番号 Taxpayer Identification Number）
日本国内の恒久的施設の状況 Permanent establishment in Japan □有(Yes)，□無(No) If "Yes", explain:	名称 Name	
	所在地 Address	（電話番号 Telephone Number）
	事業の内容 Details of Business	

3　使用料の支払者に関する事項；
Details of Payer of Royalties

氏名又は名称 Full name		
住所（居所）又は本店（主たる事務所）の所在地 Domicile (residence) or Place of head office (main office)		（電話番号 Telephone Number）
個人番号又は法人番号（有する場合のみ記入） Individual Number or Corporate Number (Limited to case of a holder)		
日本国内にある事務所等 Office, etc. located in Japan	名称 Name	（事業の内容 Details of Business）
	所在地 Address	（電話番号 Telephone Number）

4　上記「3」の支払者から支払を受ける使用料で「1」の租税条約の規定の適用を受けるものに関する事項（注9）；
Details of Royalties received from the Payer to which the Convention mentioned in 1 above is applicable (Note 9)

使用料の内容 Description of Royalties	契約の締結年月日 Date of Contract	契約期間 Period of Contract	使用料の計算方法 Method of Computation for Royalties	使用料の支払期日 Due Date for Payment	使用料の金額 Amount of Royalties

5　その他参考となるべき事項（注10）；
Others (Note 10)

【裏面に続きます（Continue on the reverse）】

6　日本の税法上、届出書の「2」の外国法人が納税義務者とされるが、租税条約の規定によりその株主等である者（相手国居住者に限ります。）の所得として取り扱われる部分に対して租税条約の適用を受けることとされている場合の租税条約の適用を受ける割合に関する事項等（注4）；
Details of proportion of income to which the convention mentioned in 1 above is applicable, if the foreign company mentioned in 2 above is taxable as a company under Japanese tax law, and the convention is applicable to income that is treated as income of the member (limited to a resident of the other contracting country) of the foreign company in accordance with the provisions of the convention (Note 4)

届出書の「2」の外国法人の株主等で租税条約の適用を受ける者の氏名又は名称 Name of member of the foreign company mentioned in 2 above, to whom the Convention is applicable	間接保有 Indirect Ownership	持分の割合 Ratio of Ownership	受益の割合＝租税条約の適用を受ける割合 Proportion of benefit = Proportion for Application of Convention
	□	%	%
	□	%	%
	□	%	%
	□	%	%
	□	%	%
合計 Total		%	%

届出書の「2」の欄に記載した外国法人が支払を受ける「4」の使用料について、「1」の租税条約の相手国の法令に基づきその株主等である者の所得として取り扱われる場合には、その根拠法令及びその効力を生じる日を記載してください。
If royalties mentioned in 4 above that a foreign company mentioned in 2 above receives are treated as income of those who are its members under the law in the other contracting country of the convention mentioned in 1 above, enter the law that provides the legal basis to the above treatment and the date on which it will become effective.

根拠法令
Applicable law ______　　効力を生じる日　年　月　日
Effective date ______

7　日本の税法上、届出書の「2」の団体の構成員が納税義務者とされるが、租税条約の規定によりその団体の所得として取り扱われるものに対して租税条約の適用を受けることとされている場合の記載事項等（注5）；
Details if, while the partner of the entity mentioned in 2 above is taxable under Japanese tax law, and the convention is applicable to income that is treated as income of the entity in accordance with the provisions of the convention (Note 5)

他の全ての構成員から通知を受けこの届出書を提出する構成員の氏名又は名称 ______
Full name of the partner of the entity who has been notified by all other partners and is to submit this form

届出書の「2」に記載した団体が支払を受ける「4」の使用料について、「1」の租税条約の相手国の法令に基づきその団体の所得として取り扱われる場合には、その根拠法令及びその効力を生じる日を記載してください。
If royalties mentioned in 4 above that an entity at mentioned in 2 above receives are treated as income of the entity under the law in the other contracting country of the convention mentioned in 1 above, enter the law that provides the legal basis to the above treatment and the date on which it will become effective.

根拠法令
Applicable law ______　　効力を生じる日　年　月　日
Effective date ______

○　代理人に関する事項　；　この届出書を代理人によって提出する場合には、次の欄に記載してください。
Details of the Agent　；　If this form is prepared and submitted by the Agent, fill out the following columns.

代理人の資格 Capacity of Agent in Japan	氏名（名称） Full name		納税管理人の届出をした税務署名 Name of the Tax Office where the Tax Agent is registered
□ 納税管理人 ※ Tax Agent □ その他の代理人 Other Agent	住所（居所・所在地） Domicile (Residence or location)	（電話番号 Telephone Number）	税務署 Tax Office

※　「納税管理人」とは、日本国の国税に関する申告、申請、請求、届出、納付等の事項を処理させるため、国税通則法の規定により選任し、かつ、日本国における納税地の所轄税務署長に届出をした代理人をいいます。

※ "Tax Agent" means a person who is appointed by the taxpayer and is registered at the District Director of Tax Office for the place where the taxpayer is to pay his tax, in order to have such agent take necessary procedures concerning the Japanese national taxes, such as filing a return, applications, claims, payment of taxes, etc., under the provisions of Act on General Rules for National Taxes.

○　適用を受ける租税条約が特典条項を有する租税条約である場合；
If the applicable convention has article of limitation on benefits
特典条項に関する付表の添付　□有Yes
"Attachment Form for Limitation on Benefits Article" attached　□添付省略Attachment not required
（特典条項に関する付表を添付して提出した租税条約に関する届出書の提出日　年　月　日）
Date of previous submission of the application for income tax convention with the "Attachment Form for Limitation on Benefits Article"

国際源泉課税と租税条約に関する届出書関係

様式 6
FORM

税務署受付印

租税条約に関する届出書
APPLICATION FORM FOR INCOME TAX CONVENTION

（人的役務提供事業の対価に対する所得税及び復興特別所得税の免除
Relief from Japanese Income Tax and Special Income Tax for Reconstruction on Remuneration Derived from Rendering Personal Services）

この届出書の記載に当たっては、別紙の注意事項を参照してください。
See separate instructions.

（税務署整理欄 For official use only）

適用；有、無			
番号確認		身元確認	

＿＿＿＿税務署長殿
To the District Director, ＿＿＿＿＿＿＿＿Tax Office

1　適用を受ける租税条約に関する事項；
Applicable Income Tax Convention
日本国と＿＿＿＿＿＿＿＿＿＿＿＿との間の租税条約第＿＿条第＿＿項＿＿
The Income Tax Convention between Japan and＿＿＿＿＿＿＿＿＿＿, Article＿＿, para.＿＿

2　対価の支払を受ける者に関する事項；
Details of Recipient of Remuneration

氏名又は名称 Full name		
個人番号又は法人番号（有する場合のみ記入） Individual Number or Corporate Number (Limited to case of a holder)		
個人の場合 Individual	住所 Domicile	（電話番号 Telephone Number）
	日本国内における居所 Residence in Japan	（電話番号 Telephone Number）
	（国籍 Nationality）	（在留期間 Authorized Period of Stay）　（在留資格 Status of Residence）
法人その他の団体の場合 Corporation or other entity	本店又は主たる事務所の所在地 Place of head office or main office	（電話番号 Telephone Number）
	設立又は組織された場所 Place where the Corporation was established or organized	
	事業が管理・支配されている場所 Place where the business is managed and controlled	（電話番号 Telephone Number）
日本国内で人的役務提供事業を開始した年月日 Date of opening business of rendering personal service		
下記「4」の対価につき居住者として課税される国及び納税地（注8） Country where the recipient is taxable as resident on Remuneration mentioned in 4 below and the place where he is to pay tax (Note 8)		（納税者番号 Taxpayer Identification Number）
日本国内の恒久的施設の状況 Permanent establishment in Japan □有(Yes)　,　□無(No) If "Yes", explain:	名称 Name	
	所在地 Address	（電話番号 Telephone Number）
	事業の内容 Details of Business	

3　対価の支払者に関する事項；
Details of Payer of Remuneration

氏名又は名称 Full name		
住所（居所）又は本店（主たる事務所）の所在地 Domicile (residence) or Place of head office (main office)		（電話番号 Telephone Number）
個人番号又は法人番号（有する場合のみ記入） Individual Number or Corporate Number (Limited to case of a holder)		
日本国内にある事務所等 Office, etc. located in Japan	名称 Name	（事業の内容 Details of Business）
	所在地 Address	（電話番号 Telephone Number）

4　上記「3」の支払者から支払を受ける人的役務提供事業の対価で「1」の租税条約の規定の適用を受けるものに関する事項（注9）；
Details of Remuneration received from the Payer to which the Convention mentioned in 1 above is applicable (Note 9)

提供する役務の概要 Description of Services rendered	役務提供期間 Period of Services rendered	対価の支払期日 Due Date for Payment	対価の支払方法 Method of Payment	対価の金額 Amount of Remuneration

【裏面に続きます（Continue on the reverse）】

国際源泉課税と租税条約に関する届出書関係

5　その他参考となるべき事項（注10）；
Others (Note 10)

6　日本の税法上、届出書の「2」の外国法人が納税義務者とされるが、租税条約の規定によりその株主等である者（相手国居住者に限ります。）の所得として取り扱われる部分に対して租税条約の適用を受けることとされている場合の租税条約の適用を受ける割合に関する事項等(注4)；
Details of proportion of income to which the convention mentioned in 1 above is applicable, if the foreign company mentioned in 2 above is taxable as a company under Japanese tax law, and the convention is applicable to income that is treated as income of the member (limited to a resident of the other contracting country) of the foreign company in accordance with the provisions of the convention (Note 4)

届出書の「2」の外国法人の株主等で租税条約の適用を受ける者の氏名又は名称 Name of member of the foreign company mentioned in 2 above, to whom the Convention is applicable	間接保有 Indirect Ownership	持分の割合 Ratio of Ownership	受益の割合＝ 租税条約の適用を受ける割合 Proportion of benefit = Proportion for Application of Convention
	□	%	%
	□	%	%
	□	%	%
	□	%	%
	□	%	%
合計 Total		%	%

届出書の「2」の外国法人が支払を受ける「4」の対価について、「1」の租税条約の相手国の法令に基づきその株主等である者の所得として取り扱われる場合には、その根拠法令及びその効力を生じる日を記載してください。
If remuneration mentioned in 4 above that a foreign company mentioned in 2 above receives is treated as income of those who are its members under the law in the other contracting country of the convention mentioned in 1 above, enter the law that provides the legal basis to the above treatment and the date on which it will become effective.

根拠法令
Applicable law＿＿＿＿＿＿＿＿＿＿＿＿＿＿＿＿　効力を生じる日
Effective date　　年　　月　　日

○　代理人に関する事項　；　この届出書を代理人によって提出する場合には、次の欄に記載してください。
Details of the Agent　;　If this form is prepared and submitted by the Agent, fill out the following columns.

代理人の資格 Capacity of Agent in Japan	氏名（名称） Full name		納税管理人の届出をした税務署名 Name of the Tax Office where the Tax Agent is registered
□ 納税管理人 ※ Tax Agent □ その他の代理人 Other Agent	住所（居所・所在地） Domicile (Residence or location)	（電話番号 Telephone Number）	税務署 Tax Office

※　「納税管理人」とは、日本国の国税に関する申告、申請、請求、届出、納付等の事項を処理させるため、国税通則法の規定により選任し、かつ、日本国における納税地の所轄税務署長に届出をした代理人をいいます。

※ "Tax Agent" means a person who is appointed by the taxpayer and is registered at the District Director of Tax Office for the place where the taxpayer is to pay his tax, in order to have such agent take necessary procedures concerning the Japanese national taxes, such as filing a return, applications, claims, payment of taxes, etc., under the provisions of Act on General Rules for National Taxes.

○　適用を受ける租税条約が特典条項を有する租税条約である場合；
If the applicable convention has article of limitation on benefits

特典条項に関する付表の添付
"Attachment Form for Limitation on Benefits Article" attached

□有Yes
□添付省略 Attachment not required
（特典条項に関する付表を添付して提出した租税条約に関する届出書の提出日　　年　　月　　日）
Date of previous submission of the application for income tax convention with the "Attachment Form Limitation on Benefits Article"

国際源泉課税と租税条約に関する届出書関係

様式 7
FORM

租税条約に関する届出書
APPLICATION FORM FOR INCOME TAX CONVENTION

（税務署整理欄 For official use only）

適用；有、無	
番号確認	身元確認

自由職業者・芸能人・運動家・短期滞在者の報酬・給与に対する所得税及び復興特別所得税の免除
Relief from Japanese Income Tax and Special Income Tax for Reconstruction on Income Earned by Professionals, Entertainers, Sportsmen, or Temporary Visitors

この届出書の記載に当たっては、別紙の注意事項を参照してください。
See separate instructions.

税務署受付印

＿＿＿＿税務署長殿
To the District Director, ＿＿＿＿＿＿＿＿Tax Office

1　適用を受ける租税条約に関する事項；
Applicable Income Tax Convention
日本国と＿＿＿＿＿＿＿＿との間の租税条約第＿＿条第＿＿項＿＿
The Income Tax Convention between Japan and＿＿＿＿＿＿＿＿, Article＿＿, para.＿＿

2　報酬・給与の支払を受ける者に関する事項；
Details of Recipient of Salary or Remuneration

氏名 Full name	
住所 Domicile	（電話番号 Telephone Number）
個人番号（有する場合のみ記入） Individual Number (Limited to case of a holder)	
日本国内における居所 Residence in Japan	（電話番号 Telephone Number）
（国籍 Nationality）　（入国年月日 Date of Entry）	（在留期間 Authorized Period of Stay）　（在留資格 Status of Residence）
下記「4」の報酬・給与につき居住者として課税される国及び納税地（注6） Country where the recipient is taxable as resident on Salary or Remuneration mentioned in 4 below and the place where he is to pay tax (Note6)	（納税者番号 Taxpayer Identification Number）

自由職業者、芸能人又は運動家の場合（短期滞在者に該当する者を除く。）：日本国内の恒久的施設又は固定的施設の状況 In case of Professionals, Entertainers or Sportsmen (other than Temporary Visitors) : Permanent establishment or fixed base in Japan ┘有(Yes) , └無(No) If "Yes",explain:	名称 Name	
	所在地 Address	（電話番号 Telephone Number）
	事業の内容 Details of Business	

短期滞在者の場合：以前に日本国に滞在したことの有無及び在留したことのある場合にはその入出国年月日等 In case of Temporary Visitors: Particulars on previous stay ┐有(Yes) , ┐無(No) If "Yes",explain:	（以前の入国年月日） Date of Previous Entry	（以前の出国年月日） Date of Previous Departure	（以前の在留資格） Previous Status Residence

3　報酬・給与の支払者に関する事項；
Details of Payer of Salary or Remuneration

氏名又は名称 Full name		
住所（居所）又は本店（主たる事務所）の所在地 Domicile (residence) or Place of head office (main office)		（電話番号 Telephone Number）
個人番号又は法人番号（有する場合のみ記入） Individual Number or Corporate Number (Limited to case of a holder)		
日本国内にある事務所等 Office, etc. located in Japan	名称 Name	（事業の内容 Details of Business）
	所在地 Address	（電話番号 Telephone Number）

4　上記「3」の支払者から支払を受ける報酬・給与で「1」の租税条約の規定の適用を受けるものに関する事項（注7）；
Details of Salary or Remuneration received from the Payer to which the Convention mentioned in 1 above is applicable (Note 7)

提供する役務の概要 Description of Services performed	役務提供期間 Period of Services performed	報酬・給与の支払期日 Due Date for Payment	報酬・給与の支払方法 Method of Payment of Salary, etc.	報酬・給与の金額及び月額・年額の区分 Amount of Salary, etc. (per month, year)

5　上記「3」の支払者以外の者から日本国内における勤務又は人的役務の提供に関して支払を受ける報酬・給与に関する事項（注8）；
Others Salaries or Remuneration paid by Persons other than 3 above for Personal Services performed in Japan (Note 8)

【裏面に続きます (Continue on the reverse) 】

6　その他参考となるべき事項（注９）；
Others (Note 9)

○　代理人に関する事項　；　この届出書を代理人によって提出する場合には、次の欄に記載してください。
Details of the Agent　；　If this form is prepared and submitted by the Agent, fill out the following columns.

代理人の資格 Capacity of Agent in Japan	氏名（名称） Full name		納税管理人の届出をした税務署名 Name of the Tax Office where the Tax Agent is registered
□　納税管理人　※ Tax Agent □　その他の代理人 Other Agent	住所（居所・所在地） Domicile (Residence or location)	（電話番号 Telephone Number）	税務署 Tax Office

※　「納税管理人」とは、日本国の国税に関する申告、申請、請求、届出、納付等の事項を処理させるため、国税通則法の規定により選任し、かつ、日本国における納税地の所轄税務署長に届出をした代理人をいいます。

※　"Tax Agent" means a person who is appointed by the taxpayer and is registered at the District Director of Tax Office for the place where the taxpayer is to pay his tax, in order to have such agent take necessary procedures concerning the Japanese national taxes, such as filing a return, applications, claims, payment of taxes, etc., under the provisions of Act on General Rules for National Taxes.

○　適用を受ける租税条約が特典条項を有する租税条約である場合；
If the applicable convention has article of limitation on benefits

特典条項に関する付表の添付
"Attachment Form for Limitation on Benefits Article" attached

□有Yes
□添付省略 Attachment not required
（特典条項に関する付表を添付して提出した租税条約に関する届出書の提出日　　年　　月　　日）
Date of previous submission of the application for income tax convention with the "Attachment Form for Limitation on Benefits Article"

国際源泉課税と租税条約に関する届出書関係

様 式 8
FORM

租税条約に関する届出書
APPLICATION FORM FOR INCOME TAX CONVENTION

（税務署整理欄 For official use only）

適用；有、無			
番号確認		身元確認	

税務署受付印

（教授等・留学生・事業等の修習者・交付金等の受領者の報酬・交付金等に対する所得税及び復興特別所得税の免除
Relief from Japanese Income Tax and Special Income Tax for Reconstruction on Remunerations, Grants, etc., Received by Professors, Students, or Business Apprentices）

この届出書の記載に当たっては、別紙の注意事項を参照してください。
See separate instructions.

＿＿＿＿税務署長殿
To the District Director, ＿＿＿＿Tax Office

1 適用を受ける租税条約に関する事項；
Applicable Income Tax Convention
日本国と＿＿＿＿との間の租税条約第＿＿条第＿＿項＿＿
The Income Tax Convention between Japan and＿＿＿＿, Article＿＿, para.＿＿

2 報酬・交付金等の支払を受ける者に関する事項；
Details of Recipient of Remuneration, etc.

氏名 Full name		
日本国内における住所又は居所 Domicile or residence in Japan		（電話番号 Telephone Number）
個人番号（有する場合のみ記入） Individual Number (Limited to case of a holder)		
入国前の住所 Domicile before entry into Japan		（電話番号 Telephone Number）
（年齢 Age）（国籍 Nationality）（入国年月日 Date of Entry）（在留期間 Authorized Period of Stay）（在留資格 Status of Residence）		
下記「4」の報酬・交付金等につき居住者として課税される国及び納税地(注6) Country where the recipient is taxable as resident on Remuneration, etc., mentioned in 4 below and the place where he is to pay tax (Note 6)		（納税者番号 Taxpayer Identification Number）
日本国において教育若しくは研究を行い又は在学し若しくは訓練を受ける学校、事業所等 School or place of business in Japan where the Recipient teaches, studies or is trained	名称 Name	
	所在地 Address	（電話番号 Telephone Number）

3 報酬・交付金等の支払者に関する事項；
Details of Payer of Remuneration, etc.

氏名又は名称 Full name		
住所（居所）又は本店（主たる事務所）の所在地 Domicile (residence) or Place of head office (main office)		（電話番号 Telephone Number）
個人番号又は法人番号（有する場合のみ記入） Individual Number or Corporate Number (Limited to case of a holder)		
日本国内にある事務所等 Office, etc. located in Japan	名称 Name	（事業の内容 Details of Business）
	所在地 Address	（電話番号 Telephone Number）

4 上記「3」の支払者から支払を受ける報酬・交付金等で「1」の租税条約の規定の適用を受けるものに関する事項；
Details of Remuneration, etc., received from the Payer to which the Convention mentioned in 1 above is applicable

所得の種類 Kind of Income	契約期間 Period of Contract	報酬・交付金等の支払期日 Due Date for Payment	報酬・交付金等の支払方法 Method of Payment of Remunerations, etc.	報酬・交付金等の金額及び月額・年額の区分 Amount of Remunerations, etc. (per month, year).
報酬・交付金等の支払を受ける者の資格及び提供する役務の内容 Status of Recipient of Remuneration, etc., and the Description of Services rendered				

5 上記「3」の支払者以外の者から日本国内における勤務又は人的役務の提供に関して支払を受ける報酬・給料に関する事項（注7）；
Other Remuneration, etc., paid by Persons other than 3 above for Personal Services, etc., performed in Japan (Note 7)

【裏面に続きます (Continue on the reverse) 】

6　その他参考となるべき事項（注8）；
Others (Note 8)

○　代理人に関する事項　；　この届出書を代理人によって提出する場合には、次の欄に記載してください。
Details of the Agent ; If this form is prepared and submitted by the Agent, fill out the following columns.

代理人の資格 Capacity of Agent in Japan	氏名（名称） Full name		納税管理人の届出をした税務署名 Name of the Tax Office where the Tax Agent is registered
□ 納税管理人 ※ Tax Agent □ その他の代理人 Other Agent	住所（居所・所在地） Domicile (Residence or location)	（電話番号 Telephone Number）	税務署 Tax Office

※　「納税管理人」とは、日本国の国税に関する申告、申請、請求、届出、納付等の事項を処理させるため、国税通則法の規定により選任し、かつ、日本国における納税地の所轄税務署長に届出をした代理人をいいます。

※ "Tax Agent" means a person who is appointed by the taxpayer and is registered at the District Director of Tax Office for the place where the taxpayer is to pay his tax, in order to have such agent take necessary procedures concerning the Japanese national taxes, such as filing a return, applications, claims, payment of taxes, etc., under the provisions of Act on General Rules for National Taxes.

○　適用を受ける租税条約が特典条項を有する租税条約である場合；
If the applicable convention has article of limitation on benefits

特典条項に関する付表の添付
"Attachment Form for Limitation on Benefits Article" attached

□有Yes
□添付省略 Attachment not required
（特典条項に関する付表を添付して提出した租税条約に関する届出書の提出日　　年　　月　　日）
Date of previous submission of the application for income tax convention with the "Attachment Form for Limitation on Benefits Article"

国際源泉課税と租税条約に関する届出書関係

様式 10
FORM

租税条約に関する届出書

APPLICATION FORM FOR INCOME TAX CONVENTION

（税務署整理欄 For official use only）

適用；有、無	
番号確認	身元確認

税務署受付印

所得税法第 161 条第 1 項第 7 号から第 11 号まで、第 13 号、第 15 号又は第 16 号に掲げる所得に対する所得税及び復興特別所得税の免除
Relief from Japanese Income Tax and Special Income Tax for Reconstruction on Income Not Expressly Mentioned in the Income Tax Convention

この届出書の記載に当たっては、裏面の注意事項を参照してください。
See instructions on the reverse side.

＿＿＿＿＿＿税務署長殿
To the District Director, ＿＿＿＿＿＿Tax Office

1 適用を受ける租税条約に関する事項；
Applicable Income Tax Convention
日本国と＿＿＿＿＿＿との間の租税条約第＿＿条第＿＿項＿＿
The Income Tax Convention between Japan and＿＿＿＿＿＿, Article＿＿, para.＿＿

2 所得の支払を受ける者に関する事項；
Details of Recipient of Income

氏名又は名称 Full name		
個人番号又は法人番号（有する場合のみ記入） Individual Number or Corporate Number (Limited to case of a holder)		
個人の場合 Individual	住所又は居所 Domicile or residence	（電話番号 Telephone Number）
	国籍 Nationality	
法人その他の団体の場合 Corporation or other entity	本店又は主たる事務所の所在地 Place of head office or main office	（電話番号 Telephone Number）
	設立又は組織された場所 Place where the Corporation was established or organized	
	事業が管理・支配されている場所 Place where the business is managed and controlled	（電話番号 Telephone Number）
下記「4」の所得につき居住者として課税される国及び納税地（注6） Country where the recipient is taxable as resident on Income mentioned in 4 below and the place where he is to pay tax (Note 6)		（納税者番号 Taxpayer Identification Number）
日本国内の恒久的施設の状況 Permanent establishment in Japan □有(Yes)，□無(No) If "Yes",explain:	名称 Name	
	所在地 Address	（電話番号 Telephone Number）
	事業の内容 Details of Business	

3 所得の支払者に関する事項；
Details of Payer of Income

氏名又は名称 Full name		
住所（居所）又は本店（主たる事務所）の所在地 Domicile(residence) or Place of head office (main office)		（電話番号 Telephone Number）
個人番号又は法人番号（有する場合のみ記入） Individual Number or Corporate Number (Limited to case of a holder)		
日本国内にある事務所等 Office, etc. located in Japan	名称 Name	（事業の内容 Details of Business）
	所在地 Address	（電話番号 Telephone Number）

4 上記「3」の支払者から支払を受ける所得で「1」の租税条約の規定の適用を受けるものに関する事項；
Details of Income received from the Payer to which the Income Tax Convention mentioned in 1 above is applicable

所得の種類 Kind of Income	支払の基因となった契約等の概要 Description of contract	契約の締結年月日 Date of Contract	所得の支払期日 Due Date for Payment	所得の支払方法 Method of Payment	支払金額 Amount of Payment

5 その他参考となるべき事項（注7）；
Others (Note 7)

【裏面に続きます（Continue on the reverse）】

国際源泉課税と租税条約に関する届出書関係

○　代理人に関する事項：この届出書を代理人によって提出する場合には、次の欄に記載してください。
Details of the Agent; If this form is prepared and submitted by the Agent, fill out the following columns.

代理人の資格 Capacity of Agent in Japan	氏名（名称） Full name		納税管理人の届出をした税務署名 Name of the Tax Office where the Tax Agent is registered
□ 納税管理人 ※ Tax Agent □ その他の代理人 Other Agent	住所（居所・所在地） Domicile (Residence or location)	（電話番号 Telephone Number）	税務署 Tax Office

※　「納税管理人」とは、日本国の国税に関する申告、申請、請求、届出、納付等の事項を処理させるため、国税通則法の規定により選任し、かつ、日本国における納税地の所轄税務署長に届出をした代理人をいいます。

※　"Tax Agent" means a person who is appointed by the taxpayer and is registered at the District Director of Tax Office for the place where the taxpayer is to pay his tax, in order to have such agent take necessary procedures concerning the Japanese national taxes, such as filling a return, applications, claims, payment of taxes, etc., under the provisions of Act on General Rules for National Taxes.

○　適用を受ける租税条約が特典条項を有する租税条約である場合；
If the applicable convention has article of limitation on benefits
特典条項に関する付表の添付　□有Yes
"Attachment Form for Limitation on Benefits Article" attached　□添付省略Attachment not required
（特典条項に関する付表を添付して提出した租税条約に関する届出書の提出日　　年　　月　　日）
Date of previous submission of the application for income tax convention with the "Attachment Form for Limitation on Benefits Article"

注意事項

届出書の提出について

1　この届出書は、所得税法第161条第1項第7号から第11号まで、第13号、第15号又は第16号に掲げる所得（租税条約に規定する配当、利子又は使用料に該当するものを除きます。）の支払を受ける者が、これらの所得に係る日本国の所得税及び復興特別所得税の源泉徴収税額について租税条約の規定に基づく免除を受けようとする場合に使用します。

2　この届出書は、所得の支払者ごとに作成してください。

3　この届出書は、正副2通を作成して所得の支払者に提出し、所得の支払者は、正本を、最初にその所得の支払をする日の前日までにその支払者の所轄税務署長に提出してください。この届出書の提出後その記載事項に異動が生じた場合も同様です。

4　この届出書を納税管理人以外の代理人によって提出する場合には、その委任関係を証する委任状をその翻訳文とともに添付してください。

届出書の記載について

5　届出書の□欄には、該当する項目について✓印を付してください。

6　納税者番号とは、租税の申告、納付その他の手続を行うために用いる番号、記号その他の符号でその手続をすべき者を特定することができるものをいいます。支払を受ける者の居住地である国に納税者番号に関する制度が存在しない場合や支払を受ける者が納税者番号を有しない場合には納税者番号を記載する必要はありません。

7　届出書の「5」の欄には、「2」から「4」までの各欄に記載した事項のほか、租税条約に定める「1」の規定の適用を受けるための要件を満たす事情の詳細を記載してください。

INSTRUCTIONS

Submission of the FORM

1　This form is to be used by the Recipient of Incomes provided in subparagraphs 7 through 11, 13, 15 and 16 of Paragraph 1 of Article 161 of the Income Tax Act other than those defined as dividends, interest or royalties under the provisions of the Convention in claiming the relief from Japanese income Tax and Special Income Tax for Reconstruction under the provisions of the Income Tax Convention.

2　This form must be prepared separately for each Payer of the above Income.

3　This form must be submitted in duplicate to the Payer of Income, who has to file the original with the District Director of Tax Office for the place where the Payer resides, by the day before the payment of such incomes is made. The same procedures must be followed when there is any change in the statements on this form.

4　An Agent other than the Tax Agent must attach a power of attorney together with its Japanese translation.

Completion of the FORM

5　Applicable boxes must be checked.

6　The Taxpayer Identification Number is a number, code or symbol which is used for filing of return and payment of due amount and other procedures regarding tax, and which identifies a person who must take such procedures. If a system of Taxpayer Identification Number does not exist in the country where the recipient resides, or if the recipient of the payment does not have a Taxpayer Identification Number, it is not necessary to enter the Taxpayer Identification Number.

7　Enter into column 5 the details of conditions prescribed in the relevant provisions of the Convention.

この届出書の記載された事項その他租税条約の規定の適用の有無を判定するために必要な事項については、別に説明資料を求めることがあります。

If necessary, the applicant may be requested to furnish further information in order to decide whether relief under the Convention should be granted or not.

様式 12
FORM

租税条約に関する芸能人等の役務提供事業の対価に係る源泉徴収税額の還付請求書

APPLICATION FORM FOR REFUND OF THE WITHHOLDING TAX ON REMUNERATIOIN DERIVED FROM RENDERING PERSONAL SERVICES EXERCISED BY AN ENTERTAINER OR A SPORTSMAN IN ACCORDANCE WITH THE INCOME TAX CONVENTION

税務署受付印

この還付請求書の記載に当たっては、別紙の注意事項を参照してください。
See separate instructions.

（税務署整理欄 For official use only）

承認	請求金額	円
	充当金額	円
	還付金額	円
その他		

納付日	・　・	充当の申出日	・　・
通信日付印	・　・	確　認	

＿＿＿＿＿税務署長殿
To the District Director, ＿＿＿＿＿＿＿＿Tax Office

1　適用を受ける租税条約に関する事項；
Applicable Income Tax Convention
日本国と＿＿＿＿＿＿＿＿＿＿＿＿との間の租税条約第＿＿条第＿＿項＿＿
The Income Tax Convention between Japan and＿＿＿＿＿＿＿＿＿＿＿＿,Article＿＿,para.＿＿

2　還付の請求をする者（対価の支払を受ける者）に関する事項；
Details of the Person claiming the Refund (Recipient of Remuneration)

氏名又は名称 Full name		
個人番号又は法人番号（有する場合のみ記入） Individual Number or Corporate Number (Limited to case of a holder)		
個人の場合 Individual	住所又は居所 Domicile or residence	（電話番号 Telephone Number）
	国籍 Nationality	
法人その他の団体の場合 Corporation or other entity	本店又は主たる事務所の所在地 Place of head office or main office	（電話番号 Telephone Number）
	設立又は組織された場所 Place where the Corporation was established or organized	
	事業が管理・支配されている場所 Place where the business is managed and controlled	（電話番号 Telephone Number）
日本国内で芸能人等の役務提供事業を開始した年月日 Date of opening business of rendering personal services exercised by the entertainer or sportsman in Japan		
下記「5」の対価につき居住者として課税される国及び納税地（注8） Country where the recipient is taxable as resident on Remuneration mentioned in 5 below and the place where he is to pay tax (Note 8)		（納税者番号 Taxpayer Identification Number）
納税管理人 the Tax Agent in Japan	氏名 Full name	
	住所又は居所 Domicile or residence	（電話番号 Telephone Number）
	納税管理人の届出をした税務署名 Name of the Tax Office where the Tax Agent is registered	税務署 Tax Office

3　還付請求金額に関する事項；
Details of the refund
(1)　還付を請求する金額；
Amount of Refund claimed　　¥　　　　円

(2)　還付金の受領場所等に関する希望；（該当する下記の□欄に✓印を付し、次の欄にその受領を希望する場所を記入してください。）
Options for receiving your refund; (Check the applicable box below and enter your information in the corresponding fields.)

受取希望場所 Receipt by transfer to:	銀行 Bank	支店 Branch	預金種類及び口座番号又は記号番号 Type of account and account number	口座名義人 Name of account holder
□ 日本国内の預金口座 a Japanese bank account				
□ 日本国外の預金口座（注12） a bank account outside Japan(Note12)				
	支店住所（国名、都市名）Branch Address (Country ,City):		銀行コード (Bank Code)	送金通貨 (Currency)
□ ゆうちょ銀行の貯金口座 an ordinary savings account at the Japan Post Bank		—		
□ 郵便局等の窓口受取りを希望する場合 the Japan Post Bank or the post office (receipt in person)			—	—

【裏面に続きます (Continue on the reverse) 】

4 還付を請求する税額の源泉徴収をした対価の支払者に関する事項；
Details of Payer of Remuneration who withheld the Income Tax to be refunded

氏名又は名称 Full name		
住所（居所）又は本店（主たる事務所）の所在地 Domicile (residence) or Place of head office (main office)		（電話番号 Telephone Number）
日本国内にある事務所等 Office, etc. located in Japan	名称 Name	（事業の内容 Details of Business）
	所在地 Address	（電話番号 Telephone Number）

5 上記「4」の支払者から支払を受ける免税対象の役務提供対価で「1」の租税条約の規定の適用を受けるものに関する事項；
Details of Remuneration received from the Payer of Remuneration to which the Convention mentioned in 1 above is applicable

(1) 提供する役務の概要 Description of Services rendered			(2) 役務提供期間 Period of Services rendered
(3) 対価の支払期日 Due Date for Payment	(4) 対価の支払方法 Method of Payment	(5) 対価の金額 Amount of Remuneration	(6) (5)の対価から源泉徴収された税額 Amount of Withholding Tax on (5)
			円 yen

6 還付の請求をする者から報酬・給与又は対価の支払を受けるものに関する事項；
Details of Recipient of Remuneration or Salary paid by the Person claiming the refunded

氏名又は名称 Full name		
住所（居所）又は本店（主たる事務所）の所在地 Domicile (residence) or place of head office (main office)		（電話番号 Telephone Number）
事業が管理・支配されている場所 Place where the business is managed and controlled		（電話番号 Telephone Number）
日本国内の恒久的施設の状況 Permanent establishment in Japan □有 (Yes) , □無 (No) If "Yes",explain:	名称 Name	（事業の内容 Details of Business）
	所在地 Address	（電話番号 Telephone Number）

7 上記「6」の所得者に対して支払う報酬・給与又は対価に関する事項；
Details of Remuneration or Salary paid to Recipient mentioned in 6 above by the Person claiming the Refund

(1)提供する役務の概要 Description of Services exercised	(2)役務提供期間 Period of Services exercised	(3)報酬・給与又は対価の支払期日 Due Date for Payment	(4)報酬・給与又は対価の支払方法 Method of Payment	(5)報酬・給与又は対価の金額 Amount of Remuneration, etc.	(6)源泉徴収すべき税額 Amount of the Withholding Tax on (5)	(7)(6)のうち納付した税額 Amount of the Tax paid within (6)
					円 yen	円 yen

(8) 未納付の源泉徴収税額がある場合の納付に関する事項；
Details of Payment of the Unpaid Withholding Tax

納付予定年月日 the date of payment

A 未納付の源泉徴収税額を後日納付する予定のときは、右の納付予定年月日を記入してください。
If you pay the unpaid withholding tax later, fill out the date of payment.

B 未納付の源泉徴収税額にこの還付請求書による還付金を充てたいときは、次の欄に申出者の氏名又は名称を記入してください。
If you want to appropriate the refund for payment of such unpaid withholding tax, fill out the name of the Applicant below.
私は、未納付の源泉徴収税額を納付せず、この還付請求書による還付金をその源泉徴収税額に充てたいと思いますので、申し出ます。
I will appropriate the refund for payment of the unpaid withholding tax, therefore hereby offer that.
申出者(還付の請求をする者又はその納税管理人)の氏名又は名称
The name of the Applicant or his Tax Agent ______________________

8 還付の請求をする者が法人である場合の上記「6」の所得者（個人に限る。）との関係に関する事項；
Details of the Relation between the Corporation or other entity claiming the Refund and the Recipient (Individual) mentioned in 6 above
(1) 上記「6」の所得者による当該法人その他の団体の支配関係がないことに関する参考事項；
Description of Facts that Corporation or other entity is not controlled directly by Recipient mentioned in 6 above

(2) 上記「6」の所得者による当該法人その他の団体の株式の保有割合等；
The Percentage of the shares in such corporation or other entity, etc. owned by the Recipient mentioned in 6 above

当該法人その他の団体が日本国内で取得する所得のうち上記「6」の所得者の役務提供から生ずる割合 Percentage of the income derived by such corporation or other entity from services exercised by the Recipient mentioned in 6 above	当該法人その他の団体の総議決権のうち上記「6」の所得者が所有する割合 Percentage of the voting power of all classes of stock entitled to vote of such corporation or other entity owned by Recipient mentioned in 6 above	当該法人その他の団体の株式の総価額のうち上記「6」の所得者が所有する割合 Percentage of the total value of all classes of stock of such corporation or other entity owned by Recipient mentioned in 6 above	当該その他の団体の資産のうち上記「6」の所得者が権利を有する割合 Percentage of an interest in the assets of such other entity owned by Recipient mentioned in 6 above	当該その他の団体の所得のうち上記「6」の所得者が権利を有する割合 Percentage of a right of the profits of such other entity owned by Recipient mentioned in 6 above
%	%	%	%	%

【次葉に続きます（Continue on the next sheet）】

9　その他参考となるべき事項(注11)；
Others (Note11)

10　日本の税法上、還付請求書の「2」の外国法人が納税義務者とされるが、租税条約の規定によりその株主等である者（相手国居住者に限ります。）の所得として取り扱われる部分に対して租税条約の適用を受けることとされている場合の租税条約の適用を受ける割合に関する事項等(注4)；
Details of proportion of income to which the convention mentioned in 1 above is applicable, if the foreign company mentioned in 2 above is taxable as a company under Japanese tax law, and the convention is applicable to income that is treated as income of the member (limited to a resident of the other contracting country) of the foreign company in accordance with the provisions of the convention (Note 4)

還付請求書の「2」の外国法人の株主等で租税条約の適用を受ける者の氏名又は名称 Name of member of the foreign company mentioned in 2 above, to whom the Convention is applicable	間接保有 Indirect Ownership	持分の割合 Ratio of Ownership	受益の割合＝ 租税条約の適用を受ける割合 Proportion of benefit = Proportion for Application of Convention
	□	%	%
	□	%	%
	□	%	%
	□	%	%
	□	%	%
合計 Total		%	%

還付請求書の「2」の外国法人が支払を受ける「5」の対価について、「1」の租税条約の相手国の法令に基づきその株主等である者の所得として取り扱われる場合には、その根拠法令及びその効力を生じる日を記載してください。
If remuneration mentioned in 4 above that a foreign company mentioned in 2 above receives is treated as income of those who are its members under the law in the other contracting country of the convention mentioned in 1 above, enter the law that provides the legal basis to the above treatment and the date on which it will become effective.

根拠法令
Applicable law＿＿＿＿＿＿＿＿＿＿＿＿＿＿＿＿　効力を生じる日
Effective date　　年　　月　　日

○　適用を受ける租税条約が特典条項を有する租税条約である場合；
If the applicable convention has article of limitation on benefits
特典条項に関する付表の添付"Attachment Form for Limitation on Benefits Article" attached □有Yes

様 式 17-米
FORM 17-US

特典条項に関する付表（米）

ATTACHMENT FORM FOR LIMITATION ON BENEFITS ARTICLE (US)

記載に当たっては、別紙の注意事項を参照してください。
See separate instructions.

1 適用を受ける租税条約の特典条項に関する事項；
Limitation on Benefits Article of applicable Income Tax Convention
日本国とアメリカ合衆国との間の租税条約第22条
The Income Tax Convention between Japan and The United States of America, Article 22

2 この付表に記載される者の氏名又は名称；
Full name of Resident this attachment Form

	居住地国の権限ある当局が発行した居住者証明書を添付してください（注5）。 Attach Residency Certification issued by Competent Authority of Country of residence. (Note 5)

3 租税条約の特典条項の要件に関する事項；
AからCの順番に各項目の「□該当」又は「□非該当」の該当する項目に✓印を付してください。いずれかの項目に「該当」する場合には、それ以降の項目に記入する必要はありません。なお、該当する項目については、各項目ごとの要件に関する事項を記入の上、必要な書類を添付してください。（注6）
In order of sections A, B and C , check applicable box "Yes" or "No" in each line. If you check any box of "Yes", in section A to C, you need not fill the lines that follow. Applicable lines must be filled and necessary document must be attached. (Note6)

A

(1) 個人 Individual　□該当 Yes , □非該当 No

(2) 国、地方政府又は地方公共団体、中央銀行　□該当 Yes , □非該当 No
Contracting Country, any Political Subdivision or Local Authority, Central Bank

(3) 公開会社（注7）Publicly Traded Company (Note 7)　□該当 Yes , □非該当 No
（公開会社には、下表のC欄が6％未満である会社を含みません。）（注8）
("Publicly traded Company" does not include a Company for which the Figure in Column C below is less than 6%.)(Note 8)

株式の種類 Kind of Share	公認の有価証券市場の名称 Recognized Stock Exchange	シンボル又は証券コード Ticker Symbol or Security Code	発行済株式の総数の平均 Average Number of Shares outstanding	有価証券市場で取引された株式の数 Number of Shares traded on Recognized Stock Exchange	B/A(%)
			A	B	C %

(4) 公開会社の関連会社 Subsidiary of Publicly Traded Company　□該当 Yes , □非該当 No
（発行済株式の総数（________株）の 50%以上が上記(3)の公開会社に該当する5以下の法人により直接又は間接に所有されているものに限ります。）（注9）。
("Subsidiary of Publicly Traded Company" is limited to a company at least 50% of whose shares outstanding (________shares) are owned directly or indirectly by 5 or fewer "Publicly Traded Companies" as defined in (3) above.)(Note 9)
___年___月___日現在の株主の状況 State of Shareholders as of (date)____/____/____

株主の名称 Name of Shareholder(s)	居住地国における納税地 Place where Shareholder is taxable in Country of residence	公認の有価証券市場 Recognized Stock Exchange	シンボル又は証券コード Ticker Symbol or Security Code	間接保有 Indirect Ownership	所有株式数 Number of Shares owned
1				□	
2				□	
3				□	
4				□	
5				□	
合計 Total（持株割合 Ratio (%) of Shares owned）					(%)

(5) 公益団体（注10）Public Service Organization (Note 10)　□該当 Yes , □非該当 No
設立の根拠法令 Law for Establishment ________　設立の目的 Purpose of Establishment ________

(6) 年金基金（注11）Pension Fund (Note 11)　□該当 Yes , □非該当 No
（直前の課税年度の終了の日においてその受益者、構成員又は参加者の 50%を超える者が日本又はアメリカ合衆国の居住者である個人であるものに限ります。受益者等の50%超が、両締約国の居住者である事情を記入してください。）
"Pension Fund" is limited to one more than 50% of whose beneficiaries, members, or participants were individual residents of Japan or the United States of America as of the end of the prior taxable year. Provide below details showing that more than 50% of beneficiaries etc. are individual residents of either contracting country.

設立等の根拠法令 Law for Establishment ________　非課税の根拠法令 Law for Tax Exemption ________

Aのいずれにも該当しない場合は、Bに進んでください。If none of the lines in A applies, proceed to B.

B

次の(a)及び(b)の要件のいずれも満たす個人以外の者 Person other than an Individual, and satisfying both (a) and (b) below ☐該当 Yes , ☐非該当 No

(a) 株式や受益に関する持分(＿＿＿＿＿＿＿)の 50%以上が、Aの(1)、(2)、(3)、(5)及び(6)に該当する日本又はアメリカ合衆国の居住者により直接又は間接に所有されていること(注 12)

Residents of Japan or the United States of America who fall under (1),(2),(3),(5) or (6) of A own directly or indirectly at least 50% of Shares or other beneficial Interests (＿＿＿＿＿＿＿) in the Person. (Note 12)

＿年＿月＿日現在の株主等の状況 State of Shareholders, etc. as of (date)＿＿/＿＿/＿＿

株主等の氏名又は名称 Name of Shareholders	居住地国における納税地 Place where Shareholders is taxable in Country of residence	Aの番号 Number of applicable Line in A	間接所有 Indirect Ownership	株主等の持分 Number of Shares owned
			☐	
			☐	
			☐	
		合計 Total (持分割合 Ratio(%) of Shares owned)		(%)

(b) 総所得のうち、課税所得の計算上控除される支出により、日本又はアメリカ合衆国の居住者に該当しない者（以下「第三国居住者」といいます。）に対し直接又は間接に支払われる金額が、50%未満であること(注 13)

Less than 50% of the person's gross income is paid or accrued directly or indirectly to persons who are not residents of Japan or the United States of America ("third country residents") in the form of payments that are deductible in computing taxable income in country of residence (Note 13)

第三国居住者に対する支払割合 Ratio of Payment to Third Country Residents (通貨 Currency:)

	申告 Tax Return	源泉徴収税額 Withholding Tax		
	当該課税年度 Taxable Year	前々々課税年度 Taxable Year three Years prior	前々課税年度 Taxable Year two Years prior	前課税年度 Prior taxable Year
第三国居住者に対する支払 Payment to third Country Residents	A			
総所得 Gross Income	B			
A/B (%)	C %	%	%	%

Bに該当しない場合は、Cに進んでください。If B does not apply, proceed to C.

C

次の(a)から(c)の要件を全て満たす者 Resident satisfying all of the following Conditions from (a) through (c) ☐該当 Yes , ☐非該当 No

居住地国において従事している営業又は事業の活動の概要(注 14) ; Description of trade or business in residence country (Note 14)

(a) 居住地国において従事している営業又は事業の活動が、自己の勘定のために投資を行い又は管理する活動（商業銀行、保険会社又は登録を受けた証券会社が行う銀行業、保険業又は証券業の活動を除きます。）ではないこと(注 15) : ☐はい Yes , ☐いいえ No

Trade or business in country of residence is other than that of making or managing investments for the resident's own account (unless these activities are banking, insurance or securities activities carried on by a commercial bank, insurance company or registered securities dealer) (Note 15)

(b) 所得が居住地国において従事している営業又は事業の活動に関連又は付随して取得されるものであること(注 16) : ☐はい Yes , ☐いいえ No

Income is derived in connection with or is incidental to that trade or business in country of residence (Note 16)

(c) （日本国内において営業又は事業の活動から所得を取得する場合）居住地国において行う営業又は事業の活動が日本国内において行う営業又は事業の活動との関係で実質的なものであること(注 17) : ☐はい Yes , ☐いいえ No

(If you derive income from a trade or business activity in Japan) Trade or business activity carried on in the country of residence is substantial in relation to the trade or business activity carried on in Japan. (Note 17)

日本国内において従事している営業又は事業の活動の概要 ; Description of Trade or Business in Japan.

D 国税庁長官の認定(注 18) ;

Determination by the NTA Commissioner (Note18)

国税庁長官の認定を受けている場合は、以下にその内容を記載してください。その認定の範囲内で租税条約の特典を受けることができます。なお、上記AからCまでのいずれかに該当する場合には、原則として、国税庁長官の認定は不要です。

If you have been a determination by the NTA Commissioner, describe below the determination. Convention benefits will be granted to the extent of the determination. If any of the above mentioned Lines A through to C are applicable, then in principle, determination by the NTA Commissioner is not necessary.

・認定を受けた日 Date of determination ＿＿年＿＿月＿＿日

・認定を受けた所得の種類
Type of income for which determination was given＿＿＿＿＿＿＿＿

国際源泉課税と租税条約に関する届出書関係

様 式 17-英
FORM 17-UK

特典条項に関する付表（英）

ATTACHMENT FORM FOR LIMITATION ON BENEFITS ARTICLE (UK)

記載に当たっては、別紙の注意事項を参照してください。
See separate instructions.

1 適用を受ける租税条約の特典条項に関する事項；
Limitation on Benefits Article of applicable Income Tax Convention
日本国とグレートブリテン及び北アイルランド連合王国との間の租税条約第22条
The Income Tax Convention between Japan and The United Kingdom of Great Britain and Northern Ireland, Article 22

2 この付表に記載される者の氏名又は名称；
Full name of Resident

	居住地国の権限ある当局が発行した居住者証明書を添付してください（注5）。Please Attach Residency Certification issued by Competent Authority of Country of residence. (Note5)

3 租税条約の特典条項の要件に関する事項；
AからCの順番に各項目の「□該当」又は「□非該当」の該当する項目に✓印を付してください。いずれかの項目に「該当」する場合には、それ以降の項目に記入する必要はありません。なお、該当する項目については、各項目ごとの要件に関する事項を記入の上、必要な書類を添付してください。（注6）
In order of sections A, B and C, check the applicable box in each line as "Yes" or "No". If you check any box as "Yes" in sections A to C, you need not fill in the lines that follow. Only the applicable lines need to be filled in and any necessary documents must be attached. (Note6)

A

(1) 個人 Individual □該当 Yes , □非該当 No

(2) 適格政府機関（注7） Qualified Governmental Entity (Note7) □該当 Yes , □非該当 No

(3) 公開会社又は公開信託財産（注8） Publicly Traded Company, Publicly Traded Trust (Note8) □該当 Yes , □非該当 No

主たる種類の株式又は持分証券の別 Principal class of Shares/Units	公認の有価証券市場の名称 Recognised Stock Exchange	シンボル又は証券コード Ticker Symbol or Security Code
□株式 Shares　□持分証券 Units		

(4) 年金基金又は年金計画（注9） Pension Fund, Pension Scheme (Note9) □該当 Yes , □非該当 No
直前の課税年度又は賦課年度の終了の日においてその受益者、構成員又は参加者の50%超が日本又はグレートブリテン及び北アイルランド連合王国（以下「英国」といいます。）の居住者である個人であるものに限ります。受益者等の50%超がいずれかの締約国の居住者である事情を記入してください。
The "Pension Fund" or "Pension Scheme" is limited to those where more than 50% of beneficiaries, members or participants were individual residents of Japan or the United Kingdom as of the end of the prior taxable year or chargeable period. Please provide details below showing that more than 50% of beneficiaries et al. are individual residents of either Japan or the United Kingdom.

設立等の根拠法令 Law for Establishment　　非課税の根拠法令 Law for Tax Exemption

(5) 公益団体（注10） Public Service Organisation (Note10) □該当 Yes , □非該当 No
設立等の根拠法令 Law for Establishment　設立の目的 Purpose of Establishment　非課税の根拠法令 Law for Tax Exemption

Aのいずれにも該当しない場合は、Bに進んでください。If none of the lines in A are applicable, please proceed to B.

B

(1) 個人以外の者又は信託財産若しくは信託財産の受託者
Person other than an Individual, Trust or Trustee of a Trust □該当 Yes , □非該当 No
「個人以外の者」の場合、Aの(1)から(5)までの者である日本又は英国の居住者が、議決権の50%以上に相当する株式その他の受益持分を直接又は間接に所有するものに限ります。また、「信託財産若しくは信託財産の受託者」の場合、日本若しくは英国の居住者であるAの(1)から(5)までの者又はB(2)(a)の「同等受益者」が、その信託財産の受益持分の50%以上を直接又は間接に所有するものに限ります。（注11）
The "Person other than an Individual" is limited to the person, where residents of Japan or the United Kingdom who fall under (1),(2),(3),(4) or (5) of A own, either directly or indirectly, shares or other beneficial interests representing at least 50% of the voting power of the person. The "Trust or Trustee of a Trust" is limited to the person, where residents of Japan or the United Kingdom who fall under (1),(2),(3),(4) or (5) of A or "equivalent beneficiaries" of B(2)(a) own, either directly or indirectly, at least 50% of the beneficial interest.(Note11)
年 月 日現在の株主等の状況 State of Shareholders, etc. as of (date) / /

株主等の氏名又は名称 Name of Shareholder(s)	居住地国における納税地 Place where Shareholder(s) is taxable in Country of residence	Aの番号又は同等受益者 Number in A, or equivalent beneficiaries	間接保有 Indirect Ownership	株主等の持分 Number of Shares owned
			□	
			□	
			□	
合 計 Total（持分割合 Ratio (%) of Shares owned）				(%)

国際源泉課税と租税条約に関する届出書関係

B

(2) 英国の居住者である法人 □該当 Yes， □非該当 No

Company that is a resident of the United Kingdom

次の(a)又は(b)の要件を満たす7以下の者（「同等受益者」といいます。）が、その法人の議決権の 75%以上に相当する株式を直接又は間接に保有する場合に限ります。「同等受益者」に関する事情を記入してください。（注 12）

(a) 日本との間に租税条約を有している国の居住者であって、次の(aa)から(cc)までの要件を満たすもの

(aa) その租税条約が実効的な情報交換に関する規定を有すること

(bb) その租税条約において、その居住者が特典条項における適格者に該当すること（その租税条約が特典条項を有しない場合には、その条約に日本国と英国との間の租税条約（以下「日英租税条約」といいます。）の特典条項が含まれているとしたならばその居住者が適格者に該当するであろうとみられること）

(cc) 日英租税条約第 10 条 3、第 11 条 1、第 12 条、第 13 条又は第 21 条に定める所得、利得又は収益に関し、その居住者が日英租税条約の特典が要求されるこれらの規定に定める種類の所得、利得又は収益についてその租税条約の適用を受けたとしたならば、日英租税条約に規定する税率以下の税率の適用を受けるであろうとみられること

(b) Aの(1)から(5)までの者

The company is limited to those where shares representing at least 75% of the voting power of the company are owned, either directly or indirectly, by seven or fewer persons who meet requirement (a) or (b) ("equivalent beneficiaries"). Please provide details below regarding equivalent beneficiaries. (Note12)

(a) The resident of a country that has a convention for avoidance of double taxation between that country and Japan, and meets the following requirements from (aa) through to (cc)

(aa) that convention contains provisions for effective exchange of information

(bb) that resident is a qualified person under the limitation on benefits provisions in that convention (where there are no such provisions in that convention, would be a qualified person when that convention is read as including provisions corresponding to the limitation on the benefits provisions of the Japan-UK Income Tax Convention)

(cc) with respect to an item of income, profit or gain referred to in paragraph 3 of Article 10 or paragraph 1 of Article 11; or in Article 12, 13 or 21 of the Japan-UK Income Tax Convention that resident would be entitled under that convention to a rate of tax with respect to the particular class of income, profit or gain for which the benefits are being claimed under the Japan-UK Income Tax Convention that is at least as low as the rate applicable under the Japan-UK Income Tax Convention

(b) Person who falls under (1), (2), (3), (4), or (5) of A

株主の氏名又は名称 Name of Shareholders	居住地国における納税地 Place where Shareholder is taxable in Country of residence	(a)の場合 (a)			(b)の場合 (b)	株主等の持分 Number of Shares owned
		(aa)を満たすか Requirement (aa)	(bb)を満たすか Requirement (bb)	(cc)を満たすか Requirement (cc)	Aの番号 Number in A	
		□はい Yes， □いいえ No	□はい Yes， □いいえ No	□はい Yes， □いいえ No		
		□はい Yes， □いいえ No	□はい Yes， □いいえ No	□はい Yes， □いいえ No		
		□はい Yes， □いいえ No	□はい Yes， □いいえ No	□はい Yes， □いいえ No		
		□はい Yes， □いいえ No	□はい Yes， □いいえ No	□はい Yes， □いいえ No		
		□はい Yes， □いいえ No	□はい Yes， □いいえ No	□はい Yes， □いいえ No		
		□はい Yes， □いいえ No	□はい Yes， □いいえ No	□はい Yes， □いいえ No		
		□はい Yes， □いいえ No	□はい Yes， □いいえ No	□はい Yes， □いいえ No		
合 計 Total (持分割合 Ratio(%) of Shares owned)						(%)

Bに該当しない場合は、Cに進んでください。If B does not apply, proceed to C.

C

次の(a)から(c)の要件をすべて満たす者 □該当 Yes， □非該当 No

Resident satisfying all of the following Conditions from (a) through to (c)

居住地国において行う事業の概要(注 13)；Description of business in the country of residence (Note13)

(a) 居住地国において行う事業が、自己の勘定のために投資を行い又は管理するもの（銀行、保険会社又は証券会社が行う銀行業、保険業又は証券業を除きます。）ではないこと（注 14）： □はい Yes， □いいえ No

The business in the country of residence is other than that of making or managing investments for the resident's own account (unless the business is banking, insurance or a securities business carried on by a bank, insurance company or securities dealer) (Note14)

(b) 所得等が居住地国において行う事業に関連又は付随して取得されるものであること（注 15）： □はい Yes， □いいえ No

An item of income, profit or gain is derived in connection with or is incidental to that business in the country of residence (Note15)

(c) （日本国内において行う事業から所得等を取得する場合）居住地国において行う事業が日本国内において行う事業との関係で実質的なものであること（注 16）： □はい Yes， □いいえ No

(If you derive an item of income, profit or gain from a business in Japan) The business carried on in the country of residence is substantial in relation to the business carried on in Japan. (Note 16)

日本国内において行う事業の概要；Description of Business in Japan.

D　国税庁長官の認定（注 17）；
Determination by the NTA Commissioner (Note17)

国税庁長官の認定を受けている場合は、以下にその内容を記載してください。その認定の範囲内で租税条約の特典を受けることができます。なお、上記AからCまでのいずれかに該当する場合には、国税庁長官の認定は不要です。

If you have received authorization from the NTA Commissioner, please describe below the nature of the authorization. The convention benefits will be granted within the range of the authorization. If any of the above mentioned Lines A through to C is applicable, then authorization from the NTA Commissioner is not necessary.

・認定を受けた日　Date of authorization 　　　年　　　月　　　日

・認定を受けた所得の種類
Type of income for which the authorization was received ______

国際源泉課税と租税条約に関する届出書関係

様式 17—第三国ＰＥ
FORM 17-
Permanent Establishment
in a third country

特典条項に関する付表（認定省令第一条第二号関係）
ATTACHMENT FORM FOR LIMITATION ON BENEFITS (ENTITLEMENT TO BENEFITS) ARTICLE

(Under the convention as listed in Item 2 of Article 1 of the Ministerial Ordinance for Determination under Convention)
記載に当たっては、下記の注意事項を参照してください。See separate instructions.

1　適用を受ける租税条約の特典条項に関する事項；
Limitation on Benefits Article of applicable Income Tax Convention
□ 日本国と＿＿＿＿＿＿＿＿との間の租税条約第＿＿条第＿＿項
The Income Tax Convention between Japan and＿＿＿＿＿＿＿＿, paragraph＿＿ of Article＿＿
□ 税源浸食及び利益移転を防止するための租税条約関連措置を実施するための多数国間条約（ＢＥＰＳ防止措置実施条約）第10条第３項
Multilateral Convention to Implement Tax Treaty Related Measures to Prevent Base Erosion and Profit Shifting, paragraph 3 of Article 10

2　この付表に記載される者の氏名又は名称；
Full name of Resident

	居住地国の権限ある当局が発行した居住者証明書を添付してください（注５）。 Please Attach Residency Certification issued by Competent Authority of Country of residence. (Note5)

3　国税庁長官の認定に関する事項；
Determination by the NTA Commissioner
国税庁長官から受けた認定の内容を記載してください。第三国恒久的施設に帰せられる所得について、その認定の範囲内で租税条約の特典を受けることができます。
Please describe below the nature of the authorization from the NTA Commissioner you have received. The Convention benefits will be granted within the range of the authorization with respect to the Income attributable to the Permanent Establishment situated in a Third Country

・認定を受けた日　Date of authorization＿＿＿＿年＿＿月＿＿日
・認定を受けた所得の種類　Type of income for which the authorization was received＿＿＿＿＿＿＿＿

注意事項

付表の提出について

1　この付表は、第三国恒久的施設に帰せられる所得について、租税条約等の実施に伴う所得税法、法人税法及び地方税法の特例等に関する法律に基づく租税条約に基づく認定に関する省令（この付表において「認定省令」といいます。）第１条第２号に掲げる租税条約の規定（この付表において「特典条項」といいます。）に基づく国税庁長官の認定を受けた者が、その認定に係る租税条約の特典を受けようとする場合に、租税条約に関する届出書に添付して提出します（一定の場合には、提出を省略することができます。注意事項の２、３及び４を参照してください。）（以下、この付表を添付して提出する租税条約に関する届出書を「特典条項条約届出書」といいます。）。

2　特典条項の適用を受けようとする者が、その国内源泉所得の支払を受ける日の前日以前１年内に特典条項条約届出書を提出している場合には、特典条項条約届出書の記載事項に異動がある場合を除き、その期間内は特典条項条約届出書の提出を省略することができます。

3　租税条約の適用を受けようとする所得が国債や地方債の利子、私募債以外の社債の利子、預貯金の利子、上場株式の配当等などの特定利子配当等である場合、既に受領済みのその所得について特典条項条約届出書を提出済みである場合は、特典条項条約届出書の記載事項に異動があるときを除き、その所得についての特典条項条約届出書の提出を省略することができます。

4　特典条項条約届出書の記載事項に異動が生じた場合には、特典条項条約届出書を改めて提出してください。ただし、その異動の内容が租税条約に関する届出書に関するものである場合には、租税条約に関する届出書に前回の特典条項条約届出書の提出日を記載し、この付表の添付を省略することができます。

5　所得の支払者に居住者証明書（提示の日前１年以内に作成されたものに限ります。）を提示し、特典条項条約届出書に記載した氏名又は名称その他の事項について所得の支払者の確認を受けたとき（特典条項条約届出書にその確認をした旨の記載がある場合に限ります。）は、居住者証明書の添付を省略することができます（「租税条約に関する届出書（申告対象国内源泉所得に対する所得税又は法人税の軽減・免除）（様式15）」にこの付表を添付して提出する場合には、居住者証明書の添付を省略することはできませんので、この付表に居住者証明書を添付する必要があります。）。
　この場合、上記の確認をした所得の支払者は、租税条約に関する届出書の「その他参考となるべき事項」の欄に①確認をした旨（例：届出者から提示のあった居住者証明書により、届出書に記載された氏名又は名称その他の事項について確認しました。）、②確認者の氏名（所属）、③居住者証明書の提示を受けた日及び④居住者証明書の作成年月日をそれぞれ記載するとともに、提示を受けた居住者証明書の写しを作成し、提示を受けた日から５年間その国内にある事務所等に保存する必要があります。

付表の記載について

6　付表の□欄には、該当する項目について✓印を付してください。

この付表に記載された事項その他租税条約の規定の適用の有無を判定するために必要な事項については、別に説明資料を求めることがあります。

INSTRUCTIONS

Submission of the Attachment Form

1　This attachment form is to be submitted as an attachment to an Application Form for Income Tax Convention when a person who was given determination by the NTA Commissioner pursuant to the provisions of the Income Tax Convention as prescribed in Article 1, item 2 of the Ministerial Ordinance for Determination under the Convention pursuant to the Act on Special Provisions of the Income Tax Act, the Corporation Tax Act and the Local Tax Act regarding the Application of Conventions (referred to as "LOB convention" in this attached table), applies for the obtaining of benefits under the Income Tax Convention pertaining to that Determination concerning the income attributable permanent establishment situated in a third country. (In certain cases, this attachment form may not be required. See 2, 3 and 4 below.)(Hereafter, this attachment form and the application form for income tax convention to which it is attached will be called the "application form for LOB convention".)

2　If an application form for LOB convention was submitted within one year prior to the preceding day of the payment of Japanese source income, except for cases when information given in the application form has been changed, an application form for LOB convention does not need to be submitted during one year.

3　If the income for which an application of convention is sought is a specified interest/dividends such as interest from a national bond, municipal bond, corporate bond other than privately placed bond, deposits, or dividends of listed shares, and the application form for LOB convention was submitted for the same income already received, an application form for LOB convention is not required, except for the case where there has been a change in the information given in the application form for LOB convention.

4　If the information given in the application form for LOB convention has been changed, a new application form must be submitted. However, if the change relates to the application form for income tax convention, an application form for income tax convention may be submitted alone with the date of the previous submission of application form for LOB convention stated.

5　In the case that recipient of the income presents his residency certification (certification must have been issued within one year prior to the presentation) to the payer of the income, and the payer confirms the items entered in column 2 (only in case that the payer writes the fact of confirmation in the application form for LOB convention), attachment of residency certification is not required (if this attachment form is appended to "Application Form for Income Tax Convention (Relief from Japanese Income Tax or Corporation Income Tax on Japanese Source Income) (Form 15)", the residency certification must be appended to this attachment form).
　In this case, the payer of the income who confirms the above-mentioned items is required to enter the following information into the column "Others" of the Application Form: ① the fact of confirmation (e.g., 'I, the payer described in column 3, have confirmed the name of the recipient and other items entered in column 2, having been presented residency certification by the recipient'.); ② the name and the affiliation of the individual who is making the confirmation; ③ the date that certification is presented; and ④ the date of issue of the residency certification. The payer is also required to make a copy of the residency certification and keep the copy in his office, etc. located in Japan for five years from the date that certification is shown.

Completion of the form

6　Applicable boxes must be checked.

If necessary, the applicant may be requested to furnish further information in order to decide whether or not relief under the Convention should be granted.

様　式18
FORM

租税条約に基づく認定を受けるための申請書（認定省令第一条第一号関係）

APPLICATION FORM FOR COMPETENT AUTHORITY DETERMINATION (Under the convention as listed in Item 1 of Article 1 of the Ministerial Ordinance for Determination under Convention)

この申請書の記載に当たっては、別紙の注意事項を参照してください。
See separate instructions.

税務署受付印

		整理番号	
令和　年　月　日 麹町税務署長経由 国税庁長官殿 To the Commissioner, National Tax Agency via the District Director, Kojimachi Tax Office	（フリガナ） 申請者の名称 Full name		
	本店又は主たる事務所の所在地 Place of head office or main office	（電話番号 Telephone Number）	
	個人番号又は法人番号（有する場合のみ記入） Individual Number or Corporate Number (If applicable)		
	事業が管理・支配されている場所 Place where the business is managed and controlled	（電話番号 Telephone Number）	
	居住者として課税される国及び納税地（注8） Country where you are taxable as resident and place where you are to pay tax (Note 8)	（納税者番号 Taxpayer Identification Number）	

日本において法人税の納税義務がある場合には、その納税地 Place where you file a tax return to pay the corporation tax in Japan, if any	（電話番号 Telephone Number）
認定を受けようとする国内源泉所得の種類及びその概要（注9） Type and Brief description of Japanese source income for which a determination is sought (Note 9) ☑所得税及び復興特別所得税 Income Tax and Special Income Tax for Reconstruction ☐法人税 Corporation Tax	＿＿税法第＿＿条第＿＿項第＿＿号に規定する国内源泉所得 Japanese Source Income prescribed in Subparagraph＿＿of Paragraph＿＿of Article＿＿of＿＿Tax Act （　　　）
適用を受けようとする租税条約に関する事項 Applicable Income Tax Convention ☑限度税率 Applicable Tax Rate＿＿% ☐免　税 Exemption	日本国と＿＿＿＿との間の租税条約第＿＿条第＿＿項 The Income Tax Convention between Japan and＿＿＿＿, Article＿＿, paragraph＿＿
その他の必要な記載事項及び添付書類 Other required Information and Attachments	（法令により必要とされるその他の記載事項及び添付書類については、別紙を参照してください。） See instructions for information and attachments required by the relevant law and ordinances.

当社は、日本国と＿＿＿＿との間の租税条約第＿＿条第＿＿項に掲げる者のいずれにも該当せず、かつ、この申請書に記載する国内源泉所得について、同条第＿＿項の規定に基づき当該租税条約の特典を受ける権利を有する者にも該当しませんが、当該国内源泉所得について、同条第＿＿項に規定する日本国の権限ある当局の認定を受けることによって第＿＿条第＿＿項＿＿の特典を享受するために、租税条約等の実施に伴う所得税法、法人税法及び地方税法の特例等に関する法律第6条の2に基づき申請します。
なお、当社の設立、取得若しくは維持又は業務の遂行は日本国と当該特典を受けることをその主たる目的の一つとするものではありません。
当社は、日本、居住地国及びその他の国の法令に従って適正に納税を行っており、これからも適正な納税を行います。

We submit this application form in accordance with Article 6-2 of the Law concerning Special Measures of the Income Tax Act, Corporation Tax Act and Local Tax Act for the Enforcement of Tax Conventions in order to be granted benefits of the Convention between Japan and　　　by the Competent Authority Determination pursuant to paragraph　of Article　of the Income Tax Convention, although we are not the resident prescribed in subparagraphs from＿＿of paragraph＿of Article＿＿of the Convention and further are not entitled to benefits with respect to an item of income in accordance with paragraph＿＿of Article＿＿of the Convention.
We hereby declare that the establishment, acquisition, maintenance of us, or the conduct of our operations, do not have as one of their principal purpose the obtaining of benefits under the convention.
We have been paying taxes properly under the relevant laws of Japan, country of our residence and other countries, and we will continue to pay taxes properly.

○　代理人に関する事項；この申請書を代理人によって提出する場合には、次の欄に記載してください。
Details of Agent ; If this form is prepared and submitted by the agent, fill out the following Columns.

代理人の資格 Capacity of Agent in Japan	氏名（名称） Full name		納税管理人の届出をした税務署名 Name of the Tax Office where the Tax Agent is registered
☐ 納税管理人 Tax Agent ☐ その他の代理人 Other Agent	住所（居所又は所在地） Domicile (Residence or location)	（電話番号 Telephone Number）	税務署 Tax Office

※「納税管理人」とは、日本国の国税に関する申告、申請、請求、届出及び納付等の事項を処理させるため、国税通則法の規定により選任し、かつ、日本国における納税地の所轄税務署長に届出をした代理人をいいます。

※ "Tax Agent" means a person who acts on behalf of a taxpayer, as appointed by the taxpayer and registered at the District Director of Tax Office that has jurisdiction over the taxpayer pursuant to the provisions of Act on General Rules for National Taxes, to take necessary procedures concerning the Japanese national taxes, such as filing a return, applications and claims, payment of taxes and so forth.

様　式18
FORM

(別紙)

【その他の必要な記載事項】(これらの記載事項は、適宜の様式に記載してください。)
[Other required Information] (The following information should be provided in other appropriate forms.)

1　認定を受けることができるとする理由の詳細
Details of the reasons you are to be given determination

(1)　租税条約に規定する特典条項の基準を満たさない理由の詳細
Details of the Reasons You do NOT qualify under the Limitation on Benefits Article of the Convention

(2)　租税条約に規定する特典条項の基準を満たさないにも関わらず、租税条約により認められる特典を受けようとする理由の詳細
Details of the Reasons you apply for Benefits of the Convention, although You do NOT qualify under the Limitation on Benefits Article of Convention

(3)　その設立、取得若しくは維持又はその業務の遂行が租税条約の特典を受けることをその主たる目的の一つとするものではないとする理由の詳細
Details of the Reasons the Establishment, Acquisition, Maintenance of the Applicant or the Conduct of its Operations are considered as NOT having the obtaining of benefits under the Convention as one of their principle purposes

2　居住地国における法人税に相当する税の課税状況（直前3事業年度分）
Descriptions of Tax Obligation in Country of Residence for Tax that is equivalent to the Japanese Corporation Tax (for preceding 3 taxable Years)

3　認定を受けようとする国内源泉所得の種類ごとの金額、支払方法、支払期日及び支払の基因となった契約の内容
Amount of each Kind, method of Payment, Date of Payment and Summary of underlying Contract of the Japanese Source Income for which Application for Determination is requested

4　認定を受けようとする国内源泉所得の支払者の氏名及び住所若しくは居所又は名称及び本店若しくは主たる事務所の所在地
Full name and Domicile or Residence; or Name and Place of head Office or main Office of the Payer of the Japanese Source Income for which Determination is requested

5　その他参考となる事項
Other relevant Information

6　日本の税法上、外国法人が納税義務者とされるが、租税条約の規定によりその株主等である者（相手国居住者に限ります。）の所得として取り扱われる部分に対して租税条約の適用を受けることとされている場合の租税条約の適用を受ける割合に関する事項等（注4）；
Details of proportion of income to which the convention is applicable, if the foreign company is taxable as a company under Japanese tax law, and if the convention is applicable to income that is treated as income of the member (limited to a resident of the other contracting country) of the foreign company in accordance with the provisions of the convention (Note 4)

外国法人の株主等で租税条約の適用を受ける者の氏名又は名称 Name of member of the foreign company to whom the Convention is applicable	間接保有 Indirect Ownership	持分の割合 Ratio of Ownership	受益の割合＝租税条約の適用を受ける割合 Proportion of benefit = Proportion for Application of Convention
	□	%	%
	□	%	%
	□	%	%
	□	%	%
	□	%	%
合計 Total		%	%

申請書に記載した外国法人が支払を受ける認定を受けようとする株主等所得について、租税条約の相手国の法令に基づきその株主等である者の所得として取り扱われる場合には、その根拠法令及びその効力を生じる日を記載してください。
If the income for determination is treated as income of those who are its members under the law in the other contracting country of the convention, enter the law that provides the legal basis to the above treatment and the date on which it will become effective.

根拠法令
Applicable law＿＿＿＿＿＿＿＿　効力を生じる日
Effective date＿＿＿＿年　　月　　日

7　日本の税法上、団体の構成員が納税義務者とされるが、租税条約の規定によりその団体の所得として取り扱われるものに対して租税条約の適用を受けることとされている場合の記載事項等（注5）；
Details if, while the partner of the entity is taxable under Japanese tax law, and the convention is applicable to income that is treated as income of the entity in accordance with the provisions of the convention (Note 5)

申請書に記載した団体が支払を受ける認定を受けようとする相手国団体所得、第三国団体所得又は特定所得について、租税条約の相手国の法令に基づき団体の所得として取り扱われる場合には、その根拠法令及びその効力を生じる日を記載してください。
If the income for determination is treated as income of the entity under the law in the other contracting country of the convention, enter the law that provides the legal basis to the above treatment and the date on which it will become effective.

根拠法令
Applicable law＿＿＿＿＿＿＿＿　効力を生じる日
Effective date＿＿＿＿年　　月　　日

(次の事項は、上記1から5の中に必ず記入してください。)
(Following Information must be included in 1 though 5 above.)

① 設立又は組織年月日
Date of Establishment or Organization

② 設立又は組織された場所
Place where Corporation was established or organized

③ 資本金額又は出資金額
Amount of Capital

④ 居住地国における営業又は事業活動の内容
Description of Business in Country of Residence

⑤ 日本国内において営業又は事業活動を行っている場合、その営業又は事業活動の内容
Details of Business in Japan, if any

⑥ 日本国内に恒久的施設を有する場合、その名称及び所在地
Name and Address of Permanent Establishment(s) in Japan, if any

様　式18
FORM

(別紙)

【必要な添付書類】(注10、11)
Required Attachments (Note 10,11)

1	居住地国の権限ある当局が発行した居住者証明書 Residency Certification issued by the Competent Authority of the Country of Residence	□ 添付 Attached
2	認定を受けることができるとする理由の詳細を明らかにする書類 Documents showing the Details of Reasons You are to be given Determination	
	(1) 租税条約に規定する特典条項の基準を満たさない理由の詳細に関して参考となる書類 Documents relevant to the Reasons you do NOT qualify under the Limitation on Benefits Article of Convention	□ 添付 Attached
	(2) その設立、取得若しくは維持又はその業務の遂行が租税条約の特典を受けることをその主たる目的の一つとするものではないことを明らかにする書類 Documents showing that the Establishment, Acquisition, Maintenance of the Applicant or the Conduct of its Operations are considered as NOT having the obtaining of benefits under the Convention as one of their principle purposes	□ 添付 Attached
	(3) その他参考となる書類 Other relevant Documents	□ 添付 Attached
3	居住地国における法人税に相当する税の課税状況を明らかにする書類(直前3事業年度分) Documents showing Tax Obligation in Country of Residence for Tax that is equivalent to Japanese Corporation Tax (for preceding taxable 3 Years)	
	(1) 居住地国における法人税に相当する税の税務申告書の写し(直前3事業年度分) Copies of final Tax Returns for Tax that is equivalent to Japanese Corporation Tax (for preceding taxable 3 Years)	□ 添付 Attached
	(2) 財務諸表の写し(直前3事業年度分) Copies of financial Statements (for preceding taxable 3 Years)	□ 添付 Attached
4	認定を受けようとする国内源泉所得の種類ごとの金額、支払方法、支払期日及び支払の基因となった契約の内容を明らかにする書類 Documents showing the Amount of each Kind, Method of Payment, Date of Payment and underlying Contract of the Japanese Source Income for which Application for Determination is requested	□ 添付 Attached

様式 18-2
FORM

租税条約に基づく認定を受けるための申請書（認定省令第一条第二号関係）

APPLICATION FORM FOR COMPETENT AUTHORITY DETERMINATION (Under the convention as listed in Item 2 of Article 1 of the Ministerial Ordinance for Determination under Convention)

この申請書の記載に当たっては、別紙の注意事項を参照してください。
See separate instructions.

税務署受付印

整理番号

令和　年　月　日 麹町税務署長経由 国税庁長官殿 To the Commissioner, National Tax Agency via the District Director, Kojimachi Tax Office		
	（フリガナ） 申請者の氏名又は名称 Full name	
	住所若しくは居所又は本店若しくは主たる事務所の所在地 Domicile or residence or Place of head office or main office	（電話番号 Telephone Number）
	個人番号又は法人番号（有する場合のみ記入） Individual Number or Corporate Number (If applicable)	
	国籍又は事業が管理・支配されている場所 Nationality or Place where the business is managed and controlled	（電話番号 Telephone Number）

第三国恒久的施設を通じて行う事業に係る事務所等の名称 Full name of the permanent establishment situated in a third country	
第三国恒久的施設を通じて行う事業に係る事務所等の所在地 Place of the permanent establishment situated in a third country	
居住者として課税される国及び納税地（注６、注８） Country where you are taxable as resident and place where you are to pay tax(Note 6, 8)	（納税者番号 Taxpayer Identification Number）
第三国における納税地（有する場合のみ記入）（注８） Place where you pay tax in a third country(Note 8) (If applicable)	（納税者番号 Taxpayer Identification Number）
日本において申告所得税又は法人税の納税義務がある場合には、その納税地 Place where you file a tax return to pay the income tax or the corporation tax in Japan, if any	（電話番号 Telephone Number）
認定を受けようとする国内源泉所得の種類及びその概要（注９） Type and Brief description of Japanese source income for which a determination is sought (Note 9) ☑ 所得税及び復興特別所得税 Income Tax and Special Income Tax for Reconstruction □ 法人税 Corporation Tax	＿＿税法第＿＿条第＿＿項第＿＿号に規定する国内源泉所得 Japanese Source Income Prescribed in Subparagraph＿of Paragraph＿ of Article＿of Tax Act （　　　）
適用を受けようとする租税条約に関する事項 Applicable Income Tax Convention □ 限度税率 Applicable Tax Rate＿＿% ☑ 免　税 Exemption	日本国と＿＿＿＿との間の租税条約第＿＿条第＿＿項 The Income Tax Convention between Japan and＿＿＿＿, Article＿＿, paragraph＿＿
その他の必要な記載事項及び添付書類 Other required Information and Attachments	（法令により必要とされるその他の記載事項及び添付書類については、別紙を参照してください。） See instructions for information and attachments required by the relevant law and ordinances.

私/当社は、日本国と＿＿＿＿との間の租税条約（以下「租税条約」といいます。）に関し、この申請書に記載した国内源泉所得であって＿＿＿＿に所在する恒久的施設に帰せられるものについて、租税条約第＿＿条第＿＿項＿＿又は BEPS 防止措置実施条約第 10 条第1項の規定により租税条約第＿＿条第＿＿項＿＿の特典を受けることができませんが、租税条約第＿＿条第＿＿項＿＿又は BEPS 防止措置実施条約第 10 条第 3 項に規定する日本国の権限ある当局の認定を受けることによって当該国内源泉所得について当該特典を享受するために、租税条約等の実施に伴う所得税法、法人税法及び地方税法の特例等に関する法律第6条の2に基づき申請します。

私/当社の当該恒久的施設の設立、取得若しくは維持又は業務の遂行は、租税条約の特典を受けることをその主たる目的の一つとするものではありません。

私/当社は、日本、居住地国及びその他の国の法令に従って適正に納税を行っており、これからも適正に納税を行います。

I/We submit this application form in accordance with Article 6-2 of the Law concerning Special Measures of the Income Tax Act, Corporation Tax Act and Local Tax Act for the Enforcement of Tax Conventions in order to be granted benefits of the Income Tax Convention between Japan and＿＿ with respect to an item of Japanese source income attributable to our permanent establishment situated in＿＿＿＿ by the Competent Authority Determination pursuant to paragraph＿＿of Article＿＿of the Income Tax Convention or paragraph 3 of Article 10 of the Multilateral Convention to Implement Tax Treaty Related Measures to Prevent Base Erosion and Profit Shifting, although we are not entitled to the benefits with respect to the item of Japanese source income in accordance with paragraph＿＿＿ of Article＿＿＿of the Income Tax Convention or Article 10 (1) of the Multilateral Convention.

I/We hereby declare that the establishment, acquisition, maintenance of the permanent establishment or the conduct of its operations do not have as one of its principal purpose the obtaining of benefits under the Income Tax Convention.

I/We have been paying taxes properly under the relevant laws of Japan, country of our residence and other countries, and will continue to do so.

○ 代理人に関する事項；この申請書を代理によって提出する場合には、次の欄に記載してください。
Details of Agent; if this form is prepared and submitted by the agent, fill out the following Columns.

代理人の資格 Capacity of Agent in Japan	氏名（名称） Full Name		納税管理人の届出をした税務署名 Name of the Tax Office where the Tax Agent is registered
□納税管理人 Tax Agent □その他の代理人 Other Agent	住所（居所又は所在地） Domicile (Residence or location)	（電話番号 Telephone Number）	税務署 Tax Office

※「納税管理人」とは、日本国の国税に関する申告、申請、請求、届出及び納付等の事項を処理させるため、国税通則法の規定により選任し、かつ、日本国における納税地の所轄税務署長に届出をした代理人をいいます。

※ "Tax Agent" means a person who acts on behalf of a taxpayer, as appointed by the taxpayer and registered at the District Director of Tax Office that has jurisdiction over the taxpayer pursuant to the provisions of Act on General Rules for National Taxes, to take necessary procedures concerning the Japanese national taxes, such as filing a return, applications and claims, payment of taxes and so forth.

様式 18-2
FORM

（別紙）

【その他の必要な記載事項】(これらの記載事項は、適宜の様式に記載してください。)
[Other required Information] (The following information should be provided in other appropriate forms.)

1 認定を受けることができるとする理由の詳細
Details of the reasons you are to be given determination

(1) 第三国恒久的施設に帰せられる所得について、租税条約の特典を与えない旨又は制限する旨を定める当該租税条約又はBEPS防止措置実施条約の規定により、当該租税条約の特典が与えられない、又は制限される理由の詳細
Details of the Reasons You do NOT qualify for the Benefits of the Convention pursuant to the provisions of the Convention denying or limiting the Benefits with respect to the income attributable to the Permanent Establishment situated in a Third Country

(2) 第三国恒久的施設に帰せられる所得について、租税条約の特典を与えない旨又は制限する旨を定める当該租税条約又はBEPS防止措置実施条約の規定により、当該租税条約の特典が与えられない、又は制限されるにも関わらず、租税条約により認められる特典を受けようとする理由の詳細
Details of the Reasons you apply for Benefits of the Convention, although You do NOT qualify under the provisions of the Convention denying or limiting the Benefits with respect to the Income attributable to the Permanent Establishment situated in a Third Country

(3) 第三国恒久的施設の設立、取得若しくは維持又はその業務の遂行が租税条約の特典を受けることをその主たる目的の一つとするものではないとする理由の詳細
Details of the Reasons the Establishment, Acquisition, Maintenance of the Permanent Establishment situated in a Third Country or the Conduct of its Operations are considered as NOT having the obtaining of benefits under the Convention as one of their principle purposes

2 居住地国における所得税又は法人税に相当する税の課税状況（直前3年分又は直前3事業年度分）
Descriptions of Tax Obligation in Country of Residence for Tax that is equivalent to the Japanese Income Tax or Corporation Tax (for preceding 3 taxable Years)

3 第三国における所得税又は法人税に相当する税の課税の状況（直前3年分又は直前3事業年度分）
Descriptions of Tax Obligation in the Third Country for Tax that is equivalent to the Japanese Income Tax or Corporation Tax (for preceding 3 taxable Years)

4 認定を受けようとする国内源泉所得の種類ごとの金額、支払方法、支払期日及び支払の基因となった契約の内容
Amount of each Kind, method of Payment, Date of Payment and Summary of underlying Contract of the Japanese Source Income for which Application for Determination is requested

5 認定を受けようとする国内源泉所得の支払者の氏名及び住所若しくは居所又は名称及び本店若しくは主たる事務所の所在地
Full name and Domicile or Residence; or Name and Place of head Office or main Office of the Payer of the Japanese Source Income for which Determination is requested

6 その他参考となる事項
Other relevant Information

7 日本の税法上、外国法人が納税義務者とされるが、租税条約の規定によりその株主等である者（相手国居住者に限ります。）の所得として取り扱われる部分に対して租税条約の適用を受けることとされている場合の租税条約の適用を受ける割合に関する事項等（注4）；
Details of proportion of income to which the convention is applicable, if the foreign company is taxable as a company under Japanese tax law, and the convention is applicable to income that is treated as income of the member (limited to a resident of the other contracting country) of the foreign company in accordance with the provisions of the convention (Note 4)

外国法人の株主等で租税条約の適用を受ける者の氏名又は名称 Name of member of the foreign company to whom the Convention is applicable	間接保有 Indirect Ownership	持分の割合 Ratio of Ownership	受益の割合= 租税条約の適用を受ける割合 Proportion of benefit= Proportion for Application of Convention
	□	%	%
	□	%	%
	□	%	%
	□	%	%
	□	%	%
合計 Total		%	%

申請書に記載した外国法人が支払を受ける認定を受けようとする株主等所得について、租税条約の相手国の法令に基づきその株主等である者の所得として取り扱われる場合には、その根拠法令及びその効力を生じる日を記載してください。
If the income for determination is treated as income of those who are its members under the law in the other contracting country of the convention, enter the law that provides the legal basis to the above treatment and the date on which it will become effective.

根拠法令 Applicable law ____________________　効力を生じる日 Effective date ____ 年 ____ 月 ____ 日

8 日本の税法上、団体の構成員が納税義務者とされるが、租税条約の規定によりその団体の所得として取り扱われるものに対して租税条約の適用を受けることとされている場合の事項等（注5）；
Details if, while the partner of the entity is taxable under Japanese tax law, and the convention is applicable to income that is treated as income of the entity in accordance with the provisions of the convention (Note 5)

様式 18-2
FORM

（別紙）

申請書に記載した団体が支払を受ける認定を受けようとする相手国団体所得、第三国団体所得又は特定所得について、租税条約の相手国の法令に基づきその団体の所得として取り扱われる場合には、その根拠法令及びその効力を生じる日を記載してください。

If the income for determination is treated as income of the entity under the law in the other contracting country of the convention, enter the law that provides the legal basis to the above treatment and the date on which it will become effective.

根拠法令 Applicable law ______________　効力を生じる日 Effective date 　　年　　月　　日 ______________

（次の事項は、上記1から6の中に必ず記入してください。）
(Following Information must be included in 1 through 6 above.)

① 申請者（個人を除く。）及び第三国恒久的施設の設立又は組織年月日
Date of your Establishment or Organization and Establishment or Organization of the permanent establishment situated in a third country

② 申請者（個人を除く。）及び第三国恒久的施設の設立又は組織された場所
Place where you and the permanent establishment situated in a third country was established or organized

③ 申請者（個人を除く。）及び第三国恒久的施設に帰せられる資本金額又は出資金額
Amount of your Capital and Capital attributable to the permanent establishment situated in a third country

④ 居住地国における営業又は事業活動及び第三国恒久的施設を通じて行う営業又は事業活動の内容
Description of your Business in a Country of Residence and Business conducted thorough the permanent establishment situated in a third country

⑤ 認定を受けようとする国内源泉所得が第三国恒久的施設に帰せられている事実及び状況
Description of the facts and circumstances that the Japanese Source Income for which Application for Determination is requested is attributable to the permanent establishment situated in a third country

⑥ 適用を受けようとする租税条約に当該租税条約に基づく特典を受ける権利を有する者を一又は二以上の類型別に区分された基準を満たす者に制限する旨を定める規定がある場合には、当該規定が定める要件を満たしている旨
Where an applicable Convention contains a limitation on benefits article, description of the fact that you satisfy the conditions of the limitation on benefits article provided in the Convention

⑦ 日本国内において営業又は事業活動を行っている場合、その営業又は事業活動の内容
Details of your Business in Japan, if any

⑧ 日本国内に恒久的施設を有する場合、その名称及び所在地
Name and Address of Permanent Establishment(s) in Japan, if any

【必要な添付書類】（注10、11）
Required Attachments (Note 10,11)

1	居住地国の権限ある当局が発行した居住者証明書 Residency Certificate issued by the Competent Authority of the Country of Residence	□ 添付 Attached
2	認定を受けることができるとする理由の詳細を明らかにする書類 Documents showing the Details of Reasons you are to be given Determination	
	(1) 第三国恒久的施設に帰せられる所得について、租税条約の特典を与えない旨又は制限する旨を定める当該租税条約又はBEPS防止措置実施条約の規定により、当該租税条約の特典が与えられない、又は制限される理由の詳細に関して参考となる書類 Documents relevant to the Reasons You do NOT qualify for the benefits of the Convention pursuant to the provisions of the Convention denying or limiting the benefits with respect to the income attributable to the Permanent Establishment situated in a Third Country	□ 添付 Attached
	(2) 第三国恒久的施設の設立、取得若しくは維持又はその業務の遂行が租税条約の特典を受けることをその主たる目的の一つとするものではないことを明らかにする書類 Documents showing the Establishment, Acquisition, Maintenance of the Permanent Establishment situated in a Third Country or the Conduct of its Operations are considered as NOT having the obtaining of benefits under the Convention as one of its principle purposes	□ 添付 Attached
	(3) その他参考となる書類 Other relevant Documents	□ 添付 Attached
3	居住地国における所得税又は法人税に相当する税の課税状況を明らかにする書類（直前3年分又は直前3事業年度分） Documents showing Tax Obligation in Country of Residence for Tax that is equivalent to Japanese Income Tax or Corporation Tax (for preceding 3 taxable Years)	
	(1) 居住地国における所得税又は法人税に相当する税の税務申告書の写し（直前3年分又は直前3事業年度分） Copies of final Tax Return for Tax that is equivalent to Japanese Income tax or Corporation Tax (for preceding 3 taxable Years)	□ 添付 Attached
	(2) 財務諸表の写し（直前3年分又は直前3事業年度分） Copies of Financial Statements (for preceding 3 taxable Years)	□ 添付 Attached
4	第三国における所得税又は法人税に相当する税の課税の状況を明らかにする書類（直前3年分又は直前3事業年度分） Documents showing Tax Obligation in the Third Country for Tax that is equivalent to Japanese Income Tax or Corporation Tax (for preceding 3 taxable Years)	
	(1) 第三国における所得税又は法人税に相当する税の税務申告書の写し（直前3年分又は直前3事業年度分） Copies of final Tax Return for Tax that is equivalent to Japanese Income tax or Corporation Tax (for preceding 3 taxable Years)	□ 添付 Attached
	(2) 財務諸表の写し（直前3年分又は直前3事業年度分） Copies of Financial Statements (for preceding 3 taxable Years)	□ 添付 Attached
	(3) 認定を受けようとする国内源泉所得が第三国恒久的施設に帰せられていることを明らかにする書類 Documents showing the Japanese Source Income for which Application for Determination is requested is attributable to the permanent establishment situated in a third country	□ 添付 Attached
5	認定を受けようとする国内源泉所得の種類ごとの金額、支払方法、支払期日及び支払の基因となった契約の内容を明らかにする書類 Documents showing the Amount of each Kind, method of Payment, Date of Payment and Summary of underlying Contract of the Japanese Source Income for which Application for Determination is requested	□ 添付 Attached

租税条約に関する源泉徴収税額の還付請求書
（利子所得に相手国の租税が賦課されている場合の外国税額の還付）

税務署受付印

〒　　－

住　所

（フリガナ）

＿＿＿＿税務署長　　　氏　名

＿＿年＿＿月＿＿日提出　　　個人番号

電話番号

租税条約等の実施に伴う所得税法、法人税法及び地方税法の特例等に関する法律の施行に関する省令第 13 条の２の規定により、下記のとおり請求します。

還付請求に関する事項	還付を受けようとする金額	希望する還付金の受領場所			
	下記③の金額を移記してください。　　円	（受取には便利な銀行等振込みをできるだけ御利用ください。） イ　銀行等　＿＿銀行　＿＿本店・本所　＿＿預金　口座番号＿＿			
		ロ　ゆうちょ銀行の貯金口座　貯金口座の記号番号＿＿－＿＿		ハ　郵便局等窓口	
利子等の支払者	本店又は主たる事務所の所在地（住所又は居所）				
	名称（氏名）				
利子等の支払の取扱者	本店又は主たる事務所の所在地（住所又は居所）	電話　－　－			
	名称（氏名）				
債券の内容等	銘柄・回号（種類・名称）		記号番号（登録番号）		名義人の氏名又は名称
	額面金額	数量	取得年月日	利子等の支払期日	利子等の金額
					円
債券以外のものの内容等	支払の基因となった契約の内容				契約の締結年月日
	契約金額	契約期間		利子等の支払期日	利子等の金額
					円
還付を受けることができる事情の詳細等	日本国と　　　　との間の租税条約第　　条第　　項　　の適用				
	源泉徴収された所得税及び復興特別所得税の額　①		支払の際に課される相手国の租税の額（みなし外国税額を含む。）②		還付を受けようとする金額（①と②とのいずれか少ない方の金額）③
	円		円		円

・この還付請求書には、①及び②の金額を証する書類を添付してください。
・この還付請求書の記載に当たっては、裏面の注意事項を参照してください。
・この還付請求書を提出して源泉徴収税額の還付が受けられるのは、平成 28 年１月１日以後に支払を受けるべき利子等にあっては、租税特別措置法第３条に規定する分離課税の適用を受けた一般利子等で、その支払の際に租税条約の相手国等の租税が課される場合に限られます。なお、詳細については裏面の注意事項を参照してください。

※以下の欄には記載しないでください。

税務署処理欄	起案	・　・	決裁	署長	副署長	統括官	上席	担当者	整理簿	
	決裁	・　・								
	施行	・　・								
	処理 承認	請求金額　　円	通信日付印	年　月　日			検討事項			
		還付金額　　円	確認							
	その他									
	番号確認	身元確認 □ 済 □ 未済	確認書類 個人番号カード／通知カード・運転免許証 その他（　　　　）							

03.06改正

（規格Ａ４）

国際源泉課税と租税条約に関する届出書関係

免税芸能法人等に関する届出書
APPLICATION FORM FOR THE NONRESIDENT PROMOTER

この届出書の記載に当たっては、裏面の注意事項を参照して下さい。
See instructions on the reverse side

税務署整理欄 For official use only	
適用;有、無	
番号確認	身元確認

＿＿＿＿＿＿税務署長
To the District Director, ＿＿＿＿＿＿Tax Office

1　対価の支払を受ける者に関する事項;
Details of Recipient of Remuneration

氏名又は名称 Full name		
個人番号又は法人番号（有する場合のみ記入）Individual Number or Corporate Number (Limited to case of a holder)		
個人の場合 Individual	住所又は居所 Domicile or residence	(電話番号 Telephone Number)
	国籍 Nationality	
法人その他の団体の場合 Corporation or other entity	本店又は主たる事務所の所在地 Place of head office or main office	(電話番号 Telephone Number)
	事業が管理・支配されている場所 Place where the business is managed and controlled	
日本国内で芸能人等の役務提供事業を開始した年月日 Date of opening business of rendering personal services exercised by the entertainer or the sportsman in Japan		
納税管理人 The Tax Agent in Japan	氏名 Full name	
	住所又は居所 Domicile or residence	(電話番号 Telephone Number)
	納税管理人の届出をした税務署名 Name of the Tax Office where the Tax Agent is registered	税務署 Tax Office

2　対価の支払者に関する事項;
Details of Payer of Remuneration

氏名又は名称 Full name	
住所（居所）又は本店（主たる事務所）の所在地 Domicile(residence)or place of head office(main office)	(電話番号 Telephone Number)
個人番号又は法人番号 Individual Number or Corporate Number	

3　その他参考となるべき事項;
Others

（規格A4）

03.06 改正

REGISTRATION OF TAX AGENT ON WITHHOLDING INCOME TAX AND SPECIAL INCOME TAX FOR RECONSTRUCTION
源泉徴収に係る所得税及び復興特別所得税の納税管理人の届出書

Date ____________________
令和____年____月____日

Place for tax payment
納　税　地 ____________________

To the District Director,
__________ Tax Office
__________税務署長殿

Domicile or place of head office
住所又は所在地 ____________________

Full name
氏名又は名称 ____________________

Individual Number or Corporate Number
(Limited to case of a holder)
個人番号又は法人番号（有する場合のみ記入）
____

I(we) hereby declare that I(we) assign the following person for my(our) Tax Agent and authorize him/her to act for me(us) on Withholding Income Tax and Special Income Tax for Reconstruction .
源泉徴収に係る所得税及び復興特別所得税の納税管理人として、次の者を定めたので届け出ます。

1 Tax Agent in Japan
納税管理人

Domicile
〒　－
住　所 ____________________

Full name
ﾌﾘｶﾞﾅ
氏　名 ____________________　Relation to you 届出者との関係

Occupation
職　業 __________　Telephone Number 電話番号 ____(　　)____　__________

2 Reason for Assigning the Tax Agent
納税管理人を定めた理由

3 Others
その他参考事項

For official use only

税処務理署欄	一般事務整理簿	源泉所得税調査簿	管理部門連絡		
	番号確認	身元確認 □ 済 □ 未済	確認書類 個人番号カード／通知カード・運転免許証 その他（　　　）		

03.06 改正

※租税条約等締結国用様式
This form shall be submitted solely for the purpose of claiming tax treaty benefits

日本国居住者記載欄
For use by a resident of Japan

居住者証明書交付請求書

APPLICATION FOR CERTIFICATE OF RESIDENCE IN JAPAN

記載に当たっては留意事項・記載要領を参照してください。

＿＿＿＿＿＿＿＿ 税務署長　あて

請求日　Date of request: ＿＿＿＿＿ 年　月　日

【代理人記入欄】Information on the agent
※代理人の方のみ記入してください。
住所　Address

氏名　Name

(電話番号 Telephone number　　　　)

※代理人の方が請求される場合は代理の権限を有することを証明する書類が必要です。

Information on the applicant:

住所（納税地） Address	※日本語及び英語で記入してください。
（フリガナ） 氏名又は法人名及び代表者氏名 Name or corporation name and representative name	※日本語及び英語で記入してください。 (電話番号 Telephone number :　　　　)

租税条約上の特典を得る目的で、下記のとおり居住者証明書の交付を請求します。
For the purpose of obtaining benefits under the Income Tax Convention, I hereby request the issuance of certificate of residence as follows:

記

提出先の国名等 Name of the State to which this certificate is submitted	※日本語及び英語で記入してください。			
対象期間 Period concerned (Optional)				
申述事項 Declaration	以下の事項を申述します。 □ 請求者は租税の適用上日本国の居住者であること □ 当該請求は専ら居住性の証明のためになされること □ 本請求書の情報は真正かつ正確であること □	I hereby declare that: The applicant is the resident of Japan for tax purposes; This application is made only for the purpose of residency certification; and The information in this application is true and correct.		
証明書の請求枚数 Requested number of copies	枚	※本交付請求書は、居住者証明書の必要部数＋1部を提出してください。	整理番号 Reference number (Optional)	

居住者証明書

税務署記載欄
For use by Tax Office

CERTIFICATE OF RESIDENCE IN JAPAN

国税庁
National Tax Agency

当方の知り得る限りにおいて、上記の請求者は、日本国と（相手国）との間の租税条約上、日本国居住者であることをここに証明します。

I, the undersigned acting as District Director of the Tax Office of the National Tax Agency, hereby certify that, to the best of my knowledge, the above applicant is the resident of Japan within the meaning of the Income Tax Convention between Japan and ＿＿＿＿＿＿＿＿.

・証明日
Date of certification: ＿＿＿＿＿＿＿＿

・証明番号
Certificate number: ＿＿＿＿＿＿＿＿

・税務署名及び役職名
Name of Tax Office and title: ＿＿＿＿＿＿＿＿

・氏名
Print Name : ＿＿＿＿＿＿＿＿

官印 Official Stamp

第5編　租税条約

第１章
租税条約入門

1　OECD モデル租税条約ができるまで	租税条約が最初に検討されたのは、国境が接している中央ヨーロッパにおいて19世紀末頃からである。20世紀初頭の第一次世界大戦終了後、各国の貿易等が盛んになった時期から、ヨーロッパの国々は、それぞれに租税条約を締結している。このような状況下において、租税条約の模範となるモデル租税条約の必要性が生じた。 このような要望を受けて、国際連盟は、当時の各国の締結した租税条約を基礎にこれらを集約して1928年にモデル租税条約を作成している。その後、国際連盟は、1935年事業所得条約、1943年メキシコモデル租税条約、1946年ロンドンモデル租税条約を作成した。 第二次世界大戦後は、OECD が中心となって1963年にモデル租税条約草案、1977年にモデル租税条約改訂版を制定し、1992年以降 OECD モデル租税条約は改訂を重ねて現在に至っている。 OECD モデル租税条約以外では、国際連合が OECD のような先進国中心ではなく発展途上国の利害を重視したモデル租税条約を制定している。また、米国は、OECD モデル租税条約をベースにして、自国の主張を盛り込んだモデル租税条約を、1977年、1981年、1996年及び2006年に作成したが、現在は、これらを無効として、2016年制定のモデル租税条約が米国モデル租税条約となっている。
2　モデル租税条約の役割は何か	OECD モデル租税条約は、先進諸国を加盟国とする国際機関である OECD の理事会において採択されたモデル租税条約であるが、各国の課税に直接適用されることはなく、あくまでモデル租税条約という意味で強制力がない。 しかし、OECD モデル租税条約は、各国が租税条約締結をする際のベースとなるもので、租税条約交渉において、OECD モデル租税条約の一部を修正する形で交渉が進められている。また、米国のように、自国の作成したモデル租税条約がある場合は、これが交渉の米国側の草案となる。 このような OECD モデル租税条約を参考にして、それぞれ自国の事情を加味しつつ条約交渉をすることになるが、現在のところ、わが国は、対先進国租税条約に関して、OECD による BEPS 行動計画に基づく勧告を反映した条約が一種のモデル租税条約として機能している。
3　OECD モデル租税条約の条文構成	OECD モデル租税条約の条文構成は次のとおりである。 第１条（人的範囲）、第２条（対象税目）、第３条（一般的定義）、第４条（居住者）、第５条（恒久的施設）、第６条（不動産所得）、第７条（事業利得）、第８条（海運、内陸水路運輸及び

	航空運輸)、第9条(特殊関連企業)、第10条(配当)、第11条(利子)、第12条(使用料)、第13条(譲渡収益)、第14条(自由職業所得:削除)、第15条(給与所得)、第16条(役員報酬)、第17条(芸能人及び運動家)、第18条(退職年金)、第19条(政府職員)、第20条(学生)、第21条(その他所得)、第22条(財産)、第23条(二重課税の排除の方法)、第24条(無差別取扱い)、第25条(相互協議)、第26条(情報交換)、第27条(徴収共助)、第28条(外交官)、第29条(適用地域の拡張)、第30条(発効)、第31条(終了)である。 この条文を分類すると、第1条から第5条までは総則部分、第6条から第22条までは実体規定部分(課税の減免等を定めている。)、第23条以降は管理条項といえる。
4　租税条約条文の読み方	租税条約の条文には、「一方の締約国」、「他方の締約国」という文言が多用されている。租税条約の場合は、両締約国において同一の条文を共通して使うので、「一方の締約国」と「他方の締約国」という表現をしている。例えば、日米租税条約では、「一方の締約国」が米国であれば、「他方の締約国」は、日本と読むことになる。
5　租税条約の適用関係	日本と投資先の外国との間に租税条約があることを前提とした場合の租税条約の適用関係は次のとおりである。 (1)　日本において適用となる場合 日本で租税条約が適用となる場合の前提となる条件は、次の2つである。 ①　条約相手国の居住者(日本非居住者)であること ②　その条約相手国の居住者が日本において国内源泉所得を取得していること この2つの条件が揃わないと日本において課税関係は生じない。 (2)　その典型的な適用例 ①　非居住者(個人又は外国法人)が日本において投資所得(配当、利子、使用料等)を取得する場合⇒源泉徴収等 ②　非居住者(個人又は外国法人)が日本に支店、事務所等を有して事業を行う場合⇒申告納税 ③　給与所得者である個人非居住者が12カ月のうちに183日を超えて日本に滞在する場合⇒申告納税等
6　租税条約で得をする者はだれか	租税条約の目的は国際的二重課税の排除と脱税の防止である。したがって、居住地国で課税があるのであれば、源泉地国で課税がないか又は課税の軽減が行われれば、国際的二重課税が軽減されることになる。国際的投資等を行う場合は、租税条約の知識は必須である。 ①　租税条約で税負担が減免される者は、租税条約の適用対象者である。この租税条約の適用対象者は、租税条約の規定では双方の締約国の居住者に限定されている。 ②　投資先の国の国内法の源泉徴収税率にかかわらず、配当、利子、使用料等に係る源泉徴収税率は、租税条約に定める限度税率が適用になる。 ③　事業所得については、条約相手国に恒久的施設(支店、

	事務所等）がなければ、事業所得がその国で生じていたとしても課税にならない。 ④　給与所得については、短期滞在者免税の規定を受けることができる。 例えば、税金のない国等をタックスヘイブンというが、仮に、このタックスヘイブンに子会社等を設立して取引をした場合は課税関係が異なる。日本はこれらのタックスヘイブンと租税条約を締結していないが、タックスヘイブンを居住地国とする法人等が、日本において投資所得を取得した場合、日本非居住者として国内法が適用される。要するに、租税条約がないと、投資先の国においての税負担が重くなる。

第2章
OECDモデル租税条約（2017年）

第1条（対象となる者）
第2条（対象税目）
第3条（一般的定義）
　a）者には、個人、法人及び法人以外の団体を含む。
　b）法人
　c）企業
　d）一方の締約国の企業、他方の締約国の企業
　e）国際運輸
　f）権限のある当局
　g）国民
　h）事業
　i）公認年金基金
第4条（居住者）
　第1項（居住者の定義）
　第2項（個人の双方居住者の振分け基準）
　　a）恒久的住居→b）重要な利害関係の中心→c）常用の住居→d）国籍等、の順で振分け
　第3項（法人等の双方居住者の判断基準）実質的管理の場所で判定
第5条（恒久的施設）
　第1項（恒久的施設の定義）
　第2項（恒久的施設の例示）
　第3項（建築工事現場等）12か月超でＰＥ。
　第4項（準備的又は補助的活動）
　第4.1項（準備的又は補助的活動の例外）
　第5項（従属代理人）ＰＥになる。
　第6項（独立代理人）
　第7項（子会社等）
　第8項（密接に関連の意義）50%超をいう。電子商取引及びサービスＰＥのコメあり
第6条（不動産所得）
　第1項（課税原則）所在地国で課税
　第2項（不動産の定義）飛行機、船舶は含まない。
　第3項（不動産の利用形態）
　第4項（企業の所有する不動産）事業所得ではなく、不動産所得として課税される。
第7条（事業所得）
　第1項（課税原則）ＰＥなければ課税なし、帰属主義、企業の利得
　第2項（独立企業の原則）
　第3項（二重課税の調整）
　第4項（他の条項との関係）他の条項が優先適用
第8条（国際海上運送及び国際航空運送）

第１項（船舶又は航空機による国際運輸）居住地国で課税
第２項（共同計算、共同経営又は国際経営共同体）本条の適用
第９条（特殊関連企業）
第１項（移転価格税制の適用）
第２項（対応的調整）
第10条（配当）
第１項（配当に対する居住地国での課税）
第２項（配当に対する源泉地国での課税）親子間（25％以上保有）は５％、その他は15％での課税
第３項（配当の定義）支払地国の国内法による
第４項（恒久的施設に実質的に関連を有する場合）軽減税率の適用はなく、事業所得課税
第５項（追掛け課税の禁止、留保所得課税の禁止）
第11条（利子）
第１項（利子に対する居住地国での課税）
第２項（利子に対する源泉地国での課税）10％以下での課税
第３項（利子の定義）
第４項（恒久的施設に実質的に関連を有する場合）軽減税率の適用はなく、事業所得課税
第５項（利子の源泉地。恒久的施設が負担する利子の源泉地）
債務者主義で判定。恒久的施設が負担する利子は、ＰＥ所在地。
第６項（独立企業間価格を超える対価）軽減税率の適用なし。
第12条（使用料）
第１項（使用料に対する居住地国での課税）居住地国課税、源泉地で免税。
第２項（使用料の定義）
第３項（恒久的施設に実質的に関連を有する場合）免税の適用はなく、事業所得課税
第４項（独立企業間価格を超える対価）免税の適用なし。
第13条（譲渡収益）
第１項（不動産の譲渡）所在地国で課税
第２項（恒久的施設の事業用資産の譲渡）ＰＥ所在地国で課税
第３項（国際運輸業に運用する船舶又は航空機の譲渡）居住地国で課税
第４項（不動産化体株式の譲渡）源泉地国で課税
第５項（その他の財産の譲渡）居住地国課税
第14条（自由職業者所得）（2000年削除）
第15条（給与所得）
第１項（一般原則）勤務地に源泉があり、他国で勤務等しないかぎり課税されない。
第２項（短期滞在者免税）一般原則の例外
３つの要件を充足すると免税（183日以内、他国の雇用者からの支払、ＰＥで負担されない）
第３項（国際運輸業で運用する船舶又は航空機に行われる勤務）居住地国で課税
第16条（役員報酬）法人所在地国で課税
第17条（芸能人及び運動家）
第１項（芸能人等個人の課税）役務提供地国で課税
第２項（芸能法人等に発生する所得の課税）芸能人等の活動が行われる国で課税
第18条（退職年金）居住地国で課税
第19条（政府職員）
第１項（報酬）原則、派遣国課税

第２項（退職年金）原則、派遣国課税
第３項（政府等が行う事業関係の役務報酬）15条から18条による。
第20条（学生）国外から支払われる、生計、教育又は訓練のための給付は非課税
第21条（その他所得）
第１項（一般原則）その他所得は、居住地国課税
第２項（恒久的施設の事業用資産）ＰＥ所在地で課税
第22条（財産）
第１項（不動産）不動産の所在地で財産税を課税できる
第２項（恒久的施設の事業用資産）財産税を課税できる
第３項（船舶又は航空機）居住地国で課税
第４項（その他の財産）居住地国で課税できる
第23条Ａ（二重課税の排除）免除方式
第１項（居住地国の免除義務）
第２項（源泉地国で課税された配当・利子の例外規定：外国税額控除方式）
第３項（累進付国外所得免除方式）
第４項（外国税額控除方式の併用）
第23条Ｂ（二重課税の排除）税額控除方式
第１項（外国税額控除の義務）
第２項（累進付国外所得免除方式）
第24条（無差別取扱い）
第１項（国籍無差別）
第２項（無国籍者に対する拡大）
第３項（恒久的施設に関する無差別）
第４項（経費控除に関する無差別）
第５項（資本に対する無差別）
第６項（対象税目）
第25条（相互協議）
第１項（条約に適合しない課税の相互協議）相互協議の申立ては３年以内
第２項（条約に適合しない課税の相互協議）合意への努力。合意したら、期間制限なしに実施。
第３項（条約の解釈若しくは疑義、条約に定めのない場合における二重課税の排除のための協議）
第４項（相互協議の運営）
第５項（仲裁規定）２年以内に合意に達しない場合仲裁に付託
第26条（情報交換）
第１項（情報交換のルール）
形態：要請に基づく情報交換、自動的情報交換、自発的情報交換、同時調査、調査官派遣、産業別情報交換
第２項（受領した情報の開示に関する守秘義務規定）
第３項（情報交換における制限）
第４項（情報交換のための質問検査権）
第５項（銀行秘密等）
第27条（徴収共助）
第１項（徴収共助の原則）
第２項（租税債権の定義）

租税条約

第３項（徴収共助の形式：租税債権の徴収）
第４項（徴収共助の形式：租税債権の保全）
第５項（例外）租税債権に対して適用される期間制限や優先権は与えられない
第６項（被要請国での審理の禁止）
第７項（要請国で要件を充たさなくなった場合）
第８項（被要請国の協力義務の限度）

第28条（外交官）

第29条（特典を受ける権利）
第１項（特典を受ける権利は、適格な居住者に制限される）
第２項（適格居住者の定義）①個人、②一方の締約国や締約国の地方政府及びこれらの機関、③一定の公開法人等、④一定の公開法人等の関連者、⑤一定の非営利団体及び公認年金基金、⑥その他の団体で一定の所有者または課税標準浸食に関する基準を満たすもの、⑦一定の集団投資の媒体
第３項　２項の適格居住者に該当しない者が取得する一定の所得で、締約国内で事業の活動に従事し、かつ、当該所得が当該事業から又は当該事業に付随して生じる場合は、特典が与えられる。
第４項　適格居住者に該当しない団体に対して、条約上の特典等を受ける権利を有する一定の者が、当該団体の合意された割合以上の持ち分を有する場合に、特典が与えられる。
第５項　多国籍企業の本拠である法人として適格者とされる者に対して条約の恩典が与えられる。
第６項　第１項の規定に基づいて条約の特典が与えられない者に対して、権限のある当局が一定の条約の特典を与えることを認める規定。
第７項（第１項から第７項までの規定の適用に関する用語の定義）
第８項　第三国にある恒久的施設に帰せられる所得で、条約上居住地国で免税とされるものについて、第三国等での課税が、源泉地国で課税された場合の60％未満の場合は、条約の恩典は与えられない。例外はあり。
第９項　特典を受けることが、仕組みや取引の主たる目的の一つであったと判断することが妥当である場合には、原則として、特典は与えられない。

第30条（適用地域の拡張）

第31条（発効）

第32条（終了）

第3章
税務行政執行共助条約（租税に関する相互行政支援に関する条約）

前文
第1章　条約の適用範囲
　第1条（条約の目的及び対象となる者）
　　　行政支援の内容：情報の交換（同時税務調査及び海外における租税に関する調査への参加を含む。）、徴収における支援（保全を含む）、文書の送達
　第2条（対象となる租税）所得税（法人税）、譲渡収益税、純資産に対する税、相続税、消費税など
第2章　一般的定義
　第3条（定義）
第3章　支援の形態
　第1節　情報の交換
　　第4条（総則）
　　第5条（要請に基づく情報の交換）
　　第6条（自動的な情報の交換）
　　第7条（自発的な情報の交換）
　　第8条（同時税務調査）
　　第9条（海外における租税に関する調査）
　　第10条（矛盾する情報）提供国に通知する。
　第2節　徴収における支援
　　第11条（租税債権の徴収）
　　第12条（保全の措置）
　　第13条（要請に添付する書類）
　　　その条約の対象となる租税に関するものである旨の宣言及び徴収の場合には、租税債権が争われていない旨又は争われることがない旨の宣言等
　　第14条（期間制限）租税債権に係る期間は、要請国の法令によって規律される。最長15年。
　　第15条（優先権）被要請国では有しない。
　　第16条（納付の繰延べ）
　第3節　文書の送達
　　第17条（文書の送達）被要請国で、文書を名宛人に送達する。
第4章　全ての形態の支援に関する規定
　　第18条（要請国が提供する情報）
　　第19条（要請の拒否の可能性）
　　第20条（支援の要請への対応）速やかに通報する。
　　第21条（対象となる者の保護及び支援を行う義務の限度）
　　第22条（秘密）守秘義務、情報を利用できる範囲。
　　第23条（争訟の手続）要請国への提訴。その間、執行の停止。
第5章　特別規定

第24条（条約の実施）相互の通信。重大な、望ましくない結果の場合の協議。調整機関の監視。

第25条（言語）支援の要請と要請による回答は、OECD、EU の公用語のひとつで作成。

第26条（費用）通常の費用は、被要請国が負担、特別の費用は要請国が負担。

第６章　最終規定

第27条（他の国際協定又は取極）

第28条（この条約の署名及び効力発生）

第29条（条約の適用領域）特定することも可能。撤回も可。

第30条（留保）

第31条（廃棄）

第32条（寄託者及びその任務）

第２章　租税行政執行共助条約の現状（2022年12月１日現在）

出典　日本機械輸出組合

http://www.jmcti.org/trade/bull/zeimu/link/zeimu_shinchoku.htm

1　税務行政執行共助条約の締約国　120か国

（うち日本と二国間条約等を締結している国　70）

◆日本と二国間条約等を締結していない国・地域

アイスランド	アイルランド	アゼルバイジャン	アメリカ合衆国	アラブ首長国連邦
◆アルゼンチン	◆アルバニア	アルメニア	◆アンティグア・バーブーダ	◆アンドラ
イギリス	イスラエル	イタリア	インド	インドネシア
◆ウガンダ	ウクライナ	ウルグアイ	エクアドル	◆エスワティニ
エストニア	◆エルサルバドル	オーストラリア	オーストリア	オマーン
オランダ	カザフスタン	◆ガーナ	◆カーボベルデ	カタール
カナダ	◆カメルーン	韓国	◆北マケドニア	◆キプロス
◆ギリシャ	◆グアテマラ	クウェート	◆クック諸島	◆グレナダ
クロアチア	◆ケニア	◆コスタリカ	コロンビア	サウジアラビア
サモア	◆サンマリノ	ジャマイカ	ジョージア（グルジア）	シンガポール
スイス	スウェーデン	スロバキア	スロベニア	スペイン
◆セーシェル	◆セネガル	セルビア	◆セントクリストファー・ネービス	◆セントビンセント及びグレナディーン諸島
◆セントルシア	タイ	チェコ	中国	◆チュニジア
チリ	デンマーク	ドイツ	◆ドミニカ共和国	◆ドミニカ国
トルコ	◆ナイジェリア	◆ナウル	◆ナミビア	◆ニウエ
日本	ニュージーランド	ノルウェー	パキスタン	パナマ
◆バヌアツ	◆パラグアイ	◆バルバドス	◆バーレーン	バハマ
ハンガリー	フィンランド	ブラジル	フランス	ブルガリア
ブルネイ	◆ベリーズ	ペルー	ポーランド	◆ボスニア・ヘルツェゴヴィナ

◆ボツワナ	ポルトガル	ベルギー	◆マーシャル諸島	◆マルタ
マレーシア	南アフリカ	◆モナコ	◆モーリタニア	モルドバ
◆モーリシャス	◆モルディブ	モロッコ	◆モンテネグロ	メキシコ
◆ヨルダン	ラトビア	リトアニア	リヒテンシュタイン	◆リベリア
ルクセンブルク	ルーマニア	◆ルワンダ	◆レバノン	ロシア

2　税務行政執行共助条約の締約地域等　17地域
（うち日本と二国間条約等を締結している地域　8）

◆アルバ（蘭）	◆アンギラ（英）	バージン諸島（英）	ガーンジー（英）	◆キュラソー島（蘭）
◆グリーンランド（デンマーク）	ケイマン諸島（英）	◆ジブラルタル（英）	ジャージー（英）	◆セント・マーチン島（蘭）
◆タークス・カイコス諸島（英）	バーミューダ（英）	香港（中）	◆フェロー諸島（デンマーク）	マカオ（中）
マン島（英）	◆モントセラト（英）			

3　税務行政執行共助条約の署名国（未発効）９か国
（うち日本と二国間条約等を締結している国　２）

◆ガボン	◆トーゴ	フィリピン	◆ブルキナファソ	◆ベナン
◆ホンデュラス	◆パプアニューギニア	◆マダガスカル	◆モンゴル	

4　執行状況
(1)　租税条約に関する相互行政支援に関する条約の当事国等の告示のある国：39か国

アゼルバイジャン	アラブ首長国連邦	エストニア	◆エルサルバドル	オーストリア
オマーン	◆カーボベルデ	カタール	◆キプロス	◆グアテマラ
クウェート	サウジアラビア	◆ジャマイカ	◆セーシェル	◆セントルシア
中国	ドイツ	◆ドミニカ共和国	◆ナイジェリア	◆ナウル
ナンビア	◆ニウエ	パナマ	◆バヌアツ	ハンガリー
ブルガリア	ベルギー	ボスニア・ヘルツェゴビナ	◆モナコ	モロッコ
リトアニア	レバノン	ロシア	エスワティニ王国	ボツワナ
タイ	モーリタニア・イスラム共和国	ルワンダ	ブルキナファソ	

(2)　留意事項

税務行政執行共助条約は、わが国においては租税条約等実施特例法等の規定が整備されていますので、相手国からの要請があれば即実施できる体制に入っています。しかし、条約は、相対で双方公平の原則によりますので、わが国だけが執行するという一方通行での執行開始は想定できません。

相手国において我が国の要請に対応できる国内法が用意できているかによってわが国の執行状況が変わってくることになります。本条約の規定がそのまま国内法として適用される国は別として、新たに国内法の制定が必要な国についての情報が出てきていないのが現状です。

現在までに39か国について条約が効力を発する旨の告示がでています。情報交換等の規定は執行されるものと考えますが、これについても、CRS（金融情報の自動交換）と重複する可能性が強いので、どちらの規定で情報が送られてきたのかは、現状の政府の発表等からは理解できません。

以上のとおり、本条約の執行状況は見えていませんので、今後の政府の公表等を注意深く見ていく必要があるといえます。

第4章
OECD情報交換協定モデル

第1条　協定の対象及び目的
第2条　地域
第3条　対象税目
第4条　定義
第5条　要請に基づく情報交換
第6条　外国における税務調査
第7条　要請拒否の可能性
第8条　秘密
第9条　費用
第10条　実施法制
第11条　言語
第12条　他の国際協定又は取極め
第13条　相互協議
第14条　受寄者の機能
第15条　発効
第16条　終了

（参考）租税条約等に基づく相手国等との情報交換及び送達共助手続について（事務運営指針令3/6/24）

租税条約の規定に基づく情報交換のうち、個別的情報交換及び自発的情報交換に関する事務手続等について、別添のとおり定めたから、今後はこれによられたい。

（趣旨）

平成15年度税制改正により租税条約実施特例法の一部が改正され、租税条約の規定に基づき、相手国から情報提供の要請があった場合の質問検査権が創設された。そこで、相手国との情報交換の一層の迅速化、効率化を促進するために、事務手続の整備を行ったものである。

第1章　定義及び全般的留意事項

1　定義

(1)　租税条約、租税条約等又は相手国等

それぞれ、租税条約等の実施に伴う所得税法、法人税法及び地方税法の特例等に関する法律（昭和44年法律第46号。以下「租税条約等実施特例法」という。）第2条第1号から第3号までに定める租税条約、租税条約等又は相手国等をいう。

(2)　要請に基づく情報交換

租税条約等に基づき、その一方の締約国又は締約者（以下「締約国等」という。）が他方の締約国等に対して租税に関連した情報であって特定の者又は取引に関するものを提供することを要請し、その要請に基づき当該他方の締約国等が当該一方の締約国等に対して当該情報の提供を行うことをいう。

(3)　グループリクエスト

要請に基づく情報交換における情報の提供の要請であって、相手国等に対して、租税に関する調査の対象である納税者を特定することなく一定の条件を満たした納税者の集団に係る情報の提供を求めるものをいう。

(4) FATCAに基づく情報提供

日米共同声明に基づいて、FATCA（アメリカ合衆国（以下「米国」という。）の外国口座税務コンプライアンス法（Foreign Account Tax Compliance Act）をいう。）の実施のため米国内国歳入庁から日本国内金融機関の不同意米国口座及び不参加金融機関へ支払われた外国報告対象金額に係る情報の提供の要請があった場合に、当該情報を収集し、米国内国歳入庁に対して提供することをいう。

(注)「日米共同声明」とは、国際的な税務コンプライアンスの向上及びFATCA実施の円滑化のための米国財務省と日本当局の間の相互協力及び理解に関する声明の一部を修正する追加的声明（平成25年12月18日）によって修正された国際的な税務コンプライアンスの向上及びFATCA実施の円滑化のための米国財務省と日本当局の間の相互協力及び理解に関する声明（平成25年6月11日）をいい、「日本国内金融機関」、「不同意米国口座」、「不参加金融機関」又は「外国報告対象金額」は、それぞれ日米共同声明第1節1.(n)、(v)、(r)又は(i)に規定するものをいう（以下同じ。）

(5) 自発的情報交換

租税条約等に基づき、その一方の締約国等が他方の締約国等に対してその事前の要請に基づかずに行う租税に関連した情報の提供であって、当該一方の締約国等が租税の賦課又は徴収に係る調査その他の活動において収集した情報で当該他方の締約国等における租税の賦課又は徴収において有益であると認めるものについて行うものをいう。

(6) 特定国・地域からの実質的活動要件に係る自発的情報交換

自発的情報交換のうち、法人税に相当する税の課税がなく、又は名目的な課税のみを行う国・地域（以下「特定国・地域」という。）を居住地国とし、当該特定国・地域が実施するモニタリング（注1）において、実質的活動要件（注2）を充足していないと評価された法人等で、当該法人等の親会社、又は実質的支配者（以下「親会社等」という。）が日本居住者である場合等について、特定国・地域から行われるものをいう。

(注1) 特定国・地域が実施するモニタリングとは、特定国・地域において、法人等が実質的活動要件を充足するか否かを確認することをいう。

(注2) 実質的活動要件とは、特定国・地域において、法人等が実質的な経済活動を行っているかについて判断する際の当該特定国・地域における国内法に定める要件をいう。

(7) 自動的情報交換

租税条約等に基づき、その一方の締約国等が他方の締約国等に対してその事前の要請に基づかずに行う租税に関連した情報の提供であって、当該一方の締約国等がその法令に基づいて収集した租税に関連した情報のうち一定のものについて自動的に行うものをいう。

(8) 共通報告基準に係る自動的情報交換

自動的情報交換のうち、租税条約等実施特例法第10条の6第1項の規定により、報告金融機関等から所轄税務署長に提供される報告事項に係る情報又は相手国等においてこれに相当する情報について行うものをいう。

(9) 報告書検査

租税条約等実施特例法第10条の8の規定に基づく報告事項の提供に関する調査についての質問検査をいう。

(10) 国別報告書に係る自動的情報交換

自動的情報交換のうち、租税特別措置法（昭和32年法律第26号）第66条の４の４第１項の規定により、特定多国籍企業グループの最終親会社等若しくは代理親会社等に該当する内国法人から所轄税務署長に提供される国別報告事項に係る情報又は相手国等においてこれに相当する情報（以下「国別報告書」と総称する。）について行うものをいう。

（注）上記の「特定多国籍企業グループ」、「最終親会社等」、「代理親会社等」又は「国別報告事項」は、それぞれ租税特別措置法第66条の４の４第４項第３号、第５号若しくは第６号又は第１項に規定するものをいう（以下同じ。）。

⑾ 情報交換

⑵、⑸及び⑹に掲げるものをいう。

⑿ 送達共助

租税条約等に基づき、その一方の締約国等が他方の締約国等の要請を受けて、当該他方の締約国等から発出される文書であって、当該租税条約等の対象となる租税に関するものを名宛人に送達することをいう。

⒀ 庁国際業務課

⒁ 庁課税総括課

⒂ 庁管理運営課

⒃ 庁主管課

⒄ 局課税総括課

⒅ 局管理者

⒆ 署管理者

⒇ 情報収集担当者

㉑ 報告書検査実施担当者

㉒ 税務当局

２ 守秘義務

租税条約等実施特例法の規定に基づく情報提供のための調査又は相手国等の租税の徴収に関する事務に関して知ることができた秘密については、国税通則法（昭和37年法律第66号）第127条により守秘義務が課されていることに留意する。

また、租税条約等の規定に基づいて入手した情報については、租税条約等の規定により守秘義務が課されていることに留意する。

３ 相手国等との協議

庁国際業務課は、相手国等との間で、必要に応じ、情報交換若しくは送達共助の実施方法又はこれらに係る重要な事案の取扱方法その他の事項について協議を行い、相手国等との情報交換又は送達共助の一層の迅速化及び効率化を促進するよう努めるべきことに留意する。

第２章　要請に基づく情報交換（相手国等への要請）に係る事務手続

１ 情報提供の要請に係る進達

国税の適正な賦課又は徴収のために必要な情報であって国内において入手することの困難なものがあるときは、要請に基づく情報交換により当該情報を提供することを相手国等に要請をすることができる。この要請をする場合には、局管理者又は署管理者（以下「局（署）管理者」という。）は、進達書を作成し、これを庁主管課に（署管理者にあっては局管理者を経由して）送付することにより進達を行う。

２ 事前の相談

３ 相手国等への情報提供の要請

４ 犯則調査での利用を目的とする情報の提供の要請

５ 相手国等から受領した情報の回付

6　相手国等から受領した情報の納税者への開示

国税局又は税務署の当該職員は、相手国等からその提供した情報を調査の対象者に開示しないことの求めがあった場合を除き、調査の対象である納税者に対して当該情報を開示することができる。

(注) 当該納税者に対して当該情報を開示するに当たっては、開示する範囲を必要最小限に限るとともに、原則として、当該情報の内容を記載した書面を提示する方法又は口頭で告知する方法により開示することとし、当該相手国等から入手した資料そのものを安易に提示しないことに留意する。

7　不開示の求めに係る相手国等への照会等

8　相手国等に行った情報提供の要請事案の管理

9　相手国等に対する進捗状況の照会等

10　相手国等から受領した情報の活用事績の報告

第3章　要請に基づく情報交換（相手国等からの要請）に係る事務手続

1　租税条約等による情報不提供事由に関する検討

2　情報の収集先の特定に関する検討

3　必要犯則情報の提供の要請に係る必要書面の受領の確認

4　情報提供の要請の庁主管課への回付等

5　不開示の求めに係る相手国等への照会等

6　情報の収集の可否に係る検討等

7　情報の収集

8　権限等の説明

9　収集した情報の報告

10　相手国等への情報の提供

11　相手国等から受けた情報提供の要請事案の管理

12　相手国等からの進捗状況の照会等

第4章　FATCAに基づく情報提供に係る事務手続

1　FATCAに基づく情報提供の要請

2　特定金融機関に対する照会文書の発出

3　特定金融機関に対する進捗状況の照会

4　米国内国歳入庁への情報の提供

5　FATCAに基づく情報提供の要請に係る事案の管理

6　要請に基づく情報交換に係る規定の適用関係

第5章　自発的情報交換に係る事務手続

Ⅰ　自発的情報交換による情報の提供

1　自発的情報交換の対象となる情報

自発的情報交換により相手国等に提供するべき情報は、当該相手国等の納税者に関する情報であって、当該相手国等における租税の賦課又は徴収において有益であると認めるものである。

なお、平成27年10月に経済協力開発機構（OECD）が公表した税源浸食と利益移転（BEPS）行動計画5最終報告書において、税務当局による特定の納税者の課税関係に関する決定、伝達その他の行為で他の国の租税収入に影響を及ぼしうるもの（Ⅱ4において「ルーリング」という。）に関し、当該行為を行った税務当局は、それにより影響を受けうる国の税務当局に対して自発的情報交換により当該行為に係る情報を提供するべきとされたことを踏まえ、相互協議を伴わない事前確認の事案に関する情報については、自発的情報交換により当該事案に関係がある相手国等に提供する必要があることに留意する。

2　自発的な情報提供に係る進達
3　相手国等への情報の提供
4　自発的な情報提供に係る事案の管理
Ⅱ　自発的情報交換による情報の受領
1　相手国等からの自発的な情報提供の受領
2　相手国等から受領した情報の納税者への開示
3　相手国等からの自発的な情報提供に係る事案の管理
4　相手国等から受領した情報の活用事績の報告
Ⅲ　特定国・地域からの実質的活動要件に係る自発的情報交換
1　特定国・地域からの実質的活動要件に係る自発的情報交換による情報の受領

庁国際業務課は、以下のいずれかの基準に該当する場合、特定国・地域で活動する法人等について、特定国・地域の税務当局から、実質的活動要件に係る自発的情報交換資料を受領する。

⑴　法人等の親会社等が日本居住者であり、当該特定国・地域の行うモニタリング活動において、当該法人等が実質的活動要件を充足していないと評価された場合

⑵　特定国・地域において、無形資産に関連する一定の事業を行う法人等で、その親会社等が日本居住者である場合（特定国・地域におけるモニタリング活動に不備がある場合は全ての情報が、モニタリング活動が完備されている場合は、一部の項目について、自発的情報交換が行われることに留意する。）

⑶　特定国・地域において、金融、リース、銀行、保険等の事業を行う法人等であって、その親会社等が日本居住者である場合（ただし、特定国・地域におけるモニタリング活動に不備がある場合に限る。）

また、庁国際業務課は、特定国・地域から、実質的活動要件に係る自発的情報交換資料の提供を受けた場合において、当該自発的情報交換資料に形式的な誤り又は不備があると認めるときは、その旨を当該特定国・地域の税務当局に伝達し、速やかに確認することを求める。

2　特定国・地域からの実質的活動要件に係る自発的情報交換資料の庁主管課等への回付
3　情報交換要請による追加情報の取得
4　実質的活動要件に係る自発的情報交換資料の開示

国税局又は税務署の当該職員は、特定国・地域からその提供した情報を調査の対象者に開示しないことの求めがあった場合を除き、調査の対象である納税者に対して、当該情報を開示することができる。

(注)　当該納税者に対して当該情報を開示するに当たっては、開示する範囲を必要最小限に限るとともに、原則として、当該情報の内容を記載した書面を提示する方法又は口頭で告知する方法により開示することとし、当該相手国等から入手した資料そのものを安易に提示しないことに留意する。

5　実質的活動要件に係る自発的情報交換資料の活用事績の報告
6　法人等の居住性の確認

庁国際業務課は、上記1⑴から⑶のいずれかの基準に該当する場合のほか、特定国・地域から、当該特定国・地域において日本居住者である旨を主張した法人等に係る情報を受領する。この場合において、当該法人等の居住性の確認を行い、日本居住者でないことが判明したときは、その結果を当該特定国・地域の税務当局へ通知する。

第6章　自動的情報交換に係る事務手続

Ⅰ　共通報告基準に係る自動的情報交換
1　共通報告基準に係る情報の提供

報告金融機関等の本店又は主たる事務所の所在地（当該報告金融機関等が国内に本店又は主たる事務所を有しない場合その他の租税条約等実施特例法施行令第６条の12第２項で定める場合には、同項で定める場所）の所轄税務署長は、租税条約等実施特例法第10条の６の規定に基づき報告金融機関等から報告事項の提供を受けた場合には、庁管理運営課（国税庁徴収部管理運営課をいう。Ⅲにおいて同じ。）が定める手続により、それを庁国際業務課に対して回付する。

庁国際業務課は、当該報告事項を９月末日までに、当該報告事項に係る非居住者の居住地である相手国等の税務当局に対して提供する。

2　共通報告基準に係る情報の受領

3　相手国等に所在する金融機関等の不遵守に係る相手国等への通知

⑴　通知に係る連絡

局（署）管理者は、相手国等から受領した共通報告基準に係る情報について、相手国等に所在する金融機関等が共通報告基準と整合的な報告義務を遵守していないと認められ、調査等への活用に著しい支障を及ぼす場合には、別紙様式17により連絡せんを作成し、庁主管課に（署管理者にあっては局管理者を経由して）送付する。

庁主管課は、当該連絡せんを受領したときは、連絡せんに記載すべき事項が適切に記載されていることを確認した上で、これを庁国際業務課に回付する。

⑵　相手国等への通知

庁国際業務課は、⑴の連絡せんの回付を受けたときは、必要に応じて庁主管課と協議の上、相手国等との情報交換の状況その他の事情を考慮し、相手国等への通知の適否について検討を行う。

庁国際業務課は、検討の結果、当該通知を適当と判断した場合には、適時に相手国等に対して通知を行う。

⑶　相手国等に対して行った通知の管理

庁国際業務課は別紙様式18⑴により「整理簿」を作成することにより、相手国等に対して行った通知に係る事案の管理を行う。

⑷　相手国等に対する進捗状況の照会等

相手国等に対して通知を行った場合において、相当の期間が経過したにもかかわらず当該相手国等から回答がないときは、特段の事情がある場合を除き、庁国際業務課は、当該相手国等に対して回答に向けた進捗状況について照会を行うとともに、速やかな回答を督促する。

4　相手国等からの報告金融機関等の不遵守に係る通知

⑴　相手国等からの通知の検討

庁国際業務課は、相手国等から報告金融機関等が共通報告基準と整合的な報告義務を遵守していないと認められる旨の通知があった場合には、当該通知において、報告金融機関等が適切に特定されているか否か及びその不遵守の内容が明確なものとなっているか否かを検討する。

検討の結果、報告金融機関等が適切に特定されていない又は不遵守の内容が明確なものとなっていないと判断した場合には、当該相手国等に対してその旨、その理由を伝達し、当該報告金融機関等を適切に特定すること又は当該不遵守の内容を明確にすることを依頼する。

⑵　相手国等からの通知の庁課税総括課への回付等

庁国際業務課は、⑴の検討の結果、相手国等からの通知において、報告金融機関等が適切に特定されている及びその不遵守の内容が明確なものとなっていると判断した場合には、必要に応じて和訳を施した上で、別紙様式19により当該通知を速やかに庁課税総括課に回付する。この際に、庁課税総括課は、必要に応じて報告書検査の実施方針について庁国際業務課と協議する。

(3) 局課税総括課への回付

庁課税総括課は、庁国際業務課から回付を受けた相手国等からの通知を速やかに局課税総括課に回付する。

(4) 報告書検査の実施

局課税総括課は、(3)により庁課税総括課から相手国等からの通知の回付を受けた場合には、報告書検査実施担当者を指名し、指名を受けた報告書検査実施担当者は速やかに報告書検査を実施する。

(5) 報告書検査の結果の報告

局課税総括課は、報告書検査実施担当者が行った報告書検査の結果について別紙様式20により報告書を作成し、庁課税総括課に送付する。

庁課税総括課は、局課税総括課から当該報告書を受領したときは、当該報告書に記載された内容が相手国等からの通知に応じたものであることについて確認をした上で、これを速やかに庁国際業務課に回付する。

(6) 相手国等への報告書の内容の回答

庁国際業務課は、庁課税総括課から(5)の報告書の回付を受けた場合には、必要に応じて庁課税総括課と協議の上、当該報告書に記載された内容が相手国等からの通知に応じたものであることについて確認を行う。

庁国際業務課は、確認の結果、当該報告書に記載された内容が相手国等からの通知に応じたものであると認めるときは、当該報告書に記載された内容を、速やかに当該通知を行った相手国等に伝達する。

(7) 相手国等からの通知に係る事案の管理

局課税総括課及び庁課税総括課は別紙様式21により「管理簿」を、庁国際業務課は別紙様式18(2)により「整理簿」を、それぞれ作成することにより、相手国等からの通知に係る事案の管理を行う。

庁国際業務課は、四半期ごとに、その整理簿と庁課税総括課の保有する管理簿との間の照合を行うことにより、当該通知に係る事案が適切に管理されているか否かの確認を行い、適切に管理が行われていない事実を把握した場合には、庁課税総括課に対して適切な管理を行うべき旨を要請する。庁課税総括課は、庁国際業務課から要請を受けた場合には、局課税総括課に対して、適切な管理を行うように指導する。

なお、相手国等からの通知に係る事案の管理に当たっては、「国際的な税務コンプライアンスの向上のための金融口座情報の自動的交換に関する権限のある当局間のモデル合意」に関するコメンタリーにおいて、相手国等から通知を受けた日から90日以内に相手国等に対し通知に係る回答又は進捗状況の通知をすべきであるとされていることを踏まえ、適切な事案の進行管理を行うべきことに留意する。

(8) 相手国等からの進捗状況の照会等

庁国際業務課は、相手国等から、通知に係る回答の進捗状況について照会を受けた場合には、速やかにその旨を庁課税総括課に伝達する。

庁課税総括課は、必要に応じて局課税総括課に確認した上で、速やかに当該報告書検査の進捗状況を庁国際業務課に伝達する。

庁国際業務課は、庁課税総括課からの伝達の内容に基づいて当該報告書検査の進捗状況に関し説明を作成し、速やかに当該相手国等に回答する。

Ⅱ 国別報告書に係る自動的情報交換

1 国別報告書の提供

庁国際業務課は、特定多国籍企業グループの最終親会社等又は代理親会社等から提出された国別報告書を当該特定多国籍企業グループの各最終親会計年度終了の日の翌日から15か月以内（最初の最終親会計年度に限り18か月以内）に、当該特定多国籍企業グループの構成会社等の居住地国等の税務当局に提供する。

2　国別報告書の受領

Ⅲ　その他の自動的情報交換

1　自動的な情報の提供

国税局資料センター（国税局（沖縄国税事務所を除く。）徴収部管理運営課又は沖縄国税事務所徴収課が運営する資料センターをいう。）は、非居住者への金銭の支払、物品の譲渡その他の取引（以下2において「金銭の支払等」という。）について、税務署長に提出された支払調書を基に情報を作成し、庁管理運営課に対して進達を行う。庁管理運営課は、進達を受けた情報を庁国際業務課に回付する。

庁国際業務課は回付を受けた情報を、自動的情報交換として、当該情報に係る非居住者の居住地である相手国等（当該相手国等との間で締結されている租税条約等において自動的情報交換に関する規定が定められていない場合における当該相手国等を除く。2において同じ。）に提供する。

2　自動的な情報の受領

庁国際業務課は、相手国等から自動的情報交換として我が国の居住者への金銭の支払等に関する情報を受領した場合には、これを速やかに庁管理運営課を経由して当該情報に係る納税者の納税地を所轄する国税局及び税務署に回付する。

第7章　情報の二次利用に関する同意の要請に係る事務手続

Ⅰ　相手国等からの情報の二次利用に関する同意の要請

1　二次利用に関する同意に係る検討

庁国際業務課は、租税条約等に定めるところにより、当該租税条約等に基づく情報交換により相手国等に提供した情報の二次利用（当該情報をその提供を受けた国等の刑事事件（当該国等の租税に関する刑事事件その他の当該国等の税務当局が調査を行う犯則事件を除く。）の捜査又は審判（以下この章において「捜査等」という。）に使用することをいう。以下同じ。）をすることについて、当該相手国等の税務当局から同意の要請があったときは、二次利用非適格事由に該当するか否かを検討する。この場合において、「二次利用非適格事由」とは、租税条約等実施特例法第8条の2第2項各号に定める次の場合（略）であることに留意する。

2　法務省刑事局の確認

3　相手国等への回答

Ⅱ　相手国等への情報の二次利用に関する同意の要請

1　二次利用に関する同意の要請に係る進達

2　二次利用に関する同意の要請に係る検討

3　相手国等からの回答の伝達

4　二次利用を要請した行政機関への対応

第8章　相手国等税務職員等に対する顕彰

1　顕彰

2　顕彰の対象者の選定

第9章　送達共助に係る事務手続

Ⅰ　相手国等への送達共助の要請

1　送達共助の要請に係る進達及び回付

国税に関する法律の規定に基づいて税務署長その他の行政機関の長又はその職員が発す

る文書について相手国等に対して送達共助の要請をする必要がある場合において、税務署長その他の行政機関からその旨の連絡を受けた局（署）管理者は、当該要請について別紙様式10により庁主管課に（署管理者にあっては局管理者を経由して）進達を行い、庁主管課は、当該要請の内容を確認の上、これを庁国際業務課に対して回付する。

（注）送達共助の要請を検討するに当たり、相手国等の領域内の者に対し、送達共助の要請の方法によらず、郵便により直接に文書の送達を実施することが可能であることに留意する。ただし、租税に関する相互行政支援に関する条約（平成25年条約第4号。以下「税務執行共助条約」という。）第30条第1項eに規定する郵便による文書の送達を認めない権利を留保している相手国等については、郵便により直接に文書を送達することが認められないことに留意する。

2　送達共助の要請に係る検討

庁国際業務課は、1の進達を受けたときは、当該進達に係る送達共助の要請について、次に掲げる事項を充足しているか否かの検討を行う。

⑴　文書の送達を受けるべき者が特定されていること。

⑵　送達共助に係る規定がある租税条約等に係る相手国等への要請であること。

⑶　租税条約等の規定により送達共助の対象となる文書であること。

⑷　相手国等において、租税条約等により送達共助を実施する義務を負わないこととされている場合に該当しないこと。

検討の結果、上に掲げる事項のいずれかが充足されていないと判断した場合には、庁国際業務課は、送達共助の要請を行うことができない旨を、庁主管課を経由して局（署）管理者に（署管理者には局管理者を経由して）伝達する。

（注）送達の要請の対象となる文書は、「要請国から発出される文書（司法上の決定に関する文書を含む。）であって、この条約の対象となる租税に関するもの」（税務執行共助条約第17条第1項）であり、かつ、「国税に関する法律の規定に基づいて税務署長その他の行政機関の長又はその職員が発する書類」（租税条約等実施特例法第11条の3第2項）と規定されていることに留意する。

3　相手国等への送達共助の要請

4　送達完了の連絡

5　送達共助の要請に係る事案の管理

Ⅱ　相手国等からの送達共助の要請

1　相手国等からの送達共助の要請に係る検討

庁国際業務課は、相手国等から送達共助の要請を受けたときは、当該要請について、次に掲げる事項を充足しているか否かの検討を行う。

⑴　文書の送達を受けるべき者が特定されていること。

⑵　送達共助に係る規定がある租税条約等に係る相手国等からの要請であること。

⑶　租税条約等の規定により送達共助の対象となる文書であること。

⑷　我が国において、租税条約等により送達共助を実施する義務を負わないこととされている場合に該当しないこと。

検討の結果、上に掲げる事項のいずれかが充足されていないと判断した場合には、庁国際業務課は、送達を行うことができない旨及びその理由を、当該相手国等に対して伝達する。

（注）送達共助の要請の対象となる文書は、「要請国から発出される文書（司法上の決定に関する文書を含む。）であって、この条約の対象となる租税に関するもの」（税務執行共助条約第17条第1項）と規定されていることに留意する。

2　送達共助の要請の回付

3　送達共助の要請に係る文書の送達
4　送付完了の報告
5　送達共助の要請をした相手国等への通知
6　相手国等からの送達共助の要請に係る事案の管理

第5章
BEPS防止措置実施条約

1　BEPS防止措置実施条約の概要

標題に関する基礎資料は次のとおりである。

正式名称（和文）	BEPS防止のための租税条約関連措置の実施に係る多国間協定
英文タイトル	Multilateral Convention to implement Tax Treaty Related Measures to Prevent BEPS
署名日	2017年6月7日
署名国等	署名（98か国）
BEPS国際協定の構成	全39条

以下、「BEPS防止のための租税条約関連措置の実施に係る多国間協定」は、以下「BEPS防止条約」とする。

2　BEPS防止条約の各条項

以下は各条項の見出しである。

第1款	範囲及び用語の解釈
第1条	条約の範囲
第2条	用語の解釈
第2款	ハイブリッド・ミスマッチ
第3条	構成員課税事業体
第4条	双方居住者となる事業体
第5条	二重課税排除の方法の適用
第3款	租税条約の濫用
第6条	既存の租税条約の目的の補正
第7条	租税条約の濫用防止
第8条	配当譲渡取引
第9条	不動産化体株式の譲渡所得
第10条	第三国所在の恒久的施設を利用する租税回避防止ルール
第11条	自国居住者の条約適用の制限の適用
第4款	恒久的施設判定の回避
第12条	コミッショネア契約等を利用した恒久的施設の判定の人為的回避
第13条	準備的補助的活動を利用した恒久的施設判定の人為的回避
第14条	建設工事等の契約の分割
第15条	企業に密接に関する者の定義
第5款	紛争解決の改善
第16条	相互協議手続
第17条	対応的調整
第6款	仲裁

第18条	第６款適用の選択
第19条	強制仲裁
第20条	仲裁の委任
第21条	仲裁手続の秘密保護
第22条	仲裁決定前に解決した場合
第23条	仲裁手続の形態
第24条	異なる解決の合意
第25条	仲裁手続の費用
第26条	既存の租税条約に仲裁がない場合の補充
第７款	最終諸規定
第27条	承認の署名・批准・受託
第28条	留保
第29条	通知
第30条	既存の租税条約の修正
第31条	加盟国会議
第32条	解釈と施行
第33条	修正
第34条	適用開始
第35条	終了
第36条	第６款（仲裁）の開始
第37条	脱退
第38条	議定書との関連

3　本条約によって導入されるＢＥＰＳ防止措置

本条約によって既存の租税条約に導入されるBEPS防止措置は、租税条約の濫用等を通じた租税回避行為の防止に関する措置、及び、二重課税の排除等納税者にとっての不確実性排除に関する措置であるが、具体的なBEPS防止措置は次のとおりである。

①　BEPS行動計画２「ハイブリッド・ミスマッチ取極めの効果の無効化」
②　BEPS行動計画６「租税条約の濫用防止」
③　BEPS行動計画７「恒久的施設認定の人為的回避の防止」
④　BEPS行動14「相互協議の効果的実施」

4　既存の租税条約との適用関係

既存の租税条約との関係は次のとおりである。

①　本条約の各締約国は、その既存の租税条約のいずれを本条約の適用対象とするかを任意に選択することができる。
②　各租税条約のいずれかの締約国が本条約の締約国でない場合、又は、その租税条約を本条約の適用対象として選択していない場合は、本条約はその租税条約については適用されないことになる。2017年６月７日の署名には、米国が参加していないことから、日米間には本条約が適用されないことになる。

5　適用対象国

日本がBEPS条約の適用対象国として選択した国等は、以下の43である。★は日本とBEPS条約が適用可能となった国である（2023年8月30日現在）。

1）アイルランド★	2）アラブ首長国連邦★	3）イスラエル★	4）イタリア
5）インド★	6）インドネシア★	7）ウクライナ★	8）英国★
9）エジプト★	10）オーストラリア★	11）オマーン★	12）オランダ★
13）カザフスタン★	14）カタール★	15）カナダ★	16）韓国★
17）クウェート	18）サウジアラビア★	19）シンガポール★	20）スウェーデン★
21）スロバキア★	22）タイ★	23）チェコ★	24）中国★
25）ドイツ★	26）トルコ	27）ニュージーランド★	28）ノルウェー★
29）パキスタン★	30）ハンガリー★	31）フィジー	32）フィンランド★
33）フランス★	34）ブルガリア★	35）ベトナム★	36）ポーランド★
37）ポルトガル★	38）香港★	39）マレーシア★	40）南アフリカ★
41）メキシコ★	42）ルーマニア★	43）ルクセンブルク★	

（注）フィンランドと香港は概要・統合条文の一部修正

6　日本が適用することを選択している本条約の規定

① 課税上存在しない団体を通じて取得される所得に対する条約適用に関する規定（第3条）
② 双方居住者に該当する団体の居住地国の決定に関する規定（第4条）
③ 租税条約の目的に関する前文の文言に関する規定（第6条）
④ 取引の主たる目的に基づく条約の特典の否認に関する規定（第7条）
⑤ 主に不動産から価値が構成される株式等の譲渡収益に対する課税に関する規定（第9条）
⑥ 第三国内にある恒久的施設に帰属する利得に対する特典の制限に関する規定（第10条）
⑦ コミッショネア契約を通じた恒久的施設の地位の人為的な回避に関する規定（第12条）
⑧ 特定活動の除外を利用した恒久的施設の地位の人為的な回避に関する規定（第13条）
⑨ 相互協議手続の改善に関する規定（第16条）
⑩ 移転価格課税への対応的調整に関する規定（第17条）
⑪ 義務的かつ拘束力を有する仲裁に関する規定（第6部）

7　日本が適用しないことを選択している本条約の規定

① 二重課税除去のための所得免除方式の適用の制限に関する規定（第5条）
② 特典を受けることができる者を適格者等に制限する規定（第7条）
③ 配当を移転する取引に対する軽減税率の適用の制限に関する規定（第8条）
④ 自国の居住者に対する課税権の制限に関する規定（第11条）
⑤ 契約の分割による恒久的施設の地位の人為的な回避に関する規定（第14条）

第6章
CRS（共通報告基準）に基づく金融情報の自動的情報交換

（ポイント）

この制度は、各国政府が国際的な脱税や租税回避に対処するための制度であるが、我が国では租税条約等実施特例法に規定されている制度である。クロスボーダーで活動する企業や富裕層にとっては、どの国で、どのような情報が日本政府に提供されるかを理解することが必要である。

基本は、金融機関等が個人と特定法人（公益法人、上場企業、その子会社等以外の法人で、①資産性の所得が50％以上又は②法人の資産のうちに資産性資産が占める割合が50％以上の法人（①と②に共に該当する法人を含む。）が該当するものと規定されている。）の金融情報を各国政府に提出し、その情報をOECDの開発した共通受信システム（CTS：Common Transmission System）を通じて毎年自動的に交換されることになっている。

下記にわが国の制度を説明するが、各国も同様の制度を規定していると思われるので、我が国の制度を理解することで、各国の制度も理解できる。

租税条約

1　制度の概要

外国の金融機関等を利用した国際的な脱税及び租税回避に対処するため、OECDにおいて、非居住者に係る金融口座情報を税務当局間で自動的に交換するための国際基準である「共通報告基準（CRS：Common Reporting Standard）」が公表され、日本を含む各国がその実施を約束した。

この基準に基づき、各国の税務当局は、自国に所在する金融機関等から非居住者（外国法人を含む。以下同じ。）が保有する金融口座情報の報告を受け、租税条約等の情報交換規定に基づき、その非居住者の居住地国の税務当局に対しその情報を提供する。

国内に所在する金融機関は、非居住者の保有する口座につき、口座保有者の氏名、住所（法人名）、居住地国、外国の納税者番号、口座残高、利子・配当等の年間受取総額等の情報を所轄税務署長に報告する。

平成27年度税制改正により、平成29年1月1日以後、新たに金融機関等に口座開設等を行う者等は、金融機関等へ居住地国名等を記載した届出書の提出が必要となった。

また、国内に所在する金融機関等は、平成30年以後、毎年4月30日までに特定の非居住者の金融口座情報を所轄税務署長に報告し、報告された金融口座情報は、租税条約等の情報交換規定に基づき、各国税務当局と自動的に交換されることとされた。

2　非居住者に係る金融口座情報の自動的交換のための報告制度の整備

(1)　新規特定取引を行う者による新規届出書の提出

平成29年1月1日以後に報告金融機関等（預金機関、特定保険会社、保管機関等）との間でその営業所等を通じて特定取引を行う者は、特定対象者の居住地国等を記載した届出書を、その特定取引を行う際、当該報告金融機関等の営業所等の長に提出しなければならないことと規定された（租税条約等実施特例法10の5①）。

なお、特定取引とは、報告金融機関等との間で行われる預貯金の預入等の一定の金融取引をいう（租税条約等実施特例法10の5⑧三）。

⑵ 報告金融機関等による既存特定取引に係る特定対象者の住所等所在地国と認められる国又は地域の特定手続

報告金融機関等は、平成28年12月31日以前に特定取引を行った者で同日において当該特定取引に係る契約を締結しているものにつき、平成30年12月31日（一定の特定取引に係る契約については平成29年12月31日）までに、所定の特定手続を実施した上、当該報告金融機関等の保有する特定対象者に関する情報に基づき当該特定対象者の住所等所在地国と認められる国又は地域を特定しなければならないこととされている（租税条約等実施特例法10の5②）。

⑶ 報告金融機関等による所轄税務署長に対する報告事項の提供

報告金融機関等は、その年の12月31日において、当該報告金融機関等との間でその営業所等を通じて特定取引を行った者が報告対象契約を締結している場合には、特定対象者の居住地国等及び当該報告対象契約に係る資産の価額、当該資産の運用、保有又は譲渡による収入金額を、その年の翌年4月30日までに、当該報告金融機関等の本店等の所在地の所轄税務署長に提供しなければならないことと規定された（租税条約等実施特例法10の6①）。

⑷ 報告事項の提供の回避を主たる目的とする行為等があつた場合の特例

① 報告金融機関等との間でその営業所等を通じて特定取引を行つた者若しくはその関係者又は当該報告金融機関等が、当該特定取引に係る契約に関する報告事項について、報告事項の提供を回避することを主たる目的の一つとして当該報告事項に係る行為を行つた場合又はその行為がなかつたならば同項の規定により提供されたであろう報告事項と異なる内容の報告事項を提供させることを主たる目的の一つとして当該行為（当該特定取引に係る契約に関する報告事項に係る行為に限る。）を行つた場合には、これらの行為がなかつたものとして適用する（租税条約等実施特例法10の7①）。

② 報告金融機関等との間でその営業所等を通じて特定取引を行つた者若しくはその関係者又は当該報告金融機関等が、当該特定取引に係る契約に関する報告事項について、報告事項の提供を回避することを主たる目的の一つとして当該報告事項に関し通常行われると認められる行為を行わなかつた場合又はその行為があつたならば同項の規定により提供されたであろう報告事項と異なる内容の報告事項を提供させることを主たる目的の一つとして当該行為（当該特定取引に係る契約に関する報告事項に関し通常行われると認められる行為に限る。）を行わなかつた場合には、これらの行為があつたものとして適用する（租税条約等実施特例法7②）。

⑸ その他

① 報告金融機関等は、新規届出書等の提出を受けた場合又は特定対象者の住所等所在地国と認められる国若しくは地域の特定を行った場合には、特定対象者の特定居住地国に関する事項等一定の事項に関する記録を文書等により作成し、保存しなければならないこととされた（租税条約等実施特例法10の8①）。

② 税務職員は、報告事項の提供に関する調査について必要があるときは、当該報告事項の提供をする義務がある者に質問し、帳簿書類その他の物件を検査し、又は当該物件（その写しを含みます。）の提示若しくは提出を求めることができることとされた（租税条約等実施特例法10の9①）。

3　金融情報が交換される国々（2023年１月１日現在の情報）（租税条約等実施法10の６②一）

(1)　報告対象国（計108か国・地域）

2017年に初回交換（49か国・地域）			
アイスランド	アイルランド	アルゼンチン	イタリア
インド	英国	(英)アンギラ＊	(英)英領バージン諸島＊
(英)ガーンジー	(英)ケイマン諸島＊	(英)ジブラルタル	(英)ジャージー
(英)ターコス・カイコス諸島＊	(英)バミューダ＊	(英)マン島	(英)モンセラット＊
エストニア	オランダ	キプロス	ギリシャ
クロアチア	コロンビア	サンマリノ	スウェーデン
スペイン	スロバキア	スロベニア	セーシェル
大韓民国	チェコ	デンマーク	フェロー諸島
ドイツ	ノルウェー	ハンガリー	フィンランド
フランス	ブルガリア＊	ベルギー	ポーランド
ポルトガル	マルタ	南アフリカ共和国	メキシコ
ラトビア	リトアニア	リヒテンシュタイン	ルーマニア＊
ルクセンブルク			

2018年に初回交換（51か国・地域）			
アゼルバイジャン	アラブ首長国連邦＊	アンティグア・バーブーダ	アンドラ
イスラエル	インドネシア	ウルグアイ	オーストラリア
オーストリア	(蘭)アルバ＊	(蘭)キュラソー	(蘭)セントマーティン＊
カタール＊	カナダ	クック諸島	グレナダ
コスタリカ＊	サウジアラビア	サモア＊	シンガポール
スイス	セントクリストファー・ネービス＊	セントビンセント及びグレナディーン諸島＊	セントルシア
中華人民共和国	香港	マカオ＊	チリ
グリーンランド	ドミニカ国＊	トリニダード・トバゴ	トルコ
ナウル＊	ニウエ	日本	ニュージーランド
パキスタン	パナマ	バヌアツ＊	バハマ＊
バルバドス	バーレーン＊	ブラジル	ブルネイ・ダルサラーム＊
ベリーズ＊	マーシャル諸島＊	マレーシア	モナコ
モーリシャス	レバノン＊	ロシア	

2019年に初回交換（２か国・地域）			
ガーナ	クウェート＊		

2020年に初回交換（４か国・地域）			
オマーン＊	ナイジェリア	(仏)ニューカレドニア	ペル

2021年に初回交換（３か国・地域）			
アルバニア	エクアドル	カザフスタン	

2022年に初回交換（3か国・地域）			
ケニア	ジャマイカ	モルディブ	

（ケニアは、日本との自動的情報交換の実施国になっていない。）

2023年に初回交換（10か国・地域）			
ウガンダ（2023）	タイ（2023）	モルドバ（2023）	モンテネグロ（2023）
ヨルダン（2023）	ウクライナ（2024）	ジョージア（2024）	チュニジア（2024）
ルワンダ（2024）	モロッコ（2025）		

初回交換時期未定（43か国・地域）			
アルジェリア	アルメニア	ウズベキスタン	エジプト
エスワティニ	エルサルバドル	カーボベルデ	ガイアナ
ガボン	カメルーン	カンボジア	北マケドニア
ギニア	グアテマラ	コートジボワール	コンゴ共和国
ジブチ	セネガル	セルビア	タンザニア
チャド	トーゴ	ドミニカ共和国	ナミビア
ニジェール	ハイチ	パプアニューギニア	パラオ
パラグアイ	フィリピン	ブルキナファソ	ベトナム
ベナン	ベラルーシ	ボスニア・ヘルツェゴビナ	ボツワナ
ホンジュラス	マダガスカル	マリ	モーリタニア
モンゴル	リベリア	レソト	

＊は、日本からの情報提供を行わない国・地域である。

4　CRS 情報の自動的情報交換の開始について

(1)　初回交換の状況

初回交換において、国税庁は、日本の非居住者に係る金融口座情報90,155件を58か国・地域に提供した一方、日本の居住者に係る金融口座情報744,986件を74か国・地域から受領した（平成30事務年度）。

アジア・大洋州	445,919件
北米・中南米	41,995件
欧州・NIS 諸国	232,492件
中東・アフリカ	24,580件
合計	744,986件

(2)　令和3年事務年度（令和3年7月から令和4年6月まで）の交換の状況

初年度は原則として新規口座及び個人の口座残高1億円超の既存高額口座だけでしたが、それ以降、個人既存低額口座（口座残高1億円以下）及び法人既存口座が対象になっています。提供した口座数は77か国651,794件、受領したのは94か国2,500,664件です。受領した内訳は次のとおりです。

アジア・太平洋	1,644,896件
北米・中南米	216,480件
欧州・NIS 諸国	325,978件
中東・アフリカ	313,310件
合計	2,500,664件

⑶　受領した情報の活用

受領した金融口座情報は、国外送金等調書、国外財産調書、財産債務調書、その他既に保有している様々な情報と併せて分析する。国税庁は、これらの分析を通じて、海外への資産隠しや国際的租税回避行為をはじめとした様々な課税上の問題点を幅広く的確に把握し、適切に対応していくこととされている。

また、徴収の分野においても、受領した金融口座情報を活用し、外国税務当局への徴収共助の要請等を行っていく。

5　OECDの取組

OECDより「CRS回避の仕組みと問題あるオフショア操作に対する義務的開示制度」に関する以下の文書が刊行されている。

① Public Discussion Draft Mandatory Disclosure Rules for Addressing CRS Avoidance Arrangements and Opaque Offshore Structures (11 Dec. 2017)

② Model Mandatory Disclosure Rules for Addressing CRS Avoidance Arrangements and Opaque Offshore Structures (2018)

③ International Exchange Framework for Mandatory Disclosure Rules for Addressing CRS Avoidance Arrangements and Opaque Offshore Structures (June 2019)

(参考) 非居住者に係る金融口座情報の自動的交換のための報告制度（FAQ）国税庁
令和４年７月最終改訂

目次

1　非居住者に係る金融口座情報の自動的交換のための報告制度の概要

Q１　非居住者に係る金融口座情報の自動的交換のための報告制度が導入された経緯について教えてください。

Q２　租税条約等に基づく税務当局間の情報交換の概要について教えてください。

Q３　OECDで策定された「共通報告基準（CRS）」の概要について教えてください。

Q４　金融機関による金融口座情報の報告に関して、共通報告基準とFATCAで相違する点はありますか。

Q５　非居住者に係る金融口座情報の自動的交換のための報告制度の概要について教えてください。

2　居住地国等の特定手続

⑴　新規特定取引を行う者による新規届出書の提出手続

Q６　特定対象者の居住地国が報告対象国以外（例：日本）である場合、新規届出書を提出する必要がありますか。

Q７　国・地方公共団体が新規特定取引を行う場合、新規届出書を提出する必要がありますか。

Q８　国・地方公共団体が差押債権の取立てを行う場合、新規届出書を提出する必要がありますか。

Q９　報告金融機関等は、新規届出書の記載事項を何に基づいて確認する必要がありますか。

Q10　新規特定取引を行う者による新規届出書の提出の免除に関する特例は、同一の報告金融機関等の異なる営業所等に新規届出書等を提出していた場合にも適用されますか。

⑵　報告金融機関等による特定対象者の住所等所在地国と認められる国又は地域の特定手続

Q11　個人既存低額／高額特定取引契約者につき、住所等所在地国と認められる国又は地域が報告対象国以外であることを示す住所等所在地国情報のみがあった場合、当該報告対象国以外の国又は地域を特定する必要がありますか。

Q12　個人既存低額／高額特定取引契約者につき、複数の住所等所在地国と認められる国又は地域を示す住所等所在地国情報があった場合、当該複数の国又は地域を全て特定する必要がありますか。

Q13　個人既存低額／高額特定取引契約者につき、特定取引データベース検索等を行った結果、その者に係るいずれの住所等所在地国情報もなく、住所等所在地国と認められる国又は地域が特定されなかった場合、更に何らかの手続を行う必要がありますか。

Q14　個人既存高額特定取引契約者の住所等所在地国と認められる国又は地域を特定する場合、特定業務担当者からの聴取を行うこととされています。この特定業務担当者について教えてください。

Q15　個人既存低額特定取引契約者について、個人既存高額特定取引契約者に係る特定手続を適用した場合、特定期限も変更されるのでしょうか。

Q16　居住地住所テストは、証拠書類の取得年月日をシステムや帳簿上で管理していない限り、採用することはできないのでしょうか。

Q17　法人既存特定取引契約者につき、住所等所在地国と認められる国又は地域が報告対象国以外であることを示す本店所在地国情報のみがあった場合、当該報告対象国以外の国又は地域を特定する必要がありますか。

Q18　法人既存特定取引契約者につき、その保存している記録による確認を行った結果、その者に係る本店所在地国情報がなく、住所等所在地国と認められる国又は地域が特定されなかった場合、更に何らかの手続を行う必要がありますか。

Q19　国・地方公共団体について、住所等所在地国と認められる国又は地域の特定手続を実施する必要がありますか。

Q20　法人既存特定取引契約者の締結している契約に係る特定取引に係る特定取引契約資産額が2,500万円以下である場合に、任意にその者の住所等所在地国と認められる国又は地域を特定し、報告することはできますか。

Q21　報告金融機関等は、任意届出書の記載事項を何に基づいて確認する必要がありますか。

3　居住地国等の再特定手続

(1)　新規特定取引（既存特定取引につき任意届出書の提出があった場合を含みます。）に関する再特定手続

Q22　異動届出書は、いつまでに提出する必要がありますか。

Q23　報告金融機関等は、異動届出書の記載事項を何に基づいて確認する必要がありますか。

Q24　相続により報告対象契約に係る契約者の変更が発生した場合、報告金融機関等及び相続人は何らかの手続を行う必要がありますか。

(2)　報告金融機関等による新規届出書等を提出した者等の住所等所在地国と認められる国又は地域の再特定手続

Q25　報告金融機関等による新規届出書等を提出した者等の住所等所在地国と認められる国又は地域の再特定手続について教えてください。

(3)　既存特定取引（既存特定取引につき任意届出書の提出があった場合を除きます。）に関する再特定手続

Q26　報告金融機関等は、住所等所在地国と認められる国又は地域の再特定手続について教えてください。

4　居住地国等の特定手続及び再特定手続に共通するもの

Q27　外貨で表示されている特定取引契約資産額はどのような方法で邦貨に換算すればよい

ですか。

Q28-1　イ(ロ)の関連事業体との間で締結している他の特定取引について、どのような場合に特定取引契約資産額を合算すればよいですか。

Q28-2　一定の支配関係がある法人との間で締結している他の特定取引について、どのような場合に特定取引契約資産額を合算すればよいですか。

Q29　現在のシステムでの対応が困難な場合、既存特定取引契約者に係る合算対象特定取引契約がある場合の特定取引契約資産額の合算を行うためにシステム開発を行う必要はありますか。

Q30　特定対象者の生年月日等を保有していない場合の報告金融機関等による情報取得努力義務につき、発行国の法令により納税者番号の提供が禁止されている場合は、生年月日のみを取得すればよいですか。

Q31　一定期間取引等がない特定取引契約に係る特定手続の免除に関する特例は、個人・法人を問わず適用されますか。

Q32　一定期間取引等がない特定取引契約に係る特定手続の免除に関する特例の適用がある場合、任意に住所等所在地国と認められる国又は地域を特定し、報告することはできますか。

5　報告金融機関等の報告事項の提供

Q33　報告対象契約以外の契約について、任意に報告事項を提供することはできますか。

Q34　報告対象契約及び報告対象国について教えてください。

Q35　不記録口座として報告が必要な報告対象契約とはどのような契約でしょうか。

Q36　特定手続を完了した旨や報告すべき取引がないことを報告する必要がありますか。

Q37　報告対象契約に係る報告事項の提供を行った場合、当該報告対象契約が終了するまでは、毎年報告を行う必要がありますか。

Q38　報告事項とされている「その年の12月31日における報告対象契約に係る資産の価額」と「その年の報告対象契約に係る資産の運用、保有又は譲渡による収入金額」について教えてください。

Q39　個人既存低額特定取引契約者及び法人既存特定取引契約者について、特定期限は平成30年12月31日、初回の報告期限は平成31年４月30日とされています。平成29年12月31日までにその者に係る住所等所在地国と認められる国又は地域を特定した場合、いつまでに報告を行う必要がありますか。

Q40　報告事項の提供方法について教えてください。

6　報告金融機関等による記録の作成及び保存

Q41　提出を受けた新規届出書等を保存することにより、記録の作成・保存とすることはできますか。

Q42　新規届出書等の提出を受けた後に異動届出書の提出を受けた場合、新規届出書等の提出を受けた際に作成し保存している記録を上書きしてもよいですか。

7　罰則

Q43　新規届出書等を提出しなかった場合の罰則について教えてください。

8　その他（用語の意味等）

Q44　居住地国の判定について教えてください。

Q45　納税者番号について教えてください。

Q46　特定法人の範囲について教えてください。

Q47　実質的支配者とはどのような者かを教えてください。

Q48　新規届出書等を電磁的方法により提出することはできますか。

Q49　国税庁においてリーフレット等を作成していますか。

Q50　金融商品取引業者はいつから報告金融機関等に該当することとなりますか。

Q51　特定目的会社はいつから報告金融機関等に該当することとなりますか。

Q52　今後報告金融機関等に該当することが分かっています。あらかじめ任意届出書の提出を依頼し、当該任意届出書の提出を受け記載事項の確認を行った場合、報告金融機関等該当後の既存特定取引に係る特定手続を省略してもよいですか。

Q53　所得相互免除法の改正について教えてください。

第6編　各国情報

アイスランド

国名	アイスランド Republic of Iceland
人口（万人）（外務省）	36（2020年１月）
GDP（億 USD）（外務省）	208（2020年）
１人当たりの GDP（USD）	57,189（2020年）

法人税率	20%
キャピタルゲイン税	20%
外国法人支店税	20%
源泉徴収	配当20%、利子20%（非居住者15%）、使用料20%
支店送金税	なし
損失の繰戻	なし
損失の繰越	10年
付加価値税	24%（標準税率）
個人所得税	最高税率40%
相続税・贈与税	なし

日本との租税条約の内容

1　署名日、発効日、対象税目

（署名）2018年１月15日　（発効）2018年10月２日

対象税目：アイスランド（国税である所得税、地方税である所得税、特別炭化水素税）、日本（所得税、法人税、復興特別所得税、地方法人税、住民税）

2　双方居住者、特典条項の取扱い

(1)　個人は振り分け規定、法人は両締約国の合意

(2)　特典条項の取扱い　LOB、PPT

3　恒久的施設の範囲

(1)　準備的補助的活動の制限

(2)　従属代理人の範囲拡大（BEPS 勧告及び国内法と同様）

(3)　在庫保有代理人　なし

(4)　建設工事　12か月超は PE となる

(5)　建設工事監督等　PE とならない

(6)　事業利得　OECD 承認アプローチ（AOA）を導入

4　国際運輸業所得

国際運輸業所得は、相互免除として居住地国のみで課税される。また、相手国が事業税相当の税を対象とする場合、事業税をも免除する

5　配当

保有期間６か月以上、持分保有割合25%以上の特定の親子間配当は免税、親子配当の限度税率５%である。一般配当は15%である

6　利子

原則免税。利子のうち、収入、売上等の支払金に該当する者の限度税率は10%である。

各国情報

7　使用料

原則免税

8　キャピタルゲイン、自由職業所得、役員報酬

(1)　不動産　所在地国課税

(2)　PE所在　所在地国課税

(3)　株式　居住地国課税

(4)　不動産化体株式　居住地国課税

(5)　その他のもの　居住地国課税

(6)　自由職業所得　規定なし

(7)　役員報酬　法人所在地国でも課税

9　給与所得（短期滞在者免税の要件等）、芸能人所得

(1)　短期滞在者免税　OECDモデルと同じで、183日以内の滞在等の場合は、免税

(2)　芸能人所得　役務提供地国で課税。企業が芸能人等の役務提供活動を行う場合には、PEを有するものとされる

10　退職年金、政府職員、教授

(1)　退職年金　居住地国課税

(2)　政府職員　接受国の国民等を除き派遣国でのみ課税

(3)　教授　規定なし

11　学生、事業修習者等

(1)　学生　生計、教育又は訓練のための国外源泉分は免税

(2)　事業修習者　生計、１年間の免税

(3)　事業習得者　規定なし

12　その他所得（明示なき所得）

居住地国課税

13　二重課税の排除の方法等、無差別取扱い

(1)　二重課税の排除は税額控除による

(2)　無差別取扱い　国籍、PE、外国資本に対して規定あり

14　相互協議、情報交換、徴収共助、外交官、国内法上の有利な取扱い、適用地域の拡張

(1)　相互協議　仲裁規定あり（議定書２）

(2)　情報交換　金融情報を含む情報交換

(3)　徴収共助　国際的徴収共助

アイルランド

国名	アイルランド Ireland
人口（万人）（外務省）	512（2022年）
GDP（億USD）（外務省）	5,161（2022年）
１人当たりGDP（USD）	101,509（2022年）

法人税率	12.5%
キャピタルゲイン税	33%
外国法人支店税	12.5%

源泉徴収	配当20%、利子20%、使用料20%
支店送金税	0%
損失の繰戻	1年
損失の繰越	無制限
付加価値税	23%（標準税率）
個人所得税	最高税率40%
相続税・贈与税	税率いずれも33%（Capital Acquisition Tax）

日本との租税条約の内容

1　署名日、発効日、対象税目

1974年1月18日署名。発効日は1974年12月4日。対象税目は、わが国では、所得税、法人税及び住民税とされ、アイルランドでは、所得税（付加税を含む。）及び法人利潤税とされている

2　双方居住者、特典条項の取扱い

(1)　双方居住者　個人は協議により、法人は本店所在地国の居住者とする

(2)　特典条項の取扱い　特典条項の規定はない

3　恒久的施設の範囲

(1)　在庫保有代理人　PEとなる

(2)　注文取得代理人　PEとならない

(3)　建設工事　12か月超はPEとなる

(4)　建設工事監督等　PEとならない

(5)　芸能人活動　PEとなる

4　国際運輸業所得

国際運輸業所得は、相互免除として居住地国のみで課税される。また、相手国が事業税相当の税の免除をする場合、当方も事業税を免除する

5　配当

わが国においては、一般配当は限度税率15%、親子間配当は限度税率10%であり、親子間とは出資比率25%以上、所有期間6か月で判定される。アイルランドにおいては、非課税であり、付加税も免除となる

6　利子

限度税率は10%。利子には償還差益を含む

7　使用料

限度税率は10%

8　キャピタルゲイン、自由職業所得、役員報酬

(1)　不動産　所在地国課税

(2)　PE　所在地国課税

(3)　株式　居住地国課税

(4)　不動産化体株式　居住地国課税

(5)　その他のもの　居住地国課税

(6)　自由職業所得　固定的施設を有する場合にその固定的施設に帰属する所得についてのみ課税

(7)　役員報酬　法人所在地国でも課税

各国情報

9　給与所得（短期滞在者免税の要件等）、芸能人所得

⑴　短期滞在者免税　暦年基準で、183日以内の滞在等の場合は、免税

⑵　芸能人所得　役務提供地国で課税。企業が芸能人等の役務提供活動を行う場合には、PE を有するものとされる

10　退職年金、政府職員、教授

⑴　退職年金　保険年金とともに居住地国課税

⑵　政府職員　接受国の国民等を除き派遣国でのみ課税

⑶　教授　滞在期間２年以内、教育又は研究を目的とする教授は、教育・研究の報酬は免税

11　学生、事業修習者等

⑴　学生　生計、教育又は訓練のための国外源泉分は免税

⑵　役務対価　年間60万円まで免税

⑶　事業修習者　生計、教育又は訓練のための国外源泉分は免税

⑷　事業習得者　規定なし

⑸　政府ベース　規定なし

12　その他所得（明示なき所得）

居住地国課税

13　二重課税の排除の方法等、無差別取扱い

⑴　二重課税の排除は税額控除による

⑵　みなし外国税額控除は、アイルランドの税制改正により1981年から適用なし

⑶　無差別取扱い　国籍、PE、外国資本に対して規定あり

14　相互協議、情報交換、徴収共助、外交官、国内法上の有利な取扱い、適用地域の拡張

⑴　相互協議　規定あり

⑵　情報交換　条約の対象税目についての情報に限定

⑶　徴収共助　規定なし

15　議定書、交換公文等に規定されている事項

みなし外国税額控除の対象となるアイルランドにおける税の減免措置（アイルランドの法令の改正により現在適用なし）

アゼルバイジャン共和国

国名	アゼルバイジャン共和国 Republic of Azerbaijan
人口（万人）（外務省）	1,030（2022年）
GDP（億 USD）（外務省）	546（2022年）
１人当たり GDP（USD）	5,398（2021年）

法人税率	20%
外国法人支店税	20%
源泉徴収（条約適用）	配当７％、利子７％、使用料７％
支店送金税	10%
損失の繰戻	なし
損失の繰越	５年

付加価値税	18%
日本との租税条約	あり（旧日本・ソ連租税条約の適用）
個人所得税	最高税率25%
遺産税・贈与税	なし

日本との租税条約の内容

1　署名日、発効日、対象税目

2022年12月27日署名、発効日未定。1986年発効の旧ソ連との租税条約の改正

対象税目　アゼルバイジャンは所得税、法人税

対象税目　日本は、所得税、法人税、復興特別所得税、地方法人税、住民税、

2　双方居住者、特典条項の取扱い

(1)　双方居住者　個人は振り分け規定、法人は両締約国の合意

(2)　特典条項の取扱い　なし

3　恒久的施設の範囲

(1)　準備的補助的活動の制限

(2)　従属代理人の範囲拡大（BEPS 勧告及び国内法と同様）

(3)　在庫保有代理人　なし

(4)　事業利得　AOA の改良型

4　国際運輸所得

相互免除として居住地国のみで課税される

5　配当

７％

6　利子

政府等免税、その他７％

7　使用料

著作権は７％

8　キャピタルゲイン、自由職業所得、役員報酬

(1)　不動産　所在地国課税

(2)　PE 所在　所在地国課税

(3)　株式　居住地国課税

(4)　不動産化体株式　居住地国課税

(5)　その他のもの　居住地国課税

(6)　自由職業所得　規定あり

(7)　役員報酬　法人所在地国でも課税

9　給与所得（短期滞在者免税の要件等）、芸能人所得

(1)　短期滞在者免税　OECD モデルと同じで、183日以内の滞在等の場合は、免税

(2)　芸能人所得　役務提供地国で課税。企業が芸能人等の役務提供活動を行う場合には、活動した国で課税

10　退職年金、政府職員、教授

(1)　退職年金　居住地国課税

(2)　政府職員　接受国の国民等を除き派遣国でのみ課税

11　学生、事業修習者等

(1)　学生　生計、教育又は訓練のための国外源泉分は免税

(2)　事業修習者　２年間の免税

12　その他所得（明示なき所得）

居住地国課税

13　二重課税の排除の方法等、無差別取扱い

(1)　二重課税の排除は税額控除による

(2)　無差別取扱い　国籍、PE、外国資本に対して規定あり

14　相互協議、情報交換、徴収共助

(1)　相互協議　仲裁規定なし

(2)　情報交換　規定あり

(3)　徴収共助　規定あり

アメリカ合衆国

国名	アメリカ合衆国 United States of America
人口（万人）（外務省）	33,200（2021年）
GDP（億 USD）（外務省）	184,226（2020年）
1人当たり GDP（USD）	69,221（2020年）

法人税率	21%（2018年1月～）
選択的ミニマム税	廃止
源泉徴収	配当・利子・使用料（非居住者への適用税率　30%）
損失の繰戻	なし
損失の繰越	無制限
州所得税	0～13%
州売上税	州により異なる
日本との租税条約	あり
個人所得税	最高税率37%（2018年）
遺産税・贈与税	最高税率35%（相続税を課す州もある。）

日本との租税条約の内容

1　署名日、発効日、対象税目

第3次条約は、2003年11月6日署名。発効日は2004年3月30日。2013年1月24日改正議定書署名（2019年8月発効）

2　双方居住者、特典条項の取扱い

(1)　双方居住者　個人はOECD基準により振り分ける

(2)　特典条項の取扱い　LOB

3　恒久的施設の範囲

(1)　在庫保有代理人　PEとならない

(2)　注文取得代理人　PEとならない

(3)　建設工事　12か月超はPEとなる

(4)　建設工事監督等（芸能活動等）　PEとならない

4　国際運輸業所得

相互免除（居住地国でのみ課税）。免税対象税目には、日本側は住民税及び事業税、米国側は住民税類似及び事業税類似の税が追加されている。国際運用所得には、付随的な裸用船料、コンテナ及びその運送のための関連設備の使用、保持又は賃貸から取得する利得も含まれる

5　配当

⑴　一般配当　限度税率は10%

⑵　親子間配当

①　出資比率10%以上（間接含む。）は、限度税率５%

②　出資比率50%以上（間接含む。）かつ所有期間６か月で免税（配当受領者が上場会社等一定の要件を満たしていることが追加的要件。一定の年金基金が受け取る配当は免税

6　利子

条約免税、売上等を基礎にして算定されるもの10%

7　使用料

免税

8　キャピタルゲイン、自由職業所得、役員報酬

⑴　不動産　所在地国課税

⑵　PE　所在地国課税

⑶　株式　居住地国課税。破綻金融機関の株式譲渡益は、所在地国課税

⑷　不動産化体株式　源泉地国課税

⑸　その他のもの　居住地国課税

⑹　自由職業所得　規定なし

⑺　役員報酬　法人所在地国でも課税　日本語訳訂正

9　給与所得（短期滞在者免税の要件等）、芸能人所得

⑴　短期滞在者免税　OECDモデルと同じで183日以内の滞在等の場合、免税。連続する12か月で判定

⑵　芸能人所得

役務の提供地国で課税（報酬が年間10,000ドルまでは免税）

10　退職年金、政府職員、教授

⑴　退職年金　居住地国課税（保険年金、離婚手当等を含む。）

⑵　政府職員　接受国の国民等を除き、派遣国でのみ課税する

⑶　教授　滞在期間２年以内、教育又は研究を目的とする教授は、教育・研究の報酬は免税

11　学生・事業修習者等

⑴　学生　生計、教育又は訓練のための国外源泉分は免税

⑵　役務対価　規定なし

⑶　事業修習者　生計、教育又は訓練のための国外源泉分は免税（免税期間１年）

⑷　事業習得者　規定なし

⑸　政府ベース　規定なし

12　その他所得（明示なき所得）

居住地国課税

13　二重課税の排除の方法等、無差別取扱い

⑴　二重課税の排除は、税額控除による。源泉規定あり

⑵　無差別取扱い　OECDモデルに準拠しているが、例外あり

各国情報

14　**相互協議、情報交換、徴収共助、外交官**
(1)　相互協議　規定あり　仲裁制度
(2)　情報交換　規定あり
(3)　徴収共助　国際的徴収共助制度
(4)　外交官　規定あり
(5)　国内法上の不利な取扱い　規定あり
(6)　適用地域の拡張　規定なし
15　**議定書、交換公文等に規定されている事項**
(1)　議定書に規定されている事項
①連邦消費税（支払保険料及び民間財団の消費税）、②者の定義（法人以外の団体）、③年金基金、④ PE 消滅後の所得、⑤独立企業原則の適用、⑥不動産投資信託の配当⑦支店利益税の課税対象、⑧レポ取引、⑨不動産投資信託の分配、⑩ストックオプション、⑪居住者のうち、上場会社の定義、⑫非適格居住者の条約上の特典を享受する権利を判定する基準、⑬匿名組合契約等
(2)　交換公文に規定されている事項
①国際運輸業所得の課税免除、② PE の資本の額、③移転価格課税事案の解決、④日本国の配当受領特定日、⑤債券に含まれるもの、⑥管理に関与する当局、⑦監督機関、⑧情報の収集先の範囲

アラブ首長国連邦

国名	アラブ首長国連邦 United Arab Emirates
人口（万人）（外務省）	989（2020年）
GDP（億 USD）（外務省）	4,211（2019年）
1人当たり GDP（USD）	43,103（2019年）

法人税率	0％、2023年より連邦法人税9％導入
源泉徴収	0％
個人所得税	なし
遺産税・贈与税	なし
湾岸協力会議加盟国（GCC）が内国民待遇として課税しない 7首長国から構成されている。課税は各首長ごとに異なる	

各国情報

日本との租税条約の内容

1　**署名日、発効日、対象税目**
2013年5月署名。発効は2014年12月。対象税目は、日本が、所得税、法人税、復興特別所得税、復興特別法人税及び住民税、UAE が所得税と法人税となっている
2　**双方居住者、特典条項の取扱い**
(1)　双方居住者　個人は振り分けルールの適用、個人以外は当局の合意による
(2)　特典条項の取扱い　議定書11に濫用防止規定がある
3　**恒久的施設の範囲**
(1)　在庫保有代理人　PE にならない

(2) 注文取得代理人　PEにならない
(3) 建設工事　12か月超はPEとなる
(4) 建設工事監督等　PEとならない

4　国際運輸業所得

国際運輸業所得は企業の居住地国課税となる。相手国が日本の事業税相当の税の課税を免除する場合、日本側も事業税の課税を免除する

5　配当

配当（親子間配当10%保有、期間６か月）の限度税率は５%、一般配当は10%

6　利子

利子の限度税率は10%、政府・中央銀行等の所得する利子所得は免税となる

7　使用料

使用料の限度税率は10%となる

8　キャピタルゲイン、自由職業所得、役員報酬

(1) 不動産　所在地国課税
(2) PE　所在地国課税
(3) 株式　原則居住地国課税、事業譲渡類似の場合は源泉地国課税
(4) 不動産化体株式　不動産所在地国課税
(5) その他　居住地国課税
(6) 自由職業所得　規定なし
(7) 役員報酬　法人所在地国でも課税

9　給与所得（短期滞在者免税の要件等）、芸能人所得

(1) 短期滞在者免税　OECDモデルと同じ183日ルール
(2) 芸能人所得　役務提供地で課税。芸能法人等の場合も役務提供地で課税

10　退職年金、政府職員、教授

(1) 退職年金　居住地国課税
(2) 政府職員　接受国の国民等を除き派遣国で課税
(3) 教授　規定なし

11　学生、事業修習者等

(1) 学生　生計、訓練又は教育のための国外源泉分は免税
(2) 事業修習者　生計、訓練又は教育のための国外源泉分は免税（２年間）

12　その他所得（明示なき所得）

(1) 匿名組合　組合員が取得する所得は源泉地国課税
(2) その他所得　居住地国課税

13　二重課税の排除の方法等、無差別取扱い

税額控除方式による。所得源泉地のみなし規定がある

14　相互協議、情報交換、徴収共助、外交官

(1) 相互協議　規定あり
(2) 情報交換　規定あり
(3) 徴収共助　規定なし
(4) 適用地域の拡張　規定なし

15　議定書、交換公文等に規定されている事項

議定書11に租税条約濫用防止がある

アルジェリア

国名	アルジェリア民主人民共和国 People's Democratic Republic of Algeria 1962年フランスから独立
人口（万人）（外務省）	4,460（2022年）
GDP（億 USD）（外務省）	1,630億ドル（2021年）
1人当たりの GNI（USD）	3,660ドル（2021年）

法人税率	19%（製造業）、23%（建設業他）、26%（商業、サービス他）
キャピタルゲイン	3年で長期短期を区分し、長期は譲渡益の35%、短期は譲渡益の70%が法人所得として課税。
源泉徴収	配当15%、利子20・40%、使用料21・30%
損失の繰越	4年　繰戻なし
付加価値税	19%（標準税率）
個人所得税	最高税率35%
相続税	あり

日本との租税条約の内容

1　署名日、発効日、対象税目

2023年2月7日署名。発効日未定。対象税目：アルジェリアは、全世界所得に対する租税、法人利得に対する租税、専門的活動に係る租税、炭化水素の探査、調査、開発及びパイプラインによる輸送の活動に関する成果に対する使用税その他の租税

対象税目：日本は、所得税、法人税、復興特別所得税、地方法人税、住民税

2　双方居住者

⑴　双方居住者　個人は振り分け規定、法人は合意

⑵　特典条項の取扱い　なし

3　恒久的施設の範囲

⑴　サービス PE（12か月の期間合計183日を超える活動）

⑵　準備的補助的活動の制限

⑶　従属代理人の範囲拡大（BEPS 勧告及び国内法と同様）

⑷　在庫保有代理人　なし

⑸　建設工事　6か月超は PE となる

⑹　建設工事監督等　PE となる

⑺　事業利得　従来型で（AOA）ではない

4　国際運輸所得

相互免除として居住地国のみで課税される

5　配当

親子間配当5%（議決権保有割合25%以上・保有期間365日以上）、その他10%

6　利子

政府等免税、その他7%

7　使用料

10%

8　キャピタルゲイン、自由職業所得、役員報酬

(1) 不動産　所在地国課税

(2) PE所在　所在地国課税

(3) 不動産化体株式　居住地国課税

(4) その他のもの　居住地国課税

(5) 役員報酬　法人所在地国でも課税

9　給与所得（短期滞在者免税の要件等）、芸能人所得

(1) 短期滞在者免税　OECDモデルと同じで、183日以内の滞在等の場合は、免税

(2) 芸能人所得　役務提供地国で課税。企業が芸能人等の役務提供活動を行う場合には、活動した国で課税

10　退職年金、政府職員、教授

(1) 退職年金　居住地国課税

(2) 政府職員　接受国の国民等を除き派遣国でのみ課税

(3) 教授　規定なし

11　学生、事業修習者等

(1) 学生　生計、教育又は訓練のための国外源泉分は免税

(2) 事業修習者　２年間の免税

12　その他所得（明示なき所得）

居住地国課税

13　二重課税の排除の方法等、無差別取扱い

(1) 二重課税の排除は税額控除による

(2) 無差別取扱い　国籍、PE、外国資本に対して規定あり

15　相互協議、情報交換、徴収共助

(1) 相互協議　仲裁規定なし

(2) 情報交換　金融情報を含む情報交換の規定なし

(3) 徴収共助　規定あり

16　特典制限条項

規定あり

アルゼンチン共和国

国名	アルゼンチン共和国 Argentine Republic
人口（万人）（外務省）	4,538（2020年）
GDP（億USD）（外務省）	3,831（2020年）
１人当たりGDP（USD）	8,442（2020年）

法人税率	30%
キャピタルゲイン税	０、15、30%
外国法人支店税	30%
源泉徴収	配当０、７、35%、利子15.05、35%、使用料21、28、31.5%

損失の繰戻	なし
損失の繰越	5年
付加価値税	21%（標準税率）
個人所得税	35%（最高税率）

日本との租税条約の内容

1　署名日、発効日、対象税目

（署名）2019年6月27日、（未発効）2020年9月末現在

対象税目　アルゼンチン（所得税、推定最低所得税）、日本（所得税、法人税、復興特別所得税、地方法人税、住民税）

2　双方居住者、特典条項の取扱い

⑴　双方居住者　個人、法人は振り分け規定

⑵　特典条項の取扱い　PPT

3　恒久的施設の範囲

⑴　準備的補助的活動の制限

⑵　従属代理人の範囲拡大（BEPS勧告及び国内法と同様）

⑶　在庫保有代理人　なし

⑷　建設工事　6か月超はPEとなる

⑸　建設工事監督等　PEとならない

4　国際運輸業所得

国際運輸業所得は、相互免除として居住地国のみで課税される。また、相手国が事業税相当の税を対象とする場合、事業税をも免除する

5　配当

議決権株式25%以上6か月以上保有の親子間配当は10%、その他は15%

6　利子

政府等の受取分は免税、その他は12%

7　使用料

ニュースの使用等は3%、著作権は5%、その他は10%

8　キャピタルゲイン、自由職業所得、役員報酬

⑴　不動産　所在地国課税

⑵　PE所在　所在地国課税

⑶　株式　居住地国課税

⑷　不動産化体株式　居住地国課税

⑸　事業譲渡類似　譲渡者が法人の資本の25%以上に相当する株式を直接又は間接に所有していた場合には、当該収益の額の10%、その他の全ての場合には、当該収益の額の15パーセントとなる

⑹　その他のもの　居住地国課税

⑺　自由職業所得　規定あり

⑻　役員報酬　法人所在地国でも課税

9　給与所得（短期滞在者免税の要件等）、芸能人所得

⑴　短期滞在者免税　OECDモデルと同じで183日以内の滞在等の場合は、免税

⑵　芸能人所得　役務提供地国で課税

10　退職年金、政府職員、教授

⑴　退職年金　居住地国課税

各国情報

(2) 政府職員　接受国の国民等を除き派遣国でのみ課税
(3) 教授　規定なし

11　学生、事業修習者等

(1) 学生　生計、教育又は訓練のための国外源泉分は免税
(2) 事業修習者　１年間の免税
(3) 事業習得者　規定なし

12　その他所得（明示なき所得）

居住地国課税

13　二重課税の排除の方法等、無差別取扱い

(1) 二重課税の排除は税額控除による
(2) 無差別取扱い　国籍、PE、外国資本に対して規定あり

14　相互協議、情報交換、徴収共助、外交官、国内法上の有利な取扱い、適用地域の拡張

(1) 相互協議　アルゼンチンが他国との協定で仲裁規定を締結する場合、日本国の要請に基づき、仲裁規定を条約に規定することを目的として交渉を開始する
(2) 情報交換　金融情報を含む情報交換
(3) 徴収共助　国際的徴収共助

アルメニア共和国

国名	アルメニア共和国 Republic of Armenia
人口（万人）（外務省）	300（2021年）
GDP（億 USD）（外務省）	139（2021年）
１人当たり GDP（USD）	4,701（2021年）

法人税率	20%
外国法人支店税	20%
源泉徴収	配当10%、利子10%、使用料10%
損失の繰戻	なし
損失の繰越	５年
付加価値税	20%（標準税率）
日本との租税条約	あり（旧日本・ソ連租税条約の適用）
個人所得税	最高税率36%
遺産税・贈与税	なし

イスラエル国

国名	イスラエル国 Stare of Israael
人口（万人）（外務省）	950（2022年）
GDP（億 USD）（外務省）	4,816（2021年）

1人当たりGDP（USD）	51,430（2021年）

法人税率	23%
外国法人支店税	23%
源泉徴収	配当0％、15％、20％、25％、30％、利子0％、23％、使用料23%
支店送金税	なし
損失の繰戻	なし
損失の繰越	無制限
付加価値税	17％（標準税率）
個人所得税	50％（最高税率）
遺産税・贈与税	なし

日本との租税条約の内容

1　署名日、発効日、対象税目

1993年3月署名、発効は1993年12月、対象税目は、日本が、所得税、法人税及び住民税、イスラエルが、①所得税法及びその附属法令に従って課される税、②土地評価税法（Land Appreciation Tax Law）に従い財産の譲渡に対して課される税、となっている

2　双方居住者、特典条項の取扱い

(1)　双方居住者　個人は振分け規定の適用、個人以外はその者の本店又は主たる事務所の所在地の居住者となる

(2)　特典条項の取扱い　なし

3　恒久的施設の範囲

(1)　在庫保有代理人　PEにならない

(2)　注文取得代理人　PEにならない

(3)　建設工事　12か月超はPEとなる

(4)　建設工事監督等　PEにならない

4　国際運輸業所得

国際運輸業所得は企業の居住地国課税となる。相手国が日本の事業税相当の税の課税を免除する場合、日本側も事業税の課税を免除する

5　配当

配当（親子間配当25％保有、期間6か月）の限度税率は5％、一般配当は15％

6　利子

利子の限度税率は10％、政府・中央銀行等の所得する利子所得は免税となる

7　使用料

使用料の限度税率は10％となる

8　キャピタルゲイン、自由職業所得、役員報酬

(1)　不動産　所在地国課税

(2)　PE　所在地国課税

(3)　株式　源泉地国課税

(4)　不動産化体株式　規定なし

(5)　その他　源泉地国課税

(6)　自由職業所得　固定的施設があれば課税

⑺　役員報酬　法人所在地国でも課税

9　給与所得（短期滞在者免税の要件等）、芸能人所得

⑴　短期滞在者免税　暦年基準で183日ルール

⑵　芸能人所得　役務提供地で課税。政府間で合意された文化交流の場合は免税

10　退職年金、政府職員、教授

⑴　退職年金　居住地国課税

⑵　政府職員　接受国の国民等を除き派遣国で課税

⑶　教授　２年間滞在地国免税

11　学生、事業修習者等

⑴　学生　生計、訓練又は教育のための国外源泉分は免税

⑵　事業修習者　生計、訓練又は教育のための国外源泉分は免税

12　その他所得（明示なき所得）

源泉地国課税

13　二重課税の排除の方法等、無差別取扱い

税額控除方式による。みなし外国税額控除の規定なし

14　相互協議、情報交換、徴収共助、外交官

⑴　相互協議　規定あり

⑵　情報交換　規定あり

⑶　徴収共助　規定なし

イタリア共和国

国名	イタリア共和国 Italian Republic
人口（万人）（外務省）	6,036（2021年）
GDP（億 USD）（外務省）	21,103（2021年）
１人当たり GDP（USD）	35,473（2021年）

法人税率	24%
外国法人支店税	24%
源泉徴収	配当０％、1.2%、26%、利子０％、12.5%、26%、使用料０％、22.5%、30%（非居住者）
支店送金税	０％
損失の繰戻	なし
損失の繰越	無制限
地方所得税	業種により税率各種
付加価値税	22%（標準税率）
個人所得税	最高税率43%
遺産税・贈与税	税率４～８％

日本との租税条約の内容

1　署名日、発効日、対象税目

1969年３月署名、発効は1973年３月、1980年２月に一部改正署名、1982年１月に発効。対象税目は、日本が、所得税、法人税、住民税、イタリアが個人と法人の所得税、地方所得税、となっている

2　双方居住者、特典条項の取扱い

⑴　双方居住者　個人、法人は両締約国の合意により決定となる
⑵　特典条項の取扱い　なし

3　恒久的施設の範囲

⑴　在庫保有代理人　PE にならない
⑵　注文取得代理人　PE にならない
⑶　建設工事　12か月超は PE となる
⑷　建設工事監督等　PE にならない

4　国際運輸業所得

国際運輸業所得は企業の居住地国課税となる。相手国が日本の事業税相当の税の課税を免除する場合、日本側も事業税の課税を免除する

5　配当

配当（親子間配当25％保有、期間６か月）の限度税率は10％、一般配当は15％

6　利子

利子の限度税率は10％となる

7　使用料

使用料の限度税率は10％となる

8　キャピタルゲイン、自由職業所得、役員報酬

⑴　不動産　所在地国課税
⑵　PE　所在地国課税
⑶　株式　居住地国課税
⑷　不動産化体株式　規定なし
⑸　その他　居住地国課税
⑹　自由職業所得　固定的施設があればそこに帰せられる所得は課税
⑺　役員報酬　法人所在地国でも課税

9　給与所得（短期滞在者免税の要件等）、芸能人所得

⑴　短期滞在者免税　暦年基準で183日ルール
⑵　芸能人所得　役務提供地で課税

10　退職年金、政府職員、教授

⑴　退職年金　居住地国課税
⑵　政府職員　接受国の国民等を除き派遣国で課税
⑶　教授　２年間滞在地国免税

11　学生、事業修習者等

⑴　学生　生計、訓練又は教育のための国外源泉分は免税
⑵　事業修習者　生計、訓練又は教育のための国外源泉分は免税

12　その他所得（明示なき所得）

居住地国課税

13　二重課税の排除の方法等、無差別取扱い

税額控除方式による。みなし外国税額控除の規定なし

14　相互協議、情報交換、徴収共助、外交官

(1)　相互協議　規定あり

(2)　情報交換　規定あり

(3)　徴収共助　規定なし

インド

国名	インド India
人口（万人）（外務省）	140,756（2021年）
GDP（億 USD）（外務省）	31,763（2021年）
1人当たり GDP（USD）	2,257（2021年）

法人税率	（2020年） 1）内国法人（2018年度の総収入金額等が40億ルピー超の場合） ① 課税対象所得1,000万ルピー以下は31.2%（法人税率30%＋健康教育目的税4%） ② 課税対象所得1,000万ルピー超、1億ルピー以下は、33.38%（法人税率30%＋課徴金7%＋健康教育目的税4%）※1 ③ 課税対象所得1億ルピー超は34.94%（法人税率30%＋課徴金12%＋健康教育目的税4%） 2）内国法人（2018年度の総収入金額等が40億ルピー以下の場合） ① 課税対象所得1,000万ルピー以下は26%（法人税率25%＋健康教育目的税4%） ② 課税対象所得1,000万ルピー超、1億ルピー以下は27.82%（法人税率25%＋課徴金7%＋健康教育目的税4%） ③ 課税対象所得1億ルピー超は29.12%（法人税率25%＋課徴金12%＋健康教育目的税4%）
キャピタルゲイン税	20%（長期保有）、30%（短期保有）、10%（外国機関投資家長期）、40%（非居住者短期保有）、20%（非居住者長期保有）
外国法人支店税	① 課税対象所得1,000万ルピー以下は41.6%（法人税率40%＋健康教育目的税4%） ② 課税対象所得1,000万ルピー超、1億ルピー以下は42.43%（法人税率40%＋課徴金2%＋健康教育目的税4%） ③ 課税対象所得1億ルピー超は43.68%（法人税率40%＋課徴金5%＋健康教育目的税4%）
源泉徴収	配当0、利子10%（内国法人への支払）、20%（外国法人への支払）、使用料10%、専門的役務提供10%
損失の繰戻	なし
損失の繰越	8年
付加価値税（国税）	税率各種
多州間売上税（国税）	税率各種

地方税	資料なし
個人所得税	最高税率30％
遺産税・贈与税	なし

日本との租税条約の内容

1　署名日、発効日、対象税目

現行条約である第２次条約の一部改正は、2006年２月24日署名、発効日は2006年６月28日、対象税目は、わが国では所得税と法人税、インドでは所得税（加重税を含む。）が条約の対象とされている

2　双方居住者、特典条項の取扱い

⑴　双方居住者　個人、法人とも協議により振り分ける

⑵　特典条項の取扱い　特典条項の取扱いは規定していない

3　恒久的施設の範囲

⑴　在庫保有代理人　PEとなる

⑵　注文取得代理人　PEとなる

⑶　建設工事　６か月超はPEとなる

⑷　建設工事監督等（芸能活動等）　６か月超はPEとなる

4　国際運輸業所得

国際運輸業所得は、船舶は条約締結後10年を経過したので相互免税、航空機は免除

5　配当

一般配当は限度税率10％

6　利子

限度税率は10％。政府、日銀、国際協力銀行の受取利子は免税。利子には政府等の間接融資等は免税。利子には償還差益が含まれる

7　使用料

限度税率は10％。居住者が支払う国外で提供された技術的役務の料金を含む

8　キャピタルゲイン、自由職業所得、役員報酬

⑴　不動産　所在地国課税

⑵　PE　所在地国課税

⑶　株式　源泉地国で課税

⑷　不動産化体株式　規定なし

⑸　その他のもの　居住地国課税

⑹　自由職業所得　固定的施設を有する場合にその固定的施設に帰属する所得についてのみ課税又は183日超の滞在の場合に課税

⑺　役員報酬　法人所在地国でも課税

9　給与所得（短期滞在者免税の要件等）、芸能人所得

⑴　短期滞在者免税　当該課税年度又は前年度を通じて183日以内の滞在等の場合は免税

⑵　芸能人所得　役務の提供地国で課税

10　退職年金、政府職員、教授

⑴　退職年金　居住地国のみで課税

⑵　政府職員　接受国の国民等を除き、派遣国でのみ課税する

⑶　教授　滞在期間２年以内、教育又は研究を目的とする教授は、教育、研究の報酬について免税

11　学生、事業修習者等

⑴　学生　生計、教育又は訓練のための国外源泉分は免税

⑵　役務対価　規定なし

⑶　事業修習者　生計、教育又は訓練のための国外源泉分は免税

⑷　事業習得者　規定なし

⑸　政府ベース　規定なし

12　その他所得（明示なき所得）

源泉地国課税

13　二重課税の排除の方法等、無差別取扱い

⑴　二重課税の排除　税額控除による

⑵　みなし外国税額控除　廃止

⑶　無差別取扱い　OECDモデルに準拠している

14　相互協議、情報交換、徴収共助、外交官、国内法上の有利な取扱い、適用地域の拡張

⑴　相互協議　規定あり

⑵　情報交換　規定あり

⑶　徴収共助　規定なし

15　議定書、交換公文等に規定されている事項

⑴　議定書に規定されている事項　①類似商品の販売、②内部費用、③投資奨励法令、④使用人兼務役員、⑤送金税

⑵　交換公文に規定されている事項　①国際運輸業の最恵国待遇、②国際交流基金

インドネシア共和国

国名	インドネシア共和国 Republic of Indnesia（首都移転）
人口（万人）（外務省）	27,000（2020年）
GDP（億USD）（外務省）	10,584（2020年）
1人当たりGDP（USD）	4,349.5（2021年）

法人税率	20%
キャピタルゲイン税	通常の所得に合算して課税。非居住者20%
源泉徴収	配当10%、15%、20%（非居住者）、利子・使用料15%、20%
損失の繰戻	なし
損失の繰越	最高10年
付加価値税（国税）	10%（標準税率）
売上税	（奢侈品に対して付加価値税に加算）10～200%
個人所得税	最高税率30%
遺産税・贈与税	なし

日本との租税条約の内容

1　署名日、発効日、対象税目

1982年3月3日署名、発効日1982年12月3日、対象税目は、わが国では所得税と法人税、

インドネシアでは所得税、法人税、利子・配当及び使用料に対する税が条約の対象とされている

2　双方居住者、特典条項の取扱い

(1)　双方居住者　個人、法人とも協議により振り分ける
(2)　特典条項の扱い　特典条項の取扱いは規定していない

3　恒久的施設の範囲

(1)　在庫保有代理人　PE となる
(2)　注文取得代理人　規定していない
(3)　建設工事　6か月超は PE となる
(4)　建設工事監督等（芸能活動等）　6か月超は PE となる。コンサルタントを含む

4　国際運輸業所得

国際運輸業所得は、運用している者が属する国において課税される

5　配当

一般配当は限度税率15%、親子間配当は10%。親子間は、出資比率25%以上、所有期間12か月で判定。PE 等の課税後の利益に課税される送金税（国内法は20%）の税率は10%

6　利子

限度税率は10%。政府、日銀、国際協力事業団等の受取利子は免税。利子のうち、政府等の間接誘致等は免税。利子には償還差益が含まれる

7　使用料

限度税率は10%

8　キャピタルゲイン、自由職業所得、役員報酬

(1)　不動産　所在地国課税
(2)　PE　所在地国課税
(3)　株式　居住地国課税
(4)　不動産化体株式　規定していない
(5)　その他のもの　居住地国課税
(6)　自由職業所得　固定的施設を有する場合にその固定的施設に帰属する所得についてのみ課税及び暦年で183日超滞在の場合に課税
(7)　役員報酬　法人所在地国でも課税

9　給与所得（短期滞在者免税の要件等）、芸能人所得

(1)　短期滞在者免税　暦年基準で183日以内の滞在等の場合、免税。暦年基準で判定
(2)　芸能人所得　役務の提供地国で課税

10　退職年金、政府職員、教授

(1)　退職年金　居住地国課税
(2)　政府職員　接受国の国民等を除き、派遣国でのみ課税する
(3)　教授　滞在期間2年以内、公認された教育機関において、教育又は研究を目的とする教授は、教育・研究の報酬は免税

11　学生、事業修習者等

(1)　学生　滞在期間5年以内、生計、教育又は訓練のための国外源泉分は免税
(2)　役務対価　滞在期間5年以内、年間60万円（90万 RP）までは免税
(3)　事業修習者　生計、教育又は訓練のための国外源泉分は免税
(4)　事業習得者　滞在期間1年以内、180万円（270万 RP）までは免税
(5)　政府ベース　滞在期間1年以内は免税

12　その他所得（明示なき所得）

居住地国課税

13　二重課税の排除の方法等、無差別取扱い

(1)　二重課税の排除　税額控除による

(2)　みなし外国税額控除　配当、利子、使用料、(固定スペアリング) 特別措置 (1985年以降不適用)

(3)　無差別取扱い　OECD に準拠しているが、例外あり

14　相互協議、情報交換、徴収共助、外交官

(1)　相互協議　規定あり

(2)　情報交換　規定あり

(3)　徴収共助　規定なし

(4)　外交官　規定あり

15　議定書、交換公文等に規定されている事項

(1)　議定書に規定されている事項　①独立代理人の範囲、②国際運輸業所得、③法人の役員の範囲、④投資所得控除の取扱い、⑤インドネシアの恒久的施設の課税

(2)　交換公文に規定されている事項　①沿岸国の権利、②漁船に対する課税

ウクライナ

国名	ウクライナ Ukraine
人口 (万人) (外務省)	4,159 (2020年)
GDP (億 USD) (外務省)	1,555 (2020年)
1人当たり GDP (USD)	3,726 (2020年)

法人税率	18%
外国法人支店税	18%
源泉徴収	配当15%、利子0%、5%、15%、使用料15%
支店送金税	なし
損失の繰戻	なし
損失の繰越	無制限
付加価値税	20% (標準税率)
日本との租税条約	あり (旧日本・ソ連租税条約の適用)
個人所得税	最高税率18%
遺産税・贈与税	なし

ウズベキスタン共和国

国名	ウズベキスタン共和国 Republic of Uzbekistan
人口 (万人) (外務省)	3,440 (2022年)
GDP (億 USD) (外務省)	692 (2021年)

1人当たりGDP（外務省）	2,002（2021年）

法人税率	12%
譲渡収益	12%
源泉徴収	配当5%、利子10%、使用料20%

日本との租税条約の内容

1　署名日、発効日、対象税目

2019年12月署名、2020年9月発効。対象税目は、日本は、所得税、法人税、復興特別所得税、地方法人税、住民税、ウズベキスタンは、法人の利得に対する租税、個人の所得に対する租税

2　双方居住者

双方居住者　個人は振り分け規定、法人は合意

3　恒久的施設の範囲

⑴　準備的補助的活動の制限
⑵　従属代理人の範囲拡大（BEPS勧告及び国内法と同様）
⑶　在庫保有代理人　なし
⑷　建設工事　12か月超はPEとなる
⑸　建設工事監督等　PEとなる
⑹　事業利得　OECD承認アプローチ（AOA）を導入

4　国際運輸業所得

相互免除として居住地国のみで課税される

5　配当

親子間配当（議決権保有割合25%以上・保有期間365日以上）5%、その他10%

6　利子

政府等免税、その他5%

7　使用料

著作権は免税、その他は5%

8　キャピタルゲイン、自由職業所得、役員報酬

⑴　不動産　所在地国課税
⑵　PE所在　所在地国課税
⑶　株式　居住地国課税
⑷　不動産化体株式　居住地国課税
⑸　その他のもの　居住地国課税
⑹　自由職業所得　規定なし
⑺　役員報酬　法人所在地国でも課税

9　給与所得（短期滞在者免税の要件等）、芸能人所得

⑴　短期滞在者免税　OECDモデルと同じで、183日以内の滞在等の場合は、免税
⑵　芸能人所得　役務提供地国で課税。企業が芸能人等の役務提供活動を行う場合には、PEを有するものとされる

10　退職年金、政府職員、教授

⑴　退職年金　居住地国課税
⑵　政府職員　接受国の国民等を除き派遣国でのみ課税
⑶　教授　規定なし

11　学生、事業修習者等

⑴　学生　生計、教育又は訓練のための国外源泉分は免税

⑵　事業修習者　１年間の免税

12　その他所得（明示なき所得）

居住地国課税

13　特典を受ける権利

LOB、PPT

14　二重課税の排除の方法等、無差別取扱い

⑴　二重課税の排除は税額控除による

⑵　無差別取扱い　国籍、PE、外国資本に対して規定あり

15　相互協議、情報交換、徴収共助

⑴　相互協議　仲裁規定あり

⑵　情報交換　金融情報を含む情報交換

⑶　徴収共助　国際的徴収共助

ウルグアイ東方共和国

国名	ウルグアイ東方共和国 Oriental Republic of Uruguay
人口（万人）（外務省）	349（2021年）
GDP（億 USD）（外務省）	593.2（2021年）
１人当たり GDP（外務省）	17,020（2021年）

事業所得税（法人税）	国内の活動等から生じた所得が課税対象となる属地主義
法人税率	25%
源泉徴収	配当７％、利子12%、使用料12%

日本との租税条約の内容

1　署名日、発効日、対象税目

2019年９月13日署名、2021年６月24日発効。対象税目は、日本は、所得税、法人税、復興特別所得税、地方法人税、住民税、ウルグアイは、事業所得税、個人所得税、非居住者所得税、社会保障支援税

2　双方居住者

個人は振分け規定、法人は両締約国の合意

3　恒久的施設の範囲

⑴　準備的補助的活動の制限

⑵　従属代理人の範囲拡大（BEPS 勧告及び国内法と同様）

⑶　在庫保有代理人　なし

⑷　建設工事　６月超は PE となる

⑸　建設工事監督等　PE となる

⑹　事業利得　OECD 承認アプローチ（AOA）を導入

4　国際運輸業所得

相互免除として居住地国のみで課税される

5　配当

親子間配当（保有割合10%以上・保有期間183日以上）5％、その他10%。なお、保有割合は、支払が日本法人の場合は議決権、ウルグアイ法人の場合は資本により判定する

6　利子

免税（政府受取、金融機関間等）、その他は10%

7　使用料

10%

8　キャピタルゲイン、自由職業所得、役員報酬

(1)　不動産　所在地国課税
(2)　PE 所在　所在地国課税
(3)　株式　居住地国課税
(4)　不動産化体株式　居住地国課税
(5)　その他のもの　居住地国課税
(6)　自由職業所得　規定なし
(7)　役員報酬　法人所在地国でも課税

9　給与所得（短期滞在者免税の要件等）、芸能人所得

(1)　短期滞在者免税　OECD モデルと同じで、183日以内の滞在等の場合は、免税
(2)　芸能人所得　役務提供地国で課税。企業が芸能人等の役務提供活動を行う場合には、PE を有するものとされる

10　退職年金、政府職員、教授

(1)　退職年金　居住地国課税
(2)　政府職員　接受国の国民等を除き派遣国でのみ課税
(3)　教授　規定なし

11　学生、事業修習者等

(1)　学生　生計、教育又は訓練のための国外源泉分は免税
(2)　事業修習者　１年間の免税
(3)　事業習得者　規定なし

12　その他所得（明示なき所得）

源泉地国課税

13　特典を受ける権利

LOB、PPT

14　二重課税の排除の方法等、無差別取扱い

(1)　二重課税の排除はウルグアイは国外所得免除方式
(2)　無差別取扱い　国籍、PE、外国資本に対して規定あり

15　相互協議、情報交換、徴収共助

(1)　相互協議　仲裁規定あり
(2)　情報交換　金融情報を含む情報交換
(3)　徴収共助　国際的徴収共助

英国（グレートブリテン及び北アイルランド連合王国）

国名	英国（グレートブリテン及び北アイルランド連合王国） United Kingdom of Great Britain and Northern Ireland
人口（万人）（外務省）	6,708（2020年）

各国情報

GDP（億ポンド）（外務省）	21,980（2021年）
1人当たりGDP（ポンド）	34,311（2021年）

法人税率	19%（2017年4月以降）、25%（2023年）
キャピタルゲイン税	19%
外国法人支店税	19%
源泉徴収	配当0%、利子20%（非居住者）、使用料20%（非居住者）
支店送金税	0%
損失の繰戻	1年
損失の繰越	無制限
付加価値税	20%（標準税率）
個人所得税	標準税率20%、最高税率45%（2018～2019年）
遺産税・贈与税	あり　遺産税税率40%

（注）2020年1月31日EUから離脱

日本との租税条約の内容

1　署名日、発効日、対象税目

2006年2月2日署名、発効日2006年10月12日、2013年12月17日に改正議定書署名、2014年12月12日に発効。対象税目は、わが国では所得税、法人税、復興特別所得税、復興特別法人税、住民税、英国では所得税、法人税、譲渡収益税が条約の対象とされている

2　双方居住者、特典条項の取扱い

(1)　双方居住者　個人はOECD基準により振り分け、法人は協議により振り分ける
(2)　特典条項の取扱い　特典条項の規定あり

3　恒久的施設の範囲

(1)　在庫保有代理人　規定なし
(2)　注文取得代理人　規定なし
(3)　建設工事　12か月超はPEとなる
(4)　建設工事監督等　規定なし

4　事業所得

OECDモデル租税条約と同じAOAを採用した。なお、本改正議定書によって改正される事業利得条項は、両国の政府が別途外交上の公文の交換により合意する日以後に開始する課税年度又は賦課年度の利得について適用される。改正後の事業利得条項が適用されるまでは、改正前の事業利得条項が引き続き適用される

5　国際運輸業所得

国際運輸業所得は、相互免除、日本は事業税、英国は事業税類似税目に追加適用

6　配当

一般配当は限度税率10%、親子間配当は、出資比率（間接含む。）10%以上、かつ所有期間6か月で免税、一定の年金基金が受領する配当は免税

7　利子

利子所得は原則免税（コンティンジェント利子は10%）、政府、日銀、政府所有機関の受取利子は免税、政府等の間接融資等に係る利子は免税、金融機関等、一定の年金基金の受取利子は免税、利子には償還差益が含まれる

8　使用料

免税

9　キャピタルゲイン、自由職業所得、役員報酬

(1)　不動産　所在地国課税

(2)　PE　所在地国課税

(3)　株式　事業譲渡類似の株式譲渡益は、改正により削除された

(4)　不動産化体株式　源泉地国課税

(5)　その他のもの　居住地国課税

(6)　自由職業所得　規定なし

(7)　役員報酬　法人所在地国でも課税

10　給与所得（短期滞在者免税の要件等）、芸能人所得

(1)　短期滞在者免税　OECDモデルと同じで183日以内の滞在等の場合、免税。連続する12か月で判定

(2)　芸能人所得　役務の提供地国で課税

11　退職年金、政府職員、教授

(1)　退職年金　居住地国課税

(2)　政府職員　接受国の国民等を除き、派遣国でのみ課税する

(3)　教授　規定なし

12　学生、事業修習者等

(1)　学生　生計、教育又は訓練のための国外源泉分は免税

(2)　役務対価　規定なし

(3)　事業修習者　生計、教育又は訓練のための国外源泉分は免税（免税期間は1年）

(4)　事業習得者　規定なし

(5)　政府ベース　規定なし

13　その他所得（明示なき所得）

居住地国課税

14　二重課税の排除の方法等、無差別取扱い

(1)　二重課税の排除　税額控除による

(2)　みなし外国税額控除　規定なし

(3)　無差別取扱い　OECDに準拠している

15　相互協議、情報交換、徴収共助、外交官、国内法上の有利な取扱い、適用地域の拡張

(1)　相互協議　規定あり（仲裁制度導入　仲裁手続に関しては、平成28年12月12日までは、いかなる事案も仲裁に付託されないこととされている。）

(2)　情報交換　規定あり（条約の対象税目及びすべての国税）

(3)　徴収共助　規定あり

16　議定書、交換公文等に規定されている事項

(1)　議定書に規定されている事項　①年金基金、②組合、③英国居住者の譲渡収益、④ストックオプション、⑤同等受益者、⑥英国の二重課税排除

(2)　交換公文に規定されている事項　①年金基金、②親子間配当の基準日、③投資基金、④ALP超過所得、⑤株式譲渡益

各国情報

エクアドル

国名	エクアドル　Republic of Ecuador
人口（万人）（外務省）	1,776（2021年）
GDP（億 USD）（外務省）	1,062（2021年）
1人当たりの GNI（USD）	5,530（2020年）

法人税率	22%
キャピタルゲイン税	22%
外国法人支店税	22%
源泉徴収	配当0、10、13%、利子22%、使用料22%
支店送金税	なし
損失の繰戻	なし
損失の繰越	5年
付加価値税	12%
個人所得税	最高税率35%
相続税・贈与税	最高税率36%

日本との租税条約の内容

1　署名日、発効日、対象税目

（署名）2019年1月15日　2019年9月発効

対象税目は、エクアドル（所得税）、日本（所得税、法人税、復興特別所得税、地方法人税、住民税）

2　双方居住者、特典条項の取扱い

⑴　双方居住者　個人は振り分け規定、法人は両締約国の合意

⑵　特典条項の取扱い　PPT を規定

3　恒久的施設の範囲

⑴　準備的補助的活動の制限

⑵　従属代理人の範囲拡大（BEPS 勧告及び国内法と同様）

⑶　在庫保有代理人　なし

⑷　建設工事　6か月超は PE となる。

⑸　建設工事監督等　PE となる。

⑹　事業利得　OECD 承認アプローチ（AOA）ではなく従来型

⑺　議定書6に第三国 PE を利用した租税回避防止規定

4　国際運輸業所得

国際運輸業所得は、相互免除として居住地国のみで課税される。

5　配当

5%、10%（所得計算上控除される配当）

6　利子

政府等は免税、その他10%

7　使用料

限度税率は10%

各国情報

8　キャピタルゲイン、自由職業所得、役員報酬

(1)　不動産　所在地国課税
(2)　PE 所在　所在地国課税
(3)　株式　居住地国課税
(4)　不動産化体株式　居住地国課税
(5)　その他のもの　居住地国課税
(6)　自由職業所得　規定あり
(7)　役員報酬　法人所在地国でも課税

9　給与所得（短期滞在者免税の要件等）、芸能人所得

(1)　短期滞在者免税　OECD モデルと同じで、183日以内の滞在等の場合は、免税
(2)　芸能人所得　役務提供地国で課税。企業が芸能人等の役務提供活動を行う場合には、PE を有するものとされる。

10　退職年金、政府職員、教授

(1)　退職年金　居住地国課税
(2)　政府職員　接受国の国民等を除き派遣国でのみ課税
(3)　教授　規定なし

11　学生、事業修習者等

(1)　学生　生計、教育又は訓練のための国外源泉分は免税
(2)　事業修習者　1年間の免税
(3)　事業習得者　規定なし

12　その他所得（明示なき所得）

居住地国課税

13　二重課税の排除の方法等、無差別取扱い

(1)　二重課税の排除は税額控除による。
(2)　無差別取扱い　国籍、PE、外国資本に対して規定あり

14　相互協議、情報交換、徴収共助、外交官

(1)　相互協議　仲裁規定あり
(2)　情報交換　金融情報を含む情報交換
(3)　徴収共助　国際的徴収共助

エジプト・アラブ共和国

国名	エジプト・アラブ共和国 Arab Republic of Egypt
人口（万人）（外務省）	10,233（2020年）
GDP（億 USD）（外務省）	3,631（2020年）
1人当たり GDP（USD）	3,549（2020年）

法人税率	22.5%
外国法人支店税	22.5%
源泉徴収	配当10%、利子20%、使用料20%
支店送金税	なし

損失の繰戻	なし
損失の繰越	５年
売上税	各種の税率
個人所得税	最高税率22.5%
遺産税・贈与税	なし

日本との租税条約の内容

1　署名日、発効日、対象税目

1968年９月署名、発効は1969年８月、対象税目は、日本が、所得税、法人税及び住民税、エジプトは、①不動産から生ずる所得に対する租税（土地税、建物税及びガフィール税を含む。)、②⑵動産資本所得に対する租税、③商業上及び産業上の利得に対する租税、④賃金、給料、手当及び退職年金に対する租税、⑤自由職業その他すべての非商業的職業からの利得に対する租税、⑥一般所得税、⑦防衛税、⑧国家安全保障税、⑨前記の租税に対する百分率により又は他の方法により課される附加税、となっている

2　双方居住者、特典条項の取扱い

⑴　双方居住者　個人、法人の振り分け規定なし

⑵　特典条項の取扱い　なし

3　恒久的施設の範囲

⑴　在庫保有代理人　PE にならない

⑵　注文取得代理人　PE にならない

⑶　建設工事　６か月超は PE となる

⑷　建設工事監督等　PE とならない

4　国際運輸業所得

国際運輸業所得は企業の居住地国課税となる

5　配当

日本法人からの配当の限度税率は15%、エジプト法人からの配当は動産資本所得に対する租税、防衛税及び国家安全保障税並びにこれらの附加税が課される

6　利子

利子の限度税率の規定はなく、エジプト法人から個人への利子所得の限度税率は20%である

7　使用料

使用料の限度税率は15%となる

8　キャピタルゲイン、自由職業所得、役員報酬

⑴　不動産　所在地国課税

⑵　PE　所在地国課税

⑶　株式　源泉地国課税

⑷　不動産化体株式　規定なし

⑸　その他　居住地国課税

⑹　自由職業所得　固定的施設があり、かつ課税年度を通じて合計183日を超える期間当該源泉地国に滞在すれば課税

⑺　役員報酬　法人所在地国でも課税

9　給与所得（短期滞在者免税の要件等)、芸能人所得

⑴　短期滞在者免税　暦年基準で183日ルール

⑵　芸能人所得　役務提供地で課税

10　退職年金、政府職員、教授

(1)　退職年金　居住地国課税

(2)　政府職員　接受国の国民等を除き派遣国で課税

(3)　教授　２年間滞在地国免税

11　学生、事業修習者等

(1)　学生　生計、訓練又は教育のための国外源泉分は免税

(2)　事業修習者　生計、訓練又は教育のための国外源泉分は免税

12　その他所得（明示なき所得）

居住地国課税

13　二重課税の排除の方法等、無差別取扱い

税額控除方式による。みなし外国税額控除の規定なし

14　相互協議、情報交換、徴収共助、外交官、国内法上の有利な取扱い、適用地域の拡張

(1)　相互協議　規定あり

(2)　情報交換　規定あり

(3)　徴収共助　規定なし

(4)　拡張　規定なし

エストニア

国名	エストニア　Republic of Estonia
人口（万人）（外務省）	133（2021年）
GDP（億 USD）（外務省）	363（2021年）
１人当たりの GDP（USD）	27,282（2021年）

法人税率	20%（社外流出時課税）
キャピタルゲイン税	０、14、20%
外国法人支店税	14、20%
源泉徴収	配当０、７%、利子０、20%、使用料０、10、20%
支店送金税	なし
付加価値税	20%（標準税率）
個人所得税	標準税率20%
相続税・贈与税	原則として課税なし、非居住者からの贈与は20%で課税

日本との租税条約の内容

1　署名日、発効日、対象税目

（署名）2017年８月30日、（発効）2018年８月31日

対象税目は、日本（所得税、法人税、復興特別所得税、地方法人税、住民税）、エストニア（所得税）

2　双方居住者、特典条項の取扱い

(1)　双方居住者　個人は振り分け規定、法人は両締約国の合意。

(2)　特典条項の取扱い　LOB、PPT

3　恒久的施設の範囲

⑴　準備的補助的活動の制限

⑵　従属代理人の範囲拡大（BEPS勧告及び国内法と同様）

⑶　在庫保有代理人　なし

⑷　建設工事　12か月超はPEとなる

⑸　建設工事監督等　PEとならない

⑹　事業利得　OECD承認アプローチ（AOA）を導入

4　国際運輸業所得

国際運輸業所得は、相互免除として居住地国のみで課税される。また、相手国が事業税相当の税を対象とする場合、事業税をも免除する。

5　配当

親子間配当（議決権保有割合10％以上で保有期間6月以上）免税、一般配当10％

6　利子

政府等の受領する利子は免税、それ以外は10％

7　使用料

限度税率は5％

8　キャピタルゲイン、自由職業所得、役員報酬

⑴　不動産　所在地国課税

⑵　PE所在　所在地国課税

⑶　株式　居住地国課税

⑷　不動産化体株式　居住地国課税

⑸　その他のもの　居住地国課税

⑹　自由職業所得　規定なし

⑺　役員報酬　法人所在地国でも課税

9　給与所得（短期滞在者免税の要件等）、芸能人所得

⑴　短期滞在者免税　OECDモデルと同じで、183日以内の滞在等の場合は、免税

⑵　芸能人所得　役務提供地国で課税。企業が芸能人等の役務提供活動を行う場合には、PEを有するものとされる。

10　退職年金、政府職員、教授

⑴　退職年金　居住地国課税

⑵　政府職員　接受国の国民等を除き派遣国でのみ課税

⑶　教授　規定なし

11　学生、事業修習者等

⑴　学生　生計、教育又は訓練のための国外源泉分は免税

⑵　事業修習者　1年間の免税

⑶　事業習得者　規定なし

12　その他所得（明示なき所得）

居住地国課税

13　相互協議、情報交換、徴収共助、外交官

⑴　相互協議　仲裁規定あり

⑵　情報交換　金融情報を含む情報交換

⑶　徴収共助　国際的徴収共助

オーストラリア連邦

国名	オーストラリア連邦 Australia
人口（万人）（外務省）	2,575（2021年）
GDP（億 USD）（外務省）	13,593（2021年）
1人当たり GDP（USD）	52,825（2021年）

法人税率	30%
キャピタルゲイン税	30%（法人の場合は法人税を課税）
外国法人支店税	30%
源泉徴収	配当0%（非居住者30%）、利子10%（標準税率）、使用料30%（非居住者）
支店送金税	0%
損失の繰戻	なし
損失の繰越	無制限
消費税（GST）	10%
フリンジベネフィット税	47%（2017年4月以降）
個人所得税	最高税率45%（2018～2019年）
相続税・贈与税	なし

日本との租税条約の内容

1　署名日、発効日、対象税目

原条約の署名は1969年3月20日、発効日は1970年7月4日、第2次条約の署名は2008年1月31日、発効日は2008年12月3日、第2次条約は、2009年1月1日以後に課される源泉徴収税及び同日以後に開始する課税年度の所得について適用される、対象税目は、日本は所得税及び法人税、オーストラリアは所得税及び石油資源使用税

2　双方居住者、特典条項、ハイブリッド・エンティティの取扱い

(1)　双方居住者　振り分け規定あり

(2)　特典条項の取扱い　適格者基準、能動的事業基準、権限のある当局による認定に関する規定あり

(3)　ハイブリッド・エンティティ　受益者の居住地国における事業体の課税取扱いにより判定

3　恒久的施設の範囲

(1)　建設工事　12か月超は PE となる

(2)　建設工事監督等　12か月超は PE となる、ただし、天然資源の探査・開発は90日超、大規模設備の運用は183日超で PE となる

4　国際運輸業所得

居住地国課税

5　配当

親子間配当のうち、議決権割合が80%以上で12か月保有の場合は、免税。議決権割合が10%以上の場合は限度税率5%。一般の配当は限度税率10%

各国情報

6　利子

政府・地方公共団体・中央銀行等及び利子の支払者と関連しない金融機関であって、その利子の支払者と全く独立の立場で取引を行うものによって取得される場合は、免税。その他の場合は限度税率10%

7　使用料

限度税率は５%

8　特典制限条項

導管取引防止規定及び濫用目的取引に対する条約特典の不適用規定が配当、利子、使用料の各条項に設けられている

9　キャピタルゲイン、自由職業所得、役員報酬

(1)　不動産　所在地国課税

(2)　事業譲渡類似株式の譲渡　発行済株式総数の25%以上保有、譲渡株数が発行済株式総数の５%超である等の要件を満たし、かつ居住地国課税されないものは、源泉地国課税

(3)　不動産化体株式　法人の資産価値の50%超が不動産により構成される場合のみ、所在地国課税

(4)　その他のもの　居住地国課税

(5)　自由職業所得　なし

(6)　役員報酬　法人居住地国でも課税

10　給与所得（短期滞在者免税の要件等）、芸能人所得

(1)　短期滞在者免税　OECD モデル条約と同じ。継続する12か月において183日以下の滞在等の要件を満たした場合は、相手国で免税

(2)　芸能人・運動家　役務提供地課税

11　退職年金、政府職員、教授

(1)　退職年金・保険年金　原則、居住地国のみにおいて課税。一時金でまとめて受領した場合は源泉地国でも課税できる

(2)　政府職員　接受国の国民等を除き、派遣国でのみ課税

(3)　教授　規定なし

12　学生、事業修習者等

生計、教育又は訓練のために受け取る給付で国外払いのものは、滞在地国で免税。事業修習者は、訓練開始日から１年以内に限り免税

13　匿名組合

源泉地国課税（源泉地国法令に従う。）

14　その他所得（明示なき所得）

源泉地国においても課税

15　二重課税の排除の方法等、無差別取扱い

(1)　二重課税の排除　外国税額控除による

(2)　無差別取扱い　国別、PE、支払先、資本に対する無差別を規定

16　相互協議、情報交換、徴収共助、外交官

(1)　相互協議　規定あり

(2)　情報交換　規定あり

(3)　徴収共助　規定なし

17　議定書、交換公文等に規定されている事項

(1)　議定書に規定されている主な事項　①PE 判定、②代理人 PE 判定、③バックトゥバック融資、④無差別待遇、⑤石油資源使用税、⑥付帯税の適用除外

(2)　交換公文に規定されている事項　①移転価格ガイドライン、②特典制限条項の規定に関

連して配当の支払を受ける者が特定される日

オーストリア共和国

国名	オーストリア共和国 Republic of Austria
人口（万人）	892
GDP（億 EUR）	3,793（2020年）
1人当たり GDP（EUR）	42,540（2020年）

法人税率	25%
外国法人支店税	25%
源泉徴収	配当25%、27.5%、利子0%、25%、使用料20%（非居住者）
損失の繰戻	なし
損失の繰越	無制限
付加価値税	20%（標準税率）
個人所得税	最高税率55%
遺産税・贈与税	なし（2008年8月1日以後廃止）

日本との租税条約の内容（改正条約）

1　署名日、発効日、対象税目

原条約署名は1961年。本条約の改正署名は2017年1月30日。2018年10月27日発効。対象税目、オーストリアは、所得税、法人税、日本は、所得税、法人税、復興特別所得税、地方法人税、住民税である

2　双方居住者、特典条項の取扱い

(1)　双方居住者　個人は振り分け規定、法人は両締約国の合意

(2)　パススルー事業体を通じての所得が当該一方の締約国の居住者の所得として取り扱われる限りにおいて、当該一方の締約国の居住者の所得とみなす

(3)　特典条項の取扱い：特典制限条項（LOB）と特典を受けることのみを目的とする場合にその適用を認めないとする（PPT）の双方が規定されている

3　恒久的施設の範囲

(1)　準備的補助的活動の制限

(2)　従属代理人の範囲拡大（BEPS 勧告及び国内法と同様）

(3)　在庫保有代理人：なし

(4)　建設工事：12か月超は PE となる

(5)　建設工事監督等：PE とならない

(6)　芸能人活動：PE となる

(7)　議定書の2に AOA 導入の規定があり、両政府が交換公文により合意する場合は、この議定書2の規定が適用となる

4　国際運輸業所得

国際運輸業所得は、相互免除として居住地国のみで課税される。また、相手国が事業税相当の税を対象とする場合、事業税をも免除する

5　配当

改正条約は親子間配当（10％以上６か月保有）は免税、年金基金の受取配当は免税、一般配当は10％

6　利子

改正条約は免税、所定の利子は国内法で課税

7　使用料

改正条約は免税

8　キャピタルゲイン、自由職業所得、役員報酬

⑴　不動産　所在地国課税
⑵　PE 所在　所在地国課税
⑶　株式　居住地国課税
⑷　不動産化体株式　居住地国課税
⑸　その他のもの　居住地国課税
⑹　役員報酬　法人所在地国でも課税

9　給与所得（短期滞在者免税の要件等）、芸能人所得

⑴　短期滞在者免税　OECD モデルと同じで、183日以内の滞在等の場合は、免税
⑵　芸能人所得　役務提供地国で課税。企業が芸能人等の役務提供活動を行う場合には、PE を有するものとされる

10　退職年金、政府職員、教授

⑴　退職年金　保険年金とともに居住地国課税
⑵　政府職員　接受国の国民等を除き派遣国でのみ課税

11　学生、事業修習者等

⑴　学生　生計、教育又は訓練のための国外源泉分は免税
⑵　事業修習者　生計、教育又は訓練のための国外源泉分は免税
⑶　事業習得者　規定なし

12　その他所得（明示なき所得）

居住地国課税

13　二重課税の排除の方法等、無差別取扱い

⑴　二重課税の排除は税額控除による
⑵　無差別取扱い　国籍、PE、外国資本に対して規定あり

14　相互協議、情報交換、徴収共助、外交官、国内法上の有利な取扱い、適用地域の拡張

⑴　相互協議　仲裁の規定あり
⑵　情報交換　金融情報も交換可
⑶　国際的徴収共助の規定あり

オマーン国

国名	オマーン国 Sultanate of Oman
人口（万人）（外務省）	500（2023年）
GDP（億 USD）（外務省）	730（2022年）
1人当たり GDP（外務省）	16,993（2022年）

法人税率	15%
源泉徴収	居住者に対して支払われる使用料、試験研究費、経営管理料、会社のソフトウエアの使用或いは使用の権利に対する対価については、10%の源泉徴収

日本との租税条約の内容

1 署名日、発効日、対象税目

2014年1月9日署名、2014年9月1日発効。対象税目は、日本は、所得税、法人税、復興特別所得税、復興特別法人税、住民税、オマーンは、所得税

2 双方居住者

個人は振分け規定、その他はその者の本店又は主たる事務所が存在する締約国の居住者とみなす

3 恒久的施設の範囲

(1) 準備的補助的活動　従来型
(2) 従属代理人　従来型
(3) 在庫保有代理人　なし
(4) 建設工事　9か月超はPEとなる
(5) 建設工事監督等　PEとなる
(6) 事業利得　旧型の規定

4 国際運輸業所得

相互免除として居住地国のみで課税される

5 配当

親子間配当（10%以上所有）5%、その他10%

6 利子

免税（政府等受取）その他10%

7 使用料

10%

8 キャピタルゲイン、自由職業所得、役員報酬

(1) 不動産　所在地国課税
(2) PE所在　所在地国課税
(3) 株式　居住地国課税
(4) 不動産化体株式　居住地国課税
(5) その他のもの　居住地国課税
(6) 自由職業所得　規定なし
(7) 役員報酬　法人所在地国でも課税

9 給与所得（短期滞在者免税の要件等）、芸能人所得

(1) 短期滞在者免税　OECDモデルと同じで、183日以内の滞在等の場合は、免税
(2) 芸能人所得　役務提供地国で課税。企業が芸能人等の役務提供活動を行う場合には、PEを有するものとされる

10 退職年金、政府職員、教授

(1) 退職年金　居住地国課税
(2) 政府職員　接受国の国民等を除き派遣国でのみ課税
(3) 教授　規定なし

11　学生、事業修習者等

⑴　学生　生計、教育又は訓練のための国外源泉分は免税

⑵　事業修習者　学生と同じ

12　その他所得（明示なき所得）

居住地国課税

13　特典を受ける権利

規定なし

14　二重課税の排除の方法等、無差別取扱い

⑴　二重課税の排除は税額控除による

⑵　無差別取扱い　国籍、PE、外国資本に対して規定あり

15　相互協議、情報交換、徴収共助

⑴　相互協議　規定あり

⑵　情報交換　金融情報を含む情報交換

⑶　徴収共助　規定なし

オランダ王国

国名	オランダ王国 Kingdom of the Netherlands
人口（万人）（外務省）	1,747（2021年）
GDP（億 USD）（外務省）	10,135（2021年）
1人当たり GDP（USD）	57,997（2021年）

法人税率	25%
外国法人支店税	25%
源泉徴収	配当15%、利子０%、使用料０%
損失の繰戻	１年
損失の繰越	９年
付加価値税	21%（標準税率）
資本参加免税等の優遇税制あり	
個人所得税	最高税率51.95%
遺産税・贈与税	あり（10～40%）

日本との租税条約の内容

1　署名日、発効日、対象税目

現行の条約は、2010年８月25日署名、2010年12月発効、2012年１月より適用となっている、わが国では所得税、法人税及び住民税、オランダでは所得税、賃金税、法人税及び配当税が対象税目とされている

2　双方居住者、特典条項の取扱い

⑴　双方居住者　個人、法人とも協議により振り分ける

⑵　特典条項の取扱い　特典条項の取扱いは規定していない

3　恒久的施設の範囲

(1)　在庫保有代理人　PE とならない

(2)　注文取得代理人　PE とならない

(3)　建設工事　12か月超は PE となる

(4)　建設工事監督等　12か月超は PE となる

4　国際運輸業所得

源泉地国課税は相互免除。居住地国のみ課税。また、当該規定は、上記の対象税目のほか、日本においては事業税、オランダにおいてはわが国の事業税に類似する税に対しても適用される

5　配当

一般配当は限度税率10％、親子間配当は５％。親子間要件の出資比率は10％以上、所有期間は６か月で判定。免税となる特定親子間配当の要件は出資比率50％以上、所有期間６か月で判定

6　利子

免税（金融機関等）、その他（10％）

7　使用料

限度税率は10％

8　キャピタルゲイン、自由職業所得、役員報酬

(1)　不動産　所在地国課税

(2)　PE　所在地国課税

(3)　株式　配当及びキャピタルゲイン条項に出国税の規定あり

(4)　不動産化体株式　特掲されていないため、その内容により他の規定に従う

(5)　その他のもの　居住地国課税

(6)　自由職業所得　固定的施設を有する場合にその固定的施設に帰属する所得についてのみ課税

(7)　役員報酬　法人所在地国でも課税

9　給与所得（短期滞在者免税の要件等）、芸能人所得

(1)　短期滞在者免税　OECD モデルと同じで183日以内の滞在等の場合、免税。暦年基準で判定

(2)　芸能人所得　役務の提供地国で課税

10　退職年金、政府職員、教授

(1)　退職年金　居住地国のみで課税

(2)　政府職員　派遣国の国民は免税

11　学生、事業修習者等

(1)　学生　生計、教育又は訓練のための国外源泉分は免税となる

(2)　役務対価　規定がないため、その所得の種類に応じて他の規定に従う

(3)　事業修習者　生計、教育又は訓練のための国外源泉所得は免税

(4)　政府ベース　規定がないため、その所得の種類に応じて他の規定に従う

12　その他所得（明示なき所得）

居住地国課税

13　二重課税の排除の方法等、無差別取扱い

(1)　オランダにおける二重課税の排除　所得免除による。ただし、投資所得は税額控除

(2)　みなし税額控除の規定　なし

(3)　無差別取扱い　国籍、PE 及び外国資本について規定している

14　相互協議、情報交換、徴収共助、外交官、適用地域の拡張

(1)　相互協議　仲裁規定あり

(2)　情報交換　規定あり

(3)　徴収共助　条約により免除又は税率が軽減された租税のみ対象

(4)　適用地域の拡張　規定はあるが適用なし

カザフスタン共和国

国名	カザフスタン共和国 Republic of Kazakhstan
人口（万人）（外務省）	1,920（2022年）
GDP（億 USD）（外務省）	1,971（2021年）
1人当たり GDP（USD）	10,306（2021年）

法人税率	20%
外国法人支店税	20%、付加税15%
源泉徴収	配当15%、利子15%、使用料15%
損失の繰戻	なし
損失の繰越	10年
付加価値税	12%（標準税率）
日本との租税条約	あり（旧日本・ソ連租税条約の適用ではなく、独自の租税条約）
個人所得税	最高税率10%（給与所得）、所得ごとに税率別
遺産税・贈与税	なし

日本との租税条約の内容

1　署名日、発効日、対象税目

旧ソ連崩壊後、旧日本・ソ連租税条約が適用、1995年同租税条約の適用終了、2008年12月に日本・カザフスタン租税条約署名、2009年12月発効、対象税目は、日本が、所得税、法人税及び住民税、カザフスタンは、法人所得税と個人所得税

2　双方居住者、特典条項の取扱い

個人は振り分け規定、法人は、両締約国の合意により決定

3　恒久的施設の範囲

(1)　在庫保有代理人　PE にならない

(2)　注文取得代理人　PE にならない

(3)　建設工事　12か月超は PE となる

(4)　建設工事監督等　PE にならない

4　国際運輸業所得

国際運輸業所得は企業の居住地国課税となる。相手国が日本の事業税相当の税の課税を免除する場合、日本側も事業税の課税を免除する

5　配当

配当（親子間配当10%保有、期間6か月）の限度税率は5%、一般配当は10%

各国情報

6　利子

利子の限度税率は10%

7　使用料

使用料の限度税率は10%であるが、議定書により5%に引き下げ

8　キャピタルゲイン、自由職業所得、役員報酬

(1)　不動産　所在地国課税
(2)　PE　所在地国課税
(3)　株式　居住地国課税
(4)　不動産化体株式　規定なし
(5)　その他　居住地国課税
(6)　自由職業所得　規定なし
(7)　役員報酬　法人所在地国でも課税

9　給与所得（短期滞在者免税の要件等）、芸能人所得等

(1)　短期滞在者免税　OECDモデル租税条約と同様の183日ルール
(2)　芸能人等　役務提供地で課税。

10　退職年金、政府職員、教授

(1)　退職年金　居住地国課税
(2)　政府職員　接受国の国民等を除き派遣国で課税
(3)　教授　規定なし

11　学生、事業修習者等

生計、訓練又は教育のための国外源泉分は免税

12　その他所得（明示なき所得）

居住地国課税

13　二重課税の解除の方法等、無差別取扱い

税額控除方式による。みなし外国税額控除の規定なし。

14　相互協議、情報交換、徴収共助、外交官、国内法上の有利な取扱い、適用地域の拡張

(1)　相互協議　規定あり
(2)　情報交換　規定あり
(3)　徴収共助　規定あり
(4)　拡張　規定なし

カタール国

国名	カタール国 State of Qatar
人口（万人）（外務省）	280（2020年）
GDP（億 USD）（外務省）	1,692（2021年）
1人当たり GDP（外務省）	62,000（2021年）

法人税率	10%、石油関連の法人の所得は35%以上
源泉徴収（非居住者）	使用料は5%、利子及びカタールにおける役務提供に係る報酬については7%である。カタール居住法人による支払配当は、源泉徴収課税がない

日本との租税条約の内容

1　署名、発効日、対象税目

2015年２月20日署名、2015年11月30日発効。対象税目は、日本国は、所得税、法人税、復興特別所得税、地方法人税、住民税、カタールは、所得に対する租税

2　双方居住者

個人は振分け規定、その他はその者の本店又は主たる事務所が存在する締約国の居住者とみなす

3　恒久的施設の範囲

(1)　準備的補助的活動　従来型
(2)　従属代理人　従来型
(3)　在庫保有代理人　なし
(4)　建設工事　６か月超はPEとなる
(5)　建設工事監督等　PEとならない
(6)　サービスPE　いずれかの12か月中に183日を超えた場合PEとみなされる
(7)　事業利得　従来型

4　国際運輸業所得

相互免除として居住地国のみで課税される

5　配当

親子間配当（持株要件10％以上）５％、その他10％

6　利子

政府・金融機関受取は利子免税、その他10％

7　使用料

５％

8　キャピタルゲイン、自由職業所得、役員報酬

(1)　不動産　所在地国課税
(2)　PE所在　所在地国課税
(3)　株式　居住地国課税
(4)　不動産化体株式　居住地国課税
(5)　その他のもの　居住地国課税
(6)　自由職業所得　規定あり
(7)　役員報酬　法人所在地国でも課税

9　給与所得（短期滞在者免税の要件等）、芸能人所得

(1)　短期滞在者免税　OECDモデルと同じで、183日以内の滞在等の場合は、免税
(2)　芸能人所得　役務提供地国で課税。企業が芸能人等の役務提供活動を行う場合には、PEを有するものとされる

10　退職年金、政府職員、教授

(1)　退職年金　居住地国課税
(2)　政府職員　接受国の国民等を除き派遣国でのみ課税
(3)　教授　規定なし

11　学生、事業修習者等

(1)　学生　生計、教育又は訓練のための国外源泉分は免税
(2)　事業修習者　３年間の免税
(3)　事業習得者　規定なし

12　その他所得（明示なき所得）

居住地国課税

13　特典を受ける権利

LOB、PPT

14　二重課税の排除の方法等、無差別取扱い

(1)　二重課税の排除は税額控除による

(2)　無差別取扱い　国籍、PE、外国資本に対して規定あり

15　相互協議、情報交換、徴収共助

(1)　相互協議　規定あり

(2)　情報交換　金融情報を含む情報交換

(3)　徴収共助　規定なし

カナダ

国名	カナダ Canada
人口（万人）（外務省）	3,699（2021年）
GDP（億USD）（外務省）	19,906（2021年）
1人当たりGDP（USD）	48,310（2021年）

法人税率	15%（実質基本税率）＋地方税11.5%
キャピタルゲイン税	7.5%（キャピタルゲインの50%が課税対象）
外国法人支店税	15%
源泉徴収	配当25%（非居住者）、利子0%、25%（非居住者）、使用料25%（非居住者）
損失の繰戻	3年
損失の繰越	20年
消費税（GST）	5%
個人所得税	最高税率33%（2018年）
遺産税・贈与税	所得税として課税

日本との租税条約の内容

1　署名日、発効日、対象税目

現行の条約は、1999年2月19日署名、2000年12月14日発効、わが国では所得税及び法人税、カナダではカナダ政府が課す所得税が対象税目とされている

2　双方居住者、特典条項の取扱い

(1)　双方居住者

個人、法人とも協議により振り分ける

(2)　特典条項の取扱い

特典条項の取扱いは規定していない

3　恒久的施設の範囲

(1)　在庫保有代理人　PEとならない

(2) 注文取得代理人　PE とならない
(3) 建設工事　12か月超は PE となる
(4) 建設工事監督等　PE とならない

4　国際運輸業所得

源泉地国課税は相互免除、居住地国のみ課税。議定書により、付随的な裸用船料、コンテナ及びその運送のための関連設備の付随的な使用から取得する利得を相互免除の対象に含む、また、当該規定は、上記の対象税目のほか、日本においては住民税及び事業税、カナダにおいては所得に対する地方税及びわが国の事業税に類似する税に対しても適用される

5　配当

一般配当は限度税率15%、親子間配当は限度税率５%、ただし、議定書により、カナダの居住者である非居住者所有投資法人からの配当は限度税率が10%とされているほか、カナダの支店利益税については限度税率が５%に軽減される、親子間要件の判定に係る出資比率は25%、所有期間は６か月

6　利子

限度税率は10%。政府、日銀、国際協力銀行の受取利子は免税。政府等の間接融資等は免税。利子には償還差益が含まれる

7　使用料

限度税率は10%

8　キャピタルゲイン、自由職業所得、役員報酬

(1) 不動産　所在地国課税
(2) PE　所在地国課税
(3) 株式　源泉地国課税
(4) 不動産化体株式　特掲されていないためその内容により他の規定に従う
(5) その他のもの　源泉地国課税
(6) 自由職業所得　固定的施設を有する場合にその固定的施設に帰属する所得についてのみ課税
(7) 役員報酬　法人所在地国でも課税

9　給与所得（短期滞在者免税の要件等）、芸能人所得

(1) 短期滞在者免税　暦年基準で183日以内の滞在等の場合、免税。暦年基準で判定
(2) 芸能人所得　役務の提供地国で課税。ただし、特別の文化交流計画によるものは免税

10　退職年金、政府職員、教授

(1) 退職年金　規定がないため、その他所得（明示なき所得）と同様に源泉地国課税
(2) 政府職員　接受国の国民等を除き派遣国でのみ課税
(3) 教授　規定がないため、その所得の種類に応じて他の規定に従う

11　学生、事業修習者等

(1) 学生　生計、教育又は訓練のための国外源泉分は免税となる
(2) 役務対価　規定がないため、その所得の種類に応じて他の規定に従う
(3) 事業修習者　生計、教育又は訓練のための国外源泉所得は免税
(4) 政府ベース　規定がないため、その所得の種類に応じて他の規定に従う

12　その他所得（明示なき所得）

源泉地国課税

13　二重課税の排除の方法等、無差別取扱い

(1) カナダにおける二重課税の排除は、税額控除による。ただし、特定の配当は所得免除
(2) みなし税額控除の規定はない
(3) 無差別取扱いは、国籍、PE 及び外国資本について規定している

14　相互協議、情報交換、徴収共助、外交官、国内法上の有利な取扱い、適用地域の拡張

(1)　相互協議　規定あり

(2)　情報交換　規定あり

(3)　徴収共助　条約により免除又は税率が軽減された租税のみ対象

(4)　国内法上の有利な取扱い　規定あり

15　議定書、交換公文等に規定されている事項

①双方居住者に関し、OECDモデル条約第4条第2項に規定する双方居住者の振分けに関する基準を考慮する、②国際運輸業所得に関し、付随的な裸用船料、コンテナ及びその運送のための関連設備の付随的な使用から取得する利得を相互免除の対象に含む、③配当に関し、カナダの居住者である非居住者所有投資法人からの配当に係る税率を10%とする

ガーンジー

国名	ガーンジー Guernsey
人口（万人）	6.5

法人税率	0%（通常税率)、10%、20%
所得税	20%
日本との情報交換協定	あり
遺産税・贈与税	なし
その他	王室直轄地として英国の税法等は適用されない

カンボジア王国

国名	カンボジア王国 Kingdom of Cambodia
人口（万人）（外務省）	1,530（2019年）
GDP（億USD）（外務省）	262（2021年）
1人当たりGDP（USD）	1,655（2021年）

法人税率	20%
キャピタルゲイン税	20%
源泉徴収	配当14%、利子14%、使用料14%
損失の繰戻	なし
損失の繰越	5年
付加価値税	10%（標準税率）
日本との租税条約	なし
個人所得税	最高税率20%
遺産税・贈与税	なし

キルギス共和国

国名	キルギス共和国 Kyrgyz Republic
人口（万人）（外務省）	670（2022年）
GDP（億USD）（外務省）	85.4（2021年）
1人当たりGDP（USD）	1,283（2021年）

法人税率	10%
外国法人支店送金税	なし
源泉徴収	配当10%、利子10%、使用料10%
個人所得税	10%
日本との租税条約	あり（旧日本・ソ連租税条約の適用）

クウェート国

国名	クウェート国 State of Kuwait
人口（万人）（外務省）	446（2022年）
GDP（億USD）（外務省）	1,060（2020年）
1人当たりGDP（USD）	24,812（2020年）

法人税率	15%
繰越欠損金	3年
所得税	なし
日本との租税条約	2013年6月14日発効

日本との租税条約の内容

1　署名日、発効日、対象税目

2010年2月署名、発効は2013年6月、対象税目は、日本が、所得税、法人税、住民税、クウェートが、①法人所得税、②クウェート科学振興財団（KFAS）に支払われる分担金、③クウェート資本の法人の純利得から国家予算を支援するために支払われる分担金、④ザカート、⑤クウェート国民である使用人を支援するために課される税、となっている

2　双方居住者、特典条項の取扱い

(1)　双方居住者　振り分け規定あり

(2)　特典条項の取扱い　なし

3　恒久的施設の範囲

(1)　在庫保有代理人　PEにならない

(2)　注文取得代理人　PEにならない

(3)　建設工事　9か月超はPEとなる

(4)　建設工事監督等　PEにならない

4　国際運輸業所得

国際運輸業所得は企業の居住地国課税となる。クウェート企業にとって日本の事業税、日本企業にとって日本の事業税に類似するクウェートの税を課されることから免除される

5　配当

親子間配当（10%の株式を183日以上保有）の限度税率は５%、一般配当は10%である

6　利子

利子の限度税率は10%である

7　使用料

使用料の限度税率は10%となる

8　キャピタルゲイン、自由職業所得、役員報酬

(1)　不動産　所在地国課税
(2)　PE　所在地国課税
(3)　株式　居住地国課税
(4)　不動産化体株式　規定あり
(5)　自由職業所得　事業所得の規定適用
(6)　役員報酬　法人所在地国でも課税

9　給与所得（短期滞在者免税の要件等）、芸能人所得

(1)　短期滞在者免税　OECDモデルと同様で183日ルール
(2)　芸能人所得　役務提供地で課税

10　退職年金、政府職員、教授

(1)　退職年金　居住地国課税
(2)　政府職員　派遣国で課税
(3)　教授　２年間滞在地国免税

11　学生、事業修習者等

(1)　学生　生計、訓練又は教育のために支払われるものは免税
(2)　事業修習者　生計、訓練又は教育のために支払われるものは免税

12　その他所得（明示なき所得）

源泉地国課税

13　二重課税の排除の方法等、無差別取扱い

税額控除方式による。みなし外国税額控除の規定なし

14　相互協議、情報交換、徴収共助、外交官

(1)　相互協議　規定あり
(2)　情報交換　規定あり
(3)　徴収共助　規定なし

各国情報

クロアチア

国名	クロアチア　Republic of Croatia
人口（万人）（外務省）	387.1（2021年）
GDP（億 USD）（外務省）	678（2021年）
1人当たりのGDP（USD）	17,389（2021年）

法人税率	基本税率18%

キャピタルゲイン税	18%
外国法人支店税	18%
源泉徴収	配当12%、利子15%、使用料15%
支店送金税	なし
損失の繰戻	なし
損失の繰越	5年
付加価値税	25%（標準税率）
個人所得税	最高税率36%
相続税・贈与税	遺産税4%で課税

日本との租税条約の内容

1　署名日、発効日、対象税目

（署名）2018年10月19日、2019年8月発効

対象税目は、クロアチア（利得税、所得税、所得税に対する付加税）、日本（所得税、法人税、復興特別所得税、地方法人税、住民税）

2　双方居住者、特典条項の取扱い

双方居住者　個人は振り分け規定、法人は両締約国の合意

特典条項の取扱い　第三国所在のPEを利用した租税回避の防止、PPT

3　恒久的施設の範囲

(1)　準備的補助的活動の制限

(2)　従属代理人の範囲拡大（BEPS勧告及び国内法と同様）

(3)　在庫保有代理人　なし

(4)　建設工事　12か月超はPEとなる

(5)　建設工事監督等　PEとならない

(6)　事業利得　OECD承認アプローチ（AOA）を導入

4　国際運輸業所得

国際運輸業所得は、相互免除として居住地国のみで課税される。また、相手国が事業税相当の税を対象とする場合、事業税をも免除する

5　配当

親子間配当（365日の間議決権株式25%以上保有）　免税、一般配当　5%

6　利子

政府等は免税、その他5%

7　使用料

限度税率は5%

8　キャピタルゲイン、自由職業所得、役員報酬

(1)　不動産　所在地国課税

(2)　PE所在　所在地国課税

(3)　株式　居住地国課税

(4)　不動産化体株式　居住地国課税

(5)　その他のもの　居住地国課税

(6)　自由職業所得　規定なし

(7)　役員報酬　法人所在地国でも課税

9　給与所得（短期滞在者免税の要件等）、芸能人所得

(1)　短期滞在者免税　OECDモデルと同じで、183日以内の滞在等の場合は、免税

(2)　芸能人所得　役務提供地国で課税。企業が芸能人等の役務提供活動を行う場合には、PEを有するものとされる

10　退職年金、政府職員、教授

(1)　退職年金　居住地国課税

(2)　政府職員　接受国の国民等を除き派遣国でのみ課税

(3)　教授　規定なし

11　学生、事業修習者等

(1)　学生　生計、教育又は訓練のための国外源泉分は免税

(2)　事業修習者　１年間の免税

(3)　事業習得者　規定なし

12　その他所得（明示なき所得）

居住地国課税

13　二重課税の排除の方法等、無差別取扱い

(1)　二重課税の排除は税額控除による。

(2)　無差別取扱い　国籍、PE、外国資本に対して規定あり

14　相互協議、情報交換、徴収共助、外交官、国内法上の有利な取扱い、適用地域の拡張

(1)　情報交換　金融情報を含む情報交換

(2)　徴収共助　国際的徴収共助

ケイマン

国名	ケイマン Cayman Islands
人口(万人)(ケイマン政府)	5.4（2010年）
その他	所得税、法人税、相続税等　なし、世界で最も有名なタックスヘイブン、日本と情報交換協定あり

コロンビア

国名	コロンビア　Republic of Colombia
人口（万人）（外務省）	5,127（2021年）
GDP（億 USD）（外務省）	3,143（2021年）
１人当たりのGDP（USD）	6,160（2021年）

法人税率	32%（2020年）、31%（2021年）
キャピタルゲイン税	10%
外国法人支店税	33%
源泉徴収	配当・利子０、５、10%、使用料15%（ソフトウエア26%）
支店送金税	５%

各国情報

損失の繰戻	なし
損失の繰越	12年
付加価値税	19%（標準税率）
個人所得税	最高税率33%
相続税・贈与税	相続税課税あり

日本との租税条約の内容

1　署名日、発効日、対象税目

（署名）2018年12月19日、2022年8月5日発効

対象税目は、コロンビア（所得税及びその補完税）、日本（所得税、法人税、復興特別所得税、地方法人税）

2　双方居住者、特典条項の取扱い

⑴　双方居住者　個人は振り分け規定、法人は両締約国の合意

⑵　特典条項の取扱い　第三国所在のPEを利用した租税回避の防止、PPT

3　恒久的施設の範囲

⑴　準備的補助的活動の制限

⑵　従属代理人の範囲拡大

⑶　在庫保有代理人　なし

⑷　建設工事　183日超はPEとなる

⑸　建設工事監督等　PEとなる

⑹　サービスPE

⑺　事業利得　PE帰属所得は、本支店間の内部取引に対して独立企業原則を適用して計算する

4　国際運輸業所得

国際運輸業所得は、相互免除として居住地国のみで課税される。また、相手国が事業税相当の税を対象とする場合、事業税をも免除する

5　配当

免税（年金基金受取分）、親子間配当（5%）　6か月以上議決権株式20%以上保有、一般配当10%

6　利子

政府等免税、その他10%

7　使用料

設備の使用（2%）、その他10%

8　キャピタルゲイン、自由職業所得、役員報酬

⑴　不動産　所在地国課税

⑵　PE所在　所在地国課税

⑶　株式　法人資本の10%以上に相当する株式の譲渡収益は、源泉地国において10%を限度税率として課税することができるが、法人の組織再編成の直接の結果として行われる所有の変更から生じるもの及び年金基金が取得するものについては、課税が免除となる。居住地国課税

⑷　不動産化体株式　居住地国課税

⑸　その他のもの　居住地国課税

⑹　自由職業所得　規定なし

⑺　役員報酬　法人所在地国でも課税

9　給与所得（短期滞在者免税の要件等）、芸能人所得

⑴　短期滞在者免税　OECDモデルと同じで、183日以内の滞在等の場合は、免税

⑵　芸能人所得　役務提供地国で課税。企業が芸能人等の役務提供活動を行う場合には、PEを有するものとされる

10　退職年金、政府職員、教授

⑴　退職年金　居住地国課税

⑵　政府職員　接受国の国民等を除き派遣国でのみ課税

⑶　教授　規定なし

11　学生、事業修習者等

⑴　学生　生計、教育又は訓練のための国外源泉分は免税

⑵　事業修習者　1年間の免税

⑶　事業習得者　規定なし

12　その他所得（明示なき所得）

居住地国課税

13　二重課税の排除の方法等、無差別取扱い

⑴　二重課税の排除は税額控除による

⑵　無差別取扱い　国籍、PE、外国資本に対して規定あり

14　相互協議、情報交換、徴収共助、外交官、国内法上の有利な取扱い、適用地域の拡張

⑴　情報交換　金融情報を含む情報交換

⑵　徴収共助　国際的徴収共助

サウジアラビア王国

国名	サウジアラビア王国 Kingdom of Saudi Arabia
人口（万人）（外務省）	3,534（2021年）
GDP（億USD）（外務省）	7,015（2020年）
1人当たりGDP（USD）	23,507（2021年）

法人税率	石油掘削85%、通常の法人20%
源泉徴収	配当5%、利子5%、使用料15%
損失の繰戻	なし
損失の繰越	無制限
ザカート	2.5%
個人所得税	なし
遺産税・贈与税	なし
その他	湾岸協力会議加盟国（GCC）が内国民待遇として課税しない

日本との租税条約の内容

1　署名日、発効日、対象税目

2010年11月署名、発効は2011年9月、対象税目は、日本が、所得税、法人税、住民税、サウジアラビアが、①ザカート、②天然ガス投資税を含む所得税、となっている

2　双方居住者、特典条項の取扱い

(1)　双方居住者　振り分け規定あり。個人以外のものは、その者の本店若しくは主たる事務所又は事業の実質的な管理の場所が所在する場所で居住者を判定する

(2)　特典条項の取扱い　第24条に減免制限規定あり

3　恒久的施設の範囲

(1)　在庫保有代理人　PE にならない

(2)　注文取得代理人　PE にならない

(3)　建設工事　183日超は PE となる

(4)　建設工事監督等　183日超は PE となる

4　国際運輸業所得

国際運輸業所得は企業の居住地国課税となる。クウェート企業にとって日本の事業税、日本企業にとって日本の事業税に類似するクウェートの税を課されることから免除される

5　配当

親子間配当（10%の株式を183日保有）の限度税率は5%、一般配当は10%である

6　利子

限度税率は10%、間接融資等、年金基金免税

7　使用料

設備の使用料の限度税率は5%、その他の使用料の限度税率は10%となる

8　キャピタルゲイン、自由職業所得、役員報酬

(1)　不動産　所在地国課税

(2)　PE　所在地国課税

(3)　株式　居住地国課税、事業譲渡類似の規定あり

(4)　不動産化体株式　規定あり

(5)　自由職業所得　事業所得の規定適用

(6)　役員報酬　法人所在地国でも課税

9　給与所得（短期滞在者免税の要件等）、芸能人所得

(1)　短期滞在者免税　OECD モデルと同様で183日ルール

(2)　芸能人所得　役務提供地で課税

10　退職年金、政府職員、教授

(1)　退職年金　居住地国課税

(2)　政府職員　派遣国で課税

(3)　教員及び研究員

11　学生、事業修習者等

(1)　学生　生計、訓練又は教育のために支払われるものは免税

(2)　事業修習者　事業修習者又は研修員が滞在する国において訓練を開始した日から2年を超えない期間免税となる

12　その他所得（明示なき所得）

源泉地国課税、匿名組合契約等による所得は、源泉地国課税

13　二重課税の排除の方法等、無差別取扱い

税額控除方式による。みなし外国税額控除の規定なし

14　相互協議、情報交換、徴収共助、外交官、国内法上の有利な取扱い、適用地域の拡張

(1)　相互協議　規定あり

(2)　情報交換　規定あり

(3)　徴収共助　規定なし

(4)　適用地域の拡張　規定なし

ザンビア共和国

国名	ザンビア共和国 Republic of Zambia
人口（万人）（外務省）	1,892（2021年）
GDP（億 USD）（外務省）	212（2021年）
1人当たり GDP（USD）	1,040（2021年）

法人税率	35％
源泉徴収	配当15％、利子15％、使用料20％、経営管理料20％
損失の繰戻	なし
損失の繰越	5年又は10年
個人所得税	最高税率37.5％
遺産税・贈与税	なし

日本との租税条約の内容

1　署名日、発効日、対象税目

1970年2月署名、発効は1971年1月、対象税目は、日本が所得税、法人税及び住民税、ザンビアは、所得税と人頭税、となっている

2　双方居住者、特典条項の取扱い

(1)　双方居住者　個人の振り分け規定はなく、両締約国の合意により決定、個人以外はその者の本店又は主たる事務所が存在する締約国の居住者とみなされる

(2)　特典条項の取扱い　なし

3　恒久的施設の範囲

(1)　在庫保有代理人　PE にならない

(2)　注文取得代理人　PE にならない

(3)　建設工事　12か月超は PE となる

(4)　建設工事監督等　PE にならない

4　国際運輸業所得

国際運輸業所得は企業の居住地国課税となる

5　配当

配当は源泉地国免税

6　利子

利子所得の限度税率は10％

7　使用料

使用料の限度税率は10％

8　キャピタルゲイン、自由職業所得、役員報酬

(1)　不動産　所在地国課税

(2)　PE　所在地国課税

(3)　株式　居住地国課税

(4)　不動産化体株式　規定なし

(5)　自由職業所得　固定的施設に帰せられる所得が課税

(6)　役員報酬　法人所在地国でも課税

9　給与所得（短期滞在者免税の要件等）、芸能人所得

⑴　短期滞在者免税　暦年基準で183日ルール

⑵　芸能人所得　役務提供地で課税

10　退職年金、政府職員、教授

⑴　退職年金　居住地国課税

⑵　政府職員　接受国の国民の場合を除いて派遣国で課税

⑶　教授　２年間免税

11　学生、事業修習者等

教育又は訓練を受けるために国外からの送金は免税。教育のために支払われるものは免税。滞在地国における役務提供所得は、３課税年度を超えない期間、各課税年度において1,000米ドル又は日本若しくはザンビアの通貨によるその相当額を超えないことが免税条件となる

12　その他所得（明示なき所得）

居住地国課税

13　二重課税の排除の方法等、無差別取扱い

税額控除方式による。みなし外国税額控除の規定あり

14　相互協議、情報交換、徴収共助、外交官

⑴　相互協議　規定あり

⑵　情報交換　規定あり

⑶　徴収共助　規定なし

ジャマイカ

国名	ジャマイカ Jamaica
人口（万人）（外務省）	296.1（2020年）
GNI（億 USD）（外務省）	136.9（2020年）
１人当たり GNI（外務省）	4,620（2020年）

法人税率	基本税率33.⅓％
譲渡収益	０％
源泉徴収	配当15％、33.⅓％、利子・使用料3.⅓％

日本との租税条約の内容

1　署名日、発効日、対象税目

2019年12月署名、2020年９月発効。

対象税目は日本が、所得税、法人税、復興特別所得税、地方法人税、住民税、ジャマイカは所得税

2　双方居住者

個人は振り分け規定。個人以外は両国の合意

3　恒久的施設の範囲

⑴　準備的補助的活動の制限

⑵　従属代理人の範囲拡大（BEPS 勧告及び国内法と同様）

(3) 在庫保有代理人　なし
(4) 建設工事　6か月超はPEとなる
(5) 建設工事監督等　PEとならない
(6) 天然資源探査の設備が12か月超の場合はPEとなる
(7) 事業利得　従来型＋第三国PEに係る規定

4　国際運輸業所得

相互免除として居住地国のみで課税される

5　配当

議決権株式20％以上365日以上保有の親子間配当は5％、その他は10％

6　利子

政府等免税、その他10％

7　使用料

設備は2％、その他は10％

8　キャピタルゲイン、自由職業所得、役員報酬

(1) 不動産　所在地国課税
(2) PE所在　所在地国課税
(3) 株式　居住地国課税
(4) 不動産化体株式　居住地国課税
(5) その他のもの　居住地国課税
(6) 自由職業所得　規定あり
(7) 役員報酬　法人所在地国でも課税

9　給与所得（短期滞在者免税の要件等）、芸能人所得

(1) 短期滞在者免税　OECDモデルと同じで、183日以内の滞在等の場合は、免税
(2) 芸能人所得　役務提供地国で課税。企業が芸能人等の役務提供活動を行う場合には、PEを有するものとされる

10　退職年金、政府職員、教授

(1) 退職年金　居住地国課税
(2) 政府職員　接受国の国民等を除き派遣国でのみ課税
(3) 教授　規定なし

11　学生、事業修習者等

(1) 学生　生計、教育又は訓練のための国外源泉分は免税
(2) 事業修習者　3年間の免税
(3) 事業習得者　規定なし

12　その他所得（明示なき所得）

源泉地国課税

13　特典を受ける権利

LOB、PPT

14　二重課税の排除の方法等、無差別取扱い

(1) 二重課税の排除は税額控除による
(2) 無差別取扱い　国籍、PE、外国資本に対して規定あり

15　相互協議、情報交換、徴収共助

(1) 相互協議　仲裁規定あり
(2) 情報交換　金融情報を含む情報交換
(3) 徴収共助　国際的徴収共助

ジャージー

国名	ジャージー Jersey
人口（万人）（ジャージー政府）	9.9

所得税率	0％、10％、20％
キャピタルゲイン税	なし
日本との情報交換協定	あり
遺産税・贈与税	なし
その他	王室直轄地として英国の税法等は適用されない

ジョージア

国名	ジョージア Georgia
人口（万人）（外務省）	400（2022年）
GDP（億 USD）（外務省）	187（2021年）
1人当たり GDP（USD）	5,014（2021年）

法人税率	15％
源泉徴収	配当、利子、使用料、いずれも5％
繰越欠損金	5年、10年
所得税率	20％
相続税率	なし
付加価値税	18％
日本との租税条約	あり（旧日本・ソ連租税条約の適用）

日本との租税条約の内容

1　署名日、発効日、対象税目

2021年1月署名、2021年6月23日発効。対象税目は、日本は、所得税、法人税、復興特別所得税、地方法人税、住民税、ジョージアは利得税、所得税

2　双方居住者、特典条項の取扱い

個人は振分け規定、それ以外は両国の合意

3　恒久的施設の範囲

(1)　準備的補助的活動の制限
(2)　従属代理人の範囲拡大（BEPS 勧告及び国内法と同様）
(3)　在庫保有代理人　なし
(4)　建設工事　6か月超は PE となる
(5)　建設工事監督等　PE とならない

各国情報

(6) 事業利得　従来型

4　国際運輸業所得

相互免除として居住地国のみで課税される

5　配当

5％、所得計算で控除される配当は10%

6　利子

政府等免税、その他5％

7　使用料

免税

8　キャピタルゲイン、自由職業所得、役員報酬

(1) 不動産　所在地国課税
(2) PE 所在　所在地国課税
(3) 株式　居住地国課税
(4) 不動産化体株式　居住地国課税
(5) その他のもの　居住地国課税
(6) 自由職業所得　規定なし
(7) 役員報酬　法人所在地国でも課税

9　給与所得（短期滞在者免税の要件等）、芸能人所得

(1) 短期滞在者免税　OECD モデルと同じで183日以内の滞在等の場合は、免税
(2) 芸能人所得　役務提供地国で課税

10　退職年金、政府職員、教授

(1) 退職年金　居住地国課税
(2) 政府職員　接受国の国民等を除き派遣国でのみ課税
(3) 教授　規定なし

11　学生、事業修習者等

(1) 学生　生計、教育又は訓練のための国外源泉分は免税
(2) 事業修習者　2年間の免税
(3) 事業習得者　規定なし

12　その他所得（明示なき所得）

源泉地国課税

13　特典を受ける権利

LOB、PPT

14　二重課税の排除の方法等、無差別取扱い

(1) 二重課税の排除は税額控除による
(2) 無差別取扱い　国籍、PE、外国資本に対して規定あり

15　相互協議、情報交換、徴収共助、外交官

(1) 相互協議　仲裁規定なし
(2) 情報交換　金融情報を含む情報交換
(3) 徴収共助　国際的徴収共助

シンガポール共和国

国名	シンガポール共和国 Republic of Singapore
人口（万人）（外務省）	569（2020年）
GDP（億 USD）（外務省）	3,399（2022年）
1人当たり GDP（USD）	65,233（2019年）

法人税率	17%
キャピタルゲイン税	0％
源泉徴収	配当0％、利子15％、使用料10％
損失の繰戻	1年
損失の繰越	無制限
一般売上税	0％又は7％
個人所得税	最高税率22％（2018年）
遺産税・贈与税	なし

日本との租税条約の内容

1　署名日、発効日、対象税目

1994年4月9日署名、発効日1995年4月28日、2010年2月に情報交換規定の一部を改正している、対象税目は、わが国では所得税、法人税及び住民税、シンガポールでは所得税が条約の対象とされている

2　双方居住者、特典条項の取扱い

(1)　双方居住者　個人は振分け基準により振り分け、法人は協議により振り分ける

(2)　特典条項の取扱い　特典条項の取扱いは規定していない

3　恒久的施設の範囲

(1)　在庫保有代理人　規定なし

(2)　注文取得代理人　規定なし

(3)　建設工事　6か月超は PE となる

(4)　建設工事監督等　6か月超は PE となる

4　国際運輸業所得

国際運輸業所得は、相互免除

日本は事業税、シンガポールは事業税類似税目に適用

5　配当

一般配当は限度税率15％。親子間配当は5％。親子間は、出資比率25％以上、所有期間6か月で判定。ただし、シンガポールでは非課税

6　利子

限度税率は10％。政府、日銀、国際協力銀行の受取利子は免税。政府等の間接融資等に係る利子は免税。利子には償還差益が含まれる

7　使用料

限度税率は10％。裸用船料を含む

8　キャピタルゲイン、自由職業所得、役員報酬

⑴　不動産　所在地国課税

⑵　PE　所在地国課税

⑶　株式　事業譲渡類似の株式譲渡益は、所在地国課税

⑷　不動産化体株式　源泉地国課税

⑸　その他のもの　居住地国課税

⑹　自由職業所得　固定的施設を有する場合にその固定的施設に帰属する所得についてのみ課税又はいずれかの12か月を通じて183日超滞在の場合に課税

⑺　役員報酬　法人所在地国でも課税

9　給与所得（短期滞在者免税の要件等）、芸能人所得

⑴　短期滞在者免税　OECDモデルと同じで183日以内の滞在等の場合、免税（連続する12か月で判定）

⑵　芸能人所得　役務の提供地国で課税

10　退職年金、政府職員、教授

⑴　退職年金　保険年金とともに居住地国課税

⑵　政府職員　接受国の国民等を除き、派遣国でのみ課税

⑶　教授　規定なし

11　学生、事業修習者等

⑴　学生　生計、教育又は訓練のための国外源泉分は免税

⑵　役務対価　規定なし

⑶　事業修習者　生計、教育又は訓練のための国外源泉分は免税

⑷　事業習得者　規定なし

⑸　政府ベース　規定なし

12　その他所得（明示なき所得）

源泉地国課税

13　二重課税の排除の方法等、無差別取扱い

⑴　二重課税の排除　税額控除による

⑵　みなし外国税額控除（利子・使用料）　2000年末に期限到来により失効している

⑶　無差別取扱い　OECDに準拠している

14　相互協議、情報交換、徴収共助、外交官

⑴　相互協議　規定あり

⑵　情報交換　規定あり

⑶　徴収共助　規定あり

15　議定書、交換公文等に規定されている事項

⑴　議定書に規定されている事項　みなし外国税額控除が規定されているが、2000年末で失効

⑵　交換公文に規定されている事項　①PEの利得、②国際運輸業所得の範囲、③シンガポール政府投資公社、④シンガポール政府所有機関の職員、⑤居住者証明、⑥無差別、⑦情報交換、⑧みなし外国税額控除

スイス連邦

国名	スイス連邦 Swiss Confederation
人口（万人）（外務省）	867（2020年）
GDP（億 CHF）（外務省）	7,474（2020年）
1人当たり GDP（USD）	86,849（2020年）

法人税率	7.8%（連邦税）、地方所得との合計税率11.91%～21.63%
源泉徴収	配当35%、利子0%、35%、使用料0%
損失の繰戻	なし
損失の繰越	7年
付加価値税	7.7%（標準税率）
日本との租税条約	あり
個人所得税	連邦税最高税率11.5%、地方所得との合計税率14～35%
遺産税・贈与税	（州税）あり

日本との租税条約の内容

1　署名日、発効日、対象税目

2021年7月16日改正議定書署名、未発効。対象税目は、わが国では所得税、法人税及び住民税、スイスでは所得に対する連邦税、州税及び市町村税が条約の対象とされている

2　双方居住者、特典条項の取扱い

(1)　双方居住者　振り分け規定の適用

(2)　特典条項の取扱い　特典条項の取扱いを規定。日英租税条約及び日仏租税条約にある租税回避防止規定あり

3　恒久的施設の範囲

(1)　在庫保有代理人　規定なし

(2)　注文取得代理人　規定なし

(3)　建設工事　12か月超は PE となる

4　国際運輸業所得

国際運輸業所得は、相互免除

5　配当

一般配当は限度税率10%。親子間配当（持株割合10%以上365日以上保有）は免税

6　利子

免税

7　使用料

源泉地国免税

8　キャピタルゲイン、自由職業所得、役員報酬

(1)　不動産　所在地国課税

(2)　PE　所在地国課税

(3)　不動産化体株式　源泉地国課税

(4)　その他のもの　居住地国課税

⑸　自由職業所得　固定的施設を有する場合にその固定的施設に帰属する所得についてのみ課税
⑹　役員報酬　法人所在地国でも課税

9　給与所得（短期滞在者免税の要件等）、芸能人所得

⑴　短期滞在者免税　暦年基準で183日以内の滞在等の場合、免税（連続する12か月で判定）
⑵　芸能人所得　役務の提供地国で課税

10　退職年金、政府職員、教授

⑴　退職年金　保険年金とともに居住地国課税
⑵　政府職員　接受国の国民等を除き、派遣国でのみ課税
⑶　教授　規定なし

11　学生、事業修習者等

⑴　学生　生計、教育又は訓練のために受け取る給付は免税
⑵　事業修習者　生計、教育又は訓練のために受け取る給付は免税

12　その他所得（明示なき所得）

源泉地国課税

13　二重課税の排除の方法等、無差別取扱い

⑴　二重課税の排除　税額控除による
⑵　無差別取扱い　OECD に準拠している

14　相互協議、情報交換、徴収共助、外交官、国内法上の有利な取扱い、適用地域の拡張

⑴　相互協議　仲裁手続あり
⑵　情報交換　条項が新設
⑶　徴収共助　規定あり

スウェーデン王国

国名	スウェーデン王国 Kingdom of Sweden
人口（万人）（外務省）	1,045（2021年）
GDP（億 USD）（外務省）	6,274（2021年）
1人当たり GDP（USD）	60,029（2021年）

法人税率	21.4%（2019～2020年）、20.6%（2021年）
外国法人支店税	22%
源泉徴収	配当30%（非居住者）、利子０%、使用料０%
損失の繰戻	なし
損失の繰越	無制限
付加価値税	25%（標準税率）
社会保障	31.42%（標準率）
個人所得税	国税最高税率25%、給与所得に課される地方税29～36%
遺産税・贈与税	なし

日本との租税条約の内容

1　署名日、発効日、対象税目

現行の第2次租税条約は、1983年1月に署名、同年9月に発効、その後、1999年及び2013年に一部改正し、2014年10月発効が現行租税条約である、対象税目は、日本が所得税、法人税及び住民税であったが、復興特別所得税と復興特別法人税が追加されている。スウェーデンは、①国税である所得税、②配当の源泉徴収税、③非居住者に対する所得税、④非居住者である芸能人・運動家に対する所得税、⑤地方税である所得税、となっている

2　双方居住者、特典条項の取扱い

(1)　双方居住者　個人の振り分け規定あり。個人以外のものについては両締約国の権限ある当局の合意により決定

(2)　特典条項の取扱い　あり

3　恒久的施設の範囲

(1)　在庫保有代理人　PEにならない

(2)　注文取得代理人　PEにならない

(3)　建設工事　12か月超はPEとなる

(4)　建設工事監督等　PEとならない

4　国際運輸業所得

国際運輸業所得は企業の居住地国課税となる。スウェーデン企業にとって日本の事業税、日本企業にとって日本の事業税に類似するスウェーデンの税を課されることから免除される

5　配当

親子間配当（議決権株式の10％以上を6か月間直接間接保有）は免税、一般配当は10％である

6　利子

利子は原則免税、contingent interestに該当するものは10％の課税

7　使用料

使用料は原則免税

8　キャピタルゲイン、自由職業所得、役員報酬

(1)　不動産　所在地国課税

(2)　PE　所在地国課税

(3)　株式　課税する国の国内法

(4)　不動産化体株式　規定なし

(5)　自由職業所得　事業所得の規定適用

(6)　役員報酬　法人所在地国でも課税

9　給与所得（短期滞在者免税の要件等）、芸能人所得

(1)　短期滞在者免税　OECDモデルと同様で183日ルール

(2)　芸能人所得　役務提供地で課税

10　退職年金、政府職員、教授

(1)　退職年金　規定なし

(2)　政府職員　派遣国で課税

(3)　教授　規定なし

11　学生、事業修習者等

(1)　学生　生計、訓練又は教育のために支払われるものは免税

(2)　事業修習者　生計、訓練又は教育のために支払われるものは免税

12　その他所得（明示なき所得）

源泉地国課税

13　二重課税の排除の方法等、無差別取扱い

税額控除方式による。みなし外国税額控除の規定なし

14　租税条約の濫用防止規定

⑴　特典制限条項

⑵　優遇税制の適用を受ける法人に対する減免の制限

⑶　条約濫用と認められる取引に対する否認規定

15　相互協議、情報交換、徴収共助、外交官

⑴　相互協議　規定あり

⑵　情報交換　規定あり

⑶　徴収共助　徴収の相互支援が規定

スペイン

国名	スペイン Spain
人口（万人）（外務省）	4,740（2021年）
GDP（億 USD）（外務省）	14,262（2021年）
1人当たり GDP（USD）	30,090（2021年）

法人税率	25%
外国法人支店税	25%
源泉徴収	配当19%、利子19%、使用料24%
支店送金税	19%
損失の繰戻	なし
損失の繰越	無制限
付加価値税	21%（標準税率）
個人所得税	最高税率43.5%（マドリード居住者の場合）
遺産税・贈与税	あり

日本との租税条約の内容

1　署名日、発効日、対象税目

（第2次租税条約署名）2018年10月16日、2021年2月発効

対象税目は、日本（所得税、法人税、復興特別所得税、地方法人税）、スペイン（個人に対する所得税、法人税、非居住者に対する所得税）

2　双方居住者、特典条項の取扱い

⑴　双方居住者　個人は振り分け規定、法人は両締約国の合意

⑵　特典条項の取扱い　LOB、PPT

3　恒久的施設の範囲

⑴　準備的補助的活動の制限

⑵　従属代理人の範囲拡大（BEPS勧告及び国内法と同様）

各国情報

(3) 在庫保有代理人　なし
(4) 建設工事　12か月超はPEとなる
(5) 建設工事監督等　PEとならない
(6) 事業利得　OECD承認アプローチ（AOA）を導入

4　国際運輸業所得

国際運輸業所得は、相互免除として居住地国のみで課税される。また、相手国が事業税相当の税を対象とする場合、事業税をも免除する

5　配当

親子間配当（12か月の間議決権株式10％以上保有）と公認の年金基金免税
一般配当５％、配当のうち、課税所得の計算上控除されるものの限度税率は10％

6　利子

免税、利子のうち、収入、売上等の支払金に該当する者の限度税率は10％である

7　使用料

免税

8　キャピタルゲイン、自由職業所得、役員報酬

(1) 不動産　所在地国課税
(2) PE所在　所在地国課税
(3) 株式　居住地国課税
(4) 不動産化体株式　居住地国課税
(5) その他のもの　居住地国課税
(6) 自由職業所得　規定なし
(7) 役員報酬　法人所在地国でも課税

9　給与所得（短期滞在者免税の要件等）、芸能人所得

(1) 短期滞在者免税　OECDモデルと同じで、183日以内の滞在等の場合は、免税
(2) 芸能人所得　役務提供地国で課税。企業が芸能人等の役務提供活動を行う場合には、PEを有するものとされる

10　退職年金、政府職員、教授

(1) 退職年金　居住地国課税
(2) 政府職員　接受国の国民等を除き派遣国でのみ課税
(3) 教授　規定なし

11　学生、事業修習者等

(1) 学生　生計、教育又は訓練のための国外源泉分は免税
(2) 事業修習者　１年間の免税
(3) 事業習得者　規定なし

12　その他所得（明示なき所得）

居住地国課税

13　二重課税の排除の方法等、無差別取扱い

(1) 二重課税の排除は税額控除による
(2) 無差別取扱い　国籍、PE、外国資本に対して規定あり

14　相互協議、情報交換、徴収共助、外交官、国内法上の有利な取扱い、適用地域の拡張

(1) 相互協議　仲裁規定あり
(2) 情報交換　金融情報を含む情報交換
(3) 徴収共助　国際的徴収共助

スリランカ民主社会主義共和国

国名	スリランカ民主社会主義共和国 Democratic Socialist Republic of Sri Lanka
人口（万人）（外務省）	2,216（2021年）
GDP（億 USD）（外務省）	845（2021年）
1人当たり GDP（USD）	3,815（2021年）

法人税率	28%
キャピタルゲイン税	10%
外国法人支店税	28%
源泉徴収	配当14%、利子5%、14%、使用料14%、経営管理料14%、支店送金税14%
損失の繰戻	なし
損失の繰越	6年
付加価値税	15%（標準税率）
個人所得税	最高税率24%（2019年）
遺産税・贈与税	なし

（注）2022年経済危機

日本との租税条約の内容

1　署名日、発効日、対象税目

1967年12月に署名、1968年9月に発効、日本側は所得税と法人税、スリランカ側は所得税

2　双方居住者、特典条項の取扱い

⑴　双方居住者　個人及び法人とも規定なし
⑵　特典条項の取扱い　規定なし

3　恒久的施設の範囲

⑴　在庫保有代理人　PE となる
⑵　注文取得代理人　規定なし
⑶　建設工事　PE となる（183日超の場合）
⑷　建設工事監督等（芸能活動等）　規定なし

4　国際運輸業所得

半額課税

5　配当

日本への支払　スリランカ国内法10%。日本からスリランカへの支払　20%

6　利子

税率の規定なし。銀行の受取利子免税。国内法の15%が適用

7　使用料

著作権・映画フィルム　免税、特許権等　半額課税（7.5%）

8　キャピタルゲイン、自由職業所得、役員報酬

⑴　不動産　所在地国課税
⑵　PE　所在地国課税

各国情報

(3) 株式　源泉地国課税
(4) 不動産化体株式　規定なし
(5) その他のもの　居住地国課税
(6) 自由職業所得　給与所得条項（11条）で規定
(7) 役員報酬　役務提供地国で課税

9　給与所得（短期滞在者免税の要件等）、芸能人所得

(1) 短期滞在者免税　183日超。賦課年度（スリランカは4月1日から翌年3月31日、日本は暦年）で判定
(2) 芸能人所得　役務の提供地国で課税

10　退職年金、政府職員、教授

(1) 退職年金　居住地国課税
(2) 政府職員　接受国の国民等を除き、派遣国でのみ課税する
(3) 教授　滞在期間2年以内は免税

11　学生、事業修習者等

(1) 学生　生計、教育又は訓練のための国外源泉分は免税
(2) 役務対価　年間36万円まで免税
(3) 事業修習者　生計、教育又は訓練のための国外源泉分は免税
(4) 事業習得者　滞在期間1年以内、100万円まで免税
(5) 政府ベース　免税

12　その他所得（明示なき所得）

規定なし（国内法どおり課税）

13　二重課税の排除の方法等、無差別取扱い

(1) 二重課税の排除　税額控除
(2) みなし外国税額控除　特別措置
(3) 無差別取扱い　国籍、PE、資本の無差別を規定

14　相互協議、情報交換、徴収共助、外交官、国内法上の有利な取扱い、適用地域の拡張

(1) 相互協議　規定あり
(2) 情報交換　規定あり
(3) 徴収共助　規定なし

15　議定書、交換公文等に規定されている事項

(1) 議定書に規定されている事項　使用料についてスリランカ側の最恵国待遇の付与
交換公文に規定されている事項　なし

スロバキア共和国

国名	スロバキア共和国 Slovak Republic
人口（万人）（外務省）	545（2021年）
GDP（億 USD）（外務省）	1,150（2021年）
1人当たり GDP（USD）	21,050（2021年）

法人税率	21%
外国法人支店税	21%

源泉徴収	配当０％、７％、35％、利子19％、35％、使用料19％、35％
損失の繰戻	なし
損失の繰越	４年
付加価値税	20％（標準税率）
日本との租税条約	あり（旧日本・チェコスロバキア租税条約の適用）
個人所得税	19％、25％
遺産税・贈与税	なし

日本との租税条約の内容

㈱　旧チェコスロバキア（分割）租税条約が現在の、スロバキア、チェコ両国に適用になっている（1993年に適用を確認する口上書交換）

1　署名日、発効日、対象税目

1977年10月署名、1978年11月に発効、対象税目は、日本が、所得税、法人税及び住民税、スロバキアが、①利得税、②賃金税、③文学上及び美術上の活動から生ずる所得に対する租税、④農業税、⑤住民所得税、⑥家屋税、となっている

2　双方居住者、特典条項の取扱い

⑴　双方居住者　個人は双方の締約国による合意により決定、個人以外のものは、その者の本店又は主たる事務所の所在地の居住者とみなされる

⑵　特典条項の取扱い　なし

3　恒久的施設の範囲

⑴　在庫保有代理人　PE にならない

⑵　注文取得代理人　PE にならない

⑶　建設工事　12か月超は PE となる

⑷　建設工事監督等　PE にならない

4　国際運輸業所得

国際運輸業所得は企業の居住地国課税となる。日本の事業税及びスロバキアで今後課される事業税類似の税は免税

5　配当

配当（議決権株式の25％以上を６か月保有）の限度税率は10％、一般配当は15％

6　利子

利子の限度税率は10％、政府・中央銀行等の利子所得は免税

7　使用料

使用料（工業的使用料）の限度税率は10％、使用料（文化的使用料）は免税

8　キャピタルゲイン、自由職業所得、役員報酬

⑴　不動産　所在地国課税

⑵　PE　所在地国課税

⑶　株式　居住地国課税

⑷　不動産化体株式　規定なし

⑸　その他　居住地国課税

⑹　自由職業所得　固定的施設があればそこに帰せられる所得は課税

⑺　役員報酬　法人所在地国でも課税

9　給与所得（短期滞在者免税の要件等）、芸能人所得

⑴　短期滞在者免税　暦年基準で183日ルール

各国情報

(2) 芸能人所得　役務提供地で課税。両締約国の政府間の文化交流計画に基づいて行われる場合、その所得は免税

10　退職年金、政府職員、教授

(1) 退職年金　居住地国課税

(2) 政府職員　接受国の国民等を除き派遣国で課税

(3) 教授　2年間滞在地国免税

11　学生、事業修習者等

生計、訓練又は教育のための国外源泉分は免税、滞在地国における免税所得に上限あり

12　その他所得（明示なき所得）

居住地国課税

13　二重課税の排除の方法等、無差別取扱い

税額控除方式による。みなし外国税額控除なし

14　相互協議、情報交換、徴収共助、外交官

(1) 相互協議　規定あり

(2) 情報交換　規定あり

(3) 徴収共助　規定なし

スロベニア共和国

国名	スロベニア共和国 Republic of Slovenia
人口（万人）（外務省）	210（2020年）
GDP（億 EURO）（外務省）	615（2021年）
1人当たりの GDP（EURO）	29,200（2021年）

法人税率	19%
キャピタルゲイン税	19%
外国法人支店税	19%
源泉徴収	配当、利子、使用料いずれも15%
支店送金税	なし
損失の繰戻	なし
損失の繰越	無期限
付加価値税	22%（標準税率）
個人所得税	最高税率50%
相続税・贈与税	あり

日本との租税条約の内容

1　署名日、発効日、対象税目

（署名）2016年（平成28年）9月30日。2017年8月発効

対象税目は、スロベニアは、(i)法人の所得に対する租税、(ii)個人の所得に対する租税。日本は、所得税、法人税、復興特別所得税、地方法人税、住民税

2　双方居住者、特典条項の取扱い
⑴　双方居住者　個人は振り分け規定、法人は両締約国の合意
⑵　特典条項の取扱い　米国型のLOB条項ではなく、欧州型のPPT（主たる目的テスト）が規定された
3　恒久的施設の範囲
⑴　準備的補助的活動の制限
⑵　従属代理人の範囲拡大（BEPS勧告及び国内法と同様）
⑶　在庫保有代理人　なし
⑷　建設工事　12か月超はPEとなる
⑸　建設工事監督等　PEとならない
⑹　芸能人活動　PEとなる
⑺　事業利得　OECD承認アプローチ（AOA）を導入
4　国際運輸業所得
国際運輸業所得は、相互免除として居住地国のみで課税される。また、相手国が事業税相当の税を対象とする場合、事業税をも免除する
5　配当
親子配当と一般配当の区別がなく限度税率5％である。なお、議定書2では、二重不課税になる配当等については限度税率が10％となる規定がある
6　利子
限度税率は5％
7　使用料
限度税率は5％
8　キャピタルゲイン、自由職業所得、役員報酬
⑴　不動産　所在地国課税
⑵　PE所在　所在地国課税
⑶　株式　居住地国課税
⑷　不動産化体株式　居住地国課税
⑸　その他のもの　居住地国課税
⑹　自由職業所得　規定なし
⑺　役員報酬　法人所在地国でも課税
9　給与所得（短期滞在者免税の要件等）、芸能人所得
⑴　短期滞在者免税　OECDモデルと同じで、183日以内の滞在等の場合は、免税
⑵　芸能人所得　役務提供地国で課税。企業が芸能人等の役務提供活動を行う場合には、PEを有するものとされる
10　退職年金、政府職員、教授
⑴　退職年金　居住地国課税
⑵　政府職員　接受国の国民等を除き派遣国でのみ課税
⑶　教授　規定なし
11　学生、事業修習者等
⑴　学生　生計、教育又は訓練のための国外源泉分は免税
⑵　事業修習者　生計、教育又は訓練のための国外源泉分は免税
⑶　事業習得者　規定なし
12　その他所得（明示なき所得）
居住地国課税

13　二重課税の排除の方法等、無差別取扱い
⑴　二重課税の排除は税額控除による
⑵　無差別取扱い　国籍、PE、外国資本に対して規定あり
14　相互協議、情報交換、徴収共助、外交官、国内法上の有利な取扱い、適用地域の拡張
⑴　相互協議　仲裁規定あり
⑵　情報交換　金融情報を含む情報交換
⑶　徴収共助　国際的徴収共助

セルビア共和国

国名	セルビア共和国 Republic of Serbia
人口（万人）（外務省）	693（2020年）
GDP（億USD）（外務省）	530（2020年）
1人当たりのGNI（USD）	7,400（2020年）

法人税率	15%
譲渡収益	15%
源泉徴収	配当・利子・使用料（20%）

日本との租税条約の内容

1　署名日、発効日、対象税目
2020年7月署名、2021年11月8日発効
対象税目　日本は、所得税、法人税、復興特別所得税、地方法人税、住民税、セルビアは、法人所得税、個人所得税
2　双方居住者
個人は振り分け規定、法人は合意
3　恒久的施設の範囲
⑴　準備的補助的活動の制限
⑵　従属代理人の範囲拡大（BEPS勧告及び国内法と同様）
⑶　在庫保有代理人　なし
⑷　建設工事　12か月超はPEとなる
⑸　建設工事監督等　PEとならない
⑹　事業利得　従来型で（AOA）ではない
4　国際運輸業所得
相互免除として居住地国のみで課税される
5　配当
親子間配当5％（議決権保有割合25%以上・保有期間365日以上）、その他10%
6　利子
政府等免税、その他10%
7　使用料
著作権は5％、その他は10%

8　キャピタルゲイン、自由職業所得、役員報酬
(1)　不動産　所在地国課税
(2)　PE 所在　所在地国課税
(3)　株式　居住地国課税
(4)　不動産化体株式　居住地国課税
(5)　その他のもの　居住地国課税
(6)　自由職業所得　規定あり
(7)　役員報酬　法人所在地国でも課税

9　給与所得（短期滞在者免税の要件等）、芸能人所得
(1)　短期滞在者免税　OECD モデルと同じで、183日以内の滞在等の場合は、免税
(2)　芸能人所得　役務提供地国で課税。企業が芸能人等の役務提供活動を行う場合には、PE を有するものとされる

10　退職年金、政府職員、教授
(1)　退職年金　居住地国課税
(2)　政府職員　接受国の国民等を除き派遣国でのみ課税
(3)　教授　規定なし

11　学生、事業修習者等
(1)　学生　生計、教育又は訓練のための国外源泉分は免税
(2)　事業修習者　1年間の免税

12　その他所得（明示なき所得）
居住地国課税

13　二重課税の排除の方法等、無差別取扱い
(1)　二重課税の排除は税額控除による
(2)　無差別取扱い　国籍、PE、外国資本に対して規定あり

14　相互協議、情報交換、徴収共助
(1)　相互協議　仲裁規定なし
(2)　情報交換　金融情報を含む情報交換
(3)　徴収共助　規定なし

タイ王国

国名	タイ王国 Kingdom of Thailand
人口（万人）（外務省）	6,609（2022年）
GDP（億 USD）（外務省）	4,952（2022年）
1人当たり GDP（USD）	7,089.7（2022年）

法人税率	20%
キャピタルゲイン税	20%
外国法人支店税	20%
源泉徴収	配当10%、利子15%、使用料15%、支店送金税10%
損失の繰戻	なし

損失の繰越	5年
付加価値税	7%
個人所得税	最高税率35%
遺産税	あり（2015年導入）
贈与税	同上

日本との租税条約の内容

1　署名日、発効日、対象税目

1990年4月7日署名、発効日は1990年8月3日、対象税目は、わが国では所得税と法人税、タイでは所得税と石油所得税が条約の対象とされている

2　双方居住者、特典条項の取扱い

(1)　双方居住者　個人、法人とも協議により振り分ける

(2)　特典条項の取扱い　特典条項の取扱いは規定していない

3　恒久的施設の範囲

(1)　在庫保有代理人　PEとなる

(2)　注文取得代理人　PEとなる

(3)　建設工事　3か月超はPEとなる

(4)　建設工事監督等　3か月超はPEとなる。6か月超にわたるコンサルタントはPE

4　国際運輸業所得

国際運輸業所得は、船舶に関しては半額課税とされ、航空機は免除される。対象税目と同じ

5　配当

親子間は、出資比率25%以上、所有期間6か月で判定。産業的事業を営む法人からの配当は限度税率15%。その他配当は20%

6　利子

法人が受け取るものに限られ、金融機関等の場合は限度税率10%、その他の法人の場合は25%。また、政府、日銀、国際協力銀行の受取利子は免税。なお、利子には償還差益が含まれる

7　使用料

限度税率は15%。パテント譲渡益を含み、機器の賃貸料は含まれない

8　キャピタルゲイン、自由職業所得、役員報酬

(1)　不動産　所在地国課税

(2)　PE　所在地国課税

(3)　株式　源泉地国課税

(4)　不動産化体株式　規定なし

(5)　その他のもの　源泉地国課税

(6)　自由職業所得　人的役務に対する報酬として給与所得と同一の条文で規定

(7)　役員報酬　法人所在地国でも課税

9　給与所得（短期滞在者免税の要件等）、芸能人所得

(1)　短期滞在者免税　180日以内の滞在等の場合、免税。自由職業を含む。暦年基準

(2)　芸能人所得　役務の提供地国で課税

10　退職年金、政府職員、教授

(1)　退職年金　規定なし（国内法どおり課税される。）

(2)　政府職員　接受国の国民等を除き、派遣国でのみ課税する

(3) 教授　滞在期間２年以内、教育又は研究を目的とする教授は、教育・研究の報酬が免税

11　学生、事業修習者等

生計、教育、訓練のために受ける海外送金、交付金等は免税。生計、教育に必要な役務所得は、５年を超えない期間につき免税

12　その他所得（明示なき所得）

源泉地国課税

13　二重課税の排除の方法等、無差別取扱い

(1) 二重課税の排除　税額控除による

(2) みなし外国税額控除　配当、使用料、特別措置が対象になる

(3) 無差別取扱い　OECD 条約に準拠している

14　相互協議、情報交換、徴収共助、外交官

(1) 相互協議　規定あり

(2) 情報交換　規定あり

(3) 徴収共助　規定なし

(4) 外交官　規定あり

15　議定書、交換公文等に規定されている事項

①独立代理人、②経費の配分、③恒久的施設の利得決定、④産業的事業の定義、⑤利益送金税、⑥芸能法人、⑦特別措置の軽微な修正、⑧発効

大韓民国

国名	大韓民国 Republic of Korea
人口（万人）（外務省）	5,163（2022年）
GDP（億 USD）（外務省）	17,978（2021年）
１人当たり GDP（USD）	34,820（2021年）

法人税率	25%
キャピタルゲイン税	25%
外国法人支店税	25%
源泉徴収	配当０%、利子14%、使用料０%
損失の繰戻	１年
損失の繰越	10年
付加価値税	10%
地方所得税	（１～2.5%）
個人所得税	最高税率42%（2018年）
相続税・贈与税率	最高50%

日本との租税条約の内容

1　署名日、発効日、対象税目

原条約は、署名日1970年３月３日、発効日1970年10月29日、その後全面改訂された条約は署名日1998年10月８日、発効日1999年11月22日、対象税目は、日本側では所得税、法人税、

住民税であり、韓国側では所得税、法人税、地方振興特別税、住民税である

2　二重居住者、特典条項の扱い

⑴　二重居住者　個人はOECD基準により振り分け、法人は本店所在地国の居住者とする

⑵　特典条項の取扱い　規定していない

3　恒久的施設の範囲

⑴　在庫保有代理人　規定していない

⑵　注文取得代理人　規定していない

⑶　建設工事　6か月超はPEとなる

⑷　建設工事監督等　6か月超はPEとなる

4　不動産所得、事業所得

⑴　不動産所得　不動産所在地国に第一次課税権を認めるOECDモデルに準拠する

⑵　事業所得　PEに帰属する部分についてのみ課税するOECDモデルに準拠する

5　国際運輸業所得

船舶、航空機に関しては、居住地国でのみ課税とする相互免除。追加される項目として、日本側は事業税、韓国側は事業税類似の税の免税

6　配当

一般配当は限度税率15%、親子間配当は5%。親子間の要件は、出資比率25%以上、所有期間6か月で判定

7　利子

利子　限度税率10%。政府、日銀、国際協力銀行の受取利子は免税、利子には償還差益を含む

8　使用料

使用料　限度税率10%。使用料にはパテント譲渡益、裸用船料を含む

9　キャピタルゲイン、自由職業所得、役員報酬

⑴　不動産　所在地国課税

⑵　PE　所在地国課税

⑶　株式　事業譲渡類似の株式譲渡益は、所在地国課税

⑷　不動産化体株式　源泉地国課税

⑸　その他のもの　居住地国課税

⑹　自由職業所得　固定的施設を有する場合にその固定的施設に帰属する所得についてのみ課税又は183日以上の滞在の場合に課税

⑺　役員報酬　規定していない

10　給与所得（短期滞在者免税の要件等）、芸能人所得

⑴　短期滞在者免税　暦年基準で183日以内の滞在であること。報酬の支払者は非居住者であること。PEは報酬を負担しないこと。暦年基準で判定

⑵　芸能人所得　役務の提供地国で課税（特別の文化交流計画によるものは免税）。報酬が年間10,000ドルまでは免税

11　退職年金、政府職員、教授

⑴　退職年金　居住地国のみで課税

⑵　政府職員　接受国の国民等を除き、派遣国でのみ課税する

⑶　教授　居住地国で課税される場合には源泉地国で免税

12　学生、事業修習者等

⑴　学生　生計、教育又は訓練のための国外源泉分は免税

⑵　役務対価　滞在期間5年以内、年間20,000ドルまでは免税

⑶　事業修習者　生計、教育又は訓練のための国外源泉分は免税。ただし滞在期間1年以

内、年間10,000ドルまで免税
(4) 事業習得者　規定していない
(5) 政府ベース　規定していない

13　その他所得（明示なき所得）

居住地国課税

14　二重課税の排除の方法等、無差別取扱い

(1) 二重課税の排除　税額控除による
(2) みなし外国税額控除は、特別措置によるものについて適用されていたが、2003年12月31日後に開始する事業年度については適用がなくなった
(3) 無差別取扱い　OECDモデルに準拠

15　相互協議、情報交換、徴収共助、外交官

(1) 相互協議　規定あり
(2) 情報交換　すべての国税についての情報
(3) 徴収共助　条約により免除又は税率が軽減された租税のみ
(4) 外交官　規定あり
(5) 国内法上の有利な取扱い　規定あり
(6) 適用地域の拡張　規定なし

16　議定書、交換公文等に規定されている事項

(1) 議定書に規定されている事項　①親子間配当、②芸能人所得、③濫用防止
(2) 交換公文に規定されている事項　スペアリング

台湾

国名	台湾 Taiwan
人口（万人）（外務省）	2,326（2022年12月）
GDP（億USD）（外務省）	7,626（2022年）
1人当たりGDP（USD）	32,811（2022年）

法人税率	20%
選択的ミニマム税	営利事業者12%、個人20%
キャピタルゲイン税	20%
外国法人支店税	20%
源泉徴収	配当0%（非居住者　21%）、利子10%（非居住者　15%又は20%）、使用料10%（非居住者　20%）
損失の繰戻	なし
損失の繰越	10年
付加価値税	5%
日本との租税条約	なし
個人所得税	最高税率40%（2018年）
相続税率	最高税率20%

贈与税率	同上

1　日本・台湾民間租税取決め

日本と台湾は歴史的・政治的に特殊な状況下にあったことで、長い間租税条約がない状態が続いていたことから、双方の居住者或いは企業等が二重課税の状態にあった。このような状態を改善するために、平成27年11月に公益財団法人交流協会（日本側）と亜東関係協会（台湾側）との間で「所得に対する租税に関する二重課税の回避及び脱税の防止のための公益財団法人交流協会と亜東関係協会との間の取決め」に署名し、同年12月に同取決めの規定が公開された。日本ではその実施に向けて平成28年度税制改正において国内法の整備が行われた。

2　改正法のポイント

(1)　相互主義の原則

改正法の政令が平成28年５月25日に公布され、同政令第２条において「外国」は台湾であることが規定されている

(2)　双方居住者の振分けルール（改正法第３条）

日本と台湾双方の居住者に該当する者について、双方居住者の振分け規定が設けられた

(3)　所得税等の非課税等の制限（改正法第６条）

外国居住者等又はその関係者が、国内源泉所得の基因となる権利又は財産の設定又は移転等の行為の主たる目的の１つが所得税等の非課税等の規定の適用を受けることである場合は、この非課税規定は適用されない

(4)　事業所得の非課税（改正法第７条）

外国居住者等が有する事業所得のうち日本国内にある事業所等に帰せられないもの等について、所得税又は法人税は非課税となる、改正法では、第２条の定義の規定に、同条第６号に「国内事業所等」、同条第７号に「恒久的施設」を定義している

(5)　配当等の限度税率（改正法第15条）

配当、利子、使用料の投資所得について、「租税取決め」では、限度税率等が次のように規定されている

所得の種類	限度税率
配当（親子間配当の規定なし）	10%
利子	10%
利子（日本国については、日本銀行、株式会社国際協力銀行、独立行政法人日本貿易保険等、台湾については、中央銀行、輸出入銀行等	免税
使用料	10%

なお、発行時に源泉徴収の対象とされた割引債の発行者は、外国居住者に対し当該割引債の償還差益の支払をする場合には、当該外国居住者に対し、その源泉徴収された所得税に相当する金額の全部又は一部を還付する（改正法第18条）

(6)　資産の譲渡所得に対する所得税又は法人税の非課税（改正法第19条）

外国居住者等が有する資産の譲渡所得のうち、恒久的施設帰属所得、所定の国内資産譲渡所得及び工業所有権等、著作権等の譲渡所得について、所得税又は法人税が非課税となる

(7)　給与所得者に対する所得税の非課税（改正法第23条）

外国居住者等が支払を受ける一定の給与（内国法人の役員として行う勤務に基因するものを除く。）について、OECD モデル租税条約に定める短期滞在者免税の規定が適用となり、所得税が非課税となる、なお、この措置は、芸能人等として日本国内において行う役務提供又は勤務に基因するものについては、適用されない

イ　納税申告書の提出等をした外国居住者が短期滞在者に該当すること等となった場合　その該当すること等となった日から4月以内に、更正の請求により上記の措置の適用を受けることができる

ロ　源泉分離課税の対象とされる外国居住者が短期滞在者に該当することとなった場合　還付申告書を提出することにより上記の措置の適用を受けることができる

(8)　相互協議・情報交換

平成29年1月、国税庁は「日台民間租税取決め第24条（相互協議手続）の取扱いについて（事務運営指針）を公表した。

(9)　地方税等

個人住民税及び法人住民税について、「租税取決め」に規定された内容の実施に関する国税の取扱いに準じて所要の措置が講じられた

タジキスタン共和国

国名	タジキスタン共和国 Republic of Tajikistan
人口（万人）（外務省）	1,000（2022年）
GDP（億USD）（外務省）	87.5（2021年）
1人当たりGDP（USD）	905.7（2021年）
日本との租税条約	あり（旧日本・ソ連租税条約の適用）

法人税率	基本税率25%
地方税	なし
個人所得税	8～13%

タンザニア連合共和国

国名	タンザニア連合共和国 United Republic of Tanzania
人口（万人）（外務省）	6,100（2021年）
GDP（億USD）（外務省）	678（2021年）
1人当たりGNI（USD）	1,140（2021年）

法人税率	30%
源泉徴収	配当5%、10%、利子10%、使用料15%
損失の繰戻	なし
損失の繰越	無制限
日本との租税条約	なし
個人所得税	最高税率30%
遺産税・贈与税	なし

各国情報

チェコ共和国

国名	チェコ共和国 Czech Republic
人口（万人）（外務省）	1,051（2022年）
GDP（億 USD）	2,826（2021年）
1人当たり GDP（USD）	26,410（2021年）

法人税率	19%
外国法人支店税	19%
源泉徴収	配当・利子・使用料、いずれも0%、15%、35%
損失の繰戻	なし
損失の繰越	5年
付加価値税	21%（標準税率）
日本との租税条約	あり（旧日本・チェコスロバキア租税条約の適用）スロバキアの項参照。
個人所得税	15%の単一税率
遺産税・贈与税	2014年より所得税法に規定

中華人民共和国

国名	中華人民共和国 People's Republic of China
人口（万人）（外務省）	140,000
GDP（億 USD）（外務省）	179,580（2021年）
1人当たり GDP（USD）	14,096（2021年）

法人税率	25%
キャピタルゲイン税	25%
外国法人支店税	25%
源泉徴収	配当10%、利子10%、使用料10%
損失の繰戻	なし
損失の繰越	5年
増値税	17%（標準税率）
個人所得税	最高税率45%
相続税・贈与税	なし

日本との租税条約の内容

1　署名日、発効日、対象税目

1983年9月6日署名、1984年6月26日発効、対象税目は、わが国では、所得税、法人税、住民税、中国では、個人所得税、合弁企業所得税、外国企業所得税（2008年1月1日から企業所得税に統一されている。)、地方所得税が条約の対象とされている

2　双方居住者、特典条項の取扱い

(1)　双方居住者　個人は協議により振り分け、法人は本店所在地国とする

(2)　特典条項の取扱い　特典条項の取扱いは規定していない

3　恒久的施設の範囲

(1)　注文取得代理人　PEとなる

(2)　建設工事　6か月超はPEとなる

(3)　役務提供　コンサルタントの役務提供で6か月超はPEとなる

4　国際運輸業所得

国際運輸業所得は、居住地国においてのみ課税

5　配当

限度税率は10%

6　利子

限度税率は10%。政府、日銀、国際協力銀行の受取利子は免税。利子のうち政府等の間接誘致等は免税。利子には償還差益が含まれる

7　使用料

限度税率は10%

8　キャピタルゲイン、自由職業所得、役員報酬

(1)　不動産　所在地国課税

(2)　PE　所在地国課税

(3)　株式　源泉地国課税

(4)　その他のもの　源泉地国課税

(5)　自由職業所得　固定的施設を有する場合にその固定的施設に帰属する所得又は年間183日超滞在の場合に課税

(6)　役員報酬　法人所在地国でも課税

9　給与所得（短期滞在者免税の要件等）、芸能人所得

(1)　短期滞在者免税　183日以内の滞在等の場合、免税。暦年基準で判定

(2)　芸能人所得　役務の提供地国で課税

10　退職年金、政府職員、教授

(1)　退職年金　居住地国課税

(2)　政府職員　接受国の国民等を除き、派遣国でのみ課税する

(3)　教授　滞在期間3年以内、教育又は研究に係る報酬は免税

11　学生、事業修習者等

(1)　学生　生計、教育又は訓練のために受け取る給与又は所得は免税

(2)　役務対価　生計、教育又は訓練のために受け取る給与又は所得は免税

(3)　事業修習者　生計、教育又は訓練のために受け取る給与又は所得は免税

(4)　事業習得者　生計、教育又は訓練のために受け取る給与又は所得は免税

12　その他所得（明示なき所得）

源泉地国課税

13　二重課税の排除の方法等、無差別取扱い

⑴　二重課税の排除　税額控除による

⑵　みなし外国税額控除　配当、利子、使用料について、固定スペアリングあり。特別措置あり

⑶　無差別取扱い　OECDに準拠しているが、例外あり

14　相互協議、情報交換、徴収共助、外交官、国内法上の有利な取扱い

⑴　相互協議　規定あり

⑵　情報交換　規定あり

⑶　徴収共助　規定なし

⑷　外交官　規定あり

⑸　国内法上の有利な取扱い　規定あり

15　議定書、交換公文等に規定されている事項

⑴　議定書に規定されている事項　①恒久的施設の除外、②本支店支払金の損金不算入

⑵　交換公文に規定されている事項　タックス・スペアリング

チリ共和国

国名	チリ共和国 Republic of Chile
人口（万人）	1,949（2021年）
GDP（億USD）	3,169（2021年）
1人当たりGDP（USD）	16,070（2021年）

法人税率	25%又は27%（2017年・2018年）
キャピタルゲイン税	35%
外国法人支店税	25%又は27%
源泉徴収	配当35%、利子35%、使用料0～30%、支店送金税35%
損失の繰戻	認められない（2017年以降）
損失の繰越	制限なし
付加価値税	19%（標準税率）
個人所得税	0～35%（2017年）

日本との租税条約の内容

1　署名日、発効日、対象税目

2016年1月に署名、2016年12月28日発効。対象税目は、日本が、所得税、法人税、復興特別所得税、地方法人税、住民税、チリは所得税

2　双方居住者、特典条項の取扱い

⑴　双方居住者　個人の振り分け規定あり。個人以外のものについては、両締約国の権限ある当局の合意により決定

3　恒久的施設の範囲

⑴　在庫保有代理人　PEにならない

⑵　注文取得代理人　PEにならない

⑶　建設工事　6か月超はPEになる
⑷　建設工事監督等　6か月超はPEになる
⑸　保険料の受領又は保険契約を引き受ける保険業者　PEになる

4　国際運輸業所得

国際運輸業所得は企業の居住地国課税

5　配当

親子間配当（議決権株式の25%以上を6か月保有で親会社が上場法人等の所定の要件）は5%、一般配当は15%

6　利子

利子は15%課税。金融機関等の受取利子は10%、政府等、政府系金融機関の間接融資の利子は免税

7　使用料

使用料の限度税率は10%

8　キャピタルゲイン、自由職業所得、役員報酬

⑴　不動産　所在地国課税
⑵　PE　所在地国課税
⑶　株式　居住地国課税法
⑷　不動産化体株式　規定あり、事業譲渡類似の規定あり
⑸　自由職業所得　固定的施設を有するか、又は継続するいずれかの12か月の期間に合計183日を超える期間滞在する場合、固定的施設に帰属する所得又は滞在期間の対応する所得が源泉地国課税
⑹　役員報酬　法人所在地国でも課税

9　給与所得（短期滞在者免税の要件等）、芸能人所得

⑴　短期滞在者免税　OECDモデルと同様で183日ルール
⑵　芸能人所得　役務提供地で課税

10　退職年金、政府職員、教授

⑴　退職年金　居住地国課税
⑵　政府職員　派遣国で課税
⑶　教授　規定なし

11　学生、事業修習者等

生計、訓練又は教育のために支払われるものは免税。事業修習者に対する免税の期間は1年である

12　その他所得（明示なき所得）

源泉地国課税

13　二重課税の排除の方法等、無差別取扱い

税額控除方式による。みなし外国税額控除の規定なし

14　租税条約の濫用防止規定

特典を享受することを制限する規定として、本条約は、日米租税条約等に規定する特典制限規定（LOB）ではなく、主要目的テスト（PPT）を規定、また、第三国所在の恒久的施設に帰せられる所得は特典が与えられないことになっている

15　相互協議、情報交換、徴収共助、外交官、国内法上の有利な取扱い、適用地域の拡張

⑴　相互協議　規定あり
⑵　情報交換　規定あり
⑶　徴収共助　徴収の相互支援が規定
⑷　適用地域の拡張　規定なし

デンマーク王国

国名	デンマーク王国 Kingdom of Denmark
人口（万人）（外務省）	581（2019年）
GDP（億 USD）（外務省）	3,509（2018年）
1人当たり GDP（USD）	60,692（2018年）

法人税率	22%
外国法人支店税	22%
源泉徴収	配当27%、利子22%、使用料22%
損失の繰戻	なし
損失の繰越	無制限
付加価値税	25%（均一）
日本との租税条約	あり
個人所得税	最高税率56%
遺産税率	15%、25%
贈与税率	15%、25%

日本との租税条約の内容

1　署名日、発効日、対象税目

（第3次条約署名）2017年10月11日、（発効）2018年11月27日

対象税目は、日本（所得税、法人税、復興特別所得税、地方法人税、住民税）、デンマーク（国税である法人所得税、国税である個人所得税、地方税である個人所得税、炭化水素税法に基づいて課される租税、年金投資収益税法に基づいて課される租税、教会税、配当に対する租税、使用料に対する租税）

2　双方居住者、特典条項の取扱い

⑴　双方居住者　個人は振り分け規定、法人は両締約国の合意

⑵　特典条項の取扱い　LOB、PPT

3　恒久的施設の範囲

⑴　準備的補助的活動の制限

⑵　従属代理人の範囲拡大（BEPS 勧告及び国内法と同様）

⑶　在庫保有代理人　なし

⑷　建設工事　12か月超は PE となる

⑸　建設工事監督等　PE とならない

⑹　天然資源探査の設備が12か月超の場合は PE となる

⑺　事業利得　OECD 承認アプローチ（AOA）を導入

4　国際運輸業所得

国際運輸業所得は、相互免除として居住地国のみで課税される。また、相手国が事業税相当の税を対象とする場合、事業税をも免除する

5　配当

免税（日本法人支払配当、議決権保有割合10%以上・保有期間6月以上）、免税（デンマー

各国情報

ク法人支払配当、資本割合10%以上・保有期間6月以上)、免税(年金基金受取)、その他15%

6　利子

免税

7　使用料

免税

8　キャピタルゲイン、自由職業所得、役員報酬

(1)　不動産　所在地国課税
(2)　PE所在　所在地国課税
(3)　株式　居住地国課税
(4)　不動産化体株式　居住地国課税
(5)　その他のもの　居住地国課税
(6)　自由職業所得　規定なし
(7)　役員報酬　法人所在地国でも課税

9　給与所得(短期滞在者免税の要件等)、芸能人所得

(1)　短期滞在者免税　OECDモデルと同じで、183日以内の滞在等の場合は、免税
(2)　芸能人所得　役務提供地国で課税。企業が芸能人等の役務提供活動を行う場合には、PEを有するものとされる

10　退職年金、政府職員、教授

(1)　退職年金　居住地国課税
(2)　政府職員　接受国の国民等を除き派遣国でのみ課税
(3)　教授　規定なし

11　学生、事業修習者等

(1)　学生　生計、教育又は訓練のための国外源泉分は免税
(2)　事業修習者　1年間の免税
(3)　事業習得者　規定なし

12　その他所得(明示なき所得)

居住地国課税

13　二重課税の排除の方法等、無差別取扱い

(1)　二重課税の排除は税額控除による
(2)　無差別取扱い　国籍、PE、外国資本に対して規定あり

14　相互協議、情報交換、徴収共助、外交官

(1)　相互協議　仲裁規定あり
(2)　情報交換　金融情報を含む情報交換
(3)　徴収共助　国際的徴収共助

各国情報

ドイツ連邦共和国

国名	ドイツ連邦共和国 Federal Republic of Germany
人口(万人)(外務省)	8,319(2020年)
GDP(億EUR)(外務省)	38,620(2019年)
1人当たりGDP(EUR)	46,473(2019年)

法人税率	15%
付加税	5.5%
地方事業税	14%
外国法人支店税	15%
源泉徴収	配当25%、利子０%、使用料15%
支店送金税	なし
損失の繰戻	１年
損失の繰越	無制限
付加価値税	19%（標準税率）
個人所得税	最高税率42%
遺産税・贈与税の統合税率	30%、43%、50%（係累により３種類に分類）

日本との租税条約の内容

1　署名日、発効日、対象税目

（協定改正署名）2015年12月17日、（発効）2016年９月30日、ドイツの租税は、所得税、法人税、営業税、連帯付加税。日本は、所得税、法人税、復興特別所得税、地方法人税、住民税、事業税

2　双方居住者、特典条項の取扱い

⑴　双方居住者　個人の双方居住者は振り分け規定。個人以外の場合は、実質的管理の場所或いは本店所在地等を考慮して権限ある当局の合意

⑵　特典条項の取扱い　LOBとPPT

⑶　事業体課税　パススルー事業体等が取得した所得は、居住者の所得として扱われるものについてのみその国において課税対象となることが規定されている

3　恒久的施設の範囲

⑴　在庫保有代理人　なし

⑵　注文取得代理　なし

⑶　建設工事　12か月超はPEとなる

⑷　建設工事監督等　PEとならない

⑸　芸能人活動　PEとなる

⑹　事業利得　AOAを採用

4　国際運輸業所得

国際運輸業所得は、相互免除として居住地国のみで課税される

5　配当

（持株割合25%以上・保有期間18か月以上）免税。（持株割合10%以上・保有期間６か月以上）５%。一般配当15%

6　利子

免税

7　使用料

免税

8　キャピタルゲイン、自由職業所得、役員報酬

⑴　不動産　所在地国課税

⑵　PE所在　所在地国課税

⑶ 株式 居住地国課税
⑷ 不動産化体株式 源泉地国課税
⑸ その他のもの 居住地国課税
⑹ 役員報酬 法人所在地国でも課税

9 給与所得（短期滞在者免税の要件等）、芸能人所得

⑴ 短期滞在者免税 OECDモデルと同じで、183日以内の滞在等の場合は、免税
⑵ 芸能人所得 役務提供地国で課税

10 退職年金、政府職員、教授

⑴ 退職年金 保険年金とともに源泉地国課税
⑵ 政府職員 接受国の国民等を除き派遣国でのみ課税

11 学生、事業修習者等

⑴ 学生 生計、教育又は訓練のための国外源泉分は免税
⑵ 事業修習者 生計、教育又は訓練のための国外源泉分は免税（１年間）

12 その他所得（明示なき所得）

居住地国課税

13 二重課税の排除の方法等、無差別取扱い

⑴ 二重課税の排除は税額控除による
⑵ 無差別取扱い 国籍、PE、外国資本に対して規定あり

14 相互協議、情報交換、徴収共助、外交官、国内法上の有利な取扱い、適用地域の拡張

⑴ 相互協議 仲裁規定あり
⑵ 情報交換 金融情報の交換まで拡大
⑶ 徴収共助 国際的徴収共助を規定

15 源泉課税に関する手続規則

ドイツは、当初は国内法に定める非居住者に対する源泉徴収税率で課税をして、その後に申請等の手続きにより、国内法の税率と限度税率との差額相当額を還付する方式がある。条約はその手続規則が定められている

トルクメニスタン

国名	トルクメニスタン Turkmenistan
人口（万人）（外務省）	620（2022年）
GDP（億USD）（外務省）	622（2021年）
１人当たりGDP（USD）	10,111（2021年）
租税条約	あり（旧日本・ソ連租税条約の適用）

法人税率	基本税率20％
外国支店税	20％
付加価値税	15％
個人所得税	10％

トルコ共和国

国名	トルコ共和国 Republic of Turkey
人口（万人）（外務省）	8,527（2022年）
GDP（億 USD）（外務省）	9,055（2022年）
1人当たり GDP（USD）	10,655（2022年）

法人税率	22%
源泉徴収	配当15%、利子0%、5%、10%、使用料20%、支店送金税15%
損失の繰戻	なし
損失の繰越	5年
個人所得税	最高税率35%
遺産税	1～10%
贈与税	10～30%

日本との租税条約の内容

1　署名日、発効日、対象税目

1993年3月署名、1994年12月に発効、対象税目は、日本が、所得税、法人税及び住民税、トルコが、①所得税、②法人税、③所得税及び法人税に対し課される税、となっている

2　双方居住者、特典条項の取扱い

(1)　双方居住者　個人は双方の締約国による合意により決定、個人以外のものは両締約国の合意により決定

(2)　特典条項の取扱い　なし

3　恒久的施設の範囲

(1)　在庫保有代理人　PE になる

(2)　注文取得代理人　PE にならない

(3)　建設工事　6か月超は PE となる

(4)　建設工事監督等　6か月超は PE となる

4　国際運輸業所得

国際運輸業所得は企業の居住地国課税、日本の事業税及びトルコで今後課されるであろう事業税類似の税は免税

5　配当

配当（議決権株式の25%以上を6か月保有）の限度税率は10%、一般配当は15%

6　利子

金融機関の受取利子の限度税率は10%、その他は15%、政府、中央銀行等の受取利子は免税

7　使用料

使用料の限度税率は10%となる

8　キャピタルゲイン、自由職業所得、役員報酬

(1)　不動産　所在地国課税

(2) PE　所在地国課税
(3) 株式　源泉地国課税
(4) 不動産化体株式　規定なし
(5) その他　源泉地国課税
(6) 自由職業所得　固定的施設を源泉地国国内に有せず、かつ、その者が継続するいずれかの12か月の期間において合計183日を超える期間当該他方の締約国内に滞在しない限り、源泉地国免税
(7) 役員報酬　法人所在地国でも課税

9　給与所得（短期滞在者免税の要件等）、芸能人所得

(1) 短期滞在者免税　暦年基準で183日ルール
(2) 芸能人所得　役務提供地で課税

10　退職年金、政府職員、教授

(1) 退職年金　居住地国課税
(2) 政府職員　接受国の国民等を除き派遣国で課税
(3) 教授　２年間滞在地国免税

11　学生、事業修習者等

生計、訓練又は教育のための国外源泉分は免税。当該学生又は事業修習者が、その教育又は訓練に関連する実務上の経験を習得するために、１暦年を通じて183日を超えない期間源泉地国において行う勤務から取得する報酬は、源泉地国で課税免除となる

12　その他所得（明示なき所得）

源泉地国課税

13　二重課税の排除の方法等、無差別取扱い

税額控除方式による。みなし外国税額控除の規定は供与期限（2004年）に期限が終了した

14　相互協議、情報交換、徴収共助、外交官、国内法上の有利な取扱い、適用地域の拡張

(1) 相互協議　規定あり
(2) 情報交換　規定あり
(3) 徴収共助　規定なし
(4) 適用地域の拡張　規定なし

ナイジェリア連邦共和国

国名	ナイジェリア連邦共和国 Federal Republic of Nigeria
人口（万人）（外務省）	20,614（2020年）
GDP（億 USD）（外務省）	4,323（2020年）
１人当たり GNI（USD）	2,000（2020年）

法人税率	30%
源泉徴収	配当10%、利子10%、使用料10%
損失の繰戻	なし
損失の繰越	無制限
日本との租税条約	なし

個人所得税	最高税率24%
遺産税・贈与税	なし

日本

国名	日本 Japan
人口（万人）	12,447（2023年４月）
GDP（億 USD）	58,560（2023年）
１人当たり GDP（USD）	4,699（2023年）

法人税率	23.2%
繰越欠損金	9
所得税率	最高税率45%（2015年１月以降）
相続税率	最高税率55%（2015年１月以降）
消費税	10%、８%
法人税の実効税率	30.62%（法人税23.2%　住民税16.3%） 地方法人税4.4%　事業税0.88% 地方法人特別税2.9%

ニュージーランド

国名	ニュージーランド New Zealand
人口（万人）（外務省）	504（2019年）
GDP（億 USD）（外務省）	2,469（2021年）
１人当たり GDP（USD）	48,317（2021年）

法人税率	28%
キャピタルゲイン税	なし
外国法人支店税	28%
源泉徴収	配当30%（源泉分離の税率）、利子15%、使用料15%
損失の繰戻	なし
損失の繰越	無制限
消費税（GST）	15%
フリンジベネフィット税	49.25%
個人所得税	最高税率33%（2018年）
相続税・贈与税	なし

日本との租税条約の内容

1　署名日、発効日、対象税目

現行条約は、2012年12月に署名、2013年10月に発効、対象税目は、日本が、所得税、法人税、復興特別所得税、復興特別法人税、ニュージーランドは所得税、となっている

2　双方居住者、特典条項の取扱い

(1)　双方居住者　個人の振り分け規定あり。個人以外のものについては、両締約国の権限ある当局の合意により決定。居住者の条項（第4条）に事業体課税の規定あり

(2)　特典条項の取扱い　なし

3　恒久的施設の範囲

(1)　在庫保有代理人　PE にならない

(2)　注文取得代理人　PE にならない

(3)　建設工事　6か月超は PE となる

(4)　建設工事監督等　12か月超は PE となる

(5)　天然資源の探査　12か月の期間において合計90日を超える期間行う場合 PE となる

(6)　サービス PE の規定あり

4　国際運輸業所得

国際運輸業所得は企業の居住地国課税となる

5　配当

親子間配当（持株要件6か月10%）は免税、一般配当は15%である

6　利子

利子は10%課税。政府等、政府系金融機関の受取利子は免税

7　使用料

使用料の限度税率は5%

8　キャピタルゲイン、自由職業所得、役員報酬

(1)　不動産　所在地国課税

(2)　PE　所在地国課税

(3)　株式　居住地国課税法

(4)　不動産化体株式　規定あり

(5)　自由職業所得　規定なし

(6)　役員報酬　法人所在地国でも課税

9　給与所得（短期滞在者免税の要件等）、芸能人所得

(1)　短期滞在者免税　OECD モデルと同様で183日ルール

(2)　芸能人所得　役務提供地で課税

10　退職年金、政府職員、教授

(1)　退職年金　居住地国課税

(2)　政府職員　派遣国で課税

(3)　教授　規定なし

11　学生、事業修習者等

生計、訓練又は教育のために支払われるものは免税。事業修習者に対する免税の期間は1年である

12　その他所得（明示なき所得）

源泉地国課税、匿名組合契約等に基づいて取得する所得等は源泉地国課税

13　二重課税の排除の方法等、無差別取扱い

税額控除方式による。みなし外国税額控除の規定なし

14　**租税条約の濫用防止規定**

特典を享受することを制限する規定として、本条約は、特典制限規定と、主要目的テスト（PPT）を規定している

15　**相互協議、情報交換、徴収共助、外交官**

(1)　相互協議　規定あり

(2)　情報交換　規定あり

(3)　徴収共助　徴収の相互支援が規定

ノルウェー王国

国名	ノルウェー王国 Kingdom of Norway
人口（万人）（外務省）	542（2021年）
GDP（億 USD）（外務省）	4,445（2021年）
1人当たり GDP（USD）	81,995（2021年）

法人税率	22%
外国法人支店税	22%
源泉徴収	配当25%、利子0％、使用料0％
支店送金税	なし
損失の繰戻	なし
損失の繰越	無制限
付加価値税	25%（標準税率）
個人所得（二元的所得税制）	勤労所得最高税率15.4%、通常所得最高税率　23%
遺産税・贈与税	2014年1月以降廃止

日本との租税条約の内容

1　**署名日、発効日、対象税目**

現租税条約は、1992年3月署名、1993年12月に発効、対象税目は、日本が所得税、法人税及び住民税、ノルウェーが、①国税である所得税、②県税である所得税、③市税である所得税、④国税である租税平衡基金に対する分担金、⑤海底の石油資源及び開発並びにこれらの関連する活動及び作業についての国税である所得税、⑥国税である非居住者芸能人の報酬に対する賦課金、となっている

2　**双方居住者、特典条項の取扱い**

(1)　双方居住者　個人は双方の締約国の合意により決定、個人以外のものは、両締約国の合意により決定

(2)　特典条項の取扱い　なし

3　**恒久的施設の範囲**

(1)　在庫保有代理人　PE にならない

(2)　注文取得代理人　PE にならない

(3)　建設工事　12か月超は PE になる

(4)　建設工事監督・コンサルタント　12か月超は PE になる

各国情報

4　国際運輸業所得

国際運輸業所得は企業の居住地国課税、日本の事業税及びノルウェーの資本税は免税となる

5　配当

配当（議決権株式の25％以上を６か月保有）の限度税率は５％、一般配当は15％

6　利子

利子の限度税率は10％、政府、中央銀行等の受取利子は免税

7　使用料

使用料の限度税率は10％となる

8　キャピタルゲイン、自由職業所得、役員報酬

(1)　不動産　所在地国課税
(2)　PE　所在地国課税
(3)　株式　源泉地国課税
(4)　不動産化体株式　規定なし
(5)　その他　源泉地国課税
(6)　役員報酬　法人所在地国でも課税

9　給与所得（短期滞在者免税の要件等）、芸能人所得

(1)　短期滞在者免税　OECDモデルと同様の規定で183日ルール
(2)　芸能人所得　役務提供地で課税、公的な文化交流に基因する所得は免税

10　退職年金、政府職員、教授

(1)　退職年金　居住地国課税
(2)　政府職員　接受国の国民等を除き派遣国で課税
(3)　教授　２年間滞在地国免税

11　学生、事業修習者等

生計、訓練又は教育のための国外源泉分は免税

12　その他所得（明示なき所得）

源泉地国課税

13　二重課税の排除の方法等、無差別取扱い

税額控除方式による

14　相互協議、情報交換、徴収共助、外交官

(1)　相互協議　規定あり
(2)　情報交換　規定あり
(3)　徴収共助　規定あり

15　議定書、交換公文等に規定されている事項

①スカンジナビア航空（デンマーク、ノルウェー、スウェーデン）による利得はノルウェー航空会社が同事業体につき有する持分に比例して割り当てられた所得となる。②海底資源に係る株式譲渡が源泉地国課税であることの確認、③第16条の法人の役員には、ノルウェーについて、株主代表者委員会又は株主従業員共同総会の構成員が含まれる

パキスタン・イスラム共和国

国名	パキスタン・イスラム共和国 Islamic Republic of Pakistan
人口（万人）（外務省）	22,090（2020年）

GDP（億 USD）（外務省）	3,463.4（2021年）
1人当たり GDP（USD）	1,537.9（2021年）

法人税率	30%
キャピタルゲイン税（上場株式）	15%（12か月未満保有）、12.5%（12か月超24か月未満）、7.5%（24か月超4年未満）
源泉徴収	配当10%（標準税率）、利子10%、使用料15%（標準税率）、専門的役務提供15%（標準税率）、支店送金税10%
損失の繰戻	なし
損失の繰越	6年
売上税	17%
ザカート	2.5%（所定の法人純資産）
個人所得税	最高税率30%（給与所得）
遺産税・贈与税	なし

日本との租税条約の内容

1　署名日、発効日、対象税目

現租税条約は、2008年1月23日に署名され、同年11月9日に発効している。日本側は法人税と所得税。パキスタン側は所得税、付加税と事業利得税

2　双方居住者、特典条項の取扱い

(1)　双方居住者　個人はOECD基準で振分け。法人は協議により振分け
(2)　特典条項の取扱い　規定はない

3　恒久的施設の範囲

(1)　在庫保有代理人　PEとなる
(2)　注文取得代理人　規定なし
(3)　建設工事　PEとなる（6か月超）
(4)　建設工事監督等　PEとなる（6か月超）

4　国際運輸業所得

相互免除

5　配当

一般配当は10%。親子間配当（25%以上は7.5%、50%以上5%）

6　利子

限度税率は10%。利子には償還差益が含まれる

7　使用料

限度税率は10%、この租税条約第13条に「技術上の役務に対する料金」の規定があり限度税率は10%である

8　キャピタルゲイン、自由職業所得、役員報酬

(1)　不動産　所在地国課税
(2)　PE　所在地国課税
(3)　株式　事業譲渡類似等の株式譲渡益は源泉地国課税
(4)　不動産化体株式　源泉地国課税
(5)　その他のもの　規定なし

⑹　自由職業所得　固定的施設に帰属する所得及び183日超滞在時の所得は課税
⑺　役員報酬　法人所在地国で課税

9　給与所得（短期滞在者免税の要件等）、芸能人所得

⑴　短期滞在者免税　183日超。連続する12か月で判定
⑵　芸能人所得　役務提供地課税

10　退職年金、政府職員、教授

⑴　退職年金　居住地国課税
⑵　政府職員　接受国の国民等を除き、派遣国でのみ課税する
⑶　教授　規定なし

11　学生、事業修習者等

⑴　学生　生計、教育又は訓練のための国外源泉分は免税
⑵　役務対価　年間150万まで免税（学生は３年、事業修習者は１年）
⑶　事業修習者　生計、教育又は訓練のための国外源泉分は免税（１年）
⑷　事業習得者　規定なし
⑸　政府ベース　規定なし

12　その他所得（明示なき所得）

源泉地国課税

13　二重課税の排除の方法等、無差別取扱い

⑴　二重課税の排除　税額控除
⑵　みなし外国税額控除　規定なし
⑶　無差別取扱い　OECD モデルに準拠した規定

14　相互協議、情報交換、徴収共助、外交官、国内法上の有利な取扱い、適用地域の拡張

⑴　相互協議　規定あり
⑵　情報交換　規定あり
⑶　徴収共助　規定なし

15　議定書、交換公文等に規定されている事項

⑴　議定書に規定されている事項　恒久的施設の費用、パキスタンの州政府の課税権、送金課税、匿名組合（日本に課税権あり）
⑵　交換公文に規定されている事項　なし

パナマ共和国

国名	パナマ国 Repubric of The Panama
人口（万人）（外務省）	438（2021年）
GDP（億 USD）（外務省）	636（2021年）
１人当たりの GDP（USD）	14,516（2021年）
その他	平成28年８月26日租税情報交換協定署名
法人税率	25％

バハマ国

国名	バハマ国 Commonwealth of The Bahamas
人口（万人）（外務省）	38.9（2019年）
GNI（億 USD）（外務省）	123.08（2019年）
1人当たり GNI（USD）	31,780（2019年）
その他	所得税、法人税、相続税等　なし、印紙税（4～10%）がある タックスヘイブンとして有名、日本と情報交換協定あり、2017年2月9日改正署名、2018年11月12日発効

バミューダ

国名	バミューダ Bermuda
人口（バミューダ政府）	53,000人
その他	所得税、法人税、相続税等　なし、給与税（雇用者が支払う）、標準税率14%、遺産税（印紙により納付） 米国の多国籍企業が多く利用するタックスヘイブンとして有名、日本と情報交換協定あり

ハンガリー

国名	ハンガリー Hungary
人口（万人）（外務省）	970（2021年）
GDP（億 USD）（外務省）	1,546（2020年）
1人当たり GDP（USD）	15,820（2020年）

法人税率	9%
外国法人支店税	9%
源泉徴収	配当・利子・使用料、法人への支払は0%、配当と利子15%（個人）
損失の繰戻	なし
損失の繰越	5年
付加価値税	27%（標準税率）
個人所得の実効税率	15%（単一税率　2013年1月以降）
遺産税・贈与税	居住外国人・非居住者18%（国内財産）

日本との租税条約の内容

1　署名日、発効日、対象税目

1980年２月署名、1980年10月に発効、対象税目は、日本が、所得税、法人税及び住民税、ハンガリーが、所得税、利得税、特別法人税、所得税を基礎として課される地域開発分担金、営利法人による配当及び利得の分配に対する税、となっている

2　双方居住者、特典条項の取扱い

(1)　双方居住者　個人は双方の締約国による合意により決定、個人以外のものは、その者の本店又は主たる事務所の所在地の居住者とみなされる

交換公文１では、OECD モデル租税条約に規定する個人の双方居住者の振り分け規定があり、この振り分け規定を考慮に入れて合意により解決することになっている

(2)　特典条項の取扱い　なし

3　恒久的施設の範囲

(1)　在庫保有代理人　PE にならない
(2)　注文取得代理人　PE にならない
(3)　建設工事　12か月超は PE となる
(4)　建設工事監督等　PE とならない

4　国際運輸業所得

国際運輸業所得は企業の居住地国課税となる。日本の事業税及びハンガリーで今後課されるであろう事業税類似の税は免税

5　配当

配当の限度税率は10%。親子間配当の規定なし

6　利子

利子の限度税率は10%、政府・中央銀行等の利子所得は免税

7　使用料

使用料（工業的使用料）の限度税率は10%、使用料（文化的使用料）は免税

8　キャピタルゲイン、自由職業所得、役員報酬

(1)　不動産　所在地国課税
(2)　PE　所在地国課税
(3)　株式　居住地国課税
(4)　不動産化体株式　規定なし
(5)　その他　居住地国課税
(6)　自由職業所得　固定的施設があればそこに帰せられる所得は課税
(7)　役員報酬　法人所在地国でも課税

9　給与所得（短期滞在者免税の要件等）、芸能人所得

(1)　短期滞在者免税　暦年基準で183日ルール
(2)　芸能人所得　役務提供地で課税。両締約国の政府間の文化交流計画に基づいて行われる場合、その所得は免税

10　退職年金、政府職員、教授

(1)　退職年金　居住地国課税
(2)　政府職員　接受国の国民等を除き派遣国で課税
(3)　教授　２年間滞在地国免税

11　学生、事業修習者等

所定の要件を満たす場合、５課税年度間租税が免除となる

12　その他所得（明示なき所得）

居住地国課税

13　二重課税の排除の方法等、無差別取扱い

税額控除方式による。みなし外国税額控除なし

14　相互協議、情報交換、徴収共助、外交官

(1)　相互協議　規定あり

(2)　情報交換　規定あり

(3)　徴収共助　規定なし

バングラデシュ人民共和国

国名	バングラデシュ人民共和国 People's Republic of Bangladesh
人口（万人）（外務省）	16,630（2021年）
GDP（億 USD）（外務省）	2,852（2021年）
1人当たり GDP（USD）	2,503（2021年）

法人税率	上場法人25%、非上場法人35%、その他特定業種に個別税率
キャピタルゲイン税	15%
源泉徴収	配当15%（一般法人）、利子10%、使用料10%
付加価値税	15%
個人所得税	最高税率30%

日本との租税条約の内容

1　署名日、発効日、対象税目

現租税条約は、1991年2月署名、1991年6月発効、日本側は法人税と所得税。バングラデシュ側は所得税

2　双方居住者、特典条項の取扱い

(1)　双方居住者　個人、法人とも協議により振り分ける

(2)　特典条項の取扱い　規定はない

3　恒久的施設の範囲

(1)　在庫保有代理人　規定はない

(2)　注文取得代理人　規定はない

(3)　建設工事　PEとなる（6か月超）

(4)　建設工事監督等（芸能活動等）　規定はない

4　国際運輸業所得

船舶は半額課税又は総収入の4%のいずれか少ない額。航空機は免除

5　配当

一般配当は15%。親子間は10%。親子間の要件は、25%以上で6か月

6　利子

制限税率は10%。利子には償還差益を含む

7　使用料

制限税率は10%

各国情報

8　キャピタルゲイン、自由職業所得、役員報酬

(1)　不動産　所在地国課税

(2)　PE　所在地国課税

(3)　株式　源泉地国課税

(4)　不動産化体株式　規定なし

(5)　その他のもの　源泉地国課税

(6)　自由職業所得　固定的施設に帰属する所得又は183日超滞在の場合の所得

(7)　役員報酬　法人所在地国課税

9　給与所得（短期滞在者免税の要件等）、芸能人所得

(1)　短期滞在者免税　183日。課税年度

(2)　芸能人所得　役務提供地国で課税

10　退職年金、政府職員、教授

(1)　退職年金　居住地国課税

(2)　政府職員　接受国の国民等を除き、派遣国で課税

(3)　教授　教育又は研究のため、２年間免税

11　学生、事業修習者等

(1)　学生　生計、教育、訓練のために受ける海外送金、交付金等は免税

(2)　役務対価　生計、教育、訓練のために受ける海外送金、交付金等は免税

(3)　事業修習者　生計、教育、訓練のために受ける海外送金、交付金等は免税

(4)　事業習得者　生計、教育、訓練のために受ける海外送金、交付金等は免税

(5)　政府ベース　生計、教育、訓練のために受ける海外送金、交付金等は免税

12　その他所得（明示なき所得）

源泉地国課税

13　二重課税の排除の方法等、無差別取扱い

(1)　二重課税の排除　税額控除

(2)　みなし外国税額控除　配当、利子、使用料、特別措置

(3)　無差別取扱い　OECD モデルに準拠

14　相互協議、情報交換、徴収共助、外交官、国内法上の有利な取扱い、適用地域の拡張

(1)　相互協議　規定あり

(2)　情報交換　規定あり

(3)　徴収共助　規定なし

15　議定書、交換公文等に規定されている事項

なし

各国情報

フィジー共和国

国名	フィジー共和国 Republic of Fiji
人口（万人）（外務省）	89（2020年）
GDP（億 USD）（外務省）	45.39（2020年）
１人当たり GDP（USD）	4,890（2020年）

法人税率	20%

キャピタルゲイン税	10%
外国法人支店税	20%
源泉徴収	配当０%、利子10%、使用料15%
損失の繰戻	なし
損失の繰越	４年
付加価値税	９%
フリンジベネフィット税	20%
日本との租税条約	あり（日英原条約の適用拡大）
個人所得税	非居住者20%
相続税・贈与税	なし

（外務省告示第216号による修正）

① フィジーの対象税目は、普通税及び附加税、基本税及び配当税である。

② フィジーについては、第６条（親子間配当10%、一般配当15%）及び第７条（利子10%）の規定は適用されない。したがって、配当、利子に係る限度税率の適用はなく、使用料（第８条）の限度税率10%のみが適用となる。

フィリピン共和国

国名	フィリピン共和国 Republic of the Philippines
人口（万人）（外務省）	10,903（2020年）
GDP（億 USD）（外務省）	3,936（2021年）
１人当たり GDP（USD）	3,572（2021年）

法人税率	20%、25%
キャピタルゲイン税	６%（固定資産）、５%又は10%（株式）
外国法人支店税	30%
源泉徴収	配当原則30%、利子20%、使用料20%、支店送金税15%
損失の繰戻	なし
損失の繰越	３年
付加価値税	12%（標準税率）
フリンジベネフィット税	35%（標準税率）
個人所得税	最高税率35%
遺産税	６%
贈与税	６%

日本との租税条約の内容

1　署名日、発効日、対象税目

第２次条約は、2006年12月９日署名、発効日は2008年12月５日、対象税目は、わが国では所得税と法人税、フィリピンでは所得税が条約の対象とされている

2　双方居住者、特典条項の取扱い

⑴　双方居住者　個人、法人とも協議により振り分ける

⑵　特典条項の取扱い　特典条項の取扱いは規定していない

3　恒久的施設の範囲

⑴　在庫保有代理人　PE となる

⑵　注文取得代理人　PE となる

⑶　建設工事　6か月超は PE となる

⑷　建設工事監督等（芸能活動等）　コンサルタントを含む。6か月超は PE となる

4　国際運輸業所得

国際運輸業所得は、40%軽減される。対象税目と同じ

5　配当

限度税率は、一般配当15%、親子間配当は10%。親子間は、出資比率10%以上、所有期間6か月で判定、創始企業からの配当は10%、送金税の税率は10%

6　利子

限度税率は10%。政府、日銀、国際協力銀行の受取利子は免税、利子のうち、政府等の間接誘致等は免税。利子には償還差益が含まれる

7　使用料

限度税率は一般10%、映画フィルムは15%

8　キャピタルゲイン、自由職業所得、役員報酬

⑴　不動産　所在地国課税

⑵　ＰＥ　所在地国課税

⑶　株式　居住地国課税

⑷　不動産化体株式　源泉地国課税

⑸　その他のもの　居住地国課税

⑹　自由職業所得　固定的施設を有する場合にその固定的施設に帰属する所得についてのみ課税及び120日超滞在の場合に課税

⑺　役員報酬　法人所在地国でも課税

9　給与所得（短期滞在者免税の要件等）、芸能人所得

⑴　短期滞在者免税　183日以内の滞在等の場合、免税。暦年基準で判定

⑵　芸能人所得　役務の提供地国で課税

10　退職年金、政府職員、教授

⑴　退職年金　保険年金とともに居住地国課税

⑵　政府職員　接受国の国民等を除き派遣国で課税する

⑶　教授　滞在期間2年以内、教育又は研究を目的、教育・研究の報酬は免税

11　学生、事業修習者等

⑴　学生　生計、教育又は訓練のための国外源泉分は免税

⑵　役務対価　滞在期間5年以内は、年間1,500米ドルまでは免税

⑶　事業修習者　生計、教育又は訓練のための国外源泉分は免税

⑷　事業習得者　滞在期間1年以内、4,000米ドルまで免税

⑸　政府ベース　滞在期間1年以内、4,000米ドルまで免税

12　その他所得（明示なき所得）

居住地国課税

13　二重課税の排除の方法等、無差別取扱い

⑴　二重課税の排除　税額控除による

⑵　みなし外国税額控除　創始企業からの配当、利子、使用料、公社債利子について固定ス

ペアリングあり（供与期間10年）

(3) 無差別取扱い　OECDに準拠しているが、例外あり

14　相互協議、情報交換、徴収共助、外交官

(1) 相互協議　規定あり

(2) 情報交換　規定あり

(3) 徴収共助　規定なし

15　議定書、交換公文等に規定されている事項

(1) 議定書に規定されている事項　①類似商品の販売、②内部費用、③投資奨励法令、④使用人兼務役員、⑤送金税

交換公文に規定されている事項　①国際運輸業の最恵国待遇、②国際交流基金

フィンランド共和国

国名	フィンランド共和国 Republic of Finland
人口（万人）（外務省）	553（2021年）
GDP（億USD）（外務省）	2,988（2021年）
1人当たりGDP（USD）	54,007（2021年）

法人税率	20%
外国法人支店税	20%
源泉徴収	配当0％、15%、20%、利子20%、使用料20%
支店送金税	なし
損失の繰戻	なし
損失の繰越	10年
付加価値税	24%
個人所得税	最高税率31.25%
遺産税	最高税率（20%、36%）
贈与税	最高税率（20%、36%　係累により異なる。）

各国情報

日本との租税条約の内容

1　署名日、発効日、対象税目

現租税条約は、1972年2月署名、1972年12月に発効、その後、一部改正署名1991年3月、同発効1991年12月。対象税目は、日本が、所得税、法人税及び住民税、フィンランドが、①国税である所得税、②地方税である所得税、③教会税、④非居住者の所得に対する源泉徴収税日本が所得税、法人税及び住民税、となっている

2　双方居住者、特典条項の取扱い

(1) 双方居住者　個人は双方の締約国による合意により決定、個人以外のものはその者の本店又は主たる事務所の存在する締約国の居住者とみなす。なお、個人の場合、1963年制定のOECDモデル租税条約草案に規定のある個人の双方居住者の振り分け規定を考慮することになっている

(2) 特典条項の取扱い　なし

3　恒久的施設の範囲

⑴　在庫保有代理人　PE にならない

⑵　注文取得代理人　PE にならない

⑶　建設工事　12か月超は PE となる

⑷　建設工事監督　PE にならない

4　国際運輸業所得

国際運輸業所得は企業の居住地国課税、日本の事業税及びフィンランドの資本税は免税となる

5　配当

配当（議決権株式の25%以上を6か月保有）の限度税率は10%、一般配当は15%

6　利子

利子の限度税率は10%となる

7　使用料

使用料の限度税率は10%となる

8　キャピタルゲイン、自由職業所得、役員報酬

⑴　不動産　所在地国課税

⑵　PE　所在地国課税

⑶　株式　源泉地国課税

⑷　不動産化体株式　規定なし

⑸　その他　源泉地国課税

⑹　役員報酬　法人所在地国でも課税

9　給与所得（短期滞在者免税の要件等）、芸能人所得

⑴　短期滞在者免税　暦年基準で183日ルール

⑵　芸能人所得　役務提供地で課税、公的な文化交流に基因する所得は免税

10　退職年金、政府職員、教授

⑴　退職年金　居住地国課税

⑵　政府職員　接受国の国民等を除き派遣国で課税

⑶　教授　2年間滞在地国免税

11　学生、事業修習者等

生計、訓練又は教育のための国外源泉分は免税。所得については、滞在地国で提供される人的役務について受け取るものであって、年間2,000米ドル又は日本円若しくはフィンランド・マルカによるその相当額を超えないものである場合に限り免税となる

12　その他所得（明示なき所得）

源泉地国課税

13　二重課税の排除の方法等、無差別取扱い

税額控除方式による

14　相互協議、情報交換、徴収共助、外交官

⑴　相互協議　規定あり

⑵　情報交換　規定あり

⑶　徴収共助　規定あり

ブラジル連邦共和国

国名	ブラジル連邦共和国 Federative Republic of Brazil
人口（万人）（外務省）	21,400（2021年）
GDP（億USD）（外務省）	16,089（2021年）
1人当たりGNI（USD）	7,518（2021年）

法人税率	15%（課税所得が24万レアルを超えると10%の付加税）
キャピタルゲイン税	15%（課税所得が24万レアルを超えると10%の付加税）
外国法人支店税	15%（課税所得が24万レアルを超えると10%の付加税）
源泉徴収	配当0%、利子15%、使用料15%（いずれも標準税率）
支店送金税	0%
損失の繰戻	なし
損失の繰越	無制限
州付加価値税	0～25%
連邦付加価値税	0～330%
個人所得税	最高税率27.5%
遺産税・贈与税	連邦8%、州4%

日本との租税条約の内容

1　署名日、発効日、対象税目

現行租税条約（一部改正）は、1976年3月23日署名。1977年12月29日発効。対象税目は、わが国では所得税と法人税、ブラジルでは連邦所得税が条約の対象とされている

2　双方居住者、特典条項の取扱い

(1)　双方居住者　個人、法人とも協議により振り分ける

(2)　特典条項の取扱い　特典条項の取扱いは規定なし

3　恒久的施設の範囲

(1)　在庫保有代理人　PEとなる

(2)　注文取得代理人　規定なし

(3)　建設工事　6か月超はPEとなる

(4)　建設工事監督　規定なし

※芸能人活動はPEとなる

4　国際運輸業所得

国際運輸業所得は、当該一方の国においてのみ課税される。対象税目は、わが国では住民税と事業税、ブラジルでは日本の住民税、事業税に類する税を設ける場合は協議

5　配当

限度税率は、一般配当のみ12.5%

6　利子

限度税率は、12.5%。政府、地方公共団体、日銀等の受取利子は免税

7　使用料

限度税率は、一般12.5%、商標権25%、映画フィルム等15%

8　キャピタルゲイン、自由職業所得、役員報酬

(1)　不動産　所在地国課税

(2)　PE　所在地国課税

(3)　株式　居住地国課税

(4)　その他のもの　居住地国課税

(5)　自由職業所得　固定的施設を有する場合に、その固定的施設に帰属する所得についてのみ課税

(6)　役員報酬　法人所在地国でも課税

9　給与所得（短期滞在者免税の要件等）、芸能人所得

(1)　短期滞在者免税　183日以内の滞在等の場合免税。暦年基準で判定

(2)　芸能人所得　役務の提供地国で課税

10　退職年金、政府職員、教授

(1)　退職年金　保険年金とともに居住地国課税

(2)　政府職員　派遣国の国民は免税

(3)　教授　滞在期間2年以内、教育又は研究を目的とする教授は、教育・研究の報酬について免税

11　学生、事業修習者等

(1)　学生　生計、教育又は訓練のための国外源泉分は免税

(2)　役務対価　滞在期間3年以内は、年間1,000ドルまでは免税

(3)　事業修習者　生計、教育又は訓練のための国外源泉分は免税

12　その他所得（明示なき所得）

上記以外の所得については、源泉地国課税

13　二重課税の排除の方法等、無差別取扱い

(1)　二重課税の排除　税額控除による

(2)　みなし外国税額控除　配当（25%）、利子（20%）、使用料（25%）について、固定スペアリングとなっている。特別の奨励措置に伴う特例あり

(3)　無差別取扱い　国籍、PE、外国資本に関して規定あり

14　相互協議、情報交換、徴収共助、外交官

(1)　相互協議　規定あり

(2)　情報交換　条約の実施のために必要な情報のみが対象となる

(3)　徴収共助　規定なし

15　交換公文等に規定されている事項

①二重居住者、②PE、③超過送金税、④使用料、⑤スペアリング

〔参考〕税目概要

ブラジルの60種類以上ある税金のうち、代表的なものを以下に列挙した

(1)　連邦税

①　個人所得税　実質所得に課税される。累進で税率は7.5%、15%、22.5%、27.5%。

②　法人所得税　課税対象利益が年額24万レアル（月額2万レアル）以下の場合は15%。それを超える場合はその超える部分に25%。

③　工業製品税　輸入工業製品の通関製造施設及び製造施設とみなされる場所からの工業製品の搬出に対し課税される。

④　輸入税　ブラジルに輸入される外国商品や生産物に対して課税される。

⑤　輸出税　ある産品が国内で供給不足が起きたときに課税される。

⑥　農地所有税　市街地外にある不動産の所有者に対して課税される。

⑦　金融取引税　金融機関・保険会社によって行われた信用取引、為替取引などに課税される。また、同じ企業グループ又は他の企業問、法人と個人間で締結された貸付金契約に対しても課税される。なお、2011年12月より、税率が０％となっている。

⑵　州税

①　商品流通サービス税　一種の付加価値税のようなもので、各州により徴収され、商品の流通や通信、運輸サービスなどにも適用される。

②　自動車保有税　自動車保有者に対し課税される。

③　相続譲渡税　資産や権利の譲渡、相続の際に課税される。

⑶　市税

①　都市不動産所有税　不動産の時価に対し課税される。

②　生存者間不動産譲渡税　生存者間の不動産の譲渡及び不動産に対する権利の譲渡に対して累進的に課税される。

③　サービス税　役務提供を行う法人や個人の受取対価に対して課税される。

フランス共和国

国名	フランス共和国 French Republic
人口（万人）（外務省）	6,790（2022年）
GDP（億 USD）（外務省）	29,350（2021年）
１人当たり GDP（USD）	44,853（2021年）

法人税率	28％
外国法人支店税	同上
支店送金税	30％
損失の繰戻	１年
損失の繰越	無制限
付加価値税	20％（標準税率）
個人所得税	最高税率45％（2015年）
遺産税	最高税率45％
贈与税	最高税率45％

各国情報

日本との租税条約の内容

1　署名日、発効日、対象税目

第２次条約の一部改正は、2007年１月11日署名。発効日は、2007年12月１日。対象税目はわが国では、所得税、法人税及び住民税とされ、フランスでは、所得税、法人税、法人概算税、給与税、一般社会保障税及び社会保障債務返済税とされている

2　双方居住者、特典条項の取扱い

⑴　双方居住者　個人はOECD 基準により振り分け、法人は協議により振り分ける

⑵　特典条項の取扱い　特典条項の規定がある

3　恒久的施設の範囲

⑴　在庫保有代理人　PE とならない

(2) 注文取得代理人　PE とならない
(3) 建設工事　12か月超は PE となる
(4) 建設工事監督等　PE とならない

4　国際運輸業所得

国際運輸業所得は、相互免税として居住地国のみで課税される。また、わが国においては事業税及び事業所税、フランスにおいては職業税、職業税付加税を対象とする場合、これらをも免除する

5　配当

一般配当は限度税率10%、出資比率10%以上の親子間配当は５%。出資比率15%以上、又は議決権株式の25%以上を直接・間接に所有し、所有期間６か月の親子間配当は免税

6　利子

限度税率は10%。ただし、政府、日銀等の受取利子は免税

7　使用料

免税

8　キャピタルゲイン、自由職業所得、役員報酬

(1) 不動産　所在地国課税
(2) PE　所在地国課税
(3) 株式　事業譲渡類似株式譲渡は所在地国課税
(4) 不動産化体株式　源泉地国課税
(5) その他のもの　居住地国課税
(6) 自由職業所得　規定なし。事業所得としての取扱い
(7) 役員報酬　法人所在地国でも課税

9　給与所得（短期滞在者免税の要件等）、芸能人所得

(1) 短期滞在者免税　OECD モデルと同じで、183日以内の滞在等の場合は免税。連続する12か月で判定
(2) 芸能人所得　役務提供地国で課税。ただし、政府、非営利団体援助のものは免税

10　退職年金、政府職員、教授

(1) 退職年金　居住地国課税。保険料控除あり
(2) 政府職員　接受国の国民等を除き、派遣国でのみ課税
(3) 教授　滞在期間２年以内、教育又は研究を目的とする教授は、教育・研究の報酬は免税

11　学生、事業修習者等

(1) 学生　生計、教育又は訓練のための国外源泉分は免税
(2) 役務対価　奨励金等につき滞在期間２年以内は免税
(3) 事業修習者　生計・教育又は訓練のための国外源泉分は免税
(4) 事業習得者　滞在期間１年以内、本国送金分は免税
(5) 政府ベース　規定なし

12　匿名組合

匿名組合契約等から匿名組合員が受け取る所得については、源泉地国の法令に従い課税

13　その他所得（明示なき所得）

居住地国課税

14　二重課税の排除の方法等、無差別取扱い

(1) 二重課税の排除は税額控除による
(2) みなし外国税額控除の適用はない
(3) 無差別取扱い　国籍、PE、支払、外国資本に対して規定あり

15　相互協議、情報交換、徴収共助、外交官

(1)　相互協議　規定あり

(2)　情報交換　すべての税目についての情報が対象

(3)　徴収共助　条約により免除又は軽減された租税のみに限定

16　議定書、交換公文等に規定されている事項

(1)　一定の年金基金は、配当及び利子に対する条約の特典を受ける権利を有する

(2)　弁護士等とその顧客との間の通信情報で法令に基づいて保護されるものについての情報の提供は、拒否することができる

(3)　フランスの法令により、フランスの居住者である法人に対して日本の居住者である子会社等を含めて連結納税を認めている場合には、条約の規定は当該法令の適用を妨げるものではない

ブルガリア共和国

国名	ブルガリア共和国 Republic of Bulgaria
人口（万人）（外務省）	690（2021年）
GDP（億 USD）（外務省）	840（2021年）
1人当たり GDP（USD）	12,221（2021年）

法人税率	10%（基本税率）
外国法人支店税	10%
源泉徴収	配当5%、利子0%、10%、使用料0%、10%、専門的役務提供報酬　10%
損失の繰戻	なし
損失の繰越	5年
付加価値税	20%（標準税率）
個人所得税	10%（基本税率）
遺産税・贈与税	あり（係累により税率が異なる。）

日本との租税条約の内容

1　署名日、発効日、対象税目

1991年3月署名、1991年8月に発効、対象税目は、日本が、所得税、法人税及び住民税、ブルガリアが、総所得税と利得税、となっている

2　双方居住者、特典条項の取扱い

(1)　双方居住者　個人は双方居住者の振り分け規定、個人以外のものはその者の本店又は主たる事務所の所在地の居住者とみなされる

3　恒久的施設の範囲

(1)　在庫保有代理人　PE にならない

(2)　注文取得代理人　PE にならない

(3)　建設工事　6か月超は PE になる

(4)　建設工事監督等　PE にならない

4　国際運輸業所得

国際運輸業所得は企業の居住地国課税となる。日本の事業税及びブルガリアの日本の事業税類似の税は免税

5　配当

配当（議決権株式の25％以上を６か月保有）の限度税率は10％。一般配当は15％

6　利子

利子の限度税率は10％、政府・中央銀行等の利子所得は免税

7　使用料

使用料の限度税率は10％

8　キャピタルゲイン、自由職業所得、役員報酬

⑴　不動産　所在地国課税

⑵　PE　所在地国課税

⑶　株式　居住地国課税

⑷　不動産化体株式　規定なし

⑸　その他　居住地国課税

⑹　自由職業所得　固定的施設があればそこに帰せられる所得は課税

⑺　役員報酬　法人所在地国でも課税

9　給与所得（短期滞在者免税の要件等）、芸能人所得

⑴　短期滞在者免税　暦年基準で183日ルール

⑵　芸能人所得　役務提供地で課税。両締約国の政府間の文化交流計画に基づいて行われる場合、その所得は免税

10　退職年金、政府職員、教授

⑴　退職年金　居住地国課税

⑵　政府職員　接受国の国民等を除き派遣国で課税

⑶　教授　２年間滞在地国免税

11　学生、事業修習者等

５年間滞在地国で行われた学費等を補うための所得は免税となる

12　その他所得（明示なき所得）

居住地国課税

13　二重課税の排除の方法等、無差別取扱い

税額控除方式による。みなし外国税額控除は供与期限が終了

14　相互協議、情報交換、徴収共助、外交官

⑴　相互協議　規定あり

⑵　情報交換　規定あり

⑶　徴収共助　規定なし

各国情報

ブルネイ・ダルサラーム国

国名	ブルネイ・ダルサラーム国 Brunei Darussalam
人口（万人）（外務省）	45.9（2021年）
GDP（億 USD）（外務省）	134（2019年）
１人当たり GNI（USD）	32,230（2019年）

法人税率	18.5%、55%（石油所得）
キャピタルゲイン税	0％
外国法人支店税	18.5%、55%（石油所得）
源泉徴収	配当0％、利子2.5%、使用料10%、支店送金税0％
損失の繰戻	なし
損失の繰越	6年
個人所得税	なし
遺産税	2013年1月に廃止

日本との租税条約の内容

1　署名日、発効日、対象税目

2009年1月に署名、2009年11月に発効。日本側は所得税、法人税及び住民税。ブルネイ側は所得税及び石油利得税

2　双方居住者、特典条項の取扱い

(1)　双方居住者　個人はOECD基準で振分け。法人は協議により振分け
(2)　特典条項の取扱い　規定なし

3　恒久的施設の範囲

(1)　在庫保有代理人　規定なし
(2)　注文取得代理人　規定なし
(3)　建設工事　PEになる（6か月超）
(4)　建設工事監督等（芸能活動等）　規定なし

4　国際運輸業所得

相互免除（居住地国課税）

5　配当

一般配当は10%。親子間配当は5％。要件は10%以上、6か月以上所有

6　利子

制限税率は10%。償還差益を含む

7　使用料

制限税率は10%

8　キャピタルゲイン、自由職業所得、役員報酬

(1)　不動産　所在地国課税
(2)　PE　所在地国課税
(3)　株式　事業譲渡類似の株式は所在地国課税
(4)　不動産化体株式　源泉地国課税
(5)　その他のもの　居住地国課税
(6)　自由職業所得　規定なし（事業所得条項による。）
(7)　役員報酬　法人所在地国課税

9　給与所得（短期滞在者免税の要件等）、芸能人所得

(1)　短期滞在者免税　183日超。連続する12か月間で判定
(2)　芸能人所得　役務提供地課税

10　退職年金、政府職員、教授

(1)　退職年金　居住地国課税
(2)　政府職員　接受国の国民等を除き、派遣国課税

(3) 教授　規定なし

11　学生、事業修習者等

(1) 学生　生計、教育又は訓練のための国外源泉分は免税

(2) 役務対価　規定なし

(3) 事業修習者　生計、教育又は訓練のための国外源泉分は免税。免税期間３年

(4) 事業習得者　規定なし

(5) 政府ベース　規定なし

12　その他所得（明示なき所得）

居住地国課税

13　二重課税の排除の方法等、無差別取扱い

(1) 二重課税の排除　税額控除

(2) みなし外国税額控除　規定なし

(3) 無差別取扱い　OECD モデルに準拠

14　相互協議、情報交換、徴収共助、外交官

(1) 相互協議　規定あり

(2) 情報交換　規定あり。すべての税目についての情報

(3) 徴収共助　規定あり。条約により免除又は税率が軽減された租税のみ

15　議定書、交換公文等に規定されている事項

(1) 議定書に規定されている事項　一方の締約国の居住者、公認の有価証券市場、情報交換、経済連携協定との関係

(2) 交換公文に規定されている事項　なし

ベトナム社会主義共和国

国名	ベトナム社会主義共和国 Socialist Republic of Viet Nam
人口（万人）（外務省）	9,946（2022年）
GDP（億 USD）（外務省）	4,138（2022年）
１人当たり GDP（USD）	4,110（2022年）

法人税率	20％
キャピタルゲイン税	20％
外国法人支店税	20％
源泉徴収	配当０％、利子５％、使用料10％、支店送金税０％
損失の繰戻	なし
損失の繰越	５年
付加価値税	10％（標準税率）
個人所得税	最高税率35％（給与所得、事業所得）
遺産税率・贈与税	なし

日本との租税条約の内容

1　署名日、発効日、対象税目

1995年10月24日署名、1995年12月３日発効、対象税目は、日本側は所得税、法人税及び住民税。ベトナム側は個人所得税、利得税、利得送金税、外国契約者税（利得に対する税とみなされるものに限る。)、外国石油下請契約者税（利得に対する税とみなされるものに限る。）及び使用料税

2　双方居住者、特典条項の取扱い

(1)　双方居住者　個人については、OECD基準。法人については、本店又は主たる事務所の所在する国の居住者とされる

(2)　特典条項の取扱い　規定していない

3　恒久的施設の範囲

(1)　在庫保有代理人　PEとなる

(2)　建設工事等（工事監督等を含む。）　６か月超はPEとなる

(3)　コンサルタント等　６か月超はPEとなる

4　国際運輸業所得

国際運輸業所得は相互免除（居住地国においてのみ課税)。事業税及び事業税に類似する租税も対象となる

5　配当

制限税率は10%、親子間配当の特例なし

6　利子

制限税率は10%。利子には償還差益が含まれる。「政府・地方公共団体・中央銀行に支払われる利子」及び「政府等の間接誘致等に係る利子」は免税

7　使用料

制限税率は10%

8　キャピタルゲイン、自由職業所得、役員報酬

(1)　不動産　所在地国課税

(2)　PE　所在地国課税

(3)　株式　事業譲渡類似の株式譲渡益は所在地国課税。その他は居住地国課税

(4)　不動産化体株式　源泉地国課税

(5)　その他のもの　居住地国課税

(6)　自由職業所得　固定的施設を有する場合にその固定的施設に帰属する所得について課税。183日超滞在の場合、その期間に滞在国で取得した所得に課税

(7)　役員報酬　法人所在地国でも課税

9　給与所得（短期滞在者免税の要件等)、芸能人所得

(1)　短期滞在者免税　183日以内の滞在等の場合、免税。滞在期間は暦年基準で判定

(2)　芸能人所得　役務の提供地国で課税。特別の文化交流事業に係るものは免税

10　退職年金、政府職員、教授

(1)　退職年金　居住地国課税

(2)　政府職員　接受国の国民等を除き、派遣国でのみ課税

(3)　教授　規定なし

11　学生、事業修習者等

(1)　学生　生計、教育又は訓練のための国外源泉分は免税

(2)　役務対価　規定なし

(3)　事業修習者　生計、教育又は訓練のための国外源泉分は免税

⑷　事業習得者　規定なし
⑸　政府ベース　規定なし

12　その他所得（明示なき所得）

居住地国課税

13　二重課税の排除の方法等、無差別取扱い

⑴　二重課税の排除　税額控除による
⑵　みなし外国税額控除　配当、使用料について、固定スペアリングあり（2011年1月以降に開始する課税期間からは適用なし）
⑶　無差別取扱い　OECD に準拠

14　相互協議、情報交換、徴収共助、外交官

⑴　相互協議　規定あり
⑵　情報交換　規定あり
⑶　徴収共助　規定あり

15　議定書、交換公文等に規定されている事項

⑴　議定書に規定されている事項　①海底における天然資源探査がPEとされる場合、②還付請求の手続きが確保されていればベトナムが総収入に対して外国契約者税・外国石油下請契約者税を課すことができること、③天然資源探査等に関して1987年ベトナム外国投資法によりなされる課税が無差別条項に抵触するものでないこと、④居住地国の法律において免税とされている法人については、原則として条約の規定による租税の軽減免除が適用されないこと
⑵　交換公文に規定されている事項　1987年ベトナム外国投資法によりなされたであろう課税がみなし外国税額控除の対象となること（供与期限経過）

ベラルーシ共和国

国名	ベラルーシ共和国 Republic of Belarus
人口（万人）（外務省）	926（2022年）
GDP（億 USD）（外務省）	682（2021年）
1人当たり GDP（USD）	7,300（2021年）

法人税率	18%、25%（金融機関）
キャピタルゲイン税	18%、25%（金融機関）
源泉徴収	配当12%、利子0%、10%、使用料15%、キャピタルゲイン12%
損失の繰戻	なし
損失の繰越	10年
付加価値税	20%（標準税率）
日本との租税条約	あり（旧日本・ソ連租税条約の適用）
個人所得税	13%（基本税率）
遺産税・贈与税	なし

ベルギー王国

国名	ベルギー王国 Kingdom of Belgium
人口（万人）（外務省）	1,152（2021年）
GDP（億USD）（外務省）	5,818（2021年）
1人当たりGDP（EUR）	50,413（2021年）

法人税率	29%（2018年）、25%（2020年）
外国法人支店税	29%
源泉徴収	配当5%、10%、15%、17%、20%、30%、利子15%、30%、使用料30%
支店送金税	なし
損失の繰戻	なし
損失の繰越	無制限
付加価値税	21%（標準税率）
個人所得税	最高税率50%
遺産税最高税率	係累により異なる

日本との租税条約の内容（改正条約）

1　署名日、発効日、対象税目

（改正署名）2016年10月12日。2018年12月20日発効。日本国は、所得税、法人税、復興特別所得税、地方法人税、住民税。ベルギーは、個人所得税、法人所得税、非営利団体税、非居住者税、不動産に対する源泉徴収税

2　双方居住者、特典条項の取扱い

(1)　双方居住者　個人の双方居住者は振り分け規定。個人以外の場合は、実質的管理の場所或いは本店所在地等を考慮して権限ある当局の合意

(2)　特典条項の取扱い　LOBとPPT

(3)　事業体課税　パススルー事業体等が取得した所得は、居住者の所得として扱われるものについてのみその国において課税対象となることが規定されている

3　恒久的施設の範囲

(1)　在庫保有代理人　なし

(2)　従属代理人　範囲拡大（BEPS勧告及び国内法と同様）

(3)　建設工事　12か月超はPEとなる

(4)　建設工事監督等　PEとならない

(5)　芸能人活動　PEとなる

(6)　事業利得　AOA採用

4　国際運輸業所得

国際運輸業所得は、相互免除として居住地国のみで課税される。また、相手国が事業税相当の税を対象とする場合、事業税をも免除する

5　配当

（議決権割合10%以上・保有期間6か月以上）免税（ベルギーの配当支払法人が損金算入

各国情報

する配当については、日本の外国子会社配当益金不算入制度との関係で二重非課税になることからこの規定は適用されない。)。一般配当10%

6　利子

免税（締約国双方の企業間の利子等)、10%（収入、売上等を基礎として算定される利子)

7　使用料

免税

8　キャピタルゲイン、自由職業所得、役員報酬

(1) 不動産　所在地国課税
(2) PE 所在　所在地国課税
(3) 株式　居住地国課税
(4) 不動産化体株式　居住地国課税
(5) その他のもの　居住地国課税
(6) 役員報酬　法人所在地国でも課税

9　給与所得（短期滞在者免税の要件等)、芸能人所得

(1) 短期滞在者免税　OECD モデルと同じで、183日以内の滞在等の場合は、免税
(2) 芸能人所得　役務提供地国で課税

10　退職年金、政府職員、教授

(1) 退職年金　居住地国課税
(2) 政府職員　接受国の国民等を除き派遣国でのみ課税

11　学生、事業修習者等

(1) 学生　生計、教育又は訓練のための国外源泉分は免税
(2) 事業修習者　生計、教育又は訓練のための国外源泉分は免税

12　その他所得（明示なき所得)

居住地国課税

13　二重課税の排除の方法等、無差別取扱い

(1) 二重課税の排除は税額控除による
(2) 無差別取扱い　国籍、PE、外国資本に対して規定あり

14　相互協議、情報交換、徴収共助、外交官、国内法上の有利な取扱い、適用地域の拡張

(1) 相互協議　仲裁規定あり
(2) 情報交換　金融機関情報も交換可
(3) 徴収共助　国際的徴収共助を規定

各国情報

ペルー共和国

国名	ペルー共和国 Republic of Peru
人口（万人)（外務省)	3,297（2020年)
GDP（億 USD)（外務省)	2,020（2020年)
1人当たり GDP（外務省)	6,127（2020年)

法人税率	税率は29.5%、配当源泉徴収税率5%を加えた実効税率は33.02%

源泉徴収	配当５％、利子4.99％（貸付金利子）、30％（その他）、使用料30％

1　署名日、発効日、対象税目

2019年11月18日署名、2021年１月現在発効。対象税目は、日本は、所得税、法人税、復興特別所得税、地方法人税、住民税、ペルーは、所得税法及び小規模零細事業所得税制を創設する政令に基づいて課される所得税

2　双方居住者

個人は振り分け規定、法人は両国の合意

3　恒久的施設の範囲

⑴　準備的補助的活動の制限
⑵　従属代理人の範囲拡大（BEPS 勧告及び国内法と同様）
⑶　在庫保有代理人　なし
⑷　建設工事　６か月超は PE となる
⑸　建設工事監督等　PE とならない
⑹　事業利得　従来型

4　国際運輸業所得

相互免除として居住地国のみで課税される

5　配当

10％

6　利子

政府等免税、その他10％

7　使用料

15％

8　キャピタルゲイン、自由職業所得、役員報酬

⑴　不動産　所在地国課税
⑵　PE 所在　所在地国課税
⑶　株式　居住地国課税
⑷　不動産化体株式　居住地国課税
⑸　事業譲渡類似（20％・365日所有）
⑹　その他のもの　居住地国課税
⑺　自由職業所得　規定あり
⑻　役員報酬　法人所在地国でも課税

9　給与所得（短期滞在者免税の要件等）、芸能人所得

⑴　短期滞在者免税　OECD モデルと同じで、183日以内の滞在等の場合は、免税
⑵　芸能人所得　役務提供地国で課税。企業が芸能人等の役務提供活動を行う場合には、PE を有するものとされる

10　退職年金、政府職員、教授

⑴　退職年金　居住地国課税
⑵　政府職員　接受国の国民等を除き派遣国でのみ課税
⑶　教授　規定なし

11　学生、事業修習者等

⑴　学生　生計、教育又は訓練のための国外源泉分は免税
⑵　事業修習者　３年間の免税
⑶　事業習得者　規定なし

12　その他所得（明示なき所得）
源泉地国課税
13　特典を受ける権利
PPT
14　二重課税の排除の方法等、無差別取扱い
(1)　二重課税の排除は税額控除による
(2)　無差別取扱い　国籍、PE、外国資本に対して規定あり
15　相互協議、情報交換、徴収共助
(1)　相互協議　仲裁規定なし
(2)　情報交換　金融情報を含む情報交換
(3)　徴収共助　国際的徴収共助

ポーランド共和国

国名	ポーランド共和国 Republic of Poland
人口（万人）（外務省）	3,801（2022年）
GDP（億 EUR）（外務省）	5,740（2021年）
1人当たり GDP（EUR）	15,050（2021年）

法人税率	19%
外国法人支店税	19%
源泉徴収	配当19%、利子20%、使用料20%、専門的役務提供報酬20%
損失の繰戻	なし
損失の繰越	5年
付加価値税	23%（標準税率）
個人所得税	最高税率32%
遺産税・贈与税	あり（3～20%）

日本との租税条約の内容

1　署名日、発効日、対象税目
1980年2月署名、1982年12月に発効、対象税目は、日本が所得税、法人税、住民税。ポーランドは、所得税、賃金又は給料に対する税、所得税及び賃金又は給料に対する税の付加税、となっている
2　双方居住者、特典条項の取扱い
(1)　双方居住者　個人は両国の権限ある当局の合意により決定（OECD モデル租税条約に規定の振り分け規定が考慮される。）、個人以外のものはその者の本店又は主たる事務所の所在地の居住者とみなされる
(2)　特典条項の取扱い　なし
3　恒久的施設の範囲
(1)　在庫保有代理人　PE にならない
(2)　注文取得代理人　PE にならない

(3) 建設工事　12か月超はPEになる
(4) 建設工事監督等　PEにならない

4　国際運輸業所得

国際運輸業所得は企業の居住地国課税となる。日本の事業税及びポーランドの日本の事業税類似の税は免税

5　配当

配当の限度税率は10%、親子間配当の規定なし

6　利子

利子の限度税率は10%、政府・中央銀行等の利子所得は免税

7　使用料

使用料（工業的使用料）の限度税率は10%、使用料（文化的使用料）は免税

8　キャピタルゲイン、自由職業所得、役員報酬

(1) 不動産　所在地国課税
(2) PE　所在地国課税
(3) 株式　居住地国課税
(4) 不動産化体株式　規定なし
(5) その他　居住地国課税
(6) 自由職業所得　固定的施設があればそこに帰せられる所得は課税
(7) 役員報酬　法人所在地国でも課税

9　給与所得（短期滞在者免税の要件等）、芸能人所得

(1) 短期滞在者免税　暦年基準で183日ルール
(2) 芸能人所得　役務提供地で課税。両締約国の政府間の文化交流計画に基づいて行われる場合、その所得は免税

10　退職年金、政府職員、教授

(1) 退職年金　居住地国課税
(2) 政府職員　派遣国で課税
(3) 教授　２年間滞在地国免税

11　学生、事業修習者等

５年間滞在地国の間、所定の給付は免税となる

12　その他所得（明示なき所得）

居住地国課税

13　二重課税の排除の方法等、無差別取扱い

税額控除方式による

14　相互協議、情報交換、徴収共助、外交官、国内法上の有利な取扱い、適用地域の拡張

(1) 相互協議　規定あり
(2) 情報交換　規定あり
(3) 徴収共助　規定なし
(4) 適用地域の拡張　規定なし

ポルトガル共和国

国名	ポルトガル共和国 Portuguese Republic
人口（万人）（外務省）	1,029（2021年）

GDP（億 USD）（外務省）	2,500（2021年）
1人当たり GDP（USD）	24,296（2021年）

法人税率	21%（地方税として、市町村税1.5%、州税3%、5%、9%）
外国法人支店税	21%
源泉徴収	配当25%、利子25%、使用料25%
支店送金税	なし
損失の繰戻	なし
損失の繰越	5年
付加価値税	23%（標準税率）
個人所得税	最高税率48%
遺産税・贈与税	2004年に廃止

日本との租税条約の内容

1 署名日、発効日、対象税目

2011年12月に署名、2013年7月に発効、対象税目は、日本が所得税、法人税、復興特別所得税、復興特別法人税及び住民税、ポルトガルが、個人所得税、法人所得税及び法人所得に対する付加税、となっている

2 双方居住者、特典条項の取扱い

(1) 双方居住者　個人の振り分け規定あり。個人以外のものについては両締約国の権限ある当局の合意により決定

(2) 特典条項の取扱い　PPT の規定あり

3 恒久的施設の範囲

(1) 在庫保有代理人　PE にならない

(2) 注文取得代理人　PE にならない

(3) 建設工事　12か月超は PE となる

(4) 建設工事監督等　PE とならない

4 国際運輸業所得

国際運輸業所得は企業の居住地国課税となる。ポルトガル企業にとって日本の事業税、日本企業にとって日本の事業税に類似するポルトガルの税を課されることから免除される

5 配当

親子間配当（株式の10%以上12か月保有）は5%、一般配当は10%である

6 利子

政府、中央銀行の利子は免税、居住者である銀行は5%、一般利子は10%の課税

7 使用料

使用料は5%

8 キャピタルゲイン、自由職業所得、役員報酬

(1) 不動産　所在地国課税

(2) PE　所在地国課税

(3) 株式　居住地国課税

(4) 不動産化体株式　規定あり

(5) 自由職業所得　規定なし

(6) 役員報酬　法人所在地国でも課税

9　給与所得（短期滞在者免税の要件等）、芸能人所得

(1) 短期滞在者免税　OECD モデルと同様で183日ルール

(2) 芸能人所得　役務提供地で課税

10　退職年金、政府職員、教授

(1) 退職年金　規定なし

(2) 政府職員　派遣国で課税

(3) 教授　規定なし

11　学生、事業修習者等

生計、訓練又は教育のために支払われるものは免税。事業修習者の場合は適用期限が１年

12　その他所得（明示なき所得）

居住地国課税

13　二重課税の排除の方法等、無差別取扱い

税額控除方式による。みなし外国税額控除の規定なし

14　相互協議、情報交換、徴収共助、外交官

(1) 相互協議　規定あり

(2) 情報交換　規定あり

(3) 徴収共助　徴収の相互支援が規定

香港

国名	香港 Hong Kong
人口（万人）（外務省）	740（2021年）
GDP（億 USD）（外務省）	3,691（2021年）
１人当たり GDP（USD）	49,795（2021年）

法人税率	16.5%
キャピタルゲイン税	なし
外国法人支店税	16.5%
源泉徴収	配当０％、利子０％、使用料4.95%、16.5%
損失の繰戻	なし
損失の繰越	無制限
個人所得税	最高税率17%
相続税・贈与税	2006年２月11日に廃止

日本との租税条約の内容

1　署名日、発効日、対象税目

現租税条約は、2010年11月９日に署名。発効日は、2011年８月14日。対象税目は、わが国では所得税、法人税、住民税。香港では利得税、給与税、不動産税が条約の対象とされている

各国情報

2　双方居住者、特典条項の取扱い
(1)　双方居住者　個人は振り分け規定の適用、法人は協議により振り分ける
(2)　特典条項の取扱い　特典条項の取扱いは規定していない
3　恒久的施設の範囲
(1)　在庫保有代理人　規定なし
(2)　注文取得代理人　規定なし
(3)　建設工事　12か月超はPEとなる
4　国際運輸業所得
国際運輸業所得は相互免税
5　配当
限度税率は一般配当10%、親子間配当5%。親子間は、出資比率10%以上6か月所有で判定
6　利子
限度税率は10%。政府等は免税
7　使用料
限度税率は5%
(注)香港の国内法における源泉税率（配当0%、利子0%、使用料　対個人4.5%、対法人4.95%）が条約の限度税率より低いことから、香港から日本へのこれらの支払については香港の国内法が適用となる
8　キャピタルゲイン、自由職業所得、役員報酬
(1)　不動産　所在地国課税
(2)　PE　所在地国課税
(3)　株式　居住地国課税
(4)　不動産化体株式　規定あり
(5)　その他のもの　居住地国課税
(6)　役員報酬　法人所在地国でも課税
9　給与所得（短期滞在者免税の要件等）、芸能人所得
(1)　短期滞在者免税　OECDモデルと同じ要件で、183日以内の滞在等の場合免税
(2)　芸能人所得　役務の提供地国で課税
10　退職年金、政府職員、教授
(1)　退職年金　居住地国課税
(2)　政府職員　派遣国でのみ課税する
(3)　教授　なし
11　学生、事業修習者等
学生　生計、教育又は訓練のための国外源泉分は免税
12　その他所得（明示なき所得）
居住地国課税
13　二重課税の排除の方法等、無差別取扱い
(1)　二重課税の排除　税額控除による
(2)　無差別取扱い　国籍、PE、資本無差別を規定
14　相互協議、情報交換、徴収共助、外交官
(1)　相互協議　仲裁規定あり
(2)　情報交換　規定あり
(3)　徴収共助　規定なし

香港の締結している租税条約

中国が他国と締結した租税条約が、香港において適用とならない。香港がベルギーとの間で2003年12月10日に署名した、一般的な「二重課税と脱税の防止のための租税協定」が2004年10月７日に発効したのち、ベルギーを含む以下の国又は地域との一般的な租税条約が発効している。

香港は、2019年12月末現在で43の租税条約を締結（署名ベース）している。地区別に区分すると以下のとおりである。

イ　アジア・大洋州（13か国）

ブルネイ、カンボジア（署名のみ）、インド、インドネシア、日本、韓国、マカオ（署名のみ）、中国本土、マレーシア、ニュージーランド、パキスタン、タイ、ベトナム

ロ　欧州（21か国）

オーストリア、ベルギー、チェコ、エストニア（署名のみ）、フィンランド、フランス、ガーンジー、ハンガリー、アイルランド、イタリア、ジャージー、ラトビア、リヒテンシュタイン、ルクセンブルク、マルタ、オランダ、ポルトガル、ルーマニア、スペイン、スイス、英国

ハ　米州（２か国）

カナダ、メキシコ

ニ　中東（４か国）

クウェート、カタール、サウジアラビア、アラブ首長国連邦

ホ　ロシア、アフリカ（３か国）

ベラルーシ、ロシア、南アフリカ

マカオ

国名	マカオ Macau
人口（万人）（外務省）	68.3（2020年）
GDP（億パタカ）（外務省）	1,943（2020年）
１人当たり GDP（パタカ）	285,314（2020年）

法人税率	12%
キャピタルゲイン税	12%
外国法人支店税	12%
源泉徴収	配当０%、利子０%、使用料０%、支店送金税０%
損失の繰戻	なし
損失の繰越	３年
日本との情報交換協定	2014年５月22日発効
所得税	最高税率12%
遺産税・贈与税	2001年に廃止

各国情報

マレーシア

国名	マレーシア Malaysia
人口（万人）（外務省）	3,260（2022年）
GDP（億リンギット）（外務省）	15,454（2021年）
1人当たりGDP（USD）	11,371（2021年）

法人税率	24%
不動産キャピタルゲイン税	30%
外国法人支店税	24%（2016年）
源泉徴収	配当0%、利子15%、使用料10%、支店送金税0%
損失の繰戻	なし
損失の繰越	無制限
個人所得税	最高税率28%
遺産税率・贈与税	なし

日本との租税条約の内容

1　署名日、発効日、対象税目

第3次条約は、1999年2月19日署名、発効日は1999年12月31日。その後2010年に一部改正。対象税目は、わが国では所得税、法人税と住民税、マレーシアでは所得税と石油所得税が条約の対象とされている

2　双方居住者、特典条項の取扱い

(1)　双方居住者　個人はOECD基準により振り分け、法人は協議により振り分ける

(2)　特典条項の取扱い　特典条項の取扱いは規定していない

3　恒久的施設の範囲

(1)　在庫保有代理人　PEとなる

(2)　注文取得代理人　規定なし

(3)　建設工事　6か月超はPEとなる

(4)　建設工事監督等　6か月超はPEとなる

4　国際運輸業所得

国際運輸業所得は相互免除され、居住地国でのみ課税される。対象税目に日本では事業税が追加され、マレーシアでは事業税類似の税が追加される

5　配当

マレーシアでは配当は非課税。日本での課税は、一般配当は限度税率15%、親子間配当は5%、親子間は、出資比率25%以上、所有期間6か月で判定

6　利子

限度税率10%。政府、日銀、国際協力銀行の受取利子は免税。利子には償還差益が含まれる

7　使用料

限度税率は10%。使用料には、パテント譲渡益及び裸用船料も含まれる

各国情報

8　キャピタルゲイン、自由職業所得、役員報酬

(1)　不動産　所在地国課税

(2)　PE　所在地国課税

(3)　株式　源泉地国課税

(4)　不動産化体株式　規定なし

(5)　その他のもの　源泉地国課税

(6)　自由職業所得　固定的施設を有する場合にその固定的施設に帰属する所得についてのみ課税又は183日超滞在の場合に課税

(7)　役員報酬　法人所在地国でも課税

9　給与所得（短期滞在者免税の要件等）、芸能人所得

(1)　短期滞在者免税　183日以内の滞在等の場合、免税。暦年基準で判定

(2)　芸能人所得　役務の提供地国で課税

10　退職年金、政府職員、教授

(1)　退職年金　保険年金とともに居住地国課税

(2)　政府職員　接受国の国民等を除き派遣国でのみ課税する。政府職員の退職年金は派遣国でのみ課税

(3)　教授　規定なし

11　学生、事業修習者等

(1)　学生　生計、教育又は訓練のための国外源泉分は免税

(2)　役務対価　規定なし

(3)　事業修習者　生計、教育又は訓練のための国外源泉分は免税

(4)　事業習得者　規定なし

(5)　政府ベース　規定なし

12　その他所得（明示なき所得）

源泉地国課税

13　二重課税の排除の方法等、無差別取扱い

(1)　二重課税の排除　税額控除による

(2)　みなし外国税額控除　特別措置によるものが対象となっていたが、条約で定める7年間の期限（2006年12月31日）が経過して、現在では適用がない

(3)　無差別取扱い　OECDに準拠しているが、例外あり

14　相互協議、情報交換、徴収共助、外交官

(1)　相互協議　規定あり

(2)　情報交換　規定あり

(3)　徴収共助　規定なし

(4)　外交官　規定あり

15　議定書、交換公文等に規定されている事項

(1)　議定書に規定されている事項　①農林業所得、固定的施設、⑤濫用防止

(2)　交換公文に規定されている事項　スペアリング（現在適用なし）

マン島

国名	マン島 Isle of Man
人口（万人）	8.4（2011年）

法人税率	0％（標準税率）、10％
キャピタルゲイン税	なし
日本との情報交換協定	あり
個人所得	最高税率20％
遺産税・贈与税	なし
その他	王室直轄地として英国の税法等は適用されない

ミクロネシア連邦

国名	ミクロネシア連邦 Federated States of Micronesia
人口（人）（外務省）	115,021（2020年）
GDP（億 USD）（外務省）	4.1（2020年）
1人当たり GNI（USD）	3,950（2020年）

法人税率	21％、25％、30％の3段階（2019年4月1日以降）
源泉徴収	配当0％、利子0％、使用料0％
損失の繰戻	なし
損失の繰越	7年
日本との租税条約	なし
相続税・贈与税	なし

南アフリカ共和国

国名	南アフリカ共和国 Republic of South Africa
人口（万人）（外務省）	5,778（2018年）
GDP（億 USD）（外務省）	3,663（2018年）
1人当たり GDP（USD）	5,720（2018年）

法人税率	28％
源泉徴収	配当20％、利子15％、使用料15％
損失の繰戻	なし
損失の繰越	無制限
個人所得税	最高税率45％
遺産税・贈与税	20％

日本との租税条約の内容

1　署名日、発効日、対象税目

1997年3月に署名、1997年11月に発効、対象税目は、日本が、所得税、法人税及び住民税、

南アフリカが、普通税、第２法人税、となっている

2　双方居住者、特典条項の取扱い

⑴　双方居住者　個人の振り分け規定あり。個人以外のものについては両締約国の権限ある当局の合意により決定

⑵　特典条項の取扱い　第22条に減免制限規定

3　恒久的施設の範囲

⑴　在庫保有代理人　PE にならない

⑵　注文取得代理人　PE にならない

⑶　建設工事　12か月超は PE となる

⑷　建設工事監督等　12か月超は PE となる

4　国際運輸業所得

国際運輸業所得は企業の居住地国課税となる。日本の事業税及び南アフリカで今後課されるであろう事業税類似の税は課税免除となる

5　配当

親子間配当（議決権株式の25％以上６か月保有）は５％、一般配当は15％である

6　利子

政府、中央銀行の利子は免税、一般利子は10％の課税

7　使用料

使用料は10％

8　キャピタルゲイン、自由職業所得、役員報酬

⑴　不動産　所在地国課税

⑵　PE　所在地国課税

⑶　株式　源泉地国課税

⑷　不動産化体株式　規定なし

⑸　自由職業所得　源泉地国に固定的施設を保有するか、又はその者が暦年を通じて183日以上源泉地国に滞在する場合課税

⑹　役員報酬　法人所在地国でも課税

9　給与所得（短期滞在者免税の要件等）、芸能人所得

⑴　短期滞在者免税　OECD モデルと同様で183日ルール

⑵　芸能人所得　役務提供地で課税。両締約国の政府間の文化交流計画に基づいて行われる場合、その所得は免税

10　退職年金、政府職員、教授

⑴　退職年金　規定なし

⑵　政府職員　派遣国で課税

⑶　教授　規定なし

11　学生、事業修習者等

生計、訓練又は教育のために支払われるものは免税

12　その他所得（明示なき所得）

源泉地国課税

13　二重課税の排除の方法等、無差別取扱い

税額控除方式による。みなし外国税額控除の規定なし

14　相互協議、情報交換、徴収共助、外交官

⑴　相互協議　規定あり

⑵　情報交換　規定あり

⑶　徴収共助　規定あり

ミャンマー連邦共和国

国名	ミャンマー連邦共和国 Republic of the Union of Myanmar
人口（万人）（外務省）	5,114（2019年）
GDP（億 USD）（外務省）	595（2021／2022年）
1人当たり GDP（USD）	1,105（2021／2022年）

法人税率	25%
外国法人支店税	25%
源泉徴収	配当0%、利子15%、使用料10%、15%
損失の繰戻	なし
個人所得税	最高税率25%（給与所得）
相続税	なし
日本との租税条約	なし（2021年2月、軍によるクーデター）

（注）2021年2月、軍部全権掌握

メキシコ合衆国

国名	メキシコ合衆国 United Mexican States
人口（万人）（外務省）	12,601（2020年）
GDP（億 USD）（外務省）	14,250（2022年）
1人当たり GDP（USD）	10,948（2022年）

法人税率	31%
キャピタルゲイン税	31%
外国法人支店税	31%
源泉徴収	配当10%、利子10～35%、使用料5%、25%、35%
支店送金税	10%
損失の繰戻	なし
損失の繰越	10年
日本との租税条約	あり
個人所得税	最高税率35%（2018年）
遺産税・贈与税	なし

日本との租税条約の内容

1　署名日、発効日、対象税目

1996年4月に署名、1996年11月に発効、対象税目は、日本が、所得税、法人税、住民税、メ

各国情報

キシコが所得税であるが、2007年に企業単一税を追加したが、同税は2014年に廃止された

2　双方居住者、特典条項の取扱い

⑴　双方居住者　個人の振り分け規定あり。個人以外のものについては両締約国の権限ある当局の合意により決定

⑵　特典条項の取扱い　なし

3　恒久的施設の範囲

⑴　在庫保有代理人　PEにならない

⑵　注文取得代理人　PEにならない

⑶　建設工事　6か月超はPEとなる

⑷　建設工事監督等　6か月超はPEとなる

4　国際運輸業所得

国際運輸業所得は企業の居住地国課税となる。日本の事業税及びメキシコで今後課されるであろう事業税類似の税は課税免除となる

5　配当

親子間配当（議決権株式の25%以上6か月保有で親会社が上場企業等の要件を満たす場合）は免税、親子間配当（議決権株式の25%以上6か月保有）は5%。一般配当は15%である

6　利子

政府、中央銀行等の受取利子は免税、金融機関等の受取利子は10%、一般利子は15%の課税

7　使用料

使用料は10%

8　キャピタルゲイン、自由職業所得、役員報酬

⑴　不動産　所在地国課税

⑵　PE　所在地国課税

⑶　株式　居住地国課税、事業譲渡類似の規定あり

⑷　不動産化体株式　規定あり

⑸　自由職業所得　源泉地国に固定的施設を保有するか、又はその者が暦年を通じて183日以上源泉地国に滞在する場合課税

⑹　役員報酬　法人所在地国でも課税

9　給与所得（短期滞在者免税の要件等）、芸能人所得

⑴　短期滞在者免税　OECDモデルと同様で183日ルール

⑵　芸能人所得　役務提供地で課税。両締約国の政府間の文化交流計画に基づいて行われる場合、その所得は免税

10　退職年金、政府職員、教授

⑴　退職年金　規定なし

⑵　政府職員　派遣国で課税

⑶　教授　規定なし

11　学生、事業修習者等

生計、訓練又は教育のために支払われるものは免税

12　その他所得（明示なき所得）

源泉地国課税

13　二重課税の排除の方法等、無差別取扱い

税額控除方式による。みなし外国税額控除は供与期限切れで適用なし

14　相互協議、情報交換、徴収共助、外交官

⑴　相互協議　規定あり
⑵　情報交換　規定あり
⑶　徴収共助　規定あり

モーリシャス共和国

国名	モーリシャス共和国 Republic of Mauritius
人口（万人）（外務省）	126.5（2018年）
GDP（億 USD）（外務省）	140.5（2019年）
1人当たり GNI（USD）	12,900（2019年）

法人税率	15%
源泉徴収	配当0%、利子15%、使用料10%、15%
損失の繰戻	なし
損失の繰越	5年
日本との租税条約	なし
個人所得税	15%
遺産税・贈与税	なし
その他	対インド租税条約を活用したインド投資の基地として注目されている

モルドバ共和国

国名	モルドバ共和国 Republic of Moldova
人口（万人）（外務省）	259.7（2021年）
GDP（億 USD）（外務省）	137（2021年）
1人当たり GDP（USD）	5,280（2021年）

法人税率	12%
キャピタルゲイン税	6%
源泉徴収	配当6%、15%、利子0%、15%（居住者）、12%（非居住者）、使用料12%
損失の繰戻	なし
損失の繰越	5年
付加価値税	20%（標準税率）
日本との租税条約	あり（旧日本・ソ連租税条約の適用）

個人所得税	7％、18％（基本税率）
遺産税・贈与税	なし

モロッコ王国

国名	モロッコ王国 Kingdom of Morocco
人口（万人）（外務省）	3,603（2018年）
GDP（億 USD）（外務省）	1,118.5（2018年）
1人当たり GDP（外務省）	3,090（2018年）

法人税率	31％
譲渡収益	31％
源泉徴収	配当15％、利子10％、20％、30％、使用料10％、設備15％、非居住者への給与30％、支店送金税15％

日本との租税条約の内容

1　署名日、発効日、対象税目

2020年1月署名、2022年4月発効。対象税目は、日本は、所得税、法人税、復興特別所得税、地方法人税、住民税、モロッコは、所得税、法人税

2　双方居住者

個人は振り分け規定、法人は合意

3　恒久的施設の範囲

(1)　準備的補助的活動の制限
(2)　従属代理人の範囲拡大（BEPS 勧告及び国内法と同様）
(3)　在庫保有代理人　なし
(4)　建設工事　6か月超は PE となる
(5)　建設工事監督等　PE となる
(6)　サービス PE　規定あり
(7)　事業利得　従来型

4　国際運輸業所得

相互免除として居住地国のみで課税される

5　配当

親子間配当（議決権保有割合10％以上（日本）モロッコは資本）5％、その他10％

6　利子

政府等免税、その他10％

7　使用料

5％（設備）、その他は10％

8　キャピタルゲイン、自由職業所得、役員報酬

(1)　不動産　所在地国課税
(2)　PE 所在　所在地国課税
(3)　株式　居住地国課税

(4) 不動産化体株式　居住地国課税
(5) その他のもの　居住地国課税
(6) 自由職業所得　規定あり
(7) 役員報酬　法人所在地国でも課税

9　給与所得（短期滞在者免税の要件等）、芸能人所得

(1) 短期滞在者免税　OECDモデルと同じで、183日以内の滞在等の場合は、免税
(2) 芸能人所得　役務提供地国で課税。企業が芸能人等の役務提供活動を行う場合には、PEを有するものとされる

10　退職年金、政府職員、教授

(1) 退職年金　居住地国課税
(2) 政府職員　接受国の国民等を除き派遣国でのみ課税
(3) 教授　規定なし

11　学生、事業修習者等

(1) 学生　生計、教育又は訓練のための国外源泉分は免税
(2) 事業修習者　3年間の免税
(3) 事業習得者　規定なし

12　その他所得（明示なき所得）

居住地国課税

13　特典を受ける権利

PPT

14　二重課税の排除の方法等、無差別取扱い

(1) 二重課税の排除は税額控除による
(2) 無差別取扱い　国籍、PE、外国資本に対して規定あり

15　相互協議、情報交換、徴収共助

(1) 相互協議　仲裁規定なし
(2) 情報交換　金融情報を含む情報交換
(3) 徴収共助　国際的徴収共助

モンゴル国

国名	モンゴル国 Mongolia
人口（万人）（外務省）	340（2021年）
GDP（億USD）（外務省）	154.4（2021年）
1人当たりGDP（USD）	4,599（2021年）

法人税率	10%、25%
キャピタルゲイン税	10%、25%
外国法人支店税	10%、25%
源泉徴収	配当20%、利子20%、使用料20%、経営管理料20%、支店送金税20%
損失の繰戻	なし

損失の繰越	原則２年（課税所得の50%が使用上限）
日本との租税条約	なし
個人所得税	基本10%

ラオス人民民主共和国

国名	ラオス人民民主共和国 Lao People's Democratic Republic
人口（万人）（外務省）	773.8（2021年）
GDP（億 USD）（外務省）	190（2021年）
１人当たり GDP（USD）	2,595（2021年）

法人税率	24%
キャピタルゲイン税	なし
外国法人支店税	24%
源泉徴収	配当10%、利子10%、使用料５%
損失の繰戻	なし
損失の繰越	３年
日本との租税条約	なし
付加価値税	10%（財貨・役務）
個人所得税	最高税率24%
遺産税・贈与税	なし

ラトビア共和国

国名	ラトビア共和国 Republic of Latvia
人口（万人）（外務省）	189（2021年）
GDP（億 EURO）（外務省）	329（2021年）
１人当たり GDP（EUR）	17,481（2021年）

法人税率	20%
外国法人支店税	20%
源泉徴収	配当０%、20%、利子０%、20%、使用料０%、20%
損失の繰戻	なし
損失の繰越	無期限
付加価値税	21%（標準税率）
個人所得税	基本税率23%

相続税・贈与税	相続税なし

日本との租税条約の内容

1　署名日、発効日、対象税目

（署名）2017年（平成29年）1月18日。2017年7月発効。日本は、所得税、法人税、復興特別所得税、地方法人税、住民税。ラトビアは、企業所得税、個人所得税

2　双方居住者、特典条項の取扱い

(1)　双方居住者　個人の双方居住者は振り分け規定。個人以外の場合は、実質的管理の場所或いは本店所在地等を考慮して権限ある当局の合意

(2)　特典条項の取扱い　LOBとPPT

(3)　事業体課税　パススルー事業体等が取得した所得は、居住者の所得として扱われるものについてのみその国において課税対象となることが規定されている

3　恒久的施設の範囲

(1)　在庫保有代理人　なし

(2)　従属代理人　範囲拡大（BEPS勧告及び国内法と同様）

(3)　建設工事　12か月超はPEとなる

(4)　建設工事監督等　　PEとならない

(5)　芸能人活動　　PEとなる

(6)　事業利得　本条約が発効する段階で、議定書1に置き換えられることになる。議定書1の規定は、最新型のOECD承認アプローチであるAOAの規定である

4　国際運輸業所得

国際運輸業所得は、相互免除として居住地国のみで課税される。また、相手国が事業税相当の税を対象とする場合、事業税をも免除する

5　配当

原則10%、配当受領者が個人以外の者が受益者の場合は免税

6　利子

原則10%、利子受領者が個人以外の者が受益者の場合は免税

7　使用料

免税

8　キャピタルゲイン、自由職業所得、役員報酬

(1)　不動産　所在地国課税

(2)　PE所在　所在地国課税

(3)　株式　居住地国課税

(4)　不動産化体株式　居住地国課税

(5)　その他のもの　居住地国課税

(6)　役員報酬　法人所在地国でも課税

9　給与所得（短期滞在者免税の要件等）、芸能人所得

(1)　短期滞在者免税　OECDモデルと同じで、183日以内の滞在等の場合は免税

(2)　芸能人所得　役務提供地国で課税

10　退職年金、政府職員、教授

(1)　退職年金　居住地国課税

(2)　政府職員　接受国の国民等を除き派遣国でのみ課税

11　学生、事業修習者等

(1)　学生　生計、教育又は訓練のための国外源泉分は免税

⑵　事業修習者　生計、教育又は訓練のための国外源泉分は免税

12　その他所得（明示なき所得）

居住地国課税

13　二重課税の排除の方法等、無差別取扱い

⑴　二重課税の排除は税額控除による

⑵　無差別取扱い　国籍、PE、外国資本に対して規定あり

14　相互協議、情報交換、徴収共助、外交官

⑴　相互協議　規定あり

⑵　情報交換　仲裁規定あり

⑶　徴収共助　国際的徴収共助を規定

リトアニア

国名	リトアニア　Republic of Lithuania
人口（万人）（外務省）	281.1（2021年）
GDP（億 USD）（外務省）	654（2021年）
1人当たりのGDP（USD）	23,345（2021年）

法人税率	15%
キャピタルゲイン税	15%
外国法人支店税	15%
源泉徴収	配当0、15%、利子・使用料0、10%
損失の繰戻	なし
損失の繰越	5年又は無制限
付加価値税	21%（標準税率）
個人所得税	税率5%、10%
相続税・贈与税	相続税課税あり（5%、10%）

各国情報

日本との租税条約の内容

1　署名日、発効日、対象税目

（署名）2017年7月13日、（発効）2018年8月31日

2　双方居住者、特典条項の取扱い

⑴　双方居住者　個人は振り分け規定、法人は両締約国の合意

⑵　特典条項の取扱い　LOB、PPT

3　恒久的施設の範囲

⑴　準備的補助的活動の制限

⑵　従属代理人の範囲拡大（BEPS勧告及び国内法と同様）

⑶　在庫保有代理人　なし

⑷　建設工事　12か月超はPEとなる

⑸　建設工事監督等　PEとならない

⑹　芸能人活動　PEとなる

⑺　事業利得　条約本法は旧型、議定書でOECD承認アプローチ（AOA）を導入

4　国際運輸業所得

国際運輸業所得は、相互免除として居住地国のみで課税される。また、相手国が事業税相当の税を対象とする場合、事業税をも免除する

5　配当

個人以外の受取配当は免税、その他は10%

6　利子

個人以外の受取利子は免税、その他は10%

7　使用料

免税

8　キャピタルゲイン、自由職業所得、役員報酬

(1)　不動産　所在地国課税
(2)　PE 所在　所在地国課税
(3)　株式　居住地国課税
(4)　不動産化体株式　居住地国課税
(5)　その他のもの　居住地国課税
(6)　自由職業所得　規定あり
(7)　役員報酬　法人所在地国でも課税

9　給与所得（短期滞在者免税の要件等）、芸能人所得

(1)　短期滞在者免税　OECD モデルと同じで、183日以内の滞在等の場合は、免税
(2)　芸能人所得　役務提供地国で課税。企業が芸能人等の役務提供活動を行う場合には、PE を有するものとされる

10　退職年金、政府職員、教授

(1)　退職年金　居住地国課税
(2)　政府職員　接受国の国民等を除き派遣国でのみ課税
(3)　教授　規定なし

11　学生、事業修習者等

(1)　学生　生計、教育又は訓練のための国外源泉分は免税
(2)　事業修習者　生計、教育又は訓練のための国外源泉分は免税
(3)　事業習得者　規定なし

12　その他所得（明示なき所得）

居住地国課税

13　二重課税の排除の方法等、無差別取扱い

(1)　二重課税の排除は税額控除による
(2)　無差別取扱い　国籍、PE、外国資本に対して規定あり

14　相互協議、情報交換、徴収共助、外交官、国内法上の有利な取扱い、適用地域の拡張

(1)　相互協議　仲裁規定あり
(2)　情報交換　金融情報を含む情報交換
(3)　徴収共助　国際的徴収共助

リヒテンシュタイン公国

国名	リヒテンシュタイン公国 Principality of Liechtenstein
人口（万人）（外務省）	3.9（2020年）

各国情報

GDP（億 SFr.）（外務省）	67（2018年）

法人税率	12.5%
キャピタルゲイン税	24%
外国法人支店税	12.5%
源泉徴収	配当０%、利子０%、使用料０%
支店送金税	なし
損失の繰戻	なし
損失の繰越	無制限
付加価値税	7.7%（標準税率）
日本との情報交換協定	あり
個人所得税	最高税率22.4%
遺産税・贈与税	なし

ルクセンブルク大公国

国名	ルクセンブルク大公国 Grand Duchy of Luxembourg
人口（万人）（外務省）	63（2021年）
GDP（億 USD）（外務省）	742（2020年）
１人当たり GDP（USD）	11.8万（2020年）

法人税率	17%
外国法人支店税	17%
源泉徴収	配当０%、15%、利子０%、15%、使用料０%
支店送金税	なし
損失の繰戻	なし
損失の繰越	17年
付加価値税	17%（標準税率）
個人所得税	最高税率30.61%（夫婦）、37.18%（独身）
遺産税・贈与税	あり（相続方法・贈与方法等により適用税率が異なる。）

日本との租税条約の内容

1　署名日、発効日、対象税目

1992年３月５日に署名、1992年12月27日発効、2010年１月25日に一部改正の署名、2011年12月30日発効、このほかに、家族資産管理会社の取扱いに関する書簡交換が2013年７月19日に行われている。対象税目は、日本が、所得税、法人税、住民税、ルクセンブルクは、個人所得税、法人税、法人の役員報酬に対する税、財産税、地方営業税、となっている

各国情報

2　双方居住者、特典条項の取扱い

⑴　双方居住者　個人は振り分け規定、法人は本店又は主たる事務所が所在する締約国により判定する

⑵　特典条項の取扱い　持株会社への制限あり

3　恒久的施設の範囲

⑴　在庫保有代理人　PE とならない

⑵　注文取得代理人　PE とならない

⑶　建設工事　12か月を超える場合、PE となる

⑷　建設工事監督、コンサルタント役務提供に係る規定はない

4　国際運輸業所得

船舶、航空機を国際運輸に供する居住者の居住地国でのみ課税される。日本の事業税或いはこれに類する課税は免除

5　配当

一般配当の限度税率は15%・親子間配当（25%の株式の6か月以上の保有）5%

6　利子

限度税率は10%、政府、中央銀行、政府所有の金融機関の受取利子は免税

7　使用料

限度税率は10%

8　キャピタルゲイン、自由職業所得、役員報酬

⑴　不動産　所在地国課税

⑵　PE 資産　所在地国課税

⑶　株式　源泉地国課税

⑷　不動産化体株式　規定なし

⑸　自由職業所得　固定的施設に帰せられる所得が課税

⑹　役員報酬　法人の居住地国で課税

9　給与所得（短期滞在者免税の要件等）、芸能人所得

⑴　短期滞在者免税　暦年基準で183日ルール

⑵　芸能人所得　役務の提供地国で課税されるが、特別な文化交流計画によるものは免税

10　退職年金、政府職員、教授

⑴　退職年金　居住地国でのみ課税

⑵　政府職員　派遣国で課税

⑶　教授　2年間免税

11　学生・事業修習者等

滞在地国外から支払われる給付に限り、滞在地国で免税

12　その他所得（明示なき所得）

居住地国課税

13　二重課税の排除方法

税額控除方式による

14　持株会社

ルクセンブルクの持株会社に対する条約の不適用

15　相互協議

規定あり（申立ては3年以内）

16　相互協議、情報交換、徴収共助、外交官

⑴　相互協議　規定あり

⑵　情報交換　規定あり

(3) 徴収共助　規定あり

ルーマニア

国名	ルーマニア Romania
人口（万人）（外務省）	1,903（2022年）
GDP（億 USD）（外務省）	2,840.9（2021年）
1人当たり GDP（USD）	14,790（2021年）

法人税率	16%
外国法人支店税	16%
源泉徴収	配当5％、利子・使用料、いずれも16％
支店送金税	なし
損失の繰戻	なし
損失の繰越	7年
付加価値税	19%（標準税率）
個人所得税	10%（単一税率）
遺産税・贈与税	なし

日本との租税条約の内容

1　署名日、発効日、対象税目

1976年2月署名、1978年4月に発効、対象税目は、日本が、所得税、法人税及び住民税、ルーマニアが、①賃金又は給料、文学上、美術上、又は学術上の活動から生ずる所得及び出版物への寄稿、興行、調査その他これらに類する活動から生ずる所得に対する租税、②非居住者である個人及び法人の所得に対する租税、③混合法人の所得に対する租税、④商業、自由業その他の生産的活動から生ずる所得並びに国営企業及び混合法人以外の企業が取得する所得に対する租税、⑤建物及び土地の賃貸から生ずる所得に対する租税、⑥農業活動から生ずる所得に対する租税、⑦消費協同組合及び手工芸協同組合の所得に対する租税、となっている

2　双方居住者、特典条項の取扱い

(1) 双方居住者　個人は両国の権限ある当局の合意により決定、個人以外はその者の本店又は主たる事務所の所在地の居住者とみなされる

(2) 特典条項の取扱い　なし

3　恒久的施設の範囲

(1) 在庫保有代理人　PE にならない

(2) 注文取得代理人　PE にならない

(3) 建設工事　12か月超は PE となる

(4) 建設工事監督等　PE とならない

4　国際運輸業所得

国際運輸業所得は企業の居住地国課税となる。日本の事業税及びルーマニアの日本の事業税類似の税は免税

5　配当

配当の限度税率は10%、親子間配当の規定なし

6　利子

利子の限度税率は10%、政府・中央銀行等の利子所得は免税

7　使用料

使用料（工業的使用料）の限度税率は15%、使用料（文化的使用料）は10%

8　キャピタルゲイン、自由職業所得、役員報酬

(1)　不動産　所在地国課税
(2)　PE　所在地国課税
(3)　株式　居住地国課税
(4)　不動産化体株式　規定なし
(5)　その他　居住地国課税
(6)　自由職業所得　固定的施設があればそこに帰せられる所得は課税
(7)　役員報酬　法人所在地国でも課税

9　給与所得（短期滞在者免税の要件等）、芸能人所得

(1)　短期滞在者免税　暦年基準で183日ルール
(2)　芸能人所得　役務提供地で課税。両締約国の政府間の文化交流計画に基づいて行われる場合、その所得は免税

10　退職年金、政府職員、教授

(1)　退職年金　居住地国課税
(2)　政府職員　派遣国で課税、接受国の国民が受領者の場合は接受国課税
(3)　教授　２年間滞在地国免税

11　学生、事業修習者等

所定の要件を満たす場合、５年間滞在地国の間所定の給付は免税となる

12　その他所得（明示なき所得）

規定なし

13　二重課税の排除の方法等、無差別取扱い

税額控除方式による

14　相互協議、情報交換、徴収共助、外交官

(1)　相互協議　規定あり
(2)　情報交換　規定あり

ロシア

国名	ロシア連邦 Russian Federation
人口（万人）（外務省）	14,617（2021年）
GDP（億ドル）（外務省）	14,835（2020年）

法人税率	３%（国税）12.5～17%（地方税）
外国法人支店税	15.5～20%
源泉徴収	配当０%、13%、15%、利子15%、使用料20%
支店送金税	なし

損失の繰戻	なし
損失の繰越	無制限
付加価値税	18%（標準税率）
個人所得税	13%、15%、30%、35%（所得の種類別に単一税率）
遺産税・贈与税	なし

（注）2022年２月ウクライナ侵略開始

日本との租税条約の内容

1　署名日、発効日、対象税目

（署名）2017年７月13日、（発効）2018年10月10日

対象税目は、所得税、法人税、復興特別所得税、地方法人税、住民税（団体の利得に対する租税、個人の所得に対する租税）

2　双方居住者、特典条項の取扱い

⑴　双方居住者　個人は振り分け規定、法人は両締約国の合意

⑵　特典条項の取扱い　LOB、PPT

3　恒久的施設の範囲

⑴　準備的補助的活動の制限

⑵　従属代理人の範囲拡大（BEPS勧告及び国内法と同様）

⑶　在庫保有代理人　なし

⑷　建設工事　12か月超はPEとなる

⑸　建設工事監督等　PEとならない

⑹　芸能人活動　PEとなる

⑺　事業利得　OECD承認アプローチ（AOA）ではなく従来型

4　国際運輸業所得

国際運輸業所得は、相互免除として居住地国のみで課税される。また、相手国が事業税相当の税を対象とする場合、事業税をも免除する

5　配当

免税（年金基金受取）、５％（議決権保有割合15%以上・保有期間365日以上）、15%（不動産化体株式）、その他10%

6　利子

免税

7　使用料

免税

8　キャピタルゲイン、自由職業所得、役員報酬

⑴　不動産　所在地国課税

⑵　PE所在　所在地国課税

⑶　株式　居住地国課税

⑷　不動産化体株式　居住地国課税

⑸　その他のもの　居住地国課税

⑹　自由職業所得　規定あり

⑺　役員報酬　法人所在地国でも課税

9　給与所得（短期滞在者免税の要件等）、芸能人所得

⑴　短期滞在者免税　OECDモデルと同じで、183日以内の滞在等の場合は、免税

⑵　芸能人所得　役務提供地国で課税。企業が芸能人等の役務提供活動を行う場合には、PEを有するものとされる

10　退職年金、政府職員、教授

⑴　退職年金　居住地国課税

⑵　政府職員　接受国の国民等を除き派遣国でのみ課税

⑶　教授　規定なし

11　学生、事業修習者等

⑴　学生　生計、教育又は訓練のための国外源泉分は免税

⑵　事業修習者　生計、教育又は訓練のための国外源泉分は免税

⑶　事業習得者　規定なし

12　その他所得（明示なき所得）

居住地国課税

13　二重課税の排除の方法等、無差別取扱い

⑴　二重課税の排除は税額控除による。

⑵　無差別取扱い　国籍、PE、外国資本に対して規定あり

14　相互協議、情報交換、徴収共助、外交官

⑴　相互協議　仲裁規定なし

⑵　情報交換　金融情報を含む情報交換

⑶　徴収共助　国際的徴収共助

旧日ソ租税条約を含む日本との間の条約等の適用関係を確認するために、両国政府間において口上書の交換を行っている国々は次のとおりである。

アゼルバイジャン（平成17年５月30日）、アルメニア（平成８年６月17日）、ウクライナ（平成７年４月24日）、キルギス（平成５年６月４日）、ジョージア（平成６年６月１日）、タジキスタン（平成６年６月１日）、トルクメニスタン（平成７年４月７日）、ベラルーシ（平成９年１月20日）、モルドバ（平成10年８月26日）の国々である（国名後のカッコ内は口上書交換告示日）。

出典　外務省

タックスヘイブン区分表

1　タックスヘイブン区分表作成の意義

OECDの進めるデジタル課税において最低税率制度が論点となり、その最低税率を下回る税負担の場合、タックスヘイブン対策税制とは別に、新たな課税方式が行われることになる。このような動向から、タックスヘイブンといわれる軽課税国等の実態の区分が必要と考え、指定制度をベースに、最低税率制度シフトで作成したのがタックスヘイブン区分表である。

2　地理的区分

以下は、その所在地別にタックスヘイブンを区分した表である。

アジア・大洋州（12）	クック諸島、サモア独立国、シンガポール、ナウル、ニウエ、ニューカレドニア、バヌアツ、パラオ、香港、マカオ、マーシャル諸島、ラブアン島（マレーシア）
米州・カリブ海（25）	アメリカ領バージン諸島、アルバ、アンギラ、アンティグア・バーブーダ、イギリス領バージン諸島、ウルグアイ、キュラソー、グレナダ、ケイマン諸島、コスタリカ、ジャマイカ、セントクリストファー・ネイビス、セントビンセント・グレナディーン、セントルシア、タークス・カイコス諸島、ドミニカ国、トリニダード・トバゴ、パナマ、バハマ、バミューダ、パラグアイ、バルバドス、ベリーズ、モントセラト
欧州（20）	アイルランド、アンドラ、ウズベキスタン、ガーンジー島、キプロス（英文表示サイプラス）、キルギス、ジブラルタル、ジャージー島、スイス、ハンガリー、ブルガリア、ボスニアヘルツェゴビナ、マケドニア、マルタ、マン島、モナコ、モルドバ、モンテネグロ、リヒテンシュタイン、ルクセンブルク
印度洋・中東・アフリカ（10）	アラブ首長国連邦、カタール、コモロ連合、ジブチ、セントヘレナ、セーシェル、ナミビア、バーレーン、モーリシャス、リベリア

（注1）2010年10月10日、オランダ領アンティルは解体され、アルバ、キュラソー、セントマーティン（蘭：シントマールテン）は、オランダ王国内の自治国（自治領）となり、かつてオランダ領アンティルを構成していたボネール島、シントユースタティウス島、サバ島のBES3島は、オランダ本土の海外特別市となった。

（注2）法人税率が16.5％である香港と法人税率が17％のシンガポールは、各種の投資優遇措置により税負担が軽減され、15％未満になることから、上記の表に掲載した。

3　タックスヘイブン区分表

以下は、それぞれの項目別にタックスヘイブンを分類したものである。タックスヘイブンとは何かということは、以下の分類に区分された国等から判明するものと考え、定義等の説明は省略した。なお軽課税国等は、大蔵省告示指定制度では、当時の実効税率である50％の半分である25％を一応の基準としているが、その後各国の法人税率の引き下げがあったことから、実効税率の基準を30％と想定し、軽課税国等の基準を法人税率15％未満とした。

所得税・法人税のない国等	(アジア・大洋州) バヌアツ
	(米州・カリブ海) アンギラ、イギリス領バージン諸島、ケイマン諸島、タークス・カイコス諸島、バハマ、バミューダ
	(欧州) ガーンジー島、ジャージー島、マン島
	(印度洋中東アフリカ) アラブ首長国連邦、ジブチ (非居住者のみ) バーレーン
軽課税国等 カッコ内の数字は法人実効税率	(アジア・大洋州) ナウル (10%)、パラオ (総収入税率4%)、マカオ (12%)、マーシャル諸島 (総収入税率3%)
	(米州・カリブ海) アメリカ領バージン諸島 (90%の税額軽減)、キュラソー (特区2%)、パラグアイ (10%)、バルバドス (5.5%)
	(欧州) アイルランド (12.5%)、アンドラ (10%)、ウズベキスタン (12%)、キプロス (12.5%)、キルギス (10%)、ジブラルタル (10%)、ハンガリー (9%)、ブルガリア (10%)、ボスニアヘルツェゴビナ (10%)、マケドニア (10%)、モルドバ (12%)、モンテネグロ (9%)、リヒテンシュタイン (12.5%)
	(印度洋中東アフリカ) カタール (10%)、セントヘレナ (法人税率10%、15%)
オフショア所得軽課税国等 International Business Company 等の税率は、表記されているものを除いて0である。	(アジア・大洋州) クック諸島、サモア独立国、ニウエ
	(米州・カリブ海) ウルグアイ (貿易会社25%×3%=0.75%)、グレナダ、コスタリカ、セントクリストファー・ネイビス、セントビンセント・グレナディーン、ドミニカ国、パナマ、ベリーズ、モントセラト
	(欧州) 該当なし
	(印度洋中東アフリカ) コモロ連合、セーシェル (1.5%)
特定事業所得軽課税国等	(アジア・大洋州) シンガポール (投資法人への優遇措置)、ニューカレドニア (ホテル等税率15%)、香港 (多国籍企業の資金調達等を行うCTCへの優遇税制)、ラブアン島 (マレーシア) (事業法人税率3%、持株会社0%)
	(米州・カリブ海) アルバ (経済特区法人2%)、アンティグア・バーブーダ (オフショア銀行は総収入の3%)、トリニダードトバゴ (投資会社、牧畜・農業会社免税)
	(欧州) スイス (持株会社等を優遇)、ルクセンブルク (持株会社)
	(印度洋中東アフリカ) ナミビア (輸出企業は所得の80%軽減)、モーリシャス (輸出企業は税率3%)、リベリア (非居住法人は課税なし)

(注1) オフショア所得軽課税国等は、名称としてはinternational business company (以下「IBC」という。) 等、種々のものがあるが、国外所得のみを取得する法人について免税とする措置である。香港等の属地主義の国等では、居住法人の国外所得を課税しない法制であるが、これとオフショア所得軽課税国等との相違は、属地主義においては、

各国情報

居住者が株主である居住法人の国外所得免税であるのに対して、IBCの場合は、その株主が非居住者のみで、国内所得がない場合が通常である。この場合、IBCが設立されたタックスヘイブンは、課税を免除する措置を講じている。

(注2) 上記2の表に含まれていない法人税率が15%未満の国は、ブルガリア（10%）、キプロス（12.5%）、ハンガリー（9%）、アイルランド（12.5%）、リヒテンシュタイン（12.5%）、パラグアイ（10%）、カタール（10%）、スイス（11.91%～21.63%：州税の税率により変動）、ウズベキスタン（12%）等である。上記の国のうち、指定制度にあるのはリヒテンシュタインと、特定事業所得軽課税国等になるスイスだけである。

(注3) 上記の国の指定制度が存続していた1990（平成2）年当時の法人税率は、ブルガリア（40%）、ハンガリー（40%）、パラグアイ（25～30%）、カタール（0～50%）、ウズベキスタン（1990年当時は旧ソ連邦で法人税率40%）であり、軽課税国ではなかった。

(注4) アイルランドは、現在12.5%であるが、日本が指定制度を創設した当時の法人税の基本税率は43%で、適格製造業等に対して優遇税率の10%を適用していたことから、指定制度には含まれなかった。

(注5) ハンガリーは基本税率を9%と低く抑えて、業種により付加税を課す方式を採用していることから、付加税を勘案すると軽課税国等に該当しない場合もあるが、ここでは、基本税率により判定している。

(注6) スイスは連邦税の税率（7.8%）が低いが、州税の負担が大きいことから、軽課税国等には該当しないこととした。

(注7) モナコの法人税率はフランスと同じであるが、売上の25%以上を国外で取得している法人が対象であり、モナコ国内で所得を得ている法人は課税対象外である。変則的な税制であることから除外した。

第７編　各国の給与情報

各国の給与情報は、JETRO から収集した給与情報を基に作成します。JETRO に感謝しております。

出典は、https://www.jetro.go.jp/world/business_environment/cost.html（令和５年６月27日最終確認）のデータです。

本年度は、2021年度と2022年度を追加しました。一部、名目賃金上昇率の過去分も、最新の年度に記載されていた情報に変更しています。５年以上給与情報がないウクライナ、カザフスタン、チュニジアについては削除しました。

なお、給与情報の数字は、原則として米ドル表示です。時々異常な数値と感じられることもありますが、これは、現地通貨と米ドルの為替変動を反映した可能性があります。その場合、正しい給与の変化を把握するためには、現地通貨建ての給与の動きをフォローされることをお勧めします。

調査年度				2012年度	2013年度	2014年度
アメリカ合衆国	サンフランシスコ	エンジニア（中堅技術者）	米ドル/月	7,748	7,923	8,287
		中間管理職（課長クラス）	米ドル/月	11,838	9,700	12,120
		非製造業マネージャー（課長クラス）	米ドル/月	14,127	14,306	14,486
		法定最低賃金	米ドル	10.55/時	10.74/時	11.05/時
		名目賃金上昇率	%	△ 4.6	2.1	2.6
	シカゴ	エンジニア（中堅技術者）	米ドル/月	7,393	6,251	6,397
		中間管理職（課長クラス）	米ドル/月	9,864	9,025	9,138
		非製造業マネージャー（課長クラス）	米ドル/月	9,504	9,212	9,628
		法定最低賃金	米ドル	8.25/時	8.25/時	8.25/時
		名目賃金上昇率	%	1.3	2.2	3.8
	ニューヨーク	エンジニア（中堅技術者）	米ドル/月	6,777	6,987	7,039
		中間管理職（課長クラス）	米ドル/月	11,863	11,973	12,183
		非製造業マネージャー（課長クラス）	米ドル/月	13,470	13,796	14,258
		法定最低賃金	米ドル	7.25/時	8.0/時	8.75/時
		名目賃金上昇率	%	1.2	1.2	0.5
	ロサンゼルス	エンジニア（中堅技術者）	米ドル/月	7,537	7,636	7,658
		中間管理職（課長クラス）	米ドル/月	10,256	10,244	10,316
		非製造業マネージャー（課長クラス）	米ドル/月	11,071	11,183	11,363
		法定最低賃金	米ドル	8.00/時	8.00/時	9.00/時
		名目賃金上昇率	%	△ 0.3	2.3	2.9
アラブ首長国連邦	ドバイ	エンジニア（中堅技術者）	米ドル/月	3,922	3,793	3,798
		中間管理職（課長クラス）	米ドル/月	6,541	6,461	6,544
		非製造業マネージャー（課長クラス）	米ドル/月	調査対象外	調査対象外	7,156
		法定最低賃金	米ドル	制定なし	制定なし	制定なし
		名目賃金上昇率	%	4.9	4.8	4.7
イタリア	ミラノ	エンジニア（中堅技術者）	米ドル/月	4,194～5,767	4,345～5,974	4,560～6,269
		中間管理職（課長クラス）	米ドル/月	4,719～5,767	4,889～5,974	5,130～6,269
		非製造業マネージャー（課長クラス）	米ドル/月	調査対象外	調査対象外	調査対象外
		法定最低賃金	米ドル	1,517.84/月	1,614.44/月	1,733/月
		名目賃金上昇率	%	1.5	1.5	1.2
インド	ニューデリー	エンジニア（中堅技術者）	米ドル/月	641	567	743
		中間管理職（課長クラス）	米ドル/月	1,395	1,405	1,780
		非製造業マネージャー（課長クラス）	米ドル/月	1,442	1,455	1,670
		法定最低賃金	米ドル	155/月	157/月	165/月
		名目賃金上昇率	%	9.2	11.1	7.4
	ムンバイ	エンジニア（中堅技術者）	米ドル/月	546	490	640
		中間管理職（課長クラス）	米ドル/月	1,289	1,090	1,319
		非製造業マネージャー（課長クラス）	米ドル/月	2,039	1,384	1,431
		法定最低賃金	米ドル	128/月	123/月	127/月
		名目賃金上昇率	%	13.1	10.5	10.8
	ベンガロール	エンジニア（中堅技術者）	米ドル/月	927	509	724

2015年度	2016年度	2017年度	2018年度	2019年度	2020年度	2021年度	2022年度
8,637	8,382	8,398	8,538	8,628	8,851	8,854	9,729
12,558	12,093	12,487	12,647	11,412	11,743	12,826	12,970
14,977	14,834	15,226	14,698	13,078	13,240	13,984	13,898
12.25/時	13.0/時	14.0/時	15.00/時	15.59/時	16.07/時	16.32/時	16.99/時
5.0	3.9	5.8	3.7	2.7	5.0	4.2	1.3
6,497	6,708	6,800	6,936	7,011	7,155	7,238	7,523
9,332	9,625	9,777	9,937	8,949	9,108	9,473	10,433
10,282	10,188	10,352	10,342	10,088	10,413	10,984	10,748
8.25/時	8.25/時	8.25/時	8.25/時	9.25/時	11.00/時	12.00/時	15.40/時
3.4	3.2	0.7	3.3	3.0	2.3	4.5	3.8
7,408	7,093	7,290	7,627	7,956	8,025	8,073	8,222
12,478	12,801	13,253	13,497	11,601	11,745	12,233	12,255
14,523	15,118	15,642	16,038	13,683	13,819	14,397	13,918
9.00/時	9.70/時	10.40/時	15.00/時	15/時	15.00/時	15.00/時	15.00/時
3.0	1.1	2.9	3.5	3.3	4.4	4.0	1.9
7,817	8,031	8,121	8,392	8,226	8,339	8,493	8,519
10,350	10,367	10,613	10,850	9,952	9,973	10,096	9,713
11,955	12,238	12,549	12,820	11,143	11,223	11,678	11,320
10.00/時	10.50/時	10.50/時	12.00/時	13.25/時	14.25/時	15.00/時	16.04/時
1.3	1.8	2.9	6.0	5.5	6.0	4.3	4.9
3,878	情報なし	4,143	4,236	3,764	3,348	2,924	3,256
6,642	情報なし	7,273	7,737	7,336	6,149	6,221	5,404
7,951	情報なし	8,684	9,690	9,420	8,583	9,618	6,066
制定なし	制定なし	制定なし	制定なし	制定なし	規定なし	規定なし	規定なし
5.4	4.7	11.0	4.2	4.5	3.8	3.6	
4,625～5,551	4,720～5,664	4,953～5,944	4,843～5,813	4,570～6,397	4,985～6,978	4,912～6,876	4,260～5,963
4,163～5,088	4,248～5,192	4,458～5,448	4,360～5,328	5,483～9,139	5,982～9,969	5,894～9,823	5,111～6,816
調査対象外	調査対象外	調査対象外	調査対象外	調査対象外	調査対象外	調査対象外	調査対象外
1,440.90/月	€1,297.82/月	1,545/月	1,524/月	1,449/月	1,591.75/月	1,755.15/月	1,542.70/月
1.2	0.6	0.6	1.5	1.1	0.5		
627	474	706	610	610	510	609	516
1,659	1,062	1,712	1,531	1,531	1,573	1,415	1,194
1,749	1,686	1,751	1,742	1,742	1,727	1,666	1,644
168/月	175/月	255/月	244/月	201/月	228/月		203/月
10.2	10.0	9.0	10.0	6.5		3.9	
536	590	633	704	704	944		768
1,462	1,454	1,210	1,355	1,355	1,852		1,677
1,430	1,569	2,056	1,862	1,862	1,971		1,584
127/月	130/月	132/月	135/月	121/月	177/月		173/月
10.1	10.7	11.5	18.0	6.4		8.0	
464	496	460	602	602	625		538

調査年度				2012年度	2013年度	2014年度
		中間管理職（課長クラス）	米ドル/月	1,738	1,307	1,619
		非製造業マネージャー（課長クラス）	米ドル/月	1,382	1,273	1,501
		法定最低賃金	米ドル	86/月	86/月	94/月
		名目賃金上昇率	%	15.5	11.8	10.7
	チェンナイ	エンジニア（中堅技術者）	米ドル/月	611	425	485
		中間管理職（課長クラス）	米ドル/月	1,236	982	972
		非製造業マネージャー（課長クラス）	米ドル/月	1,074	1,229	1,274
		法定最低賃金	米ドル	109/月	107/月	116/月
		名目賃金上昇率	%	13.6	15.9	10.1
インドネシア	ジャカルタ	エンジニア（中堅技術者）	米ドル/月	433	405	425
		中間管理職（課長クラス）	米ドル/月	1,057	934	1,015
		非製造業マネージャー（課長クラス）	米ドル/月	1,245	1,232	1,201
		法定最低賃金	米ドル	226/月	200/月	214/月
		名目賃金上昇率	%	18.5	43.9	11.0
ウズベキスタン	タシケント	エンジニア（中堅技術者）	米ドル/月	478	526	527
		中間管理職（課長クラス）	米ドル/月	902	1,003	1,006
		非製造業マネージャー（課長クラス）	米ドル/月	調査対象外	調査対象外	調査対象外
		法定最低賃金	米ドル	38	38	42
		名目賃金上昇率	%	26.5	20.8	23.2
英国	ロンドン	エンジニア（中堅技術者）	米ドル/月	5,168	5,192	5,959
		中間管理職（課長クラス）	米ドル/月	6,820	7,074	8,214
		非製造業マネージャー（課長クラス）	米ドル/月	調査対象外	調査対象外	調査対象外
		法定最低賃金	米ドル	9.71/時	9.61/時	11/時
		名目賃金上昇率	%	1.39	1.16	1.14
エジプト	カイロ	エンジニア（中堅技術者）	米ドル/月	281～3,269	321～1,852	308～3,590
		中間管理職（課長クラス）	米ドル/月	826～3,798	513～2,194	629～2,959
		非製造業マネージャー（課長クラス）	米ドル/月	調査対象外	調査対象外	調査対象外
		法定最低賃金	米ドル	制定なし	制定なし	168/月
		名目賃金上昇率	%	16.4	16.4	24.9
オーストラリア連邦	シドニー	エンジニア（中堅技術者）	米ドル/月	6,895	6,942	5,385
		中間管理職（課長クラス）	米ドル/月	8,785	9,735	6,535
		非製造業マネージャー（課長クラス）	米ドル/月	8,635	8,176	7,136
		法定最低賃金	米ドル	2,752/月	2,413/月	2,240/月
		名目賃金上昇率	%	3.6	2.9	2.6
オランダ	アムステルダム	エンジニア（中堅技術者）	米ドル/月	4,324～4,745	4,822～5,299	5,060～5,561
		中間管理職（課長クラス）	米ドル/月	5,420～5,951	6,101～6,704	6,402～7,036
		非製造業マネージャー（課長クラス）	米ドル/月	調査対象外	調査対象外	調査対象外
		法定最低賃金	米ドル	1,832/月	1,927/月	2,045/月
		名目賃金上昇率	%	1.6	1.2	1.0

2015年度	2016年度	2017年度	2018年度	2019年度	2020年度	2021年度	2022年度
1,070	1,141	1,251	1,389	1,389	1,451		1,320
1,143	1,207	1,692	1,636	1,636	1,368		1,374
96/月	173/月	191/月	179/月	160/月	176/月		167/月
11.4	10.1	16.4	13.0	7.1		9.4	
463	462	575	470	470	397		546
1,080	1,079	1,406	1,116	1,116	854		1,270
1,189	1,090	1,249	1,182	1,182	1,126		1,440
94/月	139/月	169/月	181/月	173/月	179/月		148/月
11.9	11.7	11.0	10.5	8.1		8.0	
417	459	494	457	457	582	556	614
912	1,008	1,058	1,031	1,031	1,260	1,197	1,353
1,127	1,151	1,176	1,130	1,130	1,216	1,380	1,470
223/月	251/月	272/月	279/月	279/月	300/月		313/月
10.6	14.8	8.3	8.7	8.0	8.5	3.27	3.57
607	1,000～1,300	1,000～1,300	1,000～1,300	1,000～1,300	292～974	563～1,126	460～1,379
1,213	2,000～2,200	2,000～2,200	2,000～2,200	2,000～2,200	487～974	375～1,876	735～2,000
調査対象外	調査対象外	調査対象外	調査対象外	調査対象外	調査対象外	調査対象外	調査対象外
46	130.240スム	35.57/月	23.55/月	68/月	66/月	77.11/月	85/月
10.0	15.0	15.0	17.7	26.20	14.4	19.53	
5,467	4,653	4,579	4,684	4,543	5,702	5,957	5,479
7,544	6,256	6,262	6,503	6,207	10,894	12,238	9,222
調査対象外	調査対象外	調査対象外	調査対象外	調査対象外	調査対象外	調査対象外	調査対象外
10.47/時	£6.95/時	9.66/時	10.09/時	9.90/時	2,449/月	2,578/月	2,398/月
2.5	2.4	2.4	2.9	3.4	1.8	5.9	
317～4,586	情報なし	893	1,041	1,080	1,235	1,275	828
694～3,652	情報なし	1,090	1,529	1,948	2,137	2,176	1,414
調査対象外	調査対象外	調査対象外	N/A	n/a	n.a.	2,176	1,414
157/月	情報なし	68/月	67/月	124/月	128/月	153/月	112/月
7.7	5.5	6.4	10.8	8.5	10.4	7.8	11.9(予測値)
5,099	5,241	5,440	5,301	5,301	5,326	5,790	5,174
6,850	6,534	7,048	6,698	6,698	6,789	7,145	6,589
7,125	6,791	7,280	6,868	6,868	7,182	7,421	7,221
2,048/月	2,128/月	2,353/月	2,223/月	2,223/月	2,286/月		2,261/月
2.2	2.0	2.0	2.0	2.3	2.1	1.5	2.4
4,107～4,513	3,826～4,656	4,065～4,947	4,077～4,962	3,461～4,216	3,930～4,738	3,962～4,775	4,008～4,832
5,196～5,710	5,833	6,122	6,204	5,018	6,187	6,097	5,512
調査対象外	調査対象外	調査対象外	調査対象外	調査対象外	調査対象外	調査対象外	調査対象外
1,674/月	€1,537/月	1,861/月	1,853/月	1,797/月	2,010	2,005/月	1,795/月
1.2	1.5	1.6	2.0	2.4	2.8	2	

調査年度				2012年度	2013年度	2014年度
カナダ	トロント	エンジニア（中堅技術者）	米ドル/月		4,751～5,132	4,284～4,628
		中間管理職（課長クラス）	米ドル/月		7,252	6,540
		非製造業マネージャー（課長クラス）	米ドル/月		6,948	6,265
		法定最低賃金	米ドル		9.63/時	9.32/時
		名目賃金上昇率	%	2.9	1.6	1.4
カンボジア	プノンペン	エンジニア（中堅技術者）	米ドル/月	298	315	323
		中間管理職（課長クラス）	米ドル/月	563	694	668
		非製造業マネージャー（課長クラス）	米ドル/月	1,088	1,184	956
		法定最低賃金	米ドル	80/月	100/月	128/月
		名目賃金上昇率	%	N/A	N/A	N/A
シンガポール	シンガポール	エンジニア（中堅技術者）	米ドル/月	2,325	2,947	2,829
		中間管理職（課長クラス）	米ドル/月	4,268	4,584	4,362
		非製造業マネージャー（課長クラス）	米ドル/月	4,672	4,489	4,425
		法定最低賃金	米ドル	制定なし	制定なし	制定なし
		名目賃金上昇率	%	4.2	5.3	4.9
タイ	バンコク	エンジニア（中堅技術者）	米ドル/月	698	699	681
		中間管理職（課長クラス）	米ドル/月	1,574	1,570	1,487
		非製造業マネージャー（課長クラス）	米ドル/月	1,602	1,673	1,557
		法定最低賃金	米ドル	9.85/日	9.06/日	9.09/日
		名目賃金上昇率	%	11.82	8.28	10.18
大韓民国	ソウル	エンジニア（中堅技術者）	米ドル/月	2,255	2,392	2,630
		中間管理職（課長クラス）	米ドル/月	3,249	3,218	3,439
		非製造業マネージャー（課長クラス）	米ドル/月	3,425	3,711	4,076
		法定最低賃金	米ドル	4.57/時、37/日	4.91/時、39/日	5.04/時、40/日
		名目賃金上昇率	%	5.3	3.8	2.4
台湾	台北	エンジニア（中堅技術者）	米ドル/月	1,456	1,314	1,466
		中間管理職（課長クラス）	米ドル/月	2,002	1,954	2,137
		非製造業マネージャー（課長クラス）	米ドル/月	2,344	2,341	2,215
		法定最低賃金	米ドル	654/月	630/月	602/月
		名目賃金上昇率	%	0.18	0.16	3.58
中華人民共和国	北京	エンジニア（中堅技術者）	米ドル/月	743	863	918
		中間管理職（課長クラス）	米ドル/月	1,445	1,501	1,675
		非製造業マネージャー（課長クラス）	米ドル/月	1,962	2,346	2,552
		法定最低賃金	米ドル	223/月	255/月	255/月
		名目賃金上昇率	%	12.5	10.2	10.0
	上海	エンジニア（中堅技術者）	米ドル/月	835	867	944
		中間管理職（課長クラス）	米ドル/月	1,456	1,485	1,556
		非製造業マネージャー（課長クラス）	米ドル/月	1,891	2,230	2,031
		法定最低賃金	米ドル	231/月	265/月	297/月
		名目賃金上昇率	%	8.3	7.3	8.2
	広州	エンジニア（中堅技術者）	米ドル/月	704	691	783

2015年度	2016年度	2017年度	2018年度	2019年度	2020年度	2021年度	2022年度
3,334	3,638	3,899	3,628	4,078	4,172	4,321	4,417
4,828	4,992	5,435	5,151	5,689	5,739	6,067	5,848
3,915	4,431	4,796	4,532	4,943	5,105	5,341	5,268
8.09/時	8.64/時	11.29/時	10.45/時	10.79/時	11.23/時	11.77/時	11.49/時
3.1	2.2	1.1	3.5	3.6	7.0	1.9	
323	391	351	648	648	408	600	497
664	885	829	1,117	1,117	1,003	1,293	885
1,061	906	1,005	1,273	1,273	1,343	1,226	1,303
140/月	153/月	170/月	182/月	182/月	192/月		200/月
N/A	N/A	N/A	N/A	N/A	N/A	N/A	N/A
2,641	2,586	2,971	3,064	3,064	2,813	3,161	2,681
5,337	4,050	4,454	4,490	4,490	4,306	4,605	4,195
4,237	4,347	4,269	4,468	4,468	4,650	5,729	4,722
制定なし	制定なし	制定なし	制定なし	制定なし	制定なし	制定なし	制定なし
4.9	3.1	3.8	4.6	3.9			
659	636	699	728	728	798	772	663
1,401	1,403	1,538	1,559	1,559	1,629	1,570	1,884
1,471	1,442	1,674	1,755	1,755	1,629	1,797	1,642
8.30/日	8.35～8.63/日	9.33～9.64/日	9.64～10.32/日	9.64～10.32/日	10.1～10.8/日		8.65～9.34/日
1.83	1.80	△ 0.05	1.35	2.31	1.90	0.92	
2,328	2,353	2,294	2,702	2,506	2,506	2,979	2,329
3,311	3,313	3,453	3,562	3,667	3,667	3,768	3,172
3,836	3,652	3,959	3,833	3,657	3,657	3,586	3,276
1,061/月	1,136/月	1,479/月	1,558/月	1,534/月	1,534/月	1,651/月	
3.31	3.82	3.32	5.08	3.01	0.27		
1,281	1,318	1,409	1,428	1,385	1,551	1,725	1,418
1,972	2,071	2,322	2,254	2,186	2,309	2,419	2,240
2,180	2,259	2,444	2,377	2,291	2,623	2,802	2,488
601/月	657/月	748/月	752/月	793/月	839/月	867/月	
2.52	0.62	2.46	3.82	2.00	1.32	2.75	
954	862	1,020	939	1,245	1,245	1,856	933
1,702	1,810	2,015	1,801	2,115	2,115	3,161	1,567
2,262	2,066	2,587	2,495	2,649	2,649	3,199	2,460
264/月	273/月	308/月	309/月	316/月	316/月	359/月	
9.4	8.6	10.0	11.0	15.6			
865	1,016	996	1,003	1,070	1,070	1,304	9,292元
1,554	1,774	2,205	1,742	1,904	1,904	2,509	15,905元
2,139	1,919	2,273	2,328	2,540	2,540	2,978	21,962元
310/月	316/月	355/月	353/月	356/月	356/月	400/月	
8.9	9.5	9.7	8.1	7.8	8		
862	770	923	1,002	960	960	1,239	7,632元

調査年度				2012年度	2013年度	2014年度
		中間管理職（課長クラス）	米ドル/月	1,274	1,310	1,438
		非製造業マネージャー（課長クラス）	米ドル/月	1,886	2,327	2,453
		法定最低賃金	米ドル	247/月	254/月	253/月
		名目賃金上昇率	%	10.9	9.3	6.5
	深圳	エンジニア（中堅技術者）	米ドル/月	650	671	654
		中間管理職（課長クラス）	米ドル/月	1,302	1,356	1,304
		非製造業マネージャー（課長クラス）	米ドル/月	1,433	1,788	1,931
		法定最低賃金	米ドル	254/月	296/月	295/月
		名目賃金上昇率	%	7.0	6.1	16.0
	大連	エンジニア（中堅技術者）	米ドル/月	565	590	631
		中間管理職（課長クラス）	米ドル/月	1,083	1,044	1,137
		非製造業マネージャー（課長クラス）	米ドル/月	1,361	1,590	1,802
		法定最低賃金	米ドル	175/月	213/月	212/月
		名目賃金上昇率	%	10.2	7.7	7.7
ドイツ連邦共和国	デュッセルドルフ	エンジニア（中堅技術者）	米ドル/月	6,565	6,055	6,627
		中間管理職（課長クラス）	米ドル/月	9,850	9,953	10,944
		非製造業マネージャー（課長クラス）	米ドル/月	調査対象外	調査対象外	調査対象外
		法定最低賃金	米ドル	制定なし	制定なし	制定なし
		名目賃金上昇率	%	2.5	1.4	2.7
トルコ	イスタンブール	エンジニア（中堅技術者）	米ドル/月	2,818～3,656	2,600～3,380	2,300～4,800
		中間管理職（課長クラス）	米ドル/月	5,625～8,437	5,200～7,800	2,000～4,000
		非製造業マネージャー（課長クラス）	米ドル/月	調査対象外	調査対象外	調査対象外
		法定最低賃金	米ドル	575/月	531/月	533/月
		名目賃金上昇率	%	16.1	7.3	11.3
ニュージーランド	オークランド	エンジニア（中堅技術者）	米ドル/月	4,630	4,954	4,641
		中間管理職（課長クラス）	米ドル/月	5,946	6,999	5,883
		非製造業マネージャー（課長クラス）	米ドル/月	6,073	5,969	6,537
		法定最低賃金	米ドル	1,918/月	2,053/月	1,905/月
		名目賃金上昇率	%	2.6	2.0	1.8
パキスタン	カラチ	エンジニア（中堅技術者）	米ドル/月	638	430	421
		中間管理職（課長クラス）	米ドル/月	1,386	888	1,012
		非製造業マネージャー（課長クラス）	米ドル/月	892	898	779
		法定最低賃金	米ドル	82/月	95/月	100/月
		名目賃金上昇率	%	N/A	24.7	8.6
バングラデシュ	ダッカ	エンジニア（中堅技術者）	米ドル/月	190	264	268
		中間管理職（課長クラス）	米ドル/月	484	563	569
		非製造業マネージャー（課長クラス）	米ドル/月	747	867	870
		法定最低賃金	米ドル	109/月	140/月	140/月
		名目賃金上昇率	%	11.89	6.01	5.50

2015年度	2016年度	2017年度	2018年度	2019年度	2020年度	2021年度	2022年度
1,581	1,431	1,804	16,665	1,748	1,748	1,865	13,604元
2,083	2,000	2,245	2,207	2,131	2,131	2,530	25,297元
291/月	273/月	292/月	306/月	301/月	301/月	325/月	
9.3	9.8	10.7	13.4	10.4	9		
693	632	928	831	1,320	1,320	1,122	6,373元
1,289	1,213	1,845	1,801	1,596	1,596	1,601	10,431元
1,977	1,824	1,898	1,814	2,144	2,144	2,968	17,118元
311/月	293/月	329/月	321/月	316/月	316/月	340/月	
11.5	10.8	11.6	11.5	11.4	9	822	
649	561	647	752	825	825	822	6,176元
1,128	1,022	1,136	1,215	1,193	1,193	1,268	9,398元
1,648	1,693	1,542	1,510	1,770	1,770	2,185	13,480元
235/月	221/月	236/月	236/月	245/月	245/月	280/月	
9.1	6.3	11.0	7.0	9.1			
5,510	5,774	6,211	6,228	5,848	6,434	6,298	5,859
9,083	9,531	10,294	10,322	9,320	9,933	10,051	9,085
調査対象外	調査対象外	調査対象外	調査対象外	調査対象外	調査対象外	調査対象外	調査対象外
9.44/時	€9.63/時	11/時	10/時	10/時	11.19/時	11.32/時	12.27/時
2.7	2.3	2.5	2.4	2.0	△0.4	2.9	
971～4,993	情報なし	1,966	1,496	1,452	1,072	1,065	952
2,855～10,716	情報なし	3,404	2,633	2,615	2,017	2,033	1,819
2,015～18,590	情報なし	3,199	2,717	3,713	3,084	2,606	2,446
553/月	情報なし	542/月	471/月	404/月	456/月	525/月	348/月
7.9	12.3	7.1	7.6	10.7	11.6	16.4	84.5
3,732	4,624	4,430	4,561	4,561	4,712		5,178
4,711	7,242	5,952	5,491	5,491	5,973		6,232
5,284	5,221	5,461	5,116	5,116	6,319	5,729	5,219
1,729/月	1,839/月	11.32/時	11.11/時	8.89/時	9.97/時		12.35/時
1.6	1.5	1.8	1.8	2.5	2.4	3.7	
543	589	615	492	492	517	456	408
1,145	1,249	1,225	1,235	1,235	1,202	888	756
962	1,101	1,314	1,190	1,190	700	1,023	1,193
124/月	134/月	135.99/月	116.59/月	116.59/月	109.06/月		113/月
13.8			8.4	6.3	N/A	82.2	
288	257	241	287	287	257	240	268
658	636	562	793	793	704	668	765
700	580	792	990	990	967	1,077	971
140/月	140/月	140/月	95/月	95/月	84/月		69/月
4.94	6.52	6.50	6.46	6.40	6.35	6.12	

調査年度				2012年度	2013年度	2014年度
フィリピン	マニラ	エンジニア（中堅技術者）	米ドル/月	452	430	386
		中間管理職（課長クラス）	米ドル/月	1,070	895	1,075
		非製造業マネージャー（課長クラス）	米ドル/月	1,194	1,116	1,272
		法定最低賃金	米ドル	11/日	10/日	10/日
		名目賃金上昇率	%	7.04	2.19～2.39	0
	セブ	エンジニア（中堅技術者）	米ドル/月	323	400	340
		中間管理職（課長クラス）	米ドル/月	749	793	794
		非製造業マネージャー（課長クラス）	米ドル/月	1,552	1,490	1,786
		法定最低賃金	米ドル	8/日	7.33/日	7.60/日
		名目賃金上昇率	%	7.21	0.00	3.98～4.60
ブラジル	サンパウロ	エンジニア（中堅技術者）	米ドル/月	4,292	6,065	4,940
		中間管理職（課長クラス）	米ドル/月	5,951	8,325	7,718
		非製造業マネージャー（課長クラス）	米ドル/月	5,110	7,943	7,386
		法定最低賃金	米ドル	333.79/月	304.34/月	290.70/月
		名目賃金上昇率	%	8.6	9.4	17.0
フランス	パリ	エンジニア（中堅技術者）	米ドル/月	4,964～7,482	5,357～8,131	5,561～8,914
		中間管理職（課長クラス）	米ドル/月	5,803～7,818	6,804	7,337
		非製造業マネージャー（課長クラス）	米ドル/月	調査対象外	調査対象外	調査対象外
		法定最低賃金	米ドル	12/時、1,794/月	12/時、1,864/月	13/時、1,977/月
		名目賃金上昇率	%	1.9	1.3	1.6
ベトナム	ハノイ	エンジニア（中堅技術者）	米ドル/月	342	355	396
		中間管理職（課長クラス）	米ドル/月	787	773	859
		非製造業マネージャー（課長クラス）	米ドル/月	976	957	1,048
		法定最低賃金	米ドル	113/月	128/月	146/月
		名目賃金上昇率	%	N/A	N/A	N/A
	ホーチミン	エンジニア（中堅技術者）	米ドル/月	297	347	351
		中間管理職（課長クラス）	米ドル/月	653	810	783
		非製造業マネージャー（課長クラス）	米ドル/月	1,222	1,193	1,202
		法定最低賃金	米ドル	113/月	128/月	146/月
		名目賃金上昇率	%	N/A	N/A	N/A
ベルギー	ブリュッセル	エンジニア（中堅技術者）	米ドル/月	5,819～5,968	6,266～6,440	6,674～6,858
		中間管理職（課長クラス）	米ドル/月	6,006～8,786	6,307～9,227	6,717～9,826
		非製造業マネージャー（課長クラス）	米ドル/月	調査対象外	調査対象外	調査対象外
		法定最低賃金	米ドル	1,853/月	1,958/月	2,055/月
		名目賃金上昇率	%	3.2	2.4	1.1
香港	香港	エンジニア（中堅技術者）	米ドル/月	2,263	2,148	2,291
		中間管理職（課長クラス）	米ドル/月	3,580	3,492	3,832
		非製造業マネージャー（課長クラス）	米ドル/月	4,016	4,152	4,276
		法定最低賃金	米ドル	3.61/時	3.87/時	3.87/時
		名目賃金上昇率	%	4.3	3.8	4.4

2015年度	2016年度	2017年度	2018年度	2019年度	2020年度	2021年度	2022年度
485	418	387	373	373	409	428	495
1,023	921	1,096	971	971	1,092	1,099	1,051
1,425	1,310	1,234	1,223	1,223	1,481	1,719	1,863
9.42～10/日	9.14～9.89/日	9.43～10.17/日	9.62～10.33/日	9.62～10.33/日	10.42～11.19/日		9.18～9.82/日
3.22～3.50	2.08～2.25	4.28～4.63	4.88～5.26				6.15～6.60
341	情報なし	263	306	306	317		348
1,057	情報なし	771	812	812	611		956
1,726	情報なし	1,558	1,173	1,173	1,308		1,261
6.23～7.49/日	情報なし	6.12～7.27/日	7.23～7.42/日	7.23～7.42/日	8.21～8.42/日		7.32～7.49/日
3.22～3.50	0.00	3.68	3.25～5.46	4.66～11.95	0.00	0.00	7.67～8.71
4,575	情報なし	5,621	5,043	4,673	2,955	2,880	3,221
5,828	情報なし	7,401	6,616	6,155	3,851	3,638	3,921
5,315	情報なし	6,749	6,034	5,614	3,554	3,358	3,619
229/月	情報なし	332.60/月	332.61/月	286.91/月	225.38/月	215.24/月	239.8/月
10.0	4.0	5.0	6.0	3.0	9.0	△3.0	
4,590～7,358	4,248～5,664	4,458～5,945	4,360～5,813	4,570～7,769	4,985～8,474	4,323～6,876	3,749～5,963
6,019	6,692	7,141	7,118	6,930	7,665	7,049	6,393
調査対象外	調査対象外	調査対象外	調査対象外	調査対象外	調査対象外	調査対象外	調査対象外
10/時、1,618/月	€9.67/時、€1466.62/月	12/時、1,760/月	11/時、1,742/月	1,668/月	1,847/月	1,833/月	1,716/月
1.2	1.2	1.7	1.7	2.3	△4.9	6.3	
346	424	420	436	436	471	531	519
871	973	927	957	957	1,025	1,065	1,057
971	962	1,294	1,281	1,281	1,249	1,460	1,544
160/月	169/月	178/月	183/月	183/月	191/月		197/月
N/A	N/A	N/A	N/A	N/A	N/A	N/A	N/A
349	411	440	464	464	508		591
736	846	970	943	943	1,064		1,253
1,018	1,095	1,251	1,209	1,209	1,412		1,546
160/月	169/月	175/月	183/月	183/月	191/月		197/月
N/A	N/A	N/A	N/A	N/A	N/A	N/A	N/A
5,345	5,489	5,872	5,852	5,834	5,834	6,752	
7,613	7,674	8,136	8,107	8,013	8,013	8,661	
調査対象外	調査対象外	調査対象外	調査対象外	調査対象外	調査対象外	調査対象外	
1,667/月	€1,532/月	1,858/月	1,817/月	1,748/月	1,748/月	1,976/月	
0.2	△ 0.6	1.7	1.5	2.3	4		
3,045	2,402	2,633	2,707	2,583	2,583	n.a.	
3,878	3,808	3,878	4,162	3,984	3,984	4,027	4,369
4,132	4,001	4,090	4,219	4,288	4,288	4,366	4,311
4.19/時	4.19/時	4.41/時	4.40/時	482/月	4.82/時	4.82/時	
4.8	4.0	4.0	3.5	3.4	1.1		

調査年度				2012年度	2013年度	2014年度
マレーシア	クアラルンプール	エンジニア（中堅技術者）	米ドル/月	944	1,038	1,000
		中間管理職（課長クラス）	米ドル/月	1,966	1,785	1,857
		非製造業マネージャー（課長クラス）	米ドル/月	1,986	1,940	2,032
		法定最低賃金	米ドル	296/月	274/月	254/月
		名目賃金上昇率	%	5.83	6.78	5.43
ミャンマー	ヤンゴン	エンジニア（中堅技術者）	米ドル/月	138	126	388
		中間管理職（課長クラス）	米ドル/月	433	404	951
		非製造業マネージャー（課長クラス）	米ドル/月	688	584	978
		法定最低賃金	米ドル	N/A	N/A	N/A
		名目賃金上昇率	%	N/A	N/A	N/A
南アフリカ	ヨハネスブルク	エンジニア（中堅技術者）	米ドル/月	6,374	5,514	5,413
		中間管理職（課長クラス）	米ドル/月	6,121	5,193	5,032
		非製造業マネージャー（課長クラス）	米ドル/月	調査対象外	4,488	4,351
		法定最低賃金	米ドル	341＋物価上昇分	306＋物価上昇分	279＋物価上昇分
		名目賃金上昇率	%	7.1	12.8	4.3
メキシコ	メキシコシティ	エンジニア（中堅技術者）	米ドル/月	910.25～2,063.02	991.32～2,398.95	784.88～1,932.17
		中間管理職（課長クラス）	米ドル/月	2,892.25～5,102.74	2,820.64～4,139.04	2,163.28～3,342.47
		非製造業マネージャー（課長クラス）	米ドル/月	調査対象外	調査対象外	調査対象外
		法定最低賃金	米ドル	5.07/日	5.03/日	4.69/日
		名目賃金上昇率	%	4.44	2.99	3.58
ラオス	ビエンチャン	エンジニア（中堅技術者）	米ドル/月	336	330	174
		中間管理職（課長クラス）	米ドル/月	410	562	771
		非製造業マネージャー（課長クラス）	米ドル/月	1,109	1,217	1,243
		法定最低賃金	米ドル	78/日	78/月	77/月
		名目賃金上昇率	%	N/A	N/A	N/A
ロシア	ウラジオストク	エンジニア（中堅技術者）	米ドル/月			
		中間管理職（課長クラス）	米ドル/月			
		非製造業マネージャー（課長クラス）	米ドル/月			
		法定最低賃金	米ドル			
		名目賃金上昇率	%	11.2	9.5	7.8
	サンクトペテルブルク	エンジニア（中堅技術者）	米ドル/月	661～1,424	852～1,345	1,019～1,835
		中間管理職（課長クラス）	米ドル/月	1,226～4,823	1,896～4,674	1,750～4,943
		非製造業マネージャー（課長クラス）	米ドル/月	調査対象外	調査対象外	調査対象外
		法定最低賃金	米ドル	239/月	253/月	258/月
		名目賃金上昇率	%	11.5	11.9	10.7
	モスクワ	エンジニア（中堅技術者）	米ドル/月	801～2,136	792～2,376	1,267～2,534
		中間管理職（課長クラス）	米ドル/月	747～4,004	792～2,376	2,534～3,801
		非製造業マネージャー（課長クラス）	米ドル/月	調査対象外	調査対象外	調査対象外
		法定最低賃金	米ドル	359/月	370/月	408/月
		名目賃金上昇率	%	8.8	13.6	10.3

2015年度	2016年度	2017年度	2018年度	2019年度	2020年度	2021年度	2022年度
738	709	784	840	840	867	939	818
1,445	1,409	1,540	1,576	1,576	1,650	1,772	1,649
1,620	1,591	1,948	1,983	1,983	1,978	2,157	2,076
207/月	223/月	251/月	268/月	268/月	288/月		317/月
5.44	5.51	5.44	4.88	4.96	4.82	4.40	5.26
388	272	279	349	649	329	351	198
951	694	772	1,016	1,016	836	722	475
801	1,069	1,027	1,028	1,028	1,118	1,123	922
2.76/日	2.62/日	2.66/日	3.13/日	3.13/日	3.74/日		2.29/日
N/A	N/A	N/A	N/A	N/A	N/A	N/A	N/A
2,921	情報なし	4,275	4,136	4,113	4,091	4,164	3, 659
4,370	情報なし	6,294	6,061	6,029	5,850	5,961	5, 230
3,398	情報なし	4,894	4,674	4,607	4,466	4,553	3, 960
230+物価上昇分	情報なし	313+物価上昇分	298+物価上昇分	295+物価上昇分	291/月+物価上昇分	565/月+物価上昇分	273/月+物価上昇分
9.4	5.7	5.9	4.1	5.54	△2.85	11.24	3.62
780～1,525	情報なし	657～1,515	1,961	1,590	1,750	2,104	1,804
2,415～3,946	情報なし	2,481～3,713	3,386	2,862	3,289	3,244	7,119
1,790～2,829	情報なし	1,737～4,092	3,047	2,576	2,960	2,920	6,407
4.22/日	情報なし	4.60/日	5.30/日	6.53/日	7.13/日	8.42/日	10.69/日
4.90	3.31	3.51	5.55	5.34	7.99	8.34	11.42
424	376	374	383	383	360	442	179
1,005	727	825	875	446	771	1,300	611
1,536	628	806	1,123	1,123	1,253	1,506	1,151
110/月	110/月	109/月	129/月	129/月	119/月		69.3/月
N/A	N/A	N/A	N/A	N/A	N/A	N/A	N/A
958～1,780	465～542	668～1,586	694～1,450	787～1,491	783～1,370	835～1,433	1,023～2,057
1,327～3,569	620～1,240	920～2,550	812～2,250	965～2,374	925～2,197	933～2,294	1,163～3,006
調査対象外	調査対象外	調査対象外	調査対象外	調査対象外	調査対象外	調査対象外	調査対象外
107/月	7,500ルーブル/月	134/月	164/月	169/月	165/月	174/月	249/月
20.7	7.2	7.2	11.3	9.4	6.7	11.7	
815～1,274	738～1,010	726～1,280	547～1,054	777～1,376	787～1,328	945～1,553	1,421～2,139
1,489～3,524	1,775～2,408	1,117～4,606	1,104～2,429	1,167～2,666	1,228～3,549	1,200～2,572	1,601～3,517
調査対象外	調査対象外	調査対象外	調査対象外	調査対象外	調査対象外	調査対象外	調査対象外
170/月	11,700ルーブル/月	276/月	250/月	180/月	174/月	262/月	351/月
7.9	10.5	9.9	12.4	9.0	4.2	11.1	
925～3,240	1,395～2,873	861～1,550	708～4,295	1,531～1,842	1,383～3,108	1,433～1,795	1,260～2,654
1,309～4,465	1,980～5,550	3,099	1,809～8,646	1,111～1,970	1,452～1,962	1,452～1,937	2,075～3,018
調査対象外	調査対象外	調査対象外	調査対象外	調査対象外	調査対象外	調査対象外	調査対象外
297/月	17,300ルーブル/月	304/月	275/月	290/月	277/月	284/月	383/月
5.1	11.0	3.4	13.5	12.5	6.1	12.7	

第8編　海外現地法人等を巡る問題

第1章
海外現地法人に対する貸付金に係る課税関係

1 前提とする事実	内国法人が国外関連者に事業資金等を貸し付けるが、金利をどう付利したらいいのか。 また、無利息でもいいのか。	
2 原則	措法66の4②二	(1) 原則 金銭の貸付けについても、棚卸資産の売買の場合と同等の手法を用いて独立企業間利率を算定することとされている。
	措通66の4(8)-5	(2) 通達の取扱い 金銭の貸借取引について独立価格比準法と同等の方法又は原価基準法と同等の方法を適用する場合には、比較対象取引に係る通貨が国外関連取引に係る通貨と同一であり、かつ、比較対象取引における貸借時期、貸借期間、金利の設定方式（固定又は変動、単利又は複利等の金利の設定方式をいう。）、利払方法（前払い、後払い等の利払方法をいう。）、借手の信用力、担保及び保証の有無その他の利率に影響を与える諸要因が国外関連取引と同様であることを要することに留意する。 (注) 国外関連取引の借手が銀行等から当該国外関連取引と同様の条件の下で借り入れたとした場合に付されるであろう利率を比較対象取引における利率として独立企業間価格を算定する方法は、独立価格比準法に準ずる方法と同等の方法となることに留意する。
	（現状）	（一般事業会社にとって、借り手としての比較対象取引における利率を得ることが困難なので、この方法によることができない場合は多い。）
3 課税実務	事務運営指針3-7 （金融取引）	1 金融取引全般 金融取引について調査を行う場合には、次に掲げる事項に留意し、措置法通達66の4(3)-3（(比較対象取引の選定に当たって検討すべき諸要素等）に掲げる諸要素等に基づいて、当該金融取引の通貨、時期、期間その他の当該金融取引の内容等を的確に把握し、移転価格税制上の問題の有無を検討する。
	（原則）	(1) 法人と国外関連者との間で行われた金銭の貸借取引について調査を行う場合には、措置法通達66の4(8)-5（金銭の貸付け又は借入れの取扱い）の諸要因に配意すること。

3 課税実務	（無利息貸付の場合）	（注）1　基本通達9－4－2（子会社等を再建する場合の無利息貸付け等）の適用がある金銭の貸付けについては、移転価格税制の適用上も適正な取引として取り扱う。
	（返済期日が明らかでない場合）	（注）2　国外関連取引において返済期日が明らかでない場合には、当該金銭貸借の目的等に照らし、金銭貸借の期間を合理的に算定する。
	（債務保証等）	⑵　法人と国外関連者との間で行われた債務保証等（一方の者による他方の者の債務の保証その他これに類する行為をいう。以下同じ。）について調査を行う場合には、当該債務保証等の対象である債務の性質及び範囲並びに当該債務保証等が当該法人又は当該国外関連者に与える影響に配意すること。 （注）債務保証等が法人又は国外関連者に与える影響について検討する場合には、例えば、債務保証等を行った一方の者が、当該債務保証等の対象である債務の主たる債務者である他方の者がその債務を履行しない場合に当該他方の者に代わってその履行をする法的な責任を負っているかどうか、当該債務保証等により当該他方の者の信用力が増しているかどうかを検討する。
	（企業グループ内の財務上の活動を伴う場合）	⑶　金融取引に関連して、法人及び国外関連者が属する企業グループのキャッシュ・フロー、支払能力及び為替リスクの管理並びに資金の調達及び運用その他の財務上の活動（これらの活動に付随して行われる利害関係者間の調整、代理その他の活動を含む。）を当該法人又は当該国外関連者が行っている場合の当該活動の取扱いについて検討を行うに当たっては、3-10及び3-11の取扱いも踏まえて行うこと。
	（相互作用による共通便益）	（注）当該活動を通じて移転される当該法人及び当該国外関連者の資金残高を含む当該活動に係る全体の状況に配意し、当該活動を通じて当該法人及び当該国外関連者が意図的に協調することにより生ずる当該企業グループ内の相互作用により当該法人及び当該国外関連者の支払うべき利息の減少又は受け取るべき利息の増加その他の便益（以下「相互作用による共通便益」という。）が生じているかどうかの検討も行うことに留意する。
	事務運営指針3－8 （金融取引に係る独立企業間価格の検討を行う場合の留意事項）	金融取引に係る独立企業間価格の検討を行う場合には、3－7による検討を踏まえ、次に掲げる事項に留意し、4－1に基づき金融取引の対価の額が最も適切な方法により算定されているか検討する。
	（市場金利等の利用）	⑴　金融取引に係る比較対象取引を現実に行われる取引の中から見いだすことが困難な場合で、金融市場における利率その他の現実に行われる取引に依拠した客観的な指標（市場金利等）で当該金融取引と通貨、時期、期間、信用力その他の比較可能性に影響を与える要素が同様の状況の下にあるものにより当該金融取引に係る比較対象取引を想定することができるときは、当該市場金利等を用いて想定した取引を比較対象取引とすることができること。

3 課税実務		
	（信用格付等の利用）	(2) 取引の当事者に係る信用力の比較可能性を検討する場合には、当該当事者の信用格付その他の信用状態の評価の結果を表す指標（信用格付等）を用いることができること。
	（付随的便益には対価が発生しない。）	（注）1 例えば、金銭の貸借取引の借手が企業グループに属している事実のみを理由として、当該借手に当該事実がなかったとした場合の信用格付等と比較して高い信用格付等が与えられるときのように、取引の当事者が企業グループに属している事実のみを理由とした付随的な便益（付随的便益）が生じている場合があるが、当該付随的便益自体に対価が発生するものではないことに留意する。
	（信用格付等を基に判断する場合）	（注）2 信用格付等を基に取引の当事者に係る信用力の比較可能性を判断する場合には、法人又は国外関連者が企業グループに属していないとした場合の単独の信用格付等を基に判断するのではなく、付随的便益を加味した結果引き上げられた高い信用格付等を基に判断することに留意する。
	（リスクフリー利率の利用）	(3) 例えば、金銭の貸借取引に係るリスクを管理するための能力を有していない、又は意思決定の機能を果たしていない、単に資金の提供を行うだけの貸手に対して借手が対価を支払う場合には、銀行間取引金利、金利スワップレート又は国債等により運用するとした場合に得られるであろう利率その他スプレッド（一方の者が他方の者の信用リスクを引き受ける場合に得るべき利益に相当する利率等（金利その他これに類する指標をいう。）をいい、当該一方の者が当該信用リスクを引き受ける場合の管理費用その他の費用に相当する部分及び当該信用リスクに相当する部分を含む。）が零の、又は概ね零に近い市場金利等（以下「リスクフリー利率」という。）を用いて想定した取引を比較対象取引とすることができること。
	（スプレッドを加算した利率の利用）	(4) リスクフリー利率にスプレッドを加算した利率等を用いて想定した取引を比較対象取引として用いることができること。
	（銀行等に照会した見積り上の利率等の利用）	(5) 非関連者である銀行等に照会して取得した見積り上の利率又はスプレッドのように現実に行われる取引に依拠しない指標は、市場金利等には該当しないこと。
	（上記の指標を利用しても直接は否認されるわけではない）	（注）法人が現実に行われる取引に依拠しない指標を用いて想定した取引を比較対象取引として国外関連取引に係る対価の額を算定している場合であっても、そのことのみをもって当該国外関連取引について措置法第66条の4第1項の規定の適用がある場合に該当することにはならないことに留意する。
	（債務保証等）	(6) 法人と国外関連者との間で行われた債務保証等については、例えば、次に掲げる事項を勘案して想定した取引を比較対象取引とすることができること。

3 課税実務		イ　債務保証等の対象である債務の主たる債務者が、当該債務保証等が行われていないとした場合と当該債務保証等が行われた場合のそれぞれにおいて当該債務に係る債権者に対して支払うべき利息その他これに類する支払いに係る利率等の差 ロ　債務保証等の対象である債務の不履行が生ずる場合に当該債務保証等を行った者が負担するべき損失の額（当該債務の不履行が生ずる確率を勘案して算定される損失の額をいう。）の当該債務の額に対する割合 ハ　一方の者が金銭を支払い、これに対してあらかじめ定めた第三者の信用状態に係る事由（債務の不履行その他これに類する事由をいう。）が生じた場合に、他方の者が金銭を支払うことを約するデリバティブ取引に係るスプレッドのうち当該債務保証等の対象となる債務に係る信用リスクと同様の信用リスクに相当するもの
	（共通便益の額）	⑺　金融取引に関連する財務上の活動について独立企業間価格の検討を行う場合において、3－7⑶の検討により相互作用による共通便益が生じていると認められるときは、当該相互作用による共通便益の額が独立企業原則に即して当該法人及び当該国外関連者に適切に配分されているか検討する必要があること。 （注）相互作用による共通便益の額が独立企業原則に即して法人及び国外関連者に適切に配分されているかどうかは、例えば、当該法人及び当該国外関連者それぞれの当該相互作用による共通便益の発生に寄与した程度を推測するに足りる要因に応じて配分されているかどうかにより検討することができることに留意する。

第2章
海外現地法人へ出向する者に係る較差補てん金の課税関係

1　出向の較差補てんの基本事項

<table>
<tr><td>1
前提とする事実</td><td colspan="2">内国法人である親会社から海外現地法人へ出向する社員に対する現地で支給される給与等は、現地での労務政策等を考慮して現地採用の管理職と同程度とし、海外現地法人で支払う支給額と本来出向者に支払われるべき金額との差額は、留守宅手当等として、親会社から出向者に対して日本で支払われている。</td></tr>
<tr><td>2
問題点</td><td colspan="2">これは、移転価格税制上の役務提供とみるか、出向元が負担する金額についての寄附金とみるかが問題となる。移転価格税制上の役務提供取引と考える場合、その対価は独立企業間価格によることとなり、最低限でも、当該役務提供に係る原価相当（間接費を含む）以上に設定しなければならないことになる。一方、寄附金の問題と考える場合は、出向先が出向元から寄附（贈与）を受けているかどうかになり、出向先が寄付を受けていない程度の対価を出向者に支払っていなければ問題がないことになる。</td></tr>
<tr><td rowspan="2">3
課税実務</td><td></td><td>課税実務では、海外現地法人への出向の問題を、出向元法人と出向する社員の関係ととらえ、移転価格の対象となる対象取引は存在しないと見ている。
「出向元法人が、出向先法人との給与条件の較差を補てんするため出向者に対して支給した給与の額（出向先法人を経て支給した金額を含む。）は、当該出向元法人の損金の額に算入する。
出向先法人が海外にあるため出向元法人が支給するいわゆる留守宅手当の額は、出向元法人が出向者に対して給与条件の較差補てんするために支給したものとする、とされている。</td></tr>
<tr><td>（出向者に対する給与の較差補填）
法基通9-2-47</td><td>出向元法人が出向先法人との給与条件の較差を補填するため出向者に対して支給した給与の額（出向先法人を経て支給した金額を含む。）は、当該出向元法人の損金の額に算入する。
（注）出向元法人が出向者に対して支給する次の金額は、いずれも給与条件の較差を補填するために支給したものとする。
1　出向先法人が経営不振等で出向者に賞与を支給することができないため出向元法人が当該出向者に対して支給する賞与の額
2　出向先法人が海外にあるため出向元法人が支給するいわゆる留守宅手当の額</td></tr>
<tr><td>4
ポイント</td><td>（現地法人が出向元法人から寄付を受けていないこと）</td><td>現行の課税実務によれば、出向元法人が負担した留守宅手当等の額が高額であったとしても、通常、出向者に係る較差補てん金として、出向元法人の損金に算入されることが認められている。海外現地法人において、現地幹部職員と同程度の待遇で同程度の給与を負担しているかぎり、出向先法人は出向元法人から寄附（贈与）を受けていないこととなり、わが国において、課税上の問題が生じない</td></tr>
</table>

4 ポイント		ものといえる。
	（技術系社員を派遣した場合） 事務運営指針別冊事例16（出向者が使用する法人の無形資産）	技術系の社員を派遣した場合は、わが国の課税当局からノウハウ等の無形資産を現地法人へ移転されたものと認定される可能性があり、その場合は、無形資産についての検討が必要とされる。
	（現地給与水準等が高い地域へ派遣した場合）	出向の較差補てん金の問題は、寄附金の認定の有無の問題とされる。したがって、出向者から便益を受ける出向先法人において、便益の認識の有無が問題となる。出向者と同程度の能力・経験を有する現地幹部社員と同程度の負担を現地法人がしているかぎり、寄付の問題は発生しないといえるので、現地の給与水準をわが国と同等かそれより高い場合、給与の較差補てんの問題はでてこないことになる。NY 等の本邦より給与の高い地域によっては、較差補てんできないことに留意する必要がある。現地の給与水準については、第7編「各国の給与情報」を参照。
	（この取扱いの適用されるための条件等）	①　出向元法人において、出向という制度が、就業規則や労働協約により導入されていること。 ②　出向先法人と出向元法人で、出向者に対する労働条件や費用負担を契約書等で明確にしておくこと。
	（役員を出向させた場合）	本通達は、社員を出向させた場合に限定しているので、役員についてはこの通達の適用はない。役員を出向させて、較差を補てんする場合は、別の理由が必要と考えられている。
5 海外現地法人等へ出向した社員の課税関係		⑴　居住形態
	所令15 所基通3-3（国内に居住することとなった者等の住所の指定）	（所得税） 海外現地法人等に出向した者は、原則として、日本から出国以後、非居住者となる。
	相基通１の３・１の４共－６（国外勤務者等の住所の推定）	（相続・贈与） 相続税法においても、原則として、国内に住所がないものとして、所得税と同様の取扱いとされる。
		⑵　課税関係
	所法161①十二イ	（所得税） 出向者（出向元では社員。非居住者）が、国内で受ける留守宅手当等は、国内での勤務がない限り、すべて非居住者の国外源泉所得として、所得税は課税されない。
	相法１の３①二、１の４①二	（相続・贈与） 相続税法においては、日本国籍を有する者は、非居住者になっても、出国後10年間は、通常、非居住無制限納税義務者になるので、全世界の財産について相続税・贈与税が課税される。
		⑶　出国税関係 出向者は非居住者と推定されるので、有価証券等を１億円以上保有する者については出国税の適用がある。

		また、海外現地法人に出向中に相続又は贈与があった場合も、被相続人又は被贈与者が1億円以上の有価証券等を保有している場合、出国税の課税関係が発生することに注意する必要がある。 これらについては、第2編の個人の国際税務の第7章出国税（国外転出時課税制度）を参照されたい。

2　出向の較差補てんについての応用事項

1 前提	法基通9-2-47の規定が変更されておらず、かつ、その運用＝国税当局の解釈に変更がないこと。	（出向者に対する給与の較差補填） （法基通9-2-47） 出向元法人が出向先法人との給与条件の較差を補填するため出向者に対して支給した給与の額（出向先法人を経て支給した金額を含む。）は、当該出向元法人の損金の額に算入する。 （注）出向元法人が出向者に対して支給する次の金額は、いずれも給与条件の較差を補填するために支給したものとする。 1　出向先法人が経営不振等で出向者に賞与を支給することができないため出向元法人が当該出向者に対して支給する賞与の額 2　出向先法人が海外にあるため出向元法人が支給するいわゆる留守宅手当の額 ＊なお、この取扱いは、法人税法や法人税法施行令に規定されたものではなく、法人税の基本通達に規定されたものですので、航空機のレバレッジドリースの場合のように、課税当局が、通達を改定する前に、現状が通達の趣旨等と異なっている等を理由として、突然、取扱い＝国税当局の解釈を変更するリスクがあることに留意する必要があります。
	通達の解釈	○出向に関する課税関係は、国外の関連者への出向を役務適用の関係ではなく、寄附金の有無で判定している。 ○したがって、海外現地法人が出向者を受け入れることによって、親会社である内国法人から寄附を受けていないかどうかで判定することになる。
2 通達の背景	（想定される回答）	使用人が他の法人に出向する場合、出向元法人においては、たとえ出向期間中であっても出向者との間には雇用契約が維持されており、通常、出向規定等において「出向者に対する給与は当社の給与ベースに基づき支給する。」こととし、出向者に対して出向による不利益を被らせることないように出向後も従来どおりの給与水準を保証しているケースが多いものと思われます。 他方、出向先法人としては、出向者といえども自己の従業員であることから、出向元法人における出向者の給与ベースにかかわらず、自己の給与ベースにより給与の負担をすればいいこととなります。 このような給与条件の較差補てんについては、たとえ出向者の労務が専ら出向先法人に提供されている場合でも出向先法人に負担を強制できるものではなく、特に、出向元法人の事情により出向が行われる場合には、出向をスムーズに進めるために、雇用関係が維持されている出向元法人において負担するケースが多いようです。 そこで、出向元法人が出向先法人との給与条件の較差を補てんす

2 通達の背景		るため出向者に支払った給与の額、給与の較差補てんについては、単なる贈与的な性格のものではなく、出向元法人と出向者との間の雇用関係に基づくものであることから、その負担額は、出向元法人の損金の額に算入することができるものと解されています。 このことは、その較差部分を出向元法人から直接出向者に対して支給する場合も、出向先法人を通じて支給する場合も同様とされています。 この出向の較差補てん金の例示として、出向先法人が海外にあるため、出向元法人が支給する留守宅手当の額として表現しているものと考えられています（法基通９-２-47（注２））。
	問１　出向の関係を寄附金の関係でみるとはどういうことですか。	答：出向元法人が出向先法人に何らかの寄附をしているかどうかで判断することとなります。このことは、出向先法人にとってみると、出向元法人から何らかの寄附（贈与）を受けているのかどうかが問題となります。
	問２　出向先である現地法人が出向元法人から寄附（贈与）を受けていないとはどういう関係をいうのでしょうか。	答：出向先法人は、出向元法人から出向者を受け入れています。出向者にとってみると、出向元法人から、出向元に勤務したのであれば支給されるであろう給与等を出向先でも支給を受ける権利があるものと考えられます。出向元法人にとっては、出向者に、その金額の全額を支給しなければなりません。 一方で、出向先法人にとってみると、現地での労務事情等から、その金額の全額を支給することが困難な場合が多くあります。多くの現地法人にとってみると、現地で採用した人と同様の給与等を支給することにより、この問題を調整しています。 このことは、現地法人にとってみると、出向者と同程度の人を現地で採用した場合に支給するであろう給与等は支給していることとなります。このことは、出向先法人である現地法人にとっては、出向者を受け入れたことで、現地採用の社員と同程度の仕事をしているから同程度の給与等を支給していることとなり、出向元法人からは何らの寄附（贈与）も受けていないこととなります。結果として、出向元法人にとってみても、出向先法人に対して、何らの贈与（寄附）をしていないことなります。
	問３　どのような給与条件が、現地水準と言えるのでしょうか。	答：出向先法人である現地法人で採用している給与水準については、出向者も同等の給与水準で支給しなければならないこととなります。 例えば、賞与については、現地で賞与という制度が採用されていないのであれば、賞与は出向元法人が支給しなければならないこととなります。 出向者の子女の教育費を負担する教育手当についても、現地採用の社員に対して教育手当を支給していないのであれば、出向元法人が支給しなければならないこととなります。 社宅についても、現地採用の社員に対して社宅の制度がないのであれば、出向元法人が支給しなければならないこととなります。 そのほかのことについても、現地採用の社員に対して適用されているものは出向者に対しても同様に適用することになり、現地採用の社員に対して適用されていないものは、現地法人にとって負担する必要がないものですから、出向元法人が負担することとなります。

2 通達の背景	問4　どのようにして現地水準の給与を把握したらいいでしょうか。	答：ジェトロでは、毎年、世界各地の給与水準を公表しています。この数字を参考として現地水準の給与を算定することができるものと考えられています。 ジェトロのホームページの投資コスト比較の項目を見ると、世界の主要都市の投資コストデータをダウンロードできます。その中に現地での給与情報が含まれています。
	問5　この較差補てん金の取り扱いによるデメリットは何ですか。	答：税務上と実務上の二つあります。 税務上、この出向の較差補てん金で損金算入された金額は、外国税額控除の適用上、国外事業所等帰属所得又はその他の源泉所得の金額の計算上、国外業務に関連することが明らかな費用の額として解釈されており、共通費用の額として、国外事業所等帰属所得又はその他の源泉所得の計算上損金の額として配分すべき金額とされています（法基通16-3-12（注）、16-3-19の3（注））。 実務上は、この金額は、現地法人の努力ではなく、出向元法人の配慮によるものですが、これに相当する利益が現地法人で算出されることとなります。現地法人で働く人たちにとっては、その利益の額は、自分たちの努力によるものと主張して給与や賞与の増額を求める可能性が出てくることです。
3 その他	問1　出向の格差補填金は、出向先法人が支給（後日、出向元に請求する）しても、出向元法人が支給しても同じ取扱いになるようですが、どちらがいいのですか。	答：実務的には、出向元法人と出向先法人が負担する給与の額をそれぞれが負担するのが望ましいものと言えます。 出向元法人が、まず、その給与の較差補てん金を含めて出向者の給与の全額を出向者に支給し、後日、出向先法人に較差補てん金を除いて出向先法人が負担すべき給与を請求する場合、先進国等の外国為替管理が自由な国々を除いて、その送金の際に、外国為替管理の審査を受けることとなります。それらの国々では、原則的には、海外での立替金の送金を認めていませんので、その送金額（出向先が負担すべき給与の額）は、一種のサービスの対価かロイヤルティの一種に当たるものとして課税（多くの場合送金額の10％の税額）を容認することによって、出向先法人から送金が許可されるのが通常のようです。 これらの現地で課税された額は、出向先が負担すべき給与の額＝原価をそのまま請求したものなので、その取引からは利益が発生しません。 仮に、外国税額控除の規定を適用しても、対象となる国外源泉所得が発生しないので、現地での納税額は、全額が控除限度超過額となって二重課税の調整をすることはできません。結果、現地での納税額は損金に算入するだけになって、出向元法人が、当該税金の額だけ余分な負担になります。したがって、外国為替管理がない国を除いては、上記のような取引形態にすることなく、それぞれが負担すべき金額を出向先法人と出向元法人がそれぞれ負担して支払うのが望ましいこととなります。 出向者の国内での健康保険料等の関係で、将来の年金額を維持するために、全額を出向元法人で、まず支払うことを求める出向者の方が多いようですが、そのことは、別途、他の方法で調整すべきものといえます。

3 その他	問2　税務調査では、この出向の較差補填金の問題が頻繁に取り上げられるのでしょうか。	答：明確な理由はわかりませんが、この税務上の取り扱いが、税務職員と企業の担当者の常識と違っているからだと思われます。 　原価ベースを請求することによって、利益は出さないまでも、税務上、損失が発生しなければ、課税上認められるケースは多々あるものと思われます。 　しかし、出向の較差補てん金の場合、発展途上国等の給与水準がわが国に比べて著しく低い国の場合、本来の給与の半分を超えて出向元法人が負担していても、現地法人が、その出向者に対して現地水準の給与等を支給していれば、税務上は、海外現地法人に対する寄附はないものとされるからです。 　逆に、給与水準がわが国より高い地域にある現地法人の場合だと、現地法人は、少なくとも現地水準を負担しなければなりませんので、この取扱いを使うことができないこととなります。
	問3　役員が海外現地法人に出向した場合も同様の取り扱いになりますか。	答：取扱通達では、使用人を対象としていますので、役員については、そのままこの通達を適用することはできません。 　法律上は、役員の出向という概念はあるようですが、税務上は、根拠とされる通達が使用人を対象としていますので、役員についてこの通達が適用されるわけでなく、原則に戻って、その役員が、出向元法人の業務を出向先で遂行しているかどうかで判定されます。 　税務調査では、役員の出向について多くの場合、較差補てん金が否認されているようですが、上記のとおり、当該役員が出向元法人の業務を出向先で行っていることの証拠資料等が十分でないことが一因ではないかと考えられています。
	問4　出向する者に出向元で留守宅手当等を支給していますが、所得税の課税関係はどうなりますか。	答：海外現地法人へ出向する者は、通常、出向のため国外に出た段階で非居住者と推定されます。出向者の通常の現地法人での勤務が1年以上と想定され、海外へ出国した段階で非居住者と推定されるからです（所令15、所基通3－3）。したがって、出向者が国内で受ける留守宅手当等は、出向者が国内での勤務がないかぎりすべて国外源泉所得として、所得税が非課税となります（所161十二イ、7①三）
4 出向者に対する短期滞在者免税の適用の有無	問　中国の現地法人へ出向している者は、毎月、出向元法人と打合せのため来日しています。中国との租税条約では、短期滞在者免税を規定しているので、その出向者については免税となるのでしょうか。	答：対中国租税条約第15条では、第1項で役務提供地での課税を規定し、その例外として、第2項で次の（a）から（c）までに掲げることを条件として短期滞在者免税を規定しています。 (a) 報酬の受領者が当該年を通じて合計百八十三日を超えない期間当該他方の締約国内に滞在すること。 (b) 報酬が当該他方の締約国の居住者でない雇用者又はこれに代わる者から支払われるものであること。 (c) 報酬が雇用者の当該他方の締約国内に有する恒久的施設又は固定的施設によって負担されるものでないこと。 　出向者について、出向元法人において較差負担金を支給している場合は、上記（b）の要件を充足していないこととなります。 　したがって、出向の較差補てん金のうち当該出向者の日本国内での勤務に対応する部分の金額が国内源泉所得として課税されることとなります。この国内源泉所得とされる金額に20.42％の税率で所得税を源泉徴収して、通常は、課税関係が終了することとなります。

第3章
海外現地法人に対する短期の役務提供

<table>
<tr><td>前提</td><td colspan="2">海外の現地法人に生産等を移管するに当たって、現地法人からの要請に応じて、親会社から技術者等を短期間現地での指導に当たらせる場合が多くある。この場合、移転価格税制の適用上、どのように考えるのか。</td></tr>
<tr><td>1　役務提供取引</td><td>

措通66の4(8)-6

事務運営指針3－9</td><td>役務提供の独立企業間価格については、役務の種類が同種または類似である役務提供で、役務提供の時期、役務提供の期間等の比較可能性の要素を考慮して、比較対象取引を選定することになる。
（役務提供の取扱い）
役務提供取引について独立価格比準法と同等の方法を適用する場合には、比較対象取引に係る役務が国外関連取引に係る役務と同種であり、かつ、比較対象取引に係る役務提供の時期、役務提供の期間等の役務提供の条件が国外関連取引と同様であることを要することに留意する。
また、役務提供取引について、原価基準法と同等の方法を適用する場合には、比較対象取引に係る役務が国外関連取引に係る役務と同種又は類似であり、かつ、上記の役務提供の条件と同様であることを要することに留意する。
（役務提供）
役務提供について調査を行う場合には、次の点に留意する。
(1)　役務提供を行う際に無形資産を使用しているにもかかわらず、当該役務提供の対価の額に無形資産の使用に係る部分が含まれていない場合があること。
（注）無形資産が役務提供を行う際に使用されているかどうかについて調査を行う場合には、役務の提供と無形資産の使用は概念的には別のものであることに留意し、役務の提供者が当該役務提供時にどのような無形資産を用いているか、当該役務提供が役務の提供を受ける法人の活動、機能等にどのような影響を与えているか等について検討を行う。
(2)　役務提供が有形資産又は無形資産の譲渡等に併せて行われており、当該役務提供に係る対価の額がこれらの資産の譲渡等の価格に含まれている場合があること。</td></tr>
</table>

2　本来の業務に付随した役務提供（役務提供が本業でない場合の取扱い＝本来の業務に付随した役務提供）	事務運営指針３－11⑵（本来の業務に付随して行われたもの）	（本来の業務に付随した役務提供の場合） 法人と国外関連者との間で行われた役務提供（事務運営指針３－11⑴の定めにより、その対価の額を独立企業間価格として取り扱うものを除く。）のうち、当該法人又は国外関連者の本来の業務に付随して行われたものについて調査を行う場合には、必要に応じ、当該役務提供に係る総原価の額を独立企業間価格とする原価基準法に準ずる方法と同等の方法又は取引単位営業利益法に準ずる方法と同等の方法の適用について検討する。 この場合において、「本来の業務に付随して行われたもの」とは、例えば、海外子会社から製品を輸入している法人が当該海外子会社の製造設備に対して行う技術指導のように役務提供を主たる事業としていない法人又は国外関連者が、本来の業務に付随して又はこれに関連して行った役務提供をいう。
	事務運営指針３－11⑵（注）（原価基準法に準ずる方法と同等の方法による役務提供取引の検討）	「本来の業務に付随して行われたもの」に該当するかどうかは、原則として、役務提供の目的等により判断するのであるが、次に掲げる場合には、本文の取扱いは適用しない。 イ　当該役務提供に要した費用の額が、当該法人又は国外関連者の当該役務提供を行った事業年度の原価又は費用の総額の相当部分を占める場合 ロ　当該法人又は国外関連者が当該役務提供を行う際に無形資産を使用した場合 ハ　その他当該役務提供の総原価の額を当該役務提供の対価の額とすることが相当ではないと認められる場合

第4章
企業グループ内における役務の提供の取扱い

<table>
<tr><td>前提</td><td colspan="2">企業がグローバル化に伴い、親会社のなかでは、国外関連者を含むグループ各社の管理・監督等を行っており、そのことを移転価格税制の中では、企業グループ内における役務の提供の問題としてとらえている。</td></tr>
<tr><td>概要</td><td colspan="2">法人とその国外関連者との間で行われるすべての有償性のある取引は国外関連取引に該当するものとされている。したがって、法人がその国外関連者のために行う一定の経営・財務・業務・事務管理上の役務の提供で、当該法人から当該経営管理上の役務の提供がなければ、対価を支払って非関連者から当該役務の提供を受け、または自ら当該役務を行う必要性があると認められるものは、有償性のある取引に該当し、適正な対価の額を請求しなければならない。逆に、法人のためにその国外関連者が行う場合も同様に考えられている。</td></tr>
<tr><td>1　企業グループ内における役務の提供の原則</td><td>事務運営指針3－10(1)（企業グループ内における役務の提供の取扱い）</td><td>(1)　次に掲げる経営、技術、財務又は営業上の活動その他法人が行う活動が役務の提供に該当するかどうかは、当該活動が当該国外関連者にとって経済的又は商業的価値を有するものかどうかにより判断する。具体的には、法人が当該活動を行わなかったとした場合に、国外関連者が自ら当該活動と同様の活動を行う必要があると認められるかどうか又は非関連者が他の非関連者から法人が行う活動と内容、時期、期間その他の条件が同様である活動を受けた場合に対価を支払うかどうかにより判断する。
イ　企画又は調整
ロ　予算の管理又は財務上の助言
ハ　会計、監査、税務又は法務
ニ　債権又は債務の管理又は処理
ホ　情報通信システムの運用、保守又は管理
ヘ　キャッシュフロー又は支払能力の管理
ト　資金の運用又は調達
チ　利子率又は外国為替レートに係るリスク管理
リ　製造、購買、販売、物流又はマーケティングに係る支援
ヌ　雇用、教育その他の従業員の管理に関する事務
ル　広告宣伝
（定常的に維持している場合）</td></tr>
</table>

	事務運営指針３－10(1)（注）（企業グループ内における役務の提供の取扱い）	「法人が行う活動」には、法人が国外関連者の要請に応じて随時活動を行い得るよう定常的に当該活動に必要な人員や設備等を利用可能な状態に維持している場合が含まれることに留意する。
2　株主としての地位に基づくものなど（例外）		（役務の提供に当たらない場合）
	事務運営指針３－10(2)（企業グループ内における役務の提供の取扱い）	法人が行う活動と非関連者が国外関連者に対して行う活動又は国外関連者が自らのために行う活動との間で、その内容において重複（一時的に生ずるもの及び事実判断の誤りに係るリスクを軽減させるために生ずるものを除く。）がある場合には、当該法人が行う活動は、国外関連者に対する役務提供に該当しない。
		（株主活動の例示）
	事務運営指針３－10(3)（企業グループ内における役務の提供の取扱い）	国外関連者の株主又は出資者としての地位を有する法人（以下「親会社」という。）が行う活動であって次に掲げるもの（当該活動の準備のために行われる活動を含む。）は、国外関連者に対する役務提供に該当しない。 イ　親会社が発行している株式の金融商品取引法（昭和23年法律第25号）第２条第16項に規定する金融商品取引所への上場 ロ　親会社の株主総会の開催、株式の発行その他の親会社に係る組織上の活動であって親会社がその遵守すべき法令に基づいて行うもの ハ　親会社による金融商品取引法第24条第１項に規定する有価証券報告書の作成（親会社が有価証券報告書を作成するために親会社としての地位に基づいて行う国外関連者の会計帳簿の監査を含む。）又は親会社による措置法第66条の４の４第４項第１号に規定する連結財務諸表の作成その他の親会社がその遵守すべき法令に基づいて行う書類の作成 ニ　親会社が国外関連者に係る株式又は出資の持分を取得するために行う資金調達 ホ　親会社が当該親会社の株主その他の投資家に向けて行う広報 ヘ　親会社による国別報告事項に係る記録の作成その他の親会社がその遵守すべき租税に関する法令に基づいて行う活動 ト　親会社が会社法（平成17年法律第86号）第348条第３項第４号に基づいて行う企業集団の業務の適正を確保するための必要な体

		制の整備その他のコーポレート・ガバナンスに関する活動 チ　その他親会社が専ら自らのために行う国外関連者の株主又は出資者としての活動 （株主活動に該当するかの判定の留意点）
	事務運営指針３－10(3)（注）（企業グループ内における役務の提供の取扱い）	1　例えば、親会社が国外関連者に対して行う特定の業務に係る企画、緊急時の管理若しくは技術的助言又は日々の経営に関する助言は、事務運営指針３－９(1)イからチまでに掲げる活動には該当しないことから、これらが事務運営指針３－９(1)に定めるとおり当該国外関連者にとって経済的又は商業的価値を有するものである場合（事務運営指針３－９(2)に該当する場合を除く。２において同じ。）には、国外関連者に対する役務提供に該当する。 2　親会社が国外関連者に対する投資の保全を目的として行う活動についても、事務運営指針３－９(1)に定めるとおり当該国外関連者にとって経済的又は商業的価値を有するものである場合には、国外関連者に対する役務提供に該当する。 （国外関連者が行う場合）
	事務運営指針３－10(4)（企業グループ内における役務の提供の取扱い）	(4)　国外関連者が行う活動が法人に対する役務提供に該当するかどうかについては、(1)及び(2)と同様の方法により判断する。また、法人の株主又は出資者としての地位を有する国外関連者が行う活動が当該法人に対する役務提供に該当するかどうかについては、(3)と同様の方法により判断する。 （資料の提示又は提示ができないとき→国外関連者に対する寄附金の可能性）
	事務運営指針３－10(5)（企業グループ内における役務の提供の取扱い）	(5)　法人が国外関連者に対し支払うべき役務の提供に係る対価の額の適否の検討に際して、当該法人に対し、当該国外関連者から受けた役務の内容等が記載された書類（帳簿その他の資料を含む。）の提示又は提出を求める。この場合において、当該役務の提供に係る実態等が確認できないときには、措置法第66条の４第３項（国外関連者に対する寄附金）等の規定の適用について検討することに留意する
3　企業グループ内における役務提供の対価		(1)　役務提供取引の原則 役務提供の独立企業間価格については、役務の種類が同種または類似である役務提供で、役務提供の時期、役務提供の期間等の比較可能性の要素を考慮して、比較対象取引を選定することになる。

		（役務提供の取扱い）
	措通66の4(8)-6	役務提供取引について独立価格比準法と同等の方法を適用する場合には、比較対象取引に係る役務が国外関連取引に係る役務と同種であり、かつ、比較対象取引に係る役務提供の時期、役務提供の期間等の役務提供の条件が国外関連取引と同様であることを要することに留意する。 また、役務提供取引について、原価基準法と同等の方法を適用する場合には、比較対象取引に係る役務が国外関連取引に係る役務と同種又は類似であり、かつ、上記の役務提供の条件と同様であることを要することに留意する。
	事務運営指針3－11(1)	(2) 企業グループ内における役務提供に係る独立企業間価格 法人と国外関連者との間で行われた役務提供が次に掲げる要件の全てを満たす場合には、その対価の額を独立企業間価格として取り扱う。 イ 当該役務提供が支援的な性質のものであり、当該法人及び国外関連者が属する企業グループの中核的事業活動に直接関連しないこと。 ロ 当該役務提供において、当該法人又は国外関連者が保有し、又は他の者から使用許諾を受けた無形資産を使用していないこと。 ハ 当該役務提供において、当該役務提供を行う当該法人又は国外関連者が、重要なリスクの引受け若しくは管理又は創出を行っていないこと。 ニ 当該役務提供の内容が次に掲げる業務のいずれにも該当しないこと。 (イ) 研究開発 (ロ) 製造、販売、原材料の購入、物流又はマーケティング (ハ) 金融、保険又は再保険 (ニ) 天然資源の採掘、探査又は加工 ホ 当該役務提供と同種の内容の役務提供が非関連者との間で行われていないこと。 ヘ 当該役務提供を含む当該法人及び国外関連者が属する企業グループ内で行われた全ての役務提供（イからホまでに掲げる要件を満たしたものに限る。）をその内容に応じて区分をし、当該区分ごとに、役務提供に係る総原価の額を従事者の従事割合、資産の使用割合その他の合理的な方法により当該役務提供を受けた者に配分した金額に、当該金額に100分の5を乗じた額を加算した金額をもって当該役務提供の対価の額としていること。 なお、役務提供に係る総原価の額には、原則

海外現地法人等を巡る問題

		として、当該役務提供に関連する直接費の額のみならず、合理的な配賦基準によって計算された担当部門及び補助部門における一般管理費等の間接費の額も含まれることに留意する（以下３－10において同じ。）。 （注）法人が国外関連者に対して行った役務提供が、当該法人が自己のために行う業務と一体として行われた場合には、への定めの適用に当たり当該業務を当該役務提供に含めた上で役務提供の対価の額を算定する必要があることに留意する。国外関連者が法人に対して役務提供を行った場合についても、同様とする。 ト　当該役務提供に当たり、当該法人が次に掲げる書類を作成し、又は当該法人と同一の企業グループに属する者から取得し、保存していること。 (イ)　当該役務提供を行った者及び当該役務提供を受けた者の名称及び所在地を記載した書類 (ロ)　当該役務提供がイからへまでに掲げる要件の全てを満たしていることを確認できる書類 (ハ)　へに定めるそれぞれの役務提供の内容を説明した書類 (ニ)　当該法人が実際に当該役務提供を行ったこと又は当該役務提供を受けたことを確認できる書類 (ホ)　へに定める総原価の額の配分に当たって用いた方法の内容及び当該方法を用いることが合理的であると判断した理由を説明した書類 (ヘ)　当該役務提供に係る契約書又は契約の内容を記載した書類 (ト)　当該役務提供において当該法人が当該国外関連者から支払を受ける対価の額又は当該国外関連者に支払う対価の額の明細及び計算過程を記載した書類 (3)　本来の業務に付随する役務提供に係る独立企業間価格（例外。しかし、一般事業会社では通例） （企業グループ内における役務提供についての原価法の適用）
	事務運営指針３－11(2)（原価基準法に準ずる方法と同等の方法による役務提供取引の検討）	法人と国外関連者との間で行われた役務提供（事務運営指針３-11(1)の定めにより、その対価の額を独立企業間価格として取り扱うものを除く。）のうち、当該法人又は国外関連者の本来の業務に付随して行われたものについて調査を

		行う場合には、必要に応じ、当該役務提供に係る総原価の額を独立企業間価格とする原価基準法に準ずる方法と同等の方法又は取引単位営業利益法に準ずる方法と同等の方法の適用について検討する。 この場合において、「本来の業務に付随して行われたもの」とは、例えば、海外子会社から製品を輸入している法人が当該海外子会社の製造設備に対して行う技術指導のように役務提供を主たる事業としていない法人又は国外関連者が、本来の業務に付随して又はこれに関連して行った役務提供をいう。 (注)「本来の業務に付随して行われたもの」に該当するかどうかは、原則として、役務提供の目的等により判断するのであるが、次に掲げる場合には、本文の取扱いは適用しない。 1　当該役務提供に要した費用の額が、当該法人又は国外関連者の当該役務提供を行った事業年度の原価又は費用の総額の相当部分を占める場合 2　当該法人又は国外関連者が当該役務提供を行う際に無形資産を使用した場合 3　その他当該役務提供の総原価の額を当該役務提供の対価の額とすることが相当ではないと認められる場合
	事務運営指針３－11(3)	(4)　その他の役務提供に係る独立企業間価格 (その他の役務提供で原価基準法に準ずる方法と同等の方法が採用できる場合)) 法人と国外関連者との間で行われた役務提供(事務運営指針３-10(1)の定めにより、その対価の額を独立企業間価格として取り扱うもの及び同(2)に定める本来の業務に付随して行われたものを除く。)について調査を行う場合において、当該役務提供が次に掲げる要件の全てを満たしているときは、必要に応じ、(2)に定める方法(＝原価基準法に準ずる方法と同等の方法によるもの)の適用について検討する。 イ　当該役務提供が事務運営指針３－10(1)イからホまでに掲げる要件の全てを満たしていること。 ロ　当該役務提供が当該法人又は国外関連者の事業活動の重要な部分に関連していないこと。 ハ　当該役務提供に係る総原価の額が、当該役務提供に係る従事者の従事割合、資産の使用割合その他の合理的な方法により当該役務提供を受けた者に配分されていること。

		（注）次に掲げる場合には、本文の取扱いは適用しない。 1　当該役務提供に要した費用の額が、当該法人又は国外関連者の当該役務提供を行った事業年度の原価又は費用の総額の相当部分を占める場合 2　その他当該役務提供の総原価の額を当該役務提供の対価の額とすることが相当ではないと認められる場合

第5章 海外移住・ロングステイの課税関係（年金関係）

1　居住形態	所法2①三、五	ロングステイは、数週間から数か月程度の海外居住なので、居住者。 完全に海外移住すると、非居住者だが、海外移住の実態によっては居住者と認定される可能性あり。
2　課税関係	 所法7①一 所法7①三	（ロングステイ） 居住者（永住者）なので、全世界所得について課税される。 （海外移住） 非居住者は、国内源泉所得について課税される。
3　海外移住者が日本から年金等を受領した場合		
(1)　非居住者が海外で年金を受領した場合	所法161①十二ロ 所令285② 所法213①一イ 措法41の15の3③ （65歳未満） （65歳以上）	（国内源泉所得とされる年金の範囲） 公的年金等から外国の法令に基づいて支給される年金を除いたもの。 （源泉徴収税額の計算） 源泉徴収税額＝（A）×20.42％ A：（その支払われる年金の額）－（1か月の支給に対して5万円） A：（その支払われる年金の額）－（1か月の支給に対して9.5万円）
(2)　非居住者が海外で年金を受領した場合で、租税条約の適用がある場合	（租税条約で日本では免税とされる国）	アイルランド、アメリカ、アラブ首長国連邦、イギリス、イスラエル、イタリア、インド、インドネシア、ウズベキスタン、ウルグアイ、エクアドル、エジプト、エストニア、オーストラリア、オーストリア、オマーン、オランダ、カザフスタン、カタール、韓国、クウェート、クロアチア、コロンビア、サウジアラビア、ザンビア、ジャマイカ、ジョージア、シンガポール、スイス、スペイン、スリランカ、スロベニア、セルビア、ソ連邦、中国、チェコスロバキア、チリ、トルコ、ニュージーランド、ノルウェー、ハンガリー、バングラデシュ、パキスタン、フィリピン、フィンランド、フランス、ブラジル、

海外現地法人等を巡る問題

		ブルガリア、ブルネイ、ベトナム、ペルー、ポルトガル、香港、マレーシア、メキシコ、モロッコ、ラトビア、リトアニア、ルクセンブルク、ルーマニア、ケイマン諸島、ジャージー、バミューダ
	(国内法どおり課税)	アイスランド、アルゼンチン、台湾、デンマーク、ベルギー、南アフリカ、ロシア、ガーンジー、サモア独立国、バージン諸島、パナマ、マカオ、マン島、リヒテンシュタイン
(3) 非居住者が海外で共済年金を受領した場合	所法161①十二ロ 所令285②	(国内源泉所得とされる年金の範囲) 公的年金等から外国の法令に基づいて支給される年金を除いたもの。 (源泉徴収税額の計算)
	所法213①一イ 措法41の15の３③	源泉徴収税額＝(A)×20.42％
	(65歳未満)	A：(その支払われる年金の額)－(１か月の支給に対して５万円)
	(65歳以上)	A：(その支払われる年金の額)－(１か月の支給に対して9.5万円)
(4) 非居住者が海外で保険年金を受領した場合	所法161①十四 所令287	(国内源泉所得とされる年金の範囲) 国内にある営業所等を通じて締結した生命保険契約等に基づいて受ける年金で公的年金等以外のものをいう。これには、年金の支払の開始の日以後にその年金に係る契約に基づき分配を受ける剰余金等及びその契約に基づき年金に代えて支給される一時金を含む。 (源泉徴収税額の計算)
	所法213①一ハ 所令329②、296	源泉徴収税額＝(A)×20.42％ (支払総額が確定しないときは、見込額)
	年金のみの支払	A＝年金－B B＝年金×C C＝保険料総額／その支払総額
	年金と一時金の支払	(年金の時) A＝年金－B B＝年金×C C＝(保険料総額×(保険料総額／その支払総額＋一時金))／支払総額 (一時金の時) A＝一時金－B B＝保険料の総額×C C＝保険料総額×(保険料総額／その支払総額＋一時金)

⑸　非居住者が海外で保険年金を受領した場合で、租税条約の適用がある場合	（租税条約で日本では免税とされる国）	アイルランド、アメリカ、オーストラリア、オランダ、カタール、ジャマイカ、チェコスロバキア、トルコ、ハンガリー、フィリピン、ブラジル、ポーランド、ルーマニア
	（国内法どおり課税）	上記以外の国

《著者紹介》

高山 政信（たかやま　まさのぶ）

国際課税研究所主任研究員／税理士

［著書］

『国際税務ガイドブック（九訂版）』財経詳報社（2013年）

『国際税務に強い税理士になる本』中央経済社（共著）（2015年）

『スピードマスター国際税務（第４版）』（共著）中央経済社（2009年）

『非居住者の税務事例 Q&A』（分担執筆）中央経済社（1992年）

『海外移住・ロングステイのための税務基礎知識（第２版）』（共著）財経詳報社（2013年）

『和英用語対照 税務・会計用語辞典（12訂版）』（共著）財経詳報社（2009年）

『外国税額控除の理論と実際』（共著）同文舘出版（2008年）

田村 潔（たむら　きよし）

国際課税研究所主任研究員／税理士

（著書）

『Ｑ＆Ａ租税条約』（分担執筆）財経詳報社（2004年）

『租税条約のすべて』（分担執筆）財経詳報社（2000年）

『Ｑ＆Ａ租税条約の実務（三訂版）』（分担執筆）財経詳報社（1995年）

『国際税務要覧』（分担執筆）財経詳報社（1991年）

『非居住者の税務事例Ｑ＆Ａ』（分担執筆）財経詳報社（1992年）

坪内 二郎（つぼうち　じろう）

国際課税研究所主任研究員／税理士

［著書］

『国際税務に強い税理士になる本』中央経済社（共著）（2015年）

『Q&A 租税条約』（分担執筆）財経詳報社（2004年）

『法人税の計算と理論』（分担執筆）税務研究会出版局（1998～2003年版）

『Q&A 租税条約の実務（三訂版）』（分担執筆）財経詳報社（1995年）

廣瀬　壮一（ひろせ　そういち）

国際課税研究所主任研究員／税理士

［著書］

『Q&A 外国人をめぐる法律相談』（分担執筆）新日本法規（2012年）

『国境なき人事　クロスボーダーの税務・社会保険・労務入門』（分担執筆、第３章、４章、５章）税務経理協会（2012年）

『外国人及び外国企業の税務の基礎』（分担執筆、第三編、四編）日本加除出版（2015年）

『国際税務の専門家からみた出国税と国外財産調書等の実務』（共著）新日本法規（2016年）

『個人の外国税額控除パーフェクトガイド』中央経済社（2019年）

矢内　一好（やない　かずよし）

国際課税研究所首席研究員　博士（会計学）（前中央大学商学部教授）

［最近の単書］

『米国税務会計史』中央大学出版部　2011年

『現代米国税務会計史』中央大学出版部　2012年

『改正租税条約のすべて』財経詳報社　2013年

『英国税務会計史』中央大学出版部　2014年

『一般否認規定と租税回避判例の各国比較～ GAAR パッケージの視点からの分析』財経詳報社　2015年

『コンパクト解説　日本とアジア・大洋州・米州・旧ソ連諸国との租税条約』財経詳報社、2016年

『コンパクト解説　日本とヨーロッパ・中東・アフリカ諸国との租税条約』財経詳報社、2016年

『Q&A　国際税務最新情報』財経詳報社、2017年

『解説　BEPS 防止措置実施条約』財経詳報社、2018年

『租税条約はこう変わる！BEPS 条約と企業の国際取引』第一法規　2018年

『日本・国際税務発展史』中央経済社、2018年

その他著書、論文多数

（執筆分担）

第１篇（第５章は高山、他は坪内）

第２編（廣瀬）

第３編（田村）

第４編（高山）

第５編（第１章と第６章は矢内、他は高山）

第６編（矢内）

第７編（高山）

第８編（高山）

国際税務総覧2023-2024
―国際税務基礎データ―

令和５年12月25日　初版発行

編　著　高山　政信・田村　潔・坪内　二郎・廣瀬　壮一・矢内　一好
発行者　宮本　弘明

発行所　株式会社　財経詳報社

〒103-0013　東京都中央区日本橋人形町1-7-10
電　話　03（3661）5266（代）
ＦＡＸ　03（3661）5268
http://www.zaik.jp
振替口座　00170-8-26500

落丁・乱丁はお取り替えいたします。　印刷・製本　平河工業社

ISBN　978-4-88177-901-9